KB002400

7년 연속 전체 수석 합격자 배출

국승옥

부동산학원론

1차 | 기본서

국승옥 편저

동영상강의 www.pmg.co.kr

브랜드만족 1위 박문각

근거자료 후면표기

제6판

박문각

박문각 감정평가사

본서로 공부하시는 수험생 여러분들에게 조금이라도 힘이 되었으면 합니다. 여러분의 값진 노력이 합격의 기쁨으로 돌아가길 진심으로 기원합니다.
모두들 파이팅입니다.

✔ 부동산학원론 5개년 기출분석표

		30회	31회	32회	33회	34회	35회
제1편 부동산학 총론	제1장 부동산학						
	제2장 부동산 활동		1				
	제3장 부동산의 개념	1		1	1	1	1
	제4장 부동산의 분류	2	1	1	1	3	2
	제5장 부동산의 특성	1	2	1	1	1	2
	제6장 부동산 가치의 본질		1		1		
제2편 경제론	제1장 수요와 공급 모형					1	1
	제2장 수요와 공급 모형의 활용			1			2
	제3장 수요와 공급의 탄력성 모형		1	1	1	3	1
제3편 시장론	제1장 부동산 시장과 주택시장	1	1	1	1		
	제2장 부동산 시장과 정보의 효율성			1	1	1	1
	제3장 부동산 시장의 변화	1		1	1		
제4편 부동산 정책론	제1장 부동산 정책의 이해		1	1	2		
	제2장 시장실패와 정부의 시장 개입					2	
	제3장 임대주택 및 분양주택 정책	1			1		
	제4장 부동산 조세 정책	2	2	1	2	1	2
	제5장 다양한 부동산 정책	2	1	3		1	1
제5편 투자론	제1장 부동산 투자의 수익과 위험	1	1			2	2
	제2장 투자 결정 이론	2	1	1			
	제3장 위험의 관리	1	1	1	1		1
	제4장 투자 분석의 기본 도구		2	1	2	2	
	제5장 부동산 투자분석기법	1	2	3	2	1	2

제6편 금융론	제1장 금융의 이해		1	1	1	1	
	제2장 대출금액과 대출금리	1	1				1
	제3장 대출의 상환 방법	2	2	1	2	1	1
	제4장 주택저당채권 유동화 제도	1	1	1	1		1
	제5장 부동산 간접 투자 제도			2	1		1
	제6장 기타 부동산 관련 금융 제도	1		1		2	1
제7편 부동산 개발론	제1장 부동산 개발론	4	4	2	2	2	2
	제2장 부동산 관리	1	1		2		2
	제3장 부동산 마케팅	1			1	1	1
	제4장 부동산 이용론	2					
	제5장 부동산 중개론	2	2	4	5	6	2
제8편 토지 경제와 지리 경제	제1장 지대 · 지가 이론	1	2				
	제2장 도시 내부 구조 이론			1			
	제3장 공업입지론				1		
	제4장 상업입지론	1	1			1	
	제5장 주거입지론						
제9편 감정평가론	제1장 부동산 가치 이론	1	1				
	제2장 지역분석과 개별분석	1		1			1
	제3장 부동산 가격 원칙						1
	제4장 감정평가제도	1	2	2		2	1
	제5장 감정평가의 방식의 이해						
	제6장 가액을 구하는 방법	2	3	2	5	4	5
	제7장 임대료를 구하는 방법	1				1	
	제8장 물건별 평가 방법		1	1	1		2
	제9장 부동산 가격공시제도			2			

CONTENTS
이 책의 차례

PREFACE GUIDE

PART 01 부동산학 총론

PART 02 경제론

PART 03 시장론

PART 04 부동산 정책론

PART 05 투자론

PART 06 금융론

PART 07 부동산 개발론 등

PART 08 토지 경제와 지리 경제

PART 09 감정평가론

PART

01

부동산학 총론

PART 01

부동산학 총론

제1장 부동산학

1 부동산학의 의미

(1) 등장 배경

▸▸ 기출 부동산학이란 부동산 활동의 능률화의 원리 및 그 응용 기술을 개척하는 종합 응용과학이다. (O)

▸▸ 기출 부동산학이란 부동산과 관련된 의사 결정 과정을 연구하기 위하여 법률적 · 경제적 · 기술적 측면 등 다양한 측면의 접근을 시도하는 종합 응용 사회과학이다. (O)

▸▸ 기출 부동산학은 토지 및 그 정착물에 관하여, 그것과 관련된 직업적, 물적, 법적, 금융적 제 측면을 연구하는 학문이다. (O)

① 부동산학은 복잡한 현대의 부동산 문제를 해결하기 위하여 전문적인 학문 영역으로 등장하였다.

② 과거에 부동산 문제는 다른 학문에서 하나의 연구 주제 또는 연구 대상으로 다루어졌다. 그러나 최근 부동산이 차지하는 경제적 비중이 증가하고, 부동산 문제가 사회적으로 중요해지면서 부동산학은 독자적인 학문으로 등장하게 되었다.

(2) **부동산학의 정의 ****

① 부동산학은 부동산과 인간과의 관계를 개선함으로써 바람직한 부동산 활동을 전개함을 목적으로 한다. 따라서 부동산학의 정의는 '부동산과 인간과의 관계' 또는 '부동산 활동'을 중심으로 정의된다.

② 부동산학의 다양한 정의

㉠ '부동산학'이란 부동산 활동의 능률화의 원리 및 그 응용 기술을 개척하는 종합응용과학이다(김영진 교수).

㉡ '부동산학'이란 부동산과 관련된 의사 결정 과정을 연구하기 위하여 법률적 · 경제적 · 기술적 측면 등 다양한 측면의 접근을 시도하는 종합응용사회과학이다(조주현 교수).

㉢ '부동산학(Real Estate)'이란 토지와 토지 상에 부착되어 있거나 연결되어 있는 여러 가지 항구적인 토지 개량물에 관하여, 그것과 관련된 직업적 · 물적 · 법적 · 금융적 제 측면을 기술하고 분석하는 학문 연구의 한 분야이다(안정근 교수).

(3) 부동산학의 이념

① 부동산학을 통해 궁극적으로 달성하고자 하는 목적을 '부동산학의 이념'이라고 한다. 부동산학의 이념은 부동산을 '왜? 연구해야 되는지'에 대한 문제로, 부동산에 대한 가치관의 문제라고 할 수 있다.

② 효율성

㉠ 최소의 비용으로 최대의 효과를 얻어야 한다는 이념이다.

㉡ 효율성은 일반적으로 사적 주체가 중시하는 이념이다.

㉢ 토지 이용의 효율성은 토지의 '최고최선의 이용' 또는 '최유효이용'으로 표현된다.

③ 형평성

㉠ 부동산의 이익은 많은 사람이 함께 나누어야 한다는 이념이다.

㉡ 형평성은 일반적으로 공적 주체가 중시하는 이념이다.

④ 합법성

㉠ 부동산 활동은 법의 테두리 안에서 이루어져야 한다는 이념이다.

㉡ 효율성과 형평성은 합법적인 방법에 의해 이루어져야 한다.

⑤ 부동산학이 추구하는 가치

㉠ 효율성과 형평성은 서로 상충되는 경우가 많기 때문에, 이들을 어떻게 조화시킬 것인지가 중요한 문제이다.

㉡ 부동산학은 효율성과 형평성의 균형을 통해 바람직한 부동산 활동을 만들고자 한다.

▸▸ 기출 부동산학이 추구하는 가치를 민간부문에 한정하여 볼 때는 효율성보다는 형평성을 중시하게 된다. (×)

▸▸ 기출 토지의 분할과 합병은 토지소유자가 원하는 만큼 할 수 있다. (×)

2 부동산학의 연구대상과 학문적 성격

(1) 부동산학의 연구 대상 **

① 부동산학은 부동산을 대상으로, 부동산과 관련된 다양한 현상과 활동을 연구하는 학문이다.

② 부동산학은 '부동산 현상'과 '부동산 활동'을 연구대상으로 한다.

㉠ **부동산 현상** : 부동산과 인간과의 관계에서 나타나는 여러 가지 현상을 의미한다.

㉡ **부동산 활동** : 부동산을 대상으로 인간이 전개하는 다양한 활동을 의미한다.

▸▸ 기출 부동산학의 연구대상 중 부동산 현상은 정적인 연구대상이고, 부동산 활동은 동적인 연구대상이다. (O)

(2) 부동산학의 학문적 성격 **

① 부동산학은 지진, 태풍 등 부동산과 관련된 자연현상을 연구하는 학문이 아니라 부동산과 관련된 사회현상을 연구하는 학문이다.

② 따라서 부동산학은 자연현상을 연구하는 자연과학이 아니라 사회현상을 연구하는 사회과학의 성격을 갖는다.

③ 부동산학의 학문적 성격

㉠ **사회 과학** : 부동산학은 부동산과 관련된 사회현상과 사회활동을 연구한다는 점에서 사회과학이다.

㉡ **경험 과학** : 부동산학은 인간의 경험을 바탕으로 만들어진다는 점에서 구체적인 경험 과학이다.

㉢ **규범 과학** : 부동산학은 합리적인 부동산 활동을 실현시키기 위한 규범을 제정한다는 점에서 규범 과학이다.

㉣ **응용 과학** : 부동산학은 복잡한 현실의 사회문제를 구체적으로 해결하고자 하는 응용과학이다.

㉤ **종합 과학** : 부동산학은 경제학·법학·행정학·사회학·심리학 등 다른 분야의 학문과 직접 또는 간접적으로 연관되어 있다.

▸▸ 기출 부동산학의 연구대상에는 토지의 자연적 현상도 포함된다. (×)

✔주의
1. 순수과학(×)
2. 자연과학(×)
3. 추상적 학문(×)

▸▸ 기출 부동산학은 토지와 건물을 대상으로 하는 탐구라는 점에서 우주와 지구의 기본원리를 탐구하는 물리학이나 지구과학과 같은 순수과학이라고 할 수 있다. (×)

▸▸ 기출 과학을 순수과학과 응용과학으로 구분할 때, 부동산학은 순수과학에 속한다. (×)

3 부동산학의 연구

(1) 부동산학의 분류 도구

① 부동산 현상은 다양한 영역에서 다양한 형태로 나타난다. 따라서 부동산학은 다양한 현상을 분류하는 체계적인 도구를 가지고 있어야 한다.

② 부동산학은 부동산 현상을 만들어내는 요인들을 기술적 측면, 경제적 측면 및 법률적 측면 등 3가지로 분류하고, 이를 통해 이론을 전개한다. 이러한 3가지 측면을 '부동산학의 3대 측면'이라고 한다.

③ 부동산학의 3대 측면

유형적 측면	기술적 측면	공학적 측면, 자연적 측면, 물리적 측면
무형적 측면	경제적 측면	경제, 경영, 사회, 심리, 지리, 기타
	법률적 측면	사법, 공법, 행정, 정치, 규범, 기타

㉠ 기술적(技術的) 측면

ⓐ 공간 이용의 기술(技術)과 관련된 영역으로 물리적 측면, 자연적 측면 또는 공학적 측면(engineering aspect)이라고도 한다.

ⓑ 기술적 조건은 토목, 건축, 지질, 지형뿐만 아니라 설계, 시공, 구조, 설비 등을 광범위하게 포함한다.

㉡ **경제적 측면** : 부동산 경제와 관련된 영역이다.

㉢ **법률적 측면** : 부동산과 관련된 법과 제도와 관련된 영역이다.

(2) 부동산학의 연구 방법

① 부동산학을 포함한 모든 학문은 사회가 발전하면서 세분화되고 전문화되는 경향이 있지만, 그에 대한 연구는 관련된 모든 학문을 포함한 종합적 연구가 되어야 한다.

② 전통적 연구 방법

㉠ **분산식 접근방법** : 다른 학문에서 부동산을 개별적·부분적으로 연구하는 방법으로 부동산학이 체계화되기 이전의 연구방법이다.

✔주의
1. 물리적·기술적 측면
 : 유형적 측면
2. 경제적·법률적 측면
 : 무형적 측면

▸▸ 기출 우리나라 부동산학의 체계화에 기여한 접근방법은 종합식 접근방법이다. (O)

▸▸ 기출 행태과학적 연구방법은 인간을 자기이익의 극대화를 위해 행동하는 합리적 존재로 가정한다. (×)

▸▸ 기출 '인간은 자기이익의 극대화를 위해 행동하는 합리적 존재'라고 가정하는 방법은 의사결정 접근방법이다. (O)

ⓛ 중점식 접근방법 : 법률 · 경제 · 정책 등 부동산 활동의 특정 측면을 중심으로 연구가 진행되는 방법이다.

ⓒ 종합식 접근방법

ⓐ 관련되는 주변 학문을 모두 포함시켜 종합적으로 연구하는 방법이다.

ⓑ 종합 과학이라는 부동산학의 성격에 부합하는 방법으로 우리나라 부동산학을 체계화시키고 통일시키는 데 크게 기여한 방법이다.

③ 현재 우리나라의 부동산학 연구는 법 · 제도적 접근방법과 의사결정 접근방법 2가지가 주로 활용되고 있다.

㉠ 법 · 제도적 접근방법

ⓐ 부동산과 관련된 법률과 정책을 연구함을 목적으로 한다.

ⓑ 부동산 시장에 대한 규제가 많은 우리나라의 주류를 이루는 방법이다.

ⓛ 의사결정 접근방법

ⓐ 인간을 합리적 존재로 가정하고, 이익 극대화를 위한 의사결정을 연구하는 방법이다.

ⓑ 부동산 개발 · 투자 · 금융 등에서 활동주체의 합리적 의사 결정을 연구함을 목적으로 한다.

제2장 부동산 활동 ▸31회 기출

1. 부동산 활동의 의미
2. 부동산 활동 및 부동산업의 분류
3. 부동산 활동의 일반원칙

1 부동산 활동의 의미

(1) 부동산 활동의 정의 및 속성

① '부동산 활동'이란 인간이 부동산을 대상으로 전개하는 관리적 측면의 행위 또는 태도로 정의된다.

② 부동산 활동의 속성

㉠ 부동산 활동은 다른 재화를 대상으로 하는 활동과 다른 특별한 성질을 가지고 있다. 이를 '부동산 활동의 속성'이라고 한다.

㉡ 부동산 활동의 속성

과학성	부동산 활동은 체계화된 지식으로 설명된다.
기술성	부동산 활동은 실무활동에 응용되는 기술성(응용성)을 가지고 있다.
전문성	부동산 활동에는 높은 전문성이 요구된다.
사회성 공공성	부동산은 인간 모두에게 꼭 필요한 재화이다. 따라서 부동산 활동은 사회와 공공의 이익에 부합되어야 한다.
대인활동 대물활동	부동산 활동은 고객을 대상으로 하는 대인활동의 성격과 부동산을 대상으로 하는 대물활동의 성격을 동시에 갖는다.
정보활동	부동산 활동에는 관련된 정보가 중요한 역할을 한다.
임장활동	부동산 활동은 현장 활동이 강조되는 활동이다.

▸▸ 기출 부동산 활동은 고객을 대상으로 하는 대인활동이지 대물활동이 될 수 없다. (×)

▸▸ 기출 부동산 활동은 체계화된 이론활동이므로 기술성보다는 과학성이 강조되어야 한다. (×)

▸▸ 기출 부동산 활동을 임장활동으로 규정하는 근거는 부증성이라는 특성과 대인활동이라는 속성 때문이다. (×)

(2) 부동산 활동의 윤리

① 부동산 활동의 사회성 · 공공성은 거래당사자와 부동산업자에게 높은 윤리성을 요구한다.

② 부동산 윤리는 일반적으로 다음과 같이 분류된다.

㉠ 고용 윤리 : 부동산업자와 종업원 관계에서 지켜져야 할 윤리

㉡ 조직 윤리 : 부동산업자와 동업자 또는 단체 관계에서의 윤리

㉢ 서비스 윤리 : 부동산업자와 고객과의 관계에서의 윤리

㉣ 공중 윤리 : 부동산업자와 일반 대중과의 관계에서의 윤리

2 부동산 활동 및 부동산업의 분류

(1) 부동산 활동의 분류

① 부동산 활동은 다양한 기준으로 분류될 수 있지만 가장 전통적이고 보편적인 방법은 활동 주체에 따라 분류하는 방법이다.

② 활동 주체에 따른 분류

㉠ 정부 부문 : 정부가 중심이 되어 이루어지는 부동산 활동이다. 규제, 과세, 보조(assistance), 지원 등의 영역이다.

▸▸ 기출 부동산 활동에서 가장 활발한 것은 정부부문의 활동이다. (×)

㉡ 사적 부문 : 민간이 중심이 되어 이루어지는 부동산 활동이다. 부동산 활동 중에서 가장 활발한 부문이다.

㉢ 전문협회 부문 : 전문협회가 중심이 되어 이루어지는 부동산 활동이다. 전문협회는 교육 프로그램의 제공, 정보의 교환, 연구의 수행, 출판물의 간행 등 다양한 서비스를 회원에게 제공하며, 회원들의 권익을 보호하기 위해 노력한다.

▸▸ 기출 부동산 중개 및 평가 활동은 부동산 의사를 결정하는 분야이다. (×)

③ 연구 분야에 따른 분류

㉠ 부동산 활동은 그 기능과 역할에 따라 부동산 결정 활동, 부동산 결정의 지원 활동 및 부동산학의 기초 활동으로 나눌 수 있다.

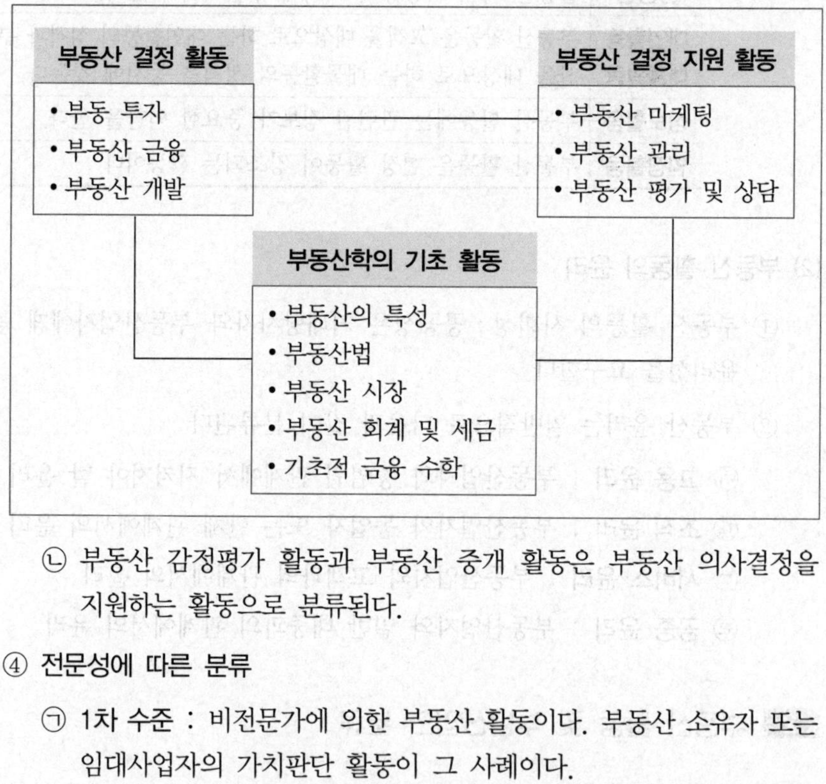

㉡ 부동산 감정평가 활동과 부동산 중개 활동은 부동산 의사결정을 지원하는 활동으로 분류된다.

④ 전문성에 따른 분류

㉠ 1차 수준 : 비전문가에 의한 부동산 활동이다. 부동산 소유자 또는 임대사업자의 가치판단 활동이 그 사례이다.

㉡ 2차 수준 : 전문가는 아니지만 부동산을 일상 업무로 하는 사람에 의한 활동이다. 공인중개사 또는 세무 공무원의 가치판단 활동이 그 사례이다.

㉢ 3차 수준 : 전문가에 의한 활동이다. 감정평가사의 가치판단 활동, 공인중개사의 중개 활동 등이 그 사례이다.

(2) **부동산업의 분류 ★★**

① 통계청은 산업 활동을 경제적 성질의 유사성에 따라 체계적으로 분류한다. 이를 '한국 표준산업분류(KSIC: korea standard industrial classification)'라고 한다.

② 한국표준산업분류상의 부동산업

한국표준산업분류에서는 부동산업을 다음과 같이 세분하고 있다.

중분류	소분류	세분류
부동산 임대 및 공급업	부동산 임대업	• 주거용 건물 임대업 • 비주거용 건물 임대업 • 기타 부동산 임대업
	부동산 개발 및 공급업	• 주거용 건물 개발 및 공급업 • 비주거용 건물 개발 및 공급업 • 기타 부동산 개발 및 공급업
부동산 관련 서비스업	부동산 관리업	• 주거용 부동산 관리업 • 비주거용 부동산 관리업
	부동산 중개, 자문 및 감정평가업	• 부동산 중개 및 대리업 • 부동산 투자 자문업 • 부동산 감정평가업

▸▸ 기출 한국표준산업분류상의 부동산업에는 금융업이 포함된다. (×)

▸▸ 기출 아파트 관리는 주거용 부동산 관리업의 사례이다. (O)

▸▸ 기출 사업시설의 유지·관리는 비주거용 부동산 관리업의 사례이다. (×)

▸▸ 기출 부동산 관리업은 주거용 부동산 관리업과 비주거용 부동산 관리업으로 다시 분류된다. (O)

3 부동산 활동의 일반원칙

① 능률성의 원칙

㉠ 부동산 활동의 능률화를 목표로 하는 부동산학에서 가장 중요한 원칙이다.

㉡ 부동산학은 부동산 소유 활동의 능률화를 위해 '최유효이용의 원칙'을, 부동산 거래 활동의 능률화를 위해 '거래질서확립의 원칙'을 지도원리로 하고 있다.

▸▸ 기출 부동산학의 일반원칙으로서 안전성의 원칙은 소유활동에 있어서 최유효이용을 지도원리로 삼고 있다. (×)

② 안전성의 원칙

㉠ 부동산 활동의 안전성을 강조하는 원칙으로 능률성의 원칙과 상호 견제의 관계에 있는 원칙이다.

㉡ 부동산 활동은 복합 개념의 논리에 따라 기술적 · 경제적 · 법률적 제 측면에서 안전성이 고려되어야 한다.

③ 경제성의 원칙

㉠ 최소의 비용으로 최대의 효과를 얻고자 하는 원칙이다.

㉡ 부동산 활동 전반에 걸친 합리적 선택의 기준이 되는 원칙이다.

④ 공정성의 원칙

㉠ 부동산 활동의 사회성과 공공성을 강조하는 원칙이다.

㉡ 부동산 활동은 사적 활동이든 공적 활동이든 인간과 부동산의 관계 개선을 위하여 공정하게 이루어져야 한다.

제3장 부동산의 개념

▸ 29회, 30회, 32회, 34회, 35회 기출

1. 복합 개념
2. 토지
3. 정착물
4. 준부동산

1 복합 개념

(1) 의미

▸▸ 기출 토지와 건물이 각각 독립된 거래의 객체이면서도 마치 하나의 결합된 상태로 다루어져 부동산 활동의 대상으로 인식될 때 이를 복합 개념의 부동산이라 한다. (×)

① 부동산 개념은 하나의 속성으로 정의될 수 없고 다양한 속성에 의해 정의되는데, 이를 '부동산의 복합 개념' 또는 '복합 개념의 부동산'이라고 한다.

② 복합 개념은 복합 부동산과 구별되는 개념이다. '복합 부동산(compound real estate)'은 토지와 그 토지 위의 정착물이 하나로 결합되어 활동의 대상이 되는 것을 의미하는데, 이는 복합 개념과 다름에 주의하여야 한다.

(2) **복합 개념의 분류 ****

① 부동산의 복합 개념은 일반적으로 물리적(기술적) · 경제적 · 법률적 등 3가지 측면으로 구분되어 설명된다.

② 분류

- **복합 개념**
  - **물리적 개념** 공간, 위치, 환경, 자연
  - **경제적 개념** 자산, 자본, 가치, 상품, 소비재, 생산요소(생산재)
  - **법률적 개념**
    - **협의의 개념** 민법 제99조의 부동산 토지 및 그 정착물
    - **광의의 개념** 협의 + 준부동산

▸▸ 기출 부동산을 경제적 개념으로 분류하면 자산, 자본, 환경, 자연으로 구분된다. (×)

▸▸ 기출 토지는 생산재이지만 소비재는 아니다. (×)

▸▸ 기출 기술적 개념의 부동산은 생산요소, 자산, 공간, 자연 등을 의미한다. (×)

(3) **법률적 개념 ****

① 민법 제99조는 부동산의 개념을 규정하고 있다. 이처럼 법률에 규정된 부동산 개념을 '법률적 개념'이라고 한다.

▾ **민법 제99조 (동산과 부동산)**

제1항 : 토지 및 그 정착물은 부동산이다. 제2항 : 부동산 이외의 물건은 동산이다.

② 법률적 개념은 협의의 개념과 광의의 개념으로 다시 세분된다.

㉠ 협의의 개념 : 민법에 규정된 개념을 협의의 개념이라고 하고, 민법에 규정된 토지와 정착물을 협의의 부동산이라고 한다.

㉡ 광의의 개념 : 협의의 개념에 준부동산을 포함하여 광의의 개념이라고 하고, 광의의 개념은 부동산의 개념을 확대시키고자 하는 노력에서 등장한 개념이다.

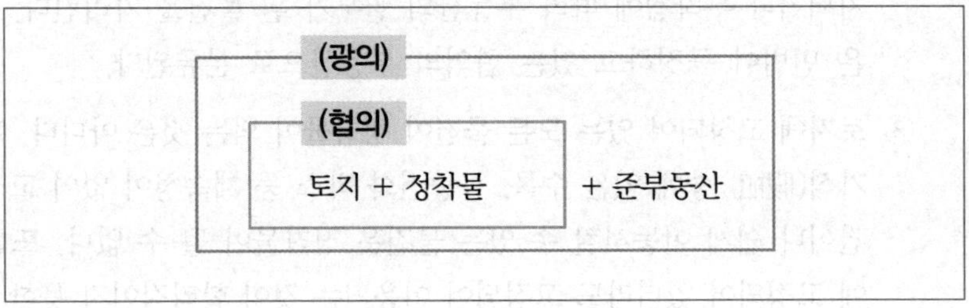

▸▸ 기출 협의의 부동산이란 민법상의 개념으로 민법 제99조 제1항에서의 '토지 및 그 정착물'을 말한다. (O)

▸▸ 기출 민법에서 부동산이란 토지와 그 정착물을 말한다. (O)

▸▸ 기출 협의의 부동산, 광의의 부동산 및 준부동산은 모두 경제적 측면의 개념이다. (×)

2 토지

① 토지는 인간 생활의 터전이 되는 가장 중요한 부동산으로 간주된다. 따라서 부동산학에서 부동산이라고 하면 일반적으로 토지를 지칭한다.

② 토지의 법률적 내용

1. 민법 제211조 (토지 소유권의 내용)
   소유자는 법률의 범위 내에서 그 소유물을 사용, 수익, 처분할 권리가 있다.
2. 민법 제212조 (토지 소유권의 공간적 범위)
   토지의 소유권은 정당한 이익이 있는 범위 내에서 토지의 상하에 미친다.
3. 민법 제279조 (지상권의 내용)
   지상권자는 타인의 토지에 건물 기타 공작물이나 수목을 소유하기 위하여 그 토지를 사용하는 권리가 있다.
4. 민법 제289조의2 (구분지상권)
   지하 또는 지상의 공간은 상하의 범위를 정하여 건물 기타 공작물을 소유하기 위한 지상권의 목적으로 할 수 있다.
5. 민법 제245조 (점유로 인한 부동산소유권의 취득기간)
   ① 20년간 소유의 의사로 평온, 공연하게 부동산을 점유하는 자는 등기함으로써 그 소유권을 취득한다.
   ② 부동산의 소유자로 등기한 자가 10년간 소유의 의사로 평온, 공연하게 선의이며 과실없이 그 부동산을 점유한 때에는 소유권을 취득한다.

3 정착물

(1) 의미

▸▸ 기출 정착물이란 토지에 고정되어 이용되는 것이 사회적・경제적으로 합리적인 물건이다. (O)

▸▸ 기출 가식 중에 있는 수목은 토지의 정착물로 분류된다. (×)

① '정착물'이란 물리적으로 토지에 단단히 고정되어 있고, 토지에 고정되어 이용되는 것이 사회적・경제적인 측면에서 합리적이라고 인정되는 물건이다.

② 정착물이란 원래는 분리된 동산이었으나, 토지나 건물에 항구적으로 설치되거나 부착됨에 따라 부동산의 일부가 된 물건을 가리킨다. 정착물은 민법이 규정하고 있는 협의의 부동산으로 분류된다.

③ 토지에 고정되어 있는 모든 물건이 정착물이 되는 것은 아니다. 판잣집, 가식(假植) 중에 있는 수목, 공중전화 박스 등 계속성이 없이 고정된 물건이나 쉽게 이동시킬 수 있는 물건은 정착물이 될 수 없다. 또한 토지에 고정되어 있더라도 고정되어 이용되는 것이 합리적이지 못한 물건은 정착물이 될 수 없다.

(2) 정착물의 분류 **

① 정착물은 토지의 이용 가치를 증가시키기 위해 부착된 물건이다. 따라서 정착물은 토지와 분리되어 독립된 가치를 갖지 못하는 것이 원칙이다. 그러나 정착물 중 일부는 토지와 독립된 가치를 부여받기도 한다.

② 종속 정착물

㉠ 의미 : 토지와 분리되어 독립된 가치를 갖지 못하며, 토지와 분리되어 거래되지 않는 정착물을 '종속 정착물'이라고 한다.

㉡ 사례 : 종속 정착물은 토지에 종속되기 때문에 토지가 거래되면 토지에 포함되어 함께 거래된다. 담장, 나무, 도로의 포장, 다리 등 대부분의 정착물이 이에 해당한다.

③ 독립 정착물

㉠ 의미 : 토지와 분리하여 독립된 가치를 가지며, 토지와 분리되어 독립적으로 거래될 수 있는 정착물을 '독립 정착물'이라고 한다.

㉡ 사례

• 건물 • 등기된 입목 • 명인방법을 갖춘 수목의 집단 • 권원에 의하여 타인의 토지에서 재배되고 있는 농작물 등

▸▸ 기출 토지의 정착물 중 토지와 독립된 물건으로 취급되는 것은 없다. (×)

▸▸ 기출 토지에 정착되어 있으나 매년 경작노력을 요하지 않는 나무와 다년생식물 등은 부동산의 정착물로 간주되지 않기 때문에 부동산 중개의 대상이 되지 않는다. (×)

▸▸ 기출 소유권보전등기된 입목과 구거는 모두 토지와 독립된 정착물이다. (×)

(3) 정착물과 동산의 구별 기준 **

① 어떤 건축 설비(동산)을 건물(정착물)에 부착시킨 경우에 그 건축 설비는 동산의 성격을 갖는 것인지 아니면 건물의 일부로 정착물이 되는 것인지 문제될 수 있다. 이를 구분하는 기준을 '정착물과 동산의 구별 기준'이라고 한다.

② 구별 기준

㉠ 부착된 방법 : 어떤 설비가 건물에서 제거될 때 건물의 물리적·기능적 손상을 준다면, 그 설비는 정착물로 분류된다. 또한 물리적으로는 쉽게 제거되더라도, 제거됨으로써 건물의 효용을 감소시킨다면 그 설비는 정착물로 분류되어야 한다.

㉡ 물건의 성격 : 건물의 용도나 특정 위치에 맞게 고안되었거나 항구적으로 설치된 설비라면 정착물로 분류되어야 한다.

▸▸ 기출 건물에서 제거될 때 건물의 물리적·기능적 손상을 주는 설비라면 동산이다. (×)

▸▸ 기출 임대료를 올려 받기 위해 부착된 설비라면 정착물로 분류된다. (O)

▸▸ 기출 일반적으로 임차인이 설치한 물건은 정착물로 간주된다. (×)

▸▸ 기출 협의의 부동산을 포함한 공시수단을 갖춘 독립된 거래의 객체로 인정되는 것을 '광의의 부동산'이라 하며, 이러한 개념상의 구분은 경제적 측면에서의 구분개념이라 할 수 있다. (×)

▸▸ 기출 준부동산은 등기·등록의 공시방법을 갖춤으로써 부동산에 준하여 취급되는 특정의 동산 등을 말한다. (O)

▸▸ 기출 총톤수 30톤인 기선은 등기대상물이다. (O)

▸▸ 기출 덤프트럭과 항공기 및 철도차량은 등기대상물이다. (×)

㉢ 설치 의도 : 부동산의 가치나 효용을 증대시킬 목적으로 부착된 설비라면 정착물로 분류되어야 한다.

㉣ 당사자의 관계 : 일반적으로 임대인이 설치한 물건은 정착물로 간주되고, 임차인이 설치한 진열대나 선반들은 정착물로 간주되지 않는다. 매매에서 정착물인지 여부가 불분명한 물건은 일단 정착물로 간주되어 매수인에게 넘어간다. 따라서 부동산 거래에 있어서 어떤 물건이 거래에 포함되는지를 사전에 명확히 규명하여야 한다.

4 준부동산

(1) 의미 **

① '준부동산'은 민법에 규정된 부동산(토지 및 정착물)은 아니지만, 다른 법률에 의해 부동산처럼 취급되는 동산이나 권리를 말한다.

② 부동산의 개념을 토지와 정착물로 한정한다면 부동산학의 연구대상과 활동의 범위가 위축될 수 있다. 따라서 학자들은 준부동산이라는 개념을 통해 부동산의 개념을 넓게 파악하고자 한다.

③ 특징

㉠ 준부동산은 법률적 개념 중 광의의 부동산으로 분류된다.

㉡ 준부동산은 부동산처럼 등기 또는 등록 등의 공시수단을 가지고 있다.

(2) 준부동산의 종류

① 일반적으로 동산과 권리 중에서 부동산처럼 담보로 제공될 수 있는 가치가 높은 동산과 권리가 준부동산으로 분류된다.

② 준부동산의 종류

등기 대상물	입목, 공장재단, 광업재단, 선박(20톤 이상) 등
등록 대상물	자동차, 항공기, 건설기계 등
등록 대상 권리	광업권, 어업권 등

㉠ 공장재단(工場財團) : 공장에 속하는 토지, 공작물, 기계, 기구, 지상권, 산업재산권 등으로 구성된 기업용 재산을 하나의 집합물로 보아 '공장 저당법'에 의해 보존등기를 하면 독립된 물건으로 취급되어 소유권과 저당권의 객체가 된다.

㉡ 광업재단(鑛業財團) : 광업권, 토지, 광물을 채굴·취득하기 위한 여러 설비 등으로 구성된 기업용 재산을 하나의 집합물로 보아 '광업재

단 저당법'에 의해 보존등기를 하면 독립된 물건으로 취급되어 소유권과 저당권의 객체가 된다.

㉢ 입목(立木) : '입목에 관한 법률'에 의하여 보존등기를 마친 입목의 집단은 토지와는 별개로 소유권과 저당권의 객체가 된다.

㉣ 어업권(漁業權) : '수산업법'에 의하여 면허를 받아 일정한 공해수면에서 수산 동식물을 독점적 · 배타적으로 체포 · 양식할 수 있는 권리를 말한다.

㉤ 선박 등 : 20톤 이상의 선박, 자동차, 항공기, 건설기계 등은 등기 또는 등록에 의하여 준부동산에 포함된다.

제4장 부동산의 분류

▸30회, 31회, 32회, 34회, 35회 기출

1. 토지의 분류
2. 토지의 용어
3. 주택의 용어

1 토지의 분류

(1) 용도지역에 따른 분류

① '국토의 계획 및 이용에 관한 법률(이하 국토계획법)'은 전국의 모든 토지에 용도지역을 설정하고 이를 기반으로 국토의 효율적인 이용을 도모하고자 한다. 용도지역은 토지 이용의 가장 기본적인 제도로서 토지는 일단 자신이 속한 용도지역에 의해 분류될 수 있다.

② 용도지역 등

㉠ '용도지역'이란 토지의 이용 및 건축물의 용도, 건폐율, 용적률, 높이 등을 제한함으로써 토지를 경제적 · 효율적으로 이용하고 공공복리의 증진을 도모하기 위하여 서로 중복되지 아니하게 도시 · 군관리계획으로 결정하는 지역을 말한다.

㉡ '용도지구'란 토지의 이용 및 건축물의 용도 · 건폐율 · 용적률 · 높이 등에 대한 용도지역의 제한을 강화하거나 완화하여 적용함으로써

용도지역의 기능을 증진시키고 경관·안전 등을 도모하기 위하여 도시·군관리계획으로 결정하는 지역을 말한다.

㉢ '용도구역'이란 토지의 이용 및 건축물의 용도·건폐율·용적률·높이 등에 대한 용도지역 및 용도지구의 제한을 강화하거나 완화하여 따로 정함으로써 시가지의 무질서한 확산방지, 계획적이고 단계적인 토지이용의 도모, 토지이용의 종합적 조정·관리 등을 위하여 도시·군관리계획으로 결정하는 지역을 말한다.

(2) 지목에 따른 분류

① '공간 정보의 구축 및 관리 등에 관한 법률'은 토지의 주된 용도를 기준으로 토지의 지목을 구분하고 있다. 지목은 토지를 분류하는 흔한 방법이다.

② 지목

의미	주된 용도에 따라 토지의 종류를 구분한 것
28개 지목	전, 답, 과수원, 목장용지, 임야, 광천지, 염전, 대(垈), 공장용지, 학교용지, 주차장, 주유소용지, 창고용지, 도로, 철도용지, 제방(堤防), 하천, 구거(溝渠), 유지(溜池), 양어장, 수도용지, 공원, 체육용지, 유원지, 종교용지, 사적지, 묘지, 잡종지

(3) 감정평가 또는 활동상의 토지 분류 **

① 부동산 감정평가 또는 실무에서 토지를 분류하는 가장 보편적인 기준은 토지가 속한 지역과 토지의 용도에 따라 분류하는 것이다.

② 토지의 용도별 분류

대분류	소분류
택지지역	주거 지역, 상업 지역, 공업 지역
농지지역	전지 지역, 답지 지역, 과수원 지역
임지지역	용재림 지역, 신탄림 지역

③ 후보(候補)지

㉠ '후보지'는 택지지역, 농지지역, 임지지역 등 대분류 상호 간에 용도가 전환되고 있는 지역 내의 토지를 말한다.

㉡ '후보지'는 용도지역 상호 간에 용도가 전환되고 있는 지역 내의 토지를 말한다.

▸▸ 기출 이행지는 임지지역, 농지지역, 택지지역 상호 간에 다른 지역으로 전환되고 있는 어느 지역의 토지를 말한다. (×)

▸▸ 기출 택지지역 내 상호 간에 다른 지역으로 전환되고 있는 지역의 토지를 후보지라고 한다. (×)

㉢ 농지지역에서 택지지역으로 용도가 전환되고 있는 지역 내의 토지라면, 이는 '택지후보지'이다.

④ **이행(移行)지**

㉠ '이행지'는 택지지역 내, 농지지역 내, 임지지역 내 소분류 상호 간에 용도가 이행되고 있는 지역 내의 토지를 말한다.

㉡ '이행지'는 용도지역 내 상호 간에 용도가 이행되고 있는 지역 내의 토지를 말한다.

㉢ 주거지역에서 상업지역으로 용도가 이행되고 있는 지역 내의 토지라면, 이는 '상업이행지'이다.

▸▸ 기출 용도지역 상호 간에 용도가 전환되고 있는 지역 내의 토지라면 이행지이다. (×)

▸▸ 기출 주택지가 대로변에 접하여 상업지로 전환 중인 토지는 이행지이다. (O)

⑤ **후보지와 이행지의 가치판단**

㉠ 후보지와 이행지는 전환 또는 이행의 성숙도에 의해 가치가 판단되어야만 한다.

㉡ 성숙도가 높은 지역이라면 전환 또는 이행 후의 용도를 기준으로 가치를 결정하여야 하고, 성숙도가 낮은 지역이라면 전환 또는 이행 전의 용도를 기준으로 가치를 결정하여야 한다.

2 토지의 용어

(1) 부지와 택지 **

① **부지(敷地)**

㉠ 일정한 용도에 제공되고 있는 바닥 토지를 '부지'라고 한다.

㉡ 하천부지, 철도부지, 수도부지, 도로부지, 건부지 등 일정한 목적에 이용되고 있는 바닥 토지라면 모두 부지라고 할 수 있다. 토지 용어 중 가장 포괄적인 용어라고 할 수 있다.

② **택지(宅地)**

㉠ 주거용 · 상업용 · 공업용 건축물의 부지로 이용 중이거나 이용을 위해 조성된 토지를 '택지'라고 한다.

㉡ 택지는 부지 중 건축물의 바닥 토지로 이용되고 있는 토지라고 할 수 있다.

▸▸ 기출 택지는 주거 · 상업 · 공업용지 등의 용도로 이용되고 있거나 해당 용도로 이용할 목적으로 조성된 토지이다. (O)

▸▸ 기출 나지는 건물 기타 정착물이 없고, 사법상 제한 및 공법상의 제한을 받지 않는 토지이다. (×)

▸▸ 기출 건부지는 건축물의 부지로 이용 중인 토지 또는 건축물의 부지로 이용가능한 토지를 말한다. (×)

▸▸ 기출 건부지의 가격은 건부감가에 의해 나지 가격보다 높게 평가된다. (×)

▸▸ 기출 건부지는 건물 등이 부지의 최유효이용에 적합하지 못하는 경우, 나지에 비해 최유효이용의 기대가능성이 낮다. (○)

▸▸ 기출 획지는 토지의 등기·등록의 단위이다. (×)

▸▸ 기출 획지는 하나의 필지 중 일부에 대해서도 성립한다. (○)

▸▸ 기출 획지는 인위적, 자연적, 행정적 조건에 따라 다른 토지와 구별되는 가격수준이 비슷한 일단의 토지를 말한다. (○)

(2) 나지와 건부지 **

① 나지(裸地)

㉠ 토지에 건물 기타 정착물이 없고, 지상권·임차권 등 토지의 사용·수익을 제한하는 사법상의 권리가 설정되지 않은 토지를 '나지'라고 한다.

㉡ 나지는 토지 이용 상의 제약이 없는 토지를 의미하지만, 나지라도 용도지역 등에 의한 공법상의 제한은 피할 수 없음에 주의하여야 한다.

② 건부지(建附地)

㉠ 건축물의 바닥 토지로 이용되고 있는 토지를 '건부지'라고 한다.

㉡ 건부지는 건축물의 이용 정도에 따라 긍정적인 영향(건부증가)을 받을 수도 있고, 부정적인 영향(건부감가)을 받을 수도 있다.

③ 나지와 건부지의 관계

㉠ 건물이 토지의 최유효이용에 미달된다면 건물은 토지에 부정적인 영향을 주는데, 이를 '건부감가'라고 한다.

㉡ 건부감가가 발생되면 건부지의 가치는 나지의 가치보다 낮게 평가된다.

㉢ 예외적인 현상이지만 건물이 주변 토지의 이용을 초과하는 경우에는 토지에 긍정적인 영향을 주는데, 이를 '건부증가'라고 한다.

㉣ 건부증가가 발생하면 건부지의 가치는 나지의 가치보다 높게 평가된다. 개발제한구역 내에 있는 건부지가 대표적인 사례이다.

(3) 필지와 획지 **

① 필지(筆地)

㉠ 하나의 지번을 가진 토지의 등기·등록의 단위를 '필지'라고 한다.

㉡ 필지는 토지 소유권의 범위를 의미하는 법률적 개념으로 매매·교환에 있어서 중시되는 용어이다.

② 획지(劃地)

㉠ 토지의 용도 및 이용상황이 유사하여 가격 수준이 유사한 일단의 토지를 '획지'라고 한다.

㉡ 넓은 면적을 가지고 있는 하나의 필지는 여러 개의 획지로 구분되어 이용될 수 있고, 반대로 여러 개의 필지가 하나의 획지로 이용될 수도 있다.

(4) **법지와 빈지 ****

① 법지(法地)

㉠ 도로의 가장자리 경사지나 대지 사이에 있는 경사지를 '법지'라고 한다.

㉡ 법지는 개인의 소유가 인정되더라도 경사진 토지이기 때문에 활용 실익이 적거나 없는 토지이다.

② 빈지(濱地)

㉠ '공유수면관리법'상의 만조수위선에서 지적공부에 등록된 지역까지의 사이에 있는 토지를 '빈지'라고 한다. 현재는 '바닷가'라는 용어로 개정되어 사용된다.

㉡ 바닷가는 개인의 소유를 허용하지 않는다. 따라서 빈지는 개인의 소유는 인정되지 않지만, 활용 실익은 많은 토지이다.

(5) **다양한 토지 용어 ****

① 휴한지(休閑地), 유휴지(遊休地) 및 공한지(空閑地)

㉠ 휴한지 : 지력 회복 등을 위해 정상적으로 경작하지 않는 토지를 '휴한지'라고 한다.

㉡ 유휴지 : 바람직하지 못하게 놀리고 있는 토지를 '유휴지'라고 한다. 주변 토지이용에 비하여 그 이용이 현저히 떨어지는 토지로서, (구) 국토이용관리법에서 방치되거나 이용되지 않는 토지를 규제하기 위해서 만든 용어이다.

㉢ 공한지 : 도시지역에서 지가상승을 기대하고 장기간 방치하고 있는 토지를 과거 '공한지'라고 하였다. 과거 세법에서 도시의 토지이용을 효율적으로 촉진시키기 위하여 방치되거나 이용되지 않는 대지·공장용지 등에 세금(현재는 폐지되었다)을 부과하기 위해 만든 용어이다.

② 기타 토지 용어

㉠ 맹지(盲地) : 타인의 토지에 둘러싸여 도로와 전혀 맞닿은 부분이 없는 토지를 '맹지'라고 한다.

㉡ 포락지(浦落地) : 물에 의한 침식으로 인해 수면 아래로 잠기거나 하천으로 변한 토지를 '포락지'라고 한다. 포락지는 지반이 절토되어 무너져 버린 토지를 의미한다.

㉢ 선하지(線下地) : 고압선 아래에 있는 토지를 '선하지'라고 한다.

▸▸ 기출 법지는 소유권은 인정되지만 이용실익이 없거나 적은 토지를 말한다. (O)

▸▸ 기출 빈지는 일반적으로 바다와 육지 사이의 해변 토지와 같이 소유권이 인정되며 이용실익이 있는 토지이다. (×)

▸▸ 기출 공지는 지력회복을 위해 정상적으로 쉬게 하는 토지를 말한다. (×)

▸▸ 기출 소지는 도로에 직접 연결되지 않은 한 필지의 토지다. (×)

▸▸ 기출 빈지는 물에 의한 침식으로 인해 수면 아래로 잠기거나 하천으로 변한 토지를 말한다. (×)

▸▸ 기출 포락지는 고압선 아래의 토지로 이용 및 거래의 제한을 받는 경우가 많다. (×)

ⓡ 소지(素地) : 대지 등으로 개발되기 이전의 자연적 상태 그대로의 토지를 '소지'라고 한다.

ⓜ 공지(空地) : 건축법상의 대지에서 건축물의 바닥면적을 제외하고 남은 빈 공간의 토지를 '공지'라고 한다.

ⓑ 대지(垈地) : 지목이 대(垈)인 토지를 '대지(垈地)'라고 한다.

ⓢ 대지(袋地) : 좁은 통로를 가진 토지 또는 자루형 모양의 토지를 '대지(袋地)'라고 한다. 앞서 언급된 대지(垈地)와 구별하여야 한다.

▸▸ 기출 공지는 건축법에 의한 건폐율·용적률 등의 제한으로 인해 한 필지 내에서 건축하지 않고 비워둔 토지이다. (O)

3 주택의 용어

(1) 공동주택과 단독주택(주택법) **

① '주택'이란 세대의 구성원이 장기간 독립된 주거생활을 할 수 있는 구조로 된 건축물의 전부 또는 일부 및 그 부속 토지를 말하며, 단독주택과 공동주택으로 구분한다.

② 단독주택

㉠ '단독주택'이란 1세대가 하나의 건축물 안에서 독립된 주거생활을 할 수 있는 구조로 된 주택을 말한다.

㉡ 단독주택의 종류와 범위

구분	요건
단독주택	단독으로 소유하고 있는 주택
다중주택	• 학생 또는 직장인 등 여러 사람이 장기간 거주할 수 있는 구조로 되어 있는 것 • 독립된 주거의 형태가 아닐 것 • 1개 동의 주택으로 쓰이는 바닥면적의 합계가 660㎡ 이하이고, 주택으로 쓰는 층수가 3개층 이하일 것
다가구주택	• 주택으로 쓰이는 층수가 3개 층 이하일 것 • 1개 동의 주택으로 쓰이는 바닥면적의 합계가 660㎡ 이하일 것 • 19세대 이하가 거주할 수 있을 것

▸▸ 기출 다가구주택은 주택으로 쓰는 층수(지하층은 제외)가 3개 층 이하이며, 1개 동의 바닥면적(부설주차장 면적 제외)이 330㎡ 이하인 공동주택이다. (×)

③ 공동주택

㉠ '공동주택'이란 건축물의 벽·복도·계단이나 그 밖의 설비 등의 전부 또는 일부를 공동으로 사용하는 각 세대가 하나의 건축물 안에서 각각 독립된 주거생활을 할 수 있는 구조로 된 주택을 말한다.

㉡ 공동주택의 종류와 범위

구분	요건
아파트	• 주택으로 쓰는 층수가 5개 층 이상인 주택
연립주택	• 주택으로 쓰는 층수가 4개 층 이하인 주택 • 주택으로 쓰는 바닥면적 합계가 660㎡ 초과인 주택
다세대주택	• 주택으로 쓰는 층수가 4개 층 이하인 주택 • 주택으로 쓰는 바닥면적 합계가 660㎡ 이하인 주택
기숙사	

④ 준주택

㉠ '준주택'이란 주택 외의 건축물과 그 부속토지로서 주거시설로 이용 가능한 시설 등을 말한다.

㉡ 준주택의 종류와 범위

구분	요건
기숙사	학교 또는 공장 등의 학생 또는 종업원 등을 위하여 쓰는 것으로서 1개 동의 공동취사시설 이용 세대 수가 전체의 50% 이상인 것
다중생활시설	
노인복지주택	노인에게 주거시설을 임대하여 주거의 편의·생활지도·상담 및 안전관리 등 일상생활에 필요한 편의를 제공함을 목적으로 하는 시설
오피스텔	업무를 주로 하며, 분양하거나 임대하는 구획 중 일부 구획에서 숙식을 할 수 있도록 한 건축물

(2) 다양한 주택의 용어

① 국민주택과 민영주택

㉠ 국민주택 : 다음 어느 하나에 해당하는 주택으로서 국민주택규모(주거전용면적이 85㎡ 이하인 주택)에 해당하는 주택

> 1. 국가·지방자치단체, 한국토지주택공사 또는 지방공사가 건설하는 주택
> 2. 국가·지방자치단체의 재정 또는 주택도시기금으로부터 자금을 지원받아 건설되거나 개량되는 주택

㉡ 민영주택 : 국민주택을 제외한 주택

▸▸ 기출 연립주택은 주택으로 쓰는 1개 동의 바닥면적 합계가 660㎡ 이하이고, 층수가 4개 층 이하인 주택이다. (×)

▸▸ 기출 다세대주택은 주택으로 쓰는 1개 동의 바닥면적 합계가 330㎡ 이하이고, 층수가 5개 층 이하인 주택이다. (×)

▸▸ 기출 도시형생활주택이란 주택 외의 건축물과 그 부속토지로서 주거시설로 이용가능한 시설 등을 말한다. (×)

▸▸ 기출 숙박시설 중 생활숙박시설은 준주택에 해당한다. (×)

▸▸ 기출 민영주택이란 국민주택을 제외한 주택이다. (O)

▸▸ 기출 민영주택은 임대주택을 제외한 주택을 말한다. (×)

② **임대주택** : 임대를 목적으로 하는 주택으로서, 「공공주택 특별법」에 따른 공공임대주택과 「민간임대주택에 관한 특별법」에 따른 민간임대주택으로 구분한다.

③ **토지임대부 분양주택** : 토지의 소유권은 토지임대부 분양주택 건설사업을 시행하는 자가 가지고, 건축물 및 복리시설 등에 대한 소유권은 주택을 분양받은 자가 가지는 주택

④ **세대구분형 공동주택** : 공동주택의 주택 내부 공간의 일부를 세대별로 구분하여 생활이 가능한 구조로 하되, 그 구분된 공간의 일부를 구분소유할 수 없는 주택

⑤ **도시형 생활주택** : 300세대 미만의 국민주택 규모에 해당하는 주택

1. 단지형 연립주택 2. 단지형 다세대주택 3. 소형주택

⑥ **에너지절약형 친환경주택** : 저에너지 건물 조성기술 등을 이용하여 에너지 사용량을 절감하거나 이산화탄소 배출량을 저감할 수 있도록 건설된 주택

⑦ **건강친화형 주택** : 건강하고 쾌적한 실내환경의 조성을 위하여 실내공기의 오염물질 등을 최소화할 수 있도록 건설된 주택

⑧ **장수명 주택** : 구조적으로 오랫동안 유지·관리될 수 있는 내구성을 갖추고, 입주자의 필요에 따라 내부 구조를 쉽게 변경할 수 있는 가변성과 수리 용이성 등이 우수한 주택

▸▸ 기출 세대구분형 공동주택은 공동주택의 주택 내부 공간의 일부를 세대별로 구분하여 생활이 가능한 구조로 하되, 그 구분된 공간의 일부를 구분소유할 수 있는 주택을 말한다. (×)

▸▸ 기출 도시형 생활주택은 350세대 미만의 국민주택규모로 대통령령으로 정하는 주택으로 단지형 연립주택·단지형 다세대주택·원룸형 주택 등이 있다. (×)

▸▸ 기출 에너지절약형 친환경주택은 저에너지 건물 조성기술 등 대통령령으로 정하는 기술을 이용하여 에너지 사용량을 절감하거나 이산화탄소 배출량을 증대할 수 있도록 건설된 주택을 말한다. (×)

▸▸ 기출 장수명 주택은 구조적으로 오랫동안 유지·관리될 수 있는 내구성을 갖추고 있어 내부 구조를 쉽게 변경할 수 없는 주택을 말한다. (×)

(3) 공공주택(공공주택 특별법) **

① '공공주택'이란 국가·지방자치단체, 한국토지주택공사, 지방공사 등 공공주택사업자가 국가 또는 지방자치단체의 재정이나 주택도시기금을 지원받아 건설, 매입 또는 임차하여 공급하는 주택을 말한다.

② 공공주택은 임대와 분양을 기준으로 공공임대주택과 공공분양주택으로 구분된다.

㉠ **공공임대주택** : 임대 또는 임대한 후 분양전환을 할 목적으로 공급하는 다음의 어느 하나에 해당하는 주택

✔주의
공공임대주택에는 공공건설임대주택뿐만 아니라 공공매입임대주택도 있음에 주의하여야 한다.

> 1. **영구임대주택** : 국가나 지방자치단체의 재정을 지원받아 최저소득 계층의 주거안정을 위하여 50년 이상 또는 영구적인 임대를 목적으로 공급하는 공공임대주택
> 2. **국민임대주택** : 국가나 지방자치단체의 재정이나 주택도시기금의 자금을 지원받아 저소득 서민의 주거안정을 위하여 30년 이상 장기간 임대를 목적으로 공급하는 공공임대주택
> 3. **행복주택** : 국가나 지방자치단체의 재정이나 주택도시기금의 자금을 지원받아 대학생, 사회초년생, 신혼부부 등 젊은층의 주거안정을 목적으로 공급하는 공공임대주택
>
> 3의2. **통합공공임대주택**: 국가나 지방자치단체의 재정이나 주택도시기금의 자금을 지원받아 최저소득 계층, 저소득 서민, 젊은 층 및 장애인·국가유공자 등 사회 취약계층 등의 주거안정을 목적으로 공급하는 공공임대주택
>
> 4. **장기전세주택** : 국가나 지방자치단체의 재정이나 주택도시기금의 자금을 지원받아 전세계약의 방식으로 공급하는 공공임대주택
> 5. **분양전환공공임대주택** : 일정 기간 임대 후 분양전환할 목적으로 공급하는 공공임대주택
> 6. **기존주택매입임대주택** : 국가나 지방자치단체의 재정이나 주택도시기금의 자금을 지원받아 기존주택을 매입하여 「국민기초생활 보장법」에 따른 수급자 등에게 공급하는 공공임대주택
> 7. **기존주택전세임대주택** : 국가나 지방자치단체의 재정이나 주택도시기금의 자금을 지원받아 기존주택을 임차하여 저소득 서민에게 전대(轉貸)하는 공공임대주택

ⓑ **공공분양주택** : 분양을 목적으로 공급하는 주택으로서 국민주택규모 이하의 주택

③ 공공주택은 건설과 매입을 기준으로 공공건설임대주택과 공공매입임대주택으로 다시 구분된다.

㉠ **공공건설임대주택** : 공공주택사업자가 직접 건설하여 공급하는 공공임대주택

ⓑ **공공매입임대주택** : 공공주택사업자가 직접 건설하지 않고 매매 등으로 취득하여 공급하는 공공임대주택

(4) **민간임대주택(민간임대주택에 관한 특별법)**

① '민간임대주택'이란 임대 목적으로 제공하는 주택으로서 임대사업자가 등록한 주택을 말하며, 민간건설임대주택과 민간매입임대주택으로 구분한다.

▸▸ **기출** 장기전세주택이란 국가, 지방자치단체, 한국토지주택공사 또는 지방공사가 임대할 목적으로 건설 또는 매입하는 주택으로서 20년의 범위에서 전세계약의 방식으로 공급하는 임대주택을 말한다. (O)

㉠ **민간건설임대주택** : 다음의 어느 하나에 해당하는 민간임대주택

> 1. 임대사업자가 임대를 목적으로 건설하여 임대하는 주택
> 2. 사업계획승인을 받아 건설한 주택 중 사용검사 때까지 분양되지 아니하여 임대하는 주택

㉡ **민간매입임대주택** : 임대사업자가 매매 등으로 소유권을 취득하여 임대하는 민간임대주택

② **공공지원민간임대주택** : 임대사업자가 주택도시기금, 공공택지 등을 지원받은 민간임대주택을 10년 이상 임대할 목적으로 취득하여 임대료 및 임차인의 자격 제한 등을 받아 임대하는 민간임대주택

③ **장기일반민간임대주택** : 임대사업자가 공공지원민간임대주택이 아닌 주택을 10년 이상 임대할 목적으로 취득하여 임대하는 민간임대주택

④ **주택임대관리업** : 주택의 소유자로부터 임대관리를 위탁받아 관리하는 업(業)을 말하며, 다음과 같이 구분한다.

㉠ **자기관리형 주택임대관리업** : 주택의 소유자로부터 주택을 임차하여 자기책임으로 전대(轉貸)하는 형태의 업

㉡ **위탁관리형 주택임대관리업** : 주택의 소유자로부터 수수료를 받고 임대료 부과·징수 및 시설물 유지·관리 등을 대행하는 형태의 업

제5장 부동산의 특성 ▸31회, 32회, 33회, 34회, 35회 기출

1. 부동산 특성의 의미
2. 토지의 자연적 특성
3. 토지의 인문적 특성
4. 건물의 특성
5. 3분법에 의한 토지 특성의 분류

1 부동산 특성의 의미

(1) 부동산 특성

① 부동산은 일반 재화와 구별되는 특별한 성질을 지니고 있는데, 이를 '부동산 특성'이라고 한다.

② 부동산 특성은 토지의 특성을 의미할 수도 있고 건물의 특성을 의미할 수도 있지만, 일반적으로 부동산의 특성이라고 하면 토지의 특성을 의미한다.

(2) 부동산 특성의 분류

① 부동산 특성은 토지와 건물의 특성으로 분류되고, 토지의 특성은 '자연적 특성'과 '인문적 특성'으로 다시 구분된다.

② 부동산 특성의 분류

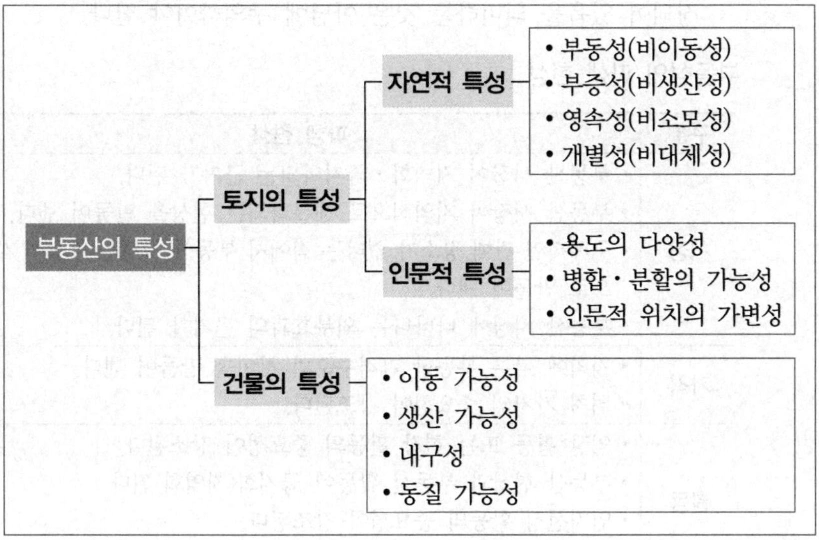

2 토지의 자연적 특성

▸▸ 기출 자연적 특성은 가변적이다. (×)

(1) 의미

① 토지의 '자연적 특성'이란 자연이 토지에 부여한 특성으로 토지가 생성될 때부터 가지고 있는 특성을 말한다.

㉠ 자연적 특성은 토지 자체가 본원적으로 가지고 있는 물리적 특성이다.

㉡ 자연적 특성은 선천적, 본원적, 불변적인 성질을 갖는다.

② 자연적 특성은 다양하게 설명될 수 있지만, 일반적으로 부동성, 부증성, 영속성, 개별성 등을 중심으로 설명된다.

(2) **부동성(비이동성)** **

① 의미

㉠ 토지의 지리적 위치, 즉 토지의 장소는 고정되어 있는데, 이를 '부동성(immobility)' 또는 '지리적 위치의 고정성(fixity of location)'이라고 한다.

㉡ 부동성은 인간이 토지의 지리적 위치를 이동시킬 수 없다는 '비이동성'을 의미한다.

㉢ 부동성은 동산과 부동산을 구별 짓는 특성으로 부동산의 가장 본원적인 특성이라고 할 수 있다.

㉣ 부동성은 토지의 지리적 위치(장소)가 고정되어 있음을 의미하는 것이지, 토지의 사회적·경제적·행정적 위치, 즉 인문적 위치가 고정되어 있음을 의미하는 것은 아님에 주의하여야 한다.

▸▸ 기출 토지의 영속성은 부동산 시장을 국지화시키는 역할을 한다. (×)

▸▸ 기출 개별성으로 인해 부의 외부효과가 발생한다. (×)

▸▸ 기출 부동성은 인근지역과 유사지역의 분류를 가능하게 한다. (O)

② 부동성의 파생 현상

구분	파생 현상
시장	• 부동산 시장이 지역화·국지화되는 근거가 된다. • 부동산 시장이 지역적으로 세분화되는 현상을 만들어 낸다. • 구체적인 판매 장소가 없다는 점에서 부동산 시장을 추상적 시장으로 만들어 낸다. • 부동산 시장에 나타나는 외부효과의 근거가 된다.
가격	• 지역에 따른 부동산 가격수준의 차이를 만들어 낸다. • 위치 가치의 중요성이 강조된다.
활동	• 임장 활동 또는 현장 활동의 중요성이 강조된다. • 부동산 현상과 부동산 활동이 국지화(지역화)된다. • 입지선정 활동의 중요성이 강조된다. • 가치추계 과정에서 지역분석이 강조되는 근거를 제공한다.

(3) 부증성(비생산성) **

① 의미

㉠ 토지의 지표면적은 제한되어 있는데, 이를 '부증성', '면적의 유한성' 또는 '수량의 고정성'이라고 한다.

㉡ 부증성은 인간이 토지의 지표면적을 생산할 수 없다는 '비생산성(unproductivity)'을 의미한다.

㉢ 부증성은 토지의 지표면적 생산이 불가능함을 의미하는 것이지, 용도적인 측면의 공급(용도적 공급 또는 경제적 공급)까지 불가능함을 의미하는 것은 아니다.

㉣ 토지의 간척, 매립, 개간 등의 사례는 토지의 지표면적을 증가시키는 행위라고 할 수 없다. 매립이나 개간은 기존 토지의 용도를 변화시켜서 토지의 이용가치를 증대시키는 행위(용도적 공급 또는 경제적 공급)의 사례이다. 따라서 간척이나 매립의 경우에도 부증성의 특성은 적용되고 있음에 주의하여야 한다.

② 부증성의 파생 현상

구분	파생 현상
시장	• 토지에 대한 생산비 법칙을 부정하게 한다. • 토지시장의 공급조절을 곤란하게 한다. • 토지에 대한 수직의 물리적 공급곡선 또는 완전 비탄력적인 물리적 공급곡선을 만들어 낸다. • 부동산 시장에서 수요자 경쟁이 강조되는 근거를 제공한다.
가격	• 지가고 현상을 만들어 낸다. • 부동산의 가격 왜곡 현상을 만들어 낸다. • 경제지대가 발생하는 근거를 제공한다.
활동	• 집약적 토지이용 및 건물의 고층화 현상을 유발한다. • 토지의 최유효이용의 근거가 된다. • 토지공개념 및 토지 규제에 대한 근거를 제공한다. • 토지 소유의 욕구를 증대시킨다.

(4) 영속성(비소모성) **

① 의미

㉠ 토지는 영원히 존재하는 재화의 성격을 갖는데, 이를 '영속성'이라고 한다.

▸▸ 기출 부증성은 토지의 경제적 공급이 불가능함을 의미한다. (×)

▸▸ 기출 토지의 용도적 공급은 불가능하다. (×)

▸▸ 기출 매립이나 산지개간을 통한 농지나 택지의 확대는 부증성의 예외이다. (×)

▸▸ 기출 부증성에 기인한 특정 토지의 희소성은 공간수요의 입지경쟁을 유발시킨다. (○)

▸▸ 기출 부증성으로 인해 토지이용이 집약화된다. (○)

▸▸ 기출 부증성은 토지의 지대 또는 지가를 발생시키며, 최유효이용의 근거가 된다. (○)

㉡ 영속성은 인간의 사용으로 토지가 소모되거나 파괴될 수 없다는 '비소모성' 또는 '불괴성(indestructibility)'을 의미한다.

▸▸ 기출 홍수 등으로 인한 토지의 유실은 영속성의 예외이다. (×)

㉢ 홍수 등으로 인한 토지의 유실은 토지가 소모되거나 파괴된 것이라고 할 수 없다. 외형적으로 보이지 않을 뿐이지 토지는 여전히 하천이나 강의 밑바닥으로서 존재하기 때문이다. 따라서 홍수로 인해 토지가 유실된 경우라도 영속성은 적용되고 있음에 주의하여야 한다.

▸▸ 기출 토지는 영속성으로 인해 원칙적으로 감가상각이 적용되지 않는다. (O)

▸▸ 기출 토지의 영속성은 부동산 관리의 중요성을 강조하게 한다. (O)

▸▸ 기출 영속성은 소유함으로써 생기는 자본이익과 이용하여 생기는 운용이익을 발생시킨다. (O)

② 영속성의 파생 현상

구분	파생 현상
시장	• 부동산의 임대차 시장이 발달되는 근거를 제공한다. • 부동산의 중고시장 또는 재고시장이 형성되는 근거가 된다.
가격	• 부동산 가치 정의(장래 기대이익에 대한 현재가치의 합)의 근거가 된다. • 가격과 임대료가 구분되는 근거가 된다. • 원칙적으로 토지의 감가상각 이론을 배제하게 한다.
활동	• 소모를 전제로 하는 재생산 이론이나 사고방식의 적용을 배제하게 한다. • 장기적인 배려와 신중한 의사결정이 중요함을 강조한다. • 부동산 관리의 중요성이 강조되는 근거가 된다. • 부동산 활동에서 예측의 원칙이 강조되는 이유를 제공한다. • 부동산을 소유함으로써 생기는 자본이익(capital gain)과 부동산을 이용함으로써 생기는 운영이익(income gain)을 발생시킨다.

(5) 개별성 **

① 의미

㉠ 토지는 위치, 크기, 모양 등에 있어서 동일하지 않은데, 이를 '개별성', '이질성(heterogeneity)' 또는 '독특성(uniqueness)'이라고 한다.

㉡ 개별성은 인간이 특정 토지를 다른 토지로 대체시킬 수 없다는 '비대체성'을 의미한다.

▸▸ 기출 토지의 부증성은 토지 사용이나 판매를 둘러싼 계약에 있어 법적으로 대체가능성을 없게 만드는 원인이 되기도 한다. (×)

② 개별성의 파생 현상

구분	파생 현상
가격	• 외형적 또는 물리적 측면에서 대체성을 부정하게 한다. • 일물일가 법칙을 부정하게 한다. • 부동산 가치 및 수익의 형성이 개별화되는 현상의 근거를 제공한다.
활동	• 가치추계 과정에서 개별분석이 강조되는 근거가 된다. • 부동산의 가치추계가 어렵게 되는 이유를 제공한다.

(6) 인접성

① 의미

㉠ 토지는 다른 토지와 서로 연결되어 있는데, 이를 '인접성(continuity)' 또는 '연결성'이라고 한다.

㉡ 인접성을 토지의 자연적 특성에 포함시키는 견해도 있지만, 토지의 독립적인 특성이기보다는 부동성으로부터 파생된 특성으로 보는 것이 일반적이다.

② 인접성(연결성)의 파생 현상

구분	파생 현상
소유관계	• 토지는 인접 토지와의 협동적 이용이 중요하다. • 소유와 관련된 경제 문제가 발생할 수 있다. • 토지 이용에 있어 협동적 논리가 중시되는 이유이다.
시장	• 외부효과와 지역분석이 강조되는 이유가 된다. • 개발이익의 사회적 환수 논리의 근거가 된다.

✔주의
인접성은 일부 학자가 토지의 자연적 특성에 포함시키고 있다. 따라서 인접성의 파생 현상은 앞에서 언급된 특성의 파생 현상과 중복되고 있다.

▸▸ 기출 인접성은 외부효과의 원인이 된다. (O)

3 토지의 인문적 특성

(1) 개요

① 토지의 '인문적 특성'이란 인간이 부여한 특성으로 토지와 인간과의 관계로부터 발생되는 특성을 말한다.

㉠ 인문적 특성은 인간이 토지를 이용하면서 부가한 특성이다.

㉡ 인문적 특성은 후천적, 인위적, 가변적인 성질을 갖는다.

② 인문적 특성은 다양하게 설명될 수 있지만 일반적으로 용도의 다양성, 병합・분할의 가능성, 사회적・경제적・행정적 위치의 가변성 등을 중심으로 설명된다.

(2) 인문적 특성과 그 파생 현상 **

① 용도의 다양성(다용도성, 변용성)

㉠ 의미 : 하나의 토지는 다양한 용도로 이용될 수 있는데, 이를 '용도의 다양성'이라고 한다.

㉡ 파생 현상

ⓐ 토지의 최유효이용을 판단해야만 하는 근거를 제공한다.

ⓑ 용도적인 측면의 공급 또는 경제적 공급을 가능하게 한다.

✔주의
최유효이용의 근거는 부증성과 용도의 다양성이다.

▸▸ 기출 용도의 다양성은 최유효이용을 선택할 수 있는 근거가 된다. (O)

▸▸ 기출 용도의 다양성은 토지의 이행과 전환을 가능하게 한다. (O)

▸▸ 기출 합병 · 분할의 가능성은 토지의 이행과 전환을 가능하게 한다. (×)

ⓒ 토지에 가치가 다양하게 형성되는 가치 다원론의 근거가 된다.

ⓓ 창조적 이용의 근거가 된다.

ⓔ 토지에 적합한 용도를 찾는 활동, 즉 적지론의 근거가 된다.

② 병합 · 분할의 가능성

㉠ 의미 : 토지는 이용목적에 따라 분할 또는 합병될 수 있는데, 이를 '병합 · 분할의 가능성'이라고 한다.

㉡ 파생 현상

ⓐ 용도의 다양성을 지원하는 특성으로 이해된다.

ⓑ 병합과 분할을 통해 토지의 가치는 변화될 수 있음을 보여준다.

③ 사회적 · 경제적 · 행정적 위치의 가변성

✔주의
토지의 지리적 위치는 고정되어 있지만 토지의 인문적 위치는 끊임없이 변화한다.

㉠ 의미 : 토지의 지리적 위치는 고정되어 있지만 토지의 사회적, 경제적, 행정적 측면의 중요도는 끊임없이 변화된다. 이를 '사회적 · 경제적 · 행정적 위치의 가변성' 또는 '인문적 위치의 가변성'이라고도 한다.

㉡ 인문적 위치의 변화 사례

ⓐ 사회적 위치의 변화 사례 : 사회적 인식의 변화

ⓑ 경제적 위치의 변화 사례 : 가치 또는 가격의 변화

ⓒ 행정적 위치의 변화 사례 : 도시계획 등의 변화

4 건물의 특성

① 건물과 같은 정착물도 일반 재화와 구별되는 특별한 성질을 갖는데, 이를 '건물의 특성'이라고 한다. 건물의 특성은 토지가 가지는 특성이 어느 정도 완화되어 나타난다.

② 건물의 특성

구분	내용
이동 가능성	예외적이지만 모빌하우스 등은 이동이 가능하다.
생산 가능성	건물은 생산비를 투입하여 생산이 가능하다.
내구성	건물은 토지와 같이 영속적이지는 않지만 내구성을 갖는다.
동질 가능성	건물은 용도적 측면에서 동질적일 수 있다.
지배성과 종속성	건물은 토지를 지배하기도 하고, 토지에 지배받기도 한다.

5 3분법에 의한 토지 특성의 분류

① 토지의 특성은 자연적 특성과 인문적 특성으로 구분하는 2분법이 일반적인 분류 방법이다. 3분법은 학자들이 부동산의 특성을 보다 일반화하고자 토지를 포함한 부동산 전체를 대상으로 그 특성을 3가지 측면으로 분류한 것이다.

② 3분법에 의한 분류

물리적 특성	일반적 특성	• 모든 부동산이 공통적으로 가지고 있는 특성 • 부동성, 부증성, 영속성, 개별성 등
	개별적 특성	• 특정 부동산을 다른 부동산과 구별시키는 특성 • 지형, 토양, 크기, 형태, 접근성 등
경제적 특성		• 부동산의 특성 중 경제적 측면에서 강조되는 성질 • 부동산의 고가성 및 내구성 등 • 부동산 이용의 비가역성, 부동산 가격의 하방 경직성 등
제도적 특성		• 부동산의 특성 중 법과 제도적 측면에서 강조되는 성질 • 부동산의 사회성 · 공공성 • 부동산 법규, 부동산 관련 공공규제, 협회와 조직, 사회 관습 등

▸▸ 기출 자연적 특성이란 토지가 가지고 있는 경제적 특성이다. (×)

③ 부동산의 경제적 특성

고가성	• 다른 재화와 비교할 때, 부동산 가격이 높다는 특성이다. • 부동산 시장의 진입과 퇴거를 어렵게 하는 요인이다. • 부동산 수요와 공급은 대출의 유용성에 영향을 받는다.
이용의 비가역성	• 부동산은 한번 잘못 이용되면 이를 되돌리기가 쉽지 않다. • 부동산의 이용에는 장기적 관점의 배려가 필요하다.
가격의 하방경직성	• 부동산 가격은 상승하기는 쉬워도, 하락하기는 어렵다. • 가격이 일단 상승하면 하락하는 것이 쉽지 않다.

▸▸ 기출 부동산 가격은 수요가 감소하더라도 즉각적으로 하락하지 않는 하방경직성의 특성이 있다. (O)

제6장 부동산 가치의 본질 ▸ 31회, 33회 기출

1 토지의 공간 가치

(1) 토지 소유권의 공간적 범위

① 과거에 토지는 지표면을 중심으로 이용되었다. 그러나 건축기술이 발전하면서 토지 이용의 공간은 지표면에 한정되지 않고, 지상 공간과 지하 공간으로 확장되고 있다.

② 토지의 입체공간

㉠ 토지는 수평·공중·지하 공간을 가진 입체공간으로 존재한다.

㉡ 입체공간으로서의 부동산은 법률적 개념 및 경제적 개념에 해당하는 동시에 현대 사회에서 매우 중요한 기술적 개념이 되고 있다.

㉢ 토지의 이용이 입체적 공간으로 확장되면서 토지의 이용은 보다 다양해지고, 토지의 가치도 보다 다양하게 평가된다.

③ 입체공간에 대한 법률적 근거

> **▾ 민법 제212조 (토지 소유권의 공간적 범위)**
> 토지의 소유권은 정당한 이익이 있는 범위 내에서 토지의 상하에 미친다.

㉠ 민법은 사회의 요구에 따라 토지 소유권의 범위를 입체적으로 규정하고 있다.

㉡ 다만 정당한 이익이 있는 범위에 대해서는 민법에 규정되어 있지 않다. 따라서 토지 소유권이 미치는 범위가 무엇인지는 사회 통념이나 법원의 판례에 의해 결정된다.

④ 입체공간의 활용 방법에 대한 법률적 근거

> ▾ **민법 제279조 (지상권)**
> 지상권자는 타인의 토지에 건물 기타 공작물이나 수목을 소유하기 위하여 그 토지를 사용하는 권리가 있다.
>
> ▾ **민법 제289조의2 (구분지상권)**
> 지하 또는 지상의 공간은 상하의 범위를 정하여 건물 기타 공작물을 소유하기 위한 지상권의 목적으로 할 수 있다.

㉠ 지상권은 토지의 지표권을 타인이 활용할 수 있는 권리이다.
㉡ 구분지상권은 토지의 공중 공간과 지하 공간을 타인이 활용할 수 있는 권리이다.

(2) 지표권, 지하권 및 공중권

① 토지에 대한 입체적 공간을 강조하면 토지의 소유권은 지표권, 공중권, 지하권 등으로 구분할 수 있다.

▾ **토지 소유권의 공간적 범위**

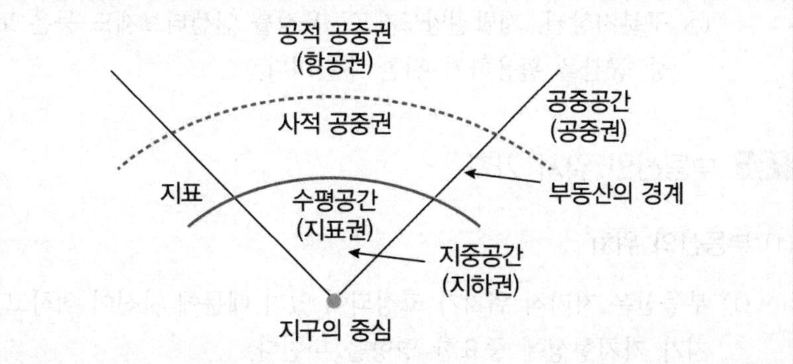

② 지표권

㉠ 토지의 수평 공간을 독점적 · 배타적으로 이용할 수 있는 권리이다.
㉡ 토지에 작물을 경작하는 행위, 건물을 건축하는 행위, 지표수를 이용하는 행위 등은 모두 지표 공간을 활용하는 사례이다.
㉢ 지상권, 임차권 등은 토지의 지표권을 활용하는 수단이다.

③ 지하권

㉠ 정당한 이익이 있는 범위 내에서 지하 공간을 독점적 · 배타적으로 이용할 수 있는 권리이다.

✔주의
공중 공간 중 정당한 이익이 있는 범위 내라고 인정되어 개인의 소유권이 인정되는 공중공간을 사적 공중권이라고 한다.

▸▸ **기출** 지중권 또는 지하권은 토지소유자가 지하공간으로부터 어떤 이익을 획득하거나 사용할 수 있는 권리를 말하여, 물을 이용할 수 있는 권리가 이에 포함된다. (×)

▸▸ **기출** 지하권에는 광물에 대한 권리를 포함한다. (×)

ⓛ 우리나라를 포함한 대부분의 나라들은 석탄 등과 같은 광물자원에 대해서는 개인의 소유권을 인정하지 않는다. 따라서 광물은 광업권의 객체가 될 뿐 토지의 소유권에 포함되지 않음에 주의하여야 한다.

ⓒ 구분지상권은 토지의 지하 공간을 활용하기 위한 수단이다.

④ 공중권

㉠ 정당한 이익이 있는 범위 내에서 공중 공간을 독점적·배타적으로 이용할 수 있는 권리이다.

ⓛ 공중권은 공간적으로 무한히 확대되는 것이 아니라, 정당한 이익 있는 범위 내에서만 인정된다.

ⓒ 정당한 이익이 있는 범위라고 인정되어 토지소유권의 내용을 구성하는 공중공간을 '사적 공중권'이라고 한다.

㉣ 토지의 이용이 합리적으로 예측되지 않는 공중 공간을 '공적 공중권'이라고 한다. 이론적으로 항공기의 통행과 전파의 송·수신은 공적 공중권을 활용한 것으로 보기 때문에 토지소유자는 그 이용에 대한 대가를 요구할 수 없다.

㉤ 구분지상권, 개발권양도제도, 용적률 인센티브제도 등은 토지의 공중 공간을 활용하기 위한 수단이다.

✔주의 한계심도
1. 한계심도란 토지소유자의 통상적 이용행위가 예상되지 않으며 지하시설물 설치로 인하여 일반적인 토지이용에 지장이 없을 것으로 판단되는 깊이를 말한다.
2. 지하철 건설 등을 위한 지하부분토지 사용에 대한 보상금은 한계심도를 기준으로 차이를 두고 있다.
3. 한계심도를 초과하는 깊이의 지하부분에 대한 보상은 그렇지 않은 지하부분에 대한 보상보다 상대적으로 보상금이 적게 산정되는데, 이는 공적인 지하부분을 일부 인정하고 있는 근거가 된다.

▸▸ **기출** 개발권양도제도는 지하공간을 활용하는 방법이다. (×)

2 부동산의 위치 가치

(1) 부동산의 위치

① 부동산은 지리적 위치가 고정되어 있기 때문에 자신이 점하고 있는 위치가 가치형성에 중요한 영향을 미친다.

② 위치의 구분

자연적 위치	• 부동산이 점하고 있는 구체적 장소를 의미한다. • 자연적 위치는 변화될 수 없기 때문에 절대적 위치이다.
인문적 위치	• 인간이 부동산에 부여한 중요도를 의미한다. • 인문적 위치는 사회적·경제적·행정적 측면에서 부동산의 중요도를 파악한 것으로 사회적·경제적·행정적 위치로 구분될 수 있다. • 인문적 위치는 시간과 환경에 따라 달라지는 상대적 위치이다.

✔주의
· 지리적 위치≒절대적 위치
· 인문적 위치≒상대적 위치

(2) 부동산의 위치 가치

① '위치 가치'는 부동산의 위치가 좋음으로 인하여 부동산에 추가되는 가치를 말한다. 부동산이 가지는 전체 가치 중에 위치 가치가 차지하는 비중은 높다고 할 수 있다.

② 위치 가치

㉠ 위치 가치를 결정하는 위치에는 자연적 위치와 인문적 위치가 모두 포함된다.

㉡ 부동산의 외부효과로 인하여 위치 가치는 부동산을 둘러싼 환경의 변화와 밀접한 관련을 가진다.

▸▸ 기출 위치 가치는 환경과 관련이 없다. (×)

㉢ 동일한 위치라도 형성되는 위치 가치는 부지의 이용주체, 용도 및 규모 등에 따라 달라질 수 있다.

㉣ 위치 가치는 해당 토지에 대한 개인이나 집단의 상호 선택과 선호의 결과로 나타난다.

(3) 부동산의 접근성

① 일반적으로 위치 가치는 어떤 대상물과의 접근성에 의해 판단되는 경우가 많다. 접근성이 좋을수록 위치 가치는 높고 그 결과 부동산 가치도 높게 형성된다.

② 접근성

㉠ '접근성'이란 어떤 목적물에 도달하는 데 소요되는 시간적 · 거리적 · 경제적 부담의 정도를 말한다.

㉡ 접근성은 부동산의 위치 가치를 판단하는 중요한 요인이다.

㉢ 접근성은 단순히 거리에 의해 측정되는 것이 아니라 시간, 경비, 노력 등을 모두 고려하여 측정되어야 한다. 따라서 접근성은 거리의 가까움을 나타내는 근접성(proximity)과 구별된다.

▸▸ 기출 접근성은 근접성과 동일한 개념이다. (×)

③ 접근성의 판단

㉠ 접근성은 용도 등 다양한 요인들을 고려하여 개별적으로 판단되어야 한다.

㉡ 물리적 거리가 가깝다고 반드시 접근이 편리한 것은 아니다. 횡단보도가 없거나 일방통행이라면 오히려 시간과 비용 측면에서 불리할 수 있다.

ⓒ 접근성은 대상 부동산의 용도와 접근 대상물의 용도가 무엇인지에 따라 달리 평가되어야 한다. 접근성이 좋다고 판단되기 위해서는 대상 부동산과 접근 대상물 사이의 용도적 적합성이 있어야 한다.

ⓓ 접근 대상물이 위험・혐오시설이 아니더라도 너무 근접되어 있다면 오히려 가치형성에 불리할 수 있다. 시장은 인간 생활에 필요한 시설이지만 시장 안에 있는 주거지는 오히려 불리할 수 있다.

ⓔ 접근성이 중요하지 않은 경우도 있음에 주의하여야 한다. 사람이 찾는 빈도가 드문 용도(요양원 등)와 강한 흡인력과 독점력을 가지는 용도(관광지, 유명한 음식점 등)는 접근성과 상관없이 가치가 결정되는 경향이 있다.

3 부동산의 환경 가치

① 부동산은 자연의 일부분이고 사회를 구성하는 요소들 중의 하나이다. 따라서 부동산의 가치는 부동산을 둘러싸고 있는 환경으로부터 많은 영향을 받는다. 부동산을 둘러싸고 있는 상황과 조건을 '부동산 환경(環境)'이라고 한다.

② 부동산 환경의 구분

자연적 환경	자연 자질	지형, 지세, 기후, 강우량, 강설량, 바람 등
	자연 자원	식량, 섬유, 건축자재, 광물, 수산자원, 동력자원 등
인문적 환경	• 부동산의 가치와 효용에 영향을 주는 사회적・경제적・행정적 환경 • 부동산의 이용과 활용에 영향을 주는 제도적・문화적 환경	

③ 환경 가치

ⓐ 환경은 부동산 활동을 지배하고 부동산 현상에 많은 영향을 미친다.

ⓑ 부동산과 환경은 전체와 부분의 관계에 있으며, 부동산과 환경은 상호 독립적인 관계가 아니라 서로 영향을 주고받는 피드백(feed-back) 관계에 있다.

4 부동산 소유권의 분할

① 부동산 소유권은 부동산과 관련된 여러 가지 권리의 합으로 이해된다. 따라서 부동산 소유권은 여러 개의 권리로 나누어질 수 있다.

② **부동산 소유권의 특징**

㉠ 부동산 소유권은 여러 가지 권리로 세분되며, 법이 허용하는 범위 내에서는 처분의 대상이 된다. 소유권자는 자신의 부동산을 임대할 수 있으며, 저당권을 설정할 수도 있고, 다른 사람에게 지역권을 허용해 줄 수도 있다.

㉡ 부동산 소유권을 구성하는 각 권리는 합산될 수도 있으며, 또한 경제적 가치가 있는 권리는 경제재로 취급되어 거래의 대상이 될 수 있다.

③ **파인애플 기법**

㉠ 부동산 소유권으로부터 경제적 가치가 있는 권리를 새로 창출하여 분할하는 것을 '파인애플 기법(pineapple technique)'이라고 한다.

㉡ 파인애플 기법은 제켄도르프(Zeckendorf)라는 부동산 개발업자가 하와이 휴가 중에 처음으로 명명했다고 하여, 'Zeckendorf 기법' 또는 '하와이 기법'이라고 불린다.

PART 01

부동산학 총론 기출문제

주제 부동산 활동

01 한국표준산업분류(KSIC)에 따른 부동산업의 세분류 항목으로 옳지 않은 것은? ▸ 2020년 31회

① 주거용 건물 건설업
② 부동산 임대업
③ 부동산 개발 및 공급업
④ 부동산 관리업
⑤ 부동산 중개, 자문 및 감정평가업

정답해설

① 건설업은 부동산업과 대등하게 분류되는 다른 산업이다. 건설업은 건물 및 구축물을 신축 및 설치 등을 하는 산업활동이고, 부동산업은 건설된 부동산을 임대, 분양 등으로 운영하는 산업활동이다.

주제 부동산 개념

01 부동산의 개념에 관한 설명으로 옳지 않은 것은? ▸ 2021년 32회

① 자연・공간・위치・환경 속성은 물리적 개념에 해당한다.
② 부동산의 절대적 위치는 토지의 부동성에서 비롯된다.
③ 토지는 생산의 기본요소이면서 소비재가 된다.
④ 협의의 부동산과 준부동산을 합쳐 광의의 부동산이라고 한다.
⑤ 부동산의 법률적・경제적・물리적 측면을 결합한 개념을 복합 부동산이라고 한다.

정답해설

⑤ 지문은 '복합 개념'에 대한 설명이다. '복합 부동산'은 토지와 건물이 하나로 결합되어 활동의 대상이 되는 것을 의미한다.

02 부동산 개념 등에 관한 설명으로 옳지 않은 것은?

▸ 2017년 28회

① 부동산이란 토지 및 그 정착물을 말하며, 부동산 이외의 물건은 동산이다.
② 부동산의 복합 개념은 부동산을 법률적 · 경제적 · 기술적인 측면 등으로 이해하고자 하는 것이다.
③ 부동산은 20년간 소유의 의사로 평온, 공연하게 점유하고 등기함으로써 그 소유권을 취득한다.
④ 동산은 용익물권과 담보물권의 설정이 가능하다.
⑤ 넓은 의미의 부동산에는 등기 · 등록의 대상이 되는 항공기 · 선박 · 자동차 등도 포함된다.

정답해설

④ 동산에 대한 용익물권의 설정은 불가능하다. 동산은 담보물권 중 유치권, 질권의 설정이 가능하다.

03 부동산의 개념에 관한 설명으로 옳지 않은 것은?

▸ 2019년 30회

① 토지는 제품생산에 필요한 부지를 제공하는 생산요소이다.
② 토지는 생활의 편의를 제공하는 최종 소비재이기도 하다.
③ 「민법」상 부동산은 토지 및 그 정착물이며, 부동산 이외의 물건은 동산이다.
④ 준부동산에는 등기나 등록수단으로 공시된 광업재단, 공장재단, 선박, 항공기, 어업권 등이 있다.
⑤ 「입목에 관한 법률」에 의해 소유권 보존등기를 한 입목은 토지와 분리하여 양도할 수 없다.

정답해설

⑤ 소유권 보존등기를 한 입목은 독립 정착물로, 토지와 분리하여 양도할 수 있다.

04 입목에 관한 법령상 옳지 않은 것은?

▸ 2018년 29회

① 입목의 소유자는 토지와 분리하여 입목을 양도할 수 있다.
② 입목을 위한 법정지상권은 성립하지 않는다.
③ 토지소유권 또는 지상권 처분의 효력은 입목에 미치지 않는다.
④ 입목을 목적으로 하는 저당권의 효력은 입목을 베어 낸 경우에 그 토지로부터 분리된 수목에도 미친다.
⑤ 지상권자에게 속하는 입목이 저당권의 목적이 되어 있는 경우에는 지상권자는 저당권자의 승낙 없이 그 권리를 포기할 수 없다.

정답 >	01 ① / 01 ⑤ 02 ④ 03 ⑤ 04 ②

정답해설

② 입목을 위한 법정지상권은 성립한다.

> ■ 입목의 독립성 (입목에 관한 법률 제3조)
> ① 입목은 부동산으로 본다.
> ② 입목의 소유자는 토지와 분리하여 입목을 양도하거나 저당권의 목적으로 할 수 있다.
> ③ 토지소유권 또는 지상권 처분의 효력은 입목에 미치지 아니한다.
> ■ 저당권의 효력 (입목에 관한 법률 제4조)
> ① 입목을 목적으로 하는 저당권의 효력은 입목을 베어 낸 경우에 그 토지로부터 분리된 수목에도 미친다.
> ② 저당권자는 채권의 기한이 되기 전이라도 제1항의 분리된 수목을 경매할 수 있다. 다만, 그 매각대금을 공탁하여야 한다.
> ③ 수목의 소유자는 상당한 담보를 공탁하고 제2항에 따른 경매의 면제를 신청할 수 있다.
> ■ 법정지상권 (입목에 관한 법률 제6조)
> ① 입목의 경매나 그 밖의 사유로 토지와 그 입목이 각각 다른 소유자에게 속하게 되는 경우에는 토지소유자는 입목소유자에 대하여 지상권을 설정한 것으로 본다.
> ② 제1항의 경우에 지료에 관하여는 당사자의 약정에 따른다.

05 부동산과 준부동산에 관한 설명으로 옳은 것은? (다툼이 있으면 판례에 따름) ▸ 2018년 29회

① 신축 중인 건물은 사용승인이 완료되기 전에는 토지와 별개의 부동산으로 취급되지 않는다.
② 개개의 수목은 명인방법을 갖추더라도 토지와 별개의 부동산으로 취급되지 않는다.
③ 토지에 정착된 담장은 토지와 별개의 부동산으로 취급된다.
④ 자동차에 관한 압류등록은 자동차등록원부에 한다.
⑤ 총톤수 10톤 이상의 기선(機船)과 범선(帆船)은 등기가 가능하다.

정답해설

④ 옳은 지문이다.

오답해설

① 신축 중인 건물이더라도 토지와 별개의 부동산으로 취급되어 독립된 거래의 객체가 될 수 있다.
② 수목은 명인방법을 갖추면 토지와 별개의 부동산으로 취급된다.
③ 토지에 정착된 담장은 종속정착물로, 토지와 별개의 부동산으로 취급되지 않는다.
⑤ 20톤 이상의 선박에 등기가 가능하다.

06 토지의 정착물과 동산에 관한 설명으로 옳지 않은 것은? ▸ 2017년 28회

① 부동산과 동산은 공시방법을 달리하며, 동산은 공신의 원칙이 인정되나 부동산은 공신의 원칙이 인정되지 않는다.

② 토지의 정착물 중 명인방법을 구비한 수목의 집단은 토지와 독립적인 거래의 객체가 될 수 있다.

③ 토지의 정착물 중 도로와 교량 등은 토지와 독립적인 것이 아니라 토지의 일부로 간주된다.

④ 제거하여도 건물의 기능 및 효용의 손실이 없는 부착된 물건은 일반적으로 동산으로 취급한다.

⑤ 임차인이 설치한 영업용 선반·카운터 등 사업이나 생활의 편의를 위해 설치한 정착물은 일반적으로 부동산으로 취급한다.

정답해설

⑤ 임차인이 설치한 정착물은 동산으로 취급된다.

07 토지의 일부로 간주되는 정착물에 해당하는 것을 모두 고른 것은? ▸ 2024년 35회

ㄱ. 가식 중에 있는 수목
ㄴ. 매년 경작의 노력을 요하지 않는 다년생 식물
ㄷ. 건물
ㄹ. 소유권보존등기된 입목
ㅁ. 구거
ㅂ. 경작수확물

① ㄱ, ㅂ
② ㄴ, ㅁ
③ ㄷ, ㄹ
④ ㄹ, ㅁ
⑤ ㅁ, ㅂ

정답해설

② 정착물 중 종속 정착물은 ㄴ(다년생 식물) ㅁ(구거)이다.

1. 동산 : 가식 중에 있는 수목, 경작수확물(경작된 수확물)
2. 독립 정착물 : 건물, 소유권보존등기된 입목
3. 종속 정착물 : 다년생 식물, 구거

정답 > 05 ④ 06 ⑤ 07 ②

08 등기를 통해 소유권을 공시하는 물건 또는 권리는 몇 개인가? ▸2023년 34회 수정

- 총톤수 30톤인 기선(機船)
- 적재용량 25톤인 덤프트럭
- 최대 이륙중량 400톤인 항공기
- 동력차 2량과 객차 8량으로 구성된 철도차량
- 면허를 받아 김 양식업을 경영할 수 있는 권리
- 5천만원을 주고 구입하여 심은 한 그루의 소나무

① 1개 ② 2개
③ 3개 ④ 4개
⑤ 5개

정답해설

① 총톤수 20톤 이상의 선박은 등기 대상물이다.

등기 대상물	입목, 선박(20톤 이상), 공장재단, 광업재단 등
등록 대상물	자동차, 항공기, 건설기계 등
등록 대상 권리	광업권, 어업권 등

※ 주의 : 5천만원을 주고 구입한 소나무는 값어치가 있어 보여도 일반 나무이다. 간혹 입목과의 구별에 대해 질문을 주는데, 입목에 관한 법률에 의하면 "입목이란 토지에 부착된 수목의 집단으로서 그 소유자가 입목에 관한 법률에 따라 소유권보존의 등기를 받은 것을 말한다."라고 규정되어 있다. 즉 입목은 등기가 되어 있는 수목의 집단으로, 등기라는 표현이 없이 등장한 나무는 일반 나무로 판단하여야 한다.

주제 부동산 분류 중 토지의 용어

01 부동산 활동과 관련된 다음의 내용을 설명하는 용어로 옳게 연결된 것은? ▸2018년 29회

ㄱ. 인근 지역의 주위환경 등의 사정으로 보아 현재의 용도에서 장래 택지 등 다른 용도로의 전환이 객관적으로 예상되는 토지
ㄴ. 택지 등 다른 용도로 조성되기 이전 상태의 토지

① ㄱ : 후보지, ㄴ : 소지
② ㄱ : 후보지, ㄴ : 공지
③ ㄱ : 이행지, ㄴ : 소지
④ ㄱ : 이행지, ㄴ : 공지
⑤ ㄱ : 성숙지, ㄴ : 소지

정답해설

① ㄱ은 택지 등 대분류 상호 간의 용도전환이 예상되는 토지이므로 후보지에 대한 설명이다.
ㄴ은 소지에 대한 설명이다.

02 다음은 토지에 관하여 설명한 내용들이다. 옳은 것을 모두 고른 것은? ▸ 2016년 27회

ㄱ. 택지는 토지에 건물 등의 정착물이 없고 공법이나 사법의 제한을 받는 토지를 말한다.
ㄴ. 획지는 법률상의 단위 개념으로 소유권이 미치는 범위를 말한다.
ㄷ. 이행지는 용도적 지역의 분류 중 세분된 지역 내에서 용도에 따라 전환되는 토지를 말한다.
ㄹ. 후보지는 임지지역, 농지지역, 택지지역 상호간에 다른 지역으로 전환되고 있는 지역의 토지를 말한다.
ㅁ. 건부지는 관련법령이 정하는 바에 따라 재난 시 피난 등 안전이나 일조 등 양호한 생활환경 확보를 위해, 건축하면서 남겨놓은 일정면적 부분의 토지를 말한다.

① ㄷ ② ㄱ, ㄴ ③ ㄷ, ㄹ
④ ㄱ, ㄹ, ㅁ ⑤ ㄴ, ㄷ, ㄹ

정답해설

③ 옳은 지문은 ㄷ과 ㄹ이다.

오답해설

ㄱ. 택지는 주거용, 상업용, 공업용으로 조성된 토지이다.
ㄴ. 필지에 대한 설명이다.
ㅁ. 공지에 대한 설명이다.

03 토지의 분류 및 용어에 관한 설명으로 옳은 것을 모두 고른 것은? ▸ 2024년 35회

ㄱ. 획지(劃地)는 인위적, 자연적, 행정적 조건에 따라 다른 토지와 구별되는 가격수준이 비슷한 일단의 토지를 말한다.
ㄴ. 후보지(候補地)는 용도적 지역의 분류 중 세분된 지역 내에서 용도에 따라 전환되는 토지를 말한다.
ㄷ. 공지(空地)는 관련법령이 정하는 바에 따라 안전이나 양호한 생활환경을 확보하기 위해 건축하면서 남겨놓은 일정 면적의 토지를 말한다.
ㄹ. 갱지(更地)는 택지 등 다른 용도로 조성되기 이전 상태의 토지를 말한다.

① ㄱ ② ㄹ
③ ㄱ, ㄷ ④ ㄴ, ㄹ
⑤ ㄱ, ㄷ, ㄹ

정답 > 08 ① / 01 ① 02 ③ 03 ③

정답해설

③ 옳은 지문은 ㄱ, ㄷ이다.

오답해설

ㄴ. 이행지에 대한 설명이다.
ㄹ. 소지에 대한 설명이다.

04 다음의 내용과 관련된 부동산 활동상의 토지 분류에 해당하는 것은? ▸ 2019년 30회

- 주택지가 대로변에 접하여 상업지로 전환 중인 토지
- 공업지가 경기 불황으로 공장가동률이 저하되어 주거지로 전환 중인 토지
- 도로변 과수원이 전으로 전환 중인 토지

① 이행지 ② 우등지 ③ 체비지
④ 한계지 ⑤ 후보지

정답해설

① 주거지에서 상업지로 전환 중인 토지, 공업지에서 주거지로 전환 중인 토지는 모두 택지지역 내부의 세분류된 용도지역 상호 간의 용도 변화이다. 또한 과수원에서 전으로 전환 중인 토지는 농지지역 내부의 세분류된 용도지역 상호 간의 용도 변화이다. 따라서 모두 '이행지'로 분류된다.

05 토지에 관한 설명으로 옳지 않은 것은? ▸ 2020년 31회

① 빈지는 일반적으로 바다와 육지 사이의 해변 토지와 같이 소유권이 인정되며 이용실익이 있는 토지이다.
② 맹지는 타인의 토지에 둘러싸여 도로에 어떤 접속면도 가지지 못하는 토지이며, 건축법에 의해 원칙적으로 건물을 세울 수 없다.
③ 법지는 택지경계와 접한 경사된 토지부분과 같이 법률상으로는 소유를 하고 있지만 이용실익이 없는 토지이다.
④ 후보지는 부동산의 주된 용도적 지역인 택지지역, 농지지역, 임지지역 상호간에 전환되고 있는 지역의 토지이다.
⑤ 이행지는 부동산의 주된 용도적 지역인 택지지역, 농지지역, 임지지역의 세분된 지역 내에서 용도전환이 이루어지고 있는 토지이다.

정답해설

① 빈지는 해변가의 토지로 개인의 소유권이 인정되지 않는 토지이다.

06 토지의 분류 및 용어에 관한 설명으로 옳은 것은? ▸ 2021년 32회

① 필지는 법률적 개념으로 다른 토지와 구별되는 가격수준이 비슷한 일단의 토지이다.
② 후보지는 부동산의 용도적 지역인 택지지역, 농지지역, 임지지역 상호간에 전환되고 있는 지역의 토지이다.
③ 나지는 「건축법」에 의한 건폐율 · 용적률 등의 제한으로 인해 한 필지 내에서 건축하지 않고 비워둔 토지이다.
④ 표본지는 지가의 공시를 위해 가치형성요인이 같거나 유사하다고 인정되는 일단의 토지 중에서 선정한 토지이다.
⑤ 공한지는 특정의 지점을 기준으로 한 택지 이용의 최원방권의 토지이다.

정답해설

② 옳은 지문이다.

오답해설

① 필지는 법률적 개념으로 토지의 등기 · 등록의 단위이다. 가격수준이 비슷한 일단의 토지는 획지이다.
③ 공지에 대한 설명이다.
④ 지가를 공시하기 위해 국토교통부장관이 선정하는 표준지에 대한 설명이다.
⑤ 택지 이용의 최원방권의 토지는 택지한계지 또는 한계지이다.

07 부동산 활동에 관련된 설명으로 옳은 것을 모두 고른 것은? ▸ 2022년 33회

ㄱ. 공유지(共有地)란 1필지의 토지를 2인 이상이 공동으로 소유한 토지로, 지분비율 또는 지분의 위치에 따라 감정평가한다.
ㄴ. 일단지란 용도상 불가분의 관계에 있고 지가형성요인이 같은 2필지 이상의 토지로, 필지별로 감정평가한다.
ㄷ. 선하지란 고압선 아래의 토지로, 고압선 등 통과부분의 면적 등 제한의 정도를 고려하여 감정평가한다.
ㄹ. 맹지란 도로와 접한 면이 없는 토지로, 도로로 사용하기 위한 지역권이 설정되어 있는 경우 도로가 있는 것으로 보고 감정평가한다.
ㅁ. 환지란 도시개발사업에서 사업 전 토지의 위치 등을 고려하여 소유자에게 재분배하는 사업 후의 토지로, 환지처분 이전에 환지예정지로 지정된 경우에는 종전 토지의 위치 등을 기준으로 감정평가한다.

① ㄱ, ㄴ, ㄷ ② ㄱ, ㄷ, ㄹ ③ ㄱ, ㄷ, ㅁ
④ ㄴ, ㄷ, ㄹ ⑤ ㄴ, ㄹ, ㅁ

정답 ≫ 04 ① 05 ① 06 ② 07 ②

정답해설

② 옳은 지문은 ㄱ, ㄷ, ㄹ이다.

ㄱ. 1필지의 토지를 2인 이상이 공동으로 소유하고 있는 토지의 지분을 감정평가할 때에는 대상토지 전체의 가액에 지분비율을 적용하여 감정평가한다. 다만, 대상지분의 위치가 확인되는 경우에는 그 위치에 따라 감정평가할 수 있다.

ㄷ. 고압선 등이 통과하는 토지는 통과전압의 종별, 고압선 등의 높이, 고압선 통과 부분의 면적 및 획지 안에서의 위치, 철탑 및 전선로의 이전가능성, 지상권설정 여부 등에 따른 제한의 정도를 고려하여 감정평가할 수 있다.

ㄹ. 맹지는 공로에 출입하기 위한 통로를 개설하기 위해 비용이 발생하는 경우에는 그 비용을 고려하여 감정평가한다. 다만, 다음 어느 하나에 해당하는 경우에는 해당 도로에 접한 것으로 보고 감정평가할 수 있다.

> 1. 토지소유자가 그 의사에 의하여 타인의 통행을 제한할 수 없는 경우 등 관습상 도로가 있는 경우
> 2. 지역권(도로로 사용하기 위한 경우) 등이 설정되어 있는 경우

오답해설

ㄴ. 일단지와 같이 용도상 불가분의 관계에 있는 2필지 이상의 토지는 2필지가 함께 가치를 형성한다고 할 수 있다. 따라서 2필지를 일괄하여 감정평가한다.

ㅁ. 환지방식에 따른 사업시행지구 안에 있는 토지는 다음과 같이 감정평가한다.

> 1. 환지처분 이전에 환지예정지로 지정된 경우에는 환지예정지의 위치, 확정예정지번, 면적, 형상, 도로접면상태와 그 성숙도 등을 고려하여 감정평가한다. 다만, 환지면적이 권리면적보다 큰 경우로서 청산금이 납부되지 않은 경우에는 권리면적을 기준으로 한다.
> 2. 환지예정지로 지정 전인 경우에는 종전 토지의 위치, 지목, 면적, 형상, 이용상황 등을 기준으로 감정평가한다.

08 토지의 분류 및 용어에 관한 설명으로 옳은 것은? ▸ 2023년 34회

① 획지(劃地)는 하나의 필지 중 일부에 대해서도 성립한다.

② 건부지(建敷地)는 건축물의 부지로 이용 중인 토지 또는 건축물의 부지로 이용가능한 토지를 말한다.

③ 나지(裸地)는 택지 중 정착물이 없는 토지로서 공법상 제한이 없는 토지를 말한다.

④ 제내지(堤內地)는 제방으로부터 하심측으로의 토지를 말한다.

⑤ 일단지(一團地)는 용도상 불가분의 관계에 있는 두 필지 이상을 합병한 토지를 말한다.

정답해설

① 옳은 지문이다. 획지(劃地)는 다른 토지와 구별되는 '구획된 토지'를 의미한다. 넓은 면적을 가지고 있는 하나의 필지는 여러 개의 획지로 구분되어 이용될 수 있고, 반대로 여러 개의 필지는 하나의 획지로 이용될 수 있다.

오답해설

② 건부지(建敷地)는 건축물의 바닥 토지로 이용 중인 토지를 말한다. 그리고 건부지의 여부는 현재 이용상황을 기준으로 판단한다. 따라서 건축물의 부지로 이용가능한 토지를 건부지라고 할 수 없다.

③ 나지(裸地)는 건물 등 정착물이 없고, 사법상의 제한이 없는 토지를 말한다.

④ 지문은 제외지(堤外地)에 대한 설명이다. 제내지(堤內地)는 제방에 의하여 보호되고 있는 지역, 즉 제방으로부터 제방이 보호하고자 하는 지역(마을)까지를 의미한다. 반대로 제외지는 제방으로 둘러싸인 하천측 지역을 말한다.

⑤ 일단지(一團地)는 용도상 불가분의 관계에 있는 두 필지 이상의 토지를 말한다. 따라서 지문에서 '합병한 토지'라는 문구가 틀린 문구이다.

주제 부동산 분류 중 주택의 분류

01 다음 중 연립주택에 해당하는 것은? ▸ 2017년 28회

① 주택으로 쓰는 층수가 5개층 이상인 주택
② 주택으로 쓰는 1개 동의 바닥면적 합계가 660제곱미터를 초과하고, 층수가 4개층 이하인 주택
③ 학교 또는 공장 등의 학생 또는 종업원 등을 위하여 쓰는 것으로서 1개 동의 공동 취사시설 이용세대가 전체의 50퍼센트 이상인 주택
④ 주택으로 쓰는 1개 동의 바닥면적 합계가 660제곱미터 이하이고, 층수가 4개층 이하인 주택
⑤ 주택으로 쓰는 층수가 3개층 이하이고, 1개 동의 주택으로 쓰이는 바닥면적의 합계가 660제곱미터 이하인 주택

정답해설

② 연립주택에 대한 설명이다.

02 주택법령상 주택의 정의에 관한 설명으로 옳지 않은 것은? ▸ 2016년 27회

① 주택은 세대의 구성원이 장기간 독립된 주거생활을 할 수 있는 구조로 된 건축물의 전부 또는 일부 및 그 부속토지를 말한다.
② 준주택은 주택 외의 건축물과 그 부속토지로서 주거시설로 이용가능한 시설 등을 말한다.
③ 공동주택은 건축물의 벽·복도·계단이나 그 밖의 설비 등의 전부 또는 일부를 공동으로 사용하는 각 세대가 하나의 건축물 안에서 각각 독립된 주거생활을 할 수 있는 구조로 된 주택을 말한다.
④ 민영주택은 국민주택 등을 제외한 주택을 말한다.
⑤ 세대구분형 공동주택은 300세대 미만의 국민주택 규모에 해당하는 주택으로서 단지형 연립주택, 단지형 다세대주택, 소형주택으로 분류한다.

정답해설

⑤ 도시형생활주택에 대한 설명이다.

정답 > 08 ① / 01 ② 02 ⑤

03 **주택법령상 주택의 정의에 관한 설명으로 옳은 것은?** ▸ 2024년 35회

① 민영주택은 임대주택을 제외한 주택을 말한다.

② 세대구분형 공동주택은 공동주택의 주택 내부 공간의 일부를 세대별로 구분하여 생활이 가능한 구조로 하되, 그 구분된 공간의 일부를 구분소유할 수 있는 주택으로서 대통령령으로 정하는 건설기준, 설치기준, 면적기준 등에 적합한 주택을 말한다.

③ 도시형 생활주택은 300세대 미만의 국민주택규모에 해당하는 주택으로서 대통령령으로 정하는 주택을 말한다.

④ 에너지절약형 친환경주택은 저에너지 건물 조성기술 등 대통령령으로 정하는 기술을 이용하여 에너지 사용량을 절감하거나 이산화탄소 배출량을 증대할 수 있도록 건설된 주택을 말한다.

⑤ 장수명 주택은 구조적으로 오랫동안 유지・관리될 수 있는 내구성을 갖추고 있어 내부 구조를 쉽게 변경할 수 없는 주택을 말한다.

정답해설

③ 옳은 지문이다.

오답해설

① 임대주택 ⇨ 국민주택
② 공간의 일부를 구분소유할 수 있는 ⇨ 없는
④ 이산화탄소 배출량을 증대 ⇨ 저감
⑤ 구조를 쉽게 변경할 수 없는 ⇨ 있는

04 **감정평가사 A가 실지조사를 통해 확인한 1개 동의 건축물 현황이 다음과 같다. 건축법령상 용도별 건축물의 종류는?** ▸ 2023년 34회

- 1층 전부를 필로티 구조로 하여 주차장으로 사용하며, 2층부터 5층까지 주택으로 사용함
- 주택으로 쓰는 바닥면적의 합계가 1,000㎡임
- 세대수 합계가 16세대로서 모든 세대에 취사시설이 설치됨

① 아파트 ② 기숙사
③ 연립주택 ④ 다가구주택
⑤ 다세대주택

정답해설

③ 연립주택이다. 건축물 현황에 의하면 ㉠주택으로 사용하는 층수가 4개층이고, ㉡주택으로 쓰는 바닥면적의 합계가 660㎡를 초과하고 있다.

■ 주택으로 사용하는 층수 산정 1. 지하층은 제외한다. 2. 1층 전부를 필로티 구조로 하여 주차장으로 사용하는 경우, 해당 층은 주택의 층수에서 제외한다. 3. 1층 일부를 필로티 구조로 하여 주차장으로 사용하고 나머지 부분을 주택 외의 용도로 사용하는 경우, 해당 층은 주택의 층수에서 제외한다.

05 **주택법령상 준주택에 해당하지 않는 것은?** ▸ 2023년 34회

① 건축법령상 공동주택 중 기숙사
② 건축법령상 업무시설 중 오피스텔
③ 건축법령상 숙박시설 중 생활숙박시설
④ 건축법령상 제2종 근린생활시설 중 다중생활시설
⑤ 건축법령상 노유자시설 중 노인복지시설로서 「노인복지법」상 노인복지주택

정답해설

③ 준주택이란 주택 외의 건축물과 그 부속토지로서 주거시설로 이용가능한 시설 등을 말한다. 준주택에는 다중생활시설, 기숙사, 오피스텔, 노인복지주택 등이 있다.

정답 > 03 ③ 04 ③ 05 ③

주제 부동산 특성과 파생현상

01 다음의 내용과 모두 관련된 토지의 특성은? ▸ 2018년 29회

- 부동산 활동에서 임장활동이 중요하다.
- 외부효과가 발생한다.
- 부동산 활동 및 현상을 국지화시킨다.

① 영속성 ② 부증성 ③ 부동성
④ 개별성 ⑤ 기반성

정답해설
③ 모두 부동성으로부터 파생되는 현상이다.

02 다음의 내용과 관련된 토지의 특성은? ▸ 2020년 31회

- 지가를 상승시키는 요인이 된다.
- 토지는 생산비를 투입하여 생산할 수 없다.
- 토지의 독점 소유욕을 갖게 하며, 토지이용을 집약화시킨다.

① 부동성 ② 부증성 ③ 영속성
④ 개별성 ⑤ 인접성

정답해설
② 모두 부증성으로부터 파생된 현상이다.

03 토지의 자연적 · 인문적 특성에 관한 설명으로 옳지 않은 것은? ▸ 2017년 28회

① 부동성(위치의 고정성)으로 인해 외부효과가 발생한다.
② 분할 · 합병의 가능성은 용도의 다양성을 지원하는 특성이 있다.
③ 용도의 다양성은 토지용도 중에서 최유효이용을 선택할 수 있는 근거가 된다.
④ 일반적으로 부증성은 집약적 토지이용과 가격급등 현상을 일으키기도 한다.
⑤ 토지의 인문적 특성 중에서 도시계획의 변경, 공업단지의 지정 등은 위치의 가변성 중 사회적 위치가 변화하는 예이다.

정답해설

⑤ 인문적 위치는 다시 사회적 위치, 경제적 위치, 행정적 위치로 세분된다. 도시계획의 변경, 공업단지의 지정은 인문적 위치 중 행정적 위치가 변화하는 사례이다.

04 부동산의 특성에 관한 설명으로 옳지 않은 것은? ▸ 2016년 27회

① 부동성으로 인해 부동산 활동을 국지화시키고 임장활동을 배제한다.
② 토지는 물리적인 측면에서는 영속성을 가지나, 경제적 가치는 주변상황의 변화에 의하여 하락될 수 있다.
③ 영속성으로 인해 토지는 감가상각에서 배제되는 자산이다.
④ 개별성으로 인해 부동산 활동이 구체적이고 개별적으로 전개되며, 부동산 시장에서 정보의 중요성이 증대된다.
⑤ 용도의 다양성으로 인해 토지이용 결정과정에서 용도가 경합할 경우, 최유효이용을 할 수 있는 방안을 도출하여 실행하게 한다.

정답해설

① 부동성은 부동산 활동을 국지화시키고 임장활동을 강조한다.

05 토지의 특성에 관한 설명으로 옳지 않은 것은? ▸ 2019년 30회

① 부동성은 부동산 활동 및 현상을 국지화하여 지역특성을 갖도록 한다.
② 부증성은 생산요소를 투입하여도 토지 자체의 양을 늘릴 수 없는 특성이다.
③ 영속성은 토지관리의 필요성을 높여 감정평가에서 원가방식의 이론적 근거가 된다.
④ 개별성은 대상 토지와 다른 토지의 비교를 어렵게 하며 시장에서 상품 간 대체관계를 제약할 수 있다.
⑤ 인접성은 물리적으로 연속되고 연결되어 있는 특성이다.

정답해설

③ 영속성에 근거한 가치 정의(장래 기대이익을 현재가치로 환원한 값)는 수익방식을 의미한다. 따라서 영속성은 수익방식의 이론적 근거가 된다.

정답 > 01 ③ 02 ② 03 ⑤ 04 ① 05 ③

06 다음의 내용에 모두 관련된 토지의 특성은? ▸ 2019년 30회

- 최유효이용의 판단 근거가 되며, 최고의 효율성을 발휘하게 하여 경제적 가치를 증대시킨다.
- 토지 이용의 이행과 전환을 가능하게 한다.
- 부동산의 가격은 그 이용을 통해 초과이윤을 얻기 위한 시장참여자들의 경쟁관계에 의해 형성된다.

① 인접성 ② 용도의 다양성 ③ 위치의 가변성
④ 고가성 ⑤ 부동성

정답해설

② 모두 용도의 다양성으로부터 파생된 현상이다.

07 토지의 특성에 관한 설명으로 옳지 않은 것은? ▸ 2020년 31회

① 부동성으로 인해 지역분석을 필요로 하게 된다.
② 용도의 다양성은 최유효이용의 판단근거가 된다.
③ 영속성은 부동산 활동에 대해서 장기적 배려를 필연적으로 고려하게 한다.
④ 합병·분할의 가능성은 토지의 이행과 전환을 가능하게 한다.
⑤ 개별성으로 인해 일물일가의 법칙이 적용되지 않고, 부동산 시장에서 부동산 상품 간에 완벽한 대체는 불가능하다.

정답해설

④ 토지의 이행과 전환은 용도의 변경을 의미한다. 따라서 토지의 이행과 전환은 용도의 다양성과 관계된다.

08 토지의 특성에 관한 설명으로 옳은 것을 모두 고른 것은? ▸ 2021년 32회

ㄱ. 부증성으로 인해 이용 전환을 통한 토지의 용도적 공급이 불가능하다.
ㄴ. 부동성으로 인해 부동산 활동이 국지화된다.
ㄷ. 영속성으로 인해 토지는 감가상각에서 배제되는 자산이다.
ㄹ. 개별성으로 인해 외부효과가 발생한다.

① ㄱ, ㄹ ② ㄴ, ㄷ
③ ㄱ, ㄴ, ㄷ ④ ㄴ, ㄷ, ㄹ
⑤ ㄱ, ㄴ, ㄷ, ㄹ

정답해설

② 옳은 지문은 ㄴ, ㄷ이다.

오답해설

ㄱ. 부증성이 있더라도 용도 전환 등을 통한 토지의 용도적 공급은 가능하다.
ㄹ. 부동성으로 인해 외부효과가 발생한다.

09 **토지의 특성에 관한 설명이다. (　　)에 들어갈 내용으로 옳게 연결된 것은?** ▸ 2022년 33회

- (ㄱ)은 토지에 대한 소유욕을 증대시키며 토지이용을 집약화시킨다.
- (ㄴ)은 임장활동과 지역분석의 근거가 된다.
- (ㄷ)은 토지 간의 비교를 어렵게 하며 완전한 대체를 제약시킨다.

① ㄱ : 개별성, ㄴ : 부동성, ㄷ : 영속성
② ㄱ : 영속성, ㄴ : 부동성, ㄷ : 용도의 다양성
③ ㄱ : 영속성, ㄴ : 인접성, ㄷ : 용도의 다양성
④ ㄱ : 부증성, ㄴ : 인접성, ㄷ : 부동성
⑤ ㄱ : 부증성, ㄴ : 부동성, ㄷ : 개별성

정답해설

⑤ 옳은 연결이다.

10 **부동산의 특성에 관한 설명으로 옳은 것의 개수는?** ▸ 2022년 33회

- 용도의 다양성은 최유효이용을 선택할 수 있는 근거가 된다.
- 인접성은 외부효과의 원인이 된다.
- 분할·합병의 가능성은 부동산의 가치를 변화시킨다.
- 부동성은 인근지역과 유사지역의 분류를 가능하게 한다.
- 영속성은 부동산 활동을 장기적으로 고려하게 한다.

① 1　　② 2　　③ 3
④ 4　　⑤ 5

정답해설

⑤ 모두 옳은 지문이다.
※ 4번째 지문 : 부동성에 의해 부동산 시장은 지역적 시장으로 존재한다. 따라서 인근지역, 유사지역 등 지역을 강조하고 있기 때문에 옳은 지문이다.

정답 > 06 ② 07 ④ 08 ② 09 ⑤ 10 ⑤

11 **토지의 특성과 감정평가에 관한 내용이다. (　　)에 들어갈 것으로 옳은 것은?** ▸ 2024년 35회

- (ㄱ)은 부동산 가치를 장래편익의 현재가치로 평가하게 한다.
- (ㄴ)은 원가방식의 평가를 어렵게 한다.
- (ㄷ)은 개별요인의 분석과 사정보정을 필요하게 한다.

① ㄱ : 영속성, ㄴ : 부증성, ㄷ : 개별성
② ㄱ : 개별성, ㄴ : 영속성, ㄷ : 부동성
③ ㄱ : 영속성, ㄴ : 개별성, ㄷ : 부증성
④ ㄱ : 부증성, ㄴ : 영속성, ㄷ : 개별성
⑤ ㄱ : 영속성, ㄴ : 개별성, ㄷ : 부동성

정답해설

① 옳은 연결이다.
(ㄱ) 가치 정의는 영속성에 근거한다.
(ㄴ) 토지에 원가방식을 적용하는 것이 어려운 이유는 토지는 생산할 수 없는 재화이기 때문이다. 따라서 부증성과 관계된다.
(ㄷ) 부동산은 모두 다르게 취급된다. 즉 개별적이기 때문에 개별분석이 필요하다. 또한 부동산 거래는 개별적으로 이루어진다. 따라서 거래에 개입된 사정을 분석하는 사정보정이 필요하다.

주제 부동산 가치의 본질 중 공간 가치

01 공간으로서의 부동산에 관한 설명으로 옳지 않은 것은? ▸ 2020년 31회

① 토지는 물리적 형태로서의 지표면과 함께 공중공간과 지하공간을 포함한다.
② 부동산 활동은 3차원의 공간활동으로 농촌지역에서는 주로 지표공간이 활동의 중심이 되고, 도시지역에서는 입체공간이 활동의 중심이 된다.
③ 지표권은 토지소유자가 지표상의 토지를 배타적으로 사용할 수 있는 권리를 말하며, 토지와 해면과의 분계는 최고 만조시의 분계점을 표준으로 한다.
④ 지중권 또는 지하권은 토지소유자가 지하공간으로부터 어떤 이익을 획득하거나 사용할 수 있는 권리를 말하며, 물을 이용할 수 있는 권리가 이에 포함된다.
⑤ 공적 공중권은 일정 범위 이상의 공중공간을 공공기관이 공익 목적의 실현을 위해 사용할 수 있는 권리를 말하며, 항공기 통행권이나 전파의 발착권이 이에 포함된다.

정답해설

④ 물을 이용할 수 있는 권리는 지표권의 내용에 포함된다.

02 토지의 특성과 내용에 관한 설명으로 옳지 않은 것은? ▸ 2023년 34회

① 토지는 시간의 경과에 의해 마멸되거나 소멸되지 않으므로 투자재로서 선호도가 높다.
② 물리적으로 완전히 동일한 토지는 없으므로 부동산시장은 불완전경쟁시장이 된다.
③ 토지는 공간적으로 연결되어 있으므로 외부효과를 발생시키고, 개발이익 환수의 근거가 된다.
④ 토지는 용익물권의 목적물로 활용할 수 있으므로 하나의 토지에 다양한 물권자가 존재할 수 있다.
⑤ 토지의 소유권은 정당한 이익 있는 범위 내에서 토지의 상하에 미치며, 한계고도와 한계심도의 범위는 법률로 정하고 있다.

정답해설

⑤ 한계심도란 토지소유자의 통상적 이용행위가 예상되지 않으며 지하시설물 설치로 인하여 일반적인 토지이용에 지장이 없는 것으로 판단되는 깊이를 말한다. 한계심도는 하수도 및 상수도 설치, 지하철 건설을 위한 지하부분 토지사용에 대한 보상과 관련된 개념이다. 한계심도는 법률로 규정된 경우는 없고, 행정규칙이나 지방자치단체 조례 등으로 정하고 있다.

정답 > 11 ① / 01 ④ 02 ⑤

PART

02

경제론

PART 02

경제론

제1장 수요와 공급 모형 ▸ 28회, 30회, 34회, 35회 기출

1 경제론의 기본 개념

(1) 유량과 저량 **

① 경제학은 수많은 양적 변수 또는 양적 지표를 대상으로 한다. 경제학의 양적 변수는 '일정 기간에 대해 정의된 것이냐!' 아니면 '일정 시점에 대해 정의된 것이냐!'에 따라 유량(flow) 변수와 저량(stock) 변수로 구분될 수 있다.

② 유량 변수

㉠ 일정 기간을 설정하고 측정되는 변수를 '유량(flow) 변수'라고 한다.

㉡ 소득은 대표적인 유량 변수이다. 동일한 소득이더라도 1년 동안의 소득인지, 10년 동안의 소득인지에 따라 소득의 많고 적음에 대한 판단은 달라진다. 따라서 소득과 같은 변수는 일정 기간을 설정하고 측정되어야만 명확한 정보를 제공할 수 있다.

㉢ 유형

- 수요량과 공급량, 아파트 생산량, 주택 거래량
- (월)임대료 수입, 지대 수입, 연간 이자 비용
- (월)급여, 가계 소득, 순영업소득, 당기순이익
- 기타 : 수출, 수입, 소비, 투자 등

▸▸ 기출 주택재고, 건물 임대료 수입, 가계의 자산은 모두 유량의 경제변수이다. (×)

▸▸ 기출 소비, 투자, 수출, 소득은 모두 유량 변수이다. (O)

③ 저량 변수

㉠ 일정 시점을 설정하고 측정되는 변수를 '저량(stock) 변수'라고 한다.

㉡ 가격은 대표적인 저량 변수이다. 가격이라는 지표는 끊임없이 변화하는 속성을 가지고 있다. 따라서 가격이라는 정보를 표시하는 경우에는 그 가격이 어떤 시점에서 측정된 것인지를 표시해 주어야만 명확한 정보를 제공할 수 있다.

㉢ 유형

- 부동산 가격, 부동산 가치
- 자산, 순자산 가치, 부동산투자회사의 자산 가치
- 주택 재고량, 도시 인구 규모
- 기타 : 국부, 통화량, 외환보유고, 자본량, 외채 등

(2) 수요량의 변화와 수요의 변화 **

① 수요량과 공급량을 변화시키는 요인은 수없이 많다. 수요와 공급 모형은 수요량과 공급량을 변화시키는 원인을 '가격의 변화'와 '가격 이외 요인의 변화'로 구분하여 설명한다.

② 수요량의 변화와 수요의 변화

㉠ 수요량의 변화 : 해당 재화의 가격 변화로 수요량이 변화하는 것을 '수요량의 변화'라고 한다.

㉡ 수요의 변화 : 해당 재화 가격 이외 요인의 변화로 수요량이 변화하는 것을 '수요의 변화'라고 한다.

㉢ 원인과 형태의 구분

구분	수요량의 변화	수요의 변화
원인	해당 재화의 가격 변화	해당 재화 가격 이외의 요인 변화
변화의 형태	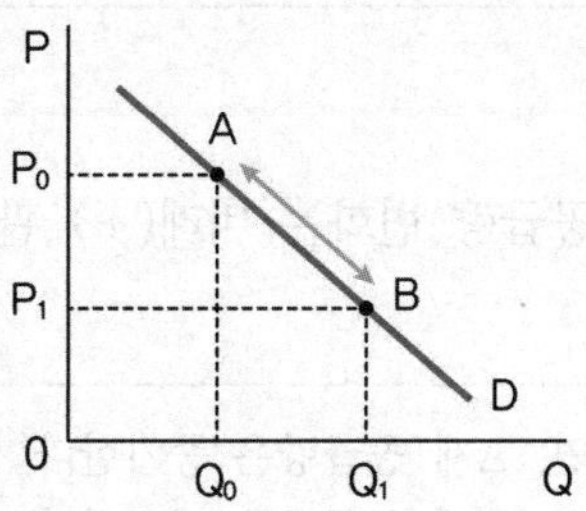	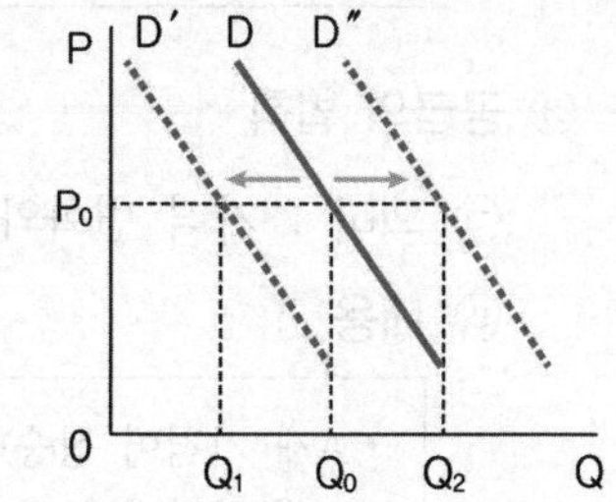
	수요곡선 내부에서의 이동	수요곡선 자체의 이동

▸▸ 기출 재산은 저량 변수이다. (O)

▸▸ 기출 통화량, 자본량은 유량의 경제변수이다. (×)

▸▸ 기출 아파트 가격의 하락은 아파트 수요량의 변화 요인이며, 가구 수의 증가는 수요의 변화 요인이다. (O)

▸▸ 기출 가격이 변화하여 수요곡선이 이동하는 것을 수요의 변화라고 한다. (×)

✔주의

아파트 시장을 대상으로 하는 수요량의 변화 요인

1. 아파트의 가격 변화 (O)
2. 아파트 가격 변화에 대한 예상 (×)
3. 오피스텔의 가격 변화 (×)
4. 건축원자재 가격 변화 (×)

③ 공급량의 변화와 공급의 변화

㉠ 공급량의 변화 : 해당 재화의 가격 변화로 공급량이 변화하는 것을 '공급량의 변화'라고 한다.

㉡ 공급의 변화 : 해당 재화 가격 이외 요인의 변화로 공급량이 변화하는 것을 '공급의 변화'라고 한다.

㉢ 원인과 형태의 구분

구분	공급량의 변화	공급의 변화
원인	해당 재화의 가격 변화	해당 재화 가격 이외의 요인 변화
변화의 형태	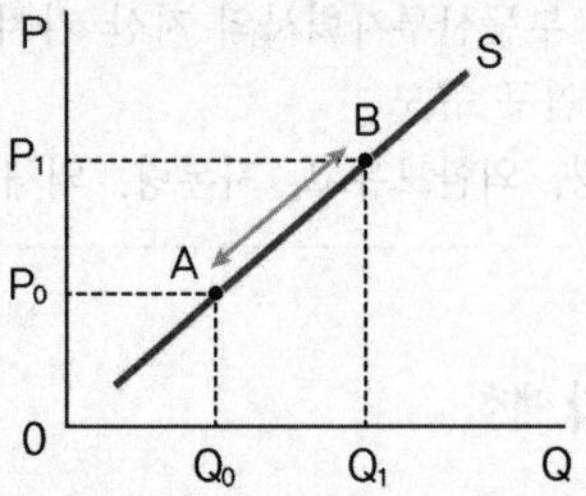	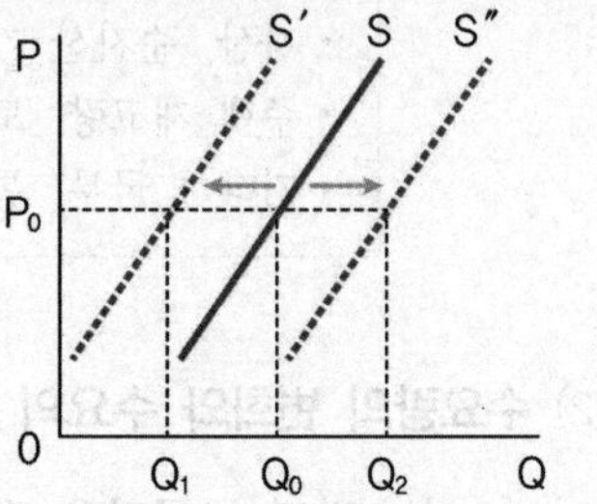
	공급곡선 내부에서의 이동	공급곡선 자체의 이동

(3) 수요와 공급의 법칙

① 가격의 변화는 수요량과 공급량을 변화시키는데, 그 구체적인 내용으로부터 도출된 법칙이 수요의 법칙과 공급의 법칙이다.

▸▸ 기출 수요의 법칙에 의하면 가격과 수요량은 비례관계에 있다. (×)

② 수요의 법칙

㉠ 의미 : 가격 변화와 수요량 변화는 반비례(−) 관계에 있다.

㉡ 내용

- A재 가격이 상승하면, A재 수요량은 감소한다.
- A재 가격이 하락하면, A재 수요량은 증가한다.

▸▸ 기출 부동산 가격이 상승하면 공급량은 증가하고 가격이 하락하면 공급량은 감소한다. (O)

③ 공급의 법칙

㉠ 의미 : 가격 변화와 공급량 변화는 비례(+) 관계에 있다.

㉡ 내용

- A재 가격이 상승하면, A재 공급량은 증가한다.
- A재 가격이 하락하면, A재 공급량은 감소한다.

(4) 정상재와 열등재

① 경제학은 소득 변화에 따른 소비 변화의 관계를 통해 재화를 정상재(normal goods)와 열등재(inferior goods)로 구분한다.

② 정상재

㉠ 의미 : 소득의 변화와 수요의 변화가 비례(+) 관계에 있는 재화

㉡ 내용

> • 정상재의 경우, 소득이 증가하면 수요가 증가한다.
> • 정상재의 경우, 소득이 감소하면 수요가 감소한다.

③ 열등재

㉠ 의미 : 소득의 변화와 수요의 변화가 반비례(−) 관계에 있는 재화

㉡ 내용

> • 열등재의 경우, 소득이 증가하면 수요가 감소한다.
> • 열등재의 경우, 소득이 감소하면 수요가 증가한다.

(5) 대체관계와 보완관계

① 소비의 대체관계와 보완관계

㉠ 효용이 유사하여 소비에서 서로 대체될 수 있는 재화의 관계를 '소비의 대체관계'라고 한다. 콜라와 사이다, 소주와 맥주, 커피와 녹차 등은 소비에서 서로 대체관계에 있는 재화이다.

㉡ 함께 사용함으로써 소비의 만족감이 보다 증가될 수 있는 재화의 관계를 '소비의 보완관계'라고 한다. 삼겹살과 상추, 커피와 설탕, 자동차와 휘발유 등은 서로 보완관계에 있는 재화이다.

② A재와 B재가 대체관계인 경우

㉠ 원칙 : A재 가격 변화와 B재 수요 변화는 비례(+) 관계에 있다.

㉡ 사례

> • A재 가격이 상승하면 B재의 수요는 증가한다.
> • A재 가격이 하락하면 B재의 수요는 감소한다.

▸▸ 기출 소득이 10% 증가하자 어떤 부동산의 수요량이 8% 증가하였다면 이 부동산은 정상재이다. (O)

▸▸ 기출 소득이 증가하면, 정상재의 수요는 감소한다. (×)

▸▸ 기출 A부동산의 가격이 5% 상승할 때, B부동산의 수요는 10% 증가하고 C부동산의 수요는 5% 감소한다. A와 B의 관계는 대체관계이고, A와 C의 관계는 보완관계이다. (O)

▸▸ 기출 A부동산 상품의 가격이 5% 상승하였을 때, B부동산 상품의 수요가 4% 하락했다면, A와 B의 관계는 보완관계이다. (O)

▸▸ 기출 대체주택 가격의 하락은 아파트 시장의 수요곡선을 좌측으로 이동시킬 수 있는 요인이다. (O)

▸▸ 기출 빌라의 가격이 상승하면, 아파트의 수요는 감소한다. (×)

③ A재와 B재가 보완관계인 경우

㉠ 원칙 : A재 가격 변화와 B재 수요 변화는 반비례(−) 관계에 있다.

㉡ 사례

• A재 가격이 상승하면 B재의 수요는 감소한다. • A재 가격이 하락하면 B재의 수요는 증가한다.

(6) 수요 · 공급 모형

① 수요 · 공급 모형은 영국의 경제학자 알프레드 마샬(Alfred Marshall)이 자신의 저서 '경제학의 원리(1890년)'에서 제시한 모형이다.

② 수요와 공급 모형은 가격과 관련된 현상, 즉 가격이 어떻게 결정되고 어떻게 변화될 것인지에 대한 해답을 찾는 중요한 도구로 활용된다.

▼수요 · 공급 모형

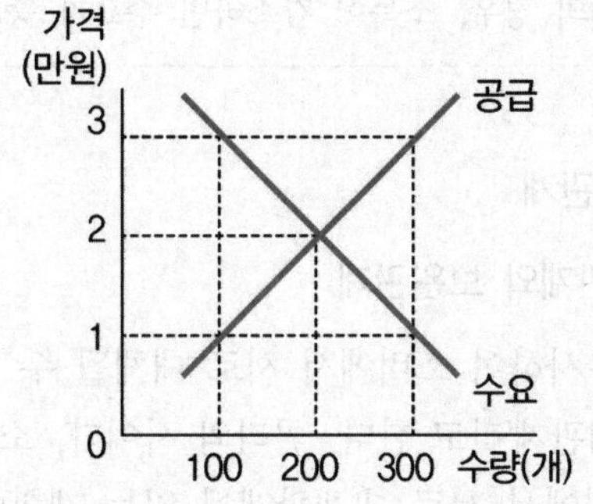

2 수요

(1) 수요의 의미와 특징 **

① 의미

㉠ '수요(demand)'란 일정 기간 동안 재화나 서비스에 대해 소비자들이 구매하고자 하는 욕구를 말한다.

㉡ 일반적으로 소비자들의 욕구는 수량, 즉 수요량으로 측정한다.

② 특징

㉠ 수요는 일정 기간을 설정하고 측정하는 '유량(flow) 변수'이다.

㉡ 수요는 실제로 구매된 수량이 아니라 앞으로 소비자들이 사고자 하는 수량을 의미한다. 따라서 수요는 '계획된 수량' 또는 '사전적 수량'이다.

㉢ 수요는 단순히 소비자의 구매의사로 이루어지는 것이 아니다. 따라서 수요는 구매력이 있음을 전제로 측정되는 '유효수요'를 의미한다.

▸▸ 기출 수요는 실제로 구매된 수량을 의미한다. (×)

▸▸ 기출 수요는 소비자의 구매의사로 구매력이 있음을 요하는 것은 아니다. (×)

(2) 개별 수요곡선

① 수요량에 대한 시장조사

㉠ 수요곡선은 소비자의 수요량을 조사함으로써 도출될 수 있다.

㉡ '수요량'은 일정 기간 동안 주어진 가격에서 소비자가 사고자 하는 수량을 의미한다.

▸▸ 기출 수요량이란 주어진 가격에서 소비자가 사고자 하는 최대 수량을 의미한다. (O)

㉢ 다음은 가상적인 A재화 시장에서 개별 소비자를 대상으로 조사한 가격과 수요량의 관계이다.

가격	수요량
3만원	100개
2만원	200개
1만원	300개

② 개별 수요곡선의 도출

㉠ 개별 수요곡선은 개별 소비자를 대상으로 조사된 가격과 수요량의 관계를 그래프로 표시한 것이다.

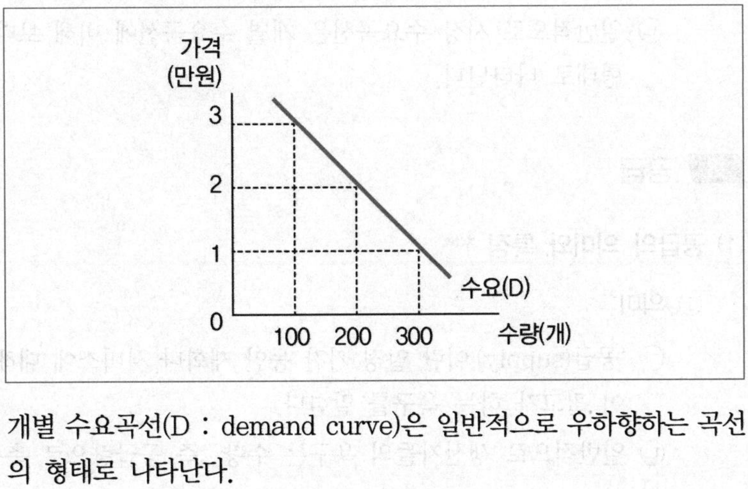

㉡ 개별 수요곡선(D : demand curve)은 일반적으로 우하향하는 곡선의 형태로 나타난다.

(3) 시장 수요곡선

① 시장 수요곡선의 도출

㉠ 시장 수요곡선이란 시장 전체를 대상으로 측정된 가격과 수요량의 관계를 그래프로 표시한 것이다.

㉡ 시장 전체의 수요량은 개별 소비자들의 수요량을 합산하여 구할 수 있다. 따라서 시장 수요곡선은 개별 소비자를 대상으로 측정된 개별 수요곡선을 수평으로 합산하여 구한다.

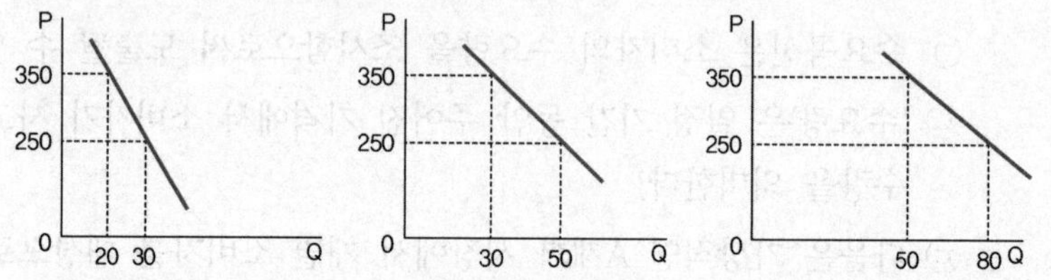

(a) 갑의 수요곡선 (b) 을의 수요곡선 (c) 시장 전체의 수요곡선

㉢ 시장에 두 명의 소비자(갑, 을)만 있다고 가정할 때, 주어진 가격 250원에서 갑의 수요량이 30개이고 을의 수요량이 50개라면 시장 전체의 수요량은 80개이다.

▸▸ 기출 개별 수요곡선은 시장 수요곡선에 비해 보다 완만한 형태를 가진다. (×)

② 시장 수요곡선의 특징

㉠ 일반적으로 시장 수요곡선은 개별 수요곡선에 비해 보다 완만한 형태로 나타난다. 이는 주어진 가격에서 시장 전체의 수요량이 개별 소비자의 수요량보다 많음을 의미한다.

㉡ 일반적으로 시장 수요곡선은 개별 수요곡선에 비해 보다 탄력적인 형태로 나타난다.

3 공급

(1) 공급의 의미와 특징 **

① 의미

㉠ '공급(supply)'이란 일정 기간 동안 재화나 서비스에 대해 생산자들이 팔고자 하는 욕구를 말한다.

㉡ 일반적으로 생산자들의 욕구는 수량, 즉 공급량으로 측정된다.

② 특징

㉠ 공급은 일정 기간을 설정하고 측정하는 '유량(flow) 변수'이다.

ⓛ 공급은 실제로 판매된 수량이 아니라 앞으로 생산자들이 팔고자 하는 수량을 의미한다. 따라서 공급은 '계획된 수량' 또는 '사전적 수량'이라고 한다.

(2) 개별 공급곡선

① 공급량에 대한 시장조사

㉠ 공급곡선은 생산자들의 공급량을 조사함으로써 도출될 수 있다.

ⓛ 공급량은 일정 기간 동안 주어진 가격에서 생산자들이 팔고자 하는 수량을 의미한다.

▸▸ 기출 부동산의 공급량은 주어진 가격 수준에서 일정기간에 판매하고자 하는 최대수량이다. (O)

㉢ 다음에 가상적인 A재화 시장에서 개별 공급자를 대상으로 조사된 가격과 공급량의 관계이다.

가격	공급량
3만원	300개
2만원	200개
1만원	100개

② 개별 공급곡선의 도출

㉠ 개별 공급곡선은 개별 생산자를 대상으로 조사된 가격과 공급량의 관계를 그래프로 표시한 것이다.

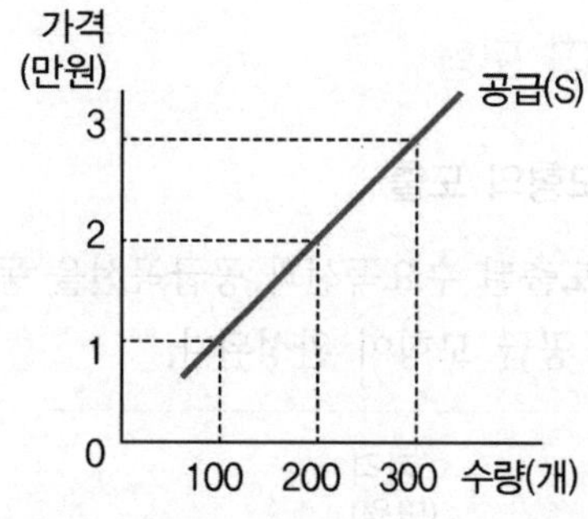

ⓛ 공급곡선(S : supply curve)은 일반적으로 우상향하는 곡선의 형태로 나타난다.

(3) 시장 공급곡선

① 시장 공급곡선의 도출

㉠ 시장 공급곡선은 시장 전체를 대상으로 측정된 가격과 공급량의 관계를 그래프로 표시한 것이다.

㉡ 시장 전체의 공급량은 개별 생산자들의 공급량을 합산하여 구할 수 있다. 따라서 시장 공급곡선은 개별 생산자를 대상으로 측정된 개별 공급곡선을 수평으로 합산하여 구한다.

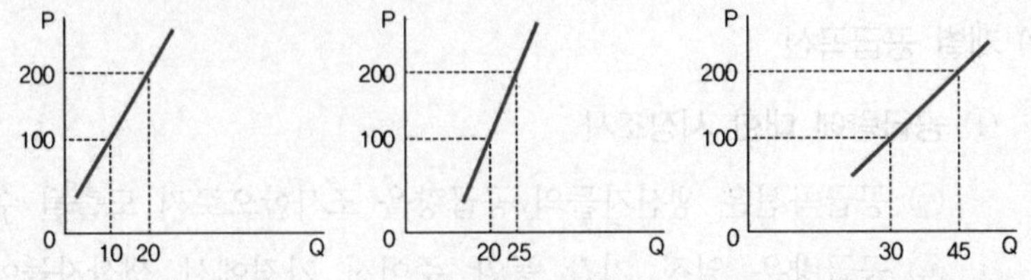

(a) 갑의 공급곡선 (b) 을의 공급곡선 (c) 시장 전체의 공급곡선

㉢ 시장에 두 명의 생산자(갑, 을)만 있다고 가정할 때, 주어진 가격 200원에서 갑의 공급량이 20개이고 을의 공급량이 25개라면 시장 전체의 공급량은 45개이다.

▸▸ 기출 시장 공급곡선은 개별 공급곡선에 비해 보다 비탄력적이다. (×)

② 시장 공급곡선의 특징

㉠ 일반적으로 시장 공급곡선은 개별 공급곡선에 비해 보다 완만한 형태로 나타난다. 이는 주어진 가격에서 시장 전체의 공급량이 개별 생산자의 공급량보다 많음을 의미한다.

㉡ 일반적으로 시장 공급곡선은 개별 공급곡선에 비해 보다 탄력적인 형태로 나타난다.

4 수요와 공급 모형

(1) 수요와 공급 모형의 도출

① 지금까지 도출된 수요곡선과 공급곡선을 동일한 평면상에 함께 표시하면 수요와 공급 모형이 완성된다.

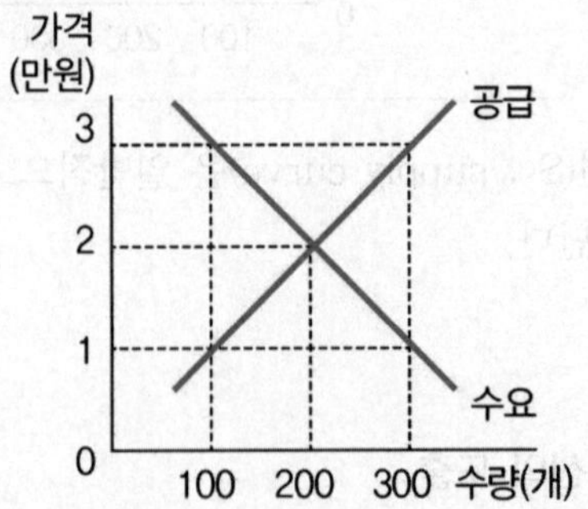

② 수요와 공급 모형은 결국 시장조사를 통해 도출된 소비자의 행동(수요 또는 수요곡선)과 생산자의 행동(공급 또는 공급곡선)을 동일한 시장 평면에 표시한 것이다.

(2) 균형의 의미 **

① '균형'은 모든 힘이 상쇄되어 한 시스템이 더 이상 변하지 않는 상태를 말한다. 시장의 균형은 소비자가 사고자 하는 수량(수요량)과 생산자가 팔고자 하는 수량(공급량)이 일치할 때 달성된다. 즉 수요곡선과 공급곡선이 만나는 지점에서 시장의 균형은 달성된다.

▸▸ 기출 시장의 균형은 수요와 공급이 일치하는 점에서 달성된다. (O)

② 균형 가격과 균형 거래량

㉠ 수요곡선과 공급곡선이 교차하는 지점의 가격과 거래량을 '균형 가격'과 '균형 거래량'이라고 한다.

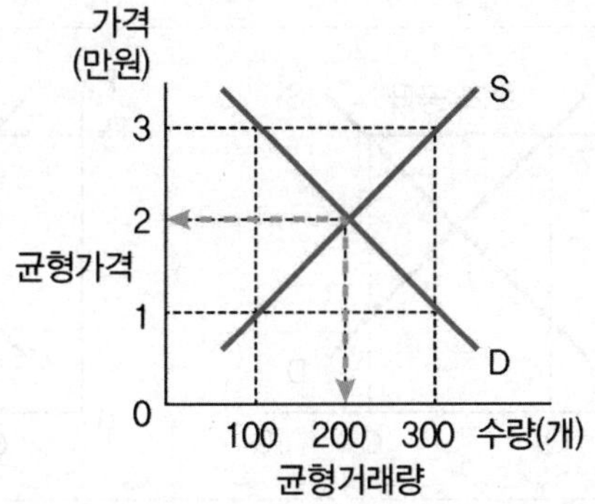

㉡ 위 그래프에 의하면 시장의 균형 가격은 2만원이고, 균형 거래량은 200개이다.

(3) 균형의 안정성

① 시장은 항상 균형으로 돌아가려는 성질을 가진다. 일시적으로 시장이 균형에서 이탈되더라도 궁극적으로 시장은 균형으로 돌아가는데, 이를 '균형의 안정성'이라고 한다.

② 초과수요와 균형의 안정성

㉠ '초과수요 현상'이란 일정 가격 수준에서 수요량이 공급량을 초과하는 현상이다.

㉡ 시장에 초과수요가 발생하면 가격상승을 통해 시장은 다시 균형으로 돌아간다.

▸▸ 기출 부동산의 초과수요는 임대료를 하락시키는 요인으로 작용한다. (×)

▸▸ 기출 시장에 초과수요가 나타나면 시장의 가격은 하락한다. (×)

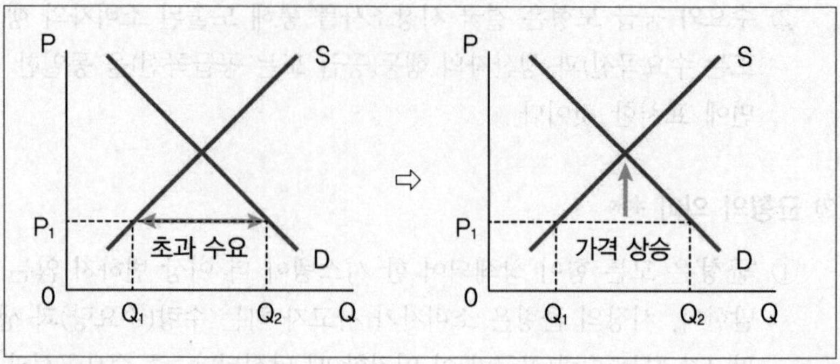

▸▸ 기출 부동산의 초과공급은 임대료를 상승시키는 요인으로 작용한다. (×)

③ 초과공급과 균형의 안정성

㉠ '초과공급 현상'이란 일정 가격 수준에서 공급량이 수요량을 초과하는 현상이다.

㉡ 시장에 초과공급이 발생하면 가격하락을 통해 시장은 다시 균형으로 돌아간다.

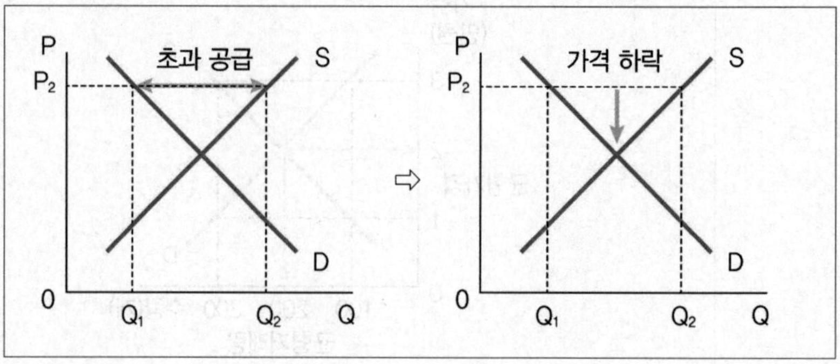

제2장 수요와 공급 모형의 활용

▸28회, 32회, 35회 기출

1. 수요와 공급의 변화 요인
2. 시장의 균형 변화
3. 부동산의 수요와 공급

1 수요와 공급의 변화 요인

(1) 수요의 변화 **

① 가격 이외 요인의 변화로 수요량이 변화하는 과정을 '수요의 변화'라고 한다.

② 수요의 변화는 수요곡선이 우측으로 이동하는 '수요의 증가'와 수요곡선이 좌측으로 이동하는 '수요의 감소'로 구분된다.

③ 수요의 변화 요인

구분	수요의 증가 요인	수요의 감소 요인
인구 변화	• 인구 증가, 인구유입량 증가 • 핵가족화, 가구 수의 증가	• 인구 감소 • 가구 수의 감소
금융 변화	• 시장이자율 하락 • 대출금리 하락 • 대부비율(LTV) 상승 • 총부채상환비율(DTI) 상승	• 시장이자율 상승 • 대출금리 상승 • 대부비율(LTV) 하락 • 총부채상환비율(DTI) 하락
정책 변화	• 주택거래규제의 완화 • 취득세, 재산세 감면	• 주택거래규제의 강화 • 취득세, 재산세 중과
기타	• 주변 환경의 개선 • 미래 가격상승에 대한 기대	• 주변 환경의 악화 • 미래 가격하락에 대한 기대
소득의 변화	• 소비자의 소득 증가(정상재) • 소비자의 소득 감소(열등재)	• 소비자의 소득 감소(정상재) • 소비자의 소득 증가(열등재)
관련재화의 가격	• 대체 부동산의 가격 상승 • 보완 부동산의 가격 하락	• 대체 부동산의 가격 하락 • 보완 부동산의 가격 상승

✔주의
아파트 시장에서 아파트 가격의 변화는 수요의 변화 요인이 아니라 수요량의 변화 요인임에 주의하여야 한다.

✔주의
아파트 시장을 대상으로 하는 수요의 변화 요인
1. 아파트의 가격 변화 (×)
2. 아파트 가격 변화의 예상 (○)
3. 오피스텔의 가격 변화 (○)
4. 건축원자재 가격 변화 (×)

▸▸ 기출 주택건설용 토지가격이 하락하면 주택의 공급곡선은 좌측으로 이동한다. (×)

✔주의
생산기술의 변화와 생산요소 가격의 변화 등 생산과 관련된 요인들은 공급에만 영향을 주는 요인이다.

(2) **공급의 변화 ★★**

① 가격 이외 요인의 변화로 공급량이 변화하는 과정을 '공급의 변화'라고 한다.

② 공급의 변화는 공급곡선이 우측으로 이동하는 '공급의 증가'와 공급곡선이 좌측으로 이동하는 '공급의 감소'로 구분된다.

③ 공급의 변화 요인

구분	공급의 증가 요인	공급의 감소 요인
생산의 변화	• 건축기술의 진보 • 생산요소 가격의 하락 • 건축 원자재 가격의 하락	• 건축기술의 퇴보 • 생산요소 가격의 상승 • 건설 노동자의 임금 상승
기타	• 프로젝트 대출의 활성화 • 건축대부금리의 하락 • 기업에 대한 조세감면 • 건축허가 요건의 완화	• 건축대부금리의 상승 • 건축허가 요건의 강화

2 시장의 균형 변화

(1) 시장의 균형을 변화시키는 4가지 규칙

① 수요의 변화에 따른 균형 변화

㉠ 수요와 공급 모형에서 수요곡선이 우측 또는 좌측으로 이동하면 시장은 새로운 균형으로 이동한다.

㉡ 균형의 변화

구분	수요의 증가	수요의 감소
해석	수요곡선의 우측 이동 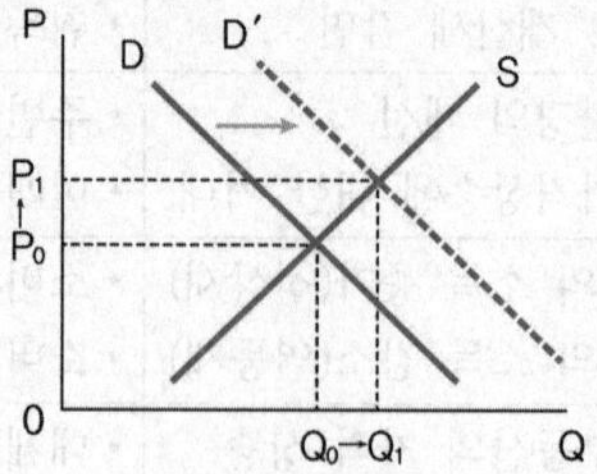	수요곡선의 좌측 이동 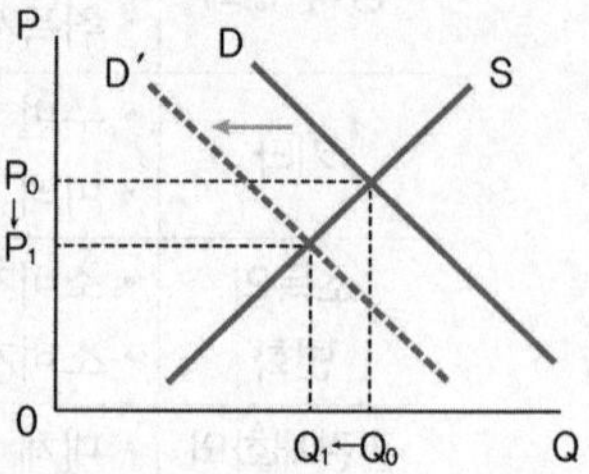
균형 가격	상승	하락
균형 거래량	증가	감소

② 공급의 변화에 따른 균형 변화

㉠ 수요와 공급 모형에서 공급곡선이 우측 또는 좌측으로 이동하면 시장은 새로운 균형으로 이동한다.

㉡ 균형의 변화

구분	공급의 증가	공급의 감소
해석	공급곡선의 우측 이동 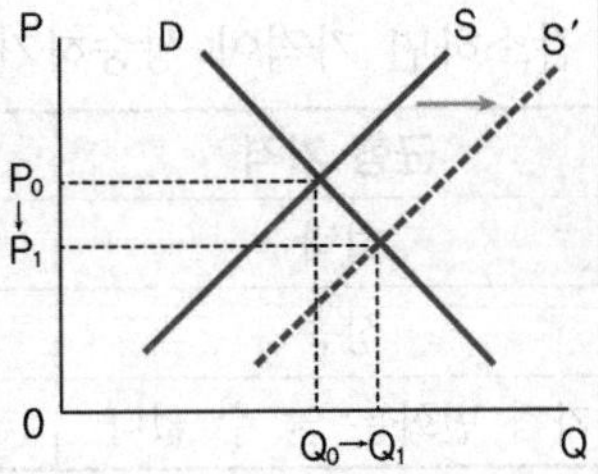	공급곡선의 좌측 이동 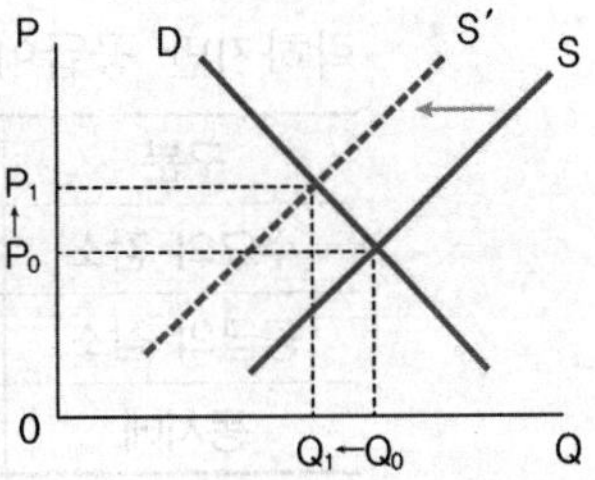
균형 가격	하락	상승
균형 거래량	증가	감소

③ 균형을 변화시키는 4가지 규칙

㉠ 수요의 변화와 공급의 변화를 통해 만들어지는 균형 가격의 변화와 균형 거래량의 변화를 정리한 것을 '균형을 변화시키는 4가지 규칙'이라고 한다.

㉡ 4가지 규칙

구분		균형 가격	균형 거래량
수요의 변화	수요의 증가	상승	증가
	수요의 감소	하락	감소
공급의 변화	공급의 증가	하락	증가
	공급의 감소	상승	감소

▸▸ 기출 공급이 불변이고 수요가 감소하는 경우 새로운 균형 가격은 상승하고 균형 거래량은 감소한다. (×)

▸▸ 기출 수요가 불변이고 공급이 증가하는 경우 새로운 균형 가격은 하락하고 균형 거래량은 증가한다. (O)

(2) 수요와 공급이 동시에 변하는 경우 **

① 수요와 공급이 동시에 증가하는 경우

㉠ 수요가 증가하면서 동시에 공급이 증가한다면 균형 거래량은 반드시 증가하나 가격의 변화는 알 수 없다. 수요가 증가하면 가격은 상승하지만 공급이 증가하면 가격은 하락하기 때문이다.

구분	균형 가격	균형 거래량
수요의 증가	상승	증가
공급의 증가	하락	증가
동시에	가격 변화는 알 수 없다.	반드시 증가한다.

▸▸ 기출 수요와 공급이 모두 증가하는 경우, 균형 가격의 상승여부는 수요와 공급의 증가폭에 의해 결정된다. (O)

▸▸ 기출 수요의 증가가 공급의 증가보다 큰 경우 새로운 균형 가격은 상승하고 균형 거래량도 증가한다. (O)

㉡ 이 경우 가격이 어떻게 될지는 수요와 공급의 변화 폭에 의해 결정된다. 수요 증가의 폭이 더 크다면 가격은 상승할 것이고, 공급 증가의 폭이 더 크다면 가격은 하락할 것이다.

② 수요와 공급이 동시에 감소하는 경우

㉠ 수요가 감소하면서 동시에 공급이 감소한다면 균형 거래량은 반드시 감소하나 가격의 변화는 알 수 없다. 수요가 감소하면 가격은 하락하지만 공급이 감소하면 가격이 상승하기 때문이다.

구분	균형 가격	균형 거래량
수요의 감소	하락	감소
공급의 감소	상승	감소
동시에	가격 변화는 알 수 없다.	반드시 감소한다.

㉡ 이 경우 가격이 어떻게 될지는 수요와 공급의 변화 폭에 의해 결정된다. 수요 감소의 폭이 더 크다면 가격은 하락할 것이고, 공급 감소의 폭이 더 크다면 가격은 상승할 것이다.

▸▸ 기출 우하향하는 수요곡선과 우상향하는 공급곡선을 갖는 아파트시장에서 수요가 증가하고 공급이 감소한다고 할 때, 균형 가격은 상승하고 균형 거래량은 그 변화를 알 수 없다. (O)

③ 수요가 증가하고 공급이 감소하는 경우

㉠ 수요가 증가하면서 동시에 공급이 감소한다면 균형 가격은 반드시 상승하나 균형 거래량의 변화는 알 수 없다. 수요가 증가하면 거래량은 증가하지만 공급이 감소하면 거래량은 감소하기 때문이다.

구분	균형 가격	균형 거래량
수요의 증가	상승	증가
공급의 감소	상승	감소
동시에	가격은 반드시 상승한다.	거래량 변화는 알 수 없다.

㉡ 이 경우 거래량이 어떻게 될지는 수요와 공급의 변화 폭에 의해 결정된다. 수요 증가의 폭이 더 크다면 거래량은 증가할 것이고, 공급 감소의 폭이 더 크다면 거래량은 감소할 것이다.

▸▸ 기출 공급의 감소가 수요의 감소보다 큰 경우, 새로운 균형 가격은 상승하고 균형 거래량은 감소한다. (O)

④ 수요가 감소하고 공급이 증가하는 경우

㉠ 수요가 감소하면서 동시에 공급이 증가한다면 균형 가격은 반드시 하락하나 균형 거래량의 변화는 알 수 없다. 수요가 감소하면 거래량은 감소하지만 공급이 증가하면 거래량은 증가하기 때문이다.

구분	균형 가격	균형 거래량
수요의 감소	하락	감소
공급의 증가	하락	증가
동시에	가격은 반드시 하락한다.	거래량 변화는 알 수 없다.

㉡ 이 경우 거래량이 어떻게 될지는 수요와 공급의 변화 폭에 의해 결정된다. 수요 감소의 폭이 더 크다면 거래량은 감소할 것이고, 공급 증가의 폭이 더 크다면 거래량은 증가할 것이다.

3 부동산의 수요와 공급

(1) 임대차 시장의 중요성

① 부동산 시장은 매매 시장과 임대차 시장으로 구분된다. 경제학의 수요와 공급 모형은 임대차 시장을 대상으로 임대료의 변화를 설명하는 데 보다 유용한 모형이라는 것이 학자들의 일반적인 견해이다.

② 부동산의 가격은 단순히 부동산의 수요와 공급에 의해 결정되기보다는 자본 시장에 보다 많은 영향을 받기 때문이다.

(2) 부동산 수요와 공급의 특징 **

① 일반 재화가 아닌 부동산을 대상으로 수요와 공급을 적용한다면 부동산이 가지고 있는 특성을 고려해서 수요와 공급을 해석해야만 한다.

② 부동산 수요의 특징

㉠ 부동산은 고가의 재화로서 구매력이 있는 유효수요가 특히 중요시 된다.

㉡ 부동산 수요는 지역을 바탕으로 한 지역적 수요로 나타난다.

㉢ 부동산 공급은 제한되기 때문에 부동산 시장에는 치열한 수요자 경쟁이 유발된다.

③ 부동산 공급의 특징

㉠ 부동산 공급은 비탄력적인 것이 일반적이다.

㉡ 부동산 공급자에는 생산자뿐만 아니라 기존의 주택이나 건물의 소유자도 포함된다.

㉢ 부동산은 기존의 수요량이 다시 새로운 공급으로 전환될 수 있다.

(3) 토지의 물리적 공급과 경제적 공급

① 토지의 공급은 토지의 자연적 특성을 강조한 '물리적 공급'과 인문적 특성을 강조한 '경제적 공급'으로 구분된다.

▾ 물리적 공급곡선과 경제적 공급곡선

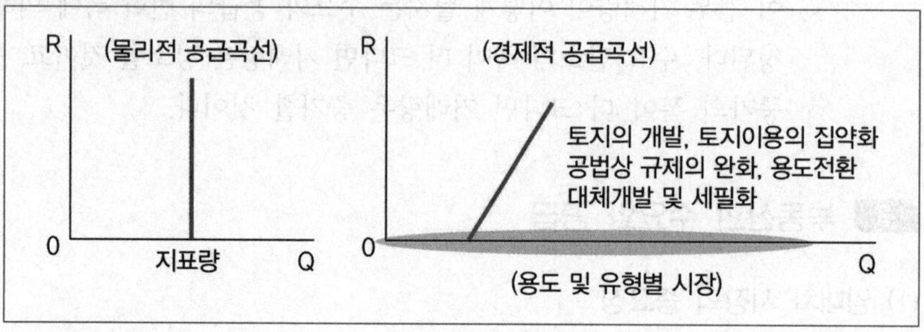

② 물리적 공급

㉠ 의미 : 자연적으로 공급되어 있는 토지의 지표면적을 '물리적 공급' 또는 '물리적 공급량'이라고 한다.

㉡ 토지의 지표면적은 자연이 제공한 면적(양)으로 제한되어 있기 때문에 토지의 물리적 공급곡선은 수직선의 형태로 나타나고, 토지의 물리적 공급의 가격탄력성은 완전 비탄력적이 된다.

㉢ 토지의 물리적 공급이 강조되면 토지에 대해서는 공급의 법칙이 적용되지 못한다.

▸▸ 기출 토지의 물리적 공급곡선은 우상향하는 형태로 나타난다. (×)

▸▸ 기출 물리적 토지공급량이 불변이라면 토지의 물리적 공급은 토지 가격 변화에 대해 완전 비탄력적이다. (O)

③ 경제적 공급

㉠ 의미 : 자연적으로 공급되어 있는 토지의 이용도를 증가시키는 행위를 '경제적 공급'이라고 한다. 경제적 공급은 대부분 토지의 용도전환을 통해 이루어지기 때문에 경제적 공급을 '용도적 공급'이라고도 한다.

㉡ 용도전환, 토지의 개발, 이용의 집약화, 공법상 규제의 완화 등은 경제적 공급의 사례이다.

㉢ 토지는 용도적 측면에서 공급이 가능하기 때문에 토지에 있어서도 공급의 법칙이 적용된다.

(4) 부동산의 단기 시장과 장기 시장

① 부동산의 공급을 단기간에 증가시킨다는 것은 거의 불가능하다. 따라서 부동산을 대상으로 하는 시장분석에서 단기와 장기의 개념은 매우 중요하다.

② 단기와 단기 균형

㉠ '단기'란 공급을 변화시킬 수 없는 짧은 기간을 의미한다.

㉡ 부동산은 단기에 공급을 변화시킬 수 없기 때문에, 단기 시장의 균형은 수요에 의해서 결정된다.

③ 장기와 장기 균형

㉠ '장기'란 공급을 변화시킬 수 있을 정도의 충분히 긴 기간을 의미한다.

㉡ 장기에는 부동산의 공급이 비로소 변화될 수 있기 때문에, 장기 시장의 균형은 공급에 의해서 결정된다.

㉢ 공급을 변화시킬 수 있는 기간은 재화에 따라 다르기 때문에 장기라는 기간은 재화에 따라 다르게 판단되어야 한다.

④ 장기 공급곡선과 단기 공급곡선

㉠ 장기 공급곡선은 단기 공급곡선에 비해 보다 완만한 형태로 나타난다.

㉡ 장기 공급곡선은 단기 공급곡선에 비해 보다 탄력적인 형태로 나타난다.

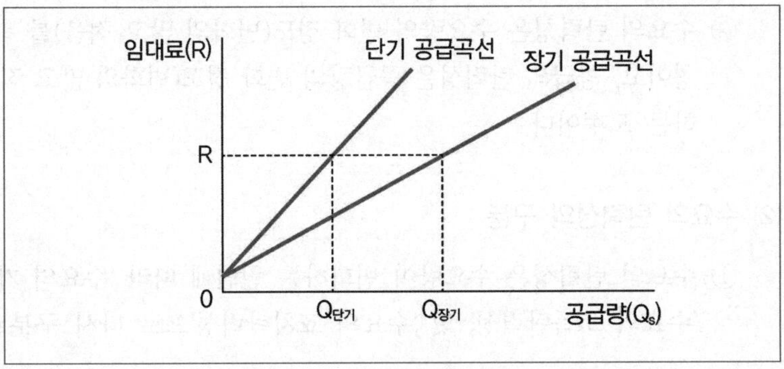

▸▸ 기출 주택의 단기 공급곡선은 가용생산요소의 제약으로 장기 공급곡선에 비해 더 비탄력적이다. (O)

▸▸ 기출 장기 공급곡선은 단기 공급곡선에 비해 보다 비탄력적이다. (×)

▸▸ 기출 장기 공급곡선은 단기 공급곡선에 비해 보다 가파른 형태로 나타난다. (×)

제3장 수요와 공급의 탄력성 모형

▸ 31회, 32회, 33회, 34회, 35회 기출

1 수요와 공급의 탄력성

(1) 탄력성의 의미

① 수요와 공급 모형은 수요와 공급의 변화 방향을 설명하는 데는 유용한 모형이나 수요와 공급의 변화 정도를 설명하지 못한다. 탄력성 모형은 수요와 공급의 변화 정도를 측정하고자 만든 모형이다.

② 수요의 탄력성은 수요량의 변화 정도(변화의 많고 적음)를 측정하는 모형이고, 공급의 탄력성은 공급량의 변화 정도(변화의 많고 적음)를 측정하는 모형이다.

(2) 수요의 탄력성의 구분

① 수요의 탄력성은 수요량이 변화하는 원인에 따라 '수요의 가격탄력성', '수요의 소득탄력성' 및 '수요의 교차탄력성'으로 다시 구분된다.

② 원인에 따른 탄력성 구분

원인		결과	
A재 가격 변화	→	A재 소비량 변화 정도	: 수요의 가격탄력성
소득 변화	→	A재 소비량 변화 정도	: 수요의 소득탄력성
B재 가격 변화	→	A재 소비량 변화 정도	: 수요의 교차탄력성

(B재 : A재의 대체재 또는 A재의 보완재)

2 수요의 가격탄력성

(1) 수요의 가격탄력성의 의미 **

① 재화의 가격이 변화하면 수요량이 변화하는데, 수요량이 어느 정도 변화하는지를 측정하는 지표를 '수요의 가격탄력성(price elasticity of demand)'이라고 한다.

$$\text{수요의 가격탄력성}(E_d) = \left| \frac{\text{수요량의 변화율(\%)}}{\text{가격 변화율(\%)}} \right|$$

② 수요의 가격탄력성이란 가격 변화율(%)에 대한 수요량의 변화율(%)로 정의된다.

③ 수요의 가격탄력성은 가격이 1% 변화할 때 수요량이 몇 % 변화하는지를 나타낸다.

(2) 수요의 가격탄력성의 측정

① 탄력성의 수치

㉠ 수요의 가격탄력성의 값은 0 또는 양(+)의 값으로 표시된다.

㉡ 가격과 수요량은 반대 방향으로 변하기 때문에 수요의 가격탄력성은 원칙적으로 음(−)의 값으로 측정된다. 그러나 학자들은 설명의 편의를 위해서 추가로 '−' 부호를 붙이거나 절댓값을 취하여 0 또는 양(+)의 값으로 표시한다.

② 탄력성 수치의 구분

㉠ 탄력성은 수치 1.0을 기준으로 구분한다. 측정된 수치가 1보다 크면 탄력적, 1보다 작으면 비탄력적이라고 구분한다.

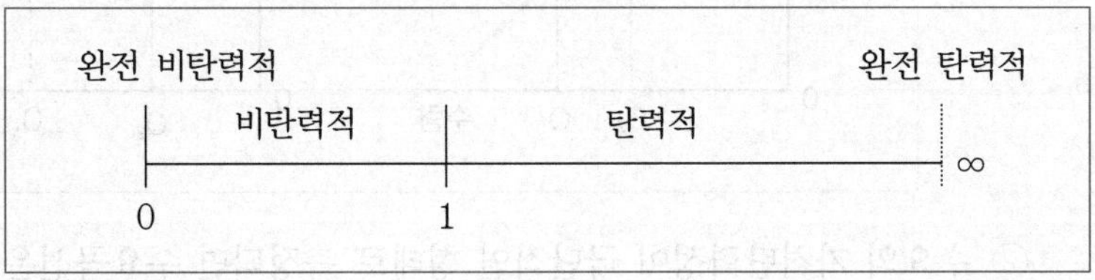

㉡ 측정된 탄력성 수치 중 가장 작은 수치인 '0'을 완전 비탄력적이라고 한다.

㉢ 측정된 탄력성 수치 중 가장 큰 수치인 '∞(무한대)'를 완전 탄력적이라고 한다.

✔주의
$\frac{A}{B}$를 읽는 방법
1. A를 B로 나눈 값
2. B에 대한 A의 비율

▸▸ 기출 수요의 가격탄력성은 정성적 지표이다. (×)

PART · 02

▸▸ 기출 수요의 가격탄력성이 비탄력적이면 가격의 변화율보다 수요량의 변화율이 더 작다. (O)

▸▸ 기출 수요의 가격탄력성이 완전탄력적이면 가격의 변화와는 상관없이 수요량이 고정된다. (×)

③ 탄력성 수치의 해석

㉠ 수요의 가격탄력성은 수요량의 변화 정도가 많은지 적은지를 가격의 변화 정도로 해석한다.

ⓐ 탄력적이라는 것은 수요량의 변화 정도가 가격의 변화 정도보다 크다는 것을 의미한다.

ⓑ 비탄력적이라는 것은 수요량의 변화 정도가 가격의 변화 정도보다 작다는 것을 의미한다.

㉡ 수치의 해석

구분	해석
완전 비탄력적	가격이 변하더라도 수요량의 변화가 없는 경우
비탄력적	가격 변화율보다 수요량 변화율이 작은 경우
단위 탄력적	가격 변화율과 수요량 변화율이 같은 경우
탄력적	가격 변화율보다 수요량 변화율이 큰 경우
완전 탄력적	조금의 가격변화에도 수요량이 무한대로 변화하는 경우

(3) 수요의 가격탄력성과 수요곡선의 기울기

▸▸ 기출 수요의 가격탄력성이 클수록 수요곡선의 기울기는 보다 가파르다. (×)

① 수요의 가격탄력성이 탄력적일수록 수요곡선의 기울기는 보다 완만한 형태로 나타난다.

㉠ 동일한 가격 상승에도 기울기가 완만할수록 수요량은 보다 많이 감소하는 것을 알 수 있다.

㉡ 따라서 수요곡선의 기울기가 완만할수록 보다 탄력적으로 측정된다.

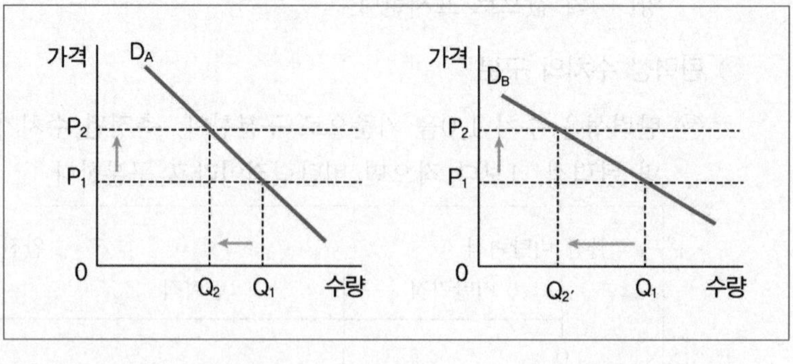

② 수요의 가격탄력성이 극단적인 형태로 측정되면 수요곡선은 수직선 또는 수평선의 형태로 나타난다.

▸▸ 기출 수요곡선이 수직선이면 수요의 가격탄력성은 완전 비탄력적이다. (O)

㉠ 수요의 가격탄력성이 완전 비탄력적이라면 수요곡선은 수직선의 형태로 나타난다.

ⓛ 수요의 가격탄력성이 완전 탄력적이라면 수요곡선은 수평선의 형태로 나타난다.

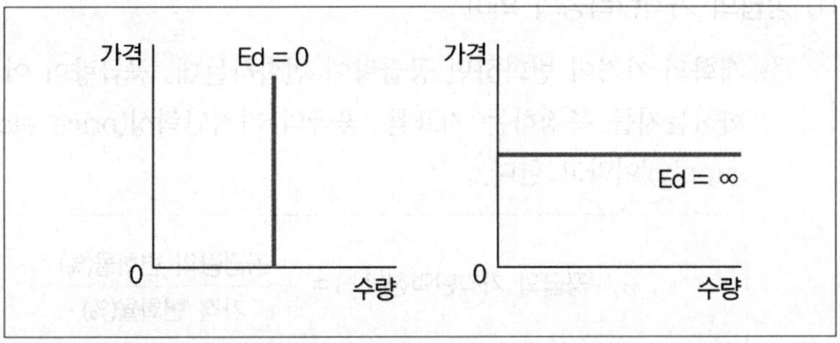

(4) **수요의 가격탄력성을 결정하는 요인 ****

① 수요의 가격탄력성은 대체재의 유무에 많은 영향을 받는다. 일반적으로 대체재의 수가 많을수록 그 재화의 수요는 보다 탄력적이다.

㉠ 주거용 부동산은 일반적으로 대체재가 많은 재화이다. 따라서 특정입지조건을 요구하는 공업용 부동산이나 상업용 부동산에 비해 보다 탄력적으로 측정된다.

ⓛ 재화의 분류범위를 좁게 할수록 또는 시장을 보다 세분할수록 대체재의 수는 증가한다. 따라서 수요의 가격탄력성은 보다 탄력적으로 측정된다.

㉢ 전체 부동산에 대한 수요는 일반적으로 비탄력적으로 측정되고 세분된 시장인 지역별 또는 용도별 부분 시장은 보다 탄력적으로 측정된다.

② 탄력성을 측정하는 기간이 길어질수록 수요의 가격탄력성은 보다 탄력적으로 측정된다. 가격이 상승할 때 가격이 오른 재화를 대체하는 데는 시간이 필요하기 때문이다.

③ 수요의 가격탄력성을 결정하는 요인

탄력적	비탄력적
① 대체재가 많을수록	① 대체재가 적을수록
② 탄력성 측정기간이 장기일수록	② 탄력성 측정기간이 단기일수록
③ 시장을 세분할수록	③ 분류 범위를 넓게 할수록
④ 부동산의 분류 범위를 좁게 할수록	④ 상・공업용 부동산
⑤ 용도변경이 용이할수록	⑤ 생활필수품
⑥ 주거용 부동산	

▸▸ 기출 부동산 수요의 가격탄력성은 주거용 부동산에 비해 특정입지조건을 요구하는 공업용 부동산에서 더 탄력적이다. (×)

▸▸ 기출 용도변경이 용이할수록 수요의 가격탄력성은 보다 비탄력적으로 측정된다. (×)

▸▸ 기출 부동산은 용도별・지역별로 세분될 때 보다 탄력적으로 측정된다. (O)

3 공급의 가격탄력성

(1) 공급의 가격탄력성의 의미

① 재화의 가격이 변화하면 공급량이 변화하는데, 공급량이 어느 정도 변화하는지를 측정하는 지표를 '공급의 가격탄력성(price elasticity of supply)'이라고 한다.

$$공급의\ 가격탄력성(E_s) = \frac{공급량의\ 변화율(\%)}{가격\ 변화율(\%)}$$

② 공급의 가격탄력성이란 가격 변화율(%)에 대한 공급량의 변화율(%)로 정의된다.

③ 공급의 가격탄력성은 가격이 1% 변화할 때 공급량이 몇 % 변화하는지를 나타낸다.

(2) 공급의 가격탄력성의 측정

① 가격과 공급량은 동일한 방향으로 변화한다. 따라서 공급의 가격탄력성은 0 또는 양(+)의 값으로 나타난다.

② 공급의 가격탄력성도 수요의 가격탄력성과 마찬가지로 1을 기준으로 1보다 크면 탄력적, 1보다 작으면 비탄력적으로 구분한다.

③ 수치의 해석

구분	해석
완전 비탄력적	가격이 변하더라도 공급량의 변화가 없는 경우
비탄력적	가격 변화율보다 공급량 변화율이 작은 경우
단위 탄력적	가격 변화율과 공급량 변화율이 같은 경우
탄력적	가격 변화율보다 공급량 변화율이 큰 경우
완전 탄력적	조금의 가격변화에도 공급량이 무한대로 변화하는 경우

▸▸ 기출 공급의 가격탄력성이 탄력적이면 가격의 변화율보다 공급량의 변화율이 더 크다. (O)

▸▸ 기출 한 국가 전체의 토지공급량이 불변이라면 토지공급의 가격탄력성은 '0'이다. (O)

(3) 공급의 가격탄력성과 공급곡선의 기울기

① 공급의 가격탄력성이 탄력적일수록 공급곡선의 기울기는 보다 완만한 형태로 나타난다.

② 공급의 가격탄력성이 완전 비탄력적이라면 공급곡선은 수직선의 형태로 나타나고 공급의 가격탄력성이 완전 탄력적이라면 공급곡선은 수평선의 형태로 나타난다.

▸▸ 기출 공급의 가격탄력성이 클수록 공급곡선은 보다 완만한 형태로 나타난다. (O)

(4) 공급의 가격탄력성을 결정하는 요인 **

① 공급의 가격탄력성은 생산 환경의 변화에 많은 영향을 받는다. 일반적으로 생산에 유리한 상황이 되면 공급은 보다 탄력적이다.

㉠ 부동산의 용도전환이 용이할수록 생산은 보다 유리해진다. 따라서 공급의 가격탄력성은 보다 탄력적으로 측정된다.

㉡ 생산에 소요되는 기간이 짧을수록 생산은 보다 유리해진다. 따라서 공급의 가격탄력성은 보다 탄력적으로 측정된다.

㉢ 생산량이 증가할 때 생산비가 하락할수록 또는 건축과 관련된 규제가 완화될수록 생산은 보다 유리해진다. 따라서 공급의 가격탄력성은 보다 탄력적으로 측정된다.

② 탄력성을 측정하는 기간이 길어질수록 공급의 가격탄력성은 보다 탄력적으로 측정된다. 재화를 시장에 공급하는 데는 시간이 필요하기 때문이다.

③ 공급의 가격탄력성을 결정하는 요인

탄력적	비탄력적
① 생산에 유리한 상황일수록	① 생산에 불리한 상황일수록
② 측정기간이 장기일수록	② 측정기간이 단기일수록
③ 생산에 소요되는 기간이 짧을수록	③ 생산에 소요되는 기간이 길수록
④ 생산량이 증가할 때 생산비가 하락하는 재화일수록	④ 생산량이 증가할 때 생산비가 급격히 상승하는 재화일수록
⑤ 용도전환이 용이할수록	⑤ 용도전환이 곤란할수록
⑥ 개발 규제가 완화될수록	⑥ 건축의 인·허가가 어려울수록

▸▸ 기출 용도변경을 제한하는 법규가 강화될수록 공급곡선은 이전에 비해 비탄력적이 된다. (O)

▸▸ 기출 생산에 소요되는 기간이 길수록 공급의 가격탄력성은 탄력적이다. (×)

▸▸ 기출 관찰기간이 길어질수록 공급의 가격탄력성은 작아진다. (×)

4 가격탄력성의 응용

(1) 총수입 증대를 위한 기업의 가격전략 **

① 수요의 가격탄력성이 탄력적이라면, 기업은 가격 하락을 통해 총수입을 증가시킬 수 있다.

② 수요의 가격탄력성이 비탄력적이라면, 기업은 가격 상승을 통해 총수입을 증가시킬 수 있다.

③ 기업의 가격 전략과 총수입의 변화

수요의 가격탄력성	가격 하락	가격 상승
탄력적인 소비자	총수입 증가	총수입 감소
비탄력적인 소비자	총수입 감소	총수입 증가

▸▸ 기출 수요의 가격탄력성이 탄력적이라면 임대사업자는 임대료 상승을 통해 임대총수입을 증가시킬 수 있다. (×)

▸▸ 기출 수요의 가격탄력성이 '1' 보다 작을 경우, 전체수입은 임대료가 상승하면 감소한다. (×)

✔주의
균형의 변화를 묻는 문제에서 수요든 공급이든 한쪽이 완전 탄력적인 경우에는 가격이 불변이고, 수요든 공급이든 한쪽이 완전 비탄력적인 경우에는 거래량이 불변이다.

▸▸ 기출 주택수요의 가격탄력성이 완전 탄력적인 경우에 공급이 증가하면 균형 가격은 변하지 않고 균형 거래량은 증가한다. (O)

▸▸ 기출 수요가 완전 비탄력적인 상황에서 공급이 증가하면 균형 가격은 하락하고 균형 거래량은 증가한다. (×)

(2) 극단적인 탄력성과 균형의 변화 **

① 완전 탄력적인 경우

㉠ 수요의 가격탄력성이 완전 탄력적이라면 수요곡선은 수평선의 형태로 나타난다. 이 경우 공급곡선이 어떤 방향으로 이동하더라도 가격은 변화하지 않는다.

㉡ 공급의 가격탄력성이 완전 탄력적이라면 공급곡선은 수평선의 형태로 나타난다. 이 경우 수요곡선이 어떤 방향으로 이동하더라도 가격은 변화하지 않는다.

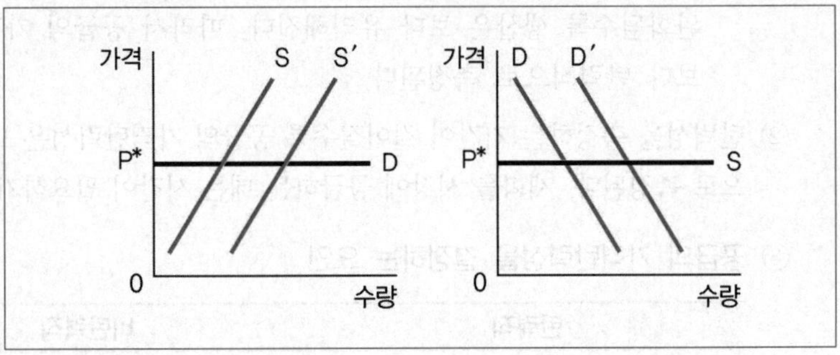

② 완전 비탄력적인 경우

㉠ 수요의 가격탄력성이 완전 비탄력적이라면 수요곡선은 수직선의 형태로 나타난다. 이 경우 공급곡선이 어떤 방향으로 이동하더라도 거래량은 변화하지 않는다.

㉡ 공급의 가격탄력성이 완전 비탄력적이라면 공급곡선은 수직선의 형태로 나타난다. 이 경우 수요곡선이 어떤 방향으로 이동하더라도 거래량은 변화하지 않는다.

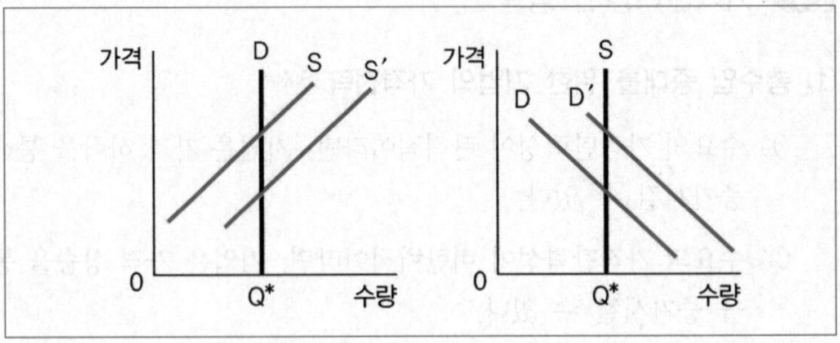

(3) **탄력성과 균형 변화의 폭 ****

① 공급이 증가하는 경우

㉠ 수요의 가격탄력성이 탄력적(D_1)이라면, 상대적으로 가격의 변화폭은 작고 거래량의 변화폭은 크다.

㉡ 수요의 가격탄력성이 비탄력적(D_2)이라며, 상대적으로 가격의 변화폭은 크고 거래량의 변화폭은 작다.

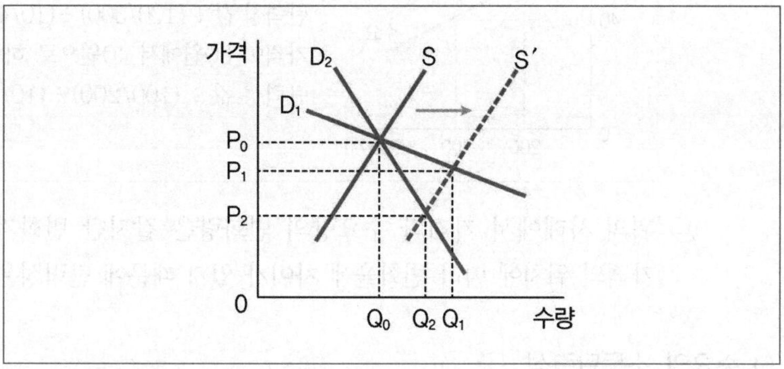

② 수요가 증가하는 경우

㉠ 공급의 가격탄력성이 탄력적(S_1)이라면, 상대적으로 가격의 변화폭은 작고 거래량의 변화폭은 크다.

㉡ 공급의 가격탄력성이 비탄력적(S_2)이라면, 상대적으로 가격의 변화폭은 크고 거래량의 변화폭은 작다.

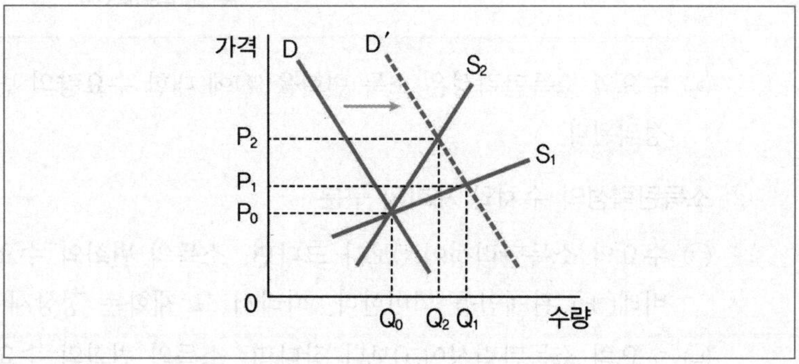

▸▸ 기출 주택수요가 증가하면 주택공급이 탄력적일수록 균형 가격이 더 크게 상승한다. (×)

▸▸ 기출 공급의 가격탄력성이 작을수록 수요변화 시 균형가격의 변동폭은 작지만 균형거래량의 변동폭은 크다. (×)

▸▸ 기출 우하향하는 선분으로 주어진 수요곡선의 경우, 수요곡선상의 측정지점에 따라 가격탄력성은 다르다. (O)

▸▸ 기출 소득이 10% 증가할 때 수요량이 5% 증가했다면, 해당 재화는 열등재이다. (×)

(4) 동일한 곡선상의 탄력성 값

① 수요의 가격탄력성을 동일한 수요곡선 상에서 측정한다고 모두 동일한 값으로 측정되는 것은 아니다.

㉠ 일반적으로 가격이 높은 쪽에서 측정할 때 보다 탄력적으로 계산된다.

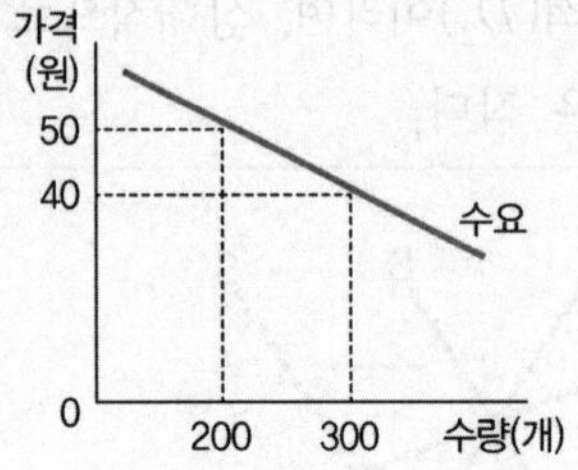

• 가격이 40원에서 50원으로 상승한 경우
탄력성 값 : (100/300)÷(10/40)=1.33
• 가격이 50원에서 40원으로 하락한 경우
탄력성 값 : (100/200)÷(10/50)=2.5

㉡ 위의 사례에서 가격과 수요량의 변화량은 같지만 변화가 시작하는 가격의 위치에 따라 변화율에 차이가 있기 때문에 탄력성은 달라진다.

(5) 수요의 소득탄력성

① 의미

㉠ '수요의 소득탄력성'은 소비자의 소득이 변화할 때 재화의 수요량이 얼마나 변화하는지를 측정하는 지표이다.

$$\text{수요의 소득탄력성} = \frac{\text{수요량의 변화율(\%)}}{\text{소득 변화율(\%)}}$$

㉡ 수요의 소득탄력성은 소득 변화율(%)에 대한 수요량의 변화율(%)로 정의된다.

② 소득탄력성의 수치와 재화의 구분

㉠ 수요의 소득탄력성이 0보다 크다면, 소득의 변화와 수요의 변화가 비례(+) 관계임을 의미한다. 따라서 그 재화는 정상재이다.

㉡ 수요의 소득탄력성이 0보다 작다면, 소득의 변화와 수요의 변화가 반비례(−) 관계임을 의미한다. 따라서 그 재화는 열등재이다.

(6) 수요의 교차탄력성

① 의미

㉠ '수요의 교차탄력성'은 관련 재화의 가격이 변화할 때 해당 재화의 수요량이 얼마나 변화하는지를 측정하는 지표이다.

$$수요의\ 교차탄력성 = \frac{B재\ 수요량의\ 변화율(\%)}{A재\ 가격\ 변화율(\%)}$$

㉡ 수요의 교차탄력성은 다른 재화(A재)의 가격 변화율(%)에 대한 당해 재화(B재) 수요량의 변화율(%)로 정의된다.

② 교차탄력성의 수치와 재화의 관계

㉠ 수요의 교차탄력성이 0보다 크다면, A재 가격의 변화와 B재 수요의 변화가 비례(+) 관계임을 의미한다. 따라서 두 재화는 대체관계에 있다.

㉡ 수요의 교차탄력성이 0보다 작다면, A재 가격의 변화와 B재 수요의 변화가 반비례(−) 관계임을 의미한다. 따라서 두 재화는 보완관계에 있다.

▸▸ 기출 A부동산의 가격이 상승할 때 B부동산의 수요가 증가했다면, A부동산과 B부동산의 관계는 보완관계이다. (×)

제4장 경제론 계산 문제

1 균형 가격과 균형 거래량의 계산

01 제시된 자료에 의하면 오피스텔 시장의 균형 가격과 균형 거래량은 어떻게 변하는가? (다만, 가격의 단위는 원이고, 수요량과 공급량의 단위는 개다)

- 오피스텔 수요함수 및 공급함수가 각각 $Q_{D1} = 900 - P$, $Q_S = 2P$ 이다.
- 오피스텔에 대한 선호가 증가하자 수요함수가 $Q_{D2} = 1,200 - P$로 변하였다.

정답해설

1. 오피스텔 선호가 증가하기 전의 시장의 균형 가격과 균형 거래량
   ① 균형 가격은 수요량과 공급량이 일치하는 지점의 가격이다.
   ② 균형 가격(P^*) : $(900 - P) = (2P)$, $3P = 900$, $P^* = 300$
   ③ 균형 거래량은 균형 가격을 수요함수 또는 공급함수에 대입하여 구할 수 있다.
   ④ 균형 거래량(Q^*) : $Q^* = 600$

2. 오피스텔 선호가 증가한 후의 시장의 균형 가격과 균형 거래량
   ① 균형 가격(P^*) : $(1,200 - P) = (2P)$, $3P = 1,200$, $P^* = 400$
   ② 균형 거래량(Q^*) : $Q^* = 800$
3. 균형의 변화
   ① 균형 가격은 300원에서 400원으로 상승한다.
   ② 균형 거래량은 600개에서 800개로 증가한다.

2 수요의 탄력성 계산

01 아파트 수요함수는 P = 50 - 2Q_D이다. P = 30일 때, 수요의 가격탄력성은? (단, Q_D : 수요량, P : 가격, 가격탄력성은 점탄력성을 말하며, 다른 조건은 동일함)

✔주의
우리 시험에서는 점탄력성을 전제로 탄력성을 측정하는 계산 문제가 계속 출제되고 있습니다.
따라서 중개사 시험 유형인 03, 04 유형은 참고하시기 바랍니다.

정답해설

1. 수요의 가격탄력성 = $-\frac{dQ}{dP} \cdot \frac{P}{Q}$
2. 수요의 가격탄력성 산정
   ① 수요함수를 가격에 대해 미분하면 $\frac{dQ}{dP} = -\frac{1}{2}$이다.
   ② 가격(P)이 30일 때, 수요량(Q_D)은 10이다.
   ③ 수요의 가격탄력성 : $-\frac{dQ}{dP} \cdot \frac{P}{Q} = -(-\frac{1}{2}) \cdot \frac{30}{10} = 1.5$

02 아파트에 대한 수요함수가 Q_D = −2P + 6Y + 100이고, P = 5, Y = 5인 경우, 수요의 소득탄력성은? (단, Q_D : 수요량, P : 가격, Y : 소득이고, 소득탄력성은 점탄력성을 말하며, 다른 조건은 동일함)

정답해설

1. 수요의 소득탄력성 = $\frac{dQ}{dY} \cdot \frac{Y}{Q}$
2. 수요의 소득탄력성 산정
   ① 수요함수를 소득에 대해 미분하면 $\frac{dQ}{dY} = 6$이다.
   ② 가격(P)이 5이고, 소득(Y)이 5일 때, 수요량(Q_D)은 120이다.
   ③ 수요의 소득탄력성 : $\frac{dQ}{dY} \cdot \frac{Y}{Q} = 6 \cdot \frac{5}{120} = \frac{1}{4}$

03 **아파트 매매가격이 16% 상승함에 따라 다세대주택의 매매수요량이 8% 증가하고 아파트 매매수요량이 4% 감소하였다.** (단, 수요의 가격탄력성은 절댓값으로 표시하며, 다른 조건은 불변이라고 가정함)

1. 아파트 매매수요의 가격탄력성은? 2. 다세대주택 매매수요의 교차탄력성은? 3. 아파트에 대한 다세대주택의 관계는?

정답해설

1. 아파트 매매수요의 가격탄력성 : 0.25

$$\text{아파트 수요의 가격탄력성} = \frac{\text{아파트 수요량(\%)}}{\text{아파트 가격(\%)}} = \frac{-4\%}{+16\%} = 0.25$$

2. 아파트 가격에 대한 다세대주택 매매수요의 교차탄력성 : 0.5

$$\text{다세대주택 매매수요의 교차탄력성} = \frac{\text{다세대주택 수요량(\%)}}{\text{아파트 가격(\%)}} = \frac{+8\%}{+16\%} = 0.5$$

3. 아파트에 대한 다세대주택의 관계 : 대체관계

04 **A부동산에 대한 수요의 가격탄력성과 소득탄력성이 각각 1.2와 0.5이다. A부동산 가격이 2% 상승하고 소득이 10% 증가할 경우, A부동산 수요량의 전체 변화율(%)은 얼마인가?** (단, A부동산은 정상재이고, 다른 조건은 동일함)

정답해설

1. 가격 변화에 따른 수요량의 변화

① $\text{수요의 가격탄력성} = \left| \frac{\text{수요량\%}}{\text{가격\%}} \right|$

② $1.2 = \left| \frac{\text{수요량\%}}{+2\%} \right|$, 수요량% = −2.4%

2. 소득 변화에 따른 수요량의 변화

① $\text{수요의 소득탄력성} = \frac{\text{수요량\%}}{\text{소득\%}}$

② $0.5 = \frac{\text{수요량\%}}{+10\%}$, 수요량% = 5.0%

3. 가격의 변화에 의해 수요량은 2.4% 감소하지만, 소득의 변화에 의해 수요량은 5% 증가한다. 따라서 결국 전체 수요량은 2.6%(= −2.4% + 5%) 증가한다.

PART

01

경제론 기출문제

주제 | 수요와 공급 이론과 탄력성 이론이 결합된 종합 문제

01 저량(stock)의 경제변수가 아닌 것은? ▸ 2023년 34회

① 가계 자산 ② 주택 가격
③ 주택 재고량 ④ 주택 보급률
⑤ 신규주택 공급량

정답해설

⑤ 저량(stock)은 일정 시점에서 측정되는 변수를 말한다. 주택수요량과 신규주택공급량은 대표적인 유량(flow) 변수이다.

02 다음 중 유량(flow)의 경제변수가 아닌 것은? ▸ 2024년 35회

① 소득 ② 수출
③ 재산 ④ 소비
⑤ 투자

정답해설

③ 재산은 저량(stock) 변수이다.
1. 유량 변수 : 소득, 수출, 소비, 투자, 수요, 공급
2. 저량 변수 : 재산, 가격, 자산, 재고량

03 부동산의 수요와 공급, 균형에 관한 설명으로 옳은 것은? (단, 다른 조건은 동일함) ▸ 2017년 28회

① 부동산의 수요는 유효수요의 개념이 아니라, 단순히 부동산을 구입하고자 하는 의사만을 의미한다.
② 건축비의 하락 등 생산요소 가격의 하락은 주택공급곡선을 왼쪽으로 이동시킨다.
③ 수요자의 소득이 변하여 수요곡선 자체가 이동하는 경우는 수요량의 변화에 해당한다.
④ 인구의 증가로 부동산 수요가 증가하는 경우 균형 가격은 상승하고, 균형량은 감소한다.
⑤ 기술의 개발로 부동산 공급이 증가하는 경우 수요의 가격탄력성이 작을수록 균형 가격의 하락폭은 커지고, 균형량의 증가폭은 작아진다.

정답해설

⑤ 옳은 지문이다. 공급이 증가하는 경우, 수요의 탄력성이 비탄력적일수록, 가격은 더 하락하고 거래량은 덜 증가한다.

오답해설

① 수요는 구매력이 있음을 가정한 유효수요의 개념이다.
② 생산요소 가격이 하락하면 주택의 공급은 증가한다. 즉 주택공급곡선은 우측으로 이동한다.
③ '수요의 변화'에 대한 설명이다.
④ 수요가 증가하면 균형 가격은 상승하고, 균형 거래량은 증가한다.

04 **아파트시장에서 아파트의 수요곡선을 우측(우상향)으로 이동시킬 수 있는 요인은 모두 몇 개인가?** (단, 다른 조건은 동일함) ▸ 2024년 35회

• 아파트 가격의 하락	• 대체 주택 가격의 상승
• 총부채원리금상환비율(DSR) 규제 완화	• 가구수 증가
• 모기지 대출(mortgage loan) 금리의 상승	• 수요자의 실질 소득 감소
• 부채감당률(DCR) 규제 강화	

① 2개 ② 3개 ③ 4개
④ 5개 ⑤ 6개

정답해설

② 수요곡선을 우측으로 이동시키는 요인(수요 증가 요인)은 3개이다.
1. 수요곡선 자체를 이동시키지 않는 요인(수요량의 변화 요인) : 아파트 가격의 하락
2. 수요 증가 요인 : 대체주택 가격의 상승, DSR 규제 완화, 가구수 증가
3. 수요 감소 요인 : 대출금리 상승, 수요자의 실질 소득 감소, 부채감당률 규제 강화

정답 > 01 ⑤ 02 ③ 03 ⑤ 04 ②

05 **아파트시장의 균형가격과 균형거래량에 관한 설명으로 옳지 않은 것은?** (단, 완전탄력적과 완전비탄력적 조건이 없는 경우는 수요와 공급의 법칙에 따르며, 다른 조건은 동일함) ▸ 2024년 35회

① 수요의 증가폭이 공급의 증가폭보다 클 경우, 균형가격은 하락하고 균형거래량은 증가한다.
② 균형상태인 아파트시장에서 건축원자재의 가격이 상승하면 균형가격은 상승하고 균형거래량은 감소한다.
③ 공급이 가격에 대해 완전탄력적인 경우, 수요가 증가하면 균형가격은 변하지 않고 균형거래량만 증가한다.
④ 공급이 가격에 대해 완전비탄력적인 경우, 수요가 증가하면 균형가격은 상승하고 균형거래량은 변하지 않는다.
⑤ 공급의 감소폭이 수요의 감소폭보다 클 경우, 균형가격은 상승하고 균형거래량은 감소한다.

정답해설

① 수요의 증가폭이 크다면, 수요의 증가가 시장의 균형을 결정한다. 따라서 균형가격은 상승하고, 균형거래량은 증가한다.

06 **부동산 시장에 관한 설명으로 옳지 않은 것은?** (단, 주어진 조건에 한함) ▸ 2019년 30회

① 부동산 시장은 단기적으로 수급조절이 쉽지 않기 때문에 가격의 왜곡이 발생할 가능성이 높다.
② 부동산의 공급이 탄력적일수록 수요증가에 따른 가격변동의 폭이 크다.
③ 취득세의 강화는 수급자의 시장진입을 제한하여 시장의 효율성을 저해한다.
④ 토지이용 규제로 인한 택지공급의 비탄력성은 주택공급의 가격탄력성을 비탄력적으로 하는 요인 중 하나이다.
⑤ 주택시장에서 시장균형 가격보다 낮은 수준의 가격상한규제는 장기적으로 민간주택 공급량을 감소시킨다.

정답해설

② 부동산의 공급이 탄력적일수록 수요 증가에 따른 가격변동의 폭이 작아진다.

07 부동산 수요의 가격탄력성에 관한 설명으로 옳지 않은 것은? (단, 다른 조건은 동일함)

▸ 2021년 32회

① 수요곡선 기울기의 절댓값이 클수록 수요의 가격탄력성이 작아진다.
② 임대주택 수요의 가격탄력성이 1보다 작을 경우 임대료가 상승하면 전체 수입은 증가한다.
③ 대체재가 많을수록 수요의 가격탄력성이 크다.
④ 일반적으로 부동산의 용도 전환 가능성이 클수록 수요의 가격탄력성이 커진다.
⑤ 수요의 가격탄력성이 비탄력적이면 가격의 변화율보다 수요량의 변화율이 더 크다.

정답해설

⑤ 수요의 가격탄력성이 비탄력적이면 가격의 변화율보다 수요량의 변화율이 더 적다.

오답해설

① 수요(공급)곡선 기울기의 절댓값은 삼각형의 높이 값을 의미한다. 따라서 수요곡선 기울기의 절댓값이 크다는 것은 삼각형의 높이 값이 크다는 것을 의미함으로, 기울기는 가파른 형태로 표현된다. 즉 기울기의 절댓값이 클수록 수요의 가격탄력성은 작아진다.

08 부동산의 가격탄력성과 균형변화에 관한 설명으로 옳지 않은 것은? (단, 완전탄력적과 완전비탄력적 조건이 없는 경우 수요와 공급법칙에 따르며, 다른 조건은 동일함)

▸ 2023년 34회

① 공급이 완전비탄력적일 경우, 수요가 증가하면 균형가격은 상승하고 균형량은 불변이다.
② 수요가 완전비탄력적일 경우, 공급이 감소하면 균형가격은 상승하고 균형량은 불변이다.
③ 수요가 완전탄력적일 경우, 공급이 증가하면 균형가격은 불변이고 균형량은 증가한다.
④ 공급이 증가하는 경우, 수요의 가격탄력성이 작을수록 균형가격의 하락폭은 크고 균형량의 증가폭은 작다.
⑤ 수요가 증가하는 경우, 공급의 가격탄력성이 작을수록 균형가격의 상승폭은 작고 균형량의 증가폭은 크다.

정답해설

⑤ 수요가 증가하는 경우, 공급의 가격탄력성이 작을수록 균형가격의 상승폭은 커지고, 균형량의 증가폭은 작아진다. (수요가 증가하는 경우, 공급이 비탄력적일수록, 가격은 더 상승하고 거래량은 덜 증가한다.)

정답 ≫	05 ① 06 ② 07 ⑤ 08 ⑤

09 부동산시장의 수요와 공급의 가격탄력성에 관한 설명으로 옳지 않은 것은? (단, 다른 조건은 동일함) ▸ 2023년 34회

① 측정하는 기간이 길수록 수요의 탄력성은 더 탄력적이다.
② 공급의 탄력성은 생산요소를 쉽게 얻을 수 있는 상품일수록 더 탄력적이다.
③ 수요의 탄력성이 탄력적일 경우 임대료가 상승하면 전체 임대수입은 감소한다.
④ 대체재가 많을수록 수요의 탄력성은 더 탄력적이다.
⑤ 제품의 가격이 가계소득에서 차지하는 비중이 작을수록 수요의 탄력성이 더 탄력적이다.

정답해설

⑤ 제품의 가격이 비쌀수록, 소비자들은 가격 변화에 보다 민감하게 반응한다. 즉 보다 탄력적으로 반응한다. 따라서 제품의 가격이 가계소득에서 차지하는 비중이 높을수록 수요의 탄력성이 더 탄력적이다.

10 부동산의 수요와 공급에 관한 설명으로 옳지 않은 것은? (단, 우하향하는 수요곡선과 우상향하는 공급곡선을 가정하며, 다른 조건은 동일함) ▸ 2024년 35회

① 단기적으로 가격이 상승해도 부동산의 공급량이 크게 증가할 수 없기 때문에 공급이 비탄력적이다.
② 부동산의 공급량은 주어진 가격 수준에서 일정기간에 판매하고자 하는 최대수량이다.
③ 용도전환 및 개발이 가능한 장기에는 공급의 탄력성이 커진다.
④ 부동산의 수요량은 구매능력을 갖춘 수요자들이 구매하려는 수량이므로 유효수요를 의미한다.
⑤ 공급의 가격탄력성이 작을수록 수요변화 시 균형가격의 변동폭은 작지만 균형거래량의 변동폭은 크다.

정답해설

⑤ 수요가 변화할 때, 공급의 가격탄력성이 작을수록(비탄력적일수록), 가격의 변동폭은 크고, 거래량의 변동폭은 작다.

주제 균형의 변화 계산 문제

01 A지역 아파트 시장의 단기공급함수는 Q = 300, 장기공급함수는 Q = P + 250이고, 수요함수는 장단기 동일하게 $Q = 400 - \frac{1}{2}P$이다. 이 아파트 시장이 단기에서 장기로 변화할 때 아파트 시장의 균형 가격(ㄱ)과 균형 수량(ㄴ)의 변화는? (단, P는 가격이고 Q는 수급량이며, 다른 조건은 일정하다고 가정함) ▸ 2021년 32회

① ㄱ : 50 감소, ㄴ : 50 증가
② ㄱ : 50 감소, ㄴ : 100 증가
③ ㄱ : 100 감소, ㄴ : 50 증가
④ ㄱ : 100 감소, ㄴ : 100 증가
⑤ ㄱ : 100 감소, ㄴ : 150 증가

정답해설

③ 균형 가격은 100 감소하고, 균형 거래량은 50 증가한다.

1. 단기 시장의 균형 : 수요량$(400 - \frac{1}{2}P)$ = 공급량(300)
   ∴ P = 200, Q = 300
2. 장기 시장의 균형 : 수요량$(400 - \frac{1}{2}P)$ = 공급량(P + 250)
   ∴ P = 100, Q = 350

02 부동산 정책의 시행으로 A지역 아파트시장의 공급함수는 일정하고 수요함수는 다음과 같이 변화되었다. 이 경우 y축, 수요곡선, 공급곡선으로 둘러싸인 도형의 면적과 균형 거래량의 변화는? (단, 거래량과 도형 면적의 단위는 무시하며, x축은 수량, y축은 가격을 나타냄) ▸ 2018년 29회

- 수요함수 : $Q_{d1} = 50 - P$ (이전) → $Q_{d2} = 80 - P$ (이후)
- 공급함수 : $Q_s = -40 + 2P$
- P는 가격, Q_d는 수요량, Q_s는 공급량

① 면적 : 700 증가, 균형 거래량 : 10 증가
② 면적 : 900 증가, 균형 거래량 : 10 증가
③ 면적 : 700 증가, 균형 거래량 : 20 증가
④ 면적 : 900 증가, 균형 거래량 : 20 증가
⑤ 면적 : 700 증가, 균형 거래량 : 30 증가

정답 ≫ 09 ⑤ 10 ⑤ / 01 ③ 02 ④

정답해설

④ 면적은 900 증가하고, 균형 거래량은 20 증가한다.

1. 수요함수 변화 전
   1) 균형 거래량 : 20
      ① (50－P)＝(－40＋2P), 3P = 90
      ② P = 30, Q = 20
   2) 면적(a)의 측정 : (30 × 20) / 2 = 300
2. 수요함수 변화 후
   1) 균형 거래량 : 40
      ① (80－P)＝(－40＋2P), 3P = 120
      ② P = 40, Q = 40
   2) 면적(a + b)의 측정 : (60 × 40) / 2 = 1,200

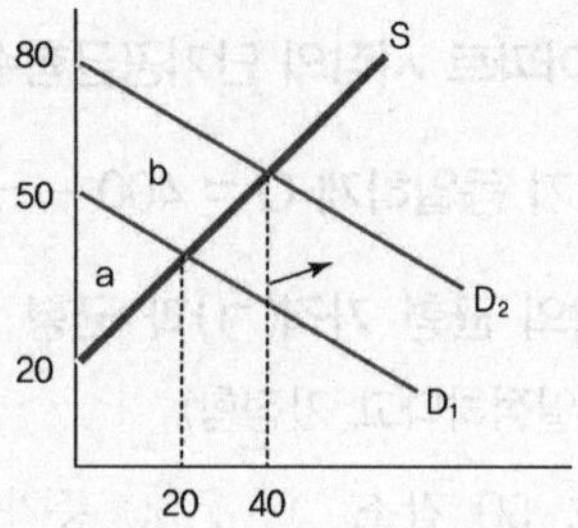

주제 수요와 공급의 탄력성 계산 문제

01 **다음과 같은 조건 하에서 아파트에 대한 수요함수가 Q_D = －2P + 6Y + 100이고, P = 5, Y = 5인 경우, 수요의 소득탄력성은?** (단, Q_D : 수요량, P : 가격, Y : 소득이고, 소득탄력성은 점탄력성을 말하며, 다른 조건은 동일함) ▸ 2017년 28회

① 1/2 ② 1/3 ③ 1/4
④ 1/5 ⑤ 1/6

정답해설

③ 수요의 소득탄력성은 1/4이다.

1. 수요의 소득탄력성 = $\frac{dQ}{dY} \cdot \frac{Y}{Q}$
2. 수요의 소득탄력성 산정
   1) 수요함수를 소득에 대해 미분하면 $\frac{dQ}{dY}$ = 6이다.
   2) 가격(P)가 5이고 소득(Y)이 5일 때, 수요량(Q_D)은 120이다.
   3) 수요의 소득탄력성 : $\frac{dQ}{dY} \cdot \frac{Y}{Q} = 6 \cdot \frac{5}{120} = \frac{1}{4}$

02 **A지역 오피스텔 시장의 시장수요함수가 $Q_D = 100 - P$이고, 시장공급함수가 $2Q_S = -40 + 3P$일 때, 오피스텔 시장의 균형에서 수요의 가격탄력성 (ϵP)과 공급의 가격탄력성 (η)은?** (단, Q_D : 수요량, Q_S : 공급량, P : 가격이고, 수요의 가격탄력성과 공급의 가격탄력성은 점탄력성을 말하며, 다른 조건은 동일함) ▸ 2020년 31회

① $\epsilon P = \frac{12}{13}$, $\eta = \frac{18}{13}$
② $\epsilon P = \frac{12}{13}$, $\eta = \frac{13}{18}$
③ $\epsilon P = \frac{13}{12}$, $\eta = \frac{13}{18}$
④ $\epsilon P = \frac{13}{12}$, $\eta = \frac{18}{13}$
⑤ $\epsilon P = \frac{18}{13}$, $\eta = \frac{13}{12}$

정답해설

① 수요의 가격탄력성(ϵP)은 $\frac{12}{13}$, 공급의 가격탄력성(η)은 $\frac{18}{13}$이다.

1. 균형을 측정하면 균형 가격(P)은 48, 균형 거래량(Q)은 52이다.
2. 수요의 가격탄력성 = $-\frac{dQ}{dP} \cdot \frac{P}{Q}$
   1) 수요함수를 가격에 대해 미분하면 $\frac{dQ}{dP} = -1$
   2) $-\frac{dQ}{dP} \cdot \frac{P}{Q} = -(-1) \cdot \frac{48}{52} = \frac{12}{13}$
3. 공급의 가격탄력성 = $\frac{dQ}{dP} \cdot \frac{P}{Q}$
   1) 공급함수를 가격에 대해 미분하면 $\frac{dQ}{dP} = \frac{3}{2}$
   2) $\frac{dQ}{dP} \cdot \frac{P}{Q} = \frac{3}{2} \cdot \frac{48}{52} = \frac{18}{13}$

03 **A지역 전원주택시장의 시장수요함수가 $Q_D = 2{,}600 - 2P$이고, 시장공급함수가 $3Q_S = 600 + 4P$일 때, 균형에서 수요의 가격탄력성과 공급의 가격탄력성의 합은?** (단, Q_D : 수요량, Q_S : 공급량, P : 가격이고, 가격탄력성은 점탄력성을 말하며, 다른 조건은 동일함) ▸ 2022년 33회

① $\frac{58}{72}$
② $\frac{87}{72}$
③ $\frac{36}{29}$
④ $\frac{145}{72}$
⑤ $\frac{60}{29}$

정답 ≫ 01 ③ 02 ① 03 ⑤

정답해설

⑤ 수요의 가격탄력성과 공급의 가격탄력성의 합은 $\frac{60}{29}$ 이다.

1. 균형을 측정하면 균형 가격(P)은 720, 균형 거래량(Q)은 1,160이다.
2. 수요의 가격탄력성 = $-\frac{dQ}{dP} \cdot \frac{P}{Q}$
   1) 수요함수를 가격에 대해 미분하면 $\frac{dQ}{dP} = -2$
   2) $-\frac{dQ}{dP} \cdot \frac{P}{Q} = -(-2) \cdot \frac{720}{1,160} = \frac{720}{580} = \frac{36}{29}$
3. 공급의 가격탄력성 = $\frac{dQ}{dP} \cdot \frac{P}{Q}$
   1) 공급함수를 가격에 대해 미분하면 $\frac{dQ}{dP} = \frac{4}{3}$
   2) $\frac{dQ}{dP} \cdot \frac{P}{Q} = \frac{4}{3} \cdot \frac{720}{1,160} = \frac{240}{290} = \frac{24}{29}$
4. 수요의 가격탄력성과 공급의 가격탄력성의 합 : $\frac{36}{29} + \frac{24}{29} = \frac{60}{29}$

04 **아파트 가격이 5% 하락함에 따라 아파트의 수요량 4% 증가, 아파트의 공급량 6% 감소, 연립주택의 수요량이 2% 증가하는 경우, (ㄱ) 아파트 공급의 가격탄력성, (ㄴ) 아파트와 연립주택의 관계는?** (단, 수요의 가격탄력성은 절대값이며, 주어진 조건에 한함) ▸ 2023년 34회

① ㄱ : 탄력적, ㄴ : 보완재
② ㄱ : 비탄력적, ㄴ : 보완재
③ ㄱ : 탄력적, ㄴ : 대체재
④ ㄱ : 비탄력적, ㄴ : 대체재
⑤ ㄱ : 단위탄력적, ㄴ : 대체재

정답해설

① 옳은 연결이다.

1. (ㄱ) 아파트 공급의 가격탄력성 : −6%/−5% = +1.2(탄력적)
2. (ㄴ) 아파트와 연립주택의 관계
   ㉠ 아파트 가격이 하락하자 연립주택의 수요량이 증가하였으므로 보완관계
   ㉡ 교차탄력성 : +2%/−5% = −0.4, 음수값으로 측정되었으니 보완관계

정답 > 04 ①

PART

03

시장론

PART

03 시장론

제1장 부동산 시장과 주택시장

▸28회, 31회, 32회, 33회, 35회 기출

1. 부동산 시장의 의미
2. 부동산 시장의 특성
3. 부동산 시장의 분석 도구

1 부동산 시장의 의미

① 부동산 시장의 정의

㉠ '부동산 시장'은 양, 질, 위치 등 여러 가지 측면에서 유사한 부동산에 대해 유사한 가격이 형성되는 지리적 구역이다.

㉡ 부동산 시장은 부동산 특성 중 지리적 위치의 고정성 또는 부동성에 의해 '지역' 또는 '지리적 공간'으로 정의된다.

▸▸ 기출 부동산 시장은 부동산소유권을 할당하고 공간을 배분하는 기능을 한다. (O)

② 부동산 시장의 기능

㉠ 자본주의 체계에서 부동산 시장은 다음과 같은 역할을 수행한다.

> 1. 교환 기능
> 2. 가격 창조 기능
> 3. 자원 및 공간의 배분 기능
> 4. 정보제공 기능
> 5. 부동산의 양과 질의 조절

㉡ 부동산의 자연적 특성은 시장의 기능을 제약하는 요인으로 작용하고, 부동산의 인문적 특성은 제약된 시장의 기능을 완화시키는 요인으로 작용한다.

2 부동산 시장의 특성

(1) 일반적 특성 **

① 부동산 시장은 부동산 특성이 강하게 반영되어 일반 재화의 시장과 다른 특성을 갖는다. 부동산 특성이 반영되어 나타나는 부동산 시장의 특징을 '일반적 특성'이라고 한다.

② 지역적 시장

1. **국지적 시장** : 부동산 시장은 지역을 기반으로 형성된다.
2. **시장의 세분화** : 부동산 시장은 지역과 용도별 부분시장으로 다시 세분화된다.
3. **시장의 외부성** : 부동산 시장은 외부 환경에 많은 영향을 받는다.
4. **추상적 시장** : 부동산 시장은 매장과 같은 구체적 판매 장소를 가지고 있지 않다는 점에서 추상적 시장이다.

③ 공급의 장기성

1. **공급의 장기성** : 부동산 공급에는 상당한 시간이 필요하다.
2. **단기적인 수급조절의 곤란성** : 부동산은 수요가 급증하더라도 공급이 즉각적으로 이루어지지 못한다.
3. **단기적인 가격의 왜곡 현상** : 단기적으로 공급이 수요에 부합되지 못한다면, 부동산 시장의 가격은 단기에 왜곡될 가능성이 높다.

▸▸ **기출** 일반적으로 부동산의 공급에는 상당한 시간이 소요되기 때문에 장기적으로 가격의 왜곡이 발생할 가능성이 있다. (×)

④ 개별성에 의한 부동산 시장의 특성

1. **거래의 비공개성** : 거래 규제나 세금의 이유로 거래당사자가 거래 내용을 외부에 공개하지 않는 관행이 있다.
2. **상품의 비표준화** : 부동산은 개별적인 재화이기 때문에 부동산 상품을 표준화하는 것은 불가능하다.
3. **시장의 비조직화** : 부동산 상품은 표준화되어 있지 않기 때문에 부동산은 상품별로 시장이 조직되지 않는다.

▸▸ **기출** 부동산 시장은 거래와 관련된 정보가 공개되지 않거나 불완전한 경우가 많다. (O)

▸▸ **기출** 부동산의 개별성으로 인한 부동산상품의 비표준화로 복잡·다양하게 된다. (O)

✔ 주의
거래가 비공개적인 이유는 거래가 개별적으로 이루어지기 때문이다.

⑤ 기타 부동산 시장의 특징

㉠ **과다한 법적 제한** : 부동산 시장에 존재하는 수많은 공법·사법적 제한은 부동산 시장의 기능을 약화시킨다.

㉡ **자금의 유용성** : 부동산은 고가의 재화로서 정부의 금리 정책과 대출 제도 등에 민감하게 반응한다.

㉢ 부동산 가격의 하방 경직성 : 한번 상승한 부동산 가격은 쉽게 하락하지 않는다.

㉣ 매매 기간의 장기성 : 부동산 거래는 의사결정 과정 및 절차가 복잡하기 때문에 매매 과정에 오랜 시간이 필요하다.

㉤ 정보비용의 필요 : 부동산 거래는 비공개적이기 때문에 시장 정보를 수집하고 탐색하기 위해 많은 시간과 비용이 필요하다.

(2) 부동산 시장의 불완전성

① 부동산 시장은 완전경쟁시장이 가져야 할 요건을 갖지 못한다. 따라서 부동산 시장은 대표적인 불완전경쟁시장이다.

② 부동산 시장의 불완전성

▸▸ 기출 진입장벽의 존재는 부동산 시장을 불완전하게 만드는 원인이다. (O)

▸▸ 기출 부동산은 고가의 재화이기 때문에 판매자와 구매자가 제한된다. (O)

완전경쟁시장의 요건	부동산 시장의 불완전성
• 다수의 수요자와 공급자	• 제한된 수요자와 공급자
• 동질적인 재화	• 개별적인 재화
• 시장의 진입과 퇴거의 자유	• 진입과 퇴거의 어려움
• 정보의 대칭성	• 정보의 비대칭성

3 부동산 시장의 분석 도구

(1) 주택 서비스

① 주택은 물리적인 측면에서 대단히 이질적인 상품이다. 따라서 경제학의 완전 경쟁을 전제로 하는 이론이나 모형을 적용하기란 쉽지 않다. 학자들은 이러한 문제를 해결하기 위해 주택 시장에 '주택 서비스(housing service)'라는 개념을 도입하였다.

② 주택 서비스

㉠ '주택 서비스'란 주택이 소유자에게 제공하는 효용을 의미한다.

㉡ 물리적인 주택 그 자체를 주택 시장의 분석 대상으로 하는 것이 아니라, 주택이 제공하는 효용을 분석 대상으로 하는 개념이다.

㉢ 주택을 물리적인 실체로 보지 않고 주택 서비스를 제공하는 효용의 주체라고 보면 주택은 동질적인 상품으로 취급될 수 있다.

㉣ 주택 서비스라는 추상적인 단위는 동질적이므로 경제학에서 개발된 많은 이론들이 주택 시장 분석에 유용하게 적용될 수 있다.

(2) 주택 수요와 주택 소요 **

① 주택에 대한 수요(demand housing)와 구분되는 개념으로 주택 소요(housing needs)가 있다. 주택 소요는 정책의 측면에서 중요하게 다뤄지는 개념이다.

② 주택 소요(주택 필요량)

㉠ '주택 소요'는 일정수준 이하의 주거수준에 거주하는 사람들에게 요구되는 주택의 양과 질을 의미한다.

㉡ 후진국의 경우에 주택의 유효수요량은 크지 않지만 주택 필요량은 매우 크다고 할 수 있다.

㉢ 수요는 구매력이 있음을 전제로 측정되지만, 소요는 구매력과 상관없이 측정된다.

③ 주택 필요량의 산정방법

㉠ 재고량 대조법 : 미래의 주택재고를 예측하여 현재의 주택재고를 뺀 것을 미래의 주택 필요로 보는 방법이다. 미래의 주택 재고를 예측하기 위해서는 미래의 인구 및 가구, 공가율 등을 기준으로 예측하며, 교체 수요도 고려되어야 한다.

㉡ 가장률(家長率) 적용법 : 성별・연령별로 가구당 가구주(家長)의 비율을 구하여 전체 인구를 이 비율로 나누어 주택의 필요량을 구하는 방법이다.

㉢ 직접 조사법 : 주택의 수요량과 원하는 주택의 유형 등을 실제로 조사하여 구하는 방법으로, 현재의 실태 분석에는 정확성이 높으나 장래에 대한 예측의 표준으로 삼는 것은 타당하지 않을 수도 있다.

(3) 소득 대비 주택가격 비율(PIR)

① 가구소득 대비 주택가격 비율(PIR; price to income ratio)은 가구의 주택지불능력을 측정하는 지표로서 주택가격이 연평균소득의 몇 배인지를 나타내는 지표이다.

▸▸ 기출 PIR은 가구의 주택 지불능력을 측정하는 지표이다. (O)

② PIR이 10이라면 10년의 소득을 모아야 주택을 구입할 수 있음을 의미한다. PIR의 수치가 클수록 주택의 가격이 과대평가되어 있음을 의미한다.

▸▸ 기출 현재 우리나라에 총 1,500만 호의 주택이 존재하고 그 중 100만 호가 공가로 남아 있다면, 현재 주택 유량의 수요량은 1,400만 호이다. (×)

▸▸ 기출 주택시장의 단기 공급곡선은 저량개념이고, 장기 공급곡선은 유량개념이다. (O)

(4) 주택 유량과 주택 저량

① 주택의 공급은 단기적으로 제한되어 있다. 따라서 주택의 단기 시장에서는 유량 분석과 함께 저량 분석을 함께 활용한다.

② 주택 유량(flow)과 주택 저량(stock)

저량 분석	저량의 수요량	일정시점 사람들이 보유하고자 하는 주택의 양
	저량의 공급량	일정시점 시장에 존재하는 주택의 양
유량 분석	유량의 수요량	일정기간 사람들이 보유하고자 하는 주택의 양
	유량의 공급량	일정기간 신규로 공급하고자 하는 주택의 양

③ 주택시장의 단기 분석

㉠ 단기 공급 또는 단기 공급곡선은 저량 개념이다.

㉡ 단기에는 주택의 신규 공급이 제한된다. 따라서 단기 공급은 '현재 시장에 존재하는 주택량', 즉 저량(stock)으로 분석된다.

④ 주택시장의 장기 분석

㉠ 장기 공급 또는 장기 공급곡선은 유량 개념이다.

㉡ 장기에는 주택의 신규 공급이 가능하다. 따라서 장기 공급은 '일정기간 동안 신규로 공급하고자 하는 주택량', 즉 유량(flow)으로 분석된다.

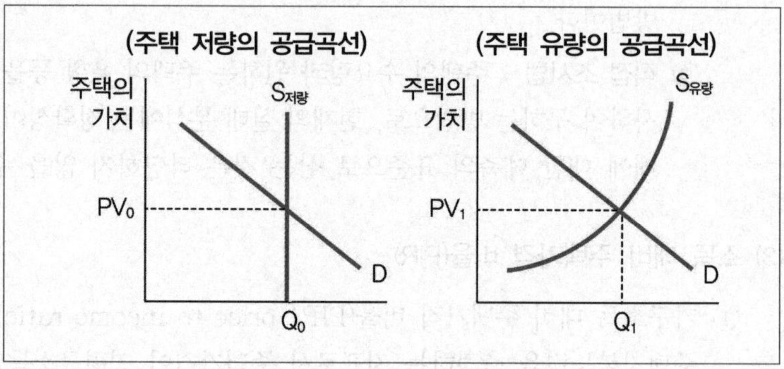

(5) 디파스퀠리 · 위튼의 4사분면 모형 **

① 부동산 공간이 임대되는 소비시장과 부동산 자산이 거래되는 자산시장과의 관계를 설명하는 모형으로 디파스퀠리 · 위튼(Dipasquale · Wheaton)의 4사분면 모형이 있다.

② 4사분면 모형은 아래와 같이 4가지 면으로부터 소비시장과 자산시장의 관계를 설명하고자 한다.

③ 오른쪽의 두 면(1사분면과 4사분면)은 부동산 공간이 임대되는 소비시장을 의미하고, 왼쪽 두 면(2사분면과 3사분면)은 부동산 소유권이 거래되는 자산시장을 의미한다.

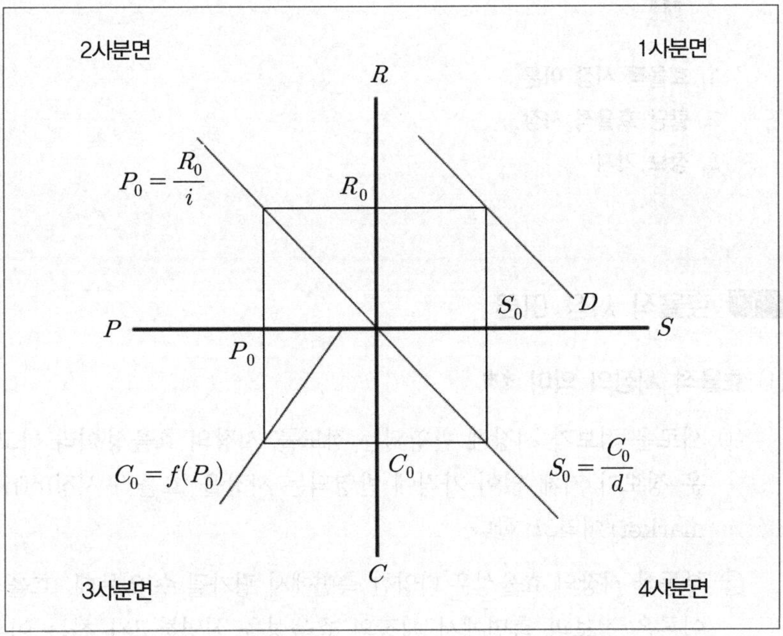

㉠ 1사분면 : 1사분면은 단기적으로 고정된 부동산 재고(stock)에서 발생하는 공간 서비스량과 부동산의 공간 서비스에 대한 수요(D)가 일치하는 지점에서 균형임대료(R_0)가 결정된다.

㉡ 2사분면 : 균형임대료(R_0)가 결정되면 2사분면에서는 요구수익률 및 임대료 상승률 등에 의해 결정된 자본환원이율(i)을 통해 자산가격(P_0)이 결정된다.

㉢ 3사분면 : 자산가격(P_0)이 결정되면 3사분면에서는 이윤극대화 원리에 의해 한계비용과 자산가격이 같아지는 수준까지 신규 건설 공급량(C_0)이 결정된다.

㉣ 4사분면 : 4사분면에서는 3사분면에서 결정된 신규 건설 공급량과 부동산 재고의 변동에 의해 부동산 재고량(S_0)이 결정된다.

▸▸ 기출 이 모형은 부동산이 소비재이면서도 투자재라는 성질을 전제로 한다. (O)

▸▸ 기출 장기균형에서 4개의 내생변수, 즉 공간재고, 임대료, 자본환원율, 건물의 신규 공급량이 결정된다. (×)

▸▸ 기출 1사분면은 부동산 가격과 공간 재고량의 관계를 나타낸다. (×)

▸▸ 기출 2사분면에서는 부동산의 임대료가 가격으로 환원되는 부동산 자산시장의 조건을 나타낸다. (O)

▸▸ 기출 신축을 통한 건물의 신규공급량은 부동산 자산가격, 생산요소가격 등에 의해 영향을 받는다. (O)

▸▸ 기출 4사분면에서는 신규 부동산의 건설량과 재고의 멸실량이 변화하여야 부동산공간시장의 균형을 이룰 수 있다. (×)

제2장 부동산 시장과 정보의 효율성

▸ 28회, 29회, 32회, 33회, 34회 기출

1 효율적 시장 이론

(1) 효율적 시장의 의미 **

① 새로운 정보가 시장에 반영되는 정도를 '시장의 효율성'이라 하고, 새로운 정보가 지체 없이 가격에 반영되는 시장을 '효율적 시장(efficiency market)'이라고 한다.

② 부동산 시장의 효율성은 다양한 측면에서 평가될 수 있는데, 효율적 시장 이론은 정보의 측면에서 시장의 효율성을 설명하고자 하는 이론이다.

③ 효율적 시장 이론은 60년대에 시카고 대학의 유진 파마(E. Fama)가 주식 시장에 대해 설명한 이론이지만, 부동산 시장도 정보를 반영한다는 점에서 부동산 시장에도 유용하게 적용된다.

(2) 효율적 시장의 구분 **

▸▸ 기출 효율적 시장은 어떤 정보를 지체 없이 가치에 반영하는가에 따라 구분될 수 있다. (O)

▸▸ 기출 준강성 효율적 시장은 공표된 것이건 그렇지 않은 것이건 어떠한 정보도 이미 가치에 반영되어 있는 시장이다. (×)

▸▸ 기출 약성 효율적 시장은 준강성 효율적 시장의 성격을 모두 포함하고 있다. (×)

① 효율적 시장은 시장에 반영되는 정보의 유형에 따라 약성 효율적 시장, 준강성 효율적 시장 및 강성 효율적 시장으로 구분된다.

1. 약성 효율적 시장 2. 준강성 효율적 시장 3. 강성 효율적 시장

② 약성 효율적 시장

㉠ 과거의 정보가 즉각적으로 반영되는 시장이다.

㉡ 약성 효율적 시장은 세 가지 효율적 시장 중 정보의 효율성이 가장 낮은 시장으로 과거의 역사적 정보만을 반영하는 시장이다.

③ 준강성 효율적 시장

㉠ 과거 정보와 현재 공표된 정보가 즉각적으로 반영되는 시장이다.

㉡ 준강성 효율적 시장은 약성 시장을 포함하는 시장이다.

④ 강성 효율적 시장

㉠ 모든 정보가 즉각적으로 반영되는 시장이다.

㉡ 강성 효율적 시장은 과거와 현재 정보뿐만 아니라, 아직 시장에 공포되지 않은 내부 정보까지도 모두 반영하는 시장이다.

㉢ 현실에 존재하지 않는 이상적인 시장이라고 할 수 있다.

▸▸ 기출 강성 효율적 시장은 정보가 완전하고 모든 정보가 공개되어 있으며 정보비용이 없다는 완전경쟁시장의 조건을 만족한다. (O)

(3) 투자 시장의 정보 분석

① 투자자들은 초과이윤을 획득하기 위해서 투자를 결정하기 전에 정보를 분석한다. 정보를 분석하는 방법에는 크게 기술적 분석과 기본적 분석이 있다.

1. 기술적 분석 2. 기본적 분석

② 기술적 분석

㉠ 과거의 역사적 정보를 이용하여 시장을 분석하는 방법이다.

㉡ 과거의 주가 흐름을 분석하여 주식의 매수 여부를 결정한다면, 이는 기술적 분석에 해당한다.

③ 기본적 분석

㉠ 과거 정보와 현재 공표된 정보를 함께 이용하여 시장을 분석하는 방법이다.

㉡ 과거의 주가 흐름과 현재 기업이 발표한 사업 계획을 동시에 분석하여 주식의 매수 여부를 결정한다면, 이는 기본적 분석에 해당한다.

(4) 투자 시장의 초과이윤의 획득 가능성 **

① 부동산 시장 또는 주식 시장 등 투자 시장이 어떤 유형의 시장인지와 상관없이 정상이윤은 언제나 획득 가능하다. 투자 시장에서 정보를 분석하는 이유는 정상이윤을 넘어서는 초과이윤을 획득하고자 함이다.

② 효율적 시장에 따른 초과이윤 획득 가능성

	과거 정보	현재 정보	미래 정보
약성 시장	×	획득 가능	획득 가능
준강성 시장	×	×	획득 가능
강성 시장	×	×	×

▸▸ 기출 약성 효율적 시장에서는 현재가치에 대한 과거의 역사적 자료를 분석하여 정상이윤을 초과하는 이윤을 획득할 수 있다. (×)

▸▸ 기출 준강성 시장에서 기본적 분석을 통해 초과이윤을 획득할 수 있다. (×)

▸▸ 기출 강성 시장에서 내부 정보를 통해 초과이윤을 획득할 수 있다. (×)

③ 약성 효율적 시장과 초과이윤

㉠ 약성 효율적 시장은 기본적 분석을 통해 초과이윤을 획득할 수 있다.

㉡ 약성 효율적 시장은 과거 정보를 지체 없이 반영하고 있기 때문에 약성 효율적 시장의 투자자들은 모두 과거 정보를 알고 있다. 따라서 초과이윤을 획득하고자 하는 투자자는 약성 효율적 시장의 투자자들이 갖지 못한 현재 정보와 미래 정보(미래에 공표될 내부 정보)를 획득해야만 한다.

④ 준강성 효율적 시장과 초과이윤

㉠ 준강성 효율적 시장은 내부정보를 통해 초과이윤을 획득할 수 있다.

㉡ 준강성 효율적 시장은 과거 정보와 현재 공표된 정보를 지체 없이 반영하고 있기 때문에 준강성 효율적 시장의 투자자들은 모두 과거 정보와 현재 정보를 알고 있다. 따라서 초과이윤을 획득하고자 하는 투자자는 준강성 효율적 시장의 투자자들이 갖지 못한 내부 정보를 획득해야만 한다.

⑤ 강성 효율적 시장과 초과이윤

㉠ 강성 효율적 시장은 어떤 정보를 분석하더라도 초과이윤을 획득할 수 없다.

㉡ 강성 효율적 시장은 모든 정보를 지체 없이 반영하고 있다고 가정하기 때문에 어떠한 정보를 획득하더라도 초과이윤을 획득할 수 없다.

(5) 부동산 시장의 효율성

▸▸ 기출 효율적 시장의 형태는 국가와 지역의 차이에도 불구하고 동일하게 나타난다. (×)

▸▸ 기출 부동산 시장은 대부분 강성 효율적 시장이며, 시장참여자들은 초과이윤을 누릴 수 없다. (×)

① 어떠한 형태의 효율적 시장이 부동산 시장에 존재하는가는 국가마다 다르며 그 효율성의 정도도 다르게 나타난다. 학자들의 경험적 연구에 의하면 주식 시장이나 부동산 시장은 준강성 효율적 시장에 해당한다.

② 부동산 시장이 준강성 효율적 시장의 형태를 보인다면 내부 정보를 획득한 소수의 사람들이 부동산을 매수하여 초과이윤을 획득할 수 있다.

③ 부동산 증권화 및 실거래가 신고 제도 등을 시행하고 있는 이유는 우리나라 부동산 시장의 효율성을 증대시키고자 하는 노력이다.

2 할당 효율적 시장

(1) 의미

① '할당 효율적 시장(allocationally efficient market)'이란 모든 투자 시장에서 위험을 감안한 수익률이 동일하여 어느 시장에서도 초과이윤을 획득할 수 없는 시장을 말한다.

② 자본은 초과이윤을 얻기 위해서 경쟁을 하고, 이러한 자본의 경쟁이 심화되면 초과이윤은 경쟁에 의해 소멸된다. 어느 시장에서도 초과이윤을 획득할 수 없게 되었다면 자본은 그만큼 효율적으로 활용된 것이다.

(2) 경쟁의 정도와 할당 효율성

① 완전경쟁시장은 초과이윤이 존재하지 않는 시장이다. 따라서 완전경쟁시장은 항상 할당 효율적 시장이라고 할 수 있다.

② 불완전경쟁시장은 초과이윤이 존재할 수도 있고 존재하지 않을 수도 있는 시장이다. 따라서 불완전경쟁시장은 초과이윤의 유무에 따라 할당 효율적 시장이 될 수 있다.

③ 불완전경쟁시장(독점시장)이라도 정보를 통해 획득하는 수익과 정보를 획득하는 비용이 일치하여 초과이윤이 없다면, 자본은 효율적으로 할당된다.

(3) 시사점

① 부동산 시장의 투기 현상은 부동산 시장 자체가 불완전하기 때문이 아니라, 정보의 비대칭성에 의해 시장이 할당 효율적이지 못하기 때문이라는 견해가 있다.

② 시장의 초과이윤은 결국 투기현상을 유발하므로 정보를 통해 초과이윤을 얻을 수 있다면 부동산 시장의 투기현상은 사라지지 않을 것이다.

3 정보 가치

(1) 정보가치와 정보비용

① 완전경쟁시장과 같은 강성 효율적 시장에서는 모든 정보가 즉각적으로 반영되기 때문에 정보 획득을 위해 비용을 지불할 필요가 없다.

② 그러나 불완전경쟁시장에 해당하는 현실의 시장에서 정보를 획득하기 위해서는 정보가치에 상응하는 비용을 지불해야만 한다.

▸▸ 기출 특정 투자자가 얻는 초과이윤이 이를 발생시키는 데 소요되는 정보비용보다 크면 배분 효율적 시장이 아니다. (O)

▸▸ 기출 부동산 시장은 여러 가지 불완전한 요소가 많으므로 할당 효율적 시장이 될 수 없다. (×)

▸▸ 기출 부동산시장은 주식시장이나 일반적인 재화시장보다 더 불완전경쟁적이므로 배분 효율성을 달성할 수 없다. (×)

✔주의
정보가치 논점은 계산문제로 출제되고 있음에 주의하세요.

(2) 정보가치의 산정

① 정보의 가치는 정보가 주는 편익과 정보의 기회비용의 차이로 측정할 수 있다.

정보의 편익	확실한 정보가 있다면 투자자들은 미래를 정확히 예측할 수 있다. 확실한 정보를 기초로 산정된 수익(또는 가치)이 정보가 주는 편익이 된다.
정보의 기회비용	정보가 없다고 미래를 전혀 예측할 수 없는 것은 아니다. 투자자들은 정보가 없는 경우라도 미래를 확률적으로 예측할 수 있다. 확률적으로 산정된 수익(또는 가치)이 정보의 기회비용이 된다.

② 투자자들은 정보 가치의 범위에서 정보 제공자와의 협상을 통해 정보에 대한 대가를 지불한다.

제3장 부동산 시장의 변화

▸27회, 28회, 30회, 32회, 33회 기출

1. 부동산 경기 변동
2. 거미집 이론
3. 주거 분리와 주택 여과
4. 주거 근린지역의 생애주기

1 부동산 경기 변동

(1) 경기 변동의 이해

① '경기'란 경제활동의 수준을 의미하는데 다양한 원인에 의해 경제활동 수준이 변화하는 것을 '경기 변동'이라고 한다.

② '부동산 경기 변동'이란 부동산 시장의 경제활동 수준이 변동하는 것을 말한다. 부동산 경기 변동은 일반적으로 주거용 부동산의 건축 경기를 지칭한다.

(2) **부동산 경기 변동의 유형 ****

① 부동산 경기 변동은 경기를 변화시키는 원인에 따라 순환적 변동, 계절적 변동, 장기적 변동 및 무작위적 변동 등으로 구분할 수 있다.

② 다양한 경기 변동의 형태

순환적 변동	• 부동산 경기가 상승과 하강을 반복하는 현상 • 일정한 주기를 가지고 호황과 불황이 반복되는 현상
계절적 변동	• 계절이 원인이 되어 나타나는 경기변동 • 대학교 근처의 원룸이 방학을 주기로 공실이 늘어나는 현상 • 매년 12월에 건축허가량이 줄어드는 현상
장기적 변동	• 50년 또는 그 이상의 기간으로 측정되는 경기변동 • 새로운 도시가 개발되고 쇠퇴하는 과정을 의미한다. • 장기적 변동은 어떤 지역이 새로 개발되거나 기존의 지역이 재개발되었을 때 나타난다.
무작위적 변동	• 지진 · 전쟁 등 예기치 못한 상황으로 발생되는 경기변동 • 정부의 정책변화로 부동산 경기가 변동하는 현상 • 비순환적 · 불규칙적 · 우발적 경기변동

▸▸ 기출 부동산 경기변동이란 부동산 시장이 일반 경기변동처럼 상승과 하강국면이 반복되는 현상을 말한다. (O)

▸▸ 기출 정부가 DTI와 LTV를 완화하자 부동산 경기가 상승했다면, 이는 장기적 변동에 해당한다. (×)

(3) **부동산 경기 순환 ****

① 의미

㉠ '부동산 경기 순환'이란 일정한 주기를 가지고 부동산 경기가 호황과 불황을 반복하는 현상을 말한다.

㉡ 일반적으로 부동산 경기 변동이라고 하면, 경기 순환(business cycle)을 의미한다.

㉢ 사람들은 흔히 "경기는 좋을 때도 있고 나쁠 때도 있다."라고 말하는데, 이는 경기 순환을 가장 직접적으로 표현한 말이라고 할 수 있다.

② 경기 순환 곡선과 용어 정의

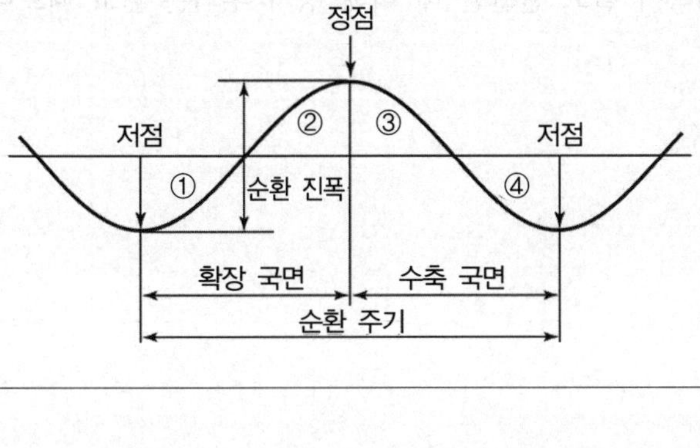

① 회복 국면
② 상향 국면
③ 후퇴 국면
④ 하향 국면

▸▸ 기출 경기순환은 부동산 경기가 회복기, 후퇴기, 상향기, 하향기 순으로 순차적으로 순환하는 것을 말한다. (×)

㉠ **정점(peak)** : 경기의 최고점, **저점(trough)** : 경기의 최하점

㉡ **진폭** : 저점에서 정점까지를 수직으로 연결한 높이

㉢ **주기(cycle)** : 저점(정점)에서 다음 저점(정점)까지의 기간

㉣ **경기 순환 2국면** : 확장 국면, 수축 국면

㉤ **경기 순환 4국면** : 회복, 상향, 후퇴, 하향

▸▸ 기출 부동산 경기는 일반 경기와는 다르게 일정한 주기와 동일한 진폭으로 규칙적, 안정적으로 반복되며 순환된다. (×)

▸▸ 기출 부동산 경기변동은 일반 경기변동에 비해 정점과 저점 간의 진폭이 작다. (×)

③ **부동산 경기 순환의 특징**

㉠ 부동산 경기는 일반 경기에 비해 주기가 보다 길다.

㉡ 부동산 경기는 일반 경기에 비해 진폭이 보다 크다.

㉢ 부동산 경기의 순환국면은 일반적으로 불명확하고 불규칙적으로 나타난다. 실제 측정된 경기 순환의 각 국면은 명백하게 구분되지도 않고 규칙적으로 측정되지도 않는다.

④ **추세를 반영한 경기 순환**

㉠ 경기의 평균을 '추세'라고 하는데, 추세가 지속적인 상승을 보이는 경우에 경기 순환 곡선은 우경사 비대칭적으로 측정된다.

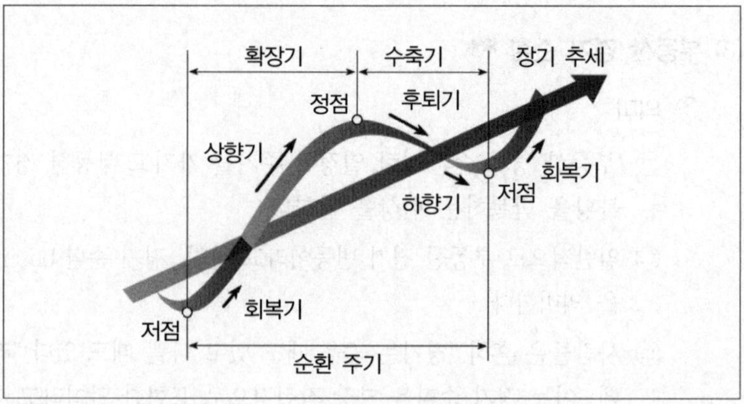

▸▸ 기출 일반적으로 확장기의 기간은 길고, 수축기의 기간은 짧다. (O)

▸▸ 기출 경기 회복은 길고 완만한 데 비해 경기 후퇴는 짧고 빠르다. (O)

㉡ 추세를 반영하여 경기 순환의 특징을 살펴보면 일반적으로 확장기의 기간은 길고 수축기의 기간은 짧다.

㉢ 경기 회복이 길고 완만한 데 비해 경기 후퇴는 짧고 빠르다.

(4) 부동산 경기순환에 따른 각 국면의 특징 **

① 회복시장(opening market)

의미	경기가 저점에서 상승하나 아직 호황에 이르지 못한 국면
특징	• 경기 회복에 대한 기대감으로 건축허가 건수는 점차 증가한다. • 임대주택의 공실률은 점차 감소한다. • 매도자 중시 시장이다. • 과거의 사례가격은 새로운 거래가격의 하한선이 된다.

② 상향시장(advancing market)

의미	회복 시장이 지속됨에 따라 호황에 이르는 국면
특징	• 건축허가 건수가 최대가 된다. • 임대주택의 공실률은 최소가 된다. • 매도자 중시 시장이다. • 과거의 사례가격은 새로운 거래가격의 하한선이 된다.

▸▸ 기출 상향시장에서 직전 국면의 거래사례가격은 현재 시점에서 새로운 거래가격의 상한이 되는 경향이 있다. (×)

③ 후퇴기(closing market)

의미	경기가 정점에서 하강하나 아직 불황에 이르지 못한 국면
특징	• 건축허가 건수는 점차 감소한다. • 임대주택의 공실률이 점차 증가한다. • 매수자 중시 시장이다. • 과거의 사례가격은 새로운 거래가격의 상한선이 된다.

▸▸ 기출 후퇴국면은 매수자가 중시되고, 과거의 거래사례가격은 새로운 거래의 기준가격이 되거나 하한이 되는 경향이 있다. (×)

④ 하향기(declining market)

의미	후퇴 시장이 지속됨에 따라 불황에 이르는 국면
특징	• 건축허가 건수는 최소가 된다. • 임대주택의 공실률은 최대가 된다. • 매수자 중시 시장이다. • 과거의 사례가격은 새로운 거래가격의 상한선이 된다.

▸▸ 기출 하향시장에서 직전 국면의 거래사례가격은 현재 시점에서 새로운 거래가격의 상한이 되는 경향이 있다. (O)

■ 매수자 중시 시장과 매도자 중시 시장

1. 경기가 확장하는 시기에는 가격이 꾸준히 상승하기 때문에 거래당사자 중 매도자가 거래를 미루려고 한다. 따라서 이 시기에 부동산 활동가들은 매도자를 잘 관리해야만 부동산 거래를 성립시킬 수 있다. 이를 '매도자 중시 시장'이라고 한다.
2. 경기가 수축하는 시기에는 가격이 꾸준히 하락하기 때문에 거래당사자 중 매수자가 거래를 미루려고 한다. 따라서 이 시기에 부동산 활동가들은 이번에는 매수자를 잘 관리해야만 부동산 거래를 성립시킬 수 있다. 이를 '매수자 중시 시장'이라고 한다.

(5) 부동산 경기 측정 지표

① 부동산 경기는 수요와 공급의 관계로부터 측정될 수 있다. 부동산 경기는 일반적으로 공급 측면에서는 건축량으로 측정되고 수요 측면에서 거래량으로 측정된다. 또한 공실률, 택지 분양률, 금융의 상태 등 다양한 지표를 통해 측정된다.

② 건축량

㉠ 건축량은 건축 허가량, 건축 착공량, 건축 완공량 등으로 구분되어 측정된다.

㉡ 건축량은 상대적으로 용이하게 획득할 수 있기 때문에 다른 지표에 비해 매우 빈번하게 활용된다.

③ 거래량

㉠ 부동산 거래 동향은 취득세액, 등기 실적 등으로 파악될 수 있다.

㉡ 거래량은 아파트 미분양량 등을 측정함으로써 파악될 수 있다.

④ 가격 지표에 대한 논의

㉠ 일반적으로 경기가 좋다면 부동산 가격은 상승하는 경향이 있다. 그러나 가격이 상승한다고 하여 부동산 경기가 좋다고 판단하는 것에는 주의하여야 한다.

㉡ 부동산 가격은 다양한 원인으로 상승하는데, 원인을 파악하지 않고 단순히 가격이 오른다 하여 경기가 좋다고 결론을 내리는 것은 잘못된 판단일 수 있다. 건축 원자재 가격이 상승하거나 투기가 발생한 경우에도 가격은 상승하는데, 이 경우에는 경기가 좋다고 할 수 없기 때문이다.

✔주의
선행지표(건축허가량, 택지분양실적), 동행지표(건축착공량, 거래량), 후행지표(건축완공량)

▸▸ 기출 건축허가면적과 미분양물량은 부동산 경기변동을 측정할 수 있는 지표로 활용될 수 있다. (O)

(6) 안정 시장

① 부동산 시장에는 일반 경기와 구별되는 특수한 시장이 존재한다. 이 시장은 일반 경기에 크게 구속되지 않고 안정적이기 때문에 '안정 시장'이라고 한다.

② 의미

㉠ '안정 시장'이란 부동산 가격이 안정되어 있거나 가벼운 상승을 보이는 시장이다.

㉡ 안정 시장은 실수요자에 의해 유지되는 부동산 시장으로, 도심의 위치가 좋고 규모가 적당한 주택이나 점포 등 불황에 강한 유형의 부동산 시장을 의미한다.

③ 특징

㉠ 안정 시장은 경기 순환에 의해 분류되는 것은 아니지만, 부동산 경기의 특징이 되는 시장이다.

㉡ 안정 시장은 부동산 순환 과정의 어떠한 국면에서도 함께 존재할 수 있다.

㉢ 안정 시장에서 과거의 사례가격은 새로운 거래의 신뢰할 수 있는 기준이 된다.

▸▸ 기출 부동산 시장은 일반 경기변동과 같은 회복·상향·후퇴·하향의 4가지 국면 외에 안정시장이라는 국면이 있다. (○)

(7) 부동산 경기의 특징

① 부동산 부분 시장의 경기

㉠ 부동산 시장은 지역과 용도에 따른 부분 시장으로 세분되기 때문에 부동산 경기는 지역별·용도별·유형별 부분 시장에 따라 달리 나타난다.

㉡ 부동산 경기는 부분 시장에 따라 다양한 형태로 나타나기 때문에 일반적인 패턴(pattern)을 발견한다는 것은 쉽지 않다.

㉢ 전체 부동산 경기는 서로 다른 형태를 보이는 부동산 부분 시장의 가중평균치(weighted average)라고 할 수 있다.

▸▸ 기출 일반적으로 부동산 시장을 구성하는 부분시장의 경기는 동일한 형태로 나타난다. (×)

② 일반 경기와 부동산 경기의 관계

㉠ 일반적으로 일반 경기가 좋으면 부동산 경기도 따라서 좋아지고, 일반 경기가 좋지 않으면 부동산 경기도 따라서 좋지 않게 된다. 따라서 부동산 경기는 일반 경기에 시간적으로 후행하고 형태적으로 병행하는 현상을 보인다.

ⓛ 그러나 부동산 시장을 구성하는 모든 부분 시장의 경기가 일반 경기와 병행하는 것은 아니다.

▸▸ 기출 주거용 부동산 경기는 일반 경기와 병행하는 경향이 있다. (×)

ⓒ 상업용·공업용 부동산 경기는 일반 경기와 병행하는 경향이 있으나 주택 건축 경기는 일반 경기에 역행하는 경향이 있다. 경기가 호황일 때 상대적으로 수익성이 높은 상업용·공업용 부동산에 투자가 집중됨으로써 주거용 부동산의 경기는 상대적으로 침체될 수 있다.

2 거미집 이론

(1) 의미

① 에치켈(M. J. Eziekel)의 거미집 이론(cobweb theory)은 공급의 장기성 또는 수요와 공급의 시차(time－lag)가 가격의 주기적인 폭등과 폭락을 만들어낸다는 이론이다.

㉠ 거미집 이론은 주로 배추, 고추 등의 농산물과 같이 공급량이 시차를 두고 반응하는 재화의 가격 현상을 설명하는 이론이나, 부동산 공급에도 시차가 있다는 점에서 부동산 시장의 가격 급등과 급락의 현상을 설명하는 데 응용되고 있다.

ⓛ 거미집 이론은 시장의 균형 변화를 시계열적인 측면에서 동태적으로 설명하고 있다.

▸▸ 기출 거미집 이론은 가격이 변해도 수요량은 일정기간 후에 변한다고 가정한다. (×)

▸▸ 기출 거미집 이론은 가격이 변하면 공급량은 즉각 변한다고 가정한다. (×)

② 거미집 이론의 가정

1. t기의 수요량은 t기 가격에 의존한다. 2. t기의 공급량은 $(t-1)$기 가격에 의존한다.

㉠ 첫 번째 가정은 수요자는 현재 수요량을 현재 가격에 따라 결정함을 의미한다.

ⓛ 두 번째 가정은 공급자는 현재 공급량을 전기의 가격에 따라 결정함을 의미한다. 이는 현재의 공급량이 현재의 가격에 맞춰 결정되지 못함을 가정한 것으로, 결국 공급자의 비합리성을 보여준다.

③ 거미집 모형의 평가

㉠ 거미집 모형은 주거용 부동산보다 상·공업용 부동산에 더욱 잘 적용된다.

ⓛ 거미집 모형은 공급자가 공급의 장기성을 무시하고 언제나 현재 시장가격에만 반응함을 가정한다는 점에서 일반화하기 어렵다는 비판을 받는다.

(2) **거미집 모형의 안정조건 ★★**

① 거미집 모형은 수요곡선과 공급곡선의 상대적인 기울기에 따라 수렴형, 순환형 및 발산형으로 구분할 수 있다.

② 수렴형

㉠ 시간이 흐르면서 가격의 폭등과 폭락이 점점 축소되어 하나의 균형가격으로 수렴하는 형태이다.

㉡ 수렴형의 조건

• 수요의 가격탄력성 > 공급의 가격탄력성 • 수요곡선 기울기의 절대치 < 공급곡선 기울기의 절대치

③ 순환형

㉠ 시간이 흐르면서 가격의 폭등과 폭락이 계속적으로 반복되는 형태이다.

㉡ 순환형의 조건

• 수요의 가격탄력성 = 공급의 가격탄력성 • 수요곡선 기울기의 절대치 = 공급곡선 기울기의 절대치

④ 발산형

㉠ 시간이 흐르면서 가격의 폭등과 폭락이 점점 심화되는 형태이다.

㉡ 발산형의 조건

• 수요의 가격탄력성 < 공급의 가격탄력성 • 수요곡선 기울기의 절대치 > 공급곡선 기울기의 절대치

3 주거 분리와 주택 여과

(1) 소득 수준의 고려

① 일반적으로 주택 시장에 나타나는 여러 가지 현상을 분석하는 경우에는 모든 가구의 조건이 동일하다고 가정한다. 그러나 현실은 그렇지 못한 것이 일반적이다.

② 주거 분리 현상과 주택 여과 현상은 주택 시장의 현상을 분석하는 과정에서 가구별 소득 수준의 차이를 반영하고 있다.

▸▸ 기출 거미집 이론에 있어서, 가격에 대한 수요의 탄력성이 공급의 탄력성보다 클 경우 균형에 충격이 가해지면 새로운 균형으로 수렴한다. (O)

▸▸ 기출 거미집 이론에 있어서, 가격에 대한 수요의 탄력성과 공급의 탄력성이 같을 경우 균형에 충격이 가해지면 균형으로부터 이탈·발산한다. (×)

PART · 03

▸▸ 기출 주거분리란 주거지역이 상업지역과 분리되는 현상을 말한다. (×)

▸▸ 기출 주거분리현상은 도시지역에서만 발생하고, 도시와 지리적으로 인접한 근린지역에서는 발생하지 않는다. (×)

(2) 주거 분리 현상 **

① 의미

㉠ '주거 분리'란 도시의 성장 과정에서 주거지역이 소득계층별로 서로 분리되는 현상이다. 즉 주거지역이 고소득층의 주거지역과 저소득층의 주거지역으로 분리되는 현상이다.

㉡ 주거 분리는 도시 전체적인 측면에서 발생하기도 하고, 지리적으로 인접한 근린지역(neighborhood)에서 발생하기도 한다.

② 주거 분리의 원인

㉠ 주거 분리는 외부효과에 의해 나타나는 현상이다.

㉡ 주택 소비자가 정(+)의 외부효과는 받으려고 하고, 부(−)의 외부효과는 피하려는 성질로부터 주거지역은 소득 계층별로 서로 분리된다.

주거분리의 원인 : 외부효과

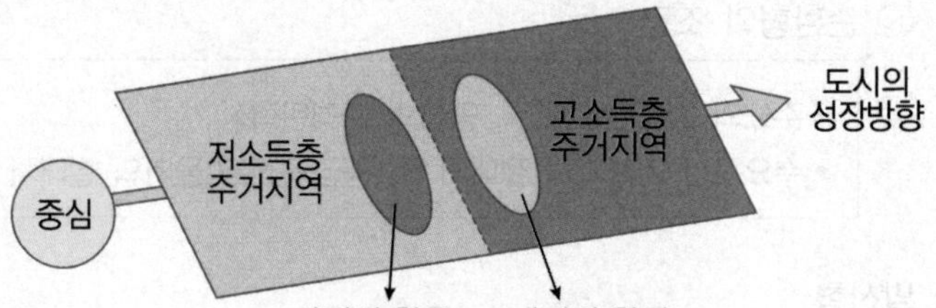

✔주의

주거분리와 직주분리

1. 주거분리 : 고소득층 주거지역과 저소득층 주거지역이 분리되는 현상이다.
2. 직주분리 : 직장과 주거지가 서로 분리되는 현상이다.

③ 주거 분리의 결과

㉠ 고소득층과 저소득층의 주거지역이 경계를 사이에 두고 분리되기 때문에 경계부근에 외부효과가 작동을 한다.

㉡ 고소득층 주거지역과 인접한 저소득층 주택은 고소득층 주거지역으로부터 정(+)의 외부효과를 받는다. 따라서 경계지역 인근의 저소득층 주택은 할증되어 거래된다.

㉢ 저소득층 주거지역과 인접한 고소득층 주택은 저소득층 주거지역으로부터 부(−)의 외부효과를 받는다. 따라서 경계지역 인근의 고소득층 주택은 할인되어 거래된다.

(3) 주택의 여과 과정 **

① 의미

㉠ 새롭게 공급되는 주택은 중산층 이상이 먼저 거주한다. 그러다 시간이 흘러 주택이 노후화되면 기존 거주 계층은 다른 지역으로 이주하고, 보다 낮은 소득 계층이 해당 주택을 점유하게 된다.

㉡ '주택 여과 과정'이란 서로 다른 소득 계층 간에 주택이 순환되는 현상이다. 이를 '주택 필터링(filtering) 과정'이라고도 한다.

㉢ 주택 여과 과정은 새로운 주택의 신축이 없는 상황에서도 주택의 질적 변화와 가구의 이동을 설명할 수 있다는 점에서 유용하게 활용된다.

㉣ 주택의 여과 과정은 순환 방향에 따라 하향 여과와 상향 여과로 구분된다.

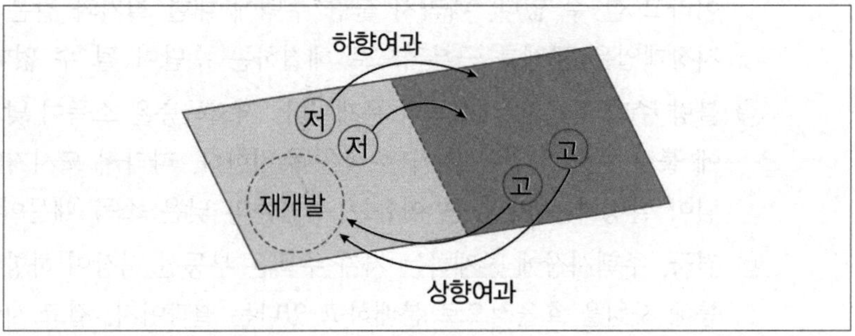

② 하향 여과(filtering down)

㉠ 의미 : 고소득 계층이 사용하던 기존 주택이 저소득 계층의 사용으로 전환되는 것을 '하향 여과'라고 한다.

㉡ 원인 : 하향 여과는 저소득층의 소득이 증가하거나 저소득층에 대한 정부의 주택 보조 등으로 저소득층의 저가 주택에 대한 수요가 증가할 때 나타나는 현상이다. 하향 여과는 자연적으로 발생되는 능동적 순환 과정이다.

③ 상향 여과(filtering up)

㉠ 의미 : 저소득층의 주거지역의 주택이 수선되거나 재개발됨으로써 저소득층 주거지역으로 고소득층이 유입되는 현상을 '상향 여과'라고 한다.

㉡ 원인 : 저소득층 주택의 수선으로 인한 가치 상승분이 수선비용보다 크다면, 저소득층 주거지역은 재개발되어 고소득층이 유입될 수 있다.

▸▸ 기출 고소득층 주거지역으로 저소득층이 들어오게 되어 상향여과과정이 계속되면, 고소득층 주거지역은 점차 저소득층 주거지역으로 바뀔 것이다. (×)

▸▸ 기출 저소득층의 주택수요가 증가할 때 상향여과가 나타난다. (×)

▸▸ 기출 저소득층 주거지역에서 주택의 보수를 통한 가치상승분이 보수비용보다 크다면 상향여과가 발생할 수 있다. (O)

▸▸ 기출 하향여과는 고소득층 주거지역에서 주택의 개량을 통한 가치상승분이 주택개량비용보다 큰 경우에 발생한다. (×)

▸▸ 기출 고소득층 주거지와 저소득층 주거지가 인접한 지역에서는 침입과 천이현상이 발생할 수 있다. (O)

▸▸ 기출 민간주택시장에서 불량주택이 발생하는 것은 시장실패를 의미한다. (×)

④ 침입과 천이

㉠ 주택의 여과 과정은 침입과 천이의 과정으로 설명되기도 한다. 어떤 지역에 이질적인 요소가 새롭게 개입되는 것을 '침입'이라고 하고, 침입의 결과 지역이 변화되는 과정을 '천이' 또는 '계승'이라고 한다.

㉡ 고소득층 주거지역에 저소득층 가구가 새롭게 들어오는 과정은 '침입'으로 설명될 수 있고, 침입에 의해 고소득층 주거지역이 저소득층 주거지역으로 변화되어 가는 과정을 '천이'라고 설명할 수 있다.

(4) 불량 주택과 고급 주택

① 불량 주택

㉠ 시장에 불량 주택이 존재하는 이유는 부동산 시장이 실패한 결과물이라고 할 수 없다. 따라서 불량 주택에 대한 철거와 같은 정부의 시장개입은 문제를 근본적으로 해결하는 수단이 될 수 없다.

㉡ 불량 주택의 문제는 소득의 문제이다. 저소득층은 소득이 낮기 때문에 불량 주택과 같은 저가 주택을 소비한다. 따라서 도시지역의 슬럼이 발생하는 가장 큰 이유는 주민들의 낮은 소득 때문이다.

㉢ 결국, 주택시장에 존재하는 저가 주택은 부동산 시장이 하향 여과를 통해 자원을 효율적으로 분배하고 있다는 결과이지, 결코 시장이 실패되어 나타나는 것은 아니다.

② 고급주택과 저급주택

㉠ 일정 수준의 이상의 주택을 고급 주택 또는 고가 주택이라고 하고, 일정 수준 이하의 주택을 저급 주택 또는 저가 주택이라고 한다. 고급 주택과 저급 주택의 변화는 주택 수선의 정도에 의해 결정된다.

㉡ 고급 주택은 수선의 타당성이 충분하여 지속적인 수선이 가능하다. 따라서 고급 주택은 계속해서 고급 주택으로 남게 된다.

㉢ 저급 주택은 수선의 타당성이 충분하지 않기 때문에 수선이 지연된다. 따라서 저급 주택은 계속해서 저급 주택으로 남게 된다.

㉣ 고급 주택이라도 일정 시간이 지나가면, 어느 순간 주택 수선으로 인한 가치 상승분이 크지 않게 된다. 따라서 이 시기가 되면 고급 주택은 수선이 지연되어 저급 주택으로 변화된다.

4 주거 근린지역의 생애주기

(1) 의미

① 지역은 고정되어 있는 것이 아니라 끊임없이 변화한다. 주거 근린지역의 생애주기 또는 인근지역의 생애주기는 지역의 성쇠과정을 구분하고 각 단계에서 나타나는 지역의 현상을 설명하고자 하는 모형이다.

② 생애주기 분석의 성격

㉠ 생태학적 분석 : 인근지역의 생애주기는 인근지역을 마치 살아있는 생물처럼 가정하고 그 변화를 설명하고자 하는 생태학적 분석이다.

㉡ 동태적 분석 : 인근지역의 생애주기는 시간의 흐름에 따라 지역의 변화를 설명하고자 하는 동태적 분석이다.

③ 생애주기 분석의 가정

- 생애주기 모형은 지역의 동질성을 전제 조건으로 변화 현상을 설명한다.
- 생애주기 모형은 하나의 개발 계획을 통해 지역이 동시에 개발되는 것을 전제로 이론을 전개한다.

(2) 생애주기의 단계와 현상

① 인근지역의 생애주기는 '가치 상승 단계 ⇨ 가치 안정 단계 ⇨ 가치 하락 단계'의 3단계로 구분하기도 하나, 일반적으로 '성장기 ⇨ 성숙기 ⇨ 쇠퇴기 ⇨ 천이기 ⇨ 악화기'의 5단계로 구분하여 설명된다.

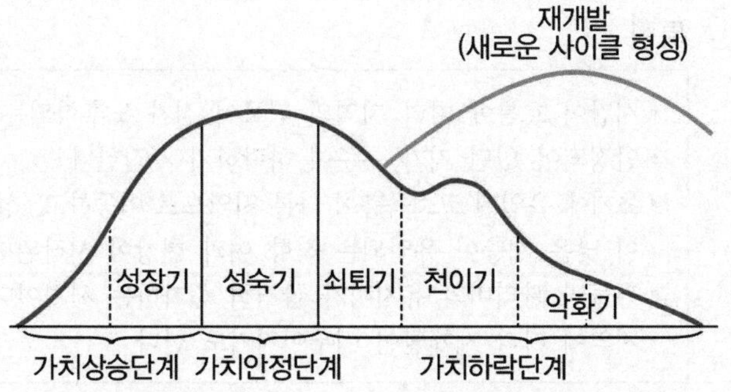

▸▸ 기출 성숙기의 경우 지가 상승률이 최고가 된다. (×)

▸▸ 기출 성장기는 지가수준이 최고인 시기이다. (×)

② 성장기(가치 상승 단계)

㉠ 의미 : 지역이 새롭게 개발되는 단계를 '성장기'라고 한다.

㉡ 특징

- 개발과 함께 지역의 기능이 새롭게 형성되는 시기이다.
- 지가 상승률이 최고가 되는 시기이다.
- 왕성한 개발로 인하여 치열한 입지 경쟁과 투기 현상이 나타난다.
- 새롭게 유입되는 주민들은 젊고, 교육수준과 소득수준이 높다.
- 신축 부동산이 부동산 거래의 중심이 되는 시기이다.

③ 성숙기(가치 안정 단계)

㉠ 의미 : 개발이 완료됨에 따라 지역이 안정화되는 단계를 '성숙기'라고 한다.

㉡ 특징

- 지역이 안정화됨에 따라 지역의 기능이 안정되는 시기이다.
- 지가 수준이 최고가 되는 시기이다.
- 지가는 안정되거나 가벼운 상승을 보인다.
- 부동산의 유지상태가 양호하고 공공시설 등이 빠르게 수리된다.
- 주민의 사회·경제 수준은 최고이며, 주민들의 전출입은 많지 않다.

④ 쇠퇴기(가치 하락 단계 중 초기 하락기)

㉠ 의미 : 건물이 점차 노후화되면서 지역이 쇠퇴하기 시작하는 단계를 '쇠퇴기'라고 한다.

㉡ 특징

- 시간이 흐름에 따라 지역의 건물이 점차 노후화되는 시기이다.
- 안정되어 있던 지가 수준이 하락하기 시작한다.
- 초기에 유입된 고소득층이 다른 지역으로 이동하고, 상대적으로 소득이 낮은 계층이 유입되는 하향 여과 현상이 시작된다.
- 건물의 관리비와 유지비가 급격히 증가하는 시기이다.
- 지역에 따라 재개발이 이루어지기도 한다.

⑤ 천이기(가치 하락 단계 중 명백 하락기)

㉠ 의미 : 부동산의 유지와 수선이 지연되면서 지역의 쇠퇴가 가속화되는 단계를 '천이기'라고 한다.

㉡ 특징

- 지가 수준이 눈에 띄게 하락하는 시기이다.
- 저소득층이 유입되는 하향여과가 보다 활발하게 이루어진다.
- 하향여과의 과정이 활발해지면 지역의 부동산 가격이 일시적으로 상승할 수도 있다.

▸▸ 기출 천이기에 하향여과가 활발하게 이루어지면, 천이기의 지가수준은 개발단계의 수준까지 상승한다. (×)

⑥ 악화기(가치 하락 단계 중 가속 하락기)

㉠ 의미 : 슬럼화 직전의 단계를 '악화기'라고 한다.

㉡ 특징

ⓐ 악화기에는 다른 대안적 방도를 선택할 수 없는 주민들만이 거주하게 된다.

ⓑ 어울리지 않는 토지이용, 반달리즘(vandalism), 공가, 부동산의 방기 등이 눈에 띄게 증가한다.

제4장 시장론 계산 문제

1 정보 가치의 계산

01 제시된 자료를 통해 정보의 현재가치를 구하면 얼마인가?

- ○○지역 계획에 따라 1년 후 신역사가 들어설 가능성은 50%로 알려져 있다.
- 이 토지의 1년 후 예상가격은 신역사가 들어서는 경우 4억원, 들어서지 않는 경우 2억원이다.
- 甲의 요구수익률은 10%라고 한다(천원 단위 미만은 절사한다).

정답해설

1. 1년 후 상황을 상정한 정보가치
   ① 정보가 있는 경우 달성 가능한 토지 가치 : 4억원
   ② 정보가 없는 경우 달성 가능한 가치 : 3억원(= 0.5 × 4억 + 0.5 × 2억)
   (확실한 정보가 없다면, 사람들은 평균적으로 가치를 예상한다. 따라서 지하철역이 들어올 확률과 상황별 가치를 가중평균하여 구할 수 있다.)
   ③ 정보가치(① - ②) : 1억원
2. 정보의 현재가치 : $\frac{1억}{(1+0.1)^1} = \frac{1억}{1.1}$ = 90,909,000원

02 **복합쇼핑몰 개발사업이 진행된다는 정보가 있다. 다음과 같이 주어진 조건 하에서 합리적인 투자자가 최대한 지불할 수 있는 이 정보의 현재가치는?**

> • 복합쇼핑몰 개발예정지 인근에 일단의 A토지가 있다.
> • 2년 후 도심에 복합쇼핑몰이 개발될 가능성은 50%로 알려져 있다.
> • 2년 후 도심에 복합쇼핑몰이 개발되면 A토지의 가격은 6억 500만원, 개발되지 않으면 3억 250만원으로 예상된다.
> • 투자자의 요구수익률(할인율)은 연 10%이다.

정답해설

1. 2년 후 상황을 상정한 정보가치
   ① 정보가 있는 경우 달성 가능한 토지 가치 : 605,000,000원
   ② 정보가 없는 경우 달성 가능한 가치 : 453,750,000원(= 0.5 × 605,000,000 + 0.5 × 302,500,000)
   (확실한 정보가 없다면, 사람들은 평균적으로 가치를 예상한다. 따라서 복합쇼핑몰이 들어올 확률과 상황별 가격을 가중평균하여 구할 수 있다.)
   ③ 정보가치(① - ②) : 151,250,000원
2. 정보의 현재가치 : $\frac{151,250,000}{1.1^2}$ = 125,000,000원

PART 03

시장론 기출문제

주제 부동산시장과 주택시장

01 **부동산 시장의 특성으로 옳은 것은?** ▸ 2021년 32회

① 일반상품의 시장과 달리 조직성을 갖고 지역을 확대하는 특성이 있다.
② 토지의 인문적 특성인 지리적 위치의 고정성으로 인하여 개별화된다.
③ 매매의 단기성으로 인하여 유동성과 환금성이 우수하다.
④ 거래 정보의 대칭성으로 인하여 정보수집이 쉽고 은밀성이 축소된다.
⑤ 부동산의 개별성으로 인한 부동산 상품의 비표준화로 복잡·다양하게 된다.

정답해설

⑤ 옳은 지문이다.

오답해설

① 부동산 시장은 일반상품의 시장과 달리 조직성을 갖지 않는다(시장의 비조직성).
② 지리적 위치의 고정성(부동성)은 자연적 특성이다.
③ 부동산 시장은 매매의 장기성으로 인하여 유동성과 환금성이 좋지 않다.
④ 거래 정보가 비대칭적이기 때문에 정보수집이 어렵고 보다 은밀한 거래가 이루어진다.

주제 디파스퀠리 & 위튼의 4사분면 모형

01 **디파스퀠리-위튼(DiPasquale & Wheaton)의 4사분면 모형에 관한 설명으로 옳지 않은 것은?** ▸ 2016년 27회

① 부동산 공간시장과 부동산 자산시장의 관계를 설명한 모형이다.
② 1사분면은 부동산 가격과 공간 재고량의 관계를 나타낸다.
③ 2사분면은 부동산 가격과 임대료의 관계를 나타낸다.
④ 3사분면은 부동산 가격과 신규 건설량의 관계를 나타낸다.
⑤ 4사분면은 신규 건설량과 공간 재고량의 관계를 나타낸다.

정답 > 01 ⑤ / 01 ②

정답해설

② 1사분면은 공간 재고와 공간에 대한 임대 수요에 의해 균형임대료가 결정되는 시장이다. 따라서 1사분면은 부동산 임대료와 공간 재고량의 관계를 나타낸다.

02 디파스퀠리-위튼(DiPasquale & Wheaton)의 4사분면 모형에 관한 설명으로 옳지 않은 것은? (단, 주어진 조건에 한함)

▸ 2020년 31회

① 1사분면에서는 부동산 공간시장의 단기공급곡선과 수요곡선에 의해 균형 임대료가 결정된다.

② 2사분면에서는 부동산의 임대료가 가격으로 환원되는 부동산 자산시장의 조건을 나타낸다.

③ 3사분면에서 신규 부동산의 건설량은 부동산 가격과 부동산 개발비용의 함수로 결정된다.

④ 4사분면에서는 신규 부동산의 건설량과 재고의 멸실량이 변화하여야 부동산 공간시장의 균형을 이룰 수 있다.

⑤ 이 모형은 부동산이 소비재이면서도 투자재라는 특성을 전제로 한다.

정답해설

④ 4사분면에서는 신규 부동산의 건설량과 재고의 변동을 통해 부동산 재고량이 결정되는 시장이다. 부동산 공간시장의 균형은 1사분면에서 이루어진다.

03 디파스퀠리-위튼(DiPasquale & Wheaton)의 4사분면 모형에 관한 설명으로 옳지 않은 것은? (단, 주어진 조건에 한함)

▸ 2022년 33회

① 장기균형에서 4개의 내생변수, 즉 공간재고, 임대료, 자본환원율, 건물의 신규 공급량이 결정된다.

② 신축을 통한 건물의 신규 공급량은 부동산 자산가격, 생산요소가격 등에 의해 영향을 받는다.

③ 자본환원율은 요구수익률을 의미하며 시장이자율 등에 의해 영향을 받는다.

④ 최초 공간재고가 공간서비스에 대한 수요량과 일치할 때 균형 임대료가 결정된다.

⑤ 건물의 신규 공급량과 기존 재고의 소멸에 의한 재고량 감소분이 일치할 때 장기균형에 도달한다.

정답해설

① 4사분면 모형에 의하면 장기균형에서 임대료(1사분면), 자산가격(2사분면), 건물의 신규 공급량(3사분면), 공간재고(4사분면)가 결정된다.

오답해설

③ 투자자는 자신의 요구수익률을 할인율 또는 환원율로 적용하여 투자를 분석하거나 가치를 판단한다. 또한 투자자의 요구수익률은 시장이자율 등에 의해 영향을 받는다.

04 **건축원자재 가격의 하락에 따른 영향을 디파스퀠리-위튼(DiPasquale & Wheaton)의 사분면 모형을 통해 설명한 것으로 옳지 않은 것은?** (단, 주어진 조건에 한함) ▸ 2024년 35회

① 건축원자재 가격의 하락으로 인해 부동산개발부문에서 신규건설비용이 하락한다.
② 주어진 부동산자산가격 수준에서 부동산개발의 수익성이 높아지므로 신규건설량이 증가한다.
③ 새로운 장기균형에서 균형공간재고는 감소한다.
④ 새로운 장기균형에서 부동산공간시장의 균형임대료는 하락한다.
⑤ 새로운 장기균형에서 부동산자산시장의 균형가격은 하락한다.

정답해설

③ 감소 ⇨ 증가 : 건축원자재 가격의 하락은 주택의 공급(공간재고)를 증가시킨다.

주제 부동산 시장의 효율성

01 **부동산 시장의 효율성에 관한 설명으로 옳지 않은 것은?** (단, 다른 조건은 고려하지 않음) ▸ 2018년 29회

① 약성 효율적 시장은 현재의 시장가치가 과거의 추세를 충분히 반영하고 있는 시장이다.
② 준강성 효율적 시장은 어떤 새로운 정보가 공표되는 즉시 시장가치에 반영되는 시장이다.
③ 강성 효율적 시장은 공표된 것이건 공표되지 않은 것이건 어떠한 정보도 이미 시장가치에 반영되어 있는 시장이다.
④ 부동산 시장은 주식시장이나 일반상품시장보다 더 불완전하고 비효율적이므로 할당 효율적일 수 없다.
⑤ 부동산 시장의 제약조건을 극복하는 데 소요되는 거래비용이 타 시장보다 부동산 시장을 더 비효율적이게 하는 중요한 요인이다.

정답해설

④ 불완전경쟁시장이라도 초과이윤이 없다면 할당 효율적 시장이 될 수 있다. 따라서 부동산 시장은 불완전하지만 할당 효율적일 수 있다.

정답 > 02 ④ 03 ① 04 ③ / 01 ④

02 **부동산 시장에 관한 설명으로 옳은 것은?** ▸2017년 28회

① 부동산 시장은 부동산 재화와 서비스가 교환되는 메커니즘이기 때문에 유형의 부동산거래는 허용되며, 무형의 이용과 관련한 권리는 제외된다.

② 일반적으로 부동산 시장은 일반시장에 비해 거래비용이 많이 들고, 수요자와 공급자의 시장 진출입이 제약을 받게 되어 완전경쟁시장이 된다.

③ 부동산의 입지성으로 인해 소유자는 해당 부동산의 활용과 가격결정에 있어서 입지 독점권(location monopoly)을 가지며, 이것은 하위시장의 형성과 관련이 있다.

④ 정부가 제품의 품질이나 규격을 통제하는 건축기준은 양적 규제의 예로 들 수 있다.

⑤ 준강성 효율적 시장은 공표된 것이건 그렇지 않은 것이건 어떠한 정보들이 이미 가치에 반영되어 있는 시장이다.

정답해설

③ 옳은 지문이다.

오답해설

① 부동산 시장에서 거래되는 물건은 유형의 부동산뿐만 아니라, 무형의 권리도 포함된다.
② 일반적으로 부동산 시장은 불완전경쟁시장으로 분류된다.
④ 제품의 품질이나 규격을 통제하는 건축기준은 질적 규제의 사례이다.
⑤ 강성 효율적 시장에 대한 설명이다.

03 **부동산 시장의 효율성에 관한 설명으로 옳은 것은?** ▸2022년 33회

① 특정 투자자가 얻는 초과이윤이 이를 발생시키는데 소요되는 정보비용보다 크면 배분 효율적 시장이 아니다.

② 약성 효율적 시장은 정보가 완전하고 모든 정보가 공개되어 있으며 정보비용이 없다는 완전경쟁시장의 조건을 만족한다.

③ 부동산 시장은 주식시장이나 일반적인 재화시장보다 더 불완전경쟁적이므로 배분 효율성을 달성할 수 없다.

④ 강성 효율적 시장에서는 정보를 이용하여 초과이윤을 얻을 수 있다.

⑤ 약성 효율적 시장의 개념은 준강성 효율적 시장의 성격을 모두 포함하고 있다.

정답해설

① 옳은 지문이다. 초과이윤을 획득할 수 없는 경우에 할당 효율적 시장은 달성된다. 따라서 초과이윤이 있다면 할당(배분) 효율적 시장이 아니다.

오답해설

② 완전경쟁시장의 조건과 유사한 시장은 강성 효율적 시장이다.
③ 부동산 시장은 불완전하더라도 할당(배분) 효율성을 달성할 수 있다.
④ 강성 효율적 시장에서는 어떠한 정보를 이용하더라도 초과이윤을 획득할 수 없다.
⑤ 준강성 효율적 시장이 약성 효율적 시장의 성격을 포함한다.

04 부동산시장에 관한 설명으로 옳은 것은? ▸ 2023년 34회

① 할당 효율적 시장은 완전경쟁시장을 의미하며 불완전경쟁시장은 할당 효율적 시장이 될 수 없다.

② 완전경쟁시장이나 강성 효율적 시장에서는 할당 효율적인 시장만 존재한다.

③ 약성 효율적 시장에서 과거의 역사적 정보를 통해 정상 이상의 수익을 획득할 수 있다.

④ 완전경쟁시장에서는 초과이윤이 발생할 수 있다.

⑤ 준강성 효율적 시장에서 공표된 정보는 물론 공표되지 않은 정보도 시장가치에 반영된다.

정답해설

② 옳은 지문이다. 할당 효율적 시장은 어느 시장에서도 초과이윤을 얻을 수 없는 시장이다. 완전경쟁시장은 완전경쟁을 통해 초과이윤을 획득할 수 없는 시장이므로 항상 할당 효율성이 달성된다. 또한 강성 효율적 시장은 어떤 정보를 통해서도 초과이윤을 획득할 수 없는 시장이므로 할당 효율적인 시장이다.

오답해설

① 불완전경쟁시장이라도 초과이윤을 획득할 수 없다면 할당 효율적 시장이 될 수 있다.

③ 약성 효율적 시장은 과거 정보를 통해 정상 이상의 초과이윤을 획득할 수 없다. 약성 시장에서 초과이윤을 획득하기 위해서는 현재 정보와 미래 정보를 획득하여야 한다.

④ 완전경쟁시장에서는 초과이윤이 발생할 수 없다.

⑤ 지문은 강성 효율적 시장에 대한 설명이다.

05 A토지에 접하여 도시·군계획시설(도로)이 개설될 확률은 60%로 알려져 있고, 1년 후에 해당 도로가 개설되면 A토지의 가치는 2억 7,500만원, 그렇지 않으면 9,350만원으로 예상된다. 만약 부동산 시장이 할당 효율적이라면 합리적인 투자자가 최대한 지불할 수 있는 정보비용의 현재가치는? (단, 요구수익률은 연 10%이고, 주어진 조건에 한함) ▸ 2021년 32회

① 5,200만원 ② 5,600만원 ③ 6,200만원

④ 6,600만원 ⑤ 7,200만원

정답해설

④ 정보의 현재 가치는 6,600만원이다.

1. 1년 후 정보 가치
   1) 정보가 있는 경우 달성 가능한 토지 가치 : 275,000,000원
   2) 정보가 없는 경우 달성 가능한 토지 가치 : 202,400,000원
   (275,000,000원 × 0.6) + (93,500,000원 × 0.4) = 202,400,000원
   3) 정보 가치[1) − 2)] : 72,600,000원
2. 정보의 현재 가치
   72,600,000원 ÷ 1.1 = 66,000,000원

정답 ≫ 02 ③ 03 ① 04 ② 05 ④

06 **X노선 신역사가 들어선다는 정보가 있다. 만약 부동산 시장이 할당효율적이라면 투자자가 최대한 지불할 수 있는 정보비용의 현재가치는?** (단, 제시된 가격은 개발정보의 실현 여부에 의해 발생하는 가격차이만을 반영하고, 주어진 조건에 한함) ▸ 2024년 35회

- X 노선 신역사 예정지 인근에 일단의 A 토지가 있다.
- 1년 후 도심에 X 노선 신역사가 들어설 확률이 60%로 알려져 있다.
- 1년 후 도심에 X 노선 신역사가 들어서면 A 토지의 가격은 5억 5,000만원, 신역사가 들어서지 않으면 2억 7,500만원으로 예상된다.
- 투자자의 요구수익률(할인율)은 연 10%이다.

① 5천만원 ② 1억원
③ 1억 5천만원 ④ 2억원
⑤ 2억 5천만원

정답해설

② 정보비용의 현재가치는 1억원이다. 아래는 계산 과정을 생략한 간편 계산 방식이다.
1. 1년 후 정보가치 : (55,000만−27,500만)×0.4(들어오지 않을 가능성) = 11,000만원
2. 정보의 현재가치 : 11,000만원÷1.1 = 10,000만원

주제 부동산 경기변동

01 **부동산 경기변동과 중개활동에 관한 설명으로 옳지 않은 것은?** ▸ 2017년 28회

① 하향시장의 경우 종전의 거래사례가격은 새로운 매매활동에 있어 가격 설정의 상한선이 되는 경향이 있다.
② 상향시장에서 매도자는 가격 상승을 기대하여 거래의 성립을 미루려는 반면, 매수자는 거래성립을 앞당기려 하는 경향이 있다.
③ 중개물건 의뢰의 접수와 관련하여 안정기의 경우 공인중개사는 매각의뢰와 매입의뢰의 수집이 다 같이 중요하다.
④ 실수요 증가에 의한 공급 부족이 발생하는 경우 공인중개사는 매수자를 확보해두려는 경향을 보인다.
⑤ 일반적으로 부동산 경기는 일반 경기에 비하여 경기의 변동폭이 큰 경향이 있다.

정답해설

④ 실수요 증가에 의한 공급 부족이 발생하는 경우라면 매도자 확보가 중요하다.

02 **부동산 경기변동에 관한 설명으로 옳지 않은 것은?** ▸ 2016년 27회

① 계절적 변동은 예기치 못한 사태로 초래되는 비순환적 경기변동현상을 말한다.
② 부동산 경기변동이란 일반적으로 상승과 하강국면이 반복되는 현상을 말한다.
③ 건축 착공량과 부동산 거래량은 부동산 경기를 측정할 수 있는 지표로 활용될 수 있다.
④ 하향시장 국면이 장기화되면 부동산 공실률 증가에 의한 임대료 감소 등의 이유로 부동산 소유자에게 부담이 될 수 있다.
⑤ 회복시장은 일반적으로 경기가 하향을 멈추고 상승을 시작하는 국면이다.

정답해설

① 무작위적 경기변동 또는 불규칙적 경기변동에 대한 설명이다.

주제 에치켈의 거미집 모형

01 **수요함수와 공급함수가 각각 A부동산 시장에서는 $Q_D = 200 - P$, $Q_S = 10 + \frac{1}{2}P$이고 B부동산시장에서는 $Q_D = 400 - \frac{1}{2}P$, $Q_S = 50 + 2P$이다. 거미집 이론(Cob-web theory)에 의한 A시장과 B시장의 모형 형태의 연결이 옳은 것은?** (단, x축은 수량, y축은 가격, 각각의 시장에 대한 P는 가격, Q_D는 수요량, Q_S는 공급량이며, 가격 변화에 수요는 즉각 반응하지만 공급은 시간적인 차이를 두고 반응함, 다른 조건은 동일함) ▸ 2021년 32회

① A : 발산형, B : 수렴형
② A : 발산형, B : 순환형
③ A : 순환형, B : 발산형
④ A : 수렴형, B : 발산형
⑤ A : 수렴형, B : 순환형

정답해설

④ A는 수렴형이고, B는 발산형이다.
1. A부동산 시장
수요곡선 기울기의 절대치(1) < 공급곡선 기울기의 절대치(2) : 수렴형
2. B부동산 시장
수요곡선 기울기의 절대치(2) > 공급곡선 기울기의 절대치(0.5) : 발산형

정답 > 06 ② / 01 ④ 02 ① / 01 ④

주제 주거분리와 주택여과 현상

01 주거분리와 여과과정에 관한 설명으로 옳지 않은 것? ▸ 2019년 30회

① 저가주택이 수선되거나 재개발되어 상위계층의 사용으로 전환되는 것을 상향여과라 한다.
② 민간주택시장에서 저가주택이 발생하는 것은 시장이 하향 여과작용을 통해 자원할당기능을 원활하게 수행하고 있기 때문이다.
③ 주거입지는 침입과 천이현상으로 인해 변화할 수 있다.
④ 주거분리는 도시 전체에서뿐만 아니라 지리적으로 인접한 근린지역에서도 발생할 수 있다.
⑤ 하향 여과는 고소득층 주거지역에서 주택의 개량을 통한 가치상승분이 주택개량비용보다 큰 경우에 발생한다.

정답해설

⑤ 고소득층 주거지역에서 주택의 개량을 통한 가치상승분이 주택개량비용보다 큰 경우라면, 고소득층 주거지역의 주택개량이 지속적으로 이루어진다. 그 결과 고소득층 주거지역의 주택가격은 하락하지 않기 때문에 하향여과는 발생하지 않는다.

02 주거분리와 여과과정에 관한 설명으로 옳은 것은? ▸ 2022년 33회

① 여과과정이 원활하게 작동하면 신규주택에 대한 정부지원으로 모든 소득계층이 이득을 볼 수 있다.
② 하향여과는 고소득층 주거지역에서 주택의 개량을 통한 가치상승분이 주택개량비용보다 큰 경우에 발생한다.
③ 다른 조건이 동일할 경우 고가주택에 가까이 위치한 저가주택에는 부(-)의 외부효과가 발생한다.
④ 민간주택시장에서 불량주택이 발생하는 것은 시장실패를 의미한다.
⑤ 주거분리현상은 도시지역에서만 발생하고, 도시와 지리적으로 인접한 근린지역에서는 발생하지 않는다.

정답해설

① 옳은 지문이다. 주택의 가격이 하락할 때, 주택이 철거되지 않고 상대적으로 소득이 낮은 계층의 사용으로 전환된다면, 즉 주택여과과정이 원활하게 작동하면 신규주택에 대한 정부지원은 모든 소득계층에게 이득이 될 수 있다.

오답해설

② 고소득층 주거지역에서 주택개량을 통한 가치상승분이 주택개량비용보다 큰 경우라면, 고소득층 주거지역의 주택개량이 지속적으로 이루어진다. 그 결과 고소득층 주거지역의 주택가격은 하락하지 않기 때문에 하향여과는 발생하지 않는다.
③ 고가주택에 가까이 위치한 저가주택에는 정(+)의 외부효과가 발생한다.
④ 민간주택시장에서 가격수준이 낮은 주택, 즉 불량주택이 발생하는 것은 시장이 자원을 효율적으로 배분함을 의미한다. 주택은 모든 소득계층에게 필요한 재화이고, 저소득층은 가격수준이 낮은 불량주택을 구입할 수밖에 없다. 따라서 시장은 저소득층에게 가격수준이 낮은 불량주택을 배분하는 것이다.
⑤ 주거분리현상은 근린지역뿐만 아니라 도시지역 전체에서도 발생하는 보편적인 현상이다.

정답 > 01 ⑤ 02 ①

합격까지 박문각

PART

04

부동산 정책론

PART

04 부동산 정책론

제1장 부동산 정책의 이해

▸ 28회, 29회, 31회, 33회 기출

1. 부동산 문제
2. 부동산 정책

1 부동산 문제

(1) 부동산 문제의 의미

① '부동산 문제'는 부동산과 관련된 현상 중 사회 대다수가 문제라고 인식하는 현상이다. 부동산 문제는 크게 토지 문제와 주택 문제로 구분할 수 있다.

② 토지 문제

㉠ 현재 우리나라 인구의 90% 이상이 도시 지역에 살고 있으나 도시 내 대지 면적은 국토 면적의 3%에 미치지 못한다. 따라서 좁은 지역에 많은 사람들이 거주하다 보니 다양한 문제가 발생하고 있다.

㉡ 토지 문제는 크게 토지의 공급량이 절대적으로 부족하다는 문제와 그로 인해 토지가격이 비정상적으로 상승되는 문제로 구분된다.

③ 주택 문제

㉠ 주택 문제는 크게 두 가지로 구분된다. 하나는 '주택의 유용성(availability) 문제'이며, 다른 하나는 '부담 능력(affordability) 문제'이다.

㉡ 주택 유용성의 문제 : 주택 공급과 관련된 문제로, 국민들이 필요로 하는 주택을 질적인 측면이나 양적인 측면에서 어떻게 제공할 것이냐의 문제이다.

㉢ 부담 능력의 문제 : 소득의 문제로, 제공되는 주택을 국민들이 흡수할 수 있도록 어떻게 구매력을 제고시킬 것이냐의 문제이다.

(2) 부동산 문제의 특징

① 부동산 문제는 다음과 같은 특징을 갖는다.

1. 악화성향 : 일단 발생되면 시간이 경과함에 따라 점점 나빠진다. 2. 비가역성 : 한번 발생되면 본래의 상태로 되돌리기 어렵다. 3. 지속성 : 한번 발생되면 이를 회복하는 데 상당한 시간이 필요하다. 4. 복합성 : 여러 원인들이 복합적으로 작용하여 발생한다. 5. 다양한 해결수단 : 해결을 위해 다양한 수단들이 동시에 활용되어야 한다.

② 부동산 문제는 부동산이 속한 지역에 따라 달리 나타나며 동일한 지역이라도 시대에 따라 그 중요성이 달라진다.

③ 국가의 개발과정에서 발생하는 비정상적인 지가 상승은 많은 부작용을 유발한다. 이를 '지가고의 폐단'이라고 한다.

1. 공공용지를 확보하는 것이 쉽지 않고, 가파른 지가의 상승은 물가를 상승시키고 산업의 생산비용을 증가시킨다. 2. 주택가격을 상승시키고 주택의 질적 수준을 저하시킬 수 있다. 또한 계층 간의 소득불평등을 심화시킨다. 3. 집약적 토지이용과 건물의 고층화 현상을 만들어낸다. 4. 높은 지가는 광역적인 토지계획을 불가능하게 한다. 따라서 무질서한 토지이용과 비효율적인 토지이용을 발생시킬 수 있다. 5. 높은 도심의 토지 가격은 직주 분리 현상을 발생시킨다.

(3) 부동산 정책의 이념

① 토지는 사적인 재화이면서 동시에 국민 모두에게 꼭 필요한 공적인 재화이다. 따라서 토지에 대한 정책 결정자들의 이념이 무엇보다도 중요하다.

② 토지 공개념

㉠ 토지 소유권은 공익을 위하여 적절히 제한될 수 있다는 개념을 '토지 공개념'이라고 한다.

㉡ 부증성으로 인한 토지의 사회성·공공성에 근거한 개념이다.

㉢ 우리나라 헌법 제122조에서 국가는 토지 소유권에 대해 법률이 정하는 바에 따라 제한과 의무를 과할 수 있다고 규정하고 있으며, 민법에서는 개인의 소유권이라도 권리는 남용하지 못한다고 규정하고 있다.

③ 토지공개념의 실현 수단들

㉠ 우리나라에서는 1980년대 후반 부동산 투기를 억제하기 위해, 놀리는 땅의 가격 상승분에 최대 50%의 세금을 부과하는 '토지초과이득세', 특별시와 광역시에서 개인이 택지를 200평 초과하여 소유한 경우에 부담금을 부과하는 '택지소유상한제', 개발사업 시행자로부터 개발 이익의 50%를 환수하는 '개발이익환수제' 등 토지공개념 관련 법률 3개를 제정하였다.

㉡ 토지초과이득세 및 택지소유상한제의 두 제도는 재산권 침해 등의 이유로 위헌 또는 헌법불합치 결정을 받아 폐지되었다. 따라서 현재는 개발이익환수제가 유지되고 있다.

④ 개발이익환수제도

㉠ 공익사업으로 인한 개발이익을 환수하는 제도를 '개발이익환수제도'라고 한다.

㉡ 개발이익이란 공익사업이나 토지이용계획의 해제·변경 등으로 발생된 지가상승분 중 정상지가 상승분을 초과하는 부분이다. 개발이익은 모든 영역에서 문제되는 것이 아니라, 국가나 지방자치단체 등 공적 기관이 국민의 세금으로 시행한 공익사업에 있어서 특히 문제된다.

㉢ 개발이익환수제도는 공익사업에 편입된 토지소유자와 공익사업의 인근 토지소유자간의 형평성 문제를 해결하기 위해서도 필요한 제도이나, 현재 제도에서 공익사업의 인근 토지소유자의 개발이익을 직접적으로 환수하는 방법은 포함되어 있지 않다.

2 부동산 정책

(1) 정부가 시장에 개입하는 이유

① 정부는 다양한 이유로 시장에 개입한다. 정부가 시장에 개입하는 이유는 크게 '경제적 이유'와 '정치적 이유'로 구분할 수 있다.

② 경제적 기능

㉠ 시장실패를 수정하기 위한 정부의 공적인 노력을 정책의 '경제적 기능'이라고 한다.

㉡ 시장경제를 선택하고 있는 상황에서 시장이 실패되면 정부는 시장실패를 수정하기 위해 시장에 개입한다.

③ 정치적 기능

㉠ 특정한 사회적 목표를 달성하기 위한 정부의 공적인 노력을 정책의 '정치적 기능'이라고 한다.

㉡ 저소득층 주택문제의 해결, 주거복지의 증진, 주택보급률의 향상, 주택의 질적 수준의 향상, 소득의 재분배 등 다양한 목표를 달성하기 위해 정부는 시장에 개입한다.

▸▸ 기출 공공재 또는 외부효과의 존재는 정부의 시장개입 근거가 된다. (O)

▸▸ 기출 정부가 주택시장에 개입하는 이유는 주택시장에서는 시장실패의 요인이 있기 때문이다. (O)

▸▸ 기출 정부가 주택시장에 개입하는 이유는 주택시장은 시장으로의 진입과 퇴거가 자유롭기 때문이다. (×)

(2) 정부가 시장에 개입하는 방식 **

① 정부가 부동산 시장에 개입하는 방법은 매우 다양하며 또한 이들은 서로 연관되어 있기 때문에 하나의 기준으로 이들을 분류하는 것은 쉽지 않다. 일반적으로 직접 개입 방식과 간접 개입 방식으로 구분하여 설명한다.

1. 직접 개입 방식 2. 간접 개입 방식 3. 토지 이용 규제

✔주의

방식의 구분

1. 2분법
   - ㉠ 직접개입방식
   - ㉡ 간접개입방식(토지이용규제 포함)
2. 3분법
   - ㉠ 직접개입방식
   - ㉡ 간접개입방식
   - ㉢ 토지이용규제

② 직접 개입 방식

㉠ 의미 : 정부가 가격과 수량을 직접 통제하거나, 정부가 수요자 또는 공급자의 역할을 직접 수행하는 방식이다.

㉡ 유형

• 가격 통제, 임대료 규제 정책 • 토지은행제도(토지비축제도) • 공공임대주택사업, 토지구획정리사업, 택지개발사업 등 공적개발 • 토지 수용, 토지 선매

▸▸ 기출 토지은행제도는 간접개입방식에 해당한다. (×)

▸▸ 기출 금융지원, 보조금 지급은 직접개입방식이다. (×)

▸▸ 기출 조세 및 부담금은 직접개입방식에 해당한다. (×)

▸▸ 기출 개발부담금 부과제도는 정부의 직접적 시장개입 수단이다. (×)

✔주의
33회 기출에서는 토지이용규제를 별도로 구분하는 3분법으로 출제되었다.

▸▸ 기출 정부의 시장개입이 오히려 전보다 못한 결과를 초래한다는 것을 시장실패라고 한다. (×)

③ 간접 개입 방식

㉠ 의미 : 정부가 정책 목표를 달성하기 위해 수요자 또는 공급자의 행동을 변화시키고자 활용하는 다양한 유인책을 의미한다.

㉡ 유형

- 정부의 규제 정책 : 조세 및 부담금의 부과, 대출규제 등
- 정부의 지원 정책 : 보조금, 금융 지원, 가격공시제도 등

④ 토지이용규제

㉠ 의미 : 토지 정책을 실현시키는 중요한 수단으로 토지이용규제가 있다. 토지이용규제는 하나의 정책 수단이 아니라, 바람직한 토지 이용을 유도하기 위해 다양한 수단을 결합한 하나의 정책 방향이라고 할 수 있다.

㉡ 유형

- 정부의 각종 토지이용계획 및 도시계획 등에 의한 규제
- 용도지역제 등을 통한 용도 규제 및 건폐율·용적률 등의 건축규제
- 개발행위 허가, 토지거래 허가 등 각종 인·허가에 의한 규제

(3) 정부실패

① 정부의 시장 개입이 항상 좋은 결과만을 만들어내는 것은 아니다. 정부의 시장개입이 오히려 바람직스럽지 못한 결과를 초래할 수도 있는데, 이를 '정부실패'라고 한다.

② 정부실패의 원인

㉠ 내적 요인 : 관료주의, 행정의 비능률성, 정보의 부족, 정책의 시차 등

㉡ 외적 요인 : 정치적 제약, 이익집단의 압력 등

제2장 시장실패와 정부의 시장 개입

▸ 27회, 28회, 29회, 34회 기출

1. 시장실패
2. 외부효과와 시장실패
3. 공공재와 시장실패
4. 기타 시장을 실패시키는 이유

1 시장실패

(1) 의미

① 시장은 희소한 자원을 필요한 곳에 필요한 만큼 배분되도록 하는데, 이러한 시장의 역할을 '자원 배분의 기능'이라고 한다.

② 시장의 가격기구가 자원을 효율적으로 배분하지 못하는 상황을 '시장실패'라고 한다.

③ 시장실패의 원인

미시적 원인	• 외부효과와 공공재 • 정보의 비대칭성 • 위험과 불확실성
거시적 원인	물가 상승, 실업, 국제수지 불균형 등

▸▸ 기출 외부효과와 공공재의 존재는 정부가 시장에 개입하는 근거이다. (O)

▸▸ 기출 정보의 대칭성은 시장실패의 원인이 된다. (×)

(2) 시장실패의 유형

① 시장 실패란 자원이 효율적으로 배분되지 못하는 상황이다. 따라서 시장실패가 나타나면 재화 또는 서비스가 사회적으로 적정한 수준보다 많이 배분되거나 적게 배분된다.

② 과소한 자원 배분과 과대한 자원 배분

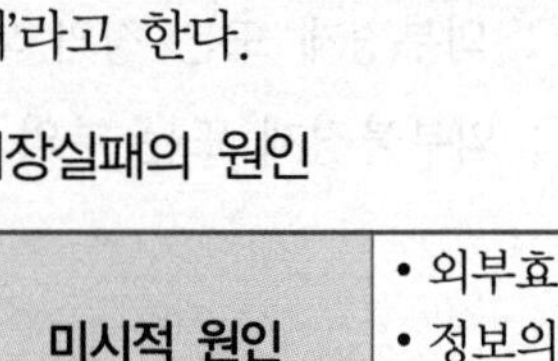

• 과대한 자원 배분(Q_2) : 자원이 불필요하게 낭비되는 상황
• 과소한 자원 배분(Q_1) : 자원이 필요한 곳에 충분히 공급되지 못하는 상황

▸▸ 기출 관료제도는 시장실패의 원인이다. (×)

▸▸ 기출 부동산 시장에서 정보가 불완전하더라도 자원배분의 효율성이 달성된다. (×)

▸▸ 기출 외부효과는 어떤 경제주체의 경제활동의 의도적인 결과가 시장을 통하여 다른 경제주체의 후생에 영향을 주는 것을 말한다. (×)

▸▸ 기출 생산과정에서 발생되는 외부불경제에 대한 정부의 규제는 해당 재화의 가격을 상승시킬 수 있다. (O)

▸▸ 기출 어떤 재화의 생산에 있어 외부경제가 발생하면, 그 재화는 사회적 적정 수준보다 과대하게 생산된다. (×)

▸▸ 기출 부(－)의 외부효과를 발생시키는 공장에 대해서 부담금을 부과하면, 생산비가 증가하여 이 공장에서 생산되는 제품의 공급이 감소하게 된다. (O)

(3) 정부실패

① 정부실패란 시장실패를 수정하기 위한 정부의 시장 개입이 오히려 바람직하지 못한 결과를 초래하는 현상이다.

② 정부실패는 정보 부족, 정책의 시간적 갭, 민간부문 반응의 변화, 관료제도, 정치과정의 문제 등에 의해 발생한다.

2 외부효과와 시장실패

(1) 외부효과의 의미

① '외부효과'란 어떤 경제주체가 다른 경제주체에게 시장의 가격기구를 거치지 않고 의도하지 않은 이익이나 손해를 주는 것을 말한다.

② 외부효과는 생산과정과 소비과정 모두에서 발생될 수 있다.

③ 외부효과는 의도하지 않은 이익을 주는 '외부 경제'와 의도하지 않은 손해를 주는 '외부 불경제'로 구분된다.

㉠ 의도하지 않은 이익을 주는 경우 : 외부경제 또는 정의 외부효과

㉡ 의도하지 않은 손해를 주는 경우 : 외부불경제 또는 부의 외부효과

(2) 외부 불경제와 시장실패 **

① 외부 불경제

㉠ 의미 : 제3자에게 의도하지 않은 손해를 주면서 그 손해에 대한 대가를 지불하지 않는 경우이다.

㉡ 사례

ⓐ 생산 과정의 외부 불경제 : 공장의 폐수와 양식업자

ⓑ 소비 과정의 외부 불경제 : 흡연에 따른 주변 사람들의 고통

② 외부 불경제와 시장실패

유형	• 과대 생산 또는 과대 소비 • 외부 불경제가 나타나면 사회적으로 바람직한 생산량보다 항상 과대하게 생산되거나 과대하게 소비된다. 이를 통해 사회적 후생의 손실이 발생한다. • 사회적 비용 > 사적 비용
대책	• 생산과 소비를 감소시키기 위한 규제 정책 • 벌금 · 부담금의 부과, 조세의 부과 등

(3) 외부 경제와 시장실패 **

① 외부 경제

㉠ 의미 : 제3자에게 의도하지 않은 이익을 주면서도 그 이익에 대한 대가를 받지 못하는 경우이다.

㉡ 사례

ⓐ 생산 과정의 외부 경제 : 과수업자와 양봉업자

ⓑ 소비 과정의 외부 경제 : 교육의 편익, 질병에 대한 예방접종

② 외부 경제와 시장실패

유형	• 과소 생산 또는 과소 소비 • 외부 경제가 나타나면 사회적으로 바람직한 생산량보다 항상 과소하게 생산되거나 과소하게 소비된다. 이를 통해 사회적 후생의 손실이 발생한다. • 사회적 편익 > 사적 편익
대책	• 생산과 소비를 증가시키기 위한 장려 정책 • 보조금 또는 지원금의 지급, 조세 감면 등

(4) 외부 효과와 지역 이기주의

① 님비(NIMBY) 현상 : 외부 불경제를 유발하는 시설물이 유입되면 해당 지역 주민들이 적극적으로 반대하는 현상이 나타나는데, 이를 '님비(NIMBY; not in my back yard) 현상'이라고 한다.

② 핌피(PIMFY) 현상 : 외부 경제를 유발시키는 시설물이 유입되면 해당 지역 주민들이 적극적으로 찬성하는 현상이 나타나는데, 이를 '핌피(PIMFY; please in my front yard) 현상'이라고 한다.

(5) 코즈 정리

① 코즈는 외부성이 자원의 효율적인 배분을 저해하는 이유는 외부성과 관련된 재산권이 제대로 정해져 있지 않기 때문이라고 보았다.

② 코즈는 재산권(소유권)이 적절하게 설정되면 시장기구가 스스로 외부효과의 문제를 해결할 수 있다고 주장하였는데, 이를 '코즈 정리(Coase theorem)'라고 한다.

▸▸ 기출 생산과정에서 외부불경제를 발생시키는 재화의 공급을 시장에 맡길 경우 그 재화는 사회적인 최적 생산량보다 과소하게 생산되는 경향이 있다. (×)

▸▸ 기출 외부불경제가 발생하면, 정부는 보조금 지급을 통해 이를 해결할 수 있다. (×)

▸▸ 기출 정(+)의 외부효과의 경우 비용을 지불하지 않은 사람도 발생되는 이익을 누릴 수 있다. (O)

▸▸ 기출 정(+)의 외부효과는 사회적 편익이 사적 편익보다 큰 결과를 초래한다. (O)

▸▸ 기출 정(+)의 외부효과가 발생하면 님비(NIMBY)현상이 발생한다. (×)

3 공공재와 시장실패

(1) 공공재의 의미

① 공공재는 공공이 함께 소비하는 재화를 의미한다. 즉 어떤 경제주체에 의해 생산이 이루어지면 집단 구성원 모두에게 소비의 혜택이 공유될 수 있는 재화 또는 서비스를 '공공재'라고 한다.

② 교육, 국방, 치안, 도로, 교량, 가로등 등이 공공재의 사례이다.

(2) 공공재의 특성 **

① 공공재는 일반 재화가 가지는 두 가지 특성인 소비의 경합성과 소비의 배제성을 가지고 있지 않다. 즉 공공재는 소비의 비경합성과 비배제성의 특성을 갖는 재화이다.

1. 소비의 비경합성 2. 소비의 비배제성

② 소비의 비경합성

㉠ 한 개인의 소비가 다른 사람의 소비를 제약하지 않는 성질을 '소비의 비경합성'이라고 한다.

㉡ 공공재는 다수의 사람이 동시에 소비할 수 있기 때문에 서로 먼저 소비하기 위해 경쟁할 필요가 없다.

③ 소비의 비배제성

㉠ 비용을 부담하지 않는 사람도 소비를 할 수 있다는 성질을 '소비의 비배제성'이라고 한다.

㉡ 공공재는 일단 공급이 이루어지면 생산비를 부담하지 않는 개인이라도 소비에서 배제시킬 수 없다.

(3) 공공재와 시장실패 **

① 무임승차자의 문제

㉠ 공공재는 소비의 비배제성으로 인하여 개인들이 생산비를 부담하지 않고 이를 최대한 이용하려고 한다. 이를 '무임승차자의 문제'라고 한다.

㉡ 소비에서 무임승차자가 나타나면 시장은 실패된다.

▸▸ 기출 공공재는 생산을 시장에 맡길 경우 무임승차의 문제가 발생한다. (O)

▸▸ 기출 공공재의 공급을 사적시장에 맡기면 사회에서 필요한 양만큼 충분히 생산된다. (×)

② 시장실패의 유형과 대책

유형	• 과소 생산 • 무임승차 현상이 나타나면 시장 기구에 의한 공공재 생산은 사회가 원하는 최적수준보다 과소하게 생산되거나 생산이 전혀 이루어지지 않을 수 있다.
정부 대책	• 정부의 직접 생산과 공급 • 민간 기업은 무임승차자의 문제로 기업운영에 필요한 최소한의 이윤을 확보하기 쉽지 않다. 따라서 공공재는 국민의 세금으로 정부가 직접 생산하거나 공기업을 통해 공급한다.

4 기타 시장을 실패시키는 이유

(1) 불완전 경쟁과 시장실패

① 독·과점 시장에서는 하나 또는 소수의 기업이 시장을 지배하여 가격과 거래량에 대해 일정한 독점력을 행사한다.

② 완전경쟁시장에 비해 독점 또는 과점시장은 보다 높은 가격수준을 유지하기 위해 공급량을 감소시킨다. 따라서 독점 또는 과점은 시장을 실패시킨다.

(2) 정보의 비대칭성과 시장실패

① 경제적 이해관계가 있는 당사자들 사이에 정보수준의 차이가 존재하는 상황을 '정보의 비대칭성' 또는 '불완전한 정보'라고 한다.

② 정보의 비대칭성

㉠ 역선택 : 정보수준이 낮은 측이 바람직하지 못한 상대방과 거래하거나, 낮은 품질의 재화를 구입할 가능성이 높아지는 현상이다. 중고차 시장에서 나쁜 품질의 중고차만 거래되는 현상이 역선택의 사례이다.

㉡ 도덕적 해이 : 어떤 거래(계약)가 이루어진 후에 정보를 보다 많이 가진 측이 바람직하지 못한 행동을 하는 현상이다. 보험가입 후에 보험가입자의 사고발생 확률이 높아지는 현상이 도덕적 해이의 사례이다.

③ 정보의 비대칭성과 정부개입

㉠ 정보의 비대칭성은 일방이 정보를 더 많이 가지고 있기 때문에 발생한다. 따라서 정부는 정보의 원활한 흐름을 유도함으로써 이를 해결할 수 있다.

㉡ 원산지 표시제를 실시하거나 중고차에 대한 사고이력을 조회할 수 있는 제도가 그 사례가 된다.

제3장 임대주택 및 분양주택 정책 ▸27회 기출

1. 임대료 규제 정책
2. 임대료 보조 정책
3. 공공 임대주택 정책
4. 분양가 상한제
5. 선분양제도

1 임대료 규제 정책

(1) 임대료 규제 정책의 이해

① 임대주택 시장의 균형 임대료가 지나치게 높다고 판단되면 정부는 임차인을 보호하기 위한 정책을 마련하여야 한다. 가장 손쉬운 정책은 시장의 임대료를 직접 낮추도록 정부가 시장을 압박하는 방법이다.

② 의미

㉠ 정부가 임차인을 보호하기 위해서 시장 균형 임대료 이하로 임대료를 통제하는 정책을 '임대료 규제 정책'이라고 한다.

㉡ 정부가 최고 임대료 또는 임대료 상한을 설정하고 설정된 임대료 이상을 임대인이 받지 못하도록 하는 제도이다.

㉢ 임대료 규제가 정상적으로 작동하면 임대인의 소득 일부가 임차인에게 분배되는 소득 재분배 효과가 있다.

▸▸ 기출 임대료 규제 정책은 소득재분배 효과를 발생시킬 수 있다. (O)

③ 성격

㉠ 임대료 규제 정책은 최고 가격 제도의 일종이다.

㉡ 임대료 규제 정책은 정부의 직접 개입 방식에 해당한다.

(2) **임대료 규제 정책의 효과 ****

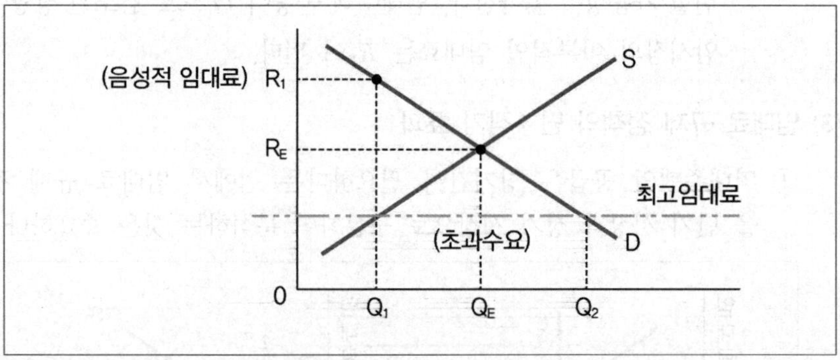

① 최고 임대료 또는 임대료 상한

㉠ 정부가 설정한 임대료는 임대인이 받을 수 있는 최고 임대료 또는 임대인이 받을 수 있는 임대료의 상한선을 의미한다.

㉡ 최고 임대료는 반드시 시장의 균형 임대료보다 낮은 수준에서 설정되어야 한다. 만약 최고 임대료가 시장의 균형 임대료보다 높은 수준에서 설정되면 시장에 아무런 영향을 주지 못한다.

② 임대주택에 대한 초과수요 현상

㉠ 임대료 규제 정책으로 임대료가 낮아지면 시장에 수요량은 증가하고 공급량은 감소함으로써 초과수요 현상이 나타난다.

㉡ 제시된 수요와 공급 모형에 의하면 '$Q_1 \sim Q_2$'만큼의 초과수요가 발생한다.

③ 임대주택의 물량 감소

㉠ 임대료 규제 정책으로 임대료가 낮아지면 임대주택의 사업성이 악화되기 때문에 임대주택의 공급 물량이 감소한다.

㉡ 제시된 수요와 공급 모형에 의하면 장기적으로 임대주택의 공급량은 Q_1으로 감소한다.

④ 임대주택의 품질 저하 및 암시장의 출현

㉠ 임대료 규제 정책으로 임대료가 낮아지면 임대인들의 이윤이 감소하기 때문에 관리비 등의 지출을 줄이려고 한다. 그 결과 임대주택의 품질이 저하될 수 있다.

▸▸ 기출 정부의 규제임대료가 시장의 균형임대료보다 낮게 설정되면 시장에 아무런 영향을 주지 못한다. (×)

▸▸ 기출 임대료 상한을 균형가격 이하로 규제하면 임대주택의 공급과잉현상을 초래한다. (×)

▸▸ 기출 정부가 임대료 상승을 균형 가격 이하로 규제하면 장기적으로 기존 임대주택이 다른 용도로 전환되면서 임대주택의 공급량이 감소하게 된다. (O)

▸▸ 기출 주택임대료 규제는 임대주택의 질적 수준을 하락시키는 원인이 될 수 있다. (O)

㉡ 정부의 임대료 규제로 임대주택 물량이 대폭 감소하면 암시장이 출현할 가능성이 높아진다. 임대주택 물량이 Q_1으로 감소된 상황에서 암시장의 이론적인 임대료는 R_1이 된다.

(3) 임대료 규제 정책의 단·장기 효과

▸▸ 기출 임대료 규제로 인한 초과수요 현상은 단기보다 장기에 보다 증가한다. (O)

① 임대주택의 공급은 장기간이 필요하다는 점에서 임대료 규제 정책을 단기 시장과 장기 시장으로 구분하여 분석하는 것은 중요하다.

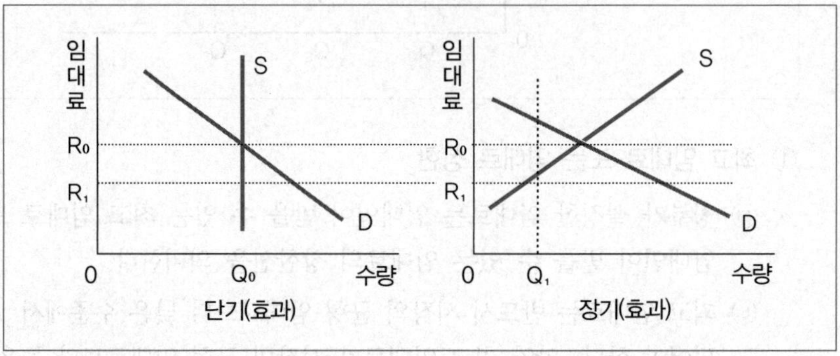

② 최고 임대료(R_1)가 설정된 경우, 단기보다 임대주택 물량이 감소하는 장기에 보다 초과수요량은 증가한다.

▸▸ 기출 임대료 통제는 장기적으로 공급이 감소되지 않는 경우에만 효과적이다. (O)

③ 임대료 규제 정책은 임대주택의 물량이 감소하지 않는 단기에는 효과를 발휘한다. 그러나 장기적으로 임대주택의 물량을 감소시키기 때문에 저소득층의 주택난을 오히려 가중시키거나 주거이동을 제한시킨다.

2 임대료 보조 정책

(1) **임대료 보조 정책의 이해 ****

① 임대료 보조 정책은 임차인을 보호하기 위하여 일정 수준 이하의 저소득층에게 정부가 직접 임대료를 보조해 주는 정책을 말한다.

② 의미

㉠ 정부가 임차인이 부담할 임대료의 전부 또는 일부를 임차인에게 보조해주는 정책을 '임대료 보조 정책'이라고 한다.

㉡ 임대료 보조는 임차인의 소득을 실질적으로 증가시켜 임대주택에 대한 소비 능력을 향상시키고자 하는 정책이다.

③ 성격

㉠ 임대주택 수요자(임차인)를 지원하는 수요자 보조 정책의 일종이다.

㉡ 임대료 보조 정책은 정부의 간접 개입 방식에 해당한다.

(2) 임대료 보조 정책의 효과 **

① 임대주택에 대한 수요 증가

㉠ 정부가 임차인에게 임대료를 보조하면 임차인의 실질소득이 증가하는 효과가 있다. 따라서 단기적으로 임대주택 서비스에 대한 수요가 증가한다.

㉡ 임대주택 서비스에 대한 수요가 증가하면 일시적으로 임대료가 상승하지만, 정부의 보조금을 초과하지 않기 때문에 임대료 보조의 효과는 여전히 작동된다고 할 수 있다.

㉢ 임대료 보조가 이루어지면 임차인의 실질소득이 증가하기 때문에 일반적으로 다른 재화의 소비도 함께 증가하는 경향이 있다.

▸▸ 기출 임대료 보조정책은 저소득층의 실질소득을 증가시키는 효과를 가지며, 다른 조건이 같을 경우 임대주택의 수요를 증가시킨다. (O)

② 임대주택의 공급 증가

㉠ 단기 시장에서 수요의 증가로 인해 발생한 임대료 상승은 임대주택의 공급자에게 초과이윤이 된다. 따라서 초과이윤을 얻기 위해 임대주택에 대한 새로운 공급이 시작된다.

㉡ 새로운 공급은 초과이윤이 소멸될 때까지 이루어지는데, 그 결과 임대료는 원래 수준으로 복귀한다.

▸▸ 기출 임대료 보조정책은 다른 조건이 같을 경우 임대주택의 공급을 감소시킨다. (×)

▸▸ 기출 임대료 보조정책은 장기적으로 임대주택의 공급을 증가시킬 수 있다. (O)

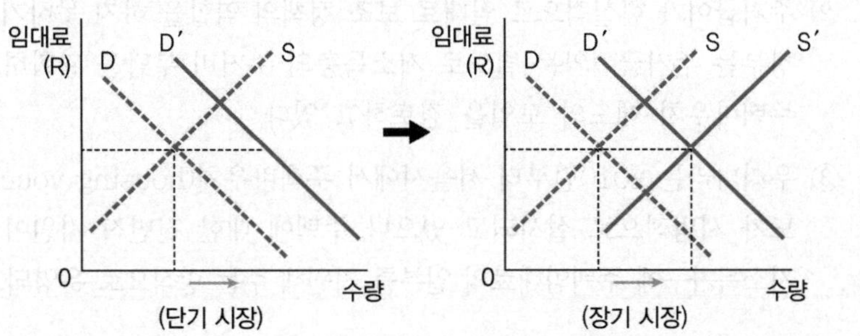

③ 임대료 규제 정책과의 비교

㉠ 임대료 규제 정책은 장기적으로 임대주택의 물량을 감소시키지만, 임대료 보조 정책은 장기적으로 임대주택의 물량을 증가시킨다.

㉡ 임대료 보조 정책이 긍정적으로 작동하면 임대료의 상승 없이도 임대주택의 물량을 증가시킴으로써 임대주택 시장을 성장시킨다.

(3) **공급자 보조 정책과 현금 보조 정책**

① **공급자 보조 정책**

㉠ 정부가 임대주택 공급자에게 주택 건설에 필요한 자금의 일부를 보조하는 정책을 '공급자 보조 정책'이라고 한다.

㉡ 임대료 보조는 임대주택의 수요자인 임차인에게 보조한다는 점에서 공급자 보조와 구별된다.

㉢ 임대료 보조는 임차인이 자신이 거주할 임대주택을 스스로 선택할 수 있다는 점에서 공급자 보조에 비해 임차인의 주거선택권을 보다 보장하는 정책이다.

② **현금 보조 또는 소득 보조**

㉠ 사용 목적에 제한이 없는 현금을 지급하는 정책을 '현금 보조' 또는 '소득 보조' 라고 한다.

㉡ 임대료 보조는 사용 목적이 임대료 지불로 제한된다는 점에서 현금 보조와 구별된다.

(4) **주거급여 및 주택 바우처 제도**

▸▸ 기출 주택바우처 제도는 임대료 규제 정책의 일환이다. (×)

① 우리나라의 임대료 보조 정책은 '국민기초생활 보장법'의 주거급여 제도에서 부분적으로 시행되고 있다. 그러나 주거급여는 정부가 최저생계비를 보장하되 그중 일부를 주거급여라는 이름으로 보조금을 지급하는 것에 불과하기 때문에 실질적인 임대료 보조 정책이라고 하기는 어렵다.

② 주거급여가 현실적으로 임대료 보조 정책의 역할을 하지 못하기 때문에 정부는 주거급여와는 별도로 저소득층의 주거비 부담을 완화하기 위해 주택바우처 제도의 도입을 검토하고 있다.

③ 우리나라는 2010년부터 서울시에서 주택바우처(housing voucher) 제도가 시범적으로 실시되고 있으나 주택에 대한 전면적 지원이 아니라 저소득가구에 주택임대료의 일부를 지원해 주는 방식으로 운영되고 있다.

3 공공 임대주택 정책

(1) **공공 임대주택 정책의 이해** *

① 저소득층이 필요로 하는 임대주택이 민간 건설로부터 원활하게 공급되지 않는다면 민간 임대주택을 보충하기 위해 정부는 시장에 개입하여야 한다.

② 정부가 임대주택을 직접 건설하거나 매입하여 공급하는 정책을 '공공 임대주택 정책'이라고 한다. 공공 임대주택을 '사회적 주택(social housing)'이라고도 한다.

③ 공공 임대주택 정책은 임대주택의 공급을 정부가 직접 담당함으로써 임대주택의 물량을 빠르게 증가시키면서 동시에 임대료를 하락시키고자 하는 정책이다.

주의
소득재분배 정책이란 소득격차를 축소시키고자 하는 정책이다. 공공임대주택의 공급 등 저소득층에 대한 지원은 소득재분배효과가 있다.

(2) 공공 임대주택 정책의 효과

① 정부가 공급하는 공공 임대주택의 임대료는 시장 임대료보다 낮기 때문에 공공 임대주택의 거주자들은 사적 시장의 임대료와의 차이만큼 정부로부터 주거비를 보조받는 효과가 발생한다.

▸▸ 기출 저소득층에 대한 임대주택 공급은 소득의 직접분배효과가 있다. (×)

② 공공 임대주택이 공급되면 임차인들의 선택의 폭이 증가하기 때문에 일반적으로 임대주택 시장의 수요의 탄력성을 증가시킨다.

4 분양가 상한제

(1) 분양가 규제 정책의 이해

① 분양가 상한제는 무주택자들의 신규 주택의 구입 부담을 덜어주기 위해 정부가 주택의 분양가격을 낮게 통제하는 정책이다.

② 분양가 상한제는 정부가 분양가를 통제함으로써 주택 가격의 안정을 도모하고자 하는 정책이다.

▸▸ 기출 분양가상한제는 시장가격 이상으로 상한가격을 설정하여 무주택자의 주택가격 부담을 완화시키고자 하는 제도이다. (×)

(2) 분양가 상한제의 효과

① 분양가 상한제의 효과는 임대료 규제의 효과와 동일하다. 즉, 분양가가 낮게 통제되면 단기적으로 초과수요 현상이 나타나고, 장기적으로 신규 주택의 공급이 감소한다.

▸▸ 기출 분양가상한제에서 상한가격이 시장가격보다 낮을 경우 일반적으로 초과공급이 발생한다. (×)

② 분양가격이 시장가격 이하로 통제되면 분양주택에 대한 프리미엄이 형성되고 그 결과 분양권 전매 등의 투기현상이 발생한다.

▸▸ 기출 분양가상한제는 주택건설업체의 수익성을 낮추는 요인으로 작용하여 주택공급을 감소시킬 수 있다. (O)

③ 분양가 규제가 소형주택에 대해서만 이루어지면, 소형주택의 공급은 감소하고 대형주택의 공급이 증가하는 경향이 나타난다.

(3) 주택의 분양가격 제한 등(주택법 제57조) **

▸▸ 기출 분양가상한제는 건축물의 분양에 관한 법률에 규정되어 있다. (×)

▸▸ 기출 주택법령상 국민주택건설사업이 추진하는 공공사업에 의하여 개발·조성되는 공동주택이 건설되는 용지에는 주택의 분양가격을 제한할 수 없다. (×)

① 사업주체가 일반인에게 공급하는 공동주택 중 다음 각 호의 어느 하나에 해당하는 지역에서 공급하는 주택의 경우에는 주택법이 정하는 기준에 따라 산정되는 분양가격 이하로 공급하여야 한다.

1. 공공택지
2. 공공택지 외의 택지에서 주택가격 상승 우려가 있어 국토교통부장관이 「주거기본법」 제8조에 따른 주거정책심의위원회의 심의를 거쳐 지정하는 지역

▸▸ 기출 도시형 생활주택에 대하여 분양가상한제를 적용하여야 한다. (×)

② 다음 각 호의 어느 하나에 해당하는 경우에는 분양가상한제를 적용하지 아니한다.

1. 도시형 생활주택
2. 「경제자유구역의 지정 및 운영에 관한 특별법」에 따라 지정·고시된 경제자유구역에서 건설·공급하는 공동주택으로서 경제자유구역위원회에서 외자유치 촉진과 관련이 있다고 인정하여 이 조에 따른 분양가격 제한을 적용하지 아니하기로 심의·의결한 경우
3. 「관광진흥법」에 따라 지정된 관광특구에서 건설·공급하는 공동주택으로서 해당 건축물의 층수가 50층 이상이거나 높이가 150미터 이상인 경우

③ 분양가격은 택지비와 건축비로 구성(토지임대부 분양주택의 경우에는 건축비만 해당한다)되며, 구체적인 명세, 산정방식, 감정평가기관 선정방법 등은 국토교통부령으로 정한다.

▸▸ 기출 분양가상한제 적용주택의 분양가격은 택지비와 건축비로 구성된다. (O)

④ 사업주체는 분양가상한제 적용주택으로서 공공택지에서 공급하는 주택에 대하여 입주자모집 승인을 받았을 때에는 입주자 모집공고에 다음 각 호에 대하여 분양가격을 공시하여야 한다.

1. 택지비
2. 공사비
3. 간접비
4. 그 밖에 국토교통부령으로 정하는 비용

5 선분양제도

(1) 선분양제도의 이해

① 선분양제도는 주택이 완공되기 전에 주택을 분양하는 제도이다. 과거 주택을 대량으로 공급하고자 하는 정부가 건설자금을 지원하고자 도입한 제도이다.

② 선분양제도는 주택공급에 관한 규칙에 근거하고 있다.

> ■ 입주자모집 시기(주택공급에 관한 규칙 제15조)
>
> ① 사업주체는 다음 각 호의 요건을 모두 갖춘 경우에는 착공과 동시에 입주자를 모집할 수 있다.
>
> 1. 주택이 건설되는 대지의 소유권을 확보할 것
> 2. 주택도시보증공사 등 해당 기관으로부터 분양보증을 받을 것
>
> ② 사업주체는 제1항 제1호의 요건은 갖추었으나 같은 항 제2호의 요건을 갖추지 못한 경우에는 해당 주택의 사용검사에 대하여 등록사업자 2 이상의 연대보증을 받아 이를 공증을 받으면 다음 각 목의 구분에 따른 건축공정에 달한 후에 입주자를 모집할 수 있다.
>
> 가. 아파트의 경우: 전체 동의 골조공사가 완료된 때
>
> 나. 연립주택, 다세대주택 및 단독주택의 경우
>
> 1) 분양주택: 조적공사가 완성된 때
>
> 2) 공공임대주택: 미장공사가 완성된 때

(2) 선분양제도의 효과

① 선분양제도는 주택이 완공되기 전에, 분양대금이 사업자에게 유입됨으로써 사업자의 초기자금부담이 완화된다.

② 소비자는 주택가격의 대부분을 주택 완공 이전에 납부해야 하는 위험을 부담해야 한다. 또한 부실시공 및 품질저하 등의 문제에 대처하기 쉽지 않다는 단점이 있다.

③ 선분양제도는 분양권 전매를 통해 투기수요를 창출함으로써 부동산 시장의 불안을 조장하는 요인이 되기도 한다.

제4장 부동산 조세 정책 ▸ 31회, 32회, 33회, 34회, 35회 기출

1. 조세 정책에 대한 이해
2. 임대주택에 대한 재산세 부과
3. 매매주택에 대한 양도소득세 부과
4. 토지 단일세와 조세감면
5. 우리나라 부동산 조세

1 조세 정책에 대한 이해

(1) 조세의 목적과 기능

① 정부의 수입은 조세 수입, 국유재산의 매각 및 활용 수익, 국공채 발행, 기타 행정 수수료 등 다양하게 구성되나 조세 수입이 대부분을 차지한다.

② 조세는 정부의 활동에 필요한 재원을 조달하는 기능을 수행한다. 그러나 이 외에도 조세는 다양한 기능을 제공한다.

> ▸▸ 기출 부동산 조세는 소득재분배 효과를 기대할 수 있다. (O)
>
> ▸▸ 기출 저소득층에 대한 임대주택 공급은 소득의 직접분배효과가 있다. (×)
>
> ▸▸ 기출 부동산 세금은 정부나 지방자치단체가 필요한 재원을 조달하거나 분배의 불공평성을 개선하기 위해 부과하기도 한다. (O)
>
> ▸▸ 기출 토지이용을 특정 방향으로 유도하기 위해 정부가 토지보유세를 부과할 때에는 토지용도에 관계없이 동일한 세금을 부과해야 한다. (×)

1. **소득 재분배** : 소득 재분배 정책은 소득격차를 축소시키고자 행하는 정책수단을 의미한다. 조세는 고소득층에 고율의 세금을 부과하고 저소득층에 세금을 감면함으로써 소득을 재분배한다.
2. **자원의 배분** : 특정 토지이용에 대한 세율을 조정함으로써 토지의 자원 배분하는 기능을 한다. 소형주택에 대한 세금은 감면하고 호화주택에 대한 세금은 높임으로써 토지 자원이 소형 주택에 배분되도록 한다.
3. **경기의 조절** : 부동산 경기가 침체될 때 세율을 인하하여 부동산 경기를 활성화시킬 수 있으며, 부동산 경기가 지나치게 과열되어 있을 때 세율을 인상함으로써 부동산 경기를 진정시킬 수 있다.

(2) 조세 전가와 귀착 **

① 조세가 부과되었을 때 각 경제주체들이 경제활동을 조정하여 조세부담을 다른 경제주체에게 이전시키고자 하는데, 이를 '조세 전가(shifting)'라고 한다.

② 조세 전가가 이루어지면 납세 의무자와 실제로 조세를 부담하는 담세자가 달라지는데, 이를 '조세 부담의 귀착(incidence)'이라고 한다.

③ 조세 부담의 원칙

㉠ 조세 부담은 수요자와 공급자의 가격탄력성의 정도에 의해 결정된다.

㉡ 일반적으로 보다 비탄력적인 상대방이 보다 많이 부담한다.

2 임대주택에 대한 재산세 부과

(1) 재산세 부과의 효과 **

① 재산세란 일정한 재산에 대하여 부과되는 조세이다. 임대주택의 재산세는 임대주택의 소유자인 공급자(임대인)에게 부과된다.

② 재산세 부과의 효과 분석

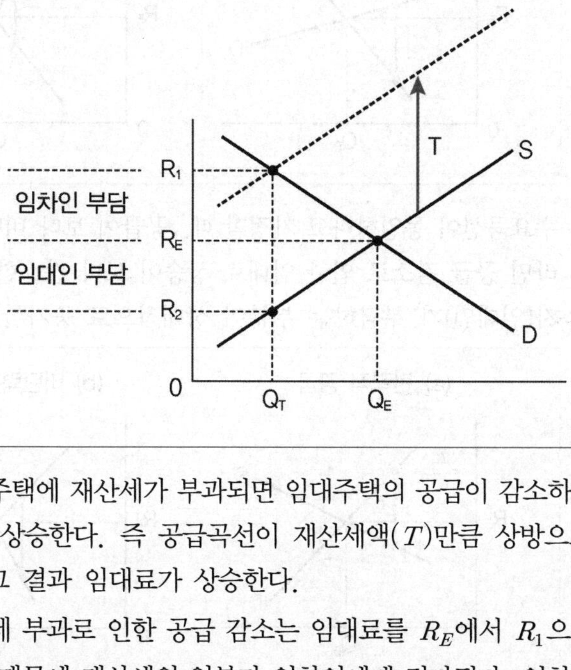

㉠ 임대주택에 재산세가 부과되면 임대주택의 공급이 감소하면서 임대료가 상승한다. 즉 공급곡선이 재산세액(T)만큼 상방으로 이동하고, 그 결과 임대료가 상승한다.

㉡ 재산세 부과로 인한 공급 감소는 임대료를 R_E에서 R_1으로 상승시키기 때문에 재산세의 일부가 임차인에게 전가된다. 임차인이 부담하는 조세의 크기는 임대료 상승분에 해당하는 $(R_1 - R_E)$이다.

㉢ 조세부과 후 임대료는 R_1으로 상승하였으나 임대인은 T원 만큼의 재산세를 부담하여야 하므로 임대인이 실제로 수취하는 금액은 R_2 $(= R_1 - T)$로 재산세가 부과되기 전보다 낮아진다. 임대인이 부담하는 조세의 크기는 임대 수입의 감소분에 해당하는 $(R_E - R_2)$이다.

▸▸ 기출 임대주택에 재산세가 부과되면 임대주택 시장의 임대주택 공급이 증가한다. (×)

PART · 04

▸▸ 기출 조세부담은 가격탄력성이 보다 낮은 상대방이 보다 적게 부담한다. (×)

▸▸ 기출 소유자가 거주하는 주택에 재산세를 부과하면 주택수요가 증가한다. (×)

▸▸ 기출 임대주택에 재산세를 부과하면 임대주택의 공급이 증가하고 임대료는 하락할 것이다. (×)

▸▸ 기출 임대인이 완전탄력적이라면 재산세는 임대인이 전부 부담한다. (×)

▸▸ 기출 토지공급의 가격탄력성이 '0'인 경우, 부동산조세 부과 시 토지소유자가 전부 부담하게 된다. (O)

(2) 재산세의 상대적 부담 정도

① 재산세 부담의 정도는 수요(임차인)의 가격탄력성과 공급(임대인)의 가격탄력성의 정도에 의해 결정된다.

② 재산세의 상대적 부담

㉠ 공급곡선이 동일하다고 가정할 때, 수요가 보다 비탄력적인 경우(b)라면 공급 감소로 인한 임대료 상승이 보다 증가한다. 따라서 수요자(임차인)가 부담하는 부분이 상대적으로 증가한다.

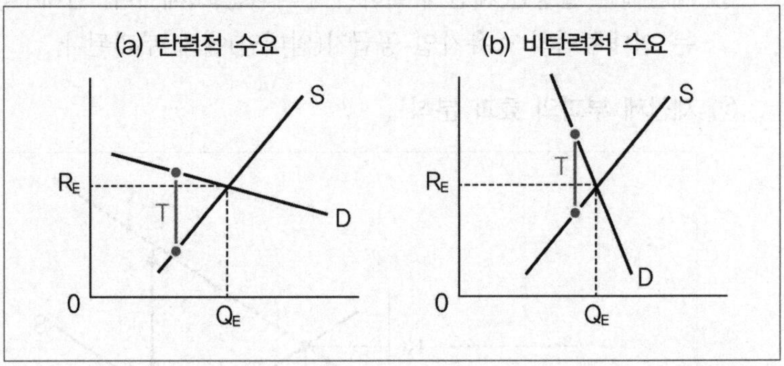

㉡ 수요곡선이 동일하다고 가정할 때, 공급이 보다 비탄력적인 경우(b)라면 공급 감소로 인한 임대료 상승이 보다 감소한다. 따라서 공급자(임대인)가 부담하는 부분이 상대적으로 증가한다.

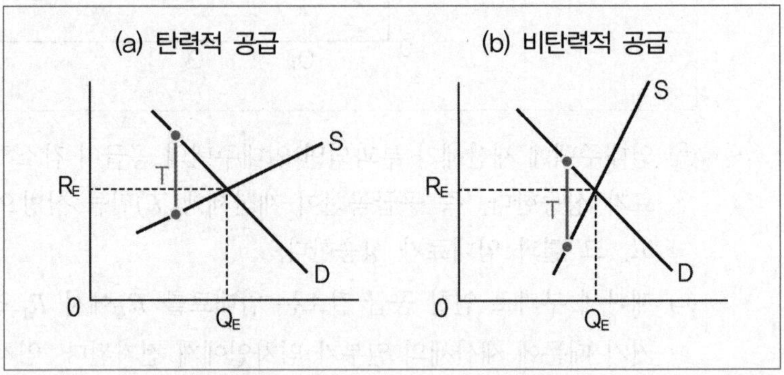

③ 일방이 전부 부담하는 경우

㉠ 수요가 완전 탄력적이거나 공급이 완전 비탄력적이라면 재산세 부과로 임대료가 상승하지 않는다. 따라서 수요자(임차인)이 부담하는 부분은 없게 되고, 그 결과 재산세는 공급자(임대인)이 전부 부담한다.

㉡ 수요가 완전 비탄력적이거나 공급이 완전 탄력적이라면 재산세가 부과되면 재산세 부과액만큼 임대료가 상승한다. 따라서 재산세는 수요자(임차인)이 전부 부담하게 된다.

④ 조세부과로 인한 사회적 손실(자중손실)

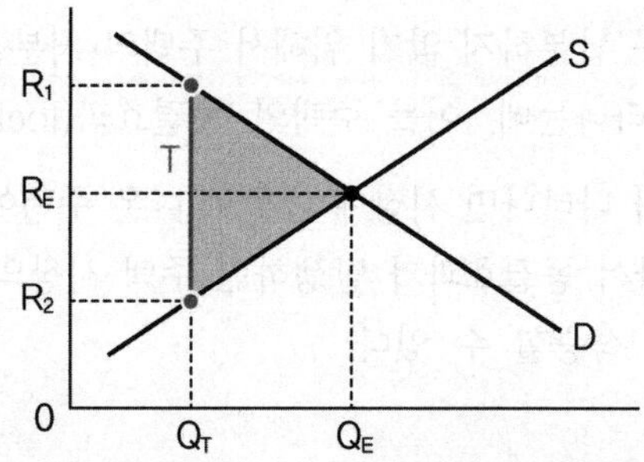

㉠ 재산세가 부과되면 임대주택의 공급이 감소(상방 이동)하면서 임대료가 상승하고 거래량이 Q_T로 감소하게 된다.

㉡ 거래량이 Q_E에서 Q_T로 감소하면서 삼각형(▶)에 해당하는 부분을 조세부과의 사회적 손실, 조세의 자중 손실 또는 조세의 초과부담이라고 한다.

㉢ 자중 손실은 조세부과로 인한 거래량이 많이 감소할수록 증가한다. 따라서 다른 조건이 동일하다면, 수요가 탄력적이거나 공급이 탄력적일수록 손실은 증가한다.

✔주의
조세부과로 인한 자중손실은 수요 또는 공급이 탄력적일수록 보다 증가한다.

3 매매주택에 대한 양도소득세 부과

(1) 양도소득세 부과 효과

① 양도소득세는 매도인의 양도소득이 존재할 때에만 부과되기 때문에 타인에게 전가되지 않는 것으로 생각하기 쉽지만, 양도소득세도 타인에게 전가될 수 있다.

② 양도소득세 부과의 효과

㉠ 매매주택에 양도소득세가 부과되면 매매주택의 공급이 감소하면서 매매가격이 상승한다. 그리고 매매가격이 상승하면 매매가격이 상승되는 부분만큼 양도소득세는 매수인에게 전가된다.

㉡ 매도인과 매수인의 양도소득세 부담의 정도는 수요와 공급의 가격탄력성에 의해 달라지는데, 보다 비탄력적인 상대방이 보다 많이 부담한다.

▸▸ 기출 주택공급의 동결효과(lock-in effect)란 가격이 오른 주택의 소유자가 양도소득세를 납부하기 위해 주택의 처분을 적극적으로 추진함으로써 주택의 공급이 증가하는 효과를 말한다. (×)

▸▸ 기출 지가상승에 대한 기대가 퍼져있는 상황에서 양도소득세가 중과되어 동결효과가 발생하면 지가가 하락한다. (×)

▸▸ 기출 헨리조지는 토지에서 발생하는 지대수입을 100% 징세할 경우, 토지세 수입만으로 재정을 충당할 수 있기 때문에 토지세 이외의 모든 조세는 철폐하자고 주장했다. (O)

(2) 양도소득세 중과로 인한 동결효과 **

① 주택의 가격이 오른 상태에서 양도소득세가 중과되면 주택소유자는 양도소득세를 납부하지 않기 위해서 주택의 처분을 연기하거나 포기하는 현상이 나타나는데, 이를 주택의 '동결효과(lock in effect)'라고 한다.

② 동결효과가 나타나면 시장에 매물로 나온 주택이 감소되는 현상이 나타난다. 따라서 동결효과가 발생하면 주택 시장의 공급이 감소하여 주택의 가격이 상승할 수 있다.

4 토지단일세와 조세 감면

(1) 헨리 조지의 토지단일세 **

① 미국의 경제학자 헨리 조지(Henry George, 1839~1897)는 그의 저서 '진보와 빈곤'에서 토지에 대한 보유세를 100% 징수할 경우, 토지세 수입만으로도 재정을 충당할 수 있다는 토지 단일세(single tax)을 주장하였다.

② 토지 단일세의 근거

㉠ 토지의 공급은 완전 비탄력적이기 때문에 토지세는 토지소유자가 임차인에게 조세를 전가시킬 수 없는 효율적인 조세이다.

㉡ 토지세만으로 충분히 국가의 재정을 확보할 수 있기 때문에 다른 모든 조세를 철폐하고 토지세만을 단일하게 부과할 수 있다.

③ 토지 단일세의 한계

㉠ 현실적으로 모든 토지는 용도 변경이 가능하기 때문에 용도적 측면에서 토지의 공급곡선은 우상향의 형태 또는 탄력적인 형태로 나타난다. 따라서 토지에 대한 재산세 역시 다른 사람에게 전가될 수 있다.

㉡ 토지 단일세가 현실적으로 가능하기 위해서는 토지의 용도 전환이 불가능하도록 모든 토지를 대상으로 모든 용도에 동일한 세금을 부과하여야 한다.

(2) 조세 감면의 효과

① 정부는 부동산 시장의 활성화 또는 주택거래의 활성화를 위해 부동산에 대한 조세를 감면할 수 있다.

② 주택에 대한 조세 감면의 효과

㉠ 주택의 조세가 감면되면 주택투자의 수익률이 상승한다. 따라서 주택에 대한 투자가 증가할 수 있다.

㉡ 주택의 취득과 보유에 관련된 세금을 감면하면 주택의 취득과 보유에 대한 부담이 감소하여 자가 소유가 촉진될 수 있다.

㉢ 주택의 조세감면으로 주택의 수요가 지나치게 증가하면 주택가격이 상승하여, 저소득층의 주택구입이 오히려 어려워질 수 있다.

5 우리나라 부동산 조세

(1) 조세 개요

① 정부의 수입은 조세 수입, 국유재산의 매각 및 활용 수익, 국공채 발행, 기타 행정 수수료 등 다양하게 구성되나 조세 수입이 대부분을 차지한다.

② 조세는 국민에게 부담이 되는 행정으로 조세의 신설이나 변경은 반드시 법률에 근거를 두어야 한다(조세 법률주의).

(2) 부동산 조세의 분류 **

① 과세주체에 따른 구분

	취득단계	보유단계	양도단계
지방세	취득세 등록면허세	재산세	
국세	상속세 증여세	종합부동산세	양도소득세

㉠ 지방세 : 과세주체가 지방자치단체인 조세로 지방자치단체가 지역의 주민을 대상으로 징수하는 조세이다.

㉡ 국세 : 과세주체가 국가인 조세로 중앙 정부가 국세청 등의 중앙기관을 통해 징수하는 조세이다.

② 과세표준에 따른 구분

	취득단계	보유단계	양도단계
종가세	취득세 등록면허세	재산세 종합부동산세	양도소득세
종량세	등록면허세		

✔주의 과세주체(과세권자)

1. 과세주체란 법률에 의하여 조세를 부과할 수 있는 권한을 가진 자를 말한다.
2. 과세주체가 누구인지에 따라 국세와 지방세로 분류된다.

✔주의 과세표준

1. 과세표준이란 세액을 계산하기 위해 세법에 따라 산정한 가액, 수량 등을 말한다.
2. 과세표준의 유형에 따라 종가세와 종량세로 분류된다.

㉠ 종가세 : 과세물건의 가액이나 금액을 기준으로 과세표준을 산출하는 조세이다.

㉡ 종량세 : 과세물건의 수량이나 면적 또는 건수를 기준으로 과세표준을 산출하는 조세이다.

③ 세율에 따른 분류

	취득단계	보유단계	처분단계
비례세	취득세 등록면허세(일부)	재산세(일부) 종합부동산세(일부)	
누진세		재산세(일부) 종합부동산세(일부)	양도소득세(일부)

※ 재산세, 종합부동산세 및 양도소득세는 물건에 따라 비례세가 적용되기도 하고 누진세가 적용되기도 한다.

※ 종합부동산세의 경우에도 법인 소유 주택에 대한 종합부동산세는 차등비례세율을 적용하고 있다.

㉠ 비례세 : 과세표준이 되는 가액의 크기와 관계없이 일정한 세율을 동일하게 적용하는 방식이다.

ⓐ 단순비례세율 : 물건의 종류 등에 관계없이 동일한 세율을 적용하는 방식이다. 예 부가가치세(10%)

ⓑ 차등비례세율 : 물건의 종류 등에 따라 차등있게 서로 다른 세율을 적용하는 방식이다. 예 취득세, 등록면허세(일부), 재산세(일부), 종합부동산세(일부), 양도소득세(일부)

㉡ 초과누진세율 : 과세표준이 되는 가액을 몇 단계로 구분하고, 가액이 커지는 단계일수록 보다 높은 세율을 적용하는 방식이다. 예 주택에 대한 재산세, 토지에 대한 재산세(종합합산과세대상과 별도합산과세대상), 종합부동산세(일부), 양도소득세(일부)

㉢ 정액세 : 과세표준의 크기와 관계없이 일정한 금액을 적용하는 방식이다. 예 등록면허세(건수)

④ 신고납부와 보통징수

	취득단계	보유단계	처분단계
보통징수		재산세 종합부동산세(원칙)	
신고납부	취득세 등록면허세	종합부동산세(예외)	양도소득세

✔주의 세율

1. 세율이란 세액을 계산하기 위해 과세표준에 곱하는 비율(%) 또는 금액을 말한다.
2. 종가세는 비율(%)을 적용하고, 종량세는 금액을 적용한다.

참고

초과누진세율이 다음과 같은 경우 세금은 다음과 같다.

1. 3억 이하 : 1%
2. 3억 초과 5억 이하 : 2%
3. 5억 초과 9억 이하 : 6%
4. 9억 초과 : 12%

■ 6억원 주택에 대한 세금
(3억 × 1%) + (2억 × 2%) + (1억×6%) = 1,300만원

✔주의 징수방법

1. 징수방법이란 세금계산을 원칙적으로 누가 하느냐에 대한 것이다.

※ 상속세와 증여세는 상속과 증여를 받은 사람이 신고하도록 되어 있으나, 구체적인 세액이 신고로 결정되는 것은 아니기 때문에 이론적으로 신고납부라고 할 수 없고 정부부과로 구분된다.

※ 양도소득세는 신고납부하도록 되어 있으나, 기간 안에 신고하지 않는 경우에는 관할 세무서장 또는 지방국세청장이 세액을 결정하도록 되어 있다.

㉠ **보통징수** : 과세권자가 세액을 산출하여 납세고지서를 납세의무자에게 교부하여 징수하는 방법으로, 국세의 경우 '정부부과제도'라고 한다.

㉡ **신고납부** : 납세의무자가 그 납부할 조세의 과세표준과 세액을 신고하고, 신고한 세금을 납부하는 방법으로, 국세의 경우 '신고납세제도'라고 한다.

㉢ **원천징수** : 세법에 따라 원천징수의무자가 조세를 징수하는 방법을 '원천징수'라고 한다. 근로소득세, 지방소득세 등이 이에 해당한다.

⑤ 부동산 거래 단계에 따른 세금의 분류(종합)

구분		취득단계	보유단계	양도단계
지방세	취득세	○	–	–
	등록면허세	○	–	–
	재산세	–	○	–
국세	양도소득세	–	–	○
	상속세	○	–	–
	증여세	○	–	–
	종합부동산세	–	○	–
	인지세	○	–	○

(3) 취득세

① 취득세는 취득세 과세물건을 취득하는 자에게 부과하는 세금이다.

㉠ 취득세는 지방세로서 특별시·광역시·도가 과세주체이다.

㉡ 취득세는 취득하는 물건과 원인에 따라 비례세가 적용된다.

㉢ 취득세는 납세의무자가 신고·납부하는 조세이다.

② 과세대상(지방세법 제7조)

㉠ 취득세는 지방세법에 열거하고 있는 과세대상 물건을 과세대상으로 하며 등기·등록, 허가 여부에 관계없이 과세된다. 따라서 지방세법에서 열거되지 아니한 물건은 과세대상에 해당하지 아니한다.

✔주의 용어 구분
1. 지방세의 경우
: 신고납부, 보통징수
2. 국세의 경우
: 신고납세, 정부부과

▸▸ 기출 증여세, 양도소득세, 종합부동산세는 모두 국세이다. (O)

▸▸ 기출 재산세와 종합부동산세는 모두 보유과세이다. (O)

▸▸ 기출 취득세, 등록면허세, 재산세는 모두 지방세이다. (O)

▸▸ 기출 부동산 취득 단계에서 부과되는 조세로는 취득세, 인지세 등이 있다. (O)

✔주의 취득세
1. 지방세
2. 차등비례세
3. 신고납부

▸▸ 기출 등기된 부동산임차권은 취득세 과세대상이 될 수 없다. (O)

> • 부동산 : 토지, 건축물, 시설물
> • 차량, 기계장비, 선박, 항공기
> • 광업권, 어업권, 양식업권
> • 입목
> • 회원권 : 회원제 골프회원권, 콘도미니엄 회원권, 종합체육시설이용 회원권, 승마회원권, 요트회원권

㉡ "취득"이란 매매, 교환, 상속, 증여, 기부, 법인에 대한 현물출자, 건축, 개수(改修), 공유수면의 매립, 간척에 의한 토지의 조성 등과 그 밖에 이와 유사한 취득으로서 원시취득, 승계취득 또는 유상·무상의 모든 취득을 말한다.

③ 납세의무자(지방세법 제7조)

㉠ 취득세는 과세대상이 되는 부동산 등을 취득한 자에게 부과한다.

㉡ 부동산 등의 취득은 관계 법령에 따른 등기·등록 등을 하지 아니한 경우라도 사실상 취득하면 각각 취득한 것으로 보고 해당 취득물건의 소유자 또는 양수인을 각각 취득자로 한다.

④ 과세표준(지방세법 제10조)

㉠ 취득세의 과세표준은 취득 당시의 가액으로 한다.

㉡ 취득 당시의 가액은 취득자가 신고한 가액으로 한다. 다만, 신고 또는 신고가액의 표시가 없거나 그 신고가액이 시가표준액보다 적을 때에는 그 시가표준액으로 한다.

✔주의
취득세는 초과누진세율을 적용하지 않는다.

⑤ 세율(지방세법 제11조, 제12조)

㉠ 부동산 취득의 세율 : 취득 원인에 따른 차등비례세율

㉡ 부동산 외 취득의 세율 : 물건별 차등비례세율

⑥ 징수방법(지방세법 제18조)

취득세의 징수는 신고납부의 방법으로 한다.

(4) 등록면허세

✔주의 등록면허세
1. 지방세
2. 차등비례세, 정액세
3. 신고납부

① 취득을 원인으로 하지 않는 등기·등록과 각종 면허를 받은 사람에게 부과하는 세금이다.

㉠ 등록면허세는 지방세로서 구·도가 과세주체이다.

㉡ 등록면허세는 권리의 유형에 따라 비례세가 적용되거나 건수에 따라 정액세가 적용된다.

㉢ 등록면허세는 납세의무자가 신고·납부하는 조세이다.

② 과세대상(지방세법 제23조)

㉠ "등록"이란 재산권과 그 밖의 권리의 설정·변경 또는 소멸에 관한 사항을 공부에 등기하거나 등록하는 것을 말한다.

㉡ "면허"란 각종 법령에 규정된 면허·허가·인가·등록·지정·검사·검열·심사 등 특정한 영업설비 또는 행위에 대한 권리의 설정, 금지의 해제 또는 신고의 수리 등 행정청의 행위를 말한다.

③ 납세의무자(지방세법 제24조)

㉠ 등록을 하는 자는 등록면허세를 납부할 의무를 진다.

㉡ 면허를 받는 자는 등록면허세를 납부할 의무를 진다.

(5) 인지세

① 재산권의 창설, 이전, 변경, 소멸을 증명하거나 재산권에 관한 승인을 증명하는 문서에 대해서 부과하는 세금이다.

② 과세대상 및 납세의무자(인지세법 제1조, 제2조)

㉠ 국내에서 재산에 관한 권리 등의 창설·이전 또는 변경에 관한 계약서나 이를 증명하는 그 밖의 문서를 작성하는 자는 그 문서에 대한 인지세를 납부할 의무가 있다.

㉡ "증서"란 재산에 관한 권리의 창설·이전 또는 변경에 관한 계약서나 그 밖에 이를 증명할 목적으로 작성하는 문서를 말한다.

(6) 재산세 **

① 재산세의 의미와 특징

㉠ 재산세는 보유단계에서 과세하는 지방세로서 시·군·구세이다.

㉡ 재산세의 납세의무 성립 시기는 과세기준일(매년 6월 1일)이다.

㉢ 재산세는 과세표준과 세액을 해당 지방자치단체가 결정하는 때에 확정된다.

㉣ 재산세의 세율은 초과누진세율과 차등비례세율이 함께 적용되고 있다.

㉤ 재산세의 징수방법은 보통징수이다.

✔주의 재산세
1. 지방세
2. 보유세
3. 누진세+비례세
4. 보통징수

② 과세대상(지방세법 제105조, 제106조)

㉠ 재산세는 토지, 건축물, 주택, 항공기 및 선박(이하 "재산"이라 한다)을 과세대상으로 한다.

㉡ 토지에 대한 재산세 과세대상은 종합합산과세대상, 별도합산과세대상 및 분리과세대상으로 구분한다.

> ▸▸ 기출 토지분 재산세의 과세대상 중 공장용지·전·답·과수원·목장용지와 같이 생산활동에 이용되는 토지는 별도 합산하여 과세한다. (×)

- **분리과세대상 토지** : 농지와 목장용지·공장용지처럼 토지의 이용이 사회적으로 효용가치 및 기여도가 높은 경우(저율분리과세)와 골프장용 토지·고급오락장의 부속토지처럼 사치성의 용도로 사용하는 것은 높은 세율(고율분리과세)로 과세한다. 이러한 분리과세대상 토지는 다른 토지와 합산하지 않고 비례세율을 적용한다.
- **별도합산과세대상 토지** : 상가, 사무실처럼 일반영업용·상업용으로 이용되는 건축물의 부속토지로서 기준면적 이내인 토지를 말한다.
- **종합합산과세대상 토지** : 과세기준일 현재 납세의무자가 소유하고 있는 토지 중 별도합산과세대상 또는 분리과세대상이 되는 토지를 제외한 토지를 말한다.

③ 납세의무자(지방세법 제107조)

㉠ 재산세 과세기준일(매년 6월 1일) 현재 재산을 사실상 소유하고 있는 자는 재산세를 납부할 의무가 있다.

㉡ 재산세는 보유단계에서 과세하지만 현실적으로 보유기간에 따라 안분하거나 평분하여 과세하는 것이 아닌 특정시점의 소유자에게 과세한다.

> **참고**
> 공정시장가액비율
> 1. 토지 및 건축물 : 70%
> 2. 주택 : 60%
> 3. 1세대1주택
> ㉠ 3억원 이하 : 43%
> ㉡ 3억원~6억원 : 44%
> ㉢ 6억원 초과 : 45%

④ 과세표준(지방세법 제110조)

㉠ 토지·건축물·주택에 대한 재산세의 과세표준은 시가표준액에 부동산 시장의 동향과 지방재정 여건 등을 고려하여 대통령령으로 정하는 공정시장가액비율을 곱하여 산정한 가액으로 한다.

시가표준액 × 공정시장가액비율 = 재산세 과세표준

㉡ 선박 및 항공기에 대한 재산세의 과세표준은 시가표준액으로 한다.

> **주의**
> 과세대상을 특정하지 않고 재산세의 세율구조를 묻는다면, 재산세 부과의 취지상 누진세가 적용된다고 답을 하시기 바랍니다(강사의 조언).

⑤ 세율(지방세법 제111조)

㉠ 세율의 구조는 초과누진세율과 재산에 따라 비례세율을 차등적으로 적용하는 차등비례세율이 함께 적용되고 있다.

㉡ 종합합산 및 별도합산대상인 토지와 별장 이외의 주택 등은 초과누진세율이 적용되고 이외의 재산은 차등비례세율이 적용된다.

⑥ 부과 · 징수(지방세법 제114조~제116조)

㉠ 과세기준일 : 재산세의 과세기준일은 매년 6월 1일로 한다.

㉡ 재산세의 납부기간

> • 토지 : 매년 9월 16일부터 9월 30일까지
> • 건축물 : 매년 7월 16일부터 7월 31일까지
> • 주택 : 해당 연도에 부과 · 징수할 세액의 2분의 1은 매년 7월 16일부터 7월 31일까지, 나머지 2분의 1은 9월 16일부터 9월 30일까지
> • 이하 생략

㉢ 징수방법 : 재산세는 관할 지방자치단체의 장이 세액을 산정하여 보통징수의 방법으로 부과 · 징수한다.

㉣ 부가세 : 재산세액의 100분의 20을 지방교육세 세액으로 한다.

(7) 종합부동산세 **

① 종합부동산세 제도는 고액의 부동산 보유자에 대하여 종합부동산세를 부과하여 부동산 보유에 대한 조세부담의 형평성을 제고하고, 부동산의 가격안정성을 도모함으로써 지방재정의 균형발전과 국민경제의 건전한 발전에 이바지함을 목적으로 한다(종합부동산세법 제1조).

② 종합부동산세의 의미와 특징

㉠ 종합부동산세는 보유단계에서 과세하는 국세이다.

㉡ 종합부동산세의 납세의무 성립 시기는 과세기준일(매년 6월 1일)에 성립한다.

㉢ 종합부동산세는 과세표준과 세액을 중앙 정부가 결정하는 때에 그 확정된다.

㉣ 종합부동산세는 개인별로 전국 단위로 합산하여 과세표준을 결정한다.

㉤ 종합부동산세의 세율은 원칙적으로 초과누진세율을 적용한다.

㉥ 종합부동산세의 징수방법은 정부부과제도가 원칙이다.

③ 과세대상(종합부동산세법 제5조)

㉠ 종합부동산세는 주택에 대한 종합부동산세와 토지에 대한 종합부동산세의 세액을 합한 금액을 그 세액으로 한다.

㉡ 토지에 대한 종합부동산세의 세액은 토지분 종합합산세액과 토지분 별도합산세액을 합한 금액으로 한다.

주의 종합부동산세

1. 국세
2. 보유세
3. 전국 합산, 인별 과세
4. 누진세(원칙)+비례세
5. 정부부과(원칙)
6. 세부담 상한

▸▸ 기출 종합부동산세는 인별 과세이고 누진세율을 채택하고 있다. (O)

▸▸ 기출 종합부동산세와 재산세의 과세대상은 일치한다. (×)

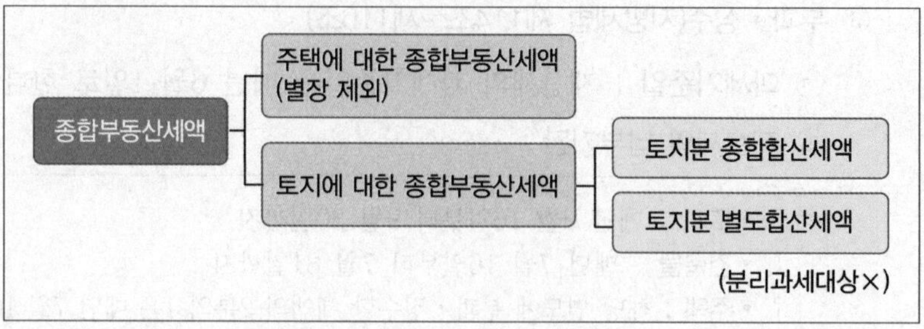

④ 주택에 대한 과세(종합부동산세법 제7조, 제8조)

㉠ 납부의무자

과세기준일(6월 1일) 현재 주택분 재산세의 납세의무자로서 국내에 있는 재산세 과세대상인 주택의 공시가격을 합산한 금액이 6억원을 초과하는 자는 종합부동산세를 납부할 의무가 있다.

㉡ 과세표준

ⓐ 주택에 대한 종합부동산세의 과세표준은 납세의무자별로 주택의 공시가격을 합산한 금액에서 다음 각 호의 금액을 공제한 금액에 대통령령으로 정하는 공정시장가액비율을 곱한 금액으로 한다.

1. 1세대 1주택자 : 12억원
2. 2주택 이하 또는 3주택 이상을 소유한 법인 또는 단체 : 0원
3. 제1호 및 제2호에 해당하지 아니하는 자 : 9억원

ⓑ 과세표준 예시

- 일반적인 주택의 과세표준
  = (공시가격을 합산한 금액 − 9억원) × 공정시장가액비율
- 1세대 1주택(단독소유)
  = (공시가격을 합산한 금액 − 12억원) × 공정시장가액비율

㉢ 세율

ⓐ 주택에 대한 종합부동산세는 원칙적으로 과세표준에 따른 초과누진세율을 적용한다.

ⓑ 법인 또는 법인으로 보는 단체가 소유한 주택의 경우에는 차등비례세율을 적용한다.

⑤ 토지에 대한 과세(종합부동산세법 제12조, 제13조)

㉠ 납부의무자

과세기준일(6월 1일) 현재 토지분 재산세의 납세의무자로서 다음 어느 하나에 해당하는 자는 해당 토지에 대한 종합부동산세를 납부할 의무가 있다.

> • 종합합산과세대상인 경우에는 국내에 소재하는 해당 과세대상토지의 공시가격을 합한 금액이 5억원을 초과하는 자
> • 별도합산과세대상인 경우에는 국내에 소재하는 해당 과세대상토지의 공시가격을 합한 금액이 80억원을 초과하는 자

ⓛ 과세표준

ⓐ 종합합산과세대상인 토지에 대한 종합부동산세의 과세표준은 납세의무자별로 해당 과세대상토지의 공시가격을 합산한 금액에서 5억원을 공제한 금액에 대통령령으로 정하는 공정시장가액비율을 곱한 금액으로 한다.

ⓑ 별도합산과세대상인 토지에 대한 종합부동산세의 과세표준은 납세의무자별로 해당 과세대상토지의 공시가격을 합산한 금액에서 80억원을 공제한 금액에 대통령령으로 정하는 공정시장가액비율을 곱한 금액으로 한다.

ⓒ 세율

토지에 대한 종합부동산세는 원칙적으로 과세표준에 따른 초과누진세율을 적용한다.

⑥ 부과 · 징수(종합부동산세법 제16조)

㉠ 과세기준일 : 종합부동산세의 과세기준일은 매년 6월 1일로 한다.

ⓛ 징수방법

ⓐ 관할세무서장은 납부하여야 할 종합부동산세의 세액을 결정하여 해당 연도 12월 1일부터 12월 15일(이하 "납부기간"이라 한다)까지 부과 · 징수한다.

ⓑ 종합부동산세를 신고납부방식으로 납부하고자 하는 납세의무자는 종합부동산세의 과세표준과 세액을 해당 연도 12월 1일부터 12월 15일까지 대통령령으로 정하는 바에 따라 관할 세무서장에게 신고하여야 한다.

ⓒ 부가세 : 종합부동산세는 납부세액의 100분의 20에 해당하는 농어촌특별세가 부과된다.

▸▸ 기출 토지가 종합합산과세 대상인 경우는 국내에 소재하는 해당 과세대상토지의 공시가격을 합한 금액이 3억원을 초과하는 자는 종합부동산세를 납부할 의무가 있다. (×)

(8) 양도소득세

① 양도소득세의 의미와 특징

㉠ 양도소득세는 국세이다.

㉡ 소득에 과세하는 조세이나 종합소득에 합산하지 않는 분류과세를 적용한다.

㉢ 양도소득세는 열거된 자산을 양도한 경우에만 과세하는 열거주의를 적용한다.

㉣ 양도소득세는 납세자의 신고에 의해 확정된다.

② 과세대상(소득세법 제94조)

㉠ 양도소득 범위

▸▸ 기출 지역권의 양도는 양도소득세 과세대상이다. (×)

ⓐ 양도소득세는 소득세법에 열거된 자산의 양도에 의해 발생한 소득에 대하여 과세하는 조세이다.

1. 토지 또는 건물의 양도로 발생하는 소득
2. 다음에 해당하는 부동산에 관한 권리의 양도로 발생하는 소득
   가. 부동산을 취득할 수 있는 권리(분양권, 입주권 등)
   나. 지상권
   다. 전세권과 등기된 부동산임차권
3. 주식 등의 양도로 발생하는 소득
4. 기타 자산(영업권, 이용권·회원권 등)의 양도로 발생하는 소득
5. 파생상품 등의 거래 또는 행위로 발생하는 소득

ⓑ "양도"란 자산에 대한 등기 또는 등록과 관계없이 매도, 교환, 법인에 대한 현물출자 등을 통하여 그 자산을 유상(有償)으로 사실상 이전하는 것을 말한다.

㉡ 양도소득금액

양도소득의 총수입금액(양도가액)에서 필요경비를 공제하여 산정한 금액(양도차익)에서 장기보유 특별공제액을 공제한 금액으로 한다.

제5장 다양한 부동산 정책 ▸ 31회, 32회, 34회 기출

1. 용도지역 · 지구제
2. 개발권 양도 제도
3. 토지은행 제도
4. 기타 부동산 정책

1 용도지역 · 지구제

(1) 의미 **

① 모든 나라가 개인들의 사적인 토지 이용 행위를 사회적으로 바람직한 방향으로 유도하기 위해 다양한 제도를 운영하고 있다. 그 중 용도지역제는 토지이용을 토지이용계획에 부합되도록 유도하기 위하여, 토지와 건축물의 용도 및 건축물의 규모를 법률로 통제하는 제도이다.

② 용도지역제의 목적

㉠ 용도지역제는 토지를 이용하는 과정에서 발생하는 부(−)의 외부효과를 제거하거나 감소시키고자 하는 제도이다.

㉡ 용도지역이 결정되면 어울리지 않는 토지이용이 발생함으로써 나타나는 부(−)의 외부효과를 제거하거나 감소시킬 수 있다.

③ 용도지역제의 효과

㉠ 용도지역이 지정되면 지정된 용도와 상충되는 토지의 이용을 제한한다. 따라서 용도지역제가 실시되면 어울리지 않는 토지이용에 대한 불확실성이 감소하기 때문에 해당 지역에 대한 토지 수요가 증가할 수 있다.

㉡ 다른 조건이 동일한 경우, 용도지역제가 실시되면 해당 지역의 토지 수요가 증가하고 토지의 가치는 상승한다.

▸▸ 기출 지역지구제나 토지이용계획은 외부효과 문제의 해결 수단이 될 수 없다. (×)

PART • 04

(2) 용도지역제의 유용성과 한계

① 용도지역제의 유용성

㉠ 각 지역마다 허용되는 용도를 법으로 규정했기 때문에 예측가능성이 있다.

㉡ 토지용도의 결정과 개발계획이 신속하게 수립할 수 있다.

② 용도지역제의 한계

㉠ 도시화가 빠른 속도로 진행되는 상황에서 지나치게 토지이용이 경직적이다.

㉡ 지역별 규제내용에 차이가 있다면 지역 간 형평성의 문제를 발생시킨다.

㉢ 어떤 지역이 개발 가능한 용도로 변경되었다면, 용도지역제로 발생된 이득은 기존 토지소유자들에게 모두 돌아가는데, 이를 '사전적 독점의 문제'라고 한다. 따라서 용도지역제는 기존 토지소유자들의 재산권을 과도하게 보호한다는 비판이 있다.

2 개발권 양도 제도

(1) 의미 **

① 개발권 양도제도(TDR; Transferable Development Right)란 토지의 개발권과 소유권을 분리하여 개발이 제한된 지역의 토지소유자에게 개발이 가능한 다른 지역의 개발권을 부여하는 제도이다.

▸▸ 기출 개발권 양도제란 규제지역 토지소유자의 손실을 개발지역 토지에 대한 소유권 부여를 통해 보전하는 제도이다. (×)

② 개발권 양도제도의 역사

㉠ 1970년대 뉴욕시에서 고안된 개발권 양도제도는 도시 등 고밀도지역에서 역사적 구조물의 보존을 위해 처음 등장하였다.

▸▸ 기출 개발권 양도제는 공공이 부담해야 하는 비용을 절감하면서 규제에 따른 손실의 보전이 이루어진다는 점에 의의가 있다. (O)

㉡ 역사적 구조물로 인하여 개발이 제한된 지역의 토지소유자에게 개발권이 인정되면, 개발권의 양도를 통해 이용규제에 따른 손실을 보전 받을 수 있다.

▸▸ 기출 개발권 양도제는 규제지역 토지소유자의 재산상의 손실을 시장을 통해서 해결하려는 제도이다. (O)

㉢ 개발권 양도제도는 강력한 토지이용규제가 필요한 경우 재정의 부담 없이 개인의 재산권을 보호할 수 있다는 장점 때문에 미국, 독일, 영국, 프랑스 등 수많은 국가가 도입하여 시행하고 있다.

③ 개발권 양도제도의 구조

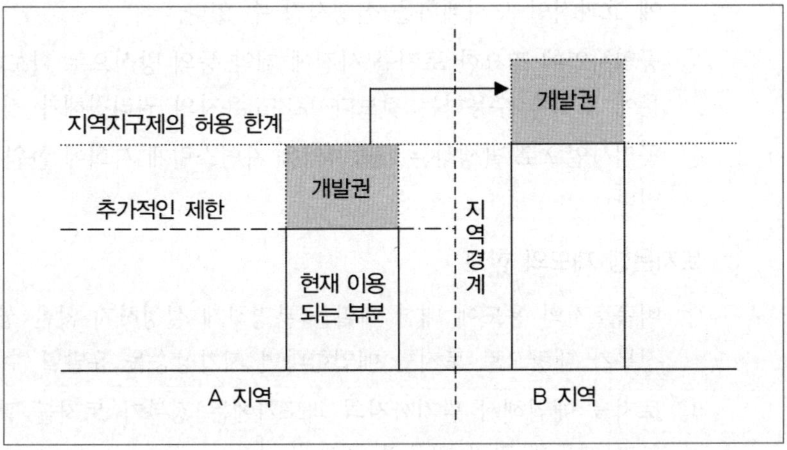

㉠ 지역지구제에 의해 현재 허용된 개발의 한계 범위 내에서, 추가적인 제한으로 이용되지 못하는 부분을 개발권(Development Right)으로 규정한다.

㉡ 추가 제한으로 개발이 제한된 A지역의 토지소유자에게 개발권을 인정하고 그 개발권을 양도할 수 있도록 함으로써 A지역 토지소유자의 손실을 보전하고자 하는 제도이다.

(2) 우리나라의 도입 여부

① 우리나라의 경우 개발제한구역으로 인한 재산상의 손실을 보전하기 위한 방법으로 도입의 필요성이 강조되어 왔다.

② 우리나라의 경우 소유권과 개발권을 분리하는 법적인 문제 및 거래 시장의 개발 등의 문제로 인하여 아직 도입되지 못하고 있다.

▸▸ 기출 개발권 양도제도는 현재 우리나라에서 널리 활용되고 있다. (×)

3 토지은행 제도

(1) 의미 **

① 공익사업에 필요한 토지의 원활한 공급과 토지시장의 안정을 위하여, 장래 이용 가능한 토지를 미리 확보하고 필요한 시기에 이를 공급하는 제도를 '토지은행 제도' 또는 '토지비축 제도'라고 한다.

② 토지은행 제도의 유용성

㉠ 토지은행 제도는 필요한 토지를 미리 확보함으로써 공공시설, 산업·주택 용지 등을 저렴하게 공급할 수 있다.

▸▸ 기출 토지은행제도는 간접개입방식에 해당한다. (×)

㉡ 민간에 의한 무질서하고 무계획적인 토지 개발을 막을 수 있기 때문에 효과적인 도시계획을 실행시킬 수 있다.

㉢ 공익사업에 필요한 토지를 사전에 계약 등의 방식으로 확보하기 때문에 토지를 수용하는 것보다 토지소유자의 권리침해가 적다.

㉣ 공익사업으로 발생하는 개발이익을 자연스럽게 사회에 환원시킬 수 있다.

③ 토지은행 제도의 한계

㉠ 비축토지의 용도에 대한 계획을 분명하게 설정하지 않은 상태에서 정부가 대량으로 토지를 매입한다면 지가상승을 유발할 수 있다.

㉡ 토지를 매입해서 팔기까지의 과도기에는 정부가 토지를 관리해야 하기 때문에 관리 비용의 문제가 있다.

(2) 우리나라의 도입 여부

① 우리나라는 2009년부터 '공공토지비축에 관한 법률'에 의거 토지은행 제도를 도입하여 시행하고 있다.

② 공공토지비축에 관한 법률의 주요 내용

㉠ 이 법은 공공토지의 비축 및 공급에 관하여 필요한 사항을 규정함으로써 공익사업용지의 원활한 공급과 토지시장의 안정에 이바지함을 목적으로 한다.

㉡ "비축"이란 이 법에 따라 공공토지를 취득 및 관리하는 것을 말하며, 토지은행이란 공공토지의 비축 및 공급을 위하여 한국토지주택공사에 설치하는 토지은행계정을 말한다.

㉢ 토지은행의 비축대상 토지는 다음 각 호에 따라 구분하여 비축한다.

1. 공익사업 등에 필요한 공공개발용 토지
2. 토지시장 안정을 위한 수급조절용 토지
3. 조성된 매립지 및 매립예정지
4. 그 밖에 토지비축위원회에서 필요하다고 인정하는 토지

㉣ 공공토지의 비축 및 공급을 위하여 한국토지주택공사 고유계정과 구분되는 계정으로서 한국토지주택공사에 토지은행계정을 둔다.

▸▸ 기출 공공토지의 비축 및 공급을 위한 토지은행은 지방자치단체가 운영한다. (×)

4 기타 부동산 정책

(1) 부동산 거래의 신고(부동산 거래신고 등에 관한 법률 제3조, 제3조의2) **

① 거래당사자는 다음 어느 하나에 해당하는 계약을 체결한 경우 그 실제 거래가격 등 대통령령으로 정하는 사항을 거래계약의 체결일부터 30일 이내에 그 권리의 대상인 부동산 등의 소재지를 관할하는 시장·군수 또는 구청장에게 공동으로 신고하여야 한다. 다만, 거래당사자 중 일방이 국가, 지방자치단체, 대통령령으로 정하는 자의 경우에는 국가 등이 신고를 하여야 한다.

> 1. 부동산의 매매계약
> 2. 택지개발촉진법, 주택법 등 대통령령으로 정하는 법률에 따른 부동산에 대한 공급계약
> 3. 다음 각 목의 어느 하나에 해당하는 지위의 매매계약
>   가. 제2호에 따른 계약을 통하여 부동산을 공급받는 자로 선정된 지위
>   나. 도시 및 주거환경정비법에 따른 관리처분계획의 인가 및 「빈집 및 소규모주택 정비에 관한 특례법」에 따른 사업시행계획인가로 취득한 입주자로 선정된 지위

② 거래당사자 중 일방이 신고를 거부하는 경우에는 국토교통부령으로 정하는 바에 따라 단독으로 신고할 수 있다.

③ 개업공인중개사가 거래계약서를 작성·교부한 경우에는 해당 개업공인중개사가 신고를 하여야 한다. 이 경우 공동으로 중개를 한 경우에는 해당 개업공인중개사가 공동으로 신고하여야 한다.

④ 신고를 받은 신고관청은 그 신고 내용을 확인한 후 신고인에게 신고필증을 지체 없이 발급하여야 한다.

⑤ 부동산 등의 매수인은 신고인이 신고필증을 발급받은 때에 「부동산등기 특별조치법」에 따른 검인을 받은 것으로 본다.

⑥ 거래당사자는 부동산 거래를 신고한 후 해당 거래계약이 해제, 무효 또는 취소(이하 "해제 등"이라 한다)된 경우 해제 등이 확정된 날부터 30일 이내에 해당 신고관청에 공동으로 신고하여야 한다. 다만, 거래당사자 중 일방이 신고를 거부하는 경우에는 국토교통부령으로 정하는 바에 따라 단독으로 신고할 수 있다.

▸▸ 기출 거래당사자가 부동산 거래를 신고한 후 해당 거래계약이 취소된 경우 취소가 확정된 날부터 60일 이내에 해당 신고관청에 공동으로 신고하여야 한다. (×)

(2) 주택 임대차 계약의 신고(부동산 거래신고 등에 관한 법률 제6조의2 · 3) **

① 임대차 계약 당사자는 주택에 대하여 대통령령으로 정하는 금액을 초과하는 임대차 계약을 체결한 경우 그 보증금 또는 차임 등 국토교통부령으로 정하는 사항을 임대차 계약의 체결일부터 30일 이내에 주택 소재지를 관할하는 신고관청에 공동으로 신고하여야 한다. 다만, 임대차 계약 당사자 중 일방이 국가 등인 경우에는 국가 등이 신고하여야 한다.

> "대통령령으로 정하는 금액을 초과하는 임대차 계약"이란 보증금이 6천만원을 초과하거나 월 차임이 30만원을 초과하는 주택 임대차 계약(계약을 갱신하는 경우로서 보증금 및 차임의 증감 없이 임대차 기간만 연장하는 계약은 제외한다)을 말한다.

② 주택 임대차 계약의 신고는 임차가구 현황 등을 고려하여 대통령령으로 정하는 지역에 적용한다.

> "대통령령으로 정하는 지역"이란 특별자치시 · 특별자치도 · 시 · 군(광역시 및 경기도의 관할구역에 있는 군으로 한정한다) · 구(자치구를 말한다)를 말한다.

③ 임대차 계약 당사자 중 일방이 신고를 거부하는 경우에는 국토교통부령으로 정하는 바에 따라 단독으로 신고할 수 있다.

④ 임대차 계약 당사자는 신고한 후 해당 주택 임대차 계약의 보증금, 차임 등 임대차 가격이 변경되거나 임대차 계약이 해제된 때에는 변경 또는 해제가 확정된 날부터 30일 이내에 해당 신고관청에 공동으로 신고하여야 한다. 다만, 임대차 계약 당사자 중 일방이 국가 등인 경우에는 국가 등이 신고하여야 한다.

(3) 토지 거래의 허가 **

① 토지거래허가구역의 지정(부동산 거래신고 등에 관한 법률 제10조)

㉠ 국토교통부장관 또는 시 · 도지사는 국토의 이용 및 관리에 관한 계획의 원활한 수립과 집행, 합리적인 토지 이용 등을 위하여 토지의 투기적인 거래가 성행하거나 지가(地價)가 급격히 상승하는 지역과 그러한 우려가 있는 지역으로서 대통령령으로 정하는 지역에 대해서는 다음 각 호의 구분에 따라 5년 이내의 기간을 정하여 토지거래계약에 관한 허가구역으로 지정할 수 있다. 이 경우 국토교통부장관 또는 시 · 도지사는 대통령령으로 정하는 바에 따라 허가대상자(외

▸▸ 기출 토지거래허가제도는 '부동산 거래신고 등에 관한 법률'에 근거한다. (O)

▸▸ 기출 토지거래허가구역은 토지의 투기적인 거래가 성행하거나 지가가 급격히 상승하는 지역과 그러한 우려가 있는 지역을 대상으로 한다. (O)

국인등을 포함한다), 허가대상 용도와 지목 등을 특정하여 허가구역을 지정할 수 있다.

> 1. 허가구역이 둘 이상의 시·도의 관할 구역에 걸쳐 있는 경우 : 국토교통부장관이 지정
> 2. 허가구역이 동일한 시·도 안의 일부지역인 경우 : 시·도지사가 지정. 다만, 국가가 시행하는 개발사업 등에 따라 투기적인 거래가 성행하거나 지가가 급격히 상승하는 지역과 그러한 우려가 있는 지역 등 대통령령으로 정하는 경우에는 국토교통부장관이 지정할 수 있다.

㉡ 허가구역의 지정은 허가구역의 지정을 공고한 날부터 5일 후에 그 효력이 발생한다.

② 허가구역 내의 토지거래(동법 제11조)

㉠ 허가구역에 있는 토지에 관한 소유권·지상권(소유권·지상권의 취득을 목적으로 하는 권리를 포함한다)을 이전하거나 설정(대가를 받고 이전하거나 설정하는 경우만 해당한다)하는 계약(예약을 포함한다. 이하 "토지거래계약"이라 한다)을 체결하려는 당사자는 공동으로 대통령령으로 정하는 바에 따라 시장·군수 또는 구청장의 허가를 받아야 한다. 허가받은 사항을 변경하려는 경우에도 또한 같다.

㉡ 허가를 받으려는 자는 그 허가신청서에 계약내용과 그 토지의 이용계획, 취득자금 조달계획 등을 적어 시장·군수 또는 구청장에게 제출하여야 한다.

㉢ 허가를 받지 아니하고 체결한 토지거래계약은 그 효력이 발생하지 아니한다.

③ 선매(동법 제15조)

㉠ 시장·군수 또는 구청장은 토지거래계약에 관한 허가신청이 있는 경우 다음 각 호의 어느 하나에 해당하는 토지에 대하여 국가, 지방자치단체, 한국토지주택공사, 그 밖에 대통령령으로 정하는 공공기관 또는 공공단체가 그 매수를 원하는 경우에는 이들 중에서 해당 토지를 매수할 자[이하 "선매자(先買者)"라 한다]를 지정하여 그 토지를 협의 매수하게 할 수 있다.

> 1. 공익사업용 토지
> 2. 토지거래계약허가를 받아 취득한 토지를 그 이용목적대로 이용하고 있지 아니한 토지

▸▸ 기출 허가구역에서 토지거래계약을 체결하려는 당사자는 시·도지사에게 허가를 신청하여야 한다. (×)

▸▸ 기출 토지선매에 있어 구청장은 토지거래계약허가를 받아 취득한 토지를 그 이용목적대로 이용하고 있지 아니한 토지에 대하여 선매자에게 강제로 수용하게 할 수 있다. (×)

✔주의
선매의 경우에는 강제적 취득인 수용의 방식을 활용할 수 없다.

㉡ 시장·군수 또는 구청장은 토지거래계약 허가신청이 있는 경우에는 그 신청이 있는 날부터 1개월 이내에 선매자를 지정하여 토지소유자에게 알려야 하며, 선매자는 지정 통지를 받은 날부터 1개월 이내에 그 토지소유자와 대통령령으로 정하는 바에 따라 선매협의를 끝내야 한다.

㉢ 시장·군수 또는 구청장은 선매협의가 이루어지지 아니한 경우에는 지체 없이 허가 또는 불허가의 여부를 결정하여 통보하여야 한다.

(4) 부동산 정보관리

① 부동산 정책 관련 자료 등의 종합관리(부동산 거래신고 등에 관한 법률 제24조)

㉠ 국토교통부장관 또는 시장·군수·구청장은 적절한 부동산 정책의 수립 및 시행을 위하여 부동산 거래상황, 주택 임대차 계약상황, 외국인 부동산 취득현황, 부동산 가격동향 등 이 법에 규정된 사항에 관한 정보를 종합적으로 관리하고, 이를 관련 기관·단체 등에 제공할 수 있다.

㉡ 국토교통부장관 또는 시장·군수·구청장은 정보의 관리를 위하여 관계 행정기관이나 그 밖에 필요한 기관에 필요한 자료를 요청할 수 있다. 이 경우 관계 행정기관 등은 특별한 사유가 없으면 요청에 따라야 한다.

② 부동산 정보체계의 구축 및 운영(부동산 거래신고 등에 관한 법률 제25조)

㉠ 국토교통부장관은 효율적인 정보의 관리 및 국민편의 증진을 위하여 대통령령으로 정하는 바에 따라 부동산거래의 계약·신고·허가·관리 등의 업무와 관련된 정보체계를 구축·운영할 수 있다.

1. 부동산거래 신고 정보
2. 검증체계 관련 정보
3. 주택 임대차 계약의 신고, 변경 및 해제 신고 정보
4. 외국인 등의 부동산 취득·보유 신고 자료 및 관련 정보
5. 토지거래계약의 허가 관련 정보
6. 부동산등기 특별조치법에 따른 검인 관련 정보
7. 부동산 거래계약 등 부동산거래 관련 정보

㉡ 국토교통부장관은 정보체계에 구축되어 있는 정보를 수요자에게 제공할 수 있다. 이 경우 정보체계 운영을 위하여 불가피한 사유가 있거나 개인정보의 보호를 위하여 필요하다고 인정할 때에는 제공하는 정보의 종류와 내용을 제한할 수 있다.

(5) 토지적성평가(토지의 적성평가에 관한 지침)

① 토지적성평가는 전 국토의 '환경친화적이고 지속가능한 개발'을 보장하고 개발과 보전이 조화되는 '선계획 · 후개발의 국토관리체계'를 구축하기 위하여 토지의 환경생태적 · 물리적 · 공간적 특성을 종합적으로 고려하여 개별토지가 갖는 환경적 · 사회적 가치를 과학적으로 평가함으로써 도시 · 군기본계획을 수립 · 변경하거나 도시 · 군관리계획을 입안하는 경우에 정량적 · 체계적인 판단 근거를 제공하기 위하여 실시하는 기초조사이다.

▸▸ 기출 토지적성평가제도는 토지에 대한 개발과 보전의 경합이 발생했을 때 이를 합리적으로 조정하는 수단이다. (O)

② 토지적성평가 결과의 활용범위

㉠ 토지적성평가 결과는 도시 · 군기본계획을 수립 · 변경하는 경우에 개발과 보전 여부 등을 판단하여 공간구조 등을 설정하기 위한 기초자료로 활용한다.

㉡ 토지적성평가 결과는 도시 · 군관리계획을 입안하는 경우에 입안 여부를 판단하는 데 적용하거나 토지이용에 관한 계획수립을 위한 기초자료로 활용한다.

(6) 개발이익의 환수(개발이익 환수에 관한 법률) **

① 환수 대상이 되는 개발이익의 의미

개발이익이란 개발사업의 시행이나 토지이용계획의 변경, 그 밖에 사회적 · 경제적 요인에 따라 정상지가상승분을 초과하여 개발사업을 시행하는 자(이하 "사업시행자")나 토지소유자에게 귀속되는 토지가액의 증가분을 말한다.

▸▸ 기출 개발이익이란 개발사업의 시행으로 발생하는 토지가액의 증가분 중에서 물가상승분을 초과하는 토지가액의 증가분을 말한다. (×)

② 개발부담금

개발부담금이란 개발이익 중 이 법에 따라 특별자치시장 · 특별자치도지사 · 시장 · 군수 또는 구청장이 부과 · 징수하는 금액을 말한다.

▸▸ 기출 개발부담금제도는 '재건축 초과이익 환수에 관한 법률'에 근거한다. (×)

(7) 재건축초과이익 환수(재건축초과이익 환수에 관한 법률)

① 환수 대상이 되는 재건축초과이익의 의미

재건축초과이익이라 함은 재건축사업 및 소규모재건축사업으로 인하여 정상주택가격상승분을 초과하는 주택가액의 증가분을 말한다.

② 재건축부담금

재건축부담금이라 함은 재건축초과이익 중 이 법에 따라 국토교통부장관이 부과 · 징수하는 금액을 말한다.

(8) 도시 정비 사업(도시 및 주거환경 정비법)

① **재건축사업** : 정비기반시설은 양호하나 노후·불량건축물에 해당하는 공동주택이 밀집한 지역에서 주거환경을 개선하기 위한 사업

② **재개발사업** : 정비기반시설이 열악하고 노후·불량건축물이 밀집한 지역에서 주거환경을 개선하거나 상업지역·공업지역 등에서 도시기능의 회복 및 상권활성화 등을 위하여 도시환경을 개선하기 위한 사업

③ **주거환경개선사업** : 도시저소득 주민이 집단거주하는 지역으로서 정비기반시설이 극히 열악하고 노후·불량건축물이 과도하게 밀집한 지역의 주거환경을 개선하거나 단독주택 및 다세대주택이 밀집한 지역에서 정비기반시설과 공동이용시설 확충을 통하여 주거환경을 보전·정비·개량하기 위한 사업

(9) 빈집 및 소규모주택의 정비(빈집 및 소규모주택 정비에 관한 특례법)

① 빈집에 대한 정비사업

㉠ 빈집이란 시장·군수등이 거주 또는 사용 여부를 확인한 날부터 1년 이상 아무도 거주 또는 사용하지 아니하는 주택을 말한다. 다만, 미분양주택 등 대통령령으로 정하는 주택은 제외한다.

㉡ 빈집정비사업이란 빈집을 개량 또는 철거하거나 효율적으로 관리 또는 활용하기 위한 사업을 말한다.

② 소규모주택에 대한 정비사업

㉠ 소규모주택정비사업이란 노후·불량건축물의 밀집 등 대통령령으로 정하는 요건에 해당하는 지역 또는 가로구역에서 시행하는 사업을 말한다.

㉡ 소규모주택정비사업은 다음과 같이 구분된다.

ⓐ **자율주택정비사업** : 단독주택, 다세대주택 및 연립주택을 스스로 개량 또는 건설하기 위한 사업

ⓑ **가로주택정비사업** : 가로구역에서 종전의 가로를 유지하면서 소규모로 주거환경을 개선하기 위한 사업

ⓒ **소규모재건축사업** : 정비기반시설이 양호한 지역에서 소규모로 공동주택을 재건축하기 위한 사업

ⓓ **소규모재개발사업** : 역세권 또는 준공업지역에서 소규모로 주거환경 또는 도시환경을 개선하기 위한 사업

▸▸ 기출 빈집정비사업은 소규모주택정비사업에 해당한다. (×)

(10) 최저주거기준의 설정(주거기본법 제17조)

① 국토교통부장관은 국민이 쾌적하고 살기 좋은 생활을 하기 위하여 필요한 최소한의 주거수준에 관한 지표로서 최저주거기준을 설정・공고하여야 한다.

② 최저주거기준에는 주거면적, 용도별 방의 개수, 주택의 구조・설비・성능 및 환경요소 등 대통령령으로 정하는 사항이 포함되어야 하며, 사회적・경제적인 여건의 변화에 따라 그 적정성이 유지되어야 한다.

③ 국가 및 지방자치단체는 최저주거기준에 미달되는 가구에게 우선적으로 주택을 공급하거나 개량 자금을 지원할 수 있다.

(11) 투기과열지구 및 조정대상지역(주택법 제63조, 제63조의2)

① 투기과열지구

㉠ 국토교통부장관 또는 시・도지사는 주택가격의 안정을 위하여 필요한 경우에는 주거정책심의위원회의 심의를 거쳐 일정한 지역을 투기과열지구로 지정하거나 이를 해제할 수 있다. 이 경우 투기과열지구의 지정은 그 지정 목적을 달성할 수 있는 최소한의 범위로 한다.

㉡ 투기과열지구는 해당 지역의 주택가격상승률이 물가상승률보다 현저히 높은 지역으로서 그 지역의 청약경쟁률・주택가격・주택보급률 및 주택공급계획 등과 지역 주택시장 여건 등을 고려하였을 때 주택에 대한 투기가 성행하고 있거나 성행할 우려가 있는 지역 중 대통령령으로 정하는 기준을 충족하는 곳이어야 한다.

② 조정대상 지역

국토교통부장관은 다음 각 호의 어느 하나에 해당하는 지역으로서 대통령령으로 정하는 기준을 충족하는 지역을 주거정책심의위원회의 심의를 거쳐 "조정대상지역"으로 지정할 수 있다. 이 경우 조정대상지역의 지정은 그 지정 목적을 달성할 수 있는 최소한의 범위로 한다.

1. 주택가격, 청약경쟁률, 분양권 전매량 및 주택보급률 등을 고려하였을 때 주택 분양 등이 과열되어 있거나 과열될 우려가 있는 지역
2. 주택가격, 주택거래량, 미분양주택의 수 및 주택보급률 등을 고려하여 주택의 분양・매매 등 거래가 위축되어 있거나 위축될 우려가 있는 지역

✔주의
우리나라에서 현재 시행되고 있지 않는 정책
1. 택지소유상한제
2. 토지초과이득세
3. 공한지세
4. 종합토지세
5. 개발권양도제도

⑿ 우리나라에서 폐지된 제도들 **

① **택지소유상한제** : 택지를 고르게 소유하고 택지의 공급을 촉진하기 위해 일정 면적 이상의 택지를 소유하지 못하도록 유도하고자 도입된 제도이다. 1가구당 택지 소유상한을 200평으로 제한하는 것은 국민의 재산권을 과도하게 제한하는 것임을 이유로 위헌판결을 받아 1998년 폐지되었다.

② **토지초과이득세** : 유휴토지의 지가 상승으로 인하여 토지소유자가 얻는 토지초과이득을 조세로 환수하고자 도입된 제도이다. 실현되지 않는 이득에 대해 과세한다는 것은 불합리함을 이유로 헌법불합치가 결정되면서 1998년 폐지되었다.

③ **공한지세** : 토지를 매입한 후 아무런 이용도 하지 않고 지가상승만을 노리는 토지소유자에 대해 고율의 보유세를 부과하고자 도입된 제도이다. 토지 관련 세법이 보완·개정되면서 지금은 폐지되었다.

④ **종합토지세** : 전국에 있는 토지를 소유자별로 합산한 다음 누진세율을 적용하여 고율의 보유세를 부과하고자 도입된 제도이다. 토지 관련 세법이 보완·개정되면서 지금은 폐지되었다.

제6장 정책론 계산 문제

1 임대료 규제 정책의 초과수요량

01 **다음은 정부의 임대료 규제정책의 내용이다. 이를 통해 임대아파트 시장의 초과수요 또는 초과공급 상황과 그 수량은 얼마가 될 것인가?** (단, 가격의 단위는 만원이고, 수량의 단위는 m^2이다)

> 임대아파트의 수요함수는 $Q_D = 1{,}400 - 2P$이며, 공급함수는 $Q_S = 200 + 4P$라고 하자. 이때 정부가 아파트 임대료를 150만원/㎡로 규제했다.

정답해설

1. 정부 규제 임대료 상황에서의 수요량과 공급량
   ① 수요량(Q_D) : $Q_D = 1{,}400 - 2P$, $Q_D = 1{,}400 - (2 \times 150) = 1{,}100$
   ② 공급량(Q_S) : $Q_S = 200 + 4P$, $Q_S = 200 + (4 \times 150) = 800$
2. 초과수요(수요량 − 공급량) : 1,100 − 800 = 300㎡

02 **위의 문제에서 다른 조건은 동일하고, 정부가 아파트 임대료를 250만원/㎡로 규제했다면 시장에 초과수요 또는 초과공급 상황과 그 수량은 얼마가 될 것인가?**

정답해설

1. 초과수요 현상도 초과공급 현상도 발생하지 않는다.
2. 제시된 수요함수와 공급함수에 의하면 임대아파트 시장의 균형 임대료는 200만원/㎡이다. 따라서 정부의 규제 임대료는 시장의 균형 임대료보다 높게 설정되었기 때문에 시장에 미치는 영향은 없다.

2 조세부과로 인한 사회적 후생 손실

01 A지역 주택시장의 수요함수와 공급함수가 다음과 같은 경우, 정부가 주택 거래세를 공급자에게 단위당 15만원의 종량세의 형태로 부과하였다. 조세부과로 인한 사회적 손실은 얼마인가? (가격의 단위는 만원임)

- 수요함수 : P = 110 - 2Q
- 공급함수 : P = 20 + Q

정답해설

1. 조세가 부과되기 전의 균형 거래량
   ① 수요자 가격(110-2Q) = 공급자 가격(20+Q), Q = 30
   ② 균형거래량(Q_E) : 30
2. 조세가 부과된 이후 감소되는 거래량
   ① 단위당 15만원의 조세가 부과되면 공급곡선은 15만원만큼 상방으로 이동하므로 공급함수는 P = 35 + Q로 변한다.
   ② (110-2Q) = (35+Q), Q = 25
   ③ 감소되는 거래량 : 5
3. 조세부과로 인한 사회적 손실
   ① 그래프의 삼각형(▶)에 해당하는 면적의 크기를 의미한다.
   ② 사회적 손실 : (15만×5)/2 = 37.5만원

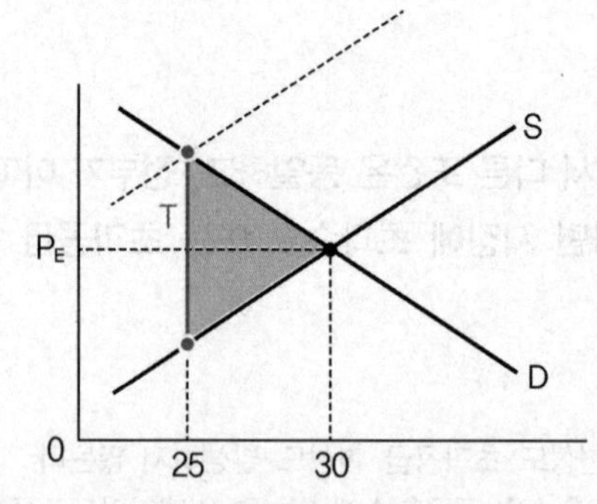

※ 주의 : 제시된 문제는 공급자에게 거래세가 부과된 경우이다. 그러나 조세가 공급자에게 부과되든, 소비자에게 부과되든 사회적 손실의 계산 결과는 동일함에 주의하여야 한다. 즉 사회적 손실은 납세의무자가 누구인지와는 무관하다.

PART 04

부동산 정책론 기출문제

주제 시장실패와 정부의 시장개입

01 시장실패 또는 정부의 시장개입에 관한 설명으로 옳지 않은 것은? ▸ 2018년 29회

① 외부효과는 시장실패의 원인이 된다.
② 소비의 비경합성과 비배제성을 수반하는 공공재는 시장실패의 원인이 된다.
③ 정보의 비대칭성은 시장실패의 원인이 아니다.
④ 시장가격에 임의로 영향을 미칠 수 있는 독과점 공급자의 존재는 시장실패의 원인이 된다.
⑤ 시장실패의 문제를 해결하기 위하여 정부는 시장에 개입할 수 있다.

정답해설

③ 정보의 비대칭성은 시장실패의 원인이다.

02 시장실패의 원인으로 옳지 않은 것은? ▸ 2023년 34회

① 외부효과
② 정보의 대칭성
③ 공공재의 공급
④ 불완전경쟁시장
⑤ 시장의 자율적 조절기능 상실

정답해설

② 시장을 실패시키는 원인은 정보의 비대칭성이다.

정답 >	01 ③ 02 ②

03 부동산 정책의 공적개입 필요성에 관한 설명으로 옳지 않은 것은? ▸ 2017년 28회

① 정부가 부동산 시장에 개입하는 논리에는 부(−)의 외부효과 방지와 공공재 공급 등이 있다.
② 부동산 시장은 불완전정보, 공급의 비탄력성으로 인한 수요·공급 시차로 인하여 시장실패가 나타날 수 있다.
③ 정부는 토지를 경제적·효율적으로 이용하고 공공복리의 증진을 도모하기 위하여 용도지역제를 활용하고 있다.
④ 정부는 주민의 편의를 위해 공공재인 도로, 공원 등의 도시계획시설을 공급하고 있다.
⑤ 공공재는 시장기구에 맡겨둘 경우 경합성과 배제성으로 인하여 무임승차(free ride) 현상이 발생할 수 있다.

정답해설

⑤ 공공재는 소비의 비경합성과 비배제성의 특성을 갖는다.

04 정부의 주택시장 개입에 관한 설명으로 옳지 않은 것은? ▸ 2022년 33회

① 주택은 긍정적인 외부효과를 창출하므로 생산과 소비를 장려해야 할 가치재(merit goods)이다.
② 저소득층에 대한 임대주택 공급은 소득의 직접분배효과가 있다.
③ 주택구입능력을 제고하기 위한 정책은 소득계층에 따라 달라진다.
④ 자가주택 보유를 촉진하는 정책은 중산층 형성과 사회안정에 기여한다.
⑤ 주거안정은 노동생산성과 지역사회에 대한 주민참여를 제고하는 효과가 있다.

정답해설

② 소득의 재분배 정책이란 소득의 격차를 줄이기 위해 행하는 정부의 정책이다. 저소득층에게 공급하는 공공임대주택의 임대료는 민간임대주택의 임대료에 비해 낮기 때문에 저소득층이 상대적으로 혜택을 보고, 그 결과 소득의 격차가 줄어드는 소득재분배 효과가 발생한다. 따라서 임대주택의 공급은 소득의 재분배효과가 있다.

오답해설

① 가치재(merit goods)란 소득수준에 관계없이 모든 사람에게 필요한 재화 또는 서비스를 의미한다. 학교급식, 의무교육, 임대주택 등이 이에 해당한다.

05 정부의 간접적 시장개입방법이 아닌 것은? ▸ 2018년 29회

① 주택에 대한 금융지원정책
② 토지비축정책
③ 토지에 대한 조세감면정책
④ 토지거래에 관한 정보체계 구축
⑤ 임대주택에 대한 임대료 보조

정답해설

② 토지비축정책은 정부의 직접적 시장개입방법이다.

06 부동산 정책의 수단을 직접 개입과 간접 개입으로 구분할 때, 정부의 간접개입수단에 해당하는 것은? ▸2017년 28회

① 공영개발사업　② 토지세제
③ 토지수용　④ 토지은행제도
⑤ 공공임대주택 공급

정답해설

② 조세 및 부담금, 각종 지원 및 보조 등은 정부의 간접개입수단이다.

07 부동산 시장에 대한 정부의 직접개입방식으로 옳게 묶인 것은? ▸2020년 31회

① 토지비축제, 개발부담금제도　② 수용제도, 선매권제도
③ 최고가격제도, 부동산조세　④ 보조금제도, 용도지역지구제
⑤ 담보대출규제, 부동산거래허가제

정답해설

② 수용제도, 선매권제도는 모두 직접개입방식이다.
1. 직접개입방식 : 토지비축제도(토지은행제도), 최고가격제도
2. 간접개입방식 : 개발부담금제도, 부동산조세, 보조금제도, 담보대출규제
3. 토지이용규제 : 용도지역지구제, 부동산거래허가제

08 부동산 시장에 대한 정부의 간접개입방식으로 옳게 묶인 것은? ▸2022년 33회

① 임대료상한제, 부동산보유세, 담보대출규제
② 담보대출규제, 토지거래허가제, 부동산거래세
③ 개발부담금제, 부동산거래세, 부동산가격공시제도
④ 지역지구제, 토지거래허가제, 부동산가격공시제도
⑤ 부동산보유세, 개발부담금제, 지역지구제

정답해설

③ 옳은 묶음이다.
1. 직접개입방식 : 임대료상한제
2. 간접개입방식 : 개발부담금제, 부동산보유세, 부동산거래세, 담보대출규제, 부동산가격공시제도
3. 토지이용규제 : 지역지구제, 토지거래허가제
※ 주의 : 제시된 문제는 3분법(직접, 간접 및 토지이용규제)으로 정부의 개입방식을 구분하라는 것이다. 따라서 지역지구제와 토지거래허가제는 토지이용규제로 분류된다. 그러나 2분법(직접, 간접)으로 분류하는 문제라면 토지이용규제는 간접개입방식에 포함시켜서 정답을 찾아야 함에 주의한다.

정답 >	03 ⑤　04 ②　05 ②　06 ②　07 ②　08 ③

09 부동산 시장이 과열국면일 경우, 정부가 시행할 수 있는 부동산 시장 안정화 대책을 모두 고른 것은?

▸ 2017년 28회

ㄱ. 양도소득세율 인상	ㄴ. 분양가상한제 폐지
ㄷ. 아파트 전매제한기간 확대	ㄹ. 주택청약 시 재당첨제한 폐지
ㅁ. 담보인정비율(LTV) 및 총부채상환비율(DTI)의 축소	

① ㄱ, ㄴ, ㄷ ② ㄱ, ㄷ, ㅁ ③ ㄱ, ㄹ, ㅁ
④ ㄴ, ㄷ, ㄹ ⑤ ㄴ, ㄹ, ㅁ

정답해설

② 시장이 과열되어 있는 경우에 정부가 시행하는 안정화 정책은 시장을 다운(down)시키는 정책이다.

1. 양도소득세율 인상(ㄱ), 아파트 전매제한기간 확대(ㄷ), 담보인정비율(LTV) 및 총부채상환비율(DTI)의 축소(ㅁ) 정책은 시장을 다운(down)시키는 정책이다.
2. 분양가상한제 폐지(ㄴ), 주택청약 시 재당첨제한 폐지(ㄹ) 정책은 시장을 업(up)시키는 정책이다.

10 외부효과에 관한 설명으로 옳지 않은 것은?

▸ 2016년 27회

① 외부효과는 한 사람의 행위가 제3자의 경제적 후생에 영향을 미치고, 그에 대해 지급된 보상을 제3자가 인지하지 못하는 현상을 말한다.
② 정(+)의 외부효과는 핌피(PIMFY)현상을 초래할 수 있다.
③ 부(−)의 외부효과를 완화하기 위한 수단으로 배출권 거래제도 등이 있다.
④ 정(+)의 외부효과를 장려하기 위한 수단으로 보조금 지급 등이 있다.
⑤ 공장이 설립된 인근지역에는 해당 공장에서 배출되는 폐수 등으로 인해 부(−)의 외부효과가 발생할 수 있다.

정답해설

① 외부효과는 한 사람의 행위가 제3자에게 영향을 미치지만, 그에 대한 대가를 지급하거나 받지 않는 상태를 말한다. 인지를 못하더라도 대가가 지급되었기 때문에 외부효과에 대한 설명으로 틀린 지문이다.

11 외부효과에 관한 설명으로 옳은 것은? ▸ 2023년 34회

① 외부효과란 거래 당사자가 시장메커니즘을 통하여 상대방에게 미치는 유리하거나 불리한 효과를 말한다.
② 부(−)의 외부효과는 의도되지 않은 손해를 주면서 그 대가를 지불하지 않는 외부경제라고 할 수 있다.
③ 정(+)의 외부효과는 소비에 있어 사회적 편익이 사적 편익보다 큰 결과를 초래한다.
④ 부(−)의 외부효과에는 보조금 지급이나 조세경감의 정책이 필요하다.
⑤ 부(−)의 외부효과는 사회적 최적생산량보다 시장생산량이 적은 과소생산을 초래한다.

정답해설

③ 옳은 지문이다.

오답해설

① 외부효과는 시장메커니즘을 통하지 않고 발생하는 효과이다.
② 부(−)의 외부효과는 외부불경제라고도 한다.
④ 부(−)의 외부효과에는 벌금・부담금의 부과, 조세부과 등 규제 정책이 필요하다.
⑤ 부(−)의 외부효과가 발생하면 사회적 최적생산량보다 시장생산량이 많은 과대생산이 초래된다.

주제 임대주택 및 분양주택 정책

01 분양가상한제에 관한 설명으로 옳지 않은 것은? ▸ 2016년 27회

① 주택구매 수요자들의 주택구입 부담을 덜어주기 위해 신규분양주택의 분양가격을 주택법령에 따라 정한 가격을 초과하여 받지 못하도록 규제하는 제도이다.
② 주택법령상 사업주체가 일반인에게 공급하는 공동주택 중 공공택지 외의 택지에서 주택가격 상승 우려가 있어 심의를 거쳐 지정하는 지역에서 공급하는 주택의 경우에는 기준에 따라 산정되는 분양가격 이하로 공급하여야 한다.
③ 공급자의 이윤이 저하되어 주택의 공급이 감소하는 현상이 나타날 수 있다.
④ 주택법령상 사업주체는 분양가상한제 적용주택으로서 공공택지에서 공급하는 주택에 대하여 입주자모집 승인을 받았을 때에는 입주자 모집공고에 택지비, 공사비, 간접비 등에 대하여 분양가격을 공시하여야 한다.
⑤ 주택법령상 사업주체가 일반인에게 공급하는 공동주택 중 공공택지에서 공급하는 도시형생활주택은 분양가상한제를 적용한다.

정답해설

⑤ 주택법령상 도시형생활주택에는 분양가상한제가 적용되지 않는다.

정답 ≫ 09 ② 10 ① 11 ③ / 01 ⑤

02 **A지역 임대아파트의 시장수요함수가 $Q_d = 100 - \frac{1}{2}P$ 이고, 시장공급함수는 $Q_s = 20 + \frac{1}{3}P$ 이다. 정부가 임대료를 시장 균형 임대료에서 36만원을 낮추었을 경우 A지역 임대아파트의 초과 수요량은?** (단, Q_D : 수요량, Q_S : 공급량, P : 임대료, 단위는 천호 및 만원이고, 다른 조건은 불변임)

▸ 2019년 30회

① 30천호
② 32천호
③ 40천호
④ 52천호
⑤ 70천호

정답해설

① 임대료 규제로 인한 초과 수요량은 30천호이다.

1. 균형 임대료의 산정 : 100 − 1/2P = 20 + 1/3P, P = 96만원
2. 정부의 규제 임대료 : 96만원 − 36만원 = 60만원
3. 규제 임대료 수준에서의 수요량 : 100 − 1/2 × 60 = 70
4. 규제 임대료 수준에서의 공급량 : 20 + 1/3 × 60 = 40

03 **분양가상한제로 인해 발생할 수 있는 문제점과 그 보완책을 연결한 것으로 옳지 않은 것은?**

▸ 2022년 33회

① 분양주택의 질 하락 - 분양가상한제의 기본 건축비 현실화
② 분양주택 배분 문제 - 주택청약제도를 통한 분양
③ 분양프리미엄 유발 - 분양주택의 전매제한 완화
④ 신규주택 공급량 감소 - 공공의 저렴한 택지 공급
⑤ 신규주택 공급량 감소 - 신규주택건설에 대한 금융지원

정답해설

③ 분양가상한제가 실시되면 분양을 받는 사람은 주변 시가보다 낮은 가격으로 주택을 분양받게 된다. 따라서 주변 시가와의 차이로 발생하는 가격상승의 이익, 즉 분양프리미엄을 갖기 위해 분양 투기가 발생한다. 이 경우 정부는 분양주택의 전매제한을 강화하여 분양 투기를 억제하고자 한다.

주제 부동산 조세 정책

01 양도소득세의 과세대상인 양도소득에 속하지 않는 것은? ▸ 2018년 29회

① 지상권의 양도로 발생하는 소득
② 전세권의 양도로 발생하는 소득
③ 지역권의 양도로 발생하는 소득
④ 등기된 부동산임차권의 양도로 발생하는 소득
⑤ 부동산을 취득할 수 있는 권리의 양도로 발생하는 소득

정답해설

③ 양도소득세 과세대상은 열거주의를 선택하고 있다. 지역권의 양도로 인한 소득은 양도소득세의 대상에 포함되지 않는다. (해설에 양도소득세의 대상이 되는 소득을 표시하지 않았습니다.)

02 부동산 보유과세와 관련된 내용으로 옳지 않은 것은? ▸ 2017년 28회

① 종합부동산세는 인별 과세이고 누진세율을 채택하고 있다.
② 토지에 대한 종합부동산세는 종합합산과세대상인 경우에는 국내에 소재하는 해당 과세대상토지의 공시가격을 합한 금액이 3억원을 초과하는 자는 종합부동산세를 납부할 의무가 있다.
③ 종합부동산세는 조세부담의 형평성을 제고하고 가격안정을 도모하기 위해 도입되었다.
④ 종합부동산세는 주택에 대한 종합부동산세와 토지에 대한 종합부동산세의 세액을 합한 금액을 그 세액으로 한다.
⑤ 종합부동산세의 과세기준일은 재산세의 과세기준일로 한다.

정답해설

② 토지에 대한 종합부동산세는 종합합산과세대상인 경우에는 국내에 소재하는 해당 과세대상토지의 공시가격을 합한 금액이 5억원을 초과하는 자는 종합부동산세를 납부할 의무가 있다.

정답 > 02 ① 03 ③ / 01 ③ 02 ②

03 부동산 조세에 관한 설명으로 옳지 않은 것은? ▸ 2017년 28회

① 재산세나 종합부동산세는 과세관청이 세액을 산정하여 납세의무자에게 교부하여 징수하는 세금인 반면, 상속세나 양도소득세는 납세의무자가 과세관청에 신고를 통해 납부하는 세금이다.

② 자본이득에 과세하는 양도소득세의 경우 소유자가 자산을 계속 보유함으로써 시장에서 자산거래가 위축되는 동결효과(lock－in effect)가 발생할 수 있다.

③ 토지분 재산세의 과세대상 중 공장용지·전·답·과수원·목장용지와 같이 생산활동에 이용되는 토지는 별도 합산하여 과세한다.

④ 취득세의 납세의무자는 사실상 취득자이다.

⑤ 양도소득세의 양도가액은 원칙적으로 그 자산의 양도 당시의 양도자와 양수자 간에 실제로 거래한 가액에 따른다.

정답해설

③ 공장용지·전·답·과수원 및 목장용지로서 대통령령으로 정하는 토지는 분리과세대상이다.

04 부동산 관련 조세는 과세주체 또는 과세권자에 따라 국세와 지방세로 구분된다. 이 기준에 따라 동일한 유형으로 분류된 것은? ▸ 2020년 31회

① 취득세, 상속세, 증여세
② 종합부동산세, 증여세, 취득세
③ 등록면허세, 소득세, 부가가치세
④ 소득세, 상속세, 재산세
⑤ 취득세, 등록면허세, 재산세

정답해설

⑤ 취득세, 등록면허세, 재산세는 모두 지방세이다.
1. 국세 : 종합부동산세, 양도소득세, 상속세, 증여세, 소득세, 부가가치세
2. 지방세 : 취득세, 등록면허세, 재산세

05 부동산 조세에 관한 설명으로 옳지 않은 것은? (단, 주어진 조건에 한함) ▸ 2019년 30회

① 종합부동산세와 재산세의 과세대상은 일치한다.
② 조세의 귀착 문제는 수요와 공급의 상대적 탄력성에 달려 있다.
③ 임대주택에 재산세가 강화되면 장기적으로 임차인에게 전가될 수 있다.
④ 부동산조세는 자원을 재분배하는 기능이 있다.
⑤ 주택에 보유세가 중과되면 자가소유 수요가 감소할 수 있다.

정답해설

① 재산세의 과세대상 중 토지와 주택이 종합부동산세의 과세 대상이 된다. 따라서 과세대상이 일치하지 않는다.

1. 재산세 과세대상 : 토지, 건축물, 주택, 항공기, 선박
2. 종합부동산세 과세대상 : 토지, 주택

06 우리나라의 부동산 조세제도에 관한 설명으로 옳지 않은 것은?

▸ 2021년 32회

① 양도소득세와 취득세는 신고납부방식이다.

② 취득세와 증여세는 부동산의 취득단계에 부과한다.

③ 양도소득세와 종합부동산세는 국세에 속한다.

④ 상속세와 증여세는 누진세율을 적용한다.

⑤ 종합부동산세와 재산세의 과세기준일은 매년 6월 30일이다.

정답해설

⑤ 종합부동산세와 재산세의 과세기준일은 매년 6월 1일이다.

07 다음 설명에 모두 해당하는 부동산 조세는?

▸ 2022년 33회

- 시 · 군 · 구세, 특별자치시(도)세
- 과세대상에 따라 누진세율 또는 단일세율 적용
- 보통징수 방식

① 종합부동산세 ② 양도소득세 ③ 취득세

④ 등록면허세 ⑤ 재산세

정답해설

⑤ 재산세가 모두 해당한다. 부동산 조세 중에 정부가 부과하고 징수하는 세금은 재산세와 종합부동산세이다. 이 점에 착안하여 선택하는 것이 요령이다.

정답 ≫ 03 ③ 04 ⑤ 05 ① 06 ⑤ 07 ⑤

08 **우리나라의 부동산조세정책에 관한 설명으로 옳은 것을 모두 고른 것은?** ▸ 2023년 34회

ㄱ. 부가가치세와 등록면허세는 국세에 속한다.
ㄴ. 재산세와 상속세는 신고납부방식이다.
ㄷ. 증여세와 재산세는 부동산의 보유단계에 부과한다.
ㄹ. 상속세와 증여세는 누진세율을 적용한다.

① ㄹ
② ㄱ, ㄹ
③ ㄴ, ㄷ
④ ㄱ, ㄴ, ㄷ
⑤ ㄱ, ㄴ, ㄹ

정답해설

① ㄹ이 옳은 지문이다.

오답해설

ㄱ. 부가가치세는 국세이고, 등록면허세는 지방세이다.
ㄴ. 재산세는 부과징수방식이고, 상속세는 신고납부방식이다.
ㄷ. 증여세는 취득단계에 부과하는 세금이고, 재산세는 보유단계에 부과하는 세금이다.

09 **지방세법령상 토지에 관한 재산세 과세대상 중 별도합산과세대상인 것은?** ▸ 2024년 35회

① 공장용지 · 전 · 답 · 과수원 및 목장용지로서 대통령령으로 정하는 토지
② 국가 및 지방자치단체 지원을 위한 특정목적 사업용 토지로서 대통령령으로 정하는 토지
③ 국토의 효율적 이용을 위한 개발사업용 토지로서 대통령령으로 정하는 토지
④ 산림의 보호육성을 위하여 필요한 임야 및 종중 소유 임야로서 대통령령으로 정하는 임야
⑤ 철거 · 멸실된 건축물 또는 주택의 부속토지로서 대통령령으로 정하는 부속토지

정답해설

⑤ 실제 시험에서는 버리는 문제입니다. 해설은 참고만 하십시오.

1. 종합합산과세대상 : 별도합산과세대상 또는 분리과세대상이 되는 토지를 제외한 토지
2. 별도합산과세대상

가. 공장용 건축물의 부속토지 등 대통령령으로 정하는 건축물의 부속토지
나. 차고용 토지, 보세창고용 토지, 시험 · 연구 · 검사용 토지, 물류단지시설용 토지 등 공지상태(空地狀態)나 해당 토지의 이용에 필요한 시설 등을 설치하여 업무 또는 경제활동에 활용되는 토지로서 대통령령으로 정하는 토지
다. 철거 · 멸실된 건축물 또는 주택의 부속토지로서 대통령령으로 정하는 부속토지

3. 분리과세대상

가. 공장용지 · 전 · 답 · 과수원 및 목장용지로서 대통령령으로 정하는 토지
나. 산림의 보호육성을 위하여 필요한 임야 및 종중 소유 임야로서 대통령령으로 정하는 임야
다. 골프장용 토지와 같은 항에 따른 고급오락장용 토지로서 대통령령으로 정하는 토지
라. 공장의 부속토지로서 개발제한구역의 지정이 있기 이전에 그 부지취득이 완료된 곳으로서 대통령령으로 정하는 토지
마. 국가 및 지방자치단체 지원을 위한 특정목적 사업용 토지로서 대통령령으로 정하는 토지
바. 에너지 · 자원의 공급 및 방송 · 통신 · 교통 등의 기반시설용 토지로서 대통령령으로 정하는 토지
사. 국토의 효율적 이용을 위한 개발사업용 토지로서 대통령령으로 정하는 토지
아. 그 밖에 지역경제의 발전, 공익성의 정도 등을 고려하여 분리과세하여야 할 타당한 이유가 있는 토지로서 대통령령으로 정하는 토지

10 **지방세기본법상 부동산 관련 조세 중 시 · 군세(광역시의 군세 포함)에 해당하는 것으로 옳게 묶인 것은?** ▸ 2024년 35회

① 취득세, 지방소득세
② 재산세, 지방소비세
③ 재산세, 지방소득세
④ 취득세, 등록면허세
⑤ 등록면허세, 지방소비세

정답해설

③ 행정학에서 자주 출제되는 내용이나, 우리 시험에서는 버리는 문제입니다. 해설은 참고만 하십시오.

구분	도		특별시, 광역시	
	도세	시/군세	특별(광역)시세	구세
보통세	· 취득세 · 등록면허세 · 지방소비세 · 레저세	· 재산세 · 지방소득세 · 주민세 · 자동차세 · 담배소비세	· 취득세 · 지방소비세 · 지방소득세 · 주민세 · 자동차세 · 담배소비세 · 레저세	· 재산세 · 등록면허세
목적세	· 지역자원시설세 · 지방교육세		· 지역자원시설세 · 지방교육세	

정답 > 08 ① 09 ⑤ 10 ③

11 **A지역 주택시장의 시장수요함수는 $2Q_D = 200 - P$이고 시장공급함수는 $3Q_S = 60 + P$이다.** (Q_D : 수요량, Q_S : 공급량, P : 가격, 단위는 만호, 만원임) **정부가 부동산거래세를 수요 측면에 단위당 세액 10만원의 종량세의 형태로 부과하는 경우에 A지역 주택시장 부동산거래세의 초과 부담은?** (단, 다른 조건은 동일함) ▸ 2020년 31회

① 8억원 ② 10억원 ③ 12억원
④ 20억원 ⑤ 24억원

정답해설

② 종량세 부과로 인한 초과 부담(사회적 손실)은 10억원이다.

1. 조세를 부과하기 전의 균형 거래량
   1) 수요자 가격(200 − 2Q) = 공급자 가격(−60 + 3Q), Q = 52
   2) 균형거래량(Q_E) : 52만호
2. 조세를 부과로 인한 거래량 감소
   1) (200 − 2Q) − (−60 + 3Q) = 10(조세), Q = 50
   2) 감소되는 거래량 : 2만호
3. 사회적 손실(▶) : (10만 × 2만호) / 2 = 10억원

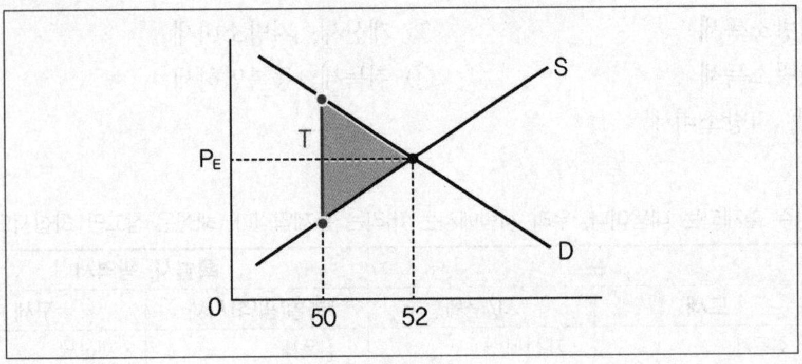

12 **A지역 주택시장의 시장수요함수는 $Q_D = -2P + 2{,}400$이고 시장공급함수는 $Q_S = 3P - 1{,}200$이다. 정부가 부동산거래세를 공급측면에 단위당 세액 20만원의 종량세 형태로 부과하는 경우에 A지역 주택시장의 경제적 순손실은?** (단, Q_D : 수요량, Q_S : 공급량, P : 가격, 단위는 만호, 만원이며, 다른 조건은 동일함) ▸ 2022년 33회

① 60억원 ② 120억원
③ 240억원 ④ 360억원
⑤ 480억원

정답해설

③ 조세부과로 인한 경제적 순손실은 240억원이다.

1. 조세를 부과하기 전의 균형 거래량

   1) 수요자 가격$(1,200 - \frac{1}{2}Q)$ = 공급자 가격$(400 + \frac{1}{3}Q)$, Q = 960

   2) 균형 거래량(Q_E) : 960만호

2. 조세의 부과로 인한 거래량 감소

   1) $(1,200 - \frac{1}{2}Q) - (400 + \frac{1}{3}Q) = 20$(조세), Q = 936

   2) 감소되는 거래량 : 24만호

3. 사회적 손실(▶) : (20만 × 24만호) / 2 = 240억원

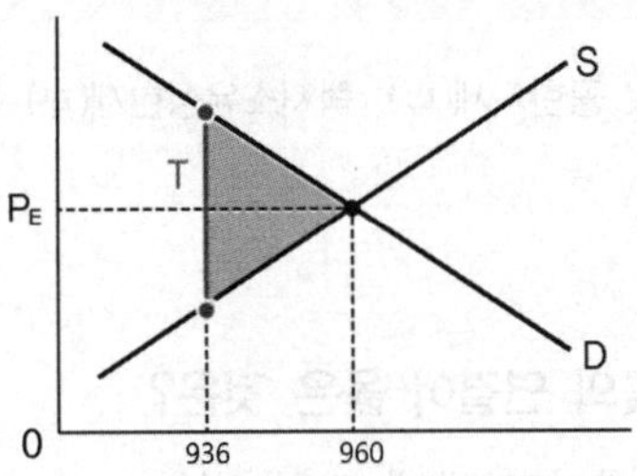

주제 우리나라의 다양한 정책

01 현재 우리나라에서 시행 중인 부동산 정책이 아닌 것은? ▸ 2018년 29회

① 토지거래허가제 ② 실거래가신고제
③ 개발이익환수제 ④ 분양가상한제
⑤ 택지소유상한제

정답해설

⑤ 택지소유상한제는 현재 폐지된 정책이다(1998년 헌법불합치로 폐지됨).

정답 ≫ 11 ② 12 ③ / 01 ⑤

02 우리나라에서 현재(2020.3.7.) 시행하지 않는 부동산 정책을 모두 고른 것은? ▸ 2020년 31회

ㄱ. 종합토지세	ㄴ. 공한지세
ㄷ. 토지거래허가제	ㄹ. 택지소유상한제
ㅁ. 분양가상한제	ㅂ. 개발이익환수제
ㅅ. 실거래가신고제	ㅇ. 부동산실명제

① ㄱ, ㄴ, ㄹ ② ㄱ, ㅁ, ㅂ
③ ㄱ, ㅂ, ㅅ ④ ㄴ, ㄷ, ㅁ
⑤ ㄹ, ㅅ, ㅇ

정답해설

① 시행되지 않는 정책은 종합토지세(ㄱ), 공한지세(ㄴ), 택지소유상한제(ㄹ) 등이다.

03 우리나라의 부동산제도와 근거법률의 연결이 옳은 것은? ▸ 2021년 32회

① 토지거래허가제 -「부동산 거래신고 등에 관한 법률」
② 검인계약서제 -「부동산등기법」
③ 토지은행제 -「공익사업을 위한 토지 등의 취득 및 보상에 관한 법률」
④ 개발부담금제 -「재건축 초과이익 환수에 관한 법률」
⑤ 분양가상한제 -「건축물의 분양에 관한 법률」

정답해설

① 옳은 연결이다. 부동산 실거래가 신고제도, 토지거래허가제도 및 선매제도는 모두 "부동산 거래신고 등에 관한 법률"에 근거한다.

오답해설

② 검인계약서제 - "부동산등기 특별조치법 제3조(계약서 등의 검인에 대한 특례)" 계약을 원인으로 소유권이전등기를 신청할 때에는 계약서에 검인신청인을 표시하여 부동산의 소재지를 관할하는 시장·군수 또는 그 권한의 위임을 받은 자의 검인을 받아 관할등기소에 이를 제출하여야 한다.
③ 토지은행제(토지비축제도) - "공공토지의 비축에 관한 법률"
④ 개발부담금제 - "개발이익 환수에 관한 법률"
⑤ 분양가상한제 - "주택법 제57조(주택의 분양가격 제한 등)" 사업주체가 일반인에게 공급하는 공동주택 중 다음 어느 하나에 해당하는 지역에서 공급하는 주택의 경우에는 이 조에서 정하는 기준에 따라 산정되는 분양가격 이하로 공급하여야 한다.

> 1. 공공택지
> 2. 공공택지 외의 택지에서 주택가격 상승 우려가 있어 주거정책심의위원회의 심의를 거쳐 지정하는 지역

04 다음 중 부동산 시장과 부동산 정책에 관한 설명으로 옳은 것은 몇 개인가? ▸ 2021년 32회

- 부동산 정책이 자원배분의 비효율성을 오히려 악화시키는 것을 시장의 실패라 한다.
- 법령상 도입순서를 비교하면 부동산거래신고제는 부동산실명제보다 빠르다.
- 개발행위허가제와 택지소유상한제는 현재 시행되고 있는 제도이다.
- 분양가상한제와 개발부담금제는 정부가 직접적으로 부동산 시장에 개입하는 정책수단이다.
- PIR(Price to Income Ratio)은 가구의 주택지불능력을 측정하는 지표이다.

① 없음 ② 1개 ③ 2개
④ 3개 ⑤ 4개

정답해설

② 옳은 지문은 1개이다.

- 가구소득 대비 주택가격비율(PIR; Price to Income Ratio)은 중위 주택가격을 가구의 중위 소득으로 나눈 비율이다. PIR은 주택가격의 적정성을 측정하는 지표 또는 가구의 주택지불능력을 측정하는 지표이다.

$$\text{PIR} = \frac{\text{중위 주택가격}}{\text{중위 소득}}$$

오답해설

- 부동산 정책이 자원배분의 비효율성을 오히려 악화시키는 것은 정부실패라 한다.
- 법령상 도입순서는 부동산실명제(1995년)가 부동산거래신고제(2006년)보다 빠르다.
- 택지소유상한제는 현재 폐지된 제도이다.
- 분양가상한제는 정부의 직접개입수단이나, 개발부담금제는 정부의 간접개입수단이다.

정답 > 02 ① 03 ① 04 ②

05 **부동산 정책에 관한 설명으로 옳지 않은 것은?** ▸2016년 27회

① 부동산 정책이란 바람직한 부동산 활동을 유도하기 위한 목표설정과 이를 달성하기 위한 각종 부동산대책의 결정 및 운용에 관한 정부의 공적인 계획이나 실행행위를 말한다.

② 부동산 거래신고제도는 부동산 거래신고 등에 관한 법령에 따라 거래당사자가 부동산 등에 관한 매매계약을 체결한 경우 그 실제 매매가격 등을 거래계약 후 잔금일로부터 60일 이내에 그 부동산 등의 소재지를 관할하는 시장・군수 또는 구청장에게 공동 또는 예외적인 경우 단독으로 신고하게 하여 건전하고 투명한 부동산거래질서를 확립하여 국민경제에 이바지함을 목적으로 한다.

③ 개발제한구역의 지정 및 관리에 관한 특별조치법령상 국토교통부장관은 국방부장관의 요청으로 보안상 도시의 개발을 제한할 필요가 있다고 인정되면 개발제한구역의 지정 및 해제를 도시・군관리계획으로 결정할 수 있다.

④ 지적재조사사업은 공간정보의 구축 및 관리 등에 관한 법령에 따라 지적공부의 등록사항을 조사・측량하여 기존의 지적공부를 디지털에 의한 새로운 지적공부로 대체함과 동시에 지적공부의 등록사항이 토지의 실제 현황과 일치하지 아니하는 경우 이를 바로 잡기 위하여 실시하는 국가사업으로 국토를 효율적으로 관리함과 아울러 국민의 재산권 보호에 기여함을 목적으로 한다.

⑤ 산지관리법령상 국가나 지방자치단체는 산지전용・일시사용제한지역의 지정목적을 달성하기 위하여 필요하면 산지소유자와 협의하여 산지전용・일시사용제한지역의 산지를 매수할 수 있다.

정답해설

② 부동산 거래 신고는 계약체결일로부터 30일 이내에 시장・군수 또는 구청장에게 신고하여야 한다.

■ 「부동산 거래신고 등에 관한 법률」 제3조(부동산 거래의 신고)

① 거래당사자는 매매 계약 등을 체결한 경우 그 실제 거래가격 등 대통령령으로 정하는 사항을 거래계약의 체결일부터 30일 이내에 그 권리의 대상인 부동산 등의 소재지를 관할하는 시장・군수 또는 구청장에게 공동으로 신고하여야 한다. 다만, 거래당사자 중 일방이 국가, 지방자치단체, 대통령령으로 정하는 자의 경우(이하 "국가 등"이라 한다)에는 국가 등이 신고를 하여야 한다.

06 국토의 계획 및 이용에 관한 법령상 현재 지정될 수 있는 용도지역을 모두 고른 것은?

▸ 2021년 32회

ㄱ. 준상업지역	ㄴ. 준주거지역
ㄷ. 준공업지역	ㄹ. 준농림지역

① ㄱ, ㄴ ② ㄴ, ㄷ
③ ㄷ, ㄹ ④ ㄱ, ㄴ, ㄷ
⑤ ㄴ, ㄷ, ㄹ

정답해설

② 준주거지역(ㄴ), 준공업지역(ㄷ)은 지정가능한 용도지역이다.
1. 주거지역 : 전용주거지역, 일반주거지역, 준주거지역
2. 상업지역 : 중심상업지역, 일반상업지역, 근린상업지역, 유통상업지역
3. 공업지역 : 전용공업지역, 일반공업지역, 준공업지역
4. 녹지지역 : 보전녹지지역, 생산녹지지역, 자연녹지지역

07 토지정책에 관한 설명으로 옳은 것은?

▸ 2019년 30회

① 토지정책수단 중 토지비축제도, 토지수용, 금융지원, 보조금 지급은 간접개입방식이다.
② 개발부담금제는 개발이 제한되는 지역의 토지소유권에서 개발권을 분리하여 개발이 필요한 다른 지역에 개발권을 양도할 수 있도록 하는 제도이다.
③ 토지선매에 있어 시장·군수·구청장은 토지거래계약허가를 받아 취득한 토지를 그 이용목적대로 이용하고 있지 아니한 토지에 대해서 선매자에게 강제로 수용하게 할 수 있다.
④ 개발권양도제는 개발사업의 시행으로 이익을 얻은 사업시행자로부터 개발이익의 일정액을 환수하는 제도이다.
⑤ 토지적성평가제는 토지에 대한 개발과 보전의 경합이 발생했을 때 이를 합리적으로 조정하는 수단이다.

정답해설

⑤ 옳은 지문이다.

오답해설

① 토지비축제도와 토지수용은 직접개입방식이고, 금융지원과 보조금 지급은 간접개입방식이다.
② 개발권양도제도에 대한 설명이다.
③ 토지를 선매하는 방식은 협의 매수이다. 강제적 취득인 수용 방식은 선매자에게 허용되지 않는다.
④ 개발부담금 제도에 대한 설명이다.

정답 ≫ 05 ② 06 ② 07 ⑤

08 **우리나라의 부동산 정보 관리정책에 관한 설명으로 옳은 것은?** ▸ 2019년 30회

① 부동산거래 계약과 신고 등에 관한 정보체계 구축의 법적 근거는 「공간정보의 구축 및 관리 등에 관한 법률」이다.

② 국토교통부장관 또는 시장 · 군수 · 구청장은 정보의 관리를 위하여 관계 행정기관이나 그 밖에 필요한 기관에 필요한 자료를 요청할 수 있으며, 이 경우 관계 행정기관 등은 특별한 사유가 없으면 요청에 따라야 한다.

③ 광역시장 · 도지사는 적절한 부동산 정책의 수립 및 시행을 위하여 부동산 거래상황, 외국인 부동산 취득현황, 부동산 가격 동향 등에 관한 정보를 종합적으로 관리하고, 이를 관련 기관 · 단체 등에 제공해야 한다.

④ 광역시장 · 도지사는 효율적인 정보의 관리 및 국민편의 증진을 위하여 대통령령으로 정하는 바에 따라 부동산거래의 계약 · 신고 · 허가 · 관리 등의 업무와 관련된 정보체계를 구축 · 운영해야 한다.

⑤ 국토교통부장관은 정보체계에 구축되어 있는 정보를 수요자에게 제공할 수 있으며, 이 경우 제공하는 정보의 종류와 내용을 제한할 수 없다.

정답해설

② 옳은 지문이다.

■ 부동산 정책 관련 자료 등 종합관리(부동산 거래신고 등에 관한 법률 제24조)

① 국토교통부장관 또는 시장 · 군수 · 구청장은 적절한 부동산정책의 수립 및 시행을 위하여 부동산 거래상황, 주택 임대차 계약상황, 외국인 부동산 취득현황, 부동산 가격 동향 등 이 법에 규정된 사항에 관한 정보를 종합적으로 관리하고, 이를 관련 기관 · 단체 등에 제공할 수 있다.

② 국토교통부장관 또는 시장 · 군수 · 구청장은 정보의 관리를 위하여 관계 행정기관이나 그 밖에 필요한 기관에 필요한 자료를 요청할 수 있다. 이 경우 관계 행정기관 등은 특별한 사유가 없으면 요청에 따라야 한다.

■ 부동산정보체계의 구축 · 운영(부동산 거래신고 등에 관한 법률 제25조)

국토교통부장관은 효율적인 정보의 관리 및 국민편의 증진을 위하여 대통령령으로 정하는 바에 따라 부동산 거래 및 주택 임대차의 계약 · 신고 · 허가 · 관리 등의 업무와 관련된 정보체계를 구축 · 운영할 수 있다.

오답해설

① 부동산 거래신고 등에 관한 법률에 근거한다.
③ 광역시장 · 도지사 ⇨ 국토교통부장관 또는 시장 · 군수 · 구청장
④ 광역시장 · 도지사 ⇨ 국토교통부장관
⑤ 국토교통부장관은 정보의 종류와 내용을 제한할 수 있다.

09 **부동산 거래신고 등에 관한 법률상 옳지 않은 것은?** ▸ 2020년 31회

① 거래당사자 중 일방이 지방자치단체인 경우에는 지방자치단체가 신고를 하여야 한다.
② 공동으로 중개한 경우에는 해당 개업공인중개사가 공동으로 신고하여야 하며, 일방이 신고를 거부한 경우에는 단독으로 신고할 수 있다.
③ 거래당사자는 그 실제 거래가격 등을 거래계약의 체결일부터 30일 이내에 공동으로 신고해야 한다.
④ 누구든지 개업공인중개사에게 부동산 거래의 신고를 하지 아니하게 하거나 거짓으로 신고하도록 요구하는 행위를 하여서는 아니 된다.
⑤ 거래당사자가 부동산의 거래신고를 한 후 해당 거래계약이 취소된 경우에는 취소가 확정된 날부터 60일 이내에 해당 신고관청에 공동으로 신고하여야 한다.

정답해설

⑤ 거래당사자는 취소가 확정된 날부터 30일 이내에 해당 신고관청에 공동으로 신고하여야 한다.

■ 부동산 거래의 신고(부동산 거래신고 등에 관한 법률 제3조)
① 거래당사자는 매매 계약 등을 체결한 경우 그 실제 거래가격 등 대통령령으로 정하는 사항을 거래계약의 체결일부터 30일 이내에 그 권리의 대상인 부동산등의 소재지를 관할하는 시장·군수 또는 구청장에게 공동으로 신고하여야 한다. 다만, 거래당사자 중 일방이 국가, 지방자치단체, 대통령령으로 정하는 자의 경우(이하 "국가등"이라 한다)에는 국가등이 신고를 하여야 한다.
■ 부동산 거래의 해제등 신고(부동산 거래신고 등에 관한 법률 제3조의2)
① 거래당사자는 신고한 후 해당 거래계약이 해제, 무효 또는 취소(이하 "해제등"이라 한다)된 경우 해제등이 확정된 날부터 30일 이내에 해당 신고관청에 공동으로 신고하여야 한다. 다만, 거래당사자 중 일방이 신고를 거부하는 경우에는 국토교통부령으로 정하는 바에 따라 단독으로 신고할 수 있다.

10 **도시 및 주거환경정비법령상 다음에 해당하는 정비사업은?** ▸ 2023년 34회

도시저소득 주민이 집단거주하는 지역으로서 정비기반시설이 극히 열악하고 노후·불량건축물이 과도하게 밀집한 지역의 주거환경을 개선하거나 단독주택 및 다세대주택이 밀집한 지역에서 정비기반시설과 공동이용시설 확충을 통하여 주거환경을 보전·정비·개량하기 위한 사업

① 도시환경정비사업
② 주거환경개선사업
③ 주거환경관리사업
④ 가로주택정비사업
⑤ 재정비촉진사업

정답해설

② 주거환경개선사업에 대한 설명이다.

정답 > 08 ② 09 ⑤ 10 ②

11 **빈집 및 소규모주택 정비에 관한 특례법상 소규모주택정비사업에 해당하지 않는 것은?**

▸ 2024년 35회

① 빈집정비사업　　② 자율주택정비사업
③ 가로주택정비사업　　④ 소규모재건축사업
⑤ 소규모재개발사업

정답해설

① 빈집정비사업은 소규모주택정비사업과 별도의 사업이다.

1. 빈집 및 소규모주택 정비에 관한 특례법은 1)빈집정비사업과 2)소규모주택정비사업을 규정하고 있다.
   1) 빈집정비사업 : 빈집을 개량 또는 철거하거나 효율적으로 관리 또는 활용하기 위한 사업을 말한다.
   2) 소규모주택정비사업 : 노후 · 불량건축물의 밀집 등 대통령령으로 정하는 요건에 해당하는 지역 또는 가로구역에서 시행하는 다음 각 목의 사업을 말한다.

가. 자율주택정비사업 : 단독주택, 다세대주택 및 연립주택을 스스로 개량 또는 건설하기 위한 사업
나. 가로주택정비사업 : 가로구역에서 종전의 가로를 유지하면서 소규모로 주거환경을 개선하기 위한 사업
다. 소규모재건축사업 : 정비기반시설이 양호한 지역에서 소규모로 공동주택을 재건축하기 위한 사업
라. 소규모재개발사업 : 역세권 또는 준공업지역에서 소규모로 주거환경 또는 도시환경을 개선하기 위한 사업

정답 ≫ 11 ①

PART

05

투자론

PART 05

투자론

제1장 부동산 투자의 수익과 위험

▸ 29회, 30회, 31회, 34회, 35회 기출

1. 부동산 투자의 이해
2. 부동산 투자의 수익
3. 부동산 투자의 위험

1 부동산 투자의 이해

(1) 투자의 의미

① '투자(investment)'란 장래 불확실한 수익을 목적으로 자금을 투입하는 행위이다.

② '투자'란 장래 불확실한 수익을 목적으로 확실한 현재의 소비를 희생 또는 교환하는 행위이다.

③ 투자의 2가지 요소

1. 수익 : 부동산 투자는 수익을 목적으로 하는 행위이다.
2. 위험 : 투자의 수익은 장래에 발생한다는 점에서 투자에는 항상 불확실성 또는 위험이 존재한다.

(2) 부동산 투자의 성격 **

① 부동산 투자의 장점

㉠ 자본이득(부동산 처분으로 발생하는 가격상승의 이득)과 함께 소득이득(보유기간 발생하는 임대소득)을 획득할 수 있다.

㉡ 지렛대 효과를 통해 높은 수익을 얻을 수 있다.

㉢ 감가상각비, 이자 비용 등에 대한 절세 효과가 있다.

▸▸ 기출 부동산 투자에는 원금과 이자에 대한 감세 효과를 누릴 수 있다. (×)

㉣ 인플레이션 헷지(inflationary hedge) 또는 구매력을 보호할 수 있는 수단이 된다.

② 부동산 투자의 단점

㉠ 현금으로 부동산을 투자하는 것은 쉽지만, 부동산을 다시 현금으로 교환하는 과정이 쉽지 않다. 즉 유동성, 환가성 또는 환금성이 낮다.

㉡ 거래비용이 높고 정부 통제와 규제가 많다.

2 부동산 투자의 수익

(1) 투자의 성과 측정

① 부동산 투자에 대한 성과는 투자를 통해 얻은 수익과 투자를 위해 투입된 비용을 비교함으로써 측정할 수 있다. 성과를 측정하는 대표적인 지표로 '수익률'과 '지분수익률'이 있다.

② 수익률(rate of return)

$$수익률 = \frac{수익}{투자금액}$$

㉠ 투자금액에 대한 수익의 비율을 '수익률'이라고 한다.

㉡ 실무적으로 투자의 성과는 순영업소득으로 측정하며, 부동산 가격의 변화가 있다면 부동산 가격의 증감을 포함하여 측정하여야 한다.

▸▸ 기출 총투자수익률은 총투자액을 순영업소득으로 나눈 비율이다. (×)

③ 지분수익률

$$지분수익률 = \frac{지분수익}{지분투자금액}$$

㉠ 지분투자금액에 대한 지분수익의 비율을 '지분수익률'이라고 한다.

㉡ 지분투자금액은 총투자금액에서 타인자본(대출금액)을 공제한 금액인 자기자본을 의미한다.

㉢ 실무적으로 지분수익은 세전현금수지 또는 세후현금수지로 측정한다. 또한 부동산 가격의 변화가 있다면 부동산 가격의 증감을 포함하여 측정하여야 한다.

▸▸ 기출 지분수익률은 총투자금액에 대한 지분수익의 비율을 의미한다. (×)

▸▸ 기출 지분투자수익률은 세후현금흐름을 지분투자액으로 나눈 비율이다. (O)

✔주의
결국 투자수익률보다 은행이 적게 가져가는 경우에 정(+)의 지렛대 효과는 발생한다.

▸▸ 기출 정(+)의 레버리지효과는 총자본수익률(종합수익률)이 저당수익률보다 높을 때 발생한다. (O)

▸▸ 기출 자기자본 기대수익률이 차입이자율보다 높으면 차입을 통해서 정(+)의 지렛대 효과(leverage effect)가 발생했다고 볼 수 있다. (O)

▸▸ 기출 총투자수익률에서 지분투자수익률을 차감하여 정(+)의 수익률이 나오는 경우에는 정(+)의 레버리지가 발생한다. (×)

▸▸ 기출 부동산 소유권을 취득하는 지분투자자가 지렛대 효과를 이용하면 투자의 위험을 낮출 수 있다. (×)

(2) 지렛대 효과 *

① 좋은 조건의 타인 자본을 사용할 수 있다면 지분수익률을 증가시킬 수 있다. 타인자본을 이용하여 지분수익률을 변화시키는 효과를 '지렛대 효과(leverage effect)'라고 한다.

② 주택 구입과 관련된 관행 중에 전세를 안고 부동산을 구입하는 것은 지렛대 효과를 기대한 것으로 볼 수 있다.

③ 지렛대 효과의 구분

㉠ 지렛대 효과는 타인 자본의 사용으로 발생하는 지분수익률의 증감 여부에 따라 3가로 구분된다.

1. 정(+)의 지렛대 효과 2. 중립적 지렛대 효과 3. 부(−)의 지렛대 효과

㉡ 정(+)의 지렛대 효과
ⓐ 타인 자본의 사용이 지분수익률을 증가시키는 경우이다.
ⓑ 대출금리가 투자수익률보다 낮은 경우에 발생한다.

㉢ 중립적 지렛대 효과
ⓐ 타인 자본의 사용이 지분수익률의 변화를 주지 않는 경우이다.
ⓑ 대출금리가 투자수익률과 동일한 경우에 발생한다.

㉣ 부(−)의 지렛대 효과
ⓐ 타인 자본의 사용이 지분수익률을 감소시키는 경우이다.
ⓑ 대출금리가 투자수익률보다 높은 경우에 발생한다.

④ 정(+)의 지렛대 효과의 조건

㉠ 은행의 대출을 통해 지분수익률이 증가하기 위해서는 투자로부터 얻은 성과에서 은행이 가져가는 몫을 줄여야 한다. 따라서 투자수익률보다 낮은 이자율로 타인 자본을 이용할 수 있는 경우에만 지분수익률은 증가한다.

㉡ 투자수익률보다 낮은 이자율로 타인 자본을 이용할 수 있다면, 대부비율이 증가할수록 지분수익률은 증가한다.

㉢ 정(+)의 지렛대 효과는 지분수익률을 증가시키지만, 그 결과 투자자가 부담해야 할 위험도 함께 증가한다.

(3) 지렛대 효과 분석

① 기본가정

㉠ 투자수익률 20%를 얻을 수 있는 부동산에 투자하기 위해 은행의 대출을 활용하고자 한다. 대출금리와 대부비율의 변화에 따른 지분수익률의 변화를 분석한다.

㉡ 지렛대 효과 분석의 모형은 다음과 같다.

> 투자수익률
> = (지분비율 × 지분수익률) + (타인자본비율 × 타인자본수익률)

② 대출금리의 변화와 지렛대 효과

㉠ 투자수익률 20%, 대부비율 50%을 적용할 때, 은행의 대출금리의 변화(5%, 10%, 20%, 30%)에 따른 지분수익률은 다음과 같다.

대출금리	계산 과정	지분수익률
5%	20% = (0.5 × A) + (0.5 × 5%)	A = 35%
10%	20% = (0.5 × A) + (0.5 × 10%)	A = 30%
20%	20% = (0.5 × A) + (0.5 × 20%)	A = 20%
30%	20% = (0.5 × A) + (0.5 × 30%)	A = 10%

㉡ 정의 지렛대 효과는 우선 투자를 통해 얻을 수 있는 투자수익률 20% 보다 낮은 금리로 대출을 받는 경우에만 발생한다. 따라서 대출금리가 5%, 10%인 경우에만 지분수익률은 투자수익률보다 높게 측정된다.

㉢ 제시된 표에서 대출금리가 투자수익률보다 낮은 경우라면, 대출금리가 낮을수록 지분수익률은 보다 높게 측정된다.

③ 대부비율의 변화와 지렛대 효과

㉠ 은행의 대출금리 10%를 동일하게 적용하고, 대부비율의 변화(50%, 80%)에 따른 지분수익률은 다음과 같다.

대부비율	계산 과정	지분수익률
50%	20% = (0.5 × A) + (0.5 × 10%)	A = 30%
80%	20% = (0.2 × A) + (0.8 × 10%)	A = 60%

㉡ 대출금리가 투자수익률보다 낮은 경우라면, 대부비율이 올라갈수록 지분수익률은 높게 측정된다.

✔주의

1. 투자수익률
 = 총자본수익률
 = 종합수익률

2. 타인자본수익률
 = 저당수익률
 = 대출금리

3. 타인자본비율
 = 대부비율
 = 차입비율

3 부동산 투자의 위험

(1) 위험(risk)의 의미

① 투자의 수익은 장래에 실현된다는 점에서 항상 불확실하다. 이를 투자의 '불확실성(uncertainty)' 또는 '위험(risk)'이라고 한다.

② 투자에서 예상한 결과와 실제 실현된 결과가 달라질 가능성을 '불확실성' 또는 '위험'이라고 한다.

③ 불확실성과 위험을 학자에 따라 구분하기도 하지만, 일반적으로 재무이론과 투자론에서는 같은 의미로 사용된다.

(2) 위험의 종류 **

① 투자의 위험은 다양한 원인으로 발생한다. 학자들은 위험을 만들어내는 원인을 크게 5가지로 분류하고, 이를 '위험의 종류'라고 한다.

1. 사업상 위험(시장 위험, 운영 위험, 위치적 위험) 2. 금융적 위험 3. 법률적 위험 4. 인플레이션 위험 5. 유동성 위험

▸▸ 기출 부동산 투자사업 자체에서 발생되는 수익성에 관한 위험을 유동성 위험이라고 한다. (×)

▸▸ 기출 이자율위험은 이자율 변동에 의하여 부동산 수익률이 변동하는 것을 말한다. (O)

▸▸ 기출 운영위험이란 사무실의 관리, 근로자의 파업, 영업경비의 변동 등으로 인해 야기될 수 있는 수익성의 불확실성을 폭넓게 지칭하는 개념이다. (O)

② 사업상 위험(business risk)

㉠ 부동산 사업 자체로부터 발생되는 수익성에 관한 위험을 '사업상 위험'이라고 한다.

㉡ 사업상 위험은 다시 시장 위험, 운영 위험, 위치적 위험으로 구분된다.

ⓐ 시장 위험 : 시장의 경기, 인플레이션 등 시장 상황의 변동으로 발생할 수 있는 수익의 불확실성을 의미한다.

ⓑ 운영 위험 : 사무실의 관리, 근로자의 파업, 영업 경비의 변동 등으로 발생할 수 있는 수익의 불확실성을 폭넓게 지칭한다.

ⓒ 위치적 위험 : 외부 환경의 변화로 인한 부동산의 상대적 위치의 변화로 발생하는 수익의 불확실성을 의미한다.

③ 금융적 위험(financial risk)

㉠ 자금 조달과 관련된 투자의 불확실성을 '금융적 위험'이라고 한다.

㉡ 대출금리 등이 변화되면 이자 비용이 증가할 수 있다.

㉢ 타인자본을 활용하면 지렛대 효과를 통해 지분수익을 증가시킬 수 있지만 동시에 위험도 증가한다.

④ 법률적 위험(legal risk)

㉠ 법·제도적 환경의 변화와 관련된 투자의 불확실성을 '법률적 위험'이라고 한다.

㉡ 정부의 정책 변화는 투자의 수익성을 악화시킬 수 있다.

㉢ 조세 개편이나 투기 억제 제도는 투자의 수익성을 악화시킬 수 있다.

⑤ 인플레이션 위험(inflation risk)

㉠ 예상치 못한 인플레이션이 주는 투자의 불확실성을 '인플레이션 위험'이라고 한다.

㉡ 일반 물가상승률에 미치지 못하는 부동산 가격의 상승은 부동산 투자의 수익률을 감소시킨다.

㉢ 변동금리 대출을 선택한 경우에 인플레이션은 이자 부담을 증가시킬 수 있다.

⑥ 유동성 위험(liquidity risk)

㉠ 부동산을 현금으로 전환하는 과정에서 발생하는 시장가치 손실 가능성을 '유동성 위험'이라고 한다.

㉡ 투자자가 원하는 시기에 부동산을 현금화하기 위해서는 상당 부분 가격을 할인해 주어야만 한다.

㉢ 일반적으로 부동산은 유동성이 낮은 투자 대안으로 평가된다.

▸▸ 기출 투자자가 대상 부동산을 원하는 시기에 현금화하지 못할 가능성은 유동성 위험에 해당한다. (O)

(3) 위험의 측정

① 위험은 통계학의 '분산' 또는 '표준편차'로 측정된다.

② 측정된 분산이나 표준편차가 클수록 보다 위험한 투자대안으로 평가된다.

▸▸ 기출 측정된 표준편차가 클수록 보다 안전한 투자대안으로 평가된다. (×)

(4) 위험과 수익의 관계 **

① 위험에 대한 투자자의 태도

㉠ 부동산 투자를 포함한 모든 투자는 위험을 내포하고 있다. 위험에 대한 투자자의 반응은 크게 3가지로 구분된다.

위험 회피형	위험을 싫어하는 태도
위험 중립형	위험에 관심을 두지 않는 태도
위험 추구형	위험을 선호하는 태도

㉡ 대부분의 투자자들은 위험을 싫어한다. 따라서 특별한 언급이 없다면 투자이론은 투자자를 위험 회피형이라고 가정한다.

PART·05

ⓒ 위험 회피형 투자자는 위험을 싫어하는 투자자이다. 따라서 투자의 위험이 예견되면 투자자는 자신이 싫어하는 위험에 대해 보상을 요구하고, 요구한 보상이 주어지는 경우에만 투자를 실행한다.

▸▸ 기출 부동산 투자위험(표준편차)과 기대수익률은 부(−)의 상관관계를 가진다. (×)

② 위험과 수익의 상쇄관계(risk−return trade−off)

㉠ 일반적으로 위험과 수익은 비례(+)관계에 있는데, 이를 '위험과 수익의 비례관계'라고 한다.

㉡ 수익이 높으면 좋은 것이지만, 수익과 위험이 비례관계에 있기 때문에 위험이 함께 상승하면서 두 효과는 상쇄된다. 따라서 수익과 위험의 비례관계를 '수익과 위험의 상쇄관계' 또는 '수익과 위험의 상충관계'라고도 한다.

제2장 투자 결정 이론

▸ 31회, 33회 기출

1. 수익률 기준
2. 평균−분산 지배원리

1 수익률 기준

참고
1. 실현수익률은 기대수익률과 구별된다.
2. 실현수익률은 투자가 이루어진 후에 실제로 달성된 수익을 기준으로 측정되는 역사적 수익률이다.

(1) 기대수익률 **

① 실무에서는 복잡한 위험의 산정 과정을 생략하고 수익률을 통해 간단하게 투자대안을 선택한다. 투자자는 선택 가능한 투자대안들의 수익률을 예측하고 예측된 수익률이 가장 큰 대안을 선택한다.

② 기대수익률의 의미

㉠ 투자대안으로부터 기대되는 수익률을 '기대수익률'이라고 한다.

㉡ 투자로부터 기대되는 수익은 시장상황에 의해 결정되기 때문에 기대수익률은 시장상황에 의해 결정되는 '객관적 수익률'이다.

㉢ 기대수익률은 투자대안으로부터 기대되는 예상 수입과 예상 지출로부터 계산된다. 따라서 기대수익률을 '예상 수익률' 또는 '사전 수익률'이라고도 한다.

③ 기대수익률의 측정

㉠ 기대수익률은 미래 시장상황에 대한 확률과 미래 시장상황에 따른 추정수익률을 가중평균하여 산정한다.

㉡ 기대수익의 평균 또는 수익의 기대치(expected value)

> 수익의 기대치 = Σ(각 상황이 발생될 확률 × 각 상황에서의 추정수익률)
>
> 수익의 기대치($\bar{r}$) = $\sum_{i=1}^{n} r_i \cdot P_i$

(2) **요구수익률 ****

① 기대수익률이 측정되면 기대수익률의 높고 낮음을 판단할 기준이 필요하다. 이 기준으로 활용되는 것이 요구수익률이다.

② 요구수익률의 의미

㉠ 투자자는 투자를 결정할 때, 투자대안으로부터 보장받고자 하는 최소한의 수익률이라는 기준을 가지고 있다. 이를 '요구수익률'이라고 한다.

㉡ 투자자가 투자를 하기 위해서 투자대안에 요구하는 최소한의 수익률을 '요구수익률'이라고 한다.

㉢ 요구수익률은 투자자금의 기회비용을 의미한다.

③ 요구수익률의 구조

> 요구수익률(k) = 무위험률(r_f) + 위험할증률(r_p) + 인플레이션율
>
> ※ 무위험률 : 시간에 대한 대가, 국·공채 수익률
> ※ 위험할증률 : 위험에 대한 보상률

㉠ 요구수익률은 무위험률에 위험할증률을 결합하여 결정된다.

㉡ 무위험률

ⓐ 위험과 상관없이 투자에서 요구되는 자금의 기회비용이다.

ⓑ 무위험률은 이론적으로 화폐의 수요와 공급 등과 같은 일반 경제상황에 의해 결정되어야 하나 실무적으로 예금 이자율이나 국·공채 수익률이 일반적으로 적용된다.

ⓒ 무위험률은 시간에 대한 대가를 의미한다.

▸▸ 기출 요구수익률을 결정하는데 있어 감수해야 하는 위험의 정도에 따라 위험할증률을 더한다. (O)

▸▸ 기출 무위험률의 하락은 투자자의 요구수익률을 상승시키는 요인이다. (×)

▸▸ 기출 요구수익률이란 투자자가 투자하기 위한 최대한의 수익률을 말하는 것으로, 시간에 대한 비용은 고려하지 않는다. (×)

▸▸ 기출 투자자의 개별적인 위험혐오도에 따라 무위험률이 결정된다. (×)

㉢ 위험할증률

ⓐ 투자자가 투자대안의 위험에 대해 요구하는 보상률이다.

ⓑ 위험할증률은 위험에 대한 대가를 의미한다.

㉣ 예상 인플레이션율

ⓐ 인플레이션이 투자에 주는 불확실성을 반영한 부분이다.

ⓑ 인플레이션 위험을 일반 위험과 구분하여 예상 인플레이션율을 별도로 표시하기도 하지만, 인플레이션 위험을 다른 위험에 포함시켜 별도로 표시하지 않는 경우도 있다.

④ 위험과 요구수익률의 관계

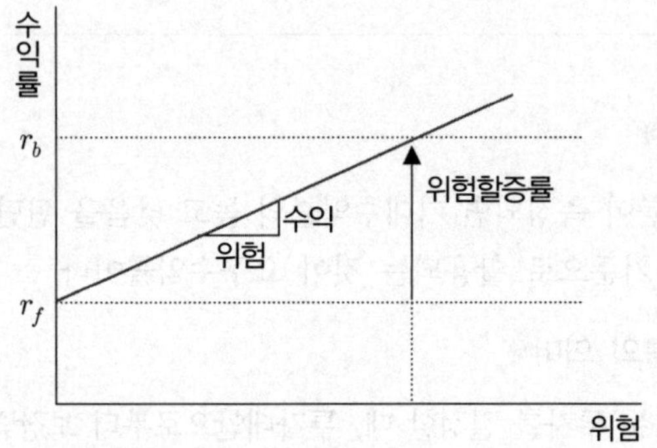

r_b : 투자자의 요구수익률

r_f : 무위험률

⑤ 위험 회피도와 요구수익률

㉠ 위험 회피형 투자자는 위험을 회피하는 정도에 따라 공격적 투자자와 보수적 투자자로 다시 구분된다.

㉡ 위험을 회피하려는 성향이 상대적으로 큰 투자자를 '보수적 투자자'라고 하고, 위험을 회피하려는 성향이 상대적으로 적은 투자자를 '공격적 투자자'라고 한다.

㉢ 위험을 보다 회피하고자 하는 보수적 투자자는 공격적인 투자자에 비해 위험에 대해 보다 많은 보상을 요구한다. 그 결과 보수적 투자자의 위험할증률은 위험 증가에 보다 빠르게 상승한다.

▸▸ 기출 동일한 위험증가에 대해 위험회피형 투자자는 위험추구형 투자자보다 더 높은 수익률을 요구하게 된다. (O)

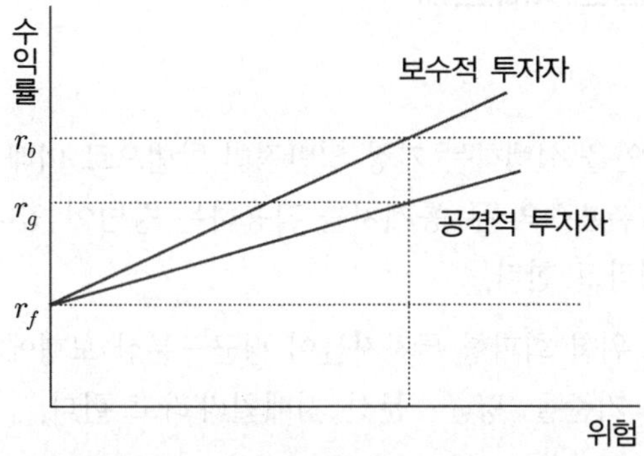

r_b : 보수적 투자자의 요구수익률
r_g : 공격적 투자자의 요구수익률

(3) 기대수익률과 요구수익률의 관계

① 투자의 의사결정

㉠ 투자자는 투자대안으로부터 예상되는 기대수익률이 투자자의 요구수익률보다 큰 대안을 선택한다.

기대수익률 > 요구수익률	투자 대안을 선택
기대수익률 < 요구수익률	투자 대안을 기각

㉡ 만약 기대수익률이 요구수익률보다 큰 대안이 여럿 존재한다면 그 중 기대수익률이 가장 큰 대안을 선택하는 것이 부를 극대화할 수 있다.

② 기대수익률과 요구수익률의 관계

㉠ 기대수익률과 요구수익률은 단기적으로 불일치할 수 있지만, 장기적으로 일치되려는 속성을 갖는다.

㉡ 어떤 부동산의 기대수익률이 요구수익률보다 크다면, 해당 투자대안은 선호되기 때문에 부동산 가격은 점차 상승한다. 부동산 가격이 상승하면 투자비용이 증가하기 때문에 기대수익률은 점차 하락하게 된다.

㉢ 반대로 어떤 부동산의 기대수익률이 요구수익률보다 작다면, 해당 부동산의 가격은 점차 하락한다. 부동산 가격이 하락하면 투자비용이 절감되면서 기대수익률은 점차 상승하게 된다.

▸▸ 기출 기대수익률이 요구수익률보다 클 경우 투자안이 채택된다. (O)

▸▸ 기출 어떤 부동산에 대한 투자자의 요구수익률이 기대수익률보다 큰 경우 대상 부동산에 대한 기대수익률도 점차 하락하게 된다. (×)

▸▸ 기출 투자안의 기대수익률이 요구수익률보다 높으면 해당 투자안의 수요증가로 기대수익률이 낮아져 요구수익률에 수렴한다. (O)

2 평균 - 분산 지배원리

(1) 의미 **

① 투자대안을 선택하는 가장 일반적인 방법으로 미래 수익의 평균과 분산(또는 표준편차)의 두 통계치를 활용하는 방법이 있다. 이를 '평균-분산 모형'이라고 한다.

② 그리고 위험 회피형 투자자들이 평균-분산 모형에 의해 투자대안을 선택하는 기준을 '평균-분산 지배원리'라고 한다.

▸▸ 기출 평균 - 분산 지배원리에 따르면, A투자안과 B투자안의 기대수익률이 같은 경우, A투자안보다 B투자안의 기대수익률의 표준편차가 더 크다면 B투자안이 선호된다. (×)

③ 평균-분산 지배원리(dominance principle)

1원리 : 수익이 동일하다면 위험이 낮은 투자대안을 선택한다.
2원리 : 위험이 동일하다면 수익이 높은 투자대안을 선택한다.

(2) 평균-분산 지배원리의 적용

① A, B, C, D 4가지 투자대안에 대한 기대수익의 평균(기대수익률)과 표준편차로 측정된 위험은 다음과 같다.

▾ 개별부동산의 기대수익의 평균과 표준편차

부동산	기대수익의 평균(%)	표준편차(%)
A	10	10
B	10	13
C	12	15
D	16	15

② 또한 지배원리를 적용하기 위해 각각의 투자대안을 기대수익률 $[E(r)]$과 위험(σ)의 평면에 표시하면 다음과 같다.

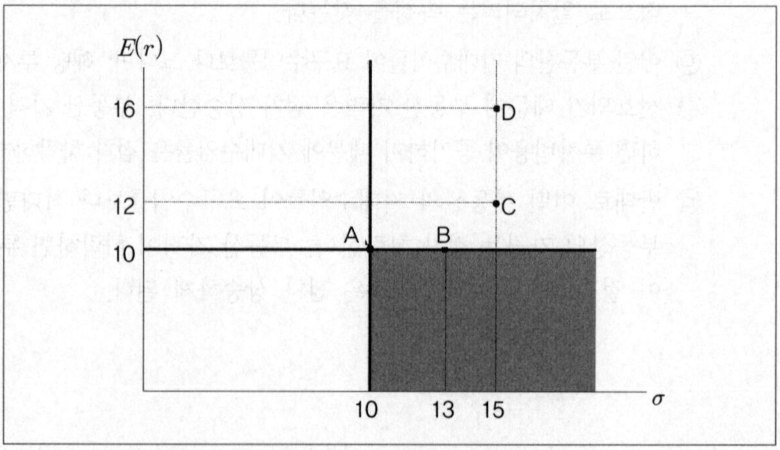

③ 지배원리의 적용

㉠ 부동산 A와 B는 수익이 모두 10%로 동일하다. 따라서 위험이 보다 낮은 A가 선호된다. 즉 부동산 A는 부동산 B를 지배한다.

㉡ 부동산 C와 D는 위험이 동일하다. 따라서 수익이 보다 높은 D가 선호된다. 즉 부동산 D는 C를 지배한다.

㉢ 부동산 A와 D는 어느 대안이 보다 좋다고 간단하게 결정할 수 없다. A는 위험이 낮지만 수익도 낮고, D는 수익이 높지만 위험도 높은 대안이기 때문이다. 결국 A와 D 중 어떤 대안이 선호되는지는 투자자의 투자성향으로 결정된다.

㉣ 위험 회피 성향이 강한 보수적인 투자자는 위험이 적은 A를 선택할 것이고, 위험 회피 성향이 약한 공격적인 투자자는 수익이 높은 D를 선택한다.

(3) **변동계수** ★★

① 변동계수 또는 변이계수는 평균－분산 지배원리로 지배관계를 파악할 수 없는 대안 중에 하나를 최종적으로 선택하는 과정에서 보조지표로 활용될 수 있다.

② 변동계수(coefficient of variation)

$$\text{변동계수} = \frac{\text{표준편차}(\sigma)}{\text{기대수익률}[E(r)]}$$

㉠ 수익 1단위당 위험의 크기를 '변이계수' 또는 '변동계수'라고 한다.

㉡ 변이계수는 위험을 수익으로 나눈 값으로, 수익 1단위를 얻기 위해 부담해야 할 위험의 크기를 의미한다. 따라서 변이계수가 작을수록 보다 우월한 투자대안으로 평가된다.

③ 위험 1단위당 수익의 크기

㉠ 투자대안을 선택하는 방법으로 변이계수의 역수를 활용할 수도 있다.

㉡ 변이계수의 역수는 수익을 위험으로 나눈 값으로, 위험 1단위를 부담해서 얻을 수 있는 수익의 크기를 의미한다. 따라서 변이계수의 역수는 수치가 클수록 보다 우월한 투자대안으로 평가된다.

▸▸ 기출 평균 – 분산 지배원리로 투자 선택을 할 수 없을 때 변동계수(변이계수)를 활용하여 투자안의 우위를 판단할 수 있다. (O)

▸▸ 기출 변동계수는 수익률을 올리기 위해 감수하는 위험의 비율로 표준편차를 기대수익률로 나눈 값이다. (O)

제3장 위험의 관리

▸ 30회, 31회, 32회, 33회, 35회 기출

1. 위험을 관리하는 일반적인 방법
2. 위험 관리의 새로운 분류
3. 포트폴리오 이론

1 위험을 관리하는 일반적인 방법

(1) 제외시키는 방법

① 의미 : 위험한 투자대안을 가능한 한 제외시키는 방법이다.

② 내용

㉠ 투자 자금의 손실이 없도록 정부 채권이나 정기 예금 등 안전한 투자 대안에만 투자를 하는 방법이다.

㉡ 위험한 투자를 회피하고자 하는 방법이다.

③ 평가 : 위험한 투자를 제외시키는 방법은 위험의 측면에서 안전하지만, 수익도 낮기 때문에 부의 극대화를 가져다 줄 수는 없다. 이 방법을 통해 획득한 수익률은 단지 무위험률에 불과하다.

(2) 보수적 예측방법 **

▸▸ 기출 보수적 예측방법이란 수익은 가능한 높게 예측하는 방법이다. (×)

▸▸ 기출 보수적 예측방법은 투자수익의 추계치를 하향 조정함으로써, 미래에 발생할 수 있는 위험을 상당수 제거할 수 있다는 가정에 근거를 두고 있다. (O)

① 의미 : 투자의 성과가 가장 좋지 않을 상황을 가정하고 수익과 비용을 예측하는 방법이다.

② 내용

㉠ 투자의 수익은 가능한 낮게 평가하고 투자의 비용은 가능한 높게 평가하여 투자의 위험을 감소시키고자 하는 방법이다.

㉡ 수익과 비용을 최대, 중간 및 최소로 구분한다고 가정할 때, 수익은 최소 추계치를 기준으로 판단하고 비용은 최대 추계치를 기준으로 판단한다.

㉢ 수익성을 하향 조정했음에도 불구하고 여전히 그 투자대안이 좋아 보인다면 그 대안을 선택하는 방법이다.

③ 평가 : 보수적 예측 방법은 위험을 줄일 수는 있지만, 부의 극대화를 가져다 줄 수는 없다.

(3) 위험조정할인율의 사용 **

① 의미 : 위험한 투자대안에 보다 높은 할인율(요구수익률)을 적용하는 방법이다.

② 내용

㉠ 위험 회피형 투자자는 위험한 투자대안일수록 자신의 할인율(요구수익률)을 상향 조정한다.

㉡ 투자 수익을 현재가치로 환산하는 경우에 위험한 투자 대안일수록 보다 높은 할인율(요구수익률)을 적용함으로써 수익의 현재가치를 낮게 평가하고자 하는 방법이다.

③ 평가 : 수익－위험의 상쇄관계를 활용한 방법으로 앞의 두 가지 방법에 비해 보다 우수한 방법이다.

▸▸ 기출 위험조정할인율법은 위험한 투자대안에 대해 할인율을 하향조정하는 방법이다. (×)

▸▸ 기출 위험조정할인율을 적용하는 방법으로 장래 기대되는 소득을 현재가치로 환산하는 경우, 위험한 투자일수록 낮은 할인율을 적용한다. (×)

■ 위험을 반영하는 두 가지 방법

1. 투자로부터 발생하는 미래 현금흐름의 순현가를 구하는 공식은 다음과 같다.

$$NPV = \left[\frac{CF_1}{(1+r)^1} + \frac{CF_2}{(1+r)^2} + \cdots + \frac{CF_n}{(1+r)^n}\right] - I_0$$

$$= \sum_{t=1}^{n} \frac{CF_t}{(1+r)^t} - I_0$$

※ CF_t : t시점의 현금흐름, I_0 : 최초의 투자액, r : 할인율

※ n : 투자안의 내용연수

2. 불확실한 미래의 현금흐름을 보정하는 방법에는 두 가지가 있다. 하나는 분자의 수익을 조정하는 방법이고, 다른 하나는 분모에 해당하는 할인율을 조정하는 방법이다. 전자를 '확실성 등가법'이라고 하고, 후자를 '위험조정할인율법'이라고 한다.
3. 확실성 등가법(certainty equivalent method) : 위험이 있는 미래의 현금흐름을 위험이 없는 확실한 현금흐름으로 조정하고, 무위험률로 할인하여 투자안의 순현가를 평가하는 방법이다.
4. 위험조정할인율법(risk adjusted discount rate method) : 미래 현금흐름의 불확실성을 고려하여 할인율을 높게 설정하는 방법이다. 즉 위험한 투자대안에 대해 할인율을 높게 설정하여 투자의 순현가를 낮게 평가하는 방법이다.

(4) **민감도 분석(sensitive analysis) ****

① 의미 : 수익률에 영향을 미치는 요인과 수익률의 관계를 분석함으로써 위험을 관리하는 방법이다. 민감도 분석은 감응도 분석, 낙비쌍관법, "what－if(~라면 어떻게 될까?)"분석이라고도 한다.

② 내용

㉠ 투자 효과를 분석하는 모형의 투입요소가 변화함에 따라 그 결과치가 어떠한 영향을 받는가를 분석하는 기법이다.

㉡ 투자 수익에 영향을 미치는 요소들이 개별적 또는 집단적으로 변화했을 때 투자에 대한 수익률 또는 순현가가 어떻게 변화하는가를 분석하는 방법이다.

㉢ 민감도 분석을 통해 투자 수익에 가장 중요한 요소를 찾아내고 이를 관리함으로써 투자의 위험을 줄이는 방법이다.

㉣ 일반적으로 민감도가 클수록 보다 위험한 투자대안으로 평가된다.

▸▸ 기출 일반적으로 민감도가 작을수록 보다 위험한 투자대안으로 평가된다. (×)

▸▸ 기출 시장상황에 대한 자산가격의 민감도가 높을수록 수익률의 표준편차는 커진다. (O)

③ 평가

㉠ 민감도 분석은 어떤 변수를 변화시킬 때 다른 변수들이 안정적이라 가정한다. 따라서 변수 간의 상호작용을 충분히 고려하지 못한다.

㉡ 민감도 분석은 여러 변수가 동시에 변동하는 경우를 분석하기가 쉽지 않다. 따라서 이를 개선한 시뮬레이션 분석이 등장하였다.

2 위험 관리의 새로운 분류

① 투자의 위험을 관리하는 방법은 위험의 회피, 위험의 통제, 위험의 전가 및 위험의 보유 등으로 구분하여 설명하기도 한다.

② 위험의 회피(avoidance)

㉠ 의미 : 위험으로 인한 손실 가능성을 회피하는 방법이다.

㉡ 사례

▸▸ 기출 위험을 회피하는 방법으로 투자의 부적격 자산을 투자안에서 제외시킨다. (O)

- 위험한 투자대안을 제외시키는 방법
- 기대수익률이 요구수익률보다 작은 투자대안을 제외하는 방법

③ 위험의 통제(control) 또는 감소

㉠ 의미 : 위험의 손실 규모 또는 발생 횟수를 감소시키는 방법이다.

㉡ 사례

• 보수적으로 예측하는 방법 • 위험조정할인율을 사용하는 방법 • 감응도 분석 • 포트폴리오를 구성하는 방법

④ 위험의 전가(transfer)

㉠ 의미 : 위험의 부담을 타인 또는 제3자에게 전가시키는 방법이다.

㉡ 사례

• 투자 위험에 대한 보험 가입을 통해 위험을 전가시키는 방법 • 물가가 상승하는 경우에 임대인이 임대료를 인상시키는 방법 • 물가가 상승하는 경우에 은행이 대출금리를 인상시키는 방법

▸▸ 기출 투자에서 발생되는 위험의 일부를 보험회사 등에 전가하기 위해 보험에 가입한다. (O)

⑤ 위험의 보유(retention)

㉠ 의미 : 위험에 대한 손실을 스스로 부담하는 방법이다.

㉡ 위험을 보유하는 편이 처리하는 방법보다 비용이 적게 들거나 위험이 특수하여 보험시장이 형성되지 않은 경우에 스스로 위험을 부담해야만 한다.

㉢ 위험의 보유를 선택한 경우에는 위험에 대한 부담 또는 손실을 대비하기 위해 내부 자금 중 일부를 적립한다.

3 포트폴리오 이론

(1) 의미

① '포트폴리오'란 투자가 하나에 집중될 때 나타날 수 있는 불확실성을 제거하거나 감소시키기 위한 자산 관리의 방법 또는 원리를 의미한다.

② 포트폴리오는 단순히 여러 가지 자산을 묶어서 투자하는 것이 아니라 개별 자산이 갖고 있는 위험과 수익을 분석하여 불필요한 위험이 제거되도록 자산을 구성하는 원리를 의미한다.

③ 포트폴리오 이론은 마코위츠(Markowitz)가 1952년에 발표한 논문 'portfolio selection'에서 처음 제기되었고, 그 이후 많은 학자들이 이를 보완하고 수정하였다.

④ 포트폴리오 이론의 3가지 논점

1. 모든 위험이 제거되는가? 2. 자산을 어떻게 조합하여야 하는가? 3. 최적 포트폴리오는 무엇인가?

(2) 모든 위험이 제거되는가? **

▸▸ 기출 체계적 위험은 지역별 또는 용도별로 다양하게 포트폴리오를 구성하면 피할 수 있다. (×)

① 포트폴리오 투자의 총위험은 체계적 위험과 비체계적 위험으로 구성되는데, 포트폴리오는 모든 위험을 감소시키는 것이 아니라 비체계적인 위험만을 감소시킬 수 있다.

② 체계적 위험(systematic risk)

㉠ '체계적 위험'은 인플레이션이나 이자율의 변화 등 시장의 전반적인 상황과 관련된 위험으로 시장 위험이라고도 한다.

▸▸ 기출 인플레이션, 경기변동 등의 체계적 위험은 분산투자를 통해 제거가 가능하다. (×)

㉡ 시장 위험은 경기(business cycle)와 관련된 위험으로 모든 투자 자산이 공통적으로 영향을 받는다. 따라서 체계적 위험은 포트폴리오를 구성하더라도 제거될 수 없다.

③ 비체계적 위험(unsystematic risk)

㉠ '비체계적 위험'은 투자 대상이 되는 개별 자산만이 가지고 있는 고유한 위험을 말한다.

㉡ 개별 자산이 갖는 위험의 내용은 자산에 따라 다르다. 따라서 위험의 내용을 분석해서 자산을 적절하게 묶는다면 위험을 상쇄시킬 수 있다. 따라서 비체계적 위험은 포트폴리오를 구성함으로써 제거될 수 있다.

▸▸ 기출 포트폴리오에 편입되는 투자자산 수를 늘림으로써 체계적 위험을 줄여나갈 수 있으며, 그 결과로 총 위험은 줄어들게 된다. (×)

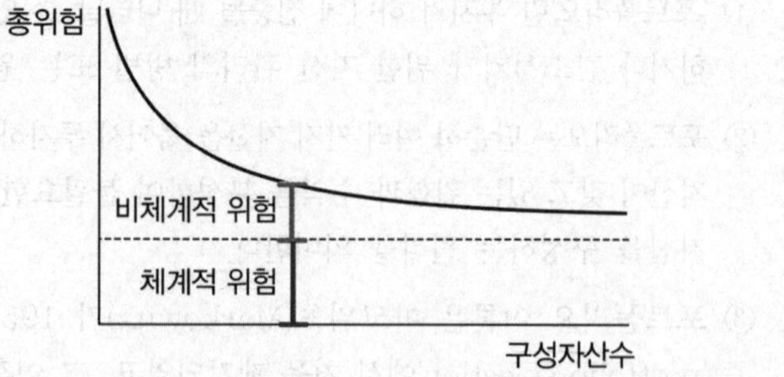

(3) 자산을 어떻게 조합하여야 하는가? **

① 자산을 결합하여 포트폴리오를 구성함으로써 위험이 감소되는 현상을 '포트폴리오 효과(portfolio effect)' 또는 '분산효과(diversification effect)'라고 한다.

② 포트폴리오 효과가 극대화되기 위해서는 포트폴리오를 구성하는 자산들이 서로의 위험을 상쇄시킬 수 있도록 구성되어야 하는데, 이는 수익률의 상관계수(correlation coefficient)를 통해 확인할 수 있다.

③ 상관계수(ρ)

㉠ 두 자산 수익률의 공분산(σ_{AB})을 표준화한 값을 '상관계수'라고 한다.

$$\text{상관계수 } \rho_{AB} \equiv \frac{\sigma_{AB}}{\sigma_A \cdot \sigma_B}$$

※ ρ_{AB} : 두 자산의 수익률의 상관계수
※ σ_{AB} : 두 자산의 수익률의 공분산

㉡ 상관계수는 (−1)에서 (+1) 사이의 값을 갖는다.

④ 상관계수 (−1)의 해석

㉠ 상관계수가 음수(−)로 측정된다는 것은 두 자산의 수익률이 서로 반비례(−) 관계에 있음을 의미한다. 이 경우 두 자산은 수익률의 측면에서 서로 다른 자산으로 취급된다.

㉡ 상관계수 (−1)은 포트폴리오를 구성하는 두 자산의 수익률이 반대 방향으로 동일한 크기만큼 움직이는 경우에 나타나는 수치이다. 이 경우 두 자산은 완전히 서로 다른 자산으로 취급된다.

㉢ 상관계수가 (−1)인 두 자산으로 포트폴리오를 구성하는 경우 비체계적 위험을 완전히 제거할 수 있다.

⑤ 상관계수 (+1)의 해석

㉠ 상관계수가 양수(+)로 측정된다는 것은 두 자산의 수익률이 서로 비례(+) 관계에 있음을 의미한다. 이 경우 두 자산은 수익률의 측면에서 서로 유사한 자산으로 취급된다.

㉡ 상관계수 (+1)은 포트폴리오를 구성하는 두 자산의 수익률이 동일한 방향과 동일한 크기로 움직이는 경우에 나타나는 수치이다. 이 경우 두 자산은 완전히 동일한 자산으로 취급된다.

▸▸ 기출 상관계수가 −1이라면 체계적 위험을 0까지 줄일 수 있다. (×)

▸▸ 기출 투자자산 간의 상관계수가 1보다 작을 경우, 포트폴리오 구성을 통한 위험절감효과가 나타나지 않는다. (×)

▸▸ 기출 두 자산으로 포트폴리오를 구성할 경우, 포트폴리오에 포함된 개별자산의 수익률 간 상관계수가 1인 경우에는 분산투자효과가 없다. (O)

▸▸ 기출 두 개별자산으로 구성된 포트폴리오에서 자산간 상관계수가 양수인 경우에 음수인 경우보다 포트폴리오 위험절감효과가 높다. (×)

㉢ 상관계수가 (+1)인 두 자산으로 포트폴리오를 구성하면 포트폴리오를 구성하더라도 비체계적 위험은 전혀 감소되지 않는다.

⑥ 포트폴리오 자산의 구성

▸▸ 기출 상관계수가 작은 자산에 분산투자하는 것은 좋지 않다. (×)

㉠ 포트폴리오 분산효과를 극대화시키기 위해서는 상관계수가 음수(−)로 측정되는 자산끼리 구성하는 것이 좋다. 또한 상관계수가 (−1)에 가까울수록 분산효과는 보다 증가한다.

㉡ 상관계수가 (+1)인 경우를 제외하면, 정도의 차이는 있지만 포트폴리오 분산효과는 항상 발생한다.

㉢ 수익률의 변화 방향이 서로 상반될 것으로 예상되는 두 자산으로 포트폴리오를 구성하는 것이 위험을 보다 감소시킬 수 있다.

(4) 최적 포트폴리오는? **

① 최적의 포트폴리오를 선택하기 위해서는 단계를 밟아야 한다. 포트폴리오의 수익과 위험을 측정하고, 평균−분산 지배원리를 통해 선택 가능한 포트폴리오의 범위를 좁힌 후 투자자의 무차별곡선을 이용하여 최적의 포트폴리오를 선택한다.

② 효율적 전선

▸▸ 기출 효율적 전선(efficient frontier)이 우상향하는 경우 주어진 위험에서 투자자는 이 이상의 수익률을 얻을 수 없기 때문에 더 높은 수익률을 얻기 위해서는 더 많은 위험을 감수해야 한다. (O)

㉠ '효율적 전선'은 투자 기회 집합 전체에서 평균−분산 지배원리를 충족시키는 포트폴리오를 연결한 전선으로 '효율적 프런티어(efficient frontier)' 또는 '효율적 투자선'이라고도 한다.

㉡ 효율적 전선에 있는 포트폴리오는 동일한 위험에서 최고의 기대수익률을 가지거나 동일한 기대수익률에서 최소의 위험을 가지는 포트폴리오를 의미한다.

③ 투자자의 무차별곡선

㉠ 특정 투자자에게 동일한 기대효용을 가져다주는 기대수익과 위험의 조합을 그래프로 나타낸 것을 투자자의 '무차별곡선'이라고 한다.

㉡ 위험 회피형 투자자의 무차별곡선은 양(+)의 기울기를 가지며 아래로 볼록한 형태로 나타난다.

▸▸ 기출 공격적 투자자의 무차별곡선은 보다 가파른 형태로 나타난다. (×)

㉢ 투자자의 위험 회피 성향이 클수록 위험에 대해 보다 높은 보상을 요구하기 때문에 무차별곡선의 기울기는 보다 급경사의 형태로 나타난다.

④ 최적 포트폴리오

㉠ 최적의 포트폴리오는 효율적 전선과 투자자의 무차별곡선이 접하는 지점의 포트폴리오이다.

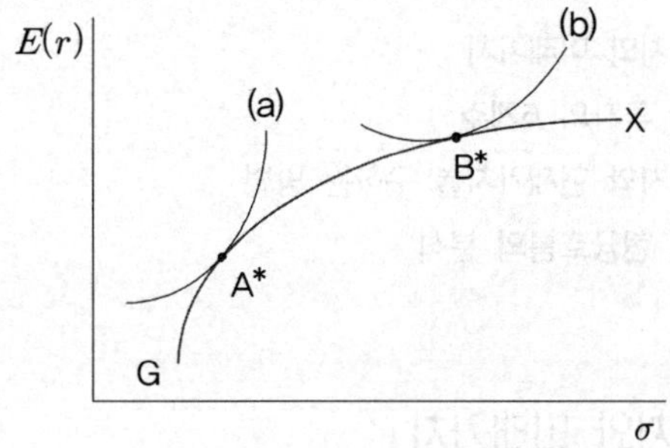

$E(r)$: 수익(기대수익률)

σ: 위험

㉡ 자신의 기대효용을 극대화하려는 투자자들은 위험에 대한 태도가 반영된 자신의 무차별곡선에 따라 효율적 전선에 있는 포트폴리오를 선택하려고 한다.

㉢ GX는 효율적 전선이고, (a)는 위험 회피성향이 비교적 강한 보수적 투자자의 무차별곡선을, (b)는 위험 회피성향이 비교적 약한 공격적 투자자의 무차별곡선을 의미한다.

㉣ 위험 회피성향이 강한 보수적 투자자는 기대수익률이 다소 낮더라도 상대적으로 위험이 작은 포트폴리오 A^*를 선택한다.

㉤ 위험 회피성향이 약한 공격적 투자자는 어느 정도의 위험까지는 감수하면서 기대수익률이 높은 포트폴리오 B^*를 선택한다.

기출 효율적 프론티어와 투자자의 무차별 곡선이 접하는 지점에서 최적 포트폴리오가 결정된다. (O)

제4장 투자 분석의 기본 도구

▶30회, 31회, 32회, 33회, 34회 기출

1 현재가치와 미래가치

(1) 화폐의 시간가치

① 사람들은 오늘 받는 만원과 10년 뒤에 받는 만원을 동일한 가치라고 생각하지 않는다. 즉 동일한 금액이라도 발생 시점에 따라 가치를 다르게 평가한다.

② 일반적으로 사람들은 오늘 받는 만원에 보다 높은 가치를 부여한다. 오늘 받는 만원은 다시 재투자함으로써 새로운 현금을 발생시킬 수 있기 때문이다.

③ 동일한 금액이라도 발생 시점에 따라 화폐의 가치가 달리 평가되는 이유는 '화폐의 시간가치' 또는 '이자'라는 요인 때문이다. 이자라는 요인은 시간의 흐름에 따라 항상 발생하기 때문에 현금의 크기를 판단함에 있어 이자라는 요인을 고려할 수밖에 없다.

(2) 현재가치와 미래가치

① 부동산 투자의 현금흐름은 한 시점에서만 발생하는 것이 아니라 시간의 간격을 두고 여러 기간에 걸쳐 발생하는 것이 보통이다. 따라서 투자의 현금흐름을 분석하기 위해서는 발생시점이 서로 다른 금액들을 비교하기 위한 방법이 필요하다.

② 발생시점이 서로 다른 현금흐름을 비교하는 방법에는 두 가지가 있다. 하나는 모든 현금흐름을 '현재시점으로 일치시키는 방법'이고, 다른 하나는 모든 현금흐름을 '특정 미래시점으로 일치시키는 방법'이다.

③ 일반적으로 투자의 판단은 현재시점에서 이루어지는 것이기 때문에 모든 현금흐름을 현재시점으로 일치시키고, 현재시점을 기준으로 비교하는 방법이 주로 활용된다.

■ **발생시점이 서로 다른 두 금액을 비교하는 방법**

1. 현재 비용(100억)을 투입하고 1년 뒤 수익(110억)이 발생하는 투자의 현금흐름을 가정한다. 이 사례를 통해 두 가지 방법을 이해할 수 있다.

2. 미래시점을 기준으로 비교하는 방법

① 모든 수익과 비용을 미래시점을 기준으로 다시 평가한 후, 이를 기초로 수익과 비용의 크기를 특정 미래시점에서 비교할 수 있다.

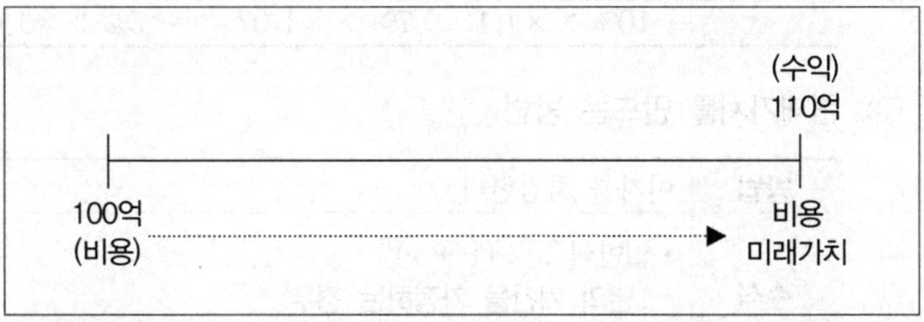

② 이 방법은 비용에 이자를 가산하여 비용의 미래가치(future value)를 산정하고 이를 수익과 비교하는 방법이다. 즉 모든 수익과 비용을 미래 특정시점으로 환산하고 이를 비교하는 방법이다.

3. 현재시점을 기준으로 비교하는 방법

① 모든 수익과 비용을 현재시점을 기준으로 다시 평가한 후, 이를 기초로 수익과 비용의 크기를 현재시점에서 비교할 수 있다.

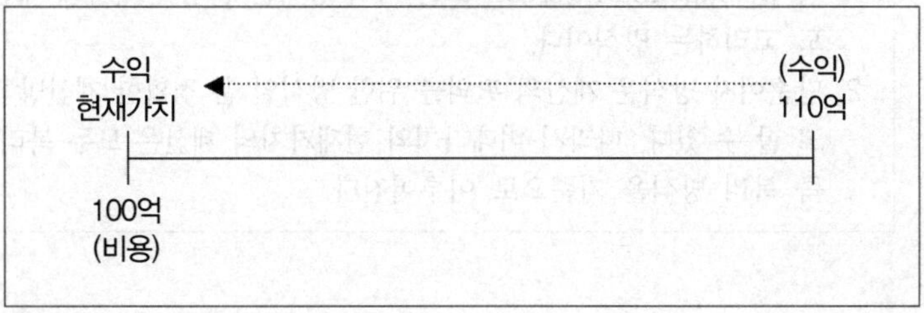

② 이 방법은 수익에 이자를 차감하여 수익의 현재가치(present value)를 산정하고 이를 비용과 비교하는 방법이다. 즉 모든 수익과 비용을 현재시점으로 환산하고 이를 비교하는 방법이다.

(3) 현재가치와 미래가치를 만드는 방법 **

① 미래가치와 현재가치는 이자를 가산하거나 제거함으로써 구할 수 있다. 현재 금액을 미래가치로 환산하기 위해서는 현재 금액에 이자를 가산하고, 미래 금액을 현재가치로 환산하기 위해서는 미래 금액에서 이자를 제거한다.

② 미래가치를 만드는 방법

방법	이자를 가산한다.
수식	• 일반식 : $\times(1+r)^n$ (r : 이자율, n : 기간) • 1년의 기간을 가정하는 경우 10% : ×1.1 7% : ×1.07 5% : ×1.05

③ 현재가치를 만드는 방법

방법	이자를 차감한다.
수식	• 일반식 : $\div(1+r)^n$ • 1년의 기간을 가정하는 경우 10% : ÷1.1 7% : ÷1.07 5% : ÷1.05

✔주의
미래가치계산 과정에서 적용되는 '×1.1'이라는 수익은 금액이 1.1배로 증가함을 의미한다.

✔주의
현재가치계산 과정에서 적용되는 '÷1.1'이라는 수익은 금액이 1.1배로 할인됨을 의미한다.

▸▸기출 연금의 미래가치계수를 계산하는 공식에서는 이자 계산방법으로 복리방식을 채택한다. (O)

■ **이자 계산 방식**

1. 이자를 계산하는 방식에는 단리 방식과 복리 방식이 있다. 단순이자(simple interest) 또는 단리 방식은 원금에 대한 이자만을 고려하는 방식이고, 복리이자(compound interest) 또는 복리 방식은 발생한 이자에 대한 이자까지도 고려하는 방식이다.
2. 단순이자 방식은 계산의 편의를 위한 방식일 뿐 정확한 계산방식은 아니라고 할 수 있다. 따라서 미래가치와 현재가치의 계산은 모두 복리이자 방식, 즉 복리 방식을 기준으로 이루어진다.

2 부동산 투자의 6계수

(1) 6계수의 의미 **

① 부동산 투자의 현금흐름을 분석하기 위해 필요한 미래가치 또는 현재가치 일반식 중에서 가장 기본이 되는 6가지 수식을 '부동산 투자의 6계수'라고 한다.

② 미래가치 계수와 현재가치 계수

구분		수식	정의
내가계수	일시불의 내가계수	$(1+r)^n$	1원을 은행에 적립한 경우, n년 후에 달성되는 금액
	연금의 내가계수	$\frac{(1+r)^n-1}{r}$	매년 1원을 연금의 형태로 적립한 경우, n년 후에 달성되는 금액
현가계수	일시불의 현가계수	$\frac{1}{(1+r)^n}$	미래금액 1원을 현재시점으로 환원한 금액
	연금의 현가계수	$\frac{(1+r)^n-1}{r\,(1+r)^n}$	연금의 형태로 발생되는 1원을 현재시점으로 환원한 금액

③ 저당상수와 감채기금계수

저당상수	$\frac{r\,(1+r)^n}{(1+r)^n-1}$	원리금 균등 상환 방식으로 1원을 대출을 받은 경우, 은행에 지급해야 할 매기 원리금 상환액
	대출금액 × 저당상수 = 매기 원리금상환액	
감채기금계수	$\frac{r}{(1+r)^n-1}$	미래 1원의 목표금액을 만들고자 하는 경우, 은행에 매기 적립해야 할 금액
	목표금액 × 감채기금계수 = 매기 적립액	

(2) **6계수의 활용 ****

① 현재 3억원인 주택의 10년 후 주택가격을 추정하기 위해서는 [일시불의 미래가치계수]를 활용한다.

② 매월 연금형태로 예금하는 정기적금을 10년 동안 적립한 후에 달성되는 금액을 계산하기 위해서는 [연금의 미래가치계수]를 활용한다.

③ 10년 후에 1억원이 될 것으로 예상되는 토지의 현재가치를 계산하기 위해서는 [일시불의 현재가치계수]를 활용한다.

④ 매월 50만원씩 10년 동안 들어올 것으로 예상되는 임대료 수입의 현재가치를 계산하기 위해서는 [연금의 현재가치계수]를 활용한다.

⑤ 주택마련을 위해 은행으로부터 원리금균등분할상환 방식으로 대출을 받은 가구가 매월 상환해야 할 금액을 산정하기 위해서는 [저당상수]를 활용한다.

⑥ 10년 후 주택을 구입하기 위한 목돈을 마련하기 위해서 매년 적립해야 할 금액을 산정하기 위해서는 [감채기금계수]를 활용한다.

✔주의

최근에 수식만을 묻는 문제가 많아졌어요. 따라서 수식을 암기하지 못하면 점수를 획득할 수 없습니다. (얼른 암기하셔요!!)

$\frac{(1+r)^n-1}{r}$: ?

$\frac{(1+r)^n-1}{r\,(1+r)^n}$: ?

$\frac{r\,(1+r)^n}{(1+r)^n-1}$: ?

$\frac{r}{(1+r)^n-1}$: ?

▸▸ **기출** 원금균등분할상환 방식으로 대출을 받은 가구가 매월 상환해야 할 금액을 산정하기 위해서는 저당상수를 활용한다. (×)

(3) 6계수의 역수 관계 **

① 일시불의 현가계수와 일시불의 내가계수는 역수 관계에 있다.

일시불의 내가계수 $(1+r)^n$ (역수) 일시불의 현가계수 $\frac{1}{(1+r)^n}$

② 저당상수는 연금의 현가계수와 역수 관계에 있다.

저당상수 $\frac{r(1+r)^n}{(1+r)^n-1}$ (역수) 연금의 현가계수 $\frac{(1+r)^n-1}{r(1+r)^n}$

㉠ 저당상수는 연금의 현재가치 계수의 역수이다.

㉡ 연금의 현재가치 계수는 저당상수의 역수이다.

③ 감채기금계수는 연금의 내가계수와 역수 관계에 있다.

감채기금계수 $\frac{r}{(1+r)^n-1}$ (역수) 연금의 내가계수 $\frac{(1+r)^n-1}{r}$

㉠ 감채기금계수는 연금의 미래가치 계수의 역수이다.

㉡ 연금의 미래가치 계수는 감채기금계수의 역수이다.

▸▸ 기출 연금의 현재가치계수와 감채기금계수는 역수관계에 있다. (×)

▸▸ 기출 매월 말 50만원씩 5년간 들어올 것으로 예상되는 임대료 수입의 현재가치를 계산하려면, 저당상수(월 기준)의 역수를 활용할 수 있다. (○)

3 미래가치와 현재가치를 구하는 방법

(1) 일시불(단일 금액)의 미래가치

① 오늘 100원을 은행에 예금하면 1년 후에 얼마를 받을 수 있을까? 이와 같이 현재의 일정 금액을 미래 특정 시점의 가치로 환산한 금액을 미래가치(future value)라고 한다. 미래가치의 계산은 예금의 논리를 통해 이해할 수 있다.

$$FV_n = C_0(1+r)^n$$

[연습 1]

원금 10,000원을 예금 이자율 10%로 1년간 예금했을 때, 1년 후에 달성되는 예금 총액, 즉 1년 후 미래가치 FV_1는 얼마인가?

정답해설

$FV_1 = 10{,}000 \times (1+0.1)^1 = 11{,}000$원

✔주의

현금흐름 연습문제 가정
1. 연 단위 현금흐름 가정
2. 기말 현금 가정
3. 복리 계산 가정

[연습 2]

원금 10,000원을 예금 이자율 10%로 2년간 예금했을 때, 2년 후에 달성되는 예금 총액, 즉 2년 후 미래가치 FV_2는 얼마인가?

정답해설

FV_2 = 10,000×(1+0.1)^2 = 12,100원

[연습 3]

원금 10,000원을 예금 이자율 10%로 5년간 예금했을 때, 5년 후에 달성되는 예금 총액, 즉 5년 후 미래가치 FV_5는 얼마인가?

정답해설

FV_5 = 10,000×(1+0.1)^5 = 16,105원

② 실무에서는 미래가치를 매번 계산하는 불편함을 없애기 위해 미래가치를 미리 계산한 표를 만들어 사용한다. 이를 '미래가치요소(FVF : future value factor)' 또는 '복리표'라고 한다.

▼기간과 이자율 변화에 따른 미래가치요소(FVF) $FVF(r, n) = (1+r)^n$

기간(n)	5%	7%	10%	20%
1	1.0500	1.0700	1.1000	1.2000
2	1.1025	1.1449	1.2100	1.4400
3	1.1576	1.2250	1.3310	1.7280
4	1.2155	1.3108	1.4641	2.0736
5	1.2763	1.4026	1.6105	2.4883

[연습 4]

원금 10,000원을 예금 이자율 10%로 5년간 예금했을 때, 5년 후에 받을 수 있는 미래가치 FV_5를 복리표를 사용하여 계산하면?

정답해설

FV_5 = 10,000×1.6105 = 16,105원

PART · 05

(2) 일시불(단일 금액)의 현재가치

① 미래가치가 현재의 일정 금액을 일정 기간 후의 가치로 환산한 것이라면, 미래에 발생하게 될 현금흐름을 현재시점의 가치로 환산한 금액을 현재가치(present value)라고 한다. 현재가치는 미래가치 계산 과정을 역으로 적용하면 도출할 수 있다.

$$PV = \frac{C_n}{(1+r)^n} = C_n(1+r)^{-n}$$

[연습 5]

4년 후 100만원을 받을 수 있는 투자안의 현재가치 PV는 얼마인가?
(단, 기간 중 이자지급은 없으며 할인율은 연 20%이다.)

정답해설

PV = 100만/$(1+0.2)^4$ = 48.23만원

② 실무에서는 현재가치를 매번 계산하는 불편함을 없애기 위해 현재가치를 미리 계산한 표를 만들어 사용한다. 이를 '현재가치요소(PVF : present value factor)' 또는 '현가표'라고 한다.

▾ 기간과 이자율 변화에 따른 현재가치요소(PVF) $PVF(r, n) = \frac{1}{(1+r)^n}$

기간(n)	5%	7%	10%	20%
1	.9524	.9346	.9091	.8333
2	.9070	.8734	.8264	.6944
3	.8638	.8163	.7513	.5787
4	.8227	.7629	.6830	**.4823**
5	.7835	.7130	.6209	.4019

[연습 6]

4년 후 100만원을 받을 수 있는 투자안의 현재가치 PV를 현가표를 사용하여 계산하면? (단, 기간 중 이자지급은 없으며 할인율은 연 20%이다.)

정답해설

PV = 100만×0.4823 = 48.23만원

(3) 여러 기간에 발생하는 현금흐름 평가

① 지금까지는 현금흐름이 한 번만 발생하는 경우를 가정하여 미래가치와 현재가치를 계산하는 과정을 살펴보았다. 이번에는 현금흐름이 여러 기간에 걸쳐 일어나는 경우를 가정한 경우이다.

② 투자와 관련된 현금흐름은 일반적으로 여러 기간에 발생한다는 점에서 여러 기간에 발생하는 현금흐름을 평가하는 것이 보다 중요하다.

③ 여러 기간에 발생하는 현금흐름을 미래가치로 환산하는 논리는 단일 시점의 금액을 미래가치로 환산하는 과정을 결합한 것으로 이해할 수 있다. 즉 각각의 현금흐름을 미래가치로 환산하고 환산된 값들을 모두 더하여 구할 수 있다.

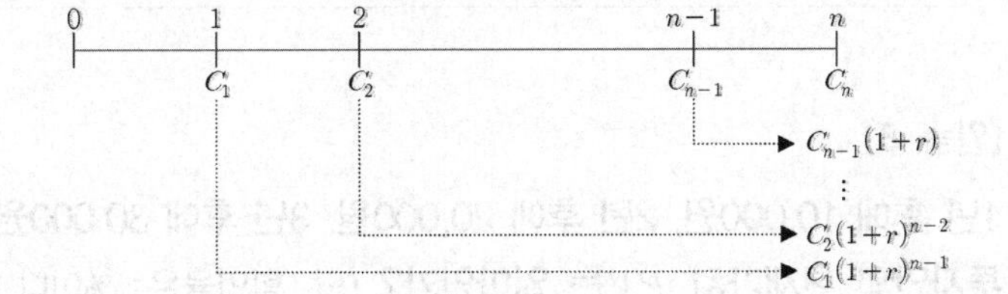

$$FV_n = C_1(1+r)^{n-1} + C_2(1+r)^{n-2} + \cdots + C_{n-1}(1+r) + C_n$$

[연습 7]

1년 후에 10,000원, 2년 후에 20,000원, 3년 후에 30,000원을 예금 이자율 10%로 예금했을 때, 5년 후 미래가치 FV_5는 얼마인가?

정답해설

$FV_5 = 10{,}000 \times (1+0.1)^4 + 20{,}000 \times (1+0.1)^3 + 30{,}000 \times (1+0.1)^2 = 77{,}561$원

④ 여러 기간에 발생하는 현금흐름의 현재가치는 각각의 현금흐름을 현재 가치로 환원하고 환원된 값들을 모두 더하여 구할 수 있다.

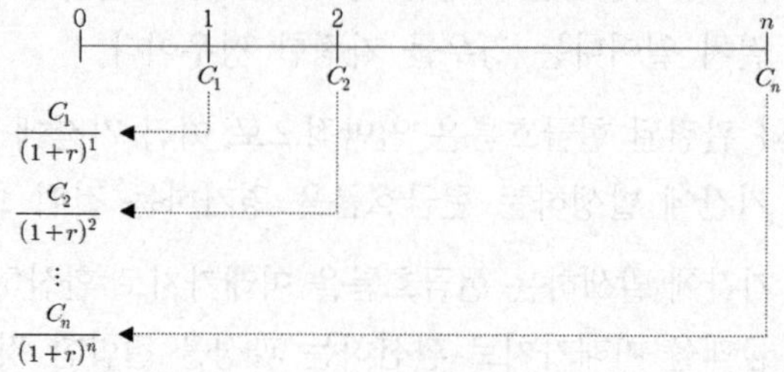

$$PV = \frac{C_1}{(1+r)^1} + \frac{C_2}{(1+r)^2} + \cdots + \frac{C_n}{(1+r)^n}$$

[연습 8]

1년 후에 10,000원, 2년 후에 20,000원, 3년 후에 30,000원을 지급하는 투자안의 현재가치 PV는 얼마인가? (단, 할인율은 5%이다.)

정답해설

PV = 10,000/(1+0.05)+20,000/(1+0.05)^2+30,000/(1+0.05)^3 = 53,579원

[연습 9]

1년 후에 10,000원, 2년 후에 20,000원, 3년 후에 30,000원을 지급하는 투자안의 현재가치 PV를 현가표를 사용하여 계산하면? (단, 할인율은 5%이다.)

정답해설

▾ 기간과 이자율 변화에 따른 현재가치요소(PVF) $PVF(r, n) = \frac{1}{(1+r)^n}$

기간(n)	5%	7%	10%	20%
1	**.9524**	.9346	.9091	.8333
2	**.9070**	.8734	.8264	.6944
3	**.8638**	.8163	.7513	.5787
4	.8227	.7629	.6830	.4823
5	.7835	.7130	.6209	.4019

PV = 10,000×0.9524+20,000×0.9070+30,000×0.8638 = 53,578원

⑤ 여러 기간의 현금흐름을 현재가치로 만드는 수식은 가치평가 모형에서 가장 기본이 되는 수식이다. 이를 현가 모형 또는 할인현금흐름(DCF : discounted cash flow) 모형이라고 한다.

(4) 연금의 미래가치

① 동일한 금액이 연속적으로 발생하는 현금흐름을 연금(annuity)이라고 한다.

② 연금의 미래가치는 연금의 미래가치계수(FVFA : future value factor for annuity)를 활용하여 간편하게 구할 수 있다.

$$\text{연금의 미래가치계수} : \frac{(1+r)^n - 1}{r}$$

㉠ 연금 1원의 특정 미래시점의 가치

㉡ 매년 1원을 이자율 r로 연금의 형태로 적립한 경우 n년 후에 달성되는 금액

[연습 10]

매년 말 50만원씩 납입하는 정기적금에 가입했을 때, 5년 후 정기적금의 미래가치 FV_5는 얼마인가? (단, 예금 이자율은 연 10%이다.)

정답해설

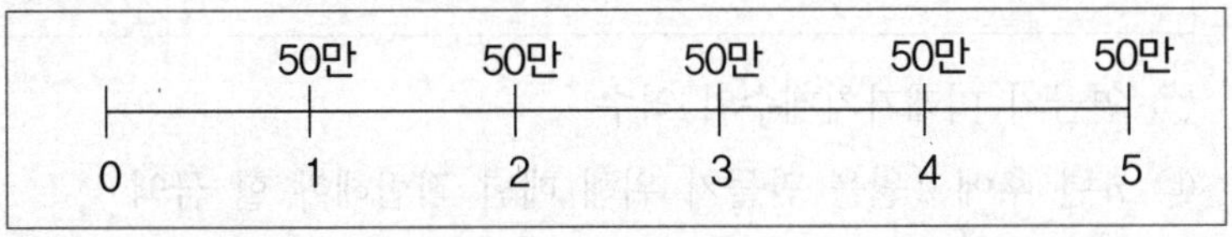

$$FV_5(\text{연금}) = 50\text{만} \times \frac{(1+0.1)^5 - 1}{0.1} = 50\text{만} \times 6.105 = 305.25\text{만원}$$

[연습 11]

매년 말 100만원씩 납입하는 정기적금에 가입했을 때, 5년 후에 받을 수 있는 원금과 이자 총액은 얼마인가? (단, 이자율 10%, 기간 5년 연금의 미래가치계수는 6.1051이다.)

정답해설

FV_5(연금) = 100만 × 6.1051 = 610.51만원

(5) 감채기금계수

① 연금의 미래가치 계산 과정을 역으로 적용하면, 미래 특정 시점에 목돈을 만들고자 하는 사람이 매년 적립해야 할 금액을 계산할 수 있다.

[연습 12]

10년 후 주택구입자금 3억원을 만들고자 한다. 10년 후 3억원을 만들기 위해 은행에 매년 적립해야 할 금액(A)은? (단, 예금 이자율은 연 10%라고 가정한다.)

정답해설

매년 적립금(A) × 연금의 미래가치계수 = 3억

A = 3억 ÷ 연금의 미래가치계수 = 3억 × $\frac{1}{\text{연금의 미래가치계수}}$

A = 3억 ÷ $\frac{(1+0.1)^{10}-1}{0.1}$ = 3억÷15.9374 ≒ 18,823,000원

▸▸ 기출 연금의 미래가치계수와 감채기금계수는 역수 관계이다. (O)

② [연습 12]에서 매년 적립금은 목표금액(3억원)을 연금의 미래가치계수로 나누어서 구하였다. 다르게 표현하면 목표금액에 연금의 미래가치계수의 역수를 곱하여 구하였다. 실무에서 연금의 미래가치계수의 역수를 감채기금계수라고 한다.

$$\text{감채기금계수} : \frac{r}{(1+r)^n-1}$$

㉠ 연금의 미래가치계수의 역수

㉡ n년 후에 1원을 만들기 위해 매년 적립해야 할 금액

(6) 연금의 현재가치

① 연금의 현재가치는 연금의 현재가치계수(PVFA : present value factor for annuity)를 활용하여 간편하게 구할 수 있다.

$$\text{연금의 현재가치계수} : \frac{(1+r)^n-1}{r\ (1+r)^n} \ \text{또는}\ \frac{1-(1+r)^{-n}}{r}$$

㉠ 연금 1원의 현재가치

㉡ 장래 n년 동안 연금의 형태로 받게 될 1원을 이자율 r을 적용하여 현재시점으로 환산한 금액

[연습 13]

매년 말에 50만원씩 5년간 받게 되는 투자안의 현재가치 PV는 얼마인가?
(단, 할인율은 10%이다.)

정답해설

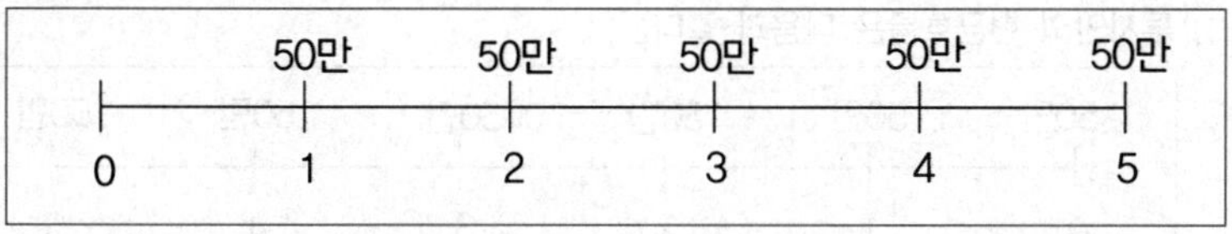

PV(연금) = 50만 × $\frac{(1+0.1)^5-1}{0.1\times(1+0.1)^5}$ = 50만 × 3.7908 = 189.54만원

[연습 14]

매년 말에 80만원씩 5년간 받게 되는 연금을 현재 일시불로 받으려 한다면 얼마를 받을 수 있는가? (단, 할인율 10%, 기간 5년 연금의 현재가치계수는 3.7908이다.)

정답해설

PV(연금) = 80만 × 3.7908 = 303.264만원

[연습 15]

6년도 말부터 5년 동안 매년 100만원을 받는 연금이 있다. 이자율이 연 10%일 때, 이 연금의 현재가치 PV는 얼마인가?

정답해설

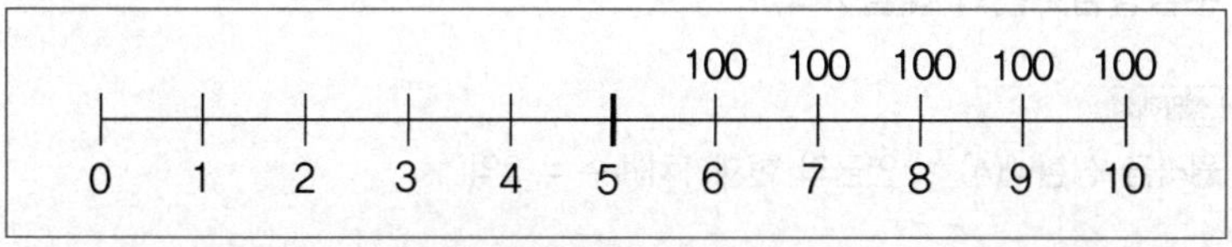

1. 5년 말 시점을 기준으로 측정된 연금의 가치는 1년 후부터 5년 동안 매년 100만원을 지급하는 연금의 현재가치(PV_5)와 동일하다.

   PV_5 = 100만 × $\frac{(1+0.1)^5-1}{0.1\times(1+0.1)^5}$ = 100만 × 3.7908 = 379.08만원

2. 따라서 문제에서 제시된 연금의 현재가치는 5년도 말에 379.08만원의 가치를 갖는 현금흐름을 연 이자율 10%로 5년 동안 할인한 값과 동일하다.

   PV = 379.08만/1.1^5 ≒ 235.38만원

[연습 16]

오늘부터 매년 50만원씩 6번을 지급하는 투자안의 현재가치 PV는 얼마인가? (단, 할인율은 10%이다.)

정답해설

1. 투자안의 현금흐름은 다음과 같다.

50만	50만	50만	50만	50만	50만
0	1	2	3	4	5

2. 투자안의 현금흐름은 1년 후부터 5년 동안 지급하는 연금의 현재가치에 50만원이 추가된 형태이다.

$$PV(\text{연금}) = 50\text{만} + 50\text{만} \times \frac{(1+0.1)^5 - 1}{0.1 \times (1+0.1)^5}$$

$$= 50\text{만} + 50\text{만} \times 3.7908 = 239.54\text{만원}$$

(7) 저당상수

① 연금의 현재가치 계산 과정을 역으로 적용하면, 은행으로부터 저당 대출을 받은 사람이 매년 은행에 상환해야 할 원리금(원금과 이자 합계) 또는 저당지불액을 계산할 수 있다.

[연습 17]

주택을 구입하기 위해 은행으로부터 2억원을 대출받았다. 은행에 매년 지불해야 할 원리금 상환액(A)은? (단, 대출금리 5%, 상환기간 10년, 원리금균등분할상환조건의 대출이다.)

정답해설

원리금 상환액(A) × 연금의 현재가치계수 = 2억

$$A = 2\text{억} \div \text{연금의 현재가치계수} = 2\text{억} \times \frac{1}{\text{연금의 현재가치계수}}$$

$$A = 2\text{억} \div \frac{(1+0.05)^{10} - 1}{0.05 \times (1+0.05)^{10}} = 2\text{억} \div 7.7217 ≒ 25{,}901{,}000\text{원}$$

② [연습 17]에서 원리금 상환액은 대출금액(2억원)을 연금의 현재가치계수로 나누어서 구하였다. 다르게 표현하면 대출금액에 연금의 현재가치계수의 역수를 곱하여 구하였다. 실무에서 연금의 현재가치계수의 역수를 저당상수라고 한다.

▸▸ 기출 연금의 현재가치계수는 저당상수와 역수 관계이다. (O)

$$\text{저당상수 : } \frac{r(1+r)^n}{(1+r)^n-1} \text{ 또는 } \frac{r}{1-(1+r)^{-n}}$$

㉠ 연금의 현재가치계수의 역수

㉡ 원리금균등상환방식으로 은행에서 1원을 대출받은 경우에 매 기간 은행에 상환해야 할 원금과 이자 합계

■ **연저당상수와 월저당상수의 적용**

1. 저당상수는 원리금 상환액의 기간 단위가 연(年)인 연저당상수와 기간 단위가 월(月)인 경우 월저당상수를 적용한다. 별다른 언급이 없다면 연저당상수를 의미한다.
2. 연저당상수(r%, n년)의 적용
   연저당지불액 = 대출금액 × 연저당상수(r%, n년)
3. 월저당상수(r/12%, 12n월)의 적용
   월저당지불액 = 대출금액 × 월저당상수(r/12%, 12n월)

(8) 영구연금의 현재가치

① 영구연금(perpetuity)이란 동일한 금액이 영속적으로 발생되는 현금흐름을 말한다. 무한연금이라고도 한다. 영구적으로 연금(C)가 무한히 발생되는 경우 현재가치 PV는 다음과 같다.

$$PV(\text{영구연금}) = \frac{C}{r}$$

[연습 18]

매년 500만원의 순현금흐름이 발생하는 토지가 있다. 이 토지의 가치는 얼마인가? (단, 할인율은 연 10%이다.)

정답해설

PV(영구연금) = 500만/0.1 = 5,000만원

② 영구연금의 현재가치 계산 과정을 이용하면 토지의 가치를 간편하게 구할 수 있다. 토지는 영속적인 재화이기 때문에 수익 역시 영속적으로 발생한다.

③ 현실적으로 토지에 발생하는 수익은 매 기간 달라지지만, 실무에서는 최근의 수익이 영구히 지속된다고 가정하고 영구연금의 현재가치 계산을 활용하여 토지의 가치를 구하고 있다.

④ 성장형 영구연금은 현금흐름이 영구적으로 발생하는 점에서 영구연금과 유사하나, 매 기간 지급되는 금액이 일정성장률(g)로 증가한다는 점에서 차이가 있다.

$$PV(\text{성장형연금}) = \frac{C}{r-g} \quad (\text{단, } r > g)$$

[연습 19]

첫해 연말 500만원의 순현금흐름이 발생하는 토지가 있다. 매년 순현금흐름이 3%씩 증가한다면 토지의 가치는 얼마인가? (단, 할인율은 연 10%이다.)

정답해설

PV(성장형연금) = 500만/(0.1 − 0.03) ≒ 7,142만원

4 투자의 현금흐름의 분석

(1) 현금흐름의 구분

① 투자 분석 과정에서 가장 중요한 것은 투자 대안으로부터 예상되는 현금흐름을 정확히 추정하는 것이다. 현금흐름을 정확히 추정하지 못한다면 앞으로 진행될 투자분석은 의미가 없기 때문이다.

② 투자로 인한 현금흐름은 '보유기간의 현금흐름'과 '기간 말 현금흐름'으로 구분하여 분석한다.

③ '보유기간 현금흐름'은 보유기간 동안에 부동산 임대차를 통해 발생되는 현금흐름이고, '기간 말 현금흐름'은 기간 말에 부동산 처분을 통해 발생되는 현금흐름이다.

(2) **보유기간 현금흐름 ****

① 보유기간 동안 부동산을 임대차함으로써 발생되는 수익과 비용을 '보유기간 현금흐름' 또는 '영업 현금흐름'이라고도 한다.

▼ 보유기간 현금흐름 분석

	단위당 예상 임대료	
×	임대 단위 수	
	가능 총소득	① PGI : 부동산으로 획득할 수 있는 최대 총소득
−	공실 및 불량 부채	
+	기타 수입	
	유효 총소득	② EGI : 실제 유효하게 획득할 수 있는 총소득
−	영업 경비	
	순영업소득	③ NOI : 임대차 활동을 통해 획득한 순소득
−	부채서비스액	
	세전 현금수지	④ BTCF : 세전 지분수익
−	영업소득세	
	세후 현금수지	⑤ ATCF : 세후 지분수익

② 가능 총소득(Potential Gross Income)

㉠ 단위당 임대료에 임대 단위 수를 곱한 현금흐름을 '가능 총소득'이라고 한다.

> 단위당 예상 임대료 × 임대 단위 수 = 가능총소득

㉡ 가능 총소득은 그 명칭이 의미하는 것처럼 투자 부동산으로부터 얻을 수 있는 최대한의 수익을 의미한다.

③ 유효 총소득(Effective Gross Income)

㉠ 가능 총소득에서 공실 및 불량부채(회수 불가능한 임대소득)을 공제하고 기타 소득을 가산한 현금흐름을 '유효 총소득'이라고 한다.

> 가능총소득 − 공실·불량부채 + 기타소득 = 유효총소득

㉡ 가능 총소득은 가능한 총소득이지 투자자가 실제로 가져가는 총소득은 아니다. 투자자가 실제로 유효하게 가져갈 수 있는 총소득은 공실 등을 고려한 유효 총소득이다.

♥주의
감정평가론에서는 불량부채가 대손충당금이라는 용어로 출제됨에 주의하세요.
(불량부채 = 대손충당금)

♥주의
부채서비스액
= 저당지불액
= 융자지불액, 융자월부금
= 원리금 상환액
= 원금 + 이자

▸▸ **기출** 가능총소득에서 공실 및 회수 불가능 임대수입을 제하고 기타소득을 합하면 유효총소득이 된다. (O)

▸▸ **기출** 가능총소득은 유효총소득보다 일반적으로 작다. (×)

㉢ 공실

ⓐ 비어 있는 임대 단위를 '공실'이라고 한다.

ⓑ 현금흐름을 추정하는 경우, 공실률은 실제 공실률이 아니라 시장에서 허용되는 적정 공실률이 적용된다.

㉣ 불량부채

ⓐ 받을 수 없거나 받기를 포기한 임대소득을 '불량부채'라고 한다.

ⓑ 불량부채에 대한 충당금은 일반적으로 가능 총소득의 일정비율로 적용된다.

ⓒ 대상 부동산에 공실과 불량부채가 전혀 없다고 하더라도 투자자는 시장의 전형적인 공실과 불량부채를 반영하여야 한다. 시간이 경과하면 대체부동산과의 경쟁을 통해 대상 부동산의 공실률 및 불량부채비율은 시장의 공실률 및 불량부채비율과 유사해지기 때문이다.

㉤ 기타 소득

ⓐ 임대료 이외의 소득을 '기타 소득' 또는 '영업외 소득'이라고 한다.

ⓑ 투자 부동산으로부터 발생되는 주차장 수입, 유료 세탁기나 커피 자판기로부터 발생되는 수입 등이 대표적인 기타 소득이다.

④ 순영업소득(Net Operating Income)

㉠ 유효총소득에서 영업경비를 공제한 현금흐름을 '순영업소득'이라고 한다.

유효총소득 − 영업경비 = 순영업소득

㉡ 영업경비

ⓐ '영업경비'란 임대차 활동을 위해 직접 필요한 지출이다.

ⓑ 영업경비 항목

• 유지 · 수선비, 관리비, 전기 · 가스 · 수도료, 화재 보험료 등 • 임대부동산에 대한 재산세 등

㉢ 영업경비에 포함되지 않는 항목

• 공실 및 불량부채, 부채서비스액, 관리인의 개인적 업무비 • 임대부동산의 감가상각비, 자본적 지출(증축 또는 개축 비용) • 부동산 취득세, 영업소득세, 양도소득세

▸▸ 기출 임대주택의 재산세와 영업소득세는 영업경비 항목에 포함된다. (×)

▸▸ 기출 순영업소득의 산정 과정에서 해당 부동산의 재산세는 차감하나, 영업소득세는 차감하지 않는다. (O)

ⓐ 임대차 활동을 위해 직접 필요한 지출이 아니거나 자본적 지출에 해당하는 항목은 영업경비와 구분되어야 한다.

ⓑ 공실 및 불량부채, 부채서비스액, 영업소득세, 양도소득세 등은 별도의 항목으로 추계되기 때문에 영업경비에서 제외된다.

ⓒ 조세 중 '임대부동산에 대한 재산세'를 제외한 다른 조세는 영업경비 항목에서 제외된다.

⑤ 세전 현금수지(Before－Tax Cash Flow)

㉠ 순영업소득에서 부채서비스액을 공제한 현금흐름을 '세전 현금수지'라고 한다.

순영업소득 － 부채서비스액 ＝ 세전현금수지

㉡ '부채서비스액(debt service)'이란 은행에 상환해야 할 원금과 이자의 합계이다.

㉢ 세전현금수지와 세후현금수지 등 현금수지 계열의 수익은 지분 투자금액에 대한 보수, 즉 지분수익을 의미한다.

㉣ 투자금액을 전부 자기자본으로 조달했다면 순영업소득은 세전현금수지와 동일할 수 있다.

⑥ 세후 현금수지(After－Tax Cash Flow)

㉠ 세전 현금수지에서 영업소득세를 공제한 현금흐름을 '세후 현금수지'라고 한다.

세전현금수지 － 영업소득세 ＝ 세후현금수지

㉡ 영업소득세 계산

1. 순영업소득 기준 (순영업소득 ＋ 대체충당금 － 이자지급액 － 감가상각비) × 세율 ＝ 영업소득세 2. 세전현금수지 기준 (세전현금수지 ＋ 대체충당금 ＋ 원금상환액 － 감가상각비) × 세율 ＝ 영업소득세

ⓐ '대체충당금'은 임대용 부동산을 구성하는 내부 시설물의 대체를 위해 매년 적립되는 금액이다. 일반적으로 임대사업자들은 이러한 적립금을 비용으로 처리하지만 대체충당금은 자본적 지출(capital

▸▸ 기출 순영업소득과 세전현금수지는 동일할 수 없다. (×)

▸▸ 기출 과세대상 소득이 적자가 아니고 투자자가 과세대상이라면 세전 현금흐름은 세후 현금흐름보다 크다. (O)

▸▸ 기출 부채서비스액은 매월 또는 매년 지불하는 이자지급액을 제외한 원금상환액을 말한다. (×)

▸▸ 기출 영업소득세를 계산하기 위해서는 이자와 감가상각비를 알아야 한다. (O)

expenditure)로 세금에서 공제되지 않는다. 따라서 영업소득세를 계산하기 위해서는 순영업소득에 포함되어야 한다.

ⓑ 정책적으로 감가상각비와 대출에 대한 이자는 비용으로 인정되어 세금에서 공제된다. 은행에 지불하는 금액 중 원금으로 상환되는 금액은 부동산의 지분과 교환되는 부분으로 비용이 될 수 없다. 따라서 세금에서 공제되지 않음에 주의하여야 한다.

ⓒ 세전현금수지는 순영업소득에서 부채서비스액(원금+이자)를 공제한 금액으로, 대출에 대한 원금과 이자가 모두 공제된 금액이다. 그러나 원금으로 상환되는 금액은 세금에서 공제되지 않기 때문에 세전현금수지를 기준으로 세금을 산정하기 위해서는 세전현금수지에서 공제된 원금상환분을 다시 가산시켜 주어야 한다.

(순영업소득 − 이자지급액) = (세전현금수지 + 원금상환분)

(3) 기간 말 현금흐름(지분 복귀액) *

① 투자기간 말에 부동산을 처분함으로써 발생되는 수익과 비용을 '기간 말 현금흐름'이라고 한다. 처분으로 인한 차익은 모두 지분 투자자의 몫으로 되돌아오기 때문에, 기간 말 현금흐름을 '지분 복귀액'이라고도 한다.

▼ **지분복귀액의 분석**

매도가격	
− 매도경비	
순매도소득	① NSI : 매도를 통해 획득한 순소득
− 미상환 저당 원금	
세전 지분복귀액	② BTER
− 자본이득세	
세후 지분복귀액	③ ATER

② **순매도소득(Net Sales Income)**

㉠ 매도가격에서 매도경비를 공제한 현금흐름을 '순매도소득'이라고 한다.

매도가격 − 매도경비 = 순매도소득

ⓛ 매도가격은 특정 매도 시점을 기준으로 추정된 예상가격을 적용하고, 매도경비는 부동산 처분과 관계되는 중개수수료 등의 비용이다.

③ 세전 지분복귀액(Before－Tax Equity Reversion)

㉠ 순매도소득에서 저당 잔금(미상환 저당 원금)을 공제한 현금흐름을 '세전 지분복귀액'이라고 한다.

순매도소득 － 미상환 저당 원금 ＝ 세전지분복귀액

ⓛ 투자가 종결되기 위해서는 투자를 위해 활용한 대출을 전부 상환해야만 한다. 일반적으로 투자자들은 좋은 가격에 부동산을 처분하여 미상환된 저당 원금, 즉 저당 잔금을 일시에 상환하고자 한다.

④ 세후 지분복귀액(After－Tax Equity Reversion)

㉠ 세전 지분복귀액에서 자본이득세를 공제한 현금흐름을 '세후 지분복귀액'이라고 한다.

세전지분복귀액 － 자본이득세 ＝ 세후지분복귀액

ⓛ 자본이득세는 부동산 처분으로 획득하는 가격상승(자본이득)에 부과되는 세금으로, 우리나라의 양도소득세가 이에 해당한다.

▸▸ 기출 매각시점에 미상환 대출잔액이 있다면 세전 매각 현금흐름이 총 매각대금보다 적다. (O)

제5장 부동산 투자분석기법

▸ 31회, 32회, 33회, 34회, 35회 기출

1 투자분석기법의 구분

(1) 할인법과 비할인법의 구분 **

① 부동산 투자분석기법에는 화폐의 시간가치를 고려하는 할인법과 화폐의 시간가치를 고려하지 않는 비할인법으로 구분할 수 있다.

> 1. 할인법
> 2. 비할인법

▸▸ 기출 순현가는 화폐의 시간적 가치를 고려하지만, 수익성지수(PI)는 화폐의 시간적 가치를 고려하지 않는다. (×)

▸▸ 기출 단순회수기간법은 화폐의 시간가치를 고려하지 않는 방법이나, 현가회수기간법은 화폐의 시간가치를 고려하는 방법이다. (O)

② 할인법(DCF법 : discounted cash flow analysis)

㉠ 할인법의 의미

ⓐ 현금유입(수익)의 현재가치와 현금유출(비용)의 현재가치를 통해 투자를 분석하는 방법을 '할인법' 또는 '할인현금흐름분석법'이라고 한다.

ⓑ 할인법은 장래 예상되는 현금유입과 현금유출을 모두 현재시점의 가치로 환산한 후, 현재시점에서 평가된 현금유입과 현금유출로 투자를 분석하는 방법이다.

㉡ 할인법의 유형

> • 순현가법(NPV법)
> • 내부수익률법(IRR법)
> • 수익성지수법(PI법)
> • 현가회수기간법

▸▸ 기출 투자기간 동안의 모든 수익과 비용을 고려할 수 있는 방법은 할인법이다. (O)

㉢ 평가

ⓐ 할인법은 투자기간 동안 발생되는 모든 현금유입과 현금유출을 고려할 수 있다는 점에서 유용하다.

ⓑ 할인법은 복잡하고 시간이 많이 요구된다는 단점이 있다.

③ 비할인법

㉠ 비할인법의 의미

ⓐ 현재가치를 하지 않은 현금유입(수익)과 현금유출(비용)을 그대로 활용하여 투자를 분석하는 방법을 '비할인법'이라고 한다.

ⓑ 비할인법은 투자기간 동안 소득이 동일할 것이라고 가정하고 예상되는 첫 기의 수익과 비용을 통해 투자를 분석하는 방법이다.

㉡ 비할인법의 유형

- 어림셈법 : 수익률법, 승수법
- 비율분석법 : 다양한 재무비율을 이용하는 방법
- 전통적인 방법 : (단순)회수기간법, 회계적 이익률법

㉢ 평가 : 현실과 부합되지 않는 방법이나, 간편하기 때문에 실무에서 흔하게 활용되고 있다.

▸▸ 기출 수익률법과 승수법은 화폐의 시간가치를 고려하는 방법이다. (×)

▸▸ 기출 회계적이익률법은 화폐의 시간가치를 고려하는 방법이다. (×)

(2) 투자대안들 간의 성격

① 여러 투자대안에서 하나를 선택하기 위해서는 투자대안들의 상호 관계를 명확히 이해해야만 한다.

② 독립적 투자 관계

㉠ 어떤 대안의 선택이 다른 대안의 선택 여부와 관련이 없는 경우를 '독립적 투자 관계' 또는 '독립적 투자'라고 한다.

㉡ 어떤 투자대안들이 서로 독립적이라면, 모든 투자대안들은 각각 별개의 투자대안으로 가정되고 의사가 결정된다.

③ 종속적 투자 관계

㉠ 어떤 대안의 선택이 다른 대안의 선택 여부에 영향을 미치는 경우를 '종속적 투자 관계'라고 한다.

㉡ 상호 배타적 투자와 상호 인과적 투자

상호 배타적 투자	같은 목표를 달성할 수 있는 투자대안이 여러 개 있는 경우, 특정 투자대안이 선택되면 다른 투자대안들은 자동적으로 기각되어 선택되지 않는 상황
상호 인과적 투자	어떤 투자대안이 결정되면 다른 투자대안에 대한 투자가 필연적으로 선택되어야 하는 상황

PART · 05

2 할인법

(1) 순현가법 **

① 순현재가치(NPV : net present value)

▸▸ 기출 순현가는 현금유입의 현재가치에서 현금유출의 현재가치를 뺀 값이다. (O)

㉠ '순현재가치' 또는 '순현가'란 현금유입의 현재가치에서 현금유출의 현재가치를 차감한 값이다.

순현재가치 = 현금유입의 현재가치 − 현금유출의 현재가치

㉡ 현금유입과 현금유출은 부동산의 예상 보유기간 동안의 추정된 금액이다.

$$순현가(NPV) = \left[\frac{CF_1}{(1+r)^1} + \frac{CF_2}{(1+r)^2} + \cdots + \frac{CF_n}{(1+r)^n}\right] - I_0$$

$$= \sum_{t=1}^{n} \frac{CF_t}{(1+r)^t} - I_0$$

※ CF_t : t시점의 현금흐름, I_0 : 최초의 투자액, r : 할인율

※ n : 투자안의 내용연수

▸▸ 기출 내부수익률법은 요구수익률을 할인율로 적용한다. (×)

㉢ 분석 과정에서 적용되는 할인율은 투자자의 요구수익률이다.

② 순현가법

㉠ 상호 배타적인 투자 관계 : 순현가가 0보다 큰 투자대안 중에서 순현가가 가장 큰 투자대안을 선택한다.

㉡ 상호 독립적인 투자 관계 : 순현가가 0보다 큰 모든 투자대안을 투자 가능한 대안으로 선택한다.

(2) 수익성지수법 **

♥주의

$\frac{A}{B}$ 를 읽는 방법

1. A를 B로 나눈 값
2. B에 대한 A의 비율

① 순현가법은 순현가의 크기를 통해서 투자 여부를 결정하는 방법이기 때문에 투자 원금의 크기를 고려하지 못한다. 즉 100원을 투자하여 얻은 순현가 10원과 1,000원을 투자하여 얻은 순현가 10원을 동일하게 평가한다. 이러한 문제를 보완하기 위해 수익성지수를 함께 사용한다.

② 수익성지수(PI : profitability index)

㉠ '수익성지수(PI)'란 현금유입의 현재가치를 현금유출의 현재가치로 나눈 값이다.

$$수익성지수 = \frac{현금유입의\ 현재가치}{현금유출의\ 현재가치}$$

㉡ 수익성지수를 편익비용비율(B/C : benefit cost ratio)이라고도 한다.

③ 수익성지수법

㉠ **상호 배타적인 투자 관계** : 수익성지수가 1보다 큰 투자대안 중에서 수익성지수가 가장 큰 투자대안을 선택한다.

㉡ **상호 독립적인 투자 관계** : 수익성지수가 1보다 큰 모든 투자대안을 투자 가능한 대안으로 선택한다.

(3) 내부수익률법 **

① 투자의 보유기간 동안에 발생할 현금흐름을 알 수 있다면, 이를 통해서 투자안의 기대수익률을 계산할 수 있다. 이렇게 산정된 수익률은 투자사업 자체에 내재되어 있는 수익률을 의미하기 때문에 내부수익률이라고 부른다.

② 내부수익률(IRR : Internal Rate of Return)

㉠ '내부수익률'은 순현가를 '0'으로 만드는 할인율 r을 의미한다.

$$\sum_{t=1}^{n} \frac{CF_t}{(1+r)^t} - I_0 = 0$$

㉡ 순현가가 '0'이라면 수익성지수는 '1'이 되기 때문에 내부수익률은 수익성지수가 '1'이 되는 할인율이라고도 할 수 있다. 측정된 내부수익률은 투자대안의 기대수익률을 의미한다.

③ 내부수익률법

㉠ 내부수익률법은 내부수익률(기대수익률)을 투자자의 요구수익률과 비교하여 투자 여부를 결정한다.

㉡ **상호 배타적인 투자 관계** : 내부수익률이 요구수익률보다 큰 투자대안 중에서 내부수익률이 가장 큰 투자대안을 선택한다.

㉢ **상호 독립적인 투자 관계** : 내부수익률이 요구수익률보다 큰 모든 투자대안을 투자 가능한 대안으로 선택한다.

(4) 현가 회수기간법(discounted payback period method)

① 단순 회수기간법은 화폐의 시간가치를 고려하지 못하는 문제점을 가지

▸▸ 기출 수익성지수는 순현금 투자지출 합계의 현재가치를 사업기간 중의 현금수입 합계의 현재가치로 나눈 상대지수이다. (×)

▸▸ 기출 순현가가 1이라면 수익성지수도 1이 된다. (×)

▸▸ 기출 내부수익률은 순현가를 1로 만드는 할인율이다. (×)

▸▸ 기출 내부수익률은 순현가를 0보다 작게 만드는 할인율이다. (×)

▸▸ 기출 내부수익률법은 내부수익률이 기대수익률보다 큰 투자대안을 선택하는 방법이다. (×)

▸▸ 기출 내부수익률법은 내부수익률과 실현수익률을 비교하여 투자 여부를 결정한다. (×)

고 있다. 따라서 이를 보완하기 위해 '현가 회수기간법' 또는 '할인 회수기간법'을 활용하기도 한다.

② 현가 회수기간법은 먼저 각 기간의 현금흐름을 할인하여 각각의 현재가치를 구한 후에 각 기간의 현재가치의 합이 최초의 투자금액과 같아지는 기간을 회수기간으로 하는 방법이다.

(5) 할인법의 특징

① 할인율과 순현가의 관계

▸▸ 기출 순현재가치는 적용되는 할인율이 클수록 증가한다. (×)

▸▸ 기출 동일한 현금흐름을 가지는 투자안이라도 투자자의 요구수익률에 따라 순현재가치는 달라질 수 있다. (O)

㉠ 아래 자료는 투자 금액이 1,000만원인 투자안의 현금흐름을 서로 다른 할인율을 적용하여 순현가를 산정한 것이다.

▾ 할인율과 순현가의 관계

년	현금흐름	현재가치			
		0%	10%	15%	20%
0	−1,000	−1,000	−1,000	−1,000	−1,000
1	500	500	455	435	415
2	400	400	332	304	276
3	300	300	225	198	174
4	100	100	68	57	48
순현가		300	80	−6	−87

㉡ 제시된 표에 의하면 할인율이 0%, 10%, 15%, 20%로 높아질 때, 산정되는 순현가는 점점 감소함을 알 수 있다.

㉢ 일반적으로 할인율이 높을수록 순현가는 감소한다.

② 순현가와 내부수익률의 관계

㉠ 아래 자료는 적용하는 할인율의 크기에 따른 순현가의 크기를 그래프로 표현한 것이다.

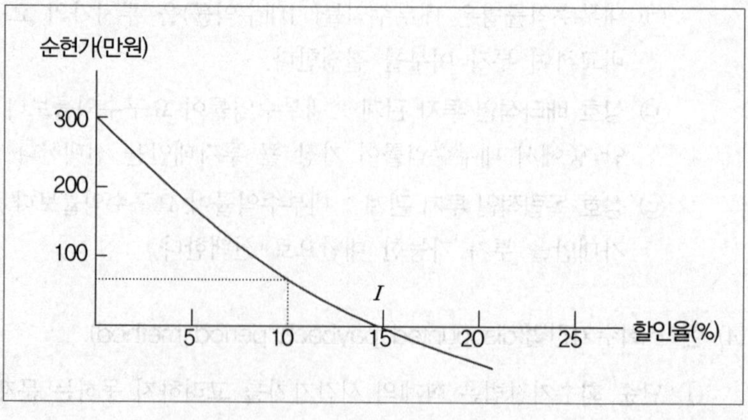

㉡ 내부수익률은 순현가가 0이 되는 할인율이다. 따라서 내부수익률은 그래프에서 I로 표시된 할인율(약 14.9%)이다.

(6) **순현가법과 내부수익률법의 비교 ★★**

① '서로 독립적인 투자대안'을 각각 평가하는 경우나 '하나의 투자대안'에 대하여 투자를 결정하는 경우에는 순현가법의 투자 결론과 내부수익률법의 투자 결론은 동일하다. 그러나 일정한 경우 두 방식의 결론은 달라질 수 있다.

② 두 방식의 결론이 달라질 수 있는 상황과 이유

㉠ 투자대안들의 우선순위를 결정하는 경우나 상호 배타적인 투자대안들 사이에서 투자대안을 결정하는 경우라면 두 방식의 결론은 달라질 수 있다.

㉡ 두 방식의 결론이 달라지는 이유

- 투자 규모가 현저히 차이가 나는 경우
- 투자 기간이 현저히 차이가 나는 경우
- 예상되는 미래 현금흐름의 양상이 현저히 차이가 나는 경우

▸▸ 기출 투자규모에 차이가 나는 상호배타적인 투자안을 검토할 때, 순현재가치법과 수익성지수법을 통한 의사결정이 달라질 수 있다. (O)

■ **순현가법과 내부수익률법의 결론이 달라지는 경우**

1. 투자의 규모가 큰 투자안일수록, 투자의 기간이 길어질수록, 현금흐름이 장기간에 더 많은 투자안일수록 현재가치는 할인율에 보다 민감하게 반응한다. 따라서 이러한 투자의 순현가 곡선은 보다 급경사의 기울기로 나타난다. 이러한 기울기의 차이가 두 방식의 결론을 달라지게 한다. 투자의 규모를 통해 두 방식이 달라지는 경우를 확인해본다.

2. 투자 규모가 현저히 다른 두 대안의 투자금액과 현금유입을 통해 계산된 두 대안에 대한 순현가와 내부수익률은 다음과 같다.

기간	구분	투자안 A	투자안 B
기초	투자 금액	−1,000,000	−100,000
기말	현금 유입	1,200,000	140,000
	순현가(할인율 10%)	90,909	27,273
	내부수익률	20%	40%

3. 투자안 A, B의 순현가와 할인율의 관계를 그래프로 표시하면 다음과 같다.

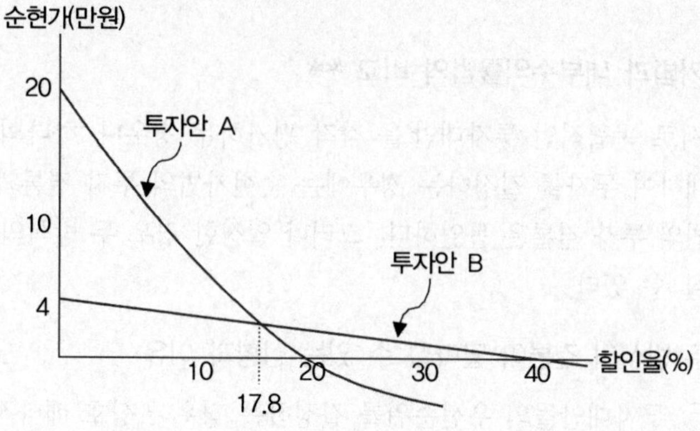

4. 두 투자안의 순현가는 모두 0보다 크며 내부수익률(기대수익률)도 할인율(요구수익률) 10%보다 크다. 따라서 두 투자안을 각각 독립적으로 평가하는 경우 모두 투자가치가 있다고 할 수 있다.

5. 그러나 두 투자안의 우선순위를 파악하면 순현가법에 의하면 할인율 10%에서 순현가가 보다 큰 투자안 A가 우월하고, 내부수익률법에 의하면 내부수익률이 보다 큰 투자안 B가 우월하다. 결국 우선순위를 찾는 경우 두 방식의 결론은 달라질 수 있다.

(7) 순현가법의 우수성

① 투자 분석에서 순현가법과 내부수익률법이 서로 다른 결과를 보여줄 수 있다면, 두 방법 중 보다 우월한 방법을 선택하여 투자를 결정해야 할 것이다.

② 이론적인 측면이나 적용상의 측면에서 순현가법이 보다 우월한 투자 분석 방법으로 평가된다.

③ 순현가법이 우월한 이유

- 순현가법은 재투자 수익률의 가정이 보다 합리적이다.
- 순현가법은 가치가산의 원칙(부의 극대화)에서 보다 합리적이다.
- 내부수익률은 존재하지 않거나, 복수일 수 있다.

■ **순현가법이 우월한 이유**

1. 순현가법은 재투자 수익률의 가정이 보다 합리적이다. 순현가법은 투자로부터 발생되는 현금흐름을 할인율(요구수익률)로 재투자하며, 내부수익률법에서는 내부수익률로 재투자한다고 가정한다. 내부수익률로 재투자할 수 있다는 가정은 현재와 같은 내부수익률(기대수익률)을 지니는 투자기회가 미래에도 계속 존재한다는 것인데, 일반적으로 내부수익률(기대수익률)은 변화된다. 또한 한 기업이 여러 투자대안에 투자를 하는 경우 동일한 기업이 서로 다른 내부수익률로 재투자한다는 결론에 도달하게 되는데, 이는 비현실적이다.

2. 순현가법은 가치가산의 원칙(부의 극대화)에서 보다 합리적이다. 여러 투자안에 투자를 하는 경우 전체 순현가는 개별 투자안의 순현가를 단순히 합산함으로써 구할 수 있다. 그러나 내부수익률은 개별 투자안의 내부수익률을 단순히 합산함으로써 전체 내부수익률을 구할 수 없다. 어떤 투자자가 3%의 이자를 주는 A은행 예금 상품과 2%의 이자를 주는 B은행 예금 상품에 동시에 가입하였다고 가정할 때, 투자자가 가져가는 이자 수익률은 두 예금 상품의 합인 5%가 되는 것은 아니다.

3. 내부수익률은 현금흐름의 형태에 따라 내부수익률이 존재하지 않거나 여러 개의 내부수익률이 나타날 수 있다. 내부수익률은 순현가 곡선을 통해 확인할 수 있는데 아래와 같은 순현가 곡선을 만들어 내는 투자안의 경우 내부수익률이 없거나 여러 개의 내부수익률이 존재할 수 있다.

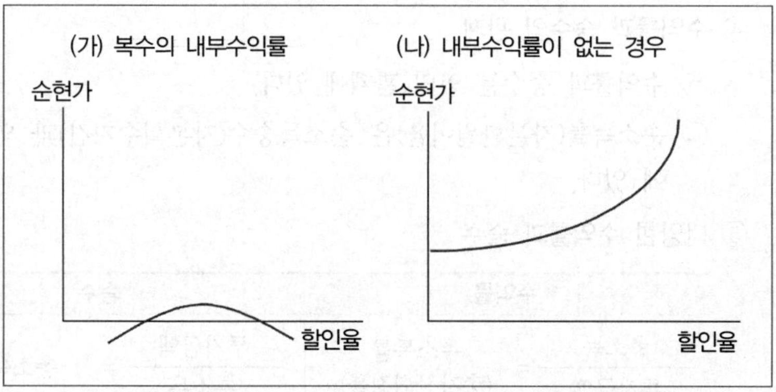

4. 내부수익률법은 투자기간의 각 기간마다 할인율(요구수익률)이 다를 경우 비교기준을 어떤 것으로 하여야 할 것인가 하는 문제가 발생한다. 투자대안을 평가하는 경우에 할인율이 언제나 일정한 것은 아니라 변동될 수 있다. 내부수익률법에 따라서 투자를 결정하는 경우에 투자대안의 내부수익률과 할인율을 비교하여 투자의 타당성을 평가하는데, 각 기간마다 할인율이 다를 경우 어떤 할인율을 비교의 기준으로 하여야 하는지 문제된다.

3 비할인법

(1) 어림셈법 **

① 어림셈법(rule of thumb method)은 투자금액과 수익을 조합하여 만든 간단한 수익률 또는 승수를 통해 투자대안을 평가하는 방법이다.

② 수익률

$$수익률 = \frac{수익}{투자금액}$$

㉠ 수익률은 수익의 크기를 측정하는 지표이다.

㉡ 수익의 많고 적음을 투자금액을 기준으로 해석한다.

③ 승수

$$승수 = \frac{투자금액}{수익}$$

㉠ 승수는 투자금액의 크기를 측정하는 지표이다.

㉡ 투자금액의 많고 적음을 수익을 기준으로 해석한다. 결국 승수는 투자금액이 수익의 몇 배인지를 측정하는 지표이다.

④ 수익률과 승수의 관계

㉠ 수익률과 승수는 역의 관계에 있다.

㉡ 순소득률(자본환원이율)은 순소득승수(자본회수기간)과 역의 관계에 있다.

⑤ 다양한 수익률과 승수

수익률	승수
$\frac{총소득}{투자금액}$ = 총소득률(총자산회전률)	$\frac{투자금액}{총소득}$ = 총소득승수
$\frac{순영업소득}{투자금액}$ = 순소득률(환원이율)	$\frac{투자금액}{순영업소득}$ = 순소득승수(자본회수기간)
$\frac{세전현금수지}{지분투자금액}$ = 세전현금수지율(지분배당률)	$\frac{지분투자액}{세전현금수지}$ = 세전현금수지승수
$\frac{세후현금수지}{지분투자금액}$ = 세후현금수지율	$\frac{지분투자액}{세후현금수지}$ = 세후현금수지승수

✔주의

$\frac{A}{B}$를 읽는 방법
1. A를 B로 나눈 값
2. B에 대한 A의 비율

▸▸ 기출 승수법에서는 승수가 클수록 더 좋은 투자안으로 평가한다. (×)

▸▸ 기출 지분투자수익률(ROE)은 순영업소득을 지분투자액으로 나눈 비율이다. (×)

▸▸ 기출 총소득승수는 총투자액을 세후현금흐름으로 나눈 값이다. (×)

▸▸ 기출 순소득승수는 지분투자액을 순영업소득으로 나눈 값이다. (×)

▸▸ 기출 세후현금흐름승수는 총투자액을 세후현금흐름으로 나눈 값이다. (×)

▸▸ 기출 일반적으로 세전현금수지승수가 세후현금수지승수보다 크다. (×)

⑥ 수익률과 승수의 산정 원칙

㉠ 수익률과 승수를 산정하는 경우, 세전 현금수지와 세후 현금수지와 같은 지분수익은 지분투자금액과 결합된다.

㉡ 수익률과 승수를 산정하는 경우, 지분수익이 아닌 총소득과 순영업소득은 총투자금액과 결합된다.

⑦ 유용성

㉠ 어림셈법은 정확한 분석이 필요치 않은 소규모 부동산에 적합한 방법이다.

㉡ 어림셈법은 1기의 수익만을 분석하고 승수와 수익률을 산정한다는 점에서 수익이 안정적인 부동산에 적합한 방법이다.

⑧ 한계

㉠ 어림셈법은 간편하다는 장점이 있으나 화폐의 시간가치를 고려하지 않는다는 단점을 가진다.

㉡ 어림셈법은 한 가지 방법에 의해 계산된 비율을 다른 방법에 의해 계산된 비율과 직접 비교하기 곤란하다. 어떤 방법에 의해 좋아 보이는 투자대안이 다른 방법에 의해서는 나쁘게 보일 수도 있다.

(2) 비율분석법 **

① 비율분석법은 간단한 재무 비율을 활용하여 투자대안을 평가하는 방법이다.

② 부채감당률(DCR : Debt－Coverage Ratio)

$$\text{부채감당률} = \frac{\text{순영업소득}}{\text{부채서비스액}}$$

㉠ 부채서비스액에 대한 순영업소득의 비율을 '부채감당률'이라고 한다.

㉡ 부채감당률은 순영업소득이 부채서비스액을 감당할 수 있는지 그 능력을 측정하는 지표이다.

㉢ 은행이 받는 부채서비스액 또는 대출의 원리금 상환액은 순영업소득을 원천으로 한다. 따라서 은행은 대출을 결정하는 경우에 대출을 통해 투자한 부동산의 순영업소득이 은행이 받을 부채서비스액을 감당할 수 있는지 여부를 확인한다.

▸▸ 기출 부채감당률이 1보다 작으면 차입자의 원리금 지불능력이 충분하다. (×)

PART · 05

㉣ 부채감당률의 해석

- 부채감당률 > 1 : 순영업소득이 부채서비스액을 감당할 수 있다.
- 부채감당률 < 1 : 순영업소득이 부채서비스액을 감당할 수 없다.
- 부채감당률 = 2 : 순영업소득이 부채서비스액의 2배이다.
- 부채감당률 = 0.5 : 순영업소득이 부채서비스액의 절반이다.

▸▸ 기출 채무불이행률은 유효총소득이 영업경비와 부채서비스액을 감당할 수 있는 능력이 있는지를 측정하는 비율이며, 채무불이행률을 손익분기율이라고도 한다. (O)

③ 채무불이행률

$$채무불이행률 = \frac{영업경비 + 부채서비스액}{유효총소득}$$

㉠ 유효총소득에 대한 영업경비와 부채서비스액을 합산한 금액의 비율을 '채무불이행률'이라고 한다.

㉡ 채무불이행률은 유효총소득이 채무(영업경비와 부채서비스액 합계)를 감당할 수 있는지 그 능력을 나타내는 지표이다.

▸▸ 기출 총자산회전율은 투자된 총자산에 대한 총소득의 비율이며, 총소득으로 가능총소득 또는 유효총소득이 사용된다. (O)

④ 총자산회전율(총소득율)

$$총자산회전율 = \frac{총소득}{부동산의\ 총가치}$$

㉠ 투자된 총자산(투자한 부동산 가치)에 대한 총소득의 비율을 '총자산회전율'이라고 한다.

㉡ 제시된 총소득은 가능총소득과 유효총소득 모두 적용이 가능하다.

㉢ 총자산회전율은 어림셈법의 수익률 중 총소득률을 의미한다.

⑤ 대부비율(LTV : Loan－To－Value ratio)

$$대부비율 = \frac{대출금액}{부동산\ 가격}$$

㉠ 부동산 가격에 대한 대출금액의 비율을 '대부비율'이라고 한다.

㉡ 부동산 투자를 위해 활용한 대출금액의 크기를 측정하는 지표이다.

▸▸ 기출 부채비율은 부채에 대한 지분의 비율이며, 대부비율이 50%일 경우에는 부채비율은 100%가 된다. (×)

▸▸ 기출 부채비율은 부채총액을 자본총액으로 나눈 비율이다. (O)

⑥ 부채비율

$$부채비율 = \frac{부채}{자기자본}$$

㉠ 자기자본에 대한 부채의 비율을 '부채비율'이라고 한다.

㉡ 부채비율은 부채의 건전성을 평가하는 지표로 부채의 크기를 자기 자본의 크기와 비교하는 지표이다.

■ **대부비율과 부채비율의 관계**

1. 10억원에 해당하는 부동산에 투자하기 위해 8억원을 대출받았다면 대부비율과 부채비율은 다음과 같이 계산할 수 있다.

부동산 가격 : 10억 (자산)	대출금액 : 8억 (부채)
	자기자본 : 2억 (자본금)

2. 대부비율 : $\frac{8억}{10억} = 80\%$

3. 부채비율 : $\frac{8억}{2억} = 400\%$

⑦ 생산성 비율(productivity ratio)

㉠ 생산성 비율은 투자된 부동산의 생산성을 평가하는 지표로서 '공실률', '영업경비 비율', '순영업소득 비율' 등이 이에 해당한다.

㉡ 공실률과 영업경비 비율은 낮을수록 생산성은 높은 것으로 평가하고, 순영업소득 비율은 높을수록 생산성이 높은 것으로 평가한다.

⑧ 비율분석법의 한계

㉠ 동일한 투자대안이라도 사용하는 비율 또는 지표에 따라 투자대안의 평가는 달라질 수 있다.

㉡ 주어진 비율 자체만으로는 투자대안의 좋고 나쁨을 평가하지 못할 수 있으며, 비율을 구성하는 요소들의 추계가 잘못되면 비율 자체가 왜곡될 수 있다.

4 전통적 투자분석기법

① 단순 회수기간법(payback period)

㉠ 투자자금을 회수하기 위해 필요한 기간을 '회수기간'이라고 한다.

$$회수기간 = \frac{투자금액}{순영업소득}$$

▸▸ 기출 회수기간법은 회수기간이 가장 장기인 투자안을 선택한다. (×)

㉡ 투자자들은 빠르게 자본을 회수할 수 있는 투자대안을 선호한다. 회수기간이 짧을수록 미래 불확실성이 빨리 해소되기 때문이다.

㉢ 상호 독립적인 투자안의 경우에는 투자대안의 회수기간이 투자자가 정한 목표 회수기간보다 짧으면 투자가치가 있다고 판단한다.

㉣ 상호 배타적인 투자대안들이라면 회수기간이 가장 짧은 대안을 선택한다.

■ **단순 회수기간의 산정**

1. 다음은 투자안의 현금흐름(단위는 만원)을 나타낸 것이다.

기간	부동산 A	부동산 B	부동산 C
현재	−500	−700	−600
1년	100	200	200
2년	300	300	100
3년	200	100	300
4년	100	100	200
5년	400	300	200
자본 회수기간	2년 6개월	4년	3년

2. 회수기간은 투자시점에서 발생한 비용을 회수하는 데 걸리는 기간으로 보통 연단위로 표시한다. 부동산 B의 경우에 투자 이후 발생하는 현금흐름의 누적 합계를 통해 투자비용 700만원의 회수기간을 계산하면 4년(200 + 300 + 100 + 100 = 700)이 된다.
3. 부동산 A는 연단위로 회수기간이 표시되지 못하는 경우이다. 현금흐름이 기간 중에 균등하게 발생한다고 가정하면 A의 회수기간은 2년 6개월이 된다.
4. 제시된 투자안들이 상호 배타적이라면 회수기간이 가장 짧은 부동산 A를 선택한다.

② **회계적이익률법**

▸▸ 기출 회계적이익률법은 투자대안으로부터 추계된 회계적 이익률이 가장 작은 대안을 선택하는 방법이다. (×)

$$회계적이익률 = \frac{연평균\ 순이익}{연평균\ 투자액}$$

㉠ 투자 부동산의 연평균 순이익을 연평균 투자금액으로 나눈 값을 '회계적 이익률' 또는 '평균 수익률'이라고 한다.

㉡ 상호 독립적인 투자안의 경우에는 회계적이익률이 투자자가 정한 목표 이익률보다 크다면 투자가치가 있다고 판단한다.

㉢ 상호 배타적인 투자대안들이라면 회계적이익률이 가장 큰 대안을 선택한다.

제6장 투자론 계산 문제

1 지분수익률 산정

01 제시된 자료를 활용하여 ㉠ 부동산 투자에 따른 1년간 자기자본수익률을 구하고, ㉡ 1년간 부동산 가격 상승률이 10%인 경우의 1년간 자기자본 수익률을 구하시오. (단, 주어진 조건에 한함)

- 투자 부동산 가격 : 3억원
- 금융기관 대출 : 2억원, 자기자본 : 1억원
- 대출조건
  - 대출기간 : 10년
  - 대출이자율 : 연 6%
  - 대출기간 만료 시 원금은 일시에 상환한다.
- 1년간 순영업이익(NOI) : 2천만원
- 1년간 부동산 가격 상승률 : 0%

$$\text{자기자본수익률} = \frac{\text{순영업소득} - \text{이자} + \text{가격상승분}}{\text{지분투자금액}}$$

정답해설

1. ㉠ 1년간 자기자본수익률

(1) 자기자본에 대한 수익(= 1년간 지분수익 + 1년간 부동산 가격 상승분)

① 1년간 세전현금수지 : 2,000만(순영업소득) − 1,200만(= 2억원 × 6%, 이자비용) = 800만원

② 1년간 부동산 가격 상승분 : 0원

(2) 자기자본 : 1억원

(3) 자기자본수익률 : $\frac{800\text{만} + 0\text{원}}{1\text{억}} = 0.08(8\%)$

2. ㉡ 1년간 부동산 가격 상승률이 10%인 경우의 1년간 자기자본수익률

(1) 자기자본에 대한 수익

① 1년간 세전현금수지 : 800만원

② 1년간 부동산 가격 상승분 : 3,000만원

(2) 자기자본수익률 : $\frac{800\text{만} + 3{,}000\text{만원}}{1\text{억}} = 0.38(38\%)$

2 기대수익률, 분산 및 변이계수(변동계수)

01 아파트의 시장상황별 추정수익률의 예상치가 다음과 같을 때, 아파트의 기대수익률은 얼마인가?

시장상황	확률	수익률
불황	30%	10%
보통	40%	20%
호황	30%	30%

정답해설

1. 개별자산의 기대수익률은 시장상황이 발생할 확률과 각각의 시장상황에서 달성 가능한 추정수익률을 가중평균하여 산정할 수 있다.
2. 아파트의 기대수익률 : (불황 확률 × 불황 수익률) + (보통 확률 × 보통 수익률) + (호황 확률 × 호황 수익률) = 개별자산 기대수익률
3. 기대수익률 : (0.3 × 10%) + (0.4 × 20%) + (0.3 × 30%) = 20%

02 A, B, C 3개의 자산으로 이루어진 포트폴리오가 있다. 제시된 자료를 통해 전체 포트폴리오의 기대수익률은? (다만, 호황과 불황의 확률은 각각 50%이다)

구분	포트폴리오 비중(%)	경제상황별 예상 수익률(%)	
		호황	불황
A부동산	20	6	4
B부동산	30	8	4
C부동산	50	10	2

정답해설

1. 포트폴리오 전체 기대수익률을 계산하기 위해서는 먼저 포트폴리오를 구성할 개별자산의 기대수익률을 알아야만 한다.
2. 개별자산의 기대수익률
   ① 산식 : (호황 확률 × 호황 수익률) + (불황 확률 × 불황 수익률) = 기대수익률
   ② A부동산 : (0.5 × 6%) + (0.5 × 4%) = 5%
   ③ B부동산 : (0.5 × 8%) + (0.5 × 4%) = 6%
   ④ C부동산 : (0.5 × 10%) + (0.5 × 2%) = 6%
3. 포트폴리오 기대수익률
   ① 산식 : (A부동산 자산비중 × A부동산 기대수익률) + (B부동산 자산비중 × B부동산 기대수익률) + (C부동산 자산비중 × C부동산 기대수익률) = 포트폴리오 기대수익률
   ② 포트폴리오 기대수익률 : (0.2 × 5%) + (0.3 × 6%) + (0.5 × 6%) = 5.8%

03 시장상황별 수익률의 예상치가 다음과 같은 경우 기대수익률과 분산은?

시장상황	수익률	확률
불황	20%	30%
보통	30%	40%
호황	40%	30%

정답해설

1. 기대수익률 : (0.3 × 20%) + (0.4 × 30%) + (0.3 × 40%) = 30%
2. 분산 : [0.3 × (20% − 30%)^2] + [0.4 × (30% − 30%)^2] + [0.3 × (40% − 30%)^2]
   = 60%^{2}(0.006)

04 경제상황별 예상수익률이 다음과 같을 때, 상가 투자안의 변동계수 (coefficient of variation)는? (단, 호황과 불황의 확률은 같음)

구분	경제상황별 예상수익률	
	호황	불황
상가	0.1	0.06

정답해설

1. 변동계수(변이계수) 공식 : $\frac{\text{표준편차(위험)}}{\text{기대수익 평균(수익)}}$
2. 변동계수 산정
   ① 기대수익의 평균 : 0.5 × 10% + 0.5 × 6% = 8%
   ② 분산 : 0.5 × (10% − 8%)^2 + 0.5 × (6% − 8%)^2 = 4%^{2}(0.0004)
   ③ 표준편차(= $\sqrt{\text{분산}}$) : $\sqrt{4\%^2}$ = 2%(0.02)
   ④ 변동계수 : $\frac{\text{표준편차}}{\text{기대수익의 평균}} = \frac{0.02}{0.08} = 0.25$

3 투자의 현금흐름분석

01 임대주택의 1년간 운영실적에 관한 자료이다. 세후현금수지는 얼마인가?

• 호당 임대료	6,000,000원
• 임대가능호수	40호
• 공실률	10%
• 운영비용	16,000,000원
• 원리금상환액	90,000,000원
• 융자이자	20,000,000원
• 감가상각액	10,000,000원
• 소득세율	30%

정답해설

1. 가능총소득 : 6,000,000원 × 40호 = 240,000,000원
2. 유효총소득 : 240,000,000원 − 10%(공실률) = 240,000,000원 × 0.9 = 216,000,000원
3. 순영업소득 : 216,000,000원 − 16,000,000원(영업경비) = 200,000,000원
4. 세전현금수지 : 200,000,000원 − 90,000,000원[부채서비스액(= 원금 + 이자)] = 110,000,000원
5. 세후현금수지
   ① 영업소득세 : (200,000,000원(순) − 20,000,000원(이자) − 10,000,000원(감가상각비)) × 30% = 51,000,000원
   ② 세후현금수지 : 110,000,000원 − 51,000,000원(영업소득세) = 59,000,000원

02 어느 회사의 1년 동안의 운영수지다. 세후현금수지는 얼마인가?

• 가능총소득 : 4,800만원
• 공실 : 가능총소득의 5%
• 영업소득세율 : 연 20%
• 원금상환액 : 200만원
• 이자비용 : 800만원
• 영업경비 : 240만원
• 감가상각비 : 200만원

정답해설

1. 가능총소득 : 4,800만원
2. 유효총소득 : 4,800만 − 5%(공실률) = 4,800만 × 0.95 = 4,560만원

3. 순영업소득 : 4,560만 − 240만 = 4,320만원
(영업경비)
4. 세전현금수지 : 4,320만 − (800만 + 200만) = 3,320만원
[부채서비스액(= 원금 + 이자)]
5. 세후현금수지
① 영업소득세 : (4,320만 − 800만 − 200만) × 20% = 664만원
(순) (이자) (감가상각비)
② 세후현금수지 : 3,320만원 − 664만 = 2,656만원
(영업소득세)

4 할인법

01 다음은 각 투자안의 현금흐름을 조사한 것이다. 순현재가치와 수익성지수를 구하시오. (다만, 할인율은 5%이며, 사업기간은 1년으로 가정한다)

투자안	기초 현금지출	기말 현금유입
A	300만원	630만원
B	100만원	315만원
C	100만원	420만원
D	100만원	262.5만원

정답해설

1. 수익의 현가와 비용의 현가 산정

투자안	수익의 현가	비용의 현가	순현가	수익성지수
A	630/1.05= 600만	300만	300만	2.0
B	315/1.05 = 300만	100만	200만	3.0
C	420/1.05=400만	100만	300만	4.0
D	262.5/1.05=250만	100만	150만	2.5

1) 순현가 : 수익의 현가 − 비용의 현가 = 순현가
2) 수익성지수 : 수익의 현가 ÷ 비용의 현가 = 수익성지수

02 다음은 부동산투자의 예상 현금흐름표이다. 이 투자안의 수익성지수(PI)는? (단, 현금유출은 기초, 현금유입은 기말로 가정하고, 0년차 현금흐름은 현금유출이며, 1년차부터 3년차까지의 현금흐름은 연 단위의 현금유입만 발생한다. 할인율은 연 10%이고, 주어진 조건에 한함)

(단위 : 만원)

사업기간	0년	1년	2년	3년
현금흐름	2,000	550	1,210	1,331

정답해설

1. 수익성지수 공식 : $\frac{\text{수익의 현가}}{\text{비용의 현가}}$
2. 수익성지수 산정
   ① 수익의 현가 : $\frac{550}{1.1} + \frac{1,210}{1.1^2} + \frac{1,331}{1.1^3} = 2,500$만원
   ② 비용의 현가 : 2,000만원
   ③ 수익성지수 : $\frac{2,500\text{만}}{2,000\text{만}} = 1.25$

03 다음과 같이 순현재가치가 발생하는 투자사업이 있다. 이 경우 보간법으로 산출한 내부수익률은?

순현가 (단위 : 천원)	
할인율 5%인 경우	할인율 6%인 경우
3,465	−4,235

정답해설

1. 순현가의 그래프를 통해 보간법을 적용한다.

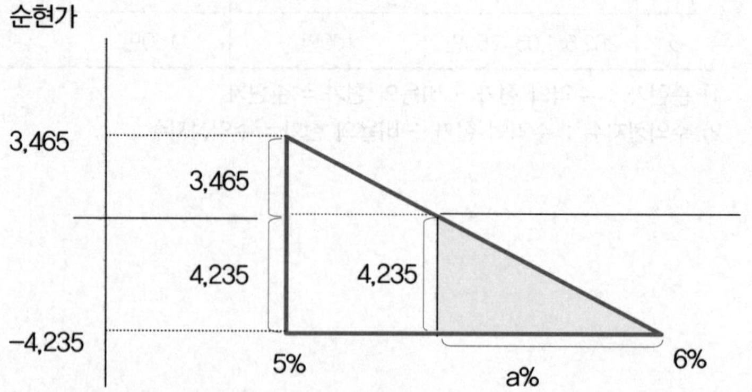

2. 내부수익률(순현가를 0으로 만드는 할인율)
   ① a = 0.55
   (3,465 + 4,235) : 1% = 4,235 : a%
   ② 내부수익률 : 6% − a% = 5.45%

5 비할인법

01 제시된 자료를 이용하여 대부비율, 지분비율, 부채비율을 구하면 얼마인가?

투자자 甲은 10억원에 해당하는 부동산에 투자하기 위해 8억원의 대출을 받았다.

정답해설

1. 대부비율 : $\frac{\text{대출금액}}{\text{부동산 가격}} = \frac{8\text{억}}{10\text{억}} = 0.8(80\%)$
2. 지분비율 : $\frac{\text{자기자본}}{\text{부동산 가격}} = \frac{2\text{억}}{10\text{억}} = 0.2(20\%)$
3. 대부비율 + 지분비율 = 1(100%)
4. 부채비율 : $\frac{\text{부채}(=\text{대출금액})}{\text{자기자본}} = \frac{8\text{억}}{2\text{억}} = 4.0(400\%)$

02 제시된 자료를 이용하여 총투자수익률, 자본회수기간, 부채감당률, 지분투자수익률을 구하면 얼마인가?

- 총투자액 : 10억원
- 지분투자액 : 6억원
- 세전현금수지 : 6,000만원/년
- 부채서비스액 : 4,000만원/년
- (유효)총소득승수 : 5

정답해설

1. 총투자수익률(순소득률, 자본환원율) : $\frac{\text{순영업소득}}{\text{총투자액}} = \frac{1\text{억}}{10\text{억}} = 0.1(10\%)$

   ※ 순영업소득 − 부채서비스액 = 세전현금수지, 순영업소득 = 1억원

2. 자본회수기간(순소득승수) : $\frac{\text{총투자액}}{\text{순영업소득}} = \frac{10\text{억}}{1\text{억}} = 10$
3. 부채감당률 : $\frac{\text{순영업소득}}{\text{부채서비스액}} = \frac{1\text{억}}{4{,}000\text{만}} = 2.5$
4. 지분투자수익률(세전현금 기준) : $\frac{\text{세전현금수지}}{\text{지분투자액}} = \frac{6{,}000\text{만}}{6\text{억}} = 0.1(10\%)$

PART • 05

03 단순회수기간법으로 투자대안 A, B, C의 자본회수기간을 산정하시오.

(단, 현금흐름은 기간 중에 균등하게 발생한다고 가정)

기간	투자안별 현금흐름(단위 : 만원)		
	A	B	C
현재	−500	−700	−600
1년	100	200	200
2년	300	300	100
3년	200	100	300
4년	100	100	200
5년	400	300	200

정답해설

1. A투자안 : 2.5년
2. B투자안 : 4년
3. C투자안 : 3년

PART 05

투자론 기출문제

주제 부동산 투자의 수익과 위험

01 다음과 같은 이유들로 인해 나타날 수 있는 부동산 투자의 위험은? ▸ 2018년 29회

• 근로자의 파업가능성	• 관리자의 관리능력
• 영업경비의 증가	• 임대료의 연체

① 인플레이션 위험 ② 금융위험
③ 유동성위험 ④ 입지위험
⑤ 운영위험

정답해설

⑤ 운영위험을 발생시키는 요인들이다.

02 부동산 투자에서 레버리지(leverage)에 관한 설명으로 옳지 않은 것은? ▸ 2019년 30회

① 총투자수익률에서 지분투자수익률을 차감하여 정(+)의 수익률이 나오는 경우에는 정(+)의 레버리지가 발생한다.
② 차입이자율이 총투자수익률보다 높은 경우에는 부(−)의 레버리지가 발생한다.
③ 정(+)의 레버리지는 이자율의 변화 등에 따라 부(−)의 레버리지로 변화될 수 있다.
④ 부채비율이 상승할수록 레버리지 효과로 인한 지분투자자의 수익률 증대효과가 있지만, 한편으로는 차입금리의 상승으로 지분투자자의 수익률 감소효과도 발생한다.
⑤ 대출기간 연장을 통하여 기간이자 상환액을 줄이는 것은 부(−)의 레버리지 발생 시 적용할 수 있는 대안 중 하나이다.

정답해설

① [(총투자수익률 − 지분투자수익률) = 양수(+)], 제시된 지문에 의하면 지분수익률이 총투자수익률보다 작다. 즉 지분수익률이 낮으므로 부(−)의 레버리지를 의미한다.

정답 > 01 ⑤ 02 ①

03 **부동산 투자 시 위험과 수익과의 관계에 관한 설명으로 옳은 것을 모두 고른 것은?**

▸ 2017년 28회

ㄱ. 위험회피형 투자자는 위험 증가에 따른 보상으로 높은 기대수익률을 요구한다.
ㄴ. 위험과 수익과의 상쇄관계는 위험이 크면 클수록 요구하는 수익률이 작아지는 것을 의미한다.
ㄷ. 위험의 크기에 관계없이 기대수익률에만 의존해서 행동하는 투자유형을 위험선호형이라 한다.
ㄹ. 요구수익률은 무위험률과 위험할증률을 합산하여 계산해야 한다.
ㅁ. 평균－분산모형에서, 기대수익률이 같다면 위험이 작은 투자안을 선택하고, 위험이 같다면 기대수익률이 높은 투자안을 선택하는 투자안의 선택기준을 지배원리(dominance principle)라고 한다.

① ㄱ, ㄴ ② ㄴ, ㄷ ③ ㄱ, ㄹ, ㅁ
④ ㄴ, ㄷ, ㅁ ⑤ ㄷ, ㄹ, ㅁ

정답해설

③ 옳은 지문은 ㄱ, ㄹ, ㅁ이다.

오답해설

ㄴ. 위험과 수익과의 상쇄관계(비례관계)는 위험이 크면 클수록 요구하는 수익률이 커지는 것을 의미한다.
ㄷ. 위험의 크기에 관계없이 행동하는 투자유형은 위험중립형이라 한다. 위험을 선호하면 위험추구형이고, 위험을 싫어하면 위험회피형이다. 그리고 위험에 관계없이 행동을 한다면 위험중립형이다.

04 **부동산투자와 위험에 관한 설명으로 옳은 것은?**

▸ 2023년 34회

① 상업용 부동산투자는 일반적으로 다른 상품에 비하여 초기투자비용이 많이 들며 투자비용의 회수기간이 길지만 경기침체에 민감하지 않아 투자위험이 낮다.
② 시장위험이란 부동산이 위치한 입지여건의 변화 때문에 발생하는 위험으로서, 부동산시장의 수요·공급과 관련된 상황의 변화와 관련되어 있다.
③ 사업위험이란 부동산 사업자체에서 발생하는 수익성 변동의 위험을 말하며 시장위험, 입지위험, 관리·운영위험 등이 있다.
④ 법·제도적 위험에는 소유권위험, 정부정책위험, 정치적 위험, 불가항력적 위험, 유동성 위험이 있다.
⑤ 위험과 수익 간에는 부(－)의 관계가 성립한다.

정답해설

③ 옳은 지문이다.

오답해설

① 상업용 부동산투자는 경기침체에 민감하기 때문에 투자 위험이 높다. 또한 상업용 부동산투자는 초기비용이 높고, 임대차 등을 통해 자본을 회수하기 때문에 회수기간도 긴 특징이 있다.
② 부동산이 위치한 입지여건의 변화 때문에 발생하는 위험은 위치적 위험이다. 부동산시장의 수요・공급과 관련된 상황의 변화와 관련된 위험은 시장위험이다.
④ 소유권위험, 정부정책위험, 정치적 위험 등은 법・제도적 위험에 해당되나, 불가항력적 위험이나 유동성 위험은 법・제도적 위험이라고 할 수 없다.
⑤ 위험과 수익은 비례 관계 또는 정(+)의 관계를 갖는다.

05 부동산투자에 관한 설명으로 옳은 것은?

▸ 2023년 34회

① 부동산투자는 부동산이 갖고 있는 고유한 특성이 있지만 환금성, 안전성 측면에서 주식투자와 다르지 않다.
② 부동산은 실물자산이기 때문에 인플레이션 방어 능력이 우수하여 디플레이션과 같은 경기침체기에 좋은 투자대상이다.
③ 부동산은 다른 투자상품에 비하여 거래비용의 부담이 크지만 부동산시장은 정보의 대칭성으로 인한 효율적 시장이다.
④ 부동산투자는 부동산의 사회적・경제적・행정적 위치의 가변성 등으로 인해 부동산시장의 변화를 면밀히 살펴야 한다.
⑤ 투자의 금융성이란 투자자가 투자자산을 필요한 시기에 손실 없이 현금으로 전환할 수 있는 안전성의 정도를 말한다.

정답해설

④ 옳은 지문이다.

오답해설

① 부동산 투자는 환금성, 안전성 측면에서 주식 투자와 다르다. 부동산은 안전한 자산이나 상대적으로 환금성(유동성)이 좋지 않다. 반면 주식은 환금성(유동성)이 좋으나 상대적으로 안전성이 낮은 자산이다.
② 부동산은 실물자산으로 인플레이션이 발생하는 시기에 좋은 투자대상이 된다.
③ 일반적으로 부동산시장은 정보의 비대칭성의 특성을 갖는다.
⑤ 지문은 유동성 또는 환금성에 대한 설명이다.

정답 > 03 ③ 04 ③ 05 ④

06 **부동산투자의 수익과 위험에 관한 설명으로 옳지 않은 것은?** ▸ 2024년 35회

① 다양한 자산들로 분산된 포트폴리오는 체계적 위험을 감소시킨다.
② 위험회피형 투자자는 위험 증가에 따른 보상으로 높은 기대수익률을 요구한다.
③ 동일한 자산들로 구성된 포트폴리오라도 자산들의 구성비중에 따라 포트폴리오의 수익과 위험이 달라진다.
④ 시장상황에 대한 자산가격의 민감도가 높을수록 수익률의 표준편차는 커진다.
⑤ 지분투자수익률은 지분투자자의 투자성과를 나타낸다.

정답해설

① 체계적 위험 ⇨ 비체계적 위험 : 포트폴리오는 비체계적 위험을 감소시킨다.

주제 투자결정이론

01 **부동산 투자의 수익률에 관한 설명으로 옳지 않은 것은?** (단, 주어진 조건에 한함) ▸ 2017년 28회

① 기대수익률은 투자한 부동산의 예상수입과 예상지출로 계산되는 수익률이다.
② 실현수익률이란 투자가 이루어지고 난 후에 실제로 달성된 수익률이다.
③ 요구수익률은 투자자에게 충족되어야 할 최소한의 수익률이다.
④ 장래 기대되는 수익의 흐름이 주어졌을 때, 요구수익률이 클수록 부동산의 가치는 증가한다.
⑤ 투자자의 요구수익률은 체계적 위험이 증대됨에 따라 상승한다.

정답해설

④ 부동산의 가치는 장래 기대이익을 현재가치로 환원하여 산정한다. 따라서 할인율(요구수익률)이 클수록 부동산의 가치는 감소한다.

02 부동산 수익률에 관한 설명으로 옳지 않은 것을 모두 고른 것은? ▸ 2019년 30회

ㄱ. 요구수익률이란 투자자가 투자하기 위한 최대한의 수익률을 말하는 것으로 시간에 대한 비용은 고려하지 않는다.
ㄴ. 실현수익률이란 투자가 이루어지고 난 후 현실적으로 달성된 수익률로서 역사적 수익률을 의미한다.
ㄷ. 기대수익률이 요구수익률보다 높으면, 대상 부동산에 대하여 수요가 증가하여 기대수익률이 상승한다.

① ㄱ ② ㄷ ③ ㄱ, ㄴ
④ ㄱ, ㄷ ⑤ ㄱ, ㄴ, ㄷ

정답해설

④ 틀린 지문은 ㄱ, ㄷ이다.
ㄱ. 요구수익률이란 투자자가 투자를 하기 위해 요구하는 최소한의 수익률이며, 요구수익률은 무위험률(시간에 대한 대가)과 위험할증률(위험에 대한 대가)로 구성된다.
ㄷ. 대상 부동산의 기대수익률이 요구수익률보다 높다면 선호되는 대안이다. 따라서 대상 부동산에 대한 투자 수요가 증가하여 부동산 가격이 상승한다. 부동산 가격이 상승하면 더 많은 투자금액이 필요하게 됨으로써 장기적으로 부동산 투자의 기대수익률은 하락하게 된다.

03 시장상황별 수익률의 예상치가 다음과 같은 경우 기대수익률과 분산은? ▸ 2017년 28회

시장상황	수익률	확률
불황	20%	30%
보통	30%	40%
호황	40%	30%

① 기대수익률 : 20%, 분산 : 0.004
② 기대수익률 : 20%, 분산 : 0.006
③ 기대수익률 : 30%, 분산 : 0.004
④ 기대수익률 : 30%, 분산 : 0.006
⑤ 기대수익률 : 30%, 분산 : 0.04

정답해설

④ 기대수익률은 30%, 분산은 0.006이다.
1. 기대수익률 : (20% × 0.3) + (30% × 0.4) + (40% × 0.3) = 30%
2. 분산 : $[(20\% - 30\%)^2 \times 0.3] + [(30\% - 30\%)^2 \times 0.4] + [(40\% - 30\%)^2 \times 0.3] = 60\%^2(0.006)$

정답 > 06 ① / 01 ④ 02 ④ 03 ④

04 시장상황별 추정수익률의 예상치가 다음과 같은 투자자산의 분산은? ▸2016년 27회

시장상황	수익률	확률
호황	20%	0.6
불황	10%	0.4

① 0.0012　② 0.0014
③ 0.0024　④ 0.0048
⑤ 0.0096

정답해설

③ 분산은 0.0024이다.

1. 기대수익률 = (20%× 0.6) + (10% × 0.4) = 16%
2. 분산 = $[(20\% - 16\%)^2 \times 0.6] + [(10\% - 16\%)^2 \times 0.4] = 24\%^2(0.0024)$

05 경제상황별 예상수익률이 다음과 같을 때, 상가 투자안의 변동계수(coefficient of variation)는? (단, 호황과 불황의 확률은 같음) ▸2018년 29회

구분	경제상황별 예상수익률	
	호황	불황
상가	0.1	0.06

① 0.25　② 0.35　③ 0.45
④ 0.55　⑤ 0.65

정답해설

① 변동계수는 0.25이다.

1. 변동계수(변이계수) 공식 : $\frac{\text{표준편차}}{\text{기대수익률}}$
2. 변동계수 산정
   ① 기대수익률 : (10% × 0.5) + (6% × 0.5) = 8%
   ② 분산 : $[(10\% - 8\%)^2 \times 0.5] + [(6\% - 8\%)^2 \times 0.5] = 4\%^2$
   ③ 표준편차(= $\sqrt{\text{분산}}$) : $\sqrt{4\%^2}$ = 2%(0.02)
   ④ 변동계수 : $\frac{\text{표준편차}}{\text{기대수익률}} = \frac{0.02}{0.08} = 0.25$

주제 위험의 관리

01 **자산 A, B, C에 대한 경제상황별 예상수익률이 다음과 같을 때, 이에 관한 설명으로 옳지 않은 것은?** (단, 호황과 불황의 확률은 같음)

▸ 2019년 30회

구분	경제상황별 예상수익률(%)	
	호황	불황
자산 A	8	4
자산 B	12	8
자산 C	16	10

① 기대수익률은 자산 C가 가장 높고, 자산 A가 가장 낮다.
② 합리적인 투자자라면 자산 A와 자산 B 중에서는 자산 B를 투자안으로 선택한다.
③ 평균분산지배원리에 따르면 자산 C가 자산 B를 지배한다.
④ 자산 B의 변동계수(Coefficient of variation)는 0.2이다.
⑤ 자산 C가 상대적으로 다른 자산에 비해서 위험이 높다.

정답해설

③ 자산 C는 자산 B에 비해 수익은 높지만, 위험도 역시 높다. 따라서 자산 C가 자산 B를 지배한다고 할 수 없다.

구분	기대수익률	분산(표준편차)	변동계수
자산 A	6%	$4\%^2$(2%)	0.33
자산 B	10%	$4\%^2$(2%)	0.2
자산 C	13%	$9\%^2$(3%)	0.23

02 **부동산 투자에서 위험과 수익에 관한 설명으로 옳지 않은 것은?** (단, 주어진 조건에 한함)

▸ 2020년 31회

① 투자자의 요구수익률에는 위험할증률이 포함된다.
② 투자자가 위험기피자일 경우, 위험이 증가할수록 투자자의 요구수익률도 증가한다.
③ 투자자의 개별적인 위험혐오도에 따라 무위험률이 결정된다.
④ 체계적 위험은 분산투자에 의해 제거될 수 없다.
⑤ 위험조정할인율이란 장래 기대소득을 현재가치로 할인할 때 위험한 투자일수록 높은 할인율을 적용하는 것을 말한다.

정답 > 04 ③ 05 ① / 01 ③ 02 ③

정답해설

③ 요구수익률은 무위험률(시간에 대한 대가)과 위험할증률(위험에 대한 대가)로 구성된다. 투자자의 개별적인 위험회피도에 의해 달라지는 것은 위험할증률(위험에 대한 대가)이다.

03 포트폴리오이론에 따른 부동산투자의 포트폴리오 분석에 관한 설명으로 옳지 않은 것은?

▸ 2018년 29회

① 체계적 위험은 분산투자를 통해서도 회피할 수 없다.
② 위험과 수익은 상충관계에 있으므로 효율적 투자선은 우하향하는 곡선이다.
③ 투자자의 무차별곡선과 효율적 투자선의 접점에서 최적의 포트폴리오가 선택된다.
④ 비체계적 위험은 개별적인 부동산의 특성으로 야기되며 분산투자 등으로 회피할 수 있다.
⑤ 포트폴리오 구성자산의 수익률 간 상관계수(ρ)가 '-1'인 경우는 상관계수(ρ)가 '1'인 경우에 비해서 위험회피효과가 더 크다.

정답해설

② 효율적 투자선 또는 효율적 전선은 우상향하는 곡선의 형태로 나타난다. 이는 수익과 위험이 상충관계(비례관계)에 있기 때문이다.

04 다음의 그림은 포트폴리오 분석을 위해 기대수익률과 위험이 다른 개별 자산1과 자산2로 포트폴리오를 구성하여, 포트폴리오 내의 상관계수별 자산비중에 따른 위험과 수익 궤적을 나타낸 것이다. 이에 관한 설명으로 옳은 것은? ▸ 2019년 30회

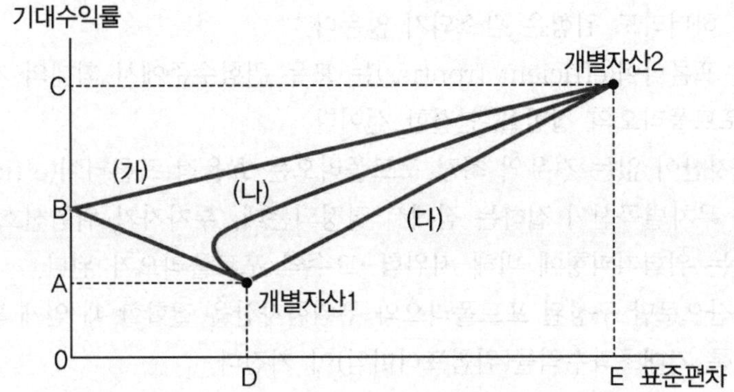

① 두 개별자산 간의 상관계수가 1인 경우에는 비체계적 위험을 완전히 제거할 수 있다.
② 두 개별자산 간의 상관계수가 −1인 경우에는 체계적 위험을 완전히 제거할 수 있다.
③ 두 개별자산 간의 상관계수가 0인 경우의 위험과 수익 궤적을 나타낸 선은 (다)이다.
④ 두 개별자산 간의 상관계수가 1인 경우에는 체계적 위험을 완전히 제거할 수 있다.
⑤ 두 개별자산 간의 상관계수가 −1인 경우의 위험과 수익 궤적을 나타낸 선은 (가)이다.

정답해설

⑤ 옳은 지문이다. (가)는 두 자산으로 포트폴리오를 구성했을 때, 비체계적 위험이 0까지 감소하고 있다. 따라서 (가)의 상관계수는 '-1'이다.

오답해설

① 상관계수가 +1이라면 포트폴리오의 위험분산효과는 없다. 따라서 상관계수가 1인 경우에는 비체계적 위험을 제거할 수 없다.
②, ④ 상관계수와 상관없이 포트폴리오를 통해 체계적 위험은 제거할 수는 없다.
③ (다)는 두 자산으로 포트폴리오를 구성했을 때, 비체계적 위험이 감소하지 않고 비례적으로 증가하고 있다. 따라서 (다)의 상관계수는 '+1'이다.

정답 >	03 ② 04 ⑤

05 **포트폴리오 이론에 관한 설명으로 옳지 않은 것은?** ▸2021년 32회

① 부동산 투자에 수반되는 총위험은 체계적 위험과 비체계적 위험을 합한 것으로, 포트폴리오를 구성함으로써 제거될 수 있는 위험은 비체계적 위험이다.

② 포트폴리오를 구성하는 자산들의 수익률 간 상관계수가 1인 경우에는 포트폴리오를 구성한다고 하더라도 위험은 감소되지 않는다.

③ 효율적 프론티어(efficient frontier)는 모든 위험수준에서 최대의 기대수익률을 올릴 수 있는 포트폴리오의 집합을 연결한 선이다.

④ 무위험자산이 없는 경우의 최적 포트폴리오는 효율적 프론티어(efficient frontier)와 투자자의 무차별곡선이 접하는 점에서 결정되는데, 투자자가 위험선호형일 경우 최적 포트폴리오는 위험기피형에 비해 저위험-고수익 포트폴리오가 된다.

⑤ 위험자산으로만 구성된 포트폴리오와 무위험자산을 결합할 때 얻게 되는 직선의 기울기가 커질수록 기대초과수익률(위험프리미엄)이 커진다.

정답해설

④ 투자자가 위험선호형이라면 보다 높은 위험을 선택한다. 따라서 고위험-고수익 포트폴리오가 최적 포트폴리오가 된다.

오답해설

⑤ 기울기와 위험프리미엄의 관계

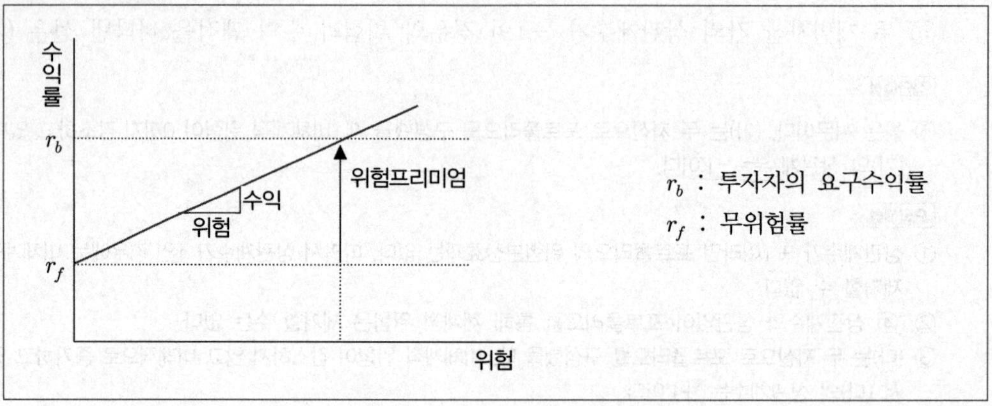

06 **부동산투자이론에 관한 설명으로 옳지 않은 것은?** ▸2022년 33회

① 변동계수는 수익률을 올리기 위해 감수하는 위험의 비율로 표준편차를 기대수익률로 나눈 값이다.

② 포트폴리오를 구성하면 비체계적 위험을 회피할 수 있다.

③ 위험기피형 투자자는 위험부담에 대한 보상심리로 위험할증률을 요구수익률에 반영한다.

④ 두 개별자산으로 구성된 포트폴리오에서 자산 간 상관계수가 양수인 경우에 음수인 경우보다 포트폴리오 위험절감효과가 높다.

⑤ 투자안의 기대수익률이 요구수익률보다 높으면 해당 투자안의 수요증가로 기대수익률이 낮아져 요구수익률에 수렴한다.

정답해설

④ 두 자산 간 상관계수가 음수(−)인 경우에 포트폴리오 위험절감효과가 높다.

주제 6계수의 활용과 관계

01 **A는 주택구입자금을 마련하기 위해 20×6년 1월 1일 현재, 4년 동안 매년 말 1,000만원씩 납입하는 4년 만기의 정기적금에 가입하였다. 이 정기적금의 이자율이 복리로 연 10%라면 4년 후의 미래가치는?** ▸2016년 27회

① 4,541만원 ② 4,564만원
③ 4,621만원 ④ 4,641만원
⑤ 4,821만원

정답해설

④ 1,000만원 × $\frac{(1+r)^n-1}{r}$(연금의 미래가치계수) = 1,000만원 × $\frac{(1+0.1)^4-1}{0.1}$ = 4,641만원

정답 ≫ 05 ④ 06 ④ / 01 ④

02 **화폐의 시간가치에 관한 설명으로 옳지 않은 것은?** (단, 다른 조건은 동일함) ▸2020년 31회

① 은행으로부터 주택구입자금을 원리금균등분할상환 방식으로 대출한 가구가 매월 상환할 원리금을 계산하는 경우, 저당상수를 사용한다.

② 일시불의 미래가치계수는 이자율이 상승할수록 커진다.

③ 연금의 현재가치계수와 저당상수는 역수관계이다.

④ 연금의 미래가치계수와 감채기금계수는 역수관계이다.

⑤ 3년 후에 주택자금 5억원을 만들기 위해 매 기간 납입해야 할 금액을 계산하는 경우, 연금의 미래가치계수를 사용한다.

정답해설

⑤ 3년 후에 주택자금 5억원(기금)을 만들기 위해 은행에 매 기간 납입해야 할 금액을 계산하는 경우, 감채기금계수를 사용한다.

03 **화폐의 시간가치 계산에 관한 설명으로 옳은 것은?** ▸2021년 32회

① 연금의 현재가치 계수에 일시불의 미래가치 계수를 곱하면 연금의 미래가치 계수가 된다.

② 원금 균등 분할 상환 방식에서 매 기간의 상환액을 계산할 경우 저당상수를 사용한다.

③ 기말에 일정 누적액을 만들기 위해 매 기간마다 적립해야 할 금액을 계산할 경우 연금의 현재가치 계수를 사용한다.

④ 연금의 미래가치 계수에 일시불의 현재가치 계수를 곱하면 일시불의 미래가치 계수가 된다.

⑤ 저당상수에 연금의 현재가치 계수를 곱하면 일시불의 현재가치가 된다.

정답해설

① 옳은 지문이다. 연금의 현재가치 계수[$\frac{(1+r)^n-1}{r\times(1+r)^n}$]에 일시불의 미래가치 계수[$(1+r)^n$]를 곱하면 연금의 미래가치 계수[$\frac{(1+r)^n-1}{r}$]가 된다.

오답해설

② 저당상수를 통해서 구하는 원리금 상환액은 원리금 균등 상환 방식의 원리금 상환액이다.

③ 기말에 일정 누적액(기금)을 만들기 위해 매 기간마다 적립해야 할 금액을 계산할 경우에는 감채기금 계수를 사용한다.

④ 연금의 미래가치 계수[$\frac{(1+r)^n-1}{r}$]에 일시불의 현재가치 계수[$\frac{1}{(1+r)^n}$]를 곱하면 연금의 현재가치 계수[$\frac{(1+r)^n-1}{r\times(1+r)^n}$]가 된다.

⑤ 저당상수[$\frac{r\times(1+r)^n}{(1+r)^n-1}$]와 연금의 현재가치 계수[$\frac{(1+r)^n-1}{r\times(1+r)^n}$]는 역수의 관계에 있다. 따라서 저당상수에 연금의 현재가치 계수를 곱하면 1이 된다.

04 화폐의 시간가치에 관한 설명으로 옳지 않은 것은? ▸ 2023년 34회

① 인플레이션, 화폐의 시차선호, 미래의 불확실성은 화폐의 시간가치를 발생시키는 요인이다.
② 감채기금이란 일정기간 후에 일정금액을 만들기 위해 매 기간 납입해야 할 금액을 말한다.
③ 연금의 미래가치란 매 기간 마다 일정금액을 불입해 나갈 때, 미래 일정시점에서의 불입금액 총액의 가치를 말한다.
④ 현재가치에 대한 미래가치를 산출하기 위하여 사용하는 이율을 이자율이라 하고, 미래가치에 대한 현재가치를 산출하기 위하여 사용하는 이율을 할인율이라 한다.
⑤ 부동산 경기가 침체하는 시기에 상업용 부동산의 수익이 일정함에도 불구하고 부동산 가격이 떨어지는 것은 할인율이 낮아지기 때문이다.

정답해설

⑤ 부동산 가치는 장래 기대수익을 현재가치로 환원한 값이다. 따라서 수익이 일정하다면 현재가치를 위한 할인율이 상승할수록 부동산 가치는 낮아진다. 따라서 경기침체시기에 부동산의 수익이 일정함에도 불구하고 부동산 가격이 떨어지는 것은 할인율이 높아지기 때문이다.

05 다음과 같이 고정금리부 원리금균등분할상환조건의 주택저당대출을 받는 경우 매월 상환해야 하는 원리금을 구하는 산식은? ▸ 2018년 29회

- 대출원금 : 1억원
- 대출이자율 : 연 5.0%
- 대출기간 : 10년(대출일 : 2018. 4. 1)
- 원리금상환일 : 매월 말일

① 1억원 $\times [(1+0.05)^{10}-1] / [0.05\times(1+0.05)^{10}]$
② 1억원 $\times [0.05\times(1+0.05)^{10}] / [(1+0.05)^{10}-1]$
③ 1억원 $\times [0.05\times(1+0.05)^{120}] / [(1+0.05)^{120}-1]$
④ 1억원 $\times [0.05/12\times(1+0.05/12)^{120}] / [(1+0.05/12)^{120}-1]$
⑤ 1억원 $\times [(1+0.05/12)^{120}-1] / [0.05/12\times(1+0.05/12)^{120}]$

정답해설

④ 옳은 수식이다. 원리금균등상환방식의 원리금은 저당상수($\frac{r\times(1+r)^n}{(1+r)^n-1}$)를 활용하여 계산된다. 월 단위 상환액이므로 금리(r)는 (0.05/12개월), 기간(n)은 120개월을 적용한다.

정답 > 02 ⑤ 03 ① 04 ⑤ 05 ④

06 A는 향후 30년간 매월 말 30만원의 연금을 받을 예정이다. 시중 금리가 연 6%일 때, 이 연금의 현재가치를 구하는 식으로 옳은 것은? ▸ 2022년 33회

① $30\text{만원} \times \left(1+\frac{0.06}{12}\right)^{30\times 12}$

② $30\text{만원} \times \left[\frac{(1+0.06)^{30}-1}{0.06}\right]$

③ $30\text{만원} \times \left[\frac{1-(1+0.06)^{-30}}{0.06}\right]$

④ $30\text{만원} \times \left[\frac{1-\left(1+\frac{0.06}{12}\right)^{-30\times 12}}{\frac{0.06}{12}}\right]$

⑤ $30\text{만원} \times \left[\frac{\left(1+\frac{0.06}{12}\right)^{30\times 12}-1}{\frac{0.06}{12}}\right]$

정답해설

④ 옳은 수식이다.

1. 연금의 현재가치 공식 : $\frac{(1+r)^n-1}{r(1+r)^n}$ 또는 $\frac{1-(1+r)^{-n}}{r}$
2. 월 금리(r) : '0.06/12', 기간(n) : '30년×12월'

07 이자율과 할인율이 연 6%로 일정할 때, A, B, C를 크기 순서로 나열한 것은? (단, 주어진 자료에 한하며, 모든 현금흐름은 연말에 발생함) ▸ 2022년 33회

- A : 2차년도부터 6차년도까지 매년 250만원씩 받는 연금의 현재가치
- B : 2차년도부터 6차년도까지 매년 200만원씩 받는 연금의 6차년도의 미래가치
- C : 1차년도에 40만원을 받고 매년 전년 대비 2%씩 수령액이 증가하는 성장형 영구연금의 현재가치
- 연금현가계수(6%, 5) : 4.212
- 연금현가계수(6%, 6) : 4.917
- 연금내가계수(6%, 5) : 5.637
- 연금내가계수(6%, 6) : 6.975

① A > B > C　② A > C > B　③ B > A > C
④ B > C > A　⑤ C > B > A

정답해설

④ A, B, C의 크기는 'B > C > A'이다.

1. A : (250만 × 4.212) / 1.06 = 993.396만원

1) A안의 현금흐름

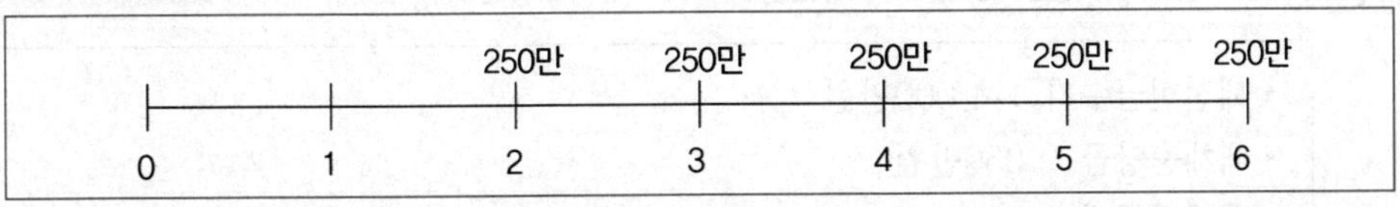

2) "2년 말부터 5년 동안 지급하는 연금(250만원)에 연금의 현재가치계수(4.212)를 곱하여 산정한 금액(250만×4.212)"은 1년 말 시점의 금액이다. 따라서 문제에서 제시된 현재가치를 구하기 위해서는 1년의 기간을 다시 할인[(250만×4.212)/1.06]하여야 한다.

2. B : 200만 × 5.637 = 1,127.4만원

1) B안의 현금흐름

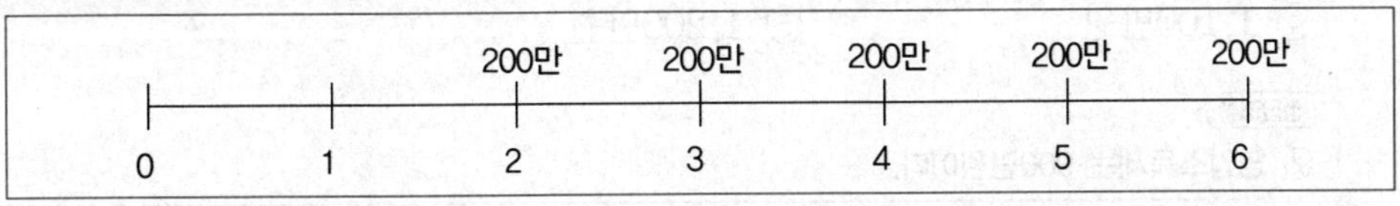

2) "2년 말부터 5년 동안 지급하는 연금(200만원)에 연금의 미래가치계수(5.637)를 곱하여 산정한 금액(200만×5.637)"은 6년 말 시점의 금액이다. 그리고 이 금액은 6년 말 시점을 기준으로 측정된 연금의 미래가치와 동일하다.

3. C : 40만 / (0.06 − 0.02) = 1,000만원

$$PV(\text{성장형 연금}) = \frac{C}{r-g} \quad (\text{단, } r > g)$$

정답 ≫ **06 ④ 07 ④**

주제 투자의 현금흐름 분석

01 다음 자료에 의한 영업소득세는? ▸ 2017년 28회

- 세전현금수지 : 4,000만원
- 대체충당금 : 350만원
- 원금상환액 : 400만원
- 감가상각액 : 250만원
- 세율 : 20%

① 820만원 ② 900만원 ③ 1,000만원
④ 1,100만원 ⑤ 1,200만원

정답해설

② 영업소득세는 900만원이다.

■ 영업소득세 계산
1. (순영업소득 + 대체충당금 - 이자지급분 - 감가상각분) × 세율 = 영업소득세
2. (세전현금수지 + 대체충당금 + 원금상환분 - 감가상각분) × 세율 = 영업소득세

1. 세전현금수지가 제시되었으니, 두번째 방식을 적용하여 산정한다.
2. 영업소득세 : (4,000만원 + 350만원 + 400만원 - 250만원) × 20% = 900만원

02 다음은 투자 예정 부동산의 향후 1년 동안 예상되는 현금흐름이다. 연간 세후현금흐름은? ▸ 2020년 31회

- 단위 면적당 월 임대료 : 20,000원/㎡
- 임대면적 : 100㎡
- 공실손실상당액 : 임대료의 10%
- 영업경비 : 유효총소득의 30%
- 부채서비스액 : 연 600만원
- 영업소득세 : 세전현금흐름의 20%

① 4,320,000원 ② 6,384,000원 ③ 7,296,000원
④ 9,120,000원 ⑤ 12,120,000원

정답해설

③ 세후현금흐름은 7,296,000원이다.

1. 가능총소득 : 20,000원/㎡ × 100㎡ × 12월 = 24,000,000원
2. 유효총소득 : 24,000,000원 × [1 − 0.1(공실)] = 21,600,000원
3. 순영업소득 : 21,600,000원 × [1 − 0.3(영업경비)] = 15,120,000원
4. 세전현금수지 : 15,120,000원 − 6,000,000원(부채서비스액) = 9,120,000원
5. 세후현금수지 : 9,120,000원 × [1 − 0.2(영업소득세)] = 7,296,000원

03 **투자부동산 A에 관한 투자분석을 위해 관련 자료를 수집한 내용은 다음과 같다. 이 경우 순영업소득은?** (단, 주어진 자료에 한하며, 연간 기준임) ▸ 2023년 34회

• 유효총소득 : 360,000,000원	• 직원 인건비 : 80,000,000원
• 대출원리금 상환액 : 50,000,000원	• 감가상각비 : 40,000,000원
• 수도광열비 : 36,000,000원	• 용역비 : 30,000,000원
• 수선유지비 : 18,000,000원	• 재산세 : 18,000,000원
• 공실손실상당액 · 대손충당금 : 18,000,000원	• 사업소득세 : 3,000,000원

① 138,000,000원 ② 157,000,000원
③ 160,000,000원 ④ 178,000,000원
⑤ 258,000,000원

정답해설

④ 순영업소득은 178,000,000원이다.

1. 유효총소득 : 360,000,000원
2. 영업경비 : 182,000,000원
   1) 직원 인건비 : 80,000,000원
   2) 수도광열비 : 36,000,000원
   3) 용역비 : 30,000,000원
   4) 수선유지비 : 18,000,000원
   5) 재산세 : 18,000,000원
   6) 주의 : 감가상각비는 제외된다.
3. 순영업소득 : 178,000,000원

정답 > 01 ② 02 ③ 03 ④

주제 투자분석기법 중 할인법

01 다음 부동산 투자타당성 분석방법 중 할인기법을 모두 고른 것은? ▸ 2016년 27회

ㄱ. 순현재가치법	ㄴ. 내부수익률법
ㄷ. 현가회수기간법	ㄹ. 회계적 수익률법

① ㄱ, ㄴ
② ㄴ, ㄷ
③ ㄱ, ㄴ, ㄷ
④ ㄱ, ㄷ, ㄹ
⑤ ㄴ, ㄷ, ㄹ

정답해설

③ 순현재가치법(ㄱ), 내부수익률법(ㄴ), 현가회수기간법(ㄷ)이 할인법이다.

02 화폐의 시간적 가치를 고려하지 않는 부동산 투자타당성방법은? ▸ 2020년 31회

① 수익성지수법(PI)
② 회계적수익률법(ARR)
③ 현가회수기간법(PVP)
④ 내부수익률법(IRR)
⑤ 순현재가치법(NPV)

정답해설

② 회계적수익률법(ARR)은 비할인법, 즉 화폐의 시간가치를 고려하지 않는 방법이다.

03 부동산 투자타당성 분석기법에 관한 설명으로 옳지 않은 것은? ▸ 2018년 29회

① 수익성지수는 투자개시시점에서의 순현가와 현금지출의 현재가치비율이다.
② 내부수익률법은 화폐의 시간가치를 고려한다.
③ 동일한 투자안에 대해서 복수의 내부수익률이 존재할 수 있다.
④ 내부수익률은 순현가가 '0'이 되는 할인율이다.
⑤ 순현가법에 적용되는 할인율은 요구수익률이다.

정답해설

① 수익성지수(PI)는 현금유입의 현재가치를 현금유출의 현재가치로 나눈 비율이다.

04 **부동산 투자분석에 관한 설명으로 옳지 않은 것은?** ▸ 2019년 30회

① 순현재가치는 장래 예상되는 현금유입액과 현금유출액의 현재가치를 차감한 금액이다.
② 내부수익률은 장래 예상되는 현금유입액과 현금유출액의 현재가치를 같게 하는 할인율이다.
③ 회수기간법은 투자안 중에서 회수기간이 가장 단기인 투자안을 선택하는 방법이다.
④ 순현가법, 내부수익률법, 수익성지수법은 현금흐름을 할인하여 투자분석을 하는 방법이다.
⑤ 순현재가치가 1보다 큰 경우나 내부수익률이 요구수익률보다 큰 경우에는 투자하지 않는다.

정답해설

⑤ 순현가법은 순현가가 0보다 큰 경우에 투자가 이루어진다. 또한 내부수익률법은 내부수익률이 요구수익률보다 큰 경우에 투자가 이루어진다. 따라서 모두 투자는 이루어진다.

05 **부동산 투자 의사결정방법에 관한 설명으로 옳지 않은 것은?** ▸ 2017년 28회

① 수익성지수법은 투자된 현금유출의 현재가치를 이 투자로부터 발생되는 현금유입의 현재가치로 나눈 것이다.
② 회계적 이익률법에서는 상호 배타적인 투자안일 경우에 목표이익률보다 큰 투자안 중에서 회계적 이익률이 가장 큰 투자안을 선택한다.
③ 순현가법은 화폐의 시간가치를 고려한 방법으로 순현가가 "0"보다 작으면 그 투자안을 기각한다.
④ 내부수익률은 투자안의 순현가를 "0"으로 만드는 할인율을 의미하며, 투자자 입장에서는 최소한의 요구수익률이기도 하다.
⑤ 회수기간법은 화폐의 시간적 가치를 고려하지 않고, 회수기간이 더 짧은 투자안을 선택하는 투자결정법이다.

정답해설

① 수익성지수(PI)는 현금유입의 현재가치를 현금유출의 현재가치로 나눈 것이다.

정답 > 01 ③ 02 ② 03 ① 04 ⑤ 05 ①

06 부동산 투자분석기법에 관한 설명으로 옳지 않은 것은? ▸ 2020년 31회

① 다른 조건이 일정하다면, 승수법에서는 승수가 클수록 더 좋은 투자안이다.
② 내부수익률(IRR)은 순현재가치(NPV)를 "0"으로 만드는 할인율이다.
③ 내부수익률(IRR)이 요구수익률보다 클 경우 투자한다.
④ 순현재가치(NPV)가 "0"보다 클 경우 투자한다.
⑤ 수익성지수(PI)가 "1"보다 클 경우 투자한다.

정답해설

① 승수(=투자금액/수익)는 투자금액의 크기를 측정하는 지표이다. 즉 승수가 크다는 것은 수익에 비해 투자금액이 상대적으로 큰 경우를 의미한다. 따라서 승수가 클수록 좋지 않은 투자안이다.

07 부동산 투자분석기법에 관한 설명으로 옳은 것을 모두 고른 것은? ▸ 2021년 32회

ㄱ. 현금유출의 현가합이 4천만원이고 현금유입의 현가합이 5천만원이라면, 수익성지수는 0.8이다.
ㄴ. 내부수익률은 투자로부터 발생하는 현재와 미래 현금흐름의 순현재가치를 1로 만드는 할인율을 말한다.
ㄷ. 재투자율로 내부수익률법에서는 요구수익률을 사용하지만, 순현재가치법에서는 시장이자율을 사용한다.
ㄹ. 내부수익률법, 순현재가치법, 수익성지수법은 할인현금흐름기법에 해당한다.
ㅁ. 내부수익률법에서는 내부수익률과 요구수익률을 비교하여 투자 여부를 결정한다.

① ㄱ, ㄹ ② ㄴ, ㄷ
③ ㄹ, ㅁ ④ ㄱ, ㄴ, ㅁ
⑤ ㄷ, ㄹ, ㅁ

정답해설

③ 옳은 지문은 ㄹ, ㅁ이다.

오답해설

ㄱ. 수익성지수(=현금유입 현가 / 현금유출 현가)는 1.25(= 5,000만 / 4,000만)이다.
ㄴ. 내부수익률은 순현재가치를 0으로 만드는 할인율이다. 또는 내부수익률은 수익성지수를 1로 만드는 할인율이다.
ㄷ. 내부수익률법은 재투자율로 내부수익률을 사용하고, 순현재가치법은 재투자율로 요구수익률을 사용한다.

08 부동산 투자분석기법에 관한 설명으로 옳은 것은? ▸ 2022년 33회

① 투자 규모가 상이한 투자안에서 수익성지수(PI)가 큰 투자안이 순현재가치(NPV)도 크다.
② 서로 다른 투자안 A, B를 결합한 새로운 투자안의 내부수익률(IRR)은 A의 내부수익률과 B의 내부수익률을 합한 값이다.
③ 순현재가치법과 수익성지수법에서는 화폐의 시간가치를 고려하지 않는다.
④ 투자안마다 단일의 내부수익률만 대응된다.
⑤ 수익성지수가 1보다 크면 순현재가치는 0보다 크다.

정답해설
⑤ 옳은 지문이다.

오답해설
① 투자 규모가 상이한 여러 투자대안을 분석할 때, 어떤 대안이 수익성지수가 가장 크다고 해서 순현재가치도 가장 크다고 할 수 없다.
② 수익률(내부수익률)은 합산되는 것이 아니다. 즉 A의 수익률이 10%이고, B의 수익률이 6%일 때, A와 B를 같은 비율로 결합한 투자의 수익률은 16%가 되는 것이 아니라 8%가 된다. 따라서 A, B를 결합한 새로운 투자안의 내부수익률(IRR)은 A의 내부수익률과 B의 내부수익률을 합한 값이 될 수 없다.

구분	A	B	A+B
투자금액	100	100	200
수익	10	6	16
수익률	10%	6%	8%

③ 순현재가치법과 수익성지수법은 모두 할인법으로 화폐의 시간가치를 고려하는 방식이다.
④ 내부수익률은 존재하지 않거나, 복수가 산정될 수 있다. 따라서 단일의 내부수익률만 대응되는 것은 아니다.

09 부동산투자분석에 관한 내용으로 옳지 않은 것은? ▸ 2024년 35회

① 동일한 현금흐름을 가지는 투자안이라도 투자자의 요구수익률에 따라 순현재가치는 달라질 수 있다.
② 서로 다른 내부수익률을 가지는 두 자산에 동시에 투자하는 투자안의 내부수익률은 각 자산의 내부수익률을 더한 것과 같다.
③ 동일한 투자안에 대해 내부수익률이 복수로 존재할 수 있다.
④ 내부수익률법에서는 내부수익률과 요구수익률을 비교하여 투자의사결정을 한다.
⑤ 투자규모에 차이가 나는 상호배타적인 투자안을 검토할 때, 순현재가치법과 수익성지수법을 통한 의사결정이 달라질 수 있다.

정답해설
② 수익률은 합산되지 않는다.

정답 > 06 ① 07 ③ 08 ⑤ 09 ②

10 **부동산투자에 관한 설명으로 옳은 것을 모두 고른 것은?** ▸2023년 34회

> ㄱ. 순현재가치(NPV)법이란 투자로부터 발생하는 현재와 미래의 모든 현금흐름을 적절한 할인율로 할인하여 현재가치로 환산하고 이를 통하여 투자의사결정에 이용하는 기법이다.
> ㄴ. 추계된 현금수지에 대한 위험을 평가하는 위험할증률의 추계는 투자기간의 결정 및 현금수지에 대한 예측 이전에 해야 한다.
> ㄷ. 내부수익률(IRR)이란 투자로부터 발생하는 미래의 현금흐름의 순현재가치와 부동산가격을 1로 만드는 할인율을 말한다.
> ㄹ. 수익성지수(PI)는 투자로 인해 발생하는 현금유입의 현재가치를 현금유출의 현재가치로 나눈 비율로서 1보다 크면 경제적 타당성이 있는 것으로 판단한다.

① ㄱ, ㄹ　　② ㄴ, ㄷ
③ ㄱ, ㄴ, ㄷ　　④ ㄱ, ㄴ, ㄹ
⑤ ㄱ, ㄴ, ㄷ, ㄹ

정답해설

① ㄱ, ㄹ이 옳은 지문이다.

오답해설

ㄴ. 위험은 투자 기간, 현금수지의 형태 등을 고려하여 평가하여야 한다. 따라서 위험할증률의 추계는 투자기간의 결정 및 현금수지에 대한 예측 이후에 이루어진다.
ㄷ. 내부수익률(IRR)이란 순현재가치를 0으로 만드는 할인율 또는 수익성지수를 1로 만드는 할인율이다.

11 **다음은 부동산 투자의 예상 현금흐름표이다. 이 투자안의 수익성지수(PI)는?** (단, 현금유출은 기초, 현금유입은 기말로 가정하고, 0년차 현금흐름은 현금유출이며, 1년차부터 3년차까지의 현금흐름은 연 단위의 현금유입만 발생함. 할인율은 연 10%이고, 주어진 조건에 한함) ▸2016년 27회

(단위 : 만원)

사업기간	0년	1년	2년	3년
현금흐름	2,000	550	1,210	1,331

① 1.15　　② 1.25
③ 1.35　　④ 1.40
⑤ 1.45

정답해설

② 수익성지수는 1.25이다.

1. 현금 유입의 현가 = (5,500,000 / 1.1) + (12,100,000 / 1.1^2) + (13,310,000 / 1.1^3) = 25,000,000
2. 현금 유출의 현가 = 20,000,000
3. 수익성지수(PI) : 25,000,000 / 20,000,000 = 1.25

12 **사업기간 초에 3억원을 투자하여 다음과 같은 현금유입의 현재가치가 발생하는 투자사업이 있다. 이 경우 보간법으로 산출한 내부수익률은?** ▸ 2021년 32회

현금유입의 현재가치	(단위 : 천원)
할인율 5%인 경우	할인율 6%인 경우
303,465	295,765

① 5.42%　② 5.43%
③ 5.44%　④ 5.45%
⑤ 5.46%

정답해설

④ 내부수익률은 5.45%이다.

1. 순현가가 0이 되기 위해서는 현금유입의 현재가치는 300,000천원이 되어야 한다.

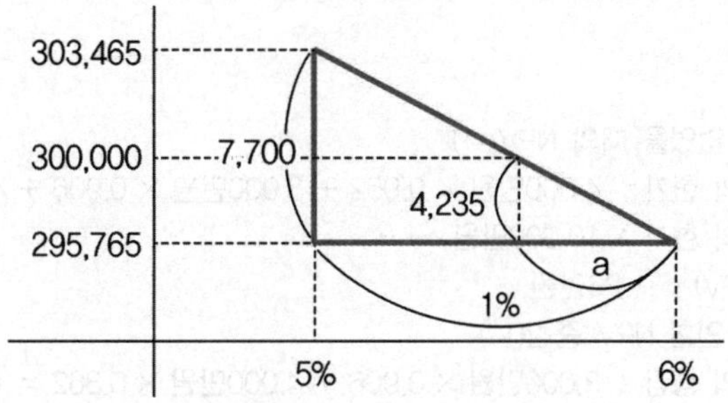

2. 현금유입의 현가가 300,000천원이 되는 할인율은 (6 − a)%이다.
3. 보간법에 의한 a의 크기

$$\frac{1\%}{7,700} = \frac{a}{4,235},\ a = \frac{4,235}{7,700} = 0.55\%$$

4. 순현가를 0으로 만드는 할인율 : 6% − 0.55% = 5.45%

정답 > 10 ① 11 ② 12 ④

13 **A투자안의 현금흐름이다. 추가 투자가 없었을 때의 NPV(ㄱ)와 추가 투자로 인한 NPV 증감 (ㄴ)은?** (단, 0기 기준이며, 주어진 자료에 한함) ▸2022년 33회

구분	0기	1기	2기	3기
초기 투자	(1억원)			
NOI		4천만원	3천만원	4천만원
추가 투자			(5천만원)	
추가 투자에 따른 NOI 증감			+3천만원	+4천만원
현가계수		0.952	0.906	0.862

① ㄱ : -260,000원, ㄴ : +16,360,000원 ② ㄱ : -260,000원, ㄴ : +17,240,000원
③ ㄱ : -260,000원, ㄴ : +18,120,000원 ④ ㄱ : +260,000원, ㄴ : +16,360,000원
⑤ ㄱ : +260,000원, ㄴ : +17,240,000원

정답해설

① 옳은 묶음이다.
1. 추가 투자가 없었을 때의 NPV(ㄱ)
1) 현금유입의 현가 : 4,000만원 × 0.952 + 3,000만원 × 0.906 + 4,000만원 × 0.862 = 9,974만원
2) 현금유출의 현가 : 10,000만원
3) 순현가(NPV) : −26만원
2. 추가 투자로 인한 NPV 증감(ㄴ)
1) 현금유입의 증감 : 3,000만원 × 0.906 + 4,000만원 × 0.862 = 6,166만원
2) 현금유출의 증감 : 5,000만원 × 0.906 = 4,530만원
3) 순현가(NPV) 증감 : 6,166만원 − 4,530만원 = 1,636만원

주제 투자분석기법 중 비할인법

01 **재무비율에 관한 설명으로 옳지 않은 것은?** ▸2016년 27회

① 총투자수익률(ROI)은 순영업소득(NOI)을 총투자액으로 나눈 비율이다.
② 지분투자수익률(ROE)은 세후현금흐름(ATCF)을 지분투자액으로 나눈 비율이다.
③ 유동비율은 유동자산을 유동부채로 나눈 비율이다.
④ 순소득승수(NIM)는 총투자액을 순영업소득으로 나눈 값이다.
⑤ 부채감당률(DCR)이 1보다 작으면 순영업소득으로 원리금 지불능력이 충분하다.

정답해설

⑤ 부채감당률(DCR)이 1보다 작으면 순영업소득으로 원리금 지불능력이 부족함을 의미한다.

02 부동산투자에 관한 설명으로 옳지 않은 것은? ▸ 2024년 35회

① 영업비용비율(OER)은 운영경비(OE)를 유효총소득(EGI)으로 나눈 비율이다.
② 총부채상환비율(DTI)이 높을수록 차입자의 부채상환가능성이 낮아진다.
③ 채무불이행률(DR)은 유효총소득(EGI)으로 운영경비(OE)와 부채서비스(DS)를 감당할 수 있는 정도를 나타낸다.
④ 총투자수익률(ROI)은 총투자액을 순영업소득(NOI)으로 나눈 비율이다.
⑤ 지분투자수익률(ROE)은 세후현금흐름(ATCF)을 지분투자액으로 나눈 비율이다.

정답해설

④ 총투자수익률(=순영업소득/총투자액)은 순영업소득을 총투자액으로 나눈 비율이다.

03 다음과 같은 상황이 주어졌을 때 총투자수익률(ROI : return on investment)과 부채감당률(DCR : debt coverage ratio)은? (단, 총투자기간은 1년, 수치는 소수점 이하 둘째 자리에서 반올림함) ▸ 2018년 29회 수정

- 총투자액 : 12억원(현금)
- 순영업소득(순수익) : 1억원/연
- 세전현금흐름(세전현금수지) : 5천만원/연
- 저당지불액(부채서비스액) : 5천만원/연
- 공실 및 불량부채(공실손실상당액 및 대손충당금) : 5천만원/연
- 사업소득세 : 1천만원/연
- 유효총소득승수 : 4
- 지분투자액 : 5억원

① 총투자수익률 : 8.3%, 부채감당률 : 2.0
② 총투자수익률 : 8.4%, 부채감당률 : 2.4
③ 총투자수익률 : 9.3%, 부채감당률 : 2.0
④ 총투자수익률 : 9.4%, 부채감당률 : 2.4
⑤ 총투자수익률 : 10.5%, 부채감당률 : 3.0

정답해설

① 총투자수익률은 약 8.3%, 부채감당률은 2.0이다.
1. 총투자수익률 : 순영업소득 / 총투자액 = 1억원 / 12억원 ≒ 8.3%
2. 부채감당률 : 순영업소득 / 부채서비스액 = 1억원 / 5천만원 = 2

정답 > 13 ① / 01 ⑤ 02 ④ 03 ①

04 A부동산의 1년 동안 예상되는 현금흐름이다. 다음 중 옳은 것은? (단, 주어진 조건에 한함)

▸ 2017년 28회

- A부동산 가격 : 15억원(자기자본 : 10억원, 대출 : 5억원)
- 순영업소득 : 1억 5,000만원
- 영업소득세 : 5,000만원
- 저당지불액 : 8,000만원

① 부채비율 : 20%
② 순소득승수 : 15
③ 지분투자수익률 : 30%
④ 부채감당비율 : 53%
⑤ 총투자수익률 : 10%

정답해설

⑤ 옳은 지문이다.

오답해설

① 부채비율 = 부채(대출금액) / 자기자본 = 5억원 / 10억원 = 50%
② 순소득승수 = 총투자액 / 순영업소득 = 15억원 / 1억 5,000만원 = 10
③ 지분투자수익률 = 세전현금흐름 / 지분투자액 = (1억 5,000만원 − 8,000만원) / 10억원 = 7%
④ 부채감당비율 = 순영업소득 / 부채서비스액 = 1억 5,000만원 / 8,000만원 = 187.5%

05 다음은 A부동산 투자에 따른 1년간 예상 현금흐름이다. 운영경비비율(OER)과 부채감당률(DCR)을 순서대로 나열한 것은?

▸ 2019년 30회

- 총투자액 : 10억원(자기자본 6억원)
- 세전현금흐름 : 6천만원
- 부채서비스액 : 4천만원
- 유효총소득승수 : 5

① 0.5, 0.4
② 0.5, 2.5
③ 2.0, 0.4
④ 2.0, 2.0
⑤ 2.0, 2.5

정답해설

② 운영경비비율은 0.5(50%)이고 부채감당률은 2.5이다.

2. 기타 분석
1) 영업경비 : 유효총소득(2억) − 영업경비 = 순영업소득(1억), 영업경비 = 1억원
2) 부채서비스액(원리금상환액) : 4,000만

2. 기타 분석
   1) 영업경비 : 유효총소득(2억) - 영업경비 = 순영업소득(1억), 영업경비 = 1억원
   2) 부채서비스액(원리금상환액) : 4,000만

1. 영업경비비율 : 영업경비(1억) / 유효총소득(2억) = 50%
2. 부채감당률 : 순영업소득(1억) / 부채서비스액(4,000만) = 2.5

06 비율분석법을 이용하여 산출한 것으로 옳지 않은 것은? (단, 주어진 조건에 한하며, 연간 기준임)

▸ 2021년 32회

- 주택담보대출액 : 2억원
- 주택담보대출의 연간 원리금상환액 : 1천만원
- 부동산 가치 : 4억원
- 차입자의 연소득 : 5천만원
- 가능총소득 : 4천만원
- 공실손실상당액 및 대손충당금 : 가능총소득의 25%
- 영업경비 : 가능총소득의 50%

① 부채감당률(DCR) = 1.0
② 채무불이행률(DR)= 1.0
③ 총부채상환비율(DTI) = 0.2
④ 부채비율(debt ratio) = 1.0
⑤ 영업경비비율(OER, 유효총소득 기준) = 0.8

정답해설

⑤ 영업경비비율[영업경비(2,000만) / 유효총소득(3,000만)]은 약 0.66(66%)이다.

1. 현금흐름 분석
   1) 가능총소득 : 4,000만원
   2) 유효총소득 : 4,000만 - 1,000만(공실 및 대손) = 3,000만원
   3) 순영업소득 : 3,000만 - 2,000만(영업경비) = 1,000만원
2. 기타 분석
   1) 영업경비 : 2,000만
   2) 부채서비스액(원리금상환액) : 1,000만

오답해설

① 부채감당률(DCR): 순영업소득(1,000만) / 부채서비스액(1,000만) = 1.0
② 채무불이행률(DR): [영업경비(2,000만) + 부채서비스액(1,000만)] / 유효총소득(3,000만) = 1.0
③ 총부채상환비율(DTI): 원리금상환액(1,000만) / 차입자의 연소득(5,000만) = 0.2
④ 부채비율(debt ratio): 부채(2억원) / 자기자본(2억원) = 1.0

정답 > 04 ⑤ 05 ② 06 ⑤

합격까지 박문각

PART

06

금융론

PART 06

금융론

제1장 금융의 이해 ▸ 27회, 28회, 32회, 34회 기출

1. 부동산 금융의 이해
2. 부동산 금융의 분류
3. 부동산 금융의 위험

1 부동산 금융의 이해

(1) 부동산 금융의 의미

① 자금의 잉여 부문과 자금의 부족 부문 간에 자금이 이전되는 시스템을 금융(financing)이라고 하고, 다수의 시장 참여자들에 의해서 자금의 이전이 이루어지는 시장을 금융 시장이라고 한다.

② 부동산 금융의 정의

㉠ '부동산 금융(financing)'이란 부동산을 목적으로 자본을 조달하는 일련의 과정이다.

㉡ '부동산 금융'은 부동산의 개발, 취득 등의 목적으로 화폐와 신용을 이전하기 위하여 사용되는 제도, 시장, 수단과 관계된 영역을 말한다.

㉢ '부동산 금융'이란 부동산을 취득하거나 개발하기 위해 자금을 융통하거나, 부동산을 활용하여 자금을 조달하는 행위이다.

▸▸ 기출 주택 금융은 주택자금 조성, 자가주택 공급확대, 주거안정 등의 기능이 있다. (O)

▸▸ 기출 일반적으로 대출이 자율이 낮을수록, 저당대출의 대부비율이 상승할수록, 대출의 상환기간이 길어질수록 주택 수요는 증가한다. (O)

(2) 부동산 금융의 기능 **

① 주택의 자가 소유 촉진 : 주택구입과 관련된 자금을 지원한다.

② 주택의 공급 확대 : 주택공급과 관련된 자금을 지원한다.

③ 정부의 경기 조절 수단 : 정부는 대출금리, 대출금액 및 상환기간 등을 조절함으로써 부동산 경기를 조절할 수 있다.

④ 기타 부동산 금융의 기능

㉠ 담보 기능 : 부동산은 실물자산으로 사라지지 않는다.

㉡ 절세 기능 : 차입금 이자와 감가상각비는 절세의 대상이다.

㉢ 주택자금 조성 : 주택 투자와 관련된 자금을 조성한다.

2 부동산 금융의 분류

(1) 직접 금융과 간접 금융

① 직접 금융

㉠ 자금의 수요자가 금융기관을 거치지 않고 직접 자금을 조달하는 방식을 '직접 금융'이라고 한다.

㉡ 직접 금융은 자금의 수요자가 주식 및 채권을 발행하여 자금을 조달하는 방식이다. 이 경우 증권거래소는 단순히 자금을 중개하는 기관이 된다.

② 간접 금융

㉠ 금융기관의 중개를 통해 자금의 조달이 이루어지는 방식을 '간접 금융'이라고 한다.

㉡ 간접 금융은 은행이 예금 등을 통해 조달한 자금을 기업과 같이 자금을 필요로 하는 수요자에게 대출을 해주는 방식이다.

(2) 부채 금융과 지분 금융 *

① 자금을 조달하는 방식은 크게 두 가지로 분류될 수 있다. 하나는 '자금을 빌리는 방식'이고, 다른 하나는 '자금을 투자받는 방식'이다. 전자를 '부채 금융'이라고 하고 후자를 '지분 금융'이라고 한다.

② 부채 금융(debt financing)

㉠ 의미 : 자금을 빌리는 방식을 '부채 금융'이라고 한다. 자금을 빌리면 상환의 의무, 즉 부채가 발생하기 때문에 부채 금융이라고 한다.

㉡ 유형

- 대출 : 저당 금융, 신탁 증서 금융
- 채권의 발행 : 국채, 지방채, 사채 등의 발행
- 유동화 증권 : 주택저당증권 등 자산 유동화 증권

▸▸ 기출 채권 발행을 통한 자금 조달은 지분 금융에 해당한다. (×)

▸▸ 기출 저당 금융, 신탁증서 금융은 모두 부채 금융에 해당한다. (O)

▸▸ 기출 부동산투자회사, 부동산 신디케이션의 자금 조달은 지분 금융에 해당한다. (O)

③ 지분 금융(equity finacing)

㉠ 의미 : 자신의 지분을 팔거나 자금을 투자받는 방식을 '지분 금융'이라고 한다. 지분 금융은 상환의 의무가 발생하지 않는다는 점에서 부채 금융과 구별된다.

㉡ 유형

- 주식의 발행 : 주식의 공모, 주식의 사모
- 부동산투자회사의 자금 조달
- 부동산 신디케이션의 자금 조달
- 조인트 벤처 등의 자금 조달

▸▸ 기출 전환사채는 메자닌 금융에 해당한다. (O)

④ 메자닌 금융(mezzanine financing)

㉠ 의미 : 메자닌은 건물 1층과 2층 사이에 있는 중간층을 뜻하는 이탈리아어에서 유래한 말로 금융에선 채권과 주식의 성격을 모두 가지고 있는 금융상품을 의미한다.

㉡ 유형

✔주의
후순위채권은 주식보다는 위험이 낮고, 일반 선순위채권보다는 위험이 높은 중간 성격을 갖는다. 따라서 메자닌 금융으로 분류된다.

- 신주인수권부사채
- 전환사채
- 후순위채권

(3) 주택 금융 **

① 부동산 금융에서 가장 큰 부분은 주택과 관련된 영역이다. 주택 금융은 주택의 구입이나 건설, 개량 및 보수를 위해 금융기관으로부터 자금을 조달하는 행위이다.

② 주택 금융의 특징과 기능

㉠ 특징 : 주택 금융은 일반 상업 금융에 비해 10년 이상의 장기·저리이며, 자금의 회전 속도가 느리다는 특징을 갖는다.

㉡ 기능 : 주택 금융은 자금의 지원을 통해 주거 안정 기능, 주택 공급 확대 기능, 주택거래 활성화 기능 등을 수행한다.

▸▸ 기출 주택 개발 금융은 주택을 구입하려는 사람이 주택을 담보로 제공하고 자금을 제공받는 형태의 금융을 의미한다. (×)

③ 주택 소비 금융과 주택 개발 금융

㉠ 주택 소비 금융

ⓐ 주택을 구입하거나 개량하는 데 필요한 자금을 가계에 빌려주는 것으로 '수요자 금융'이라고도 한다.

ⓑ 일반적으로 저당대출(mortgage)의 형식으로 이루어진다.

ⓛ 주택 개발 금융

ⓐ 주택의 건설에 필요한 자금을 건설업자에게 빌려주는 것으로 '공급자 금융' 또는 '건축 대부'라고도 한다.

ⓑ 건축대부는 착공에서 완공에 이르기까지 보통 12개월에서 18개월 정도의 단기간 동안만 제공되는 일시적 금융(interim financing)이며, 높은 위험이 수반되기 때문에 이자율도 상당히 높은 편이다.

④ 주택자금 공급시장과 주택자금 대출시장

㉠ 주택자금 공급시장 : 은행 등 금융기관에 주택담보대출에 필요한 자금을 공급해주는 시장이다.

ⓛ 주택자금 대출시장 : 은행 등 금융기관이 수취한 예금 등으로 주택담보대출을 제공하는 시장이다.

▸▸ 기출 은행 등 대출기관에 주택담보대출에 필요한 자금을 공급해주는 시장을 주택자금 대출시장이라고 한다. (×)

3 부동산 금융의 위험

(1) 채무불이행 위험

① 대출금액이 과도하여 차입자가 원금과 이자를 갚지 못하는 상황이 발생하면 은행은 불리해진다. 이를 '채무불이행 위험(default risk)'이라고 한다.

② 은행의 대책

- 은행은 차입자에게 담보를 요구한다.
- 은행은 차입자의 소득수준이나 재산상태를 고려하여 대출금액을 결정한다.
- 은행은 부채감당률이 1.0 이상이 되는 투자대안에 대출한다.
- 은행은 담보인정비율(LTV)과 총부채상환비율(DTI)을 낮게 적용한다.

▸▸ 기출 금융기관은 위험을 낮추기 위하여 부채감당률이 '0' 이상이 되는 투자대안에 대출한다. (×)

(2) 이자율 위험

① 시장 금리가 상승하면 대출금리를 고정시킨 은행의 수익성이 악화된다. 이를 '이자율 위험'이라고 한다.

② 시장 금리가 상승하더라도 대출금리가 고정된 상태라면 은행은 시장 금리 상승에 맞춰 대출금리를 높게 적용할 수 없다. 따라서 시장 금리가 상승할 때, 고정금리 대출상품을 판매한 은행의 수익성은 악화된다.

▸▸ 기출 대출금리가 고정된 상태에서 시장이자율이 약정이자율보다 낮아지면 대출기관의 수익성이 악화된다. (×)

③ 은행의 대책

은행은 시장 금리 상승이 주는 위험에 대한 대책으로 시장 금리 변화에 대출금리를 변화시킬 수 있는 변동금리 상품을 판매한다.

(3) **조기상환 위험 ****

① 시장금리가 하락하여 차입자의 조기상환이 발생하면 은행의 불확실성이 증가한다. 이를 '조기상환 위험'이라고 한다.

② 대출금리가 고정된 상태에서 시장 금리가 하락하면 차입자가 불리해진다. 지금 대출을 받는다면 보다 낮은 금리로 대출을 받을 수 있기 때문이다. 따라서 시장 금리가 하락하면 차입자는 보다 낮은 금리의 새로운 대출을 받아서 비싼 금리의 기존 대출을 조기에 상환하려고 한다. 차입자가 조기상환을 결정하면 은행의 불확실성이 증가한다.

③ 은행의 대책

은행은 차입자의 조기 상환에 대한 불확실성을 낮추기 위해 차입자의 조기 상환에 대해 조기 상환 위약금(prepayment penalty) 또는 조기 상환 벌금 등을 대출 약정에 포함시키고 있다.

▸▸ 기출 차입자의 조기상환은 시장금리가 상승하는 시기에 발생한다. (×)

▸▸ 기출 시장이자율 상승 시 고정금리대출을 실행한 대출기관은 차입자의 조기상환으로 인한 위험이 커진다. (×)

(4) **인플레이션 위험 ****

① 예상치 못한 인플레이션이 발생하면 대출금리를 고정시킨 은행의 실질적인 수익성이 악화된다. 이를 '인플레이션 위험'이라고 한다.

② 인플레이션은 화폐의 구매력을 감소시킨다. 따라서 예상치 못한 인플레이션이 발생하면 은행이 받는 이자의 실질적인 가치가 하락한다.

③ 은행의 대책

인플레이션으로 이자 수익의 실질적 가치가 하락하면 이를 보충하기 위해 은행은 대출금리를 상향 조정하여야 한다. 따라서 인플레이션이 예상되면 은행은 변동금리상품을 선호한다.

▸▸ 기출 대출금리가 고정금리일 때, 대출시점의 예상 인플레이션보다 실제 인플레이션이 높으면 금융기관에는 이익이고 차입자에게는 손해다. (×)

▸▸ 기출 장래에 인플레이션이 예상되는 경우 대출자는 변동이자율 대신 고정이자율로 대출하기를 선호한다. (×)

제2장 대출금액과 대출금리 ▸30회, 31회, 34회 기출

1. 대출금액
2. 대출금리

1 대출금액

(1) **대출금액을 결정하는 요소 ****

① 어떤 유형의 대출을 선택할 것인가? 라는 문제보다 더 중요한 문제는 필요한 금액만큼 대출을 받을 수 있는지 여부일 것이다.

② 은행 등 금융기관들이 대출금액을 결정하고 대출금액의 타당성을 검토하는 기준으로 활용되는 지표는 다음과 같다.

1. 대부비율(LTV)
2. 총부채상환비율(DTI)
3. 총부채원리금상환비율(DSR)
4. 부채감당률(DCR)

③ 대부비율(LTV : Loan To Value)

㉠ 부동산 담보 가치(가격)에 대한 대출금액의 비율을 '대부비율(LTV)'이라고 한다. 대부비율을 융자비율, 담보인정비율, 저당비율 또는 차입비율이라고도 한다.

$$\text{대부비율} = \frac{\text{대출금액}}{\text{부동산의 담보 가치}}$$

㉡ 대부비율(LTV)은 담보로 제공받은 부동산 가치에 연동하여 대출금액의 크기를 결정하는 제도이다.

㉢ 대부비율이 높아지면 대출금액은 증가하고, 대부비율이 낮아지면 대출금액은 감소한다.

✔주의
대출금액은 계산문제로 출제되고 있음에 주의하세요.

▸▸ 기출 부동산 경기가 너무 과열되면 정부는 대부비율을 상향조정함으로써 경기를 조정한다. (×)

▸▸ 기출 정부가 DTI를 높이면 대출금액은 감소한다. (×)

④ 총부채상환비율(DTI : Debt To Income)

㉠ 차입자의 연간 소득에 대한 부채상환액의 비율을 '총부채상환비율(DTI)'이라고 한다. 총부채상환비율을 차주상환능력 또는 소득대비 부채비율이라고도 한다.

$$DTI_1 = \frac{\text{신규 대출의 원리금상환액}}{\text{차입자의 연간 소득}}$$

$$DTI_2 = \frac{\text{신규 대출의 원리금상환액} + \text{기타 부채의 이자상환액}}{\text{차입자의 연간 소득}}$$

㉡ 총부채상환비율(DTI)은 차입자의 소득에 연동하여 대출금액의 크기를 결정하는 제도이다.

㉢ 총부채상환비율이 높아지면 대출금액은 증가하고, 총부채상환비율이 낮아지면 대출금액은 감소한다.

㉣ 총부채상환비율(DTI)은 대출금액을 직접 결정하는 요소가 아니라 대부비율(LTV)로 산정된 대출금액의 타당성을 검토하는 하나의 기준이다.

▸▸ 기출 총부채원리금상환비율(DSR)과 담보인정비율(LTV)은 소득기준으로 채무불이행위험을 측정하는 지표이다. (×)

⑤ 총부채원리금상환비율(DSR : Debt Service Ratio)

㉠ 차입자의 연간 소득에 대한 모든 대출의 원리금상환액의 비율을 '총부채원리금상환비율(DSR)'이라고 한다.

$$DSR = \frac{\text{모든 금융권 대출의 원리금상환액}}{\text{차입자의 연간 소득}}$$

㉡ 총부채원리금상환비율(DSR)은 기존 주택담보대출뿐만 아니라 마이너스통장, 학자금 대출, 자동차 할부 대출, 신용 대출, 카드론 등의 모든 대출의 원금과 이자를 더한 원리금상환액을 기준으로 적용되는 지표이다.

㉢ 총부채원리금상환비율(DSR)을 적용하면 총부채상환비율(DTI)보다 금융부채가 보다 많이 계산되기 때문에 대출한도가 대폭 축소된다.

⑥ 부채감당률(DCR : Debt－Coverage Ratio)

㉠ 부채서비스액에 대한 순영업소득의 비율을 '부채감당률(DCR)'이라고 한다.

$$\text{부채감당률} = \frac{\text{순영업소득}}{\text{부채 서비스액(원리금 상환액)}}$$

㉡ 부채감당률은 상업용부동산 등의 대출금액을 결정하는 요소로 활용되고 있다.

(2) 잔금비율과 부채비율 **

① 잔금비율

㉠ 대출금액에서 미상환된 원금(잔금)이 차지하는 비율을 '잔금비율'이라고 한다.

$$잔금비율(t시점) = \frac{연금의\ 현가계수(r\%,\ n-t)}{연금의\ 현가계수(r\%,\ n)}$$

r%: 대출금리, n: 저당기간, (n−t): 잔여기간

■ **t시점(3년 상환 후 시점)의 잔금과 잔금비율**

1. 대출조건은 다음과 같다.

- 대출금액 : A
- 대출금리 : r%
- 대출기간 : 10년
- 매기 원리금상환액 : a(매기 연말 상환조건)

2. t시점(3년 상환 후) 잔금(B)은 t시점 이후에 상환할 매기 원리금(a)의 현재가치 합으로 구할 수 있다. 즉, 앞으로 상환해야 할 7번의 원리금(a_1~a_7)을 현재가치로 환산한 후, 이를 합산하여 구할 수 있다.

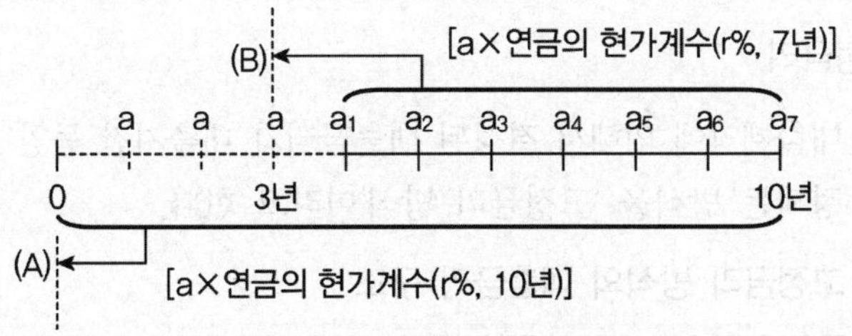

3. 동일한 논리로 대출금액(A)은 전체 저당기간 동안에 상환할 매기 원리금(a)의 현재가치 합으로 구할 수 있다.
4. 결국 잔금비율은 다음과 같이 정리될 수 있다.

$$잔금비율(t) = \frac{a \times 연금의\ 현가계수(r\%,\ 7년)}{a \times 연금의\ 현가계수(r\%,\ 10년)}$$

▸▸ 기출 잔금비율은 연금의 현가계수를 통해 구할 수 있다. (O)

▸▸ 기출 저당대출액 중 미상환된 원금인 잔금은 연금의 내가계수를 이용하여 계산된다. (×)

✔주의
최근 평가사 시험에서 잔금비율을 구하는 공식을 묻거나, 잔금의 크기를 구하는 문제가 자주 출제되고 있습니다. 잔금을 구하는 논리를 꼭! 이해하시기 바랍니다.

▸▸ 기출 잔금비율은 상환비율에서 1을 공제한 금액이다. (×)

▸▸ 기출 자기자본 1억원과 은행 대출 1억원을 활용하여 부동산을 구입했다면, 부채비율은 100%이다. (O)

㉡ 대출총액에서 상환된 원금이 차지하는 비율을 '상환비율'이라고 하는데, 상환비율과 잔금비율의 관계는 다음과 같다.

상환비율 + 잔금비율 = 1

② 부채비율

㉠ 자기자본에 대한 부채의 비율의 비율을 '부채비율'이라고 한다.

$$부채비율 = \frac{부채}{자기자본(지분)}$$

㉡ 부채비율은 부채의 건전성을 측정하는 지표로, 대부비율과 구별되는 지표임에 주의하여야 한다.

2 대출금리

(1) 개요

① 이론적으로 대출금리는 시장금리 수준에 의해 결정되고, 시장금리의 변화에 연동된다. 따라서 시장금리가 상승하면 은행의 대출금리도 상승하고 시장금리가 하락하면 은행의 대출금리도 하락한다.

② 자금의 수요자(차입자)는 자금의 공급자(은행 등 대출기관)에게 자금을 사용한 대가로 이자를 지급해야 하는데, 이자를 지급하는 방식에는 고정금리 방식과 변동금리 방식이 있다.

(2) 고정금리

① 대출계약에 의해서 결정된 대출금리가 대출기간 동안 변화하지 않고 고정되는 방식을 '고정금리 방식'이라고 한다.

② 고정금리 방식의 대출금리 구조

명목 대출금리 = 실질금리 + 예상 인플레이션율 + 위험에 대한 대가

㉠ 실질 금리는 위험이 없음을 전제로 대출자가 목표로 하는 최소한의 금리 수준을 의미한다.

㉡ 인플레이션율은 장기대출에서 특히 중요하다. 대출자는 인플레이션으로 인한 화폐의 구매력이 감소하는 것을 방지하기 위해서 예상된 인플레이션율을 대출금리에 가산한다.

㉢ 대출자는 예상된 인플레이션과 함께 대출에 수반되는 다양한 위험을 반영하여 대출을 결정한다.

(3) **변동금리** ★★

① 사전에 약정한 방법으로 일정 기간마다 대출금리를 변동시키는 방식을 '변동금리 방식'이라고 한다.

② 변동금리 방식의 대출금리 구조

변동금리형 대출금리 = 기준 금리(기준 지표) + 가산 금리

③ 기준 금리

㉠ 대출금리를 변동시키기 위해 선택한 기준을 '기준 금리' 또는 '기준 지표'라고 한다.

㉡ 현재 우리나라는 기준 금리로 양도성예금증서(CD) 유통수익률을 활용하며, 기준 지표로 은행연합회에서 결정하는 자금조달비용지수(COFIX, 2012년 2월)를 활용한다. 따라서 변동금리 방식의 대출금리는 양도성예금증서(CD) 유통수익률과 자금조달비용지수(COFIX)에 연동되어 변화된다.

④ 가산 금리

㉠ 차입자의 신용도 등으로 평가한 위험에 따라 은행이 대출금리에 가산시키는 금리를 '가산금리'라고 한다. 일반적으로 차입자의 신용도가 낮으면 가산금리는 높게 결정된다.

㉡ 가산금리는 대출기간, 신용도, 담보 유무, 조달 금리와의 차이 등에 따라 차등있게 적용된다.

㉢ 일반적으로 가산금리는 기준금리와 달리 대출시점에 한번 결정되면 대출 기간 중에 변하지 않는다.

(4) **고정금리와 변동금리의 비교** ★★

① 변동금리의 특징

㉠ 대출기관은 이자율 위험 또는 인플레이션 위험 등 위험을 차입자에게 전가하기 위해 변동금리 상품을 판매한다.

㉡ 변동금리 방식을 적용함에 있어서 금리의 조정주기를 보다 짧게 할수록 은행의 위험은 보다 빠르게 차입자에게 전가된다.

▸▸ 기출 CD(양도성예금증서) 금리가 상승하면 CD금리를 기준금리로 하는 변동금리 주택담보대출의 금리는 반대로 하락한다. (×)

▸▸ 기출 차입자의 신용도가 낮으면 가산금리는 낮아진다. (×)

▸▸ 기출 변동금리대출은 시장상황에 따라 이자율을 변동시킬 수 있으므로 기준금리 외에 가산금리는 별도로 고려하지 않는다. (×)

▸▸ 기출 변동금리상품은 금융과 관련된 차입자의 위험을 은행에 전가하기 위한 상품이다. (×)

▸▸ 기출 대출시점에 고정금리 주택담보대출의 금리가 변동금리 주택담보대출의 금리보다 낮다. (×)

② 대출금리의 차이

㉠ 다른 조건이 동일하다고 가정할 때, 고정금리 방식의 대출금리가 변동금리 방식의 대출금리에 비해 보다 높은 것이 일반적이다.

㉡ 고정금리 방식을 선택하면 은행은 시장의 변화에 능동적인 대응을 할 수 없다. 은행의 입장에서 고정금리 방식은 변동금리 방식에 비해 보다 위험한 상품으로 이해되기 때문에 보다 높은 금리를 책정한다.

③ 차입자의 선택

참고

금리상한 변동금리

은행이 시장금리에 연동해 대출금리를 인상할 수 있는 최고한도를 설정한 상품이다. 이는 금리 상승기에 차입자의 부담을 완화시켜 줄 수 있다.

㉠ 시장금리 상승이 예상되면 차입자는 자신의 대출금리를 고정시키는 것이 유리하다. 따라서 시장금리 상승이 예상되면 차입자는 고정금리 방식을 선호한다.

㉡ 시장금리 하락이 예상되면 차입자는 자신의 대출금리도 하락되기를 희망한다. 따라서 시장금리 하락이 예상되면 차입자는 변동금리 방식을 선호한다.

(5) 실질금리

① 금리는 물가상승의 고려 여부에 따라 명목금리와 실질금리로 나눌 수 있다. '명목금리'는 물가상승을 고려하지 않은 금리이고, '실질금리'는 물가상승을 고려하여 조정된 금리이다.

② 명목금리와 실질금리의 관계

명목금리 = 실질금리 + 예상 인플레이션율

㉠ 명목금리가 고정된 상태에서 예상치 못한 인플레이션이 발생하면 실질금리는 하락하게 된다.

㉡ 명목금리가 상승하더라도 예상치 못한 인플레이션이 보다 빠르게 상승하면 실질금리는 하락할 수 있다.

(6) 실효 이자율

▸▸ 기출 대출수수료와 조기상환수수료를 차입자가 부담하는 경우, 차입자의 실효이자율은 하락한다. (×)

① 대출계약에 표시된 대출금리와 상관없이 실제로 지급받거나 부담하는 이자율을 '실효 이자율'이라고 한다.

② 약정 이자율이 동일하더라도 이자의 지급 시기와 지급 방법 등에 따라 실효 이자율은 달라질 수 있다.

㉠ 은행은 동일한 이자라도 이자를 1년 말에 한 번 받는 것보다 매월 나누어서 먼저 받는 것을 선호한다. 이자를 월 단위로 나누어서 먼

저 받는다면, 이를 다시 대출 등에 활용하여 추가 수익을 얻을 수 있기 때문이다.

㉡ 다른 조건이 동일할 때, 이자를 지급하는 기간이 짧으면 짧을수록 차입자가 느끼는 실효 이자율은 높아진다.

제3장 대출의 상환 방법 ▸30회, 31회, 32회, 33회, 34회 기출

1. 원리금의 상환 구조에 대한 이해
2. 고정금리 저당대출의 상환 방식
3. 다양한 상환 방식

1 원리금의 상환 구조에 대한 이해

(1) 상환 방식의 유형

① 은행으로부터 대출을 받은 차입자는 원금과 함께 이자를 계약에 따라 상환해야 한다.

② 은행의 입장에서 차입자가 지급하는 이자 부분은 은행의 수익이 되는 부분이기 때문에 반드시 수취해야 할 부분이다. 그러나 원금으로 상환하는 부분은 계약에 따라 지급이 유예될 수도 있다.

③ 원리금을 상환하는 방식은 원금을 상환하는 방식에 따라 크게 다음과 같이 나눌 수 있다.

㉠ **원금 분할 상환 방식** : 기초부터 이자와 함께 원금을 동시에 상환하는 방식이다.

㉡ **원금 일시 상환 방식** : 이자는 매기 지급하면서 원금은 만기 또는 특정 시점에 일시에 상환하는 방식이다.

㉢ **거치기간 인정 방식** : 상환 초기에 거치기간을 설정하고, 거치기간 동안에는 원금을 지급하지 않고 이자만 지급하는 방식이다.

(2) 원금 분할 상환 방식

① 부동산학에서 다루고 있는 상환 방식은 기초부터 이자와 함께 원금을 동시에 상환하는 '원금 분할 상환 방식'을 원칙으로 한다.

② 원금 분할 상환 방식의 대표적인 방식은 다음과 같다.

- 원리금 균등 분할 상환 방식
- 원금 균등 분할 상환 방식(=체감식 상환 방식)
- 체증식 상환 방식(=점증식 상환 방식)

2 고정금리 저당대출의 상환 방식

▼상환 흐름을 분석하기 위한 공통 주제

- 대출금액 : 1억
- 대출금리 : 10%, 고정금리
- 저당기간 : 10년 만기
- 저당상수(10%, 10년) : 0.163

(1) 원리금 균등 상환 방식 **

① 의미

㉠ 매 기간 지불하는 원금과 이자 합계가 동일하도록 상환하는 방식을 '원리금 균등 상환 방식'이라고 한다.

㉡ 원리금 균등 상환 방식은 가장 보편화된 상환 방식이며, 차입자의 입장에서나 은행의 입장에서나 가장 무난한 방식이다.

✔주의
1. 원리금 : 매기 동일
2. 이자 : 매기 감소
3. 원금 : 매기 증가

② 원리금 균등 상환 방식의 흐름

	0기	1기	2기	3기	…
㉠ 매기 지불액*		1,630만	1,630만	1,630만	
㉡ 이자(㉣ × 0.1)		1,000만	937만	867.7만	
㉢ 원금(㉠ − ㉡)		630만	693만	762.3만	
㉣ 저당잔금	1억	9,370만	8,677만	7,914.7만	

※ 매기 지불액(원금+이자) : 1억(대출금액) × 0.163(저당상수) = 1,630만원

※ 은행은 차입자로부터 지불받은 금액에서 먼저 이자를 기록하고 나머지를 원금 상환액으로 기록한다.

③ 원리금 균등 상환 방식의 특징

원금과 이자 합계	매기 동일하다.
이자 지급액	원금을 상환함에 따라 매기 감소한다.
원금 상환액	이자 지급액이 감소함에 따라 매기 증가한다.

㉠ 차입자가 지불하는 저당지불액(원금과 이자 합계)는 매기 동일하더라도 기록되는 원금과 이자의 크기는 매기 달라진다.

㉡ 저당지불액이 균등하기 때문에 원금 상환액은 이자 지급액이 감소하는 만큼 매기 증가한다.

▸▸ 기출 원리금 균등 상환 방식은 매기 이자 상환액이 증가하는 만큼 원금 상환액이 감소한다. (×)

(2) **원금 균등 상환 방식 ★★**

① 의미

㉠ 매 기간 원금이 균등하도록 상환하는 방식을 '원금 균등 상환 방식'이라고 한다.

㉡ 은행은 원금의 회수 위험을 낮추기 위해서 원금을 보다 빠르게 상환 받고자 한다. 원금 균등 상환 방식은 기초부터 원금을 보다 빠르게 상환 받기 위해서 고안된 방식이다. 이를 '체감식 상환 방식'이라고도 한다.

✔주의
원금 균등 상환 방식은 은행이 확실한 기초에 원금을 보다 빠르게 회수하고자 고안한 방식이다.

② 원금 균등 상환 방식의 흐름

	0기	1기	2기	3기	· · ·
㉠ 원금		1,000만	1,000만	1,000만	
㉡ 이자(㉣ × 0.1)		1,000만	900만	800만	
㉢ 매기 지불액(㉠ + ㉡)		2,000만	1,900만	1,800만	
㉣ 저당잔금	1억	9,000만	8,000만	7,000만	

※ 원금 : 1억 ÷ 10년 = 1,000만원
※ 비록 원금 상환액이 균등하더라도 매 기간 지급하는 이자가 다르기 때문에 실제로 은행에 지불하는 저당지불액(Payment)은 균등하지 않다.

✔주의
1. 원금 : 매기 동일
2. 이자 : 매기 감소
3. 원리금 : 매기 감소

③ 원금 균등 상환 방식의 특징

원금 상환액	매기 동일하다.
이자 지급액	원금을 상환함에 따라 매기 감소한다.
원금과 이자 합계	이자가 감소함에 따라 매기 감소한다.

㉠ 이자 지급액은 원금이 상환되면서 매기 동일금액이 감소한다. 사례의 경우 100만원씩 동일금액이 감소한다.

▸▸ 기출 원금 균등 상환 방식의 경우, 매기에 상환하는 원리금이 점차적으로 감소한다. (O)

▸▸ 기출 원리금 균등 상환 방식의 대출 잔액은 매기 동일한 금액이 감소한다. (×)

ⓛ 원금은 균등하고 이자 지급액은 매기 감소하기 때문에 차입자가 지불하는 저당지불액(원금과 이자 합계)는 매기 감소한다.

ⓒ 매기 상환하는 원금이 동일하기 때문에 대출 잔액은 매기 동일한 금액이 감소한다. 사례에 의하면 대출 잔액은 상환하는 원금의 크기인 1,000만원씩 동일금액이 감소한다.

▸▸ 기출 원리금 균등 상환 방식의 대출 잔액은 기간이 경과할수록 우하향하는 직선의 형태로 나타난다. (×)

(3) **체증식 상환 방식 또는 점증식 상환 방식 ****

① 의미

㉠ 매 기간 차입자가 지불하는 원금과 이자 합계가 점점 증가하도록 상환하는 방식을 '체증식(점증식) 상환 방식'이라고 한다.

ⓛ 체증식 상환 방식은 차입자의 초기 상환 부담을 줄여주기 위해서 예정된 증가율에 따라 저당지불액을 점차 인상하는 방식이다.

ⓒ 체증식 상환 방식은 원리금 균등 상환 방식의 이월 효과를 제거하고자 도입된 방식이다.

ⓐ 상환 초기에 실질적인 상환 부담이 큰 효과를 '이월 효과(tilting effect)'라고 한다.

ⓑ 원리금 균등 분할 상환 대출은 은행에 지불하는 매월 원리금이 일정한 것처럼 보이지만 인플레이션에 의한 화폐가치의 하락을 감안하면, 대출 초기에 내는 실질 원리금이 후기에 내는 원리금보다 훨씬 많다. 또한 차입자의 소득은 일반적으로 시간이 지남에 따라 증가하는 경향을 보이기 때문에 차입자의 실질적인 부담은 대출 초기에 보다 많다. 이러한 이월 효과는 차입자에게 불리하게 작용한다.

② 체증식 상환 방식의 특징

▸▸ 기출 체증식 상환 방식은 미래에 소득이 감소할 것으로 기대되는 은퇴 예정자들에게 유리한 방식이다. (×)

㉠ 체증식 상환 방식은 미래에 소득이 증가할 것으로 기대되는 젊은 계층에게 적합한 방식이다.

ⓛ 체증식 상환 방식은 미래에 소득이 증가할 것으로 기대되는 부동산에 유리한 방식이다.

ⓒ 체증식 상환 방식은 기초에 상대적으로 저당지불액이 적기 때문에 주택의 예정 보유기간이 짧은 사람에게 유리한 방식이다.

③ 부(負)의 상환

㉠ 차입자가 상환을 했음에도 불구하고 오히려 대출 잔액이 증가되는 현상을 '부(負)의 상환'이라고 한다.

㉡ 체증식 상환 방식은 초기에 부(負)의 상환이 발생할 수 있다. 초기에 상환한 금액이 이자도 갚지 못할 정도로 적다면 갚지 못한 이자액만큼 대출 잔금이 늘어난다.

(4) 기간에 따른 상환 흐름의 비교 **

① 기간별 저당지불액의 크기

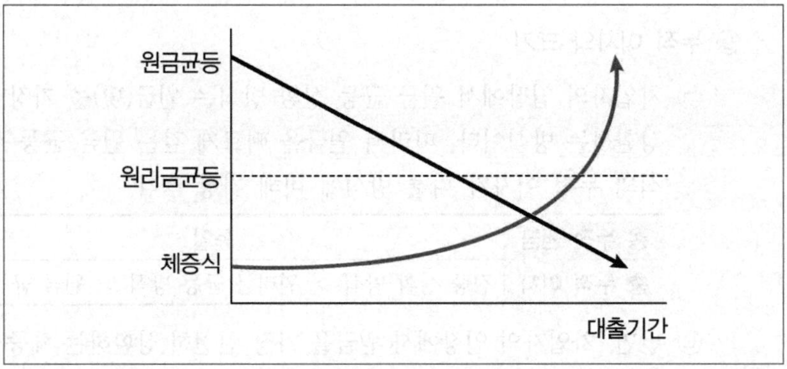

㉠ 원금 균등 상환 방식은 대출원금을 빠르게 갚는 방식이다. 따라서 이 방식의 저당지불액(원금과 이자 합계)은 기초에 많고 후반으로 갈수록 점점 감소한다.

㉡ 체증식 상환 방식은 대출원금을 천천히 갚는 방식이다. 따라서 이 방식의 저당지불액은 기초에 가장 적고 후반으로 갈수록 점점 증가한다.

② 기초 기준 상환 흐름의 비교

구분	내용
기초 원금 상환액	원금 균등방식 > 원리금 균등방식 > 점증 상환방식
기초 저당지불액	원금 균등방식 > 원리금 균등방식 > 점증 상환방식
기초 저당 잔금	점증 상환방식 > 원리금 균등방식 > 원금 균등방식

㉠ 원금 균등 상환 방식은 기초부터 원금을 가장 많이 상환하는 방식이다. 따라서 기초를 기준으로 은행에 상환하는 원금의 크기와 은행에 상환하는 저당지불액의 크기는 원금 균등 상환 방식이 가장 크다.

㉡ 원금 균등 상환 방식은 기초부터 원금을 가장 많이 상환하는 방식이다. 따라서 기초를 기준으로 원금을 상환한 이후에 남아있는 대출 잔금의 크기는 원금 균등 상환 방식이 가장 적다.

▸▸ 기출 원리금 균등 분할 상환 방식은 원금 균등 분할 상환 방식에 비해 대출 직후에는 원리금의 상환액이 적다. (O)

▸▸ 기출 원리금 균등 분할 상환 방식은 원금 균등 분할 상환 방식에 비해 대출 초기에 소득이 낮은 차입자에게 유리하다. (O)

▸▸ 기출 대출자 입장에서는 차입자에게 원리금 균등 분할 상환 방식보다 원금 균등 분할 상환 방식으로 대출해 주는 것이 원금회수 측면에서 보다 안전하다. (O)

▸▸ 기출 중도 상환 시 차입자가 상환해야 하는 저당잔금은 원리금 균등 분할 상환 방식이 원금 균등 분할 상환 방식보다 적다. (×)

▸▸ 기출 원금 균등 상환 방식은 원리금 균등 상환 방식에 비해 전체 대출기간 만료 시 누적 원리금 상환액이 더 크다. (×)

▸▸ 기출 대출기간 만기까지 대출기관의 총 이자수입 크기는 '원금 균등 상환 방식 > 점증(체증) 상환 방식 > 원리금 균등 상환 방식' 순이다. (×)

(5) 상환기간 전체에 대한 상환 흐름의 비교 **

① 누적 원금의 크기

㉠ 다른 조건이 동일하고 부(負)의 상환이 없다면, 어떤 방식으로 상환하더라도 누적 원금은 대출원금과 동일해야 한다.

㉡ 다른 조건이 동일하고 부(負)의 상환이 없다면, 상환기간 전체의 누적 원금의 크기는 비교 대상이 될 수 없음에 주의하여야 한다.

② 누적 이자의 크기

㉠ 차입자의 입장에서 원금 균등 상환 방식은 원금(빚)을 가장 빠르게 상환하는 방식이다. 따라서 원금을 빠르게 갚는 원금 균등 상환 방식의 누적 이자가 다른 방식에 비해 가장 적다.

총 누적 원금	동일
총 누적 이자	점증 상환 방식 > 원리금 균등 방식 > 원금 균등 방식

㉡ 반면, 차입자의 입장에서 원금을 가장 천천히 상환하는 체증식 상환 방식의 누적 이자가 다른 방식에 비해 가장 많다.

(6) 상환 방식의 특징과 선택

① 기초를 기준으로 원리금 균등 상환 방식의 저당지불액은 원금 균등 상환 방식의 저당지불액보다 적다. 따라서 기초에 소득이 낮은 차입자라면 원리금 균등 상환 방식이 보다 적합한 방식이다.

② 부담이 되더라도 기초부터 원금을 많이 상환한다면 전체적인 이자를 줄일 수 있다. 따라서 상환기간 전체의 누적 이자를 감소시키고자 한다면 원금 균등 상환 방식이 보다 적합한 방식이다.

③ 일반적으로 젊은 계층은 소득이 증가하는 경향이 있다. 또한 부동산의 가치도 일반적으로 시간이 지날수록 증가하는 경향이 있다. 따라서 미래의 소득이 증가할 것으로 기대되는 젊은 계층이라면 체증식 상환 방식을 선택하는 것도 하나의 좋은 방안이 될 수 있다.

④ 은행의 입장에서 원금 균등 상환 방식은 기초부터 원금을 보다 빠르게 회수하는 방식이다. 따라서 원금 균등 상환 방식은 은행의 입장에서는 원금회수의 위험이 가장 적은 방식이다.

3 다양한 상환 방식

(1) 시장 변화에 대한 대출의 조정

① 대출 기관들은 시장 상황의 변화에 따른 위험을 감소시키기 위해서 다양한 방법을 고안한다. 대출에서는 크게 두 가지로 나눌 수 있는데, 하나는 '대출금리를 조정하는 방식'이며 다른 하나는 '대출 원금을 조정하는 방식'이다.

② 변동 금리 저당(varying rate mortgage)

㉠ 의미 : 시장 상황에 따라 대출금리를 조정하는 방식이다.

㉡ 유형

- 가변이자율저당 : 인플레감응지수에 따라 변화시키는 방식
- 조정이자율저당 : 가변이자율저당과 유사
- 재협상이자율저당 : 재협상을 통해 변화시키는 방식

③ 가격수준 조정 저당(PLAM : price level adjusted mortgage)

㉠ 의미 : 시장 상황에 따라 미상환 원금, 즉 대출 잔금을 조정하는 방식이다.

㉡ 가격수준 조정 저당은 이자율을 변화시켜 인플레이션 위험에 대처하는 방식이 아니라, 예상된 인플레이션율에 따라 대출 잔금을 조정는 방식이다.

(2) 지분참여저당

① 대출금리를 상대적으로 낮게 적용하는 대신에 지분가치 상승분의 일정 부분을 나누어 갖는 방식을 '지분참여저당'이라고 한다.

② 분할지분저당(SEM : shared equity mortgage)

㉠ 부동산의 가능총소득이 일정액을 초과하는 경우에 그 초과분의 일정비율을 취득하는 방식을 '분할지분저당'이라고 한다. 이 방식을 '소득－지분참여저당' 또는 '소득참여저당'이라고도 한다.

㉡ 분할지분저당은 주로 수익성 부동산을 대상으로 한다.

③ 분할증분저당(SAM : shared appreciation mortgage)

㉠ 부동산을 매도하거나 대출을 상환할 때 부동산 가치증가분의 일정비율을 취득하는 방식을 '분할증분저당'이라고 한다.

㉡ 분할증분저당은 주로 주거용 부동산을 대상으로 한다.

▸▸ 기출 가치상승공유형대출(SAM)은 담보물의 가치상승 일부분을 대출자가 사전약정에 의해 차입자에게 이전하기로 하는 조건의 대출이다. (×)

PART • 06

✔주의
주택연금과 농지연금이 역저당의 대표적인 유형이다.

▸▸ 기출 우리나라 공적보증 형태 역모기지제도로 주택연금, 농지연금, 산지연금이 시행되고 있다. (×)

(3) 역저당과 매후 환대차

① 역저당

㉠ 통상적인 대출의 경우, 차입자는 일시금에 해당하는 대출을 받고 그에 대한 대가로 원금과 이자를 정기적으로 상환한다.

㉡ 역저당은 통상적인 대출과 반대로, 차입자가 정기적으로 일정 금액을 지불받고 기간 말에 그 동안 지불받은 원금과 누적이자를 일시에 상환하는 방식이다.

㉢ 역저당의 사례

- 한국주택금융공사가 시행하고 있는 주택연금 제도
- 한국농어촌공사가 시행하고 있는 농지연금 제도

② 매후 환대차

㉠ 매도자가 부동산을 매도한 후에 다시 장기 임대차하는 방식을 '매후 환대차(sale and lease back)'라고 한다.

㉡ 매후 환대차는 부동산 소유자가 자금을 마련하는 방법의 일종으로 활용되고 있다.

제4장 주택저당채권 유동화 제도

▸ 30회, 31회, 32회 33회, 35회 기출

1. 주택저당채권 유동화의 이해
2. 주택저당증권
3. 우리나라의 유동화 제도

1 주택저당채권 유동화의 이해

(1) 의미

① 주택저당대출(주택담보대출)은 대부분 10년 이상의 장기 대출이기 때문에 금융기관의 대출이 지속적으로 이루어지기 위해서는 새로운 자금을 확보하는 수단이 필요하다. 유동화 제도는 대출에 필요한 새로운 자금을 확보하는 수단이다.

② 주택저당채권 유동화(liquidation of mortgage)란 대출기관이 가지고 있는 주택저당채권을 하나의 상품처럼 유통시킴으로써 대출기관의 유동성을 확보하고자 하는 제도이다.

(2) 용어 정리

① 주택저당채권(Mortgage)

㉠ 주택구입에 필요한 자금을 대출하고 발생된 채권으로서 저당권에 의해 담보된 채권을 '주택저당채권'이라고 한다.

㉡ 은행은 주택저당대출(주택담보대출)을 통해 무주택자에게 주택구입에 필요한 자금을 대출해주고 이에 대한 채권인 주택저당채권을 보유한다.

② 주택저당증권(MBS : Mortgage Backed Securities)

㉠ 주택저당채권의 유동화 과정에서 만들어진 새로운 형태의 증권을 '주택저당증권'이라고 한다.

㉡ 주택저당채권의 유동화를 위해 유동화 중개기관은 주택저당채권을 기초로 새로운 형태의 증권을 발행하는데, 이때 발행된 증권을 주택저당증권이라고 한다.

③ 저당풀(mortgage pool)

일반적으로 주택저당증권의 발행자들은 성격이 유사한 주택저당채권을 묶어서 '저당풀(mortgage pool)'을 만들고, 저당풀을 기초로 새로운 형태의 증권을 발행한다.

(3) 유동화의 구조

① 유동화 과정

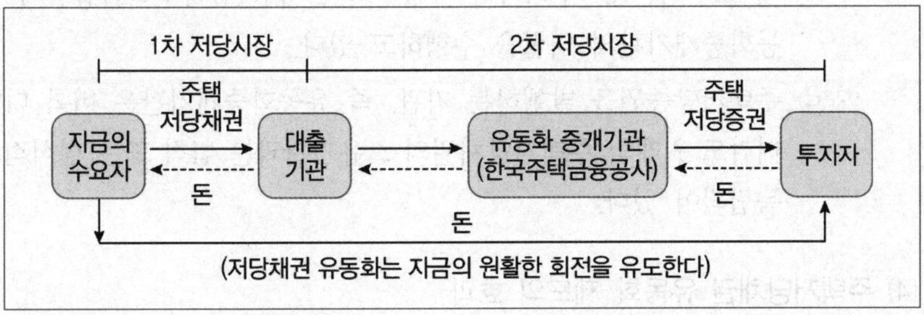

▸▸ 기출 CMBS(commercial mortgage backed securities)란 금융기관이 보유한 상업용 부동산 모기지(mortgage)를 기초자산으로 하여 발행하는 증권이다. (O)

PART • 06

▸▸ 기출 2차 저당시장은 주로 부동산을 담보로 저당대출을 원하는 수요자들과 융자를 제공하는 금융기관으로 이루어지는 시장을 말한다. (×)

▸▸ 기출 2차 저당시장은 1차 저당시장에 자금을 공급하는 역할을 한다. (O)

▸▸ 기출 2차 저당시장은 1차 저당시장에서 일단 이루어진 저당을 1차 저당 대출자가 팔게 되는 시장을 말하므로 일반투자자들은 자신들에게 필요한 저당을 사고팔 수 있다. (O)

② 1차 저당시장

㉠ '1차 저당시장'이란 저당 대출을 원하는 수요자와 저당 대출을 제공하는 금융기관으로 이루어지는 시장으로, 대출을 통해 주택저당채권이 형성되는 시장이다.

㉡ 1차 저당 대출자들은 저당을 포트폴리오의 일부로 보유하기도 하고 자금의 여유가 없을 때에는 2차 저당시장에 팔기도 한다.

㉢ 우리나라의 경우에는 일반적으로 시중은행들이 1차 저당 대출자로서의 역할을 하고 있다.

㉣ 대출자들은 저당채권을 지역별·가격별·만기별로 저당패키지(mortgage package)를 만들고 이것을 2차 저당시장에 판매한다.

③ 2차 저당시장

㉠ '2차 저당시장'이란 1차 저당시장에서 형성된 주택저당채권을 사고파는 시장이다.

㉡ 2차 저당시장은 저당 대출기관과 다른 기관투자자들 사이에서 저당채권을 사고파는 시장으로, 주택저당채권의 유동화가 이루어지는 시장을 의미한다.

㉢ 2차 저당시장은 주택저당대출을 받은 원래의 차입자와 직접적인 관계가 없다. 주식이나 채권이 발행자와는 상관없이 공개시장에서 자유롭게 교환되는 것과 마찬가지이다.

④ 주택저당증권의 발행기관 또는 유동화중개기관

㉠ 원칙적으로 주택저당증권의 발행자들은 1차 대출기관일 수도 있으며, 2차 대출기관일 수도 있다. 또한 주택저당증권의 발행을 전문으로 하는 회사일 수도 있다.

㉡ 주택저당증권이 잘 팔리기 위해서는 공신력 있는 기관이 발행할 것이 요구되는데, 우리나라는 정부가 출자한 한국주택금융공사가 유동화중개기관의 역할을 수행하고 있다.

㉢ 주택저당증권을 발행하는 기관, 즉 유동화중개기관은 비록 다양하더라도 원래의 주택저당채권의 소유기관과는 법적 또는 형식적으로 독립되어 있다.

(4) 주택저당채권 유동화 제도의 효과

① 주택저당채권의 유동화 제도는 대출기관의 유동성을 증대시키는 제도이다. 따라서 이를 통해 무주택자의 주택 구입을 지원할 수 있고 부동산시장의 활성화를 유도할 수 있다.

② 대출기관에게 미치는 효과

> 1. 유동성 위험 감소 : 유동화 제도를 통해 새로운 자금이 조달된다면, 대출기관은 주택저당대출의 유동성 위험을 회피할 수 있다.
> 2. 자금 조달 비용 절약 : 유동화 제도를 통해 자금을 조달하면 다른 방식에 비해 보다 낮은 금리로 자금을 조달할 수 있다.
> 3. BIS 비율의 상승 : 위험한 주택저당채권을 매각하고 위험이 없는 현금을 보유함으로써 BIS자기자본비율을 상승시키고 재무구조를 개선시킬 수 있다.
> 4. 주택금융의 확대 : 대출기관의 유동성이 증대되면 대출기관은 보다 많은 자금을 다양한 분야에 지원할 수 있게 된다.

③ 부동산 시장에 미치는 영향

㉠ 유동화 제도를 통해 대출기관의 대출 재원이 증가하면 주택 구입자와 주택 건설업자는 보다 좋은 조건의 대출을 받을 수 있다.

㉡ 유동화 제도가 활성화되면 무주택자의 주택 소유의 기회가 확대되고, 주택 시장이 활성화될 수 있다.

④ 투자 시장에 미치는 영향

㉠ 주택저당증권의 기초가 되는 주택저당채권은 일반적으로 저당권으로 담보된 채권이기 때문에 주택 가격이 하락하지 않는 한 일반적으로 위험이 낮은 자산으로 분류된다.

㉡ 주택저당증권은 한국주택금융공사가 지급보증을 하고 있기 때문에 국내 신용평가기관으로부터 AAA신용등급을 취득하고 있는 안전한 투자자산이다.

㉢ 주택저당증권은 동일한 신용등급의 회사채보다 금리가 높은 편이기 때문에 수익성에 있어서도 투자자에게 매력적이라 할 수 있다.

㉣ 결국 투자자는 유동화 제도를 통해 안정적인 장기투자의 기회를 획득할 수 있다.

2 주택저당증권

(1) 유동화 증권의 필요성

① 자산의 유동화가 성공하기 위해서는 유동화의 기초가 되는 자산이 투자 시장에서 빠르게 매각될 수 있어야 한다. 그래야만 유동화를 통해 자금을 빠르게 조달할 수 있기 때문이다.

② 유동화 제도는 유동화 기초 자산이 투자시장에서 빠르게 매각될 수 있도록 기초 자산을 새로운 형태의 증권으로 변화시키는데, 이를 '유동화 증권'이라고 한다.

③ 주택저당채권의 유동화 과정에서 만들어진 새로운 형태의 증권을 '주택저당증권'이라고 하는데, 그 유형은 다음과 같다.

• 이체증권(MPTS : Mortgage Pass－Through Securities) • 주택저당채권 담보부 채권(MBB : Mortgage Backed Bonds) • 지불이체 채권(MPTB : Mortgage Pay－Through Bonds) • 다계층 채권(CMO : Collateralized Mortgage Obligation)

(2) 이체증권(MPTS : Mortgage Pass－Through Securities) **

✔주의
MPTS의 성격
1. 지분형
2. 전부 연계형

① 의미

㉠ MPTS는 유동화 기초자산인 주택저당채권을 지분으로 분할해서 판매하는 형태이다. 따라서 이를 '지분형 증권'이라고 한다.

㉡ MPTS는 MPTS와 기초자산인 주택저당채권이 전부 연계되어 있다는 점에서 '전부 연계형' 또는 'pass－through형'이라고 한다.

▸▸ 기출 MPTS의 경우 주택저당채권의 소유권은 발행기관이 보유한다. (×)

▸▸ 기출 MPTS의 조기상환 위험은 투자자가 부담한다. (O)

▸▸ 기출 MPTS는 지분형 증권이며 유동화기관의 부채로 표기되지 않는다. (O)

② 권리귀속과 위험의 부담

㉠ MPTS는 기초자산인 주택저당채권의 지분을 의미하기 때문에 MPTS를 투자한 투자자는 주택저당채권에 투자한 것과 동일한 효과를 갖는다. 따라서 MPTS를 투자한 투자자는 주택저당채권의 모든 위험을 부담한다.

㉡ 권리귀속과 위험 부담

1. 주택저당채권의 원리금 수취권은 투자자가 보유한다. 2. 주택저당채권의 집합물에 대한 소유권은 투자자가 보유한다. 3. 주택저당채권과 관련된 모든 위험은 투자자가 보유한다.

▸▸ 기출 MPTS는 지분형 증권이기 때문에 증권의 수익은 기초자산인 주택저당채권집합물의 현금흐름(저당지불액)에 의존한다. (O)

③ 현금흐름

㉠ 지분형 증권인 MPTS의 경우 차입자가 지불하는 저당지불액은 증권발행자를 통하여 바로 투자자에게 전달된다.

㉡ 주택저당채권의 현금흐름과 MPTS의 현금흐름이 서로 연계되기 때문에 주택저당채권의 차입자가 채무를 불이행 한다면 MPTS의 투자자는 이자를 지급받지 못하게 된다.

㉢ 저당지불액이 매월을 단위로 불입되기 때문에 투자자들은 대부분 매월을 단위로 원금과 이자를 지불받는다.

㉣ 발행자는 저당지불액을 투자자에게 이송하고 저당풀을 관리하는데, 이에 대한 대가로 저당관리비용 또는 서비스수수료를 받는다.

④ 만기와 발행총액

㉠ 만기 : 일반적으로 MPTS의 수명은 원래의 주택저당채권의 만기보다 훨씬 짧다. 30년 만기의 주택저당채권의 경우 MPTS의 수명은 보통 8~12년에 지나지 않는다.

㉡ 발행총액 : MPTS는 발행기관이 자신이 보유한 주택저당채권을 매각으로 처리한다. MPTS는 발행액만큼 발행기관의 자산이 감소하지만 현금이 증가하기 때문에 발행기관이 가지는 자산의 크기에는 변화가 없다. 결국 주택저당채권의 총액과 MPTS의 발행액이 동일하다.

(3) 주택저당채권 담보부 채권(MBB : Mortgage Backed Bonds) **

① 의미

㉠ MBB는 유동화 기초자산인 주택저당채권을 담보로 발행한 새로운 형태의 채권이다. 따라서 이를 '채권형 증권'이라고 한다.

㉡ MBB는 기초자산인 주택저당채권과는 별개의 채권으로 MBB와 기초자산인 주택저당채권은 연계되지 않는다는 점에서 '무연계형'이라고 한다.

② 권리귀속과 위험의 부담

㉠ MBB는 발행기관이 자신의 부채로 발행하는 채권으로 기초자산인 주택저당채권과 별개의 새로운 채권이다. 따라서 MBB를 투자한 투자자는 주택저당채권의 위험을 부담하지 않는다.

㉡ 권리귀속과 위험 부담

1. 주택저당채권의 원리금 수취권은 발행기관이 보유한다. 2. 주택저당채권 집합물에 대한 소유권은 발행기관이 보유한다. 3. 주택저당채권의 모든 위험은 발행기관이 부담한다.

③ 현금흐름

㉠ MBB의 경우 주택저당채권의 차입자로부터 받는 원리금이 MBB의 투자자에게 이체되는 것이 아니다. 즉 기초자산인 주택저당채권의 현금흐름과 MBB의 현금흐름은 연결되지 않는다.

✔주의
MBB의 성격
1. 채권형
2. 무연계형

▸▸ 기출 MBB의 투자자는 최초의 주택저당채권 집합물에 대한 소유권을 갖는다. (×)

▸▸ 기출 MBB는 모기지 풀에서 발생하는 현금흐름과 관련된 위험을 투자자에게 이전하는 채권이다. (×)

▸▸ 기출 주택저당담보부채권(MBB)은 주택저당대출차입자의 채무불이행이 발생하더라도 MBB에 대한 원리금을 발행자가 투자자에게 지급하여야 한다. (O)

ⓛ 주택저당채권의 현금흐름과 MBB의 현금흐름이 서로 연계되지 않기 때문에 주택저당채권의 차입자가 채무를 불이행하더라도 MBB의 투자자는 정해진 시기에 이자를 지급받는다.

ⓒ 주택저당채권의 차입자는 매월 원금과 이자를 지급하지만 MBB는 MPTS처럼 매월 원금과 이자를 지불받는 것이 아니라, 보통 6개월을 단위로 지불받는다.

④ 만기와 발행총액

㉠ 콜방어 : MBB는 기초자산인 주택저당채권과 별개로 채권이기 때문에 기초자산인 주택저당채권에 조기 상환이 발생하더라도 MBB의 투자자는 만기를 그대로 유지시킬 수 있다. 이를 콜방어(call protection)라고 한다. 발행자는 주택저당채권의 전기간에 걸친 콜방어를 투자자에게 허용하기도 하지만, 보통은 일정기간 동안만 콜방어를 허용한다.

ⓛ 발행총액 : MBB는 발행기관이 위험을 부담하기 때문에 발행기관은 위험을 대비한 초과담보를 가지고 있어야 한다. 그 결과 MBB의 발행액은 주택저당채권 총액보다 적게 된다. 일반적으로 발행액보다 20~50%가 많은 주택저당채권을 담보로 MBB는 발행된다.

▸▸ 기출 MBB는 채권형 증권으로 발행자는 초과담보를 제공하는 것이 일반적이다. (O)

▸▸ 기출 MBB는 모기지 풀(Pool)에서 발생하는 현금흐름으로 채권의 원리금이 지급되고, 모기지 풀의 현금흐름으로 채권의 원리금지급이 안될 경우 발행자가 초과부담을 제공하는 채권이다. (O)

(4) 지불이체 채권(MPTB : Mortgage Pay-Through Bonds) **

① 의미

㉠ MPTB는 MPTS와 MBB의 중간 성격을 갖는 증권이다. 따라서 이를 '혼합형 증권'이라고 한다.

ⓛ MPTB는 MPTB와 기초자산인 주택저당채권이 원리금 수취권만 연계되어 있다는 점에서 '페이연계형' 또는 'pay-through형'이라고 한다.

② 권리귀속과 위험의 부담

㉠ MPTB는 주택저당채권의 원리금 수취권만이 연계되는 증권이다. 따라서 MPTB를 투자한 투자자는 원리금 수취권에 대한 권리를 갖고 이와 관련된 위험을 부담한다.

ⓛ 권리귀속과 위험 부담

1. 주택저당채권의 원리금 수취권은 투자자가 보유한다. 2. 주택저당채권 집합물에 대한 소유권은 발행기관이 보유한다. 3. 주택저당채권의 위험 중 조기상환위험은 투자자가 부담한다.

✔주의
MPTB의 성격
1. 혼합형
2. 페이연계형

▸▸ 기출 MPTB는 MPTS와 MBB를 혼합한 특성을 지닌다. (O)

▸▸ 기출 MPTB의 투자자는 최초의 주택저당채권 집합물에 대한 소유권을 갖는다. (×)

▸▸ 기출 MPTB는 채권으로 발행자의 대차대조표에 부채로 표시된다. (O)

③ 현금흐름

㉠ MPTB는 MPTS와 동일하게 저당 차입자가 지불하는 원금과 이자가 MPTB의 투자자에게 월별 또는 분기별로 바로 이체된다.

㉡ MPTB는 채권의 일종이기 때문에 MPTB의 이자율은 사전에 정해진 계약 이자율이 적용된다.

④ 발행총액

㉠ MPTB는 MBB와 마찬가지로 발행기관이 채무불이행 위험을 부담하기 때문에 발행기관은 위험을 대비한 초과담보를 가지고 있어야 한다. 그 결과 MPTB의 발행액은 주택저당채권의 총액보다 적게 된다.

㉡ MPTB는 MBB처럼 발행기관이 모든 위험을 부담하는 것은 아니기 때문에 발행기관의 담보수준은 MBB의 경우보다 낮은 수준이다.

(5) 다계층 채권(CMO : Collateralized Mortgage Obligation) **

① 의미

㉠ CMO는 증권의 위험을 낮추기 위해서 이자율과 만기가 서로 다른 MPTB를 동시에 여러 종류를 발행한 증권이다.

㉡ CMO는 여러 종류의 채권을 발행했을 뿐 MPTB와 성격이 동일하다. 따라서 권리귀속과 위험부담 및 현금흐름 등의 내용은 MPTB와 동일하다.

② 특징

㉠ CMO는 주택저당증권의 총발행액을 몇 개의 그룹이나 계층으로 구분하고 각 그룹마다 서로 다른 만기와 이자율을 적용하며, 원금이 지급되는 순서도 다르게 정하고 있다.

㉡ 만기와 이자율에 따라 나누어진 각 그룹을 트랜치(tranche)라고 하는데, CMO의 트랜치 수는 2개에서 8개까지로 다양하지만 4~5개 정도가 가장 일반적이다.

ⓐ 트랜치별로 적용되는 이자율은 서로 다른 것이 일반적인데, 고정이자율이 적용되는 트랜치도 있고, 변동이자율이 적용되는 트랜치도 있다.

ⓑ 일반적으로 만기가 짧은 트랜치가 선순위가 되고, 선순위 증권의 신용등급이 후순위 증권의 신용등급보다 높다.

▸▸ 기출 우리나라에서 발행된 증권은 대부분이 다계층저당증권(CMO)이다. (O)

▸▸ 기출 CMO의 발행자는 주택저당채권집합물을 가지고 일정한 가공을 통해 위험-수익 구조가 다양한 트랜치의 증권을 발행한다. (O)

▸▸ 기출 CMO(collateralized mortgage obligations)는 트랜치별로 적용되는 이자율과 만기가 다른 것이 일반적이다. (O)

ⓒ 같은 CMO의 여러 개의 트랜치 중 적어도 마지막 한 개는 중간에 이자와 원금을 전혀 지불받지 않고 만기 때에 원금과 누적된 이자를 한꺼번에 지급받는다. 이 같은 마지막 트랜치를 보통 'Z 트랜치'라 부른다.

㉢ 다계층 채권은 1983년도에 미국의 연방주택대출저당공사(FHLMC)에 의해 개발된 특별한 형태의 주택저당증권이다.

(6) **주택저당증권의 비교** ✱

	MPTS	MBB	MPTB, CMO
성격	지분형	채권형	혼합형
소유권	투자자	발행기관	발행기관
원리금 수취권	투자자	발행기관	투자자
조기상환위험	투자자	발행기관	투자자
수익률	높은 수익률	낮은 수익률	중간 수익률
콜방어	없음	강함	보통

3 우리나라의 유동화 제도

(1) 자산 유동화 제도

▸▸ 기출 자산유동화증권(ABS)은 금융기관 및 기업이 보유하고 있는 매출채권, 부동산저당채권 등 현금흐름이 보장되는 자산을 담보로 발행하는 증권을 의미한다. (O)

① 자산유동화 제도는 유동성이 부족한 자산을 기초로 증권을 발행하고 이를 판매함으로써 자산의 유동성을 높이는 제도이다. 주택저당채권 유동화는 자산 유동화의 한 부분이라고 할 수 있다. 즉 대출기관이 가지고 있는 자산 중 주택저당채권을 유동화시키는 제도를 의미한다.

② 우리나라는 1998년 9월부터 '자산유동화에 관한 법률'에 근거하여 자산유동화 제도를 시행하고 있다. 우리나라는 대부분 자동차론, 신용카드 채권, 저당대부, 기계설비 리스 등 현금흐름이 보장되는 자산을 담보로 자산담보증권(ABS)을 발행하고 있다.

③ 자산 유동화 제도는 금융기관이나 자산관리공사 등이 보유하고 있는 부실채권을 조기에 매각할 수단을 제공함으로써 금융기관의 건전성을 향상시키고 기업의 구조조정을 돕고 있다.

(2) 한국주택금융공사의 유동화

① 우리나라는 1998년 9월 「자산유동화에 관한 법률」이 제정되면서 MBS를 발행할 수 있는 근거가 마련되었다. 그러나 「자산유동화에 관한 법률」에 의해 MBS를 발행할 경우, 신용도가 상대적으로 높지 않아 자금

조달비용을 절감하기 어려웠고 이에 따라 1999년 1월에 「주택저당채권 유동화법」이 제정되었다. 이 법에 따라 정부가 출자한 한국주택저당채권유동화 주식회사가 설립되었으나 한국자산관리공사(KAMCO) 역시 정부출자기관에 불과하였기 때문에 MBS의 자금조달비용을 낮추는 데는 한계가 있었다. 이러한 한계를 극복하기 위해 2003년 12월에 제정된 「한국주택금융공사법」에 의해 2004년 3월에 한국주택금융공사가 탄생하였다.

② 한국주택금융공사는 기본적으로 대출기능이 없기 때문에 은행, 보험회사, 여신전문회사 등 금융회사들과 업무 제휴를 하여 공사의 보금자리론을 개별 금융회사들로 하여금 판매토록 하고 이를 전량 매입하여 이를 담보로 MBS를 발행하여 투자자들에게 매각함으로써 매입자금을 조달하고 있다.

③ 우리나라의 발행 현황

1. 한국주택금융공사는 대출기관이 소유하고 있는 주택저당채권을 기초로 주로 CMO 형태의 주택저당증권을 발행하고 있다. 2. 보금자리론의 조기상환위험에 대비할 수 있도록 만기 5년 이상인 트랜치에 대해서는 부분적 콜방어를 허용하고 있다. 3. 국민주택기금이 보유한 주택저당대출채권을 기초로 증권화한 주택저당증권도 발행된 전례가 있다.

(3) 기타 자산 유동화 제도

① 부동산 PF(project financing) 자산담보증권

㉠ 대출기관의 프로젝트 대출 채권을 기초로 발행된 자산담보증권이다.

㉡ 금융기관은 PF 채권을 유동화함으로써 부동산 개발사업에 필요한 자금을 제공하고 높은 수익을 올릴 수 있다.

② PF ABCP(asset backed commercial paper)

㉠ PF ABCP란 유동화전문회사가 매출채권, 대출채권 등 자산을 담보로 발행하는 기업어음이다.

㉡ PF ABCP는 일반적으로 단기적인 자금 운용을 위해 발행되는 단기상품이다.

✔주의

1. ABCP는 유동화 증권으로 부채금융으로 분류된다.
2. ABCP는 단기 투자를 목적으로 하는 상품이다.

제5장 부동산 간접 투자 제도

▸ 27회, 29회, 32회, 33회, 35회 기출

1. 부동산 간접 투자 제도의 이해
2. 부동산투자회사법상의 부동산투자회사
3. 부동산투자회사법의 주요 내용
4. 부동산 펀드와 부동산 신탁

1 부동산 간접 투자 제도의 이해

(1) 의미

① 리츠(REITs : Real Estate Investment Trusts)란 다수의 투자자로부터 자금을 모집하고, 이것을 부동산 및 부동산 관련 증권에 투자・운영한 후, 발생한 수익을 투자자들에게 다시 배당하는 부동산 간접투자기구이다.

② 리츠는 부동산 간접 투자를 목적으로 설립된 기구(vehicle)를 의미한다. 우리나라는 도입 초기에 회사형만을 인정했기 때문에 리츠는 부동산투자회사라고 해석되기도 한다.

(2) 리츠의 특징

① 리츠가 도입되기 이전에 부동산 투자는 고액의 투자자들에 의한 직접투자가 대부분이었다. 리츠는 부동산에 직접 투자하기 어려운 소액투자자들에게 부동산 투자의 기회를 제공하고자 한다.

② 리츠(REITs)의 특징

1. 부동산 지분을 증권화한 상품 : 부동산의 지분을 소액으로 분할하고 증권화하여 주식시장에서 주식의 형태로 판매한다.
2. 투자 수익의 안정성 : 리츠의 수익은 보유 부동산의 임대료 수익 및 부동산의 가치 상승에 기초하기 때문에 지속적이고 안정적인 수익이 발생한다.
3. 높은 유동성 : 리츠는 주식의 형태로 주식시장에서 거래되기 때문에 부동산에 직접 투자하는 것보다 유동성이 높다.
4. 부동산 관리의 편리성 : 부동산에 직접 투자하는 경우에 발생하는 임차인 관리, 건물관리 등의 어려움에서 벗어날 수 있다.

(3) 우리나라의 부동산투자회사 제도

① 우리나라는 1997년 외환위기 이후 어려움을 겪고 있는 기업의 기업구조조정을 원활하게 추진하기 위한 방안으로 2001년에 '부동산투자회사법'이 제정됨으로써 REITs가 도입되었다. 그 이후 2004년 '자본시장과 금융투자업에 관한 법'에 의해 신탁의 형태로 자산운영회사에 자산의 운영을 위탁하는 부동산 펀드가 도입되었다.

② 부동산투자회사의 현황

㉠ 부동사투자회사 중에서 기업구조조정 부동산투자회사가 대부분을 차지한다.

㉡ 기업구조조정 부동산투자회사는 IMF를 극복하기 위해 도입된 것으로 우리나라에서만 인정하는 특수한 부동산투자회사이다.

㉢ 부동산투자회사는 업무용 부동산에 가장 많이 투자하고 있다. 그 다음으로 상업용 부동산, 주거용 부동산의 순으로 투자가 이루어지고 있다.

㉣ 부동산투자회사가 모두 증권시장에 상장되어 있는 것은 아니다. 기업구조조정 부동산투자회사는 주식의 상장에 대한 규정을 적용받지 않는다.

2 부동산투자회사법상의 부동산투자회사

(1) 정의 및 구분 **

① '부동산투자회사'란 자산을 부동산에 투자하여 운용하는 것을 주된 목적으로 설립된 회사를 말한다.

② 부동산투자회사는 자기관리 부동산투자회사, 위탁관리 부동산투자회사, 기업구조조정 부동산투자회사로 구분된다.

자기관리 부동산투자회사	• 자산운용 전문 인력을 포함한 임직원을 상근으로 두고 자산의 투자·운용을 직접 수행하는 회사 • 실질형 회사
위탁관리 부동산투자회사	• 자산의 투자·운용을 자산관리회사에 위탁하는 회사 • 명목형 회사
기업구조조정 부동산투자회사	• 기업의 구조조정 대상 부동산을 투자 대상으로 하며 자산의 투자·운용을 자산관리회사에 위탁하는 회사 • 명목형 회사

▸▸ 기출 자산운용 전문 인력을 상근으로 두고 자산의 투자운용을 직접 수행하는 회사는 위탁관리 부동산투자회사이다. (×)

▸▸ 기출 자기관리 부동산투자회사와 기업구조조정 부동산투자회사는 모두 실체형 회사의 형태로 운영된다. (×)

PART · 06

✔주의
자산관리회사는 명목형 회사의 위탁을 받아 자산을 관리하는 회사임에 주의.

(2) 부동산투자회사와 관련된 회사

① 자산관리회사

㉠ '자산관리회사'란 위탁관리 부동산투자회사 또는 기업구조조정 부동산투자회사의 위탁을 받아 자산의 투자 · 운용 업무를 수행하는 것을 목적으로 설립된 회사를 말한다.

㉡ 자산관리회사를 설립하려는 자는 일정 요건을 갖추어 국토교통부장관의 인가를 받아야 한다.

> 1. 자본금이 70억원 이상일 것
> 2. 자산운용 전문인력을 5명 이상 상근으로 둘 것
> 3. 자산관리회사와 투자자 간, 특정 투자자와 다른 투자자 간의 이해상충을 방지하기 위한 체계와 전산설비, 물적설비를 갖출 것

② 부동산 투자자문회사

㉠ '부동산 투자자문회사'는 부동산투자회사로부터 위탁을 받아 부동산 투자와 관련된 자문을 수행하는 회사이다.

ⓐ 부동산 자산의 투자 · 운용에 관한 주주총회 또는 이사회의 의사결정에 필요한 조사, 분석 및 정보제공

ⓑ 부동산 자산의 투자 · 운용에 관한 자문 및 평가 등의 업무

㉡ 부동산 투자자문회사의 요건

> 1. 자본금이 5억원 이상으로서 대통령령으로 정하는 금액(10억) 이상일 것
> 2. 자산운용 전문인력을 3명 이상 상근으로 둘 것

3 부동산투자회사법의 주요 내용

(1) 회사의 설립 **

① 부동산투자회사의 법인격

㉠ 부동산투자회사는 주식회사로 한다.

㉡ 부동산투자회사는 이 법에서 특별히 정한 경우를 제외하고는 '상법'의 적용을 받는다.

㉢ 부동산투자회사는 그 상호에 부동산투자회사라는 명칭을 사용하여야 한다. 부동산투자회사가 아닌 자는 부동산투자회사 또는 이와 유사한 명칭을 사용하여서는 아니 된다.

② 부동산투자회사의 설립

㉠ 부동산투자회사는 발기설립의 방법으로 하여야 한다.

㉡ 부동산투자회사는 '상법'에도 불구하고 현물출자에 의한 설립을 할 수 없다.

③ 설립 자본금

㉠ 자기관리 부동산투자회사의 설립 자본금은 5억원 이상으로 한다.

㉡ 위탁관리 부동산투자회사 및 기업구조조정 부동산투자회사의 설립 자본금은 3억원 이상으로 한다.

④ 위탁관리 부동산투자회사는 본점 외의 지점을 설치할 수 없으며, 직원을 고용하거나 상근 임원을 둘 수 없다.

▸▸ 기출 부동산투자회사는 현물출자에 의한 설립이 가능하다. (×)

▸▸ 기출 자기관리 부동산투자회사의 설립자본금은 3억원 이상으로 한다. (×)

▸▸ 기출 위탁관리 부동산투자회사의 설립자본금은 2억원 이상으로 한다. (×)

▸▸ 기출 위탁관리 부동산투자회사는 본점 외의 지점을 설치할 수 있으며, 직원을 고용하거나 상근 임원을 고용할 수 있다. (×)

▸▸ 기출 위탁관리 부동산투자회사는 본점 외의 지점을 설치할 수 없다. (O)

(2) 영업의 인가 및 등록

① 자기관리 부동산투자회사의 설립보고

㉠ 자기관리 부동산투자회사는 그 설립등기일부터 10일 이내에 대통령령으로 정하는 바에 따라 설립보고서를 작성하여 국토교통부장관에게 제출하여야 한다.

㉡ 자기관리 부동산투자회사는 설립등기일부터 6개월 이내에 국토교통부장관에게 인가를 신청하여야 한다.

② 영업인가 및 등록

㉠ 인가 : 부동산투자회사가 업무를 하려면 부동산투자회사의 종류별로 대통령령으로 정하는 바에 따라 국토교통부장관의 인가를 받아야 한다.

㉡ 등록 : 일정 요건을 갖춘 위탁관리 부동산투자회사 및 기업구조조정 부동산투자회사가 업무를 하려면 대통령령으로 정하는 바에 따라 국토교통부장관에게 등록하여야 한다.

(3) 자금의 모집 **

① 영업인가를 받거나 등록을 한 날부터 6개월(이하 '최저자본금준비기간'이라 한다)이 지난 부동산투자회사의 자본금은 다음 각 호에서 정한 금액 이상이 되어야 한다.

1. 자기관리 부동산투자회사 : 70억원 이상
2. 위탁관리 및 기업구조조정 부동산투자회사 : 50억원 이상

▸▸ 기출 영업인가를 받거나 등록을 한 날부터 6개월이 지난 자기관리 부동산투자회사의 자본금은 50억원 이상이 되어야 한다. (×)

PART • 06

② 주식의 공모

㉠ 부동산투자회사는 영업인가를 받거나 등록을 하기 전까지는 발행하는 주식을 일반의 청약에 제공할 수 없다.

㉡ 부동산투자회사는 영업인가를 받거나 등록을 한 날부터 2년 이내에 발행하는 주식 총수의 100분의 30 이상을 일반의 청약에 제공하여야 한다.

㉢ 다음 어느 하나에 해당하는 경우에는 주식을 일반의 청약에 제공하지 아니할 수 있다.

> 1. 국민연금공단이나 그 밖에 대통령령으로 정하는 주주가 단독이나 공동으로 인수 또는 매수한 주식의 합계가 주식 총수의 100분의 50 이상인 경우
> 2. 부동산투자회사가 보유하거나 개발할 건축물 연면적의 100분의 70 이상을 임대주택으로 제공하는 경우

▸▸ 기출 위탁관리 부동산투자회사의 경우 주주 1인과 그 특별관계자는 발행주식 총수의 20%를 초과하여 소유하지 못한다. (×)

③ 주식의 분산

㉠ 주주 1인과 그 특별관계자는 최저자본금준비기간이 끝난 후에는 부동산투자회사가 발행한 주식 총수의 100분의 50(이하 '1인당 주식소유한도'라 한다)을 초과하여 주식을 소유하지 못한다.

㉡ 주주 1인과 그 특별관계자가 주식소유한도 규정을 위반하여 부동산투자회사의 주식을 소유하게 된 경우 그 주식의 의결권 행사 범위는 1인당 주식소유한도로 제한된다.

㉢ 국민연금공단과 그 밖에 대통령령으로 정하는 주주에 대하여는 주식의 분산 규정을 적용하지 아니한다.

④ 현물출자

㉠ 부동산투자회사는 영업인가를 받거나 등록을 하고 최저자본금 이상을 갖추기 전에는 현물출자를 받는 방식으로 신주를 발행할 수 없다.

㉡ 부동산투자회사의 영업인가 또는 등록 후에 부동산투자회사에 현물출자를 하는 재산은 다음 어느 하나에 해당하여야 한다.

> 1. 부동산
> 2. 지상권·임차권 등 부동산 사용에 관한 권리
> 3. 신탁이 종료된 때에 신탁재산 전부가 수익자에게 귀속하는 부동산신탁의 수익권
> 4. 부동산소유권의 이전등기청구권
> 5. 공익사업의 시행으로 조성한 토지로 보상을 받기로 결정된 권리(이하 "대토보상권"이라 한다)

⑤ 주식의 상장

부동산투자회사는 자본시장과 금융투자업에 관한 법률에 따른 상장규정의 상장 요건을 갖추게 된 때에는 지체 없이 증권시장에 주식을 상장하여 그 주식이 증권시장에서 거래되도록 하여야 한다.

(4) 자산의 투자 및 운용

① 자산의 투자 및 운용 방법

부동산투자회사는 그 자산을 다음 각 호의 어느 하나에 투자해야 한다. 1. 부동산 2. 부동산개발사업 3. 지상권, 임차권 등 부동산 사용에 관한 권리 4. 신탁이 종료된 때에 신탁재산 전부가 수익자에게 귀속하는 부동산 신탁 수익권 5. 증권, 채권 6. 현금(금융기관의 예금을 포함한다)

② 자기관리 부동산투자회사는 그 자산을 투자・운용할 때에는 전문성을 높이고 주주를 보호하기 위하여 대통령령으로 정하는 바에 따라 다음 각 호에 따른 자산운용 전문인력을 상근으로 두어야 한다.

1. 감정평가사 또는 공인중개사로서 해당 분야에 5년 이상 종사한 사람 2. 부동산 관련 분야의 석사학위 이상의 소지자로서 부동산의 투자・운용과 관련된 업무에 3년 이상 종사한 사람 3. 그 밖에 제1호 또는 제2호에 준하는 경력이 있는 사람으로서 대통령령으로 정하는 사람

▸▸ 기출 감정평가사 또는 공인중개사로서 해당 분야에 5년 이상 종사한 사람은 자기관리 부동산투자회사의 상근 자산운용 전문인력이 될 수 있다. (O)

③ 위탁관리 부동산투자회사는 자산의 투자・운용업무는 자산관리회사에 위탁하여야 하고, 주식발행업무 및 일반적인 사무는 대통령령으로 정하는 요건을 갖춘 기관(이하 '일반사무등 위탁기관'이라 한다)에 위탁하여야 한다.

④ 부동산의 처분에 대한 제한

㉠ 부동산투자회사는 부동산을 취득한 후 5년의 범위에서 대통령령으로 정하는 기간 이내에는 부동산을 처분하여서는 아니 된다.

> 1. 국내에 있는 부동산 중 '주택법'에 따른 주택 : 1년
> 2. 국내에 있는 부동산 중 '주택법'에 따른 주택이 아닌 부동산 : 1년
> 3. 국외에 있는 부동산 : 정관에서 정하는 기간

㉡ 다만, 다음 어느 하나의 경우에는 그러하지 아니하다.

> 1. 부동산개발사업으로 조성하거나 설치한 토지·건축물 등을 분양하는 경우
> 2. 그 밖에 투자자 보호를 위하여 대통령령으로 정하는 사유가 있는 경우

▸▸ 기출 최저자본금준비기간이 끝난 후에는 매 분기 말 현재 총자산의 100분의 80 이상이 부동산(건축 중인 건축물 포함)이어야 한다. (×)

▸▸ 기출 부동산투자회사는 부동산 등 자산의 운용에 관하여 회계처리를 할 때에는 국토교통부장관이 정하는 회계처리 기준에 따라야 한다. (×)

⑤ 자산의 구성 및 회계처리

㉠ 부동산투자회사는 최저자본금준비기간이 끝난 후에는 매 분기 말 현재 총자산의 100분의 80 이상을 부동산, 부동산 관련 증권 및 현금으로 구성하여야 한다. 이 경우 총자산의 100분의 70 이상은 부동산(건축 중인 건축물을 포함한다)이어야 한다.

㉡ 부동산투자회사는 부동산 등 자산의 운용에 관하여 회계처리를 할 때에는 금융위원회가 정하는 회계처리기준에 따라야 한다.

⑥ 부동산개발사업 및 증권에 대한 투자

㉠ 부동산개발사업이란 다음 어느 하나에 해당하는 사업을 말한다.

> 1. 토지를 택지·공장용지 등으로 개발하는 사업
> 2. 공유수면을 매립하여 토지를 조성하는 사업
> 3. 건축물이나 그 밖의 인공구조물을 신축하거나 재축(再築)하는 사업
> 4. 그 밖에 대통령령으로 정하는 사업

㉡ 부동산투자회사는 다른 회사의 의결권 있는 발행주식의 100분의 10을 초과하여 취득하여서는 아니 된다.

(5) 배당 등 **

▸▸ 기출 위탁관리 부동산투자회사는 해당 연도 이익을 초과하여 배당할 수 있다. (O)

① 수익의 배당

㉠ 부동산투자회사는 상법에 따른 해당 연도 이익배당한도의 100분의 90 이상을 주주에게 배당하여야 한다. 이 경우 상법에 따른 이익준비금은 적립하지 아니한다.

㉡ 위탁관리 부동산투자회사가 이익을 배당할 때에는 상법의 규정에도 불구하고 이익을 초과하여 배당할 수 있다.

② 차입 및 사채 발행

㉠ 부동산투자회사는 영업인가를 받거나 등록을 한 후에 자산을 투자·운용하기 위하여 또는 기존 차입금 및 발행사채를 상환하기 위하여 대통령령으로 정하는 바에 따라 자금을 차입하거나 사채를 발행할 수 있다.

㉡ 자금차입 및 사채발행은 자기자본의 2배를 초과할 수 없다. 다만, 상법의 결의 방법에 따른 주주총회의 특별결의를 한 경우에는 그 합계가 자기자본의 10배를 넘지 아니하는 범위에서 자금차입 및 사채발행을 할 수 있다.

▸▸ 기출 부동산투자회사는 투자자의 안전을 위해 자금을 차입하거나 사채를 발행할 수 없다. (×)

(6) 기업구조조정 부동산투자회사

① 기업구조조정 부동산투자회사는 이 법에서 정한 부동산투자회사의 요건을 갖추고 총자산의 100분의 70 이상을 기업구조조정용 부동산으로 구성하여야 한다.

② 기업구조조정 부동산투자회사의 특례

- 주식의 공모 규정 배제. 즉 사모 가능
- 주식의 분산 규정 배제
- 부동산 처분에 관한 제한 규정 배제
- 자산의 구성 규정 배제

▸▸ 기출 기업구조조정 부동산투자회사에 대해서는 현물출자, 자산구성, 최저자본금을 제한하는 규정이 없다. (×)

(7) 부동산투자회사의 비교 *

▾ REITs의 종류별 비교

구분	자기관리 REITs	위탁관리 REITs	기업구조조정 REITs
회사 형태	실질형	명목형	명목형
법인세 면제 가능성	불가능	가능	가능
투자대상	모든 부동산	모든 부동산	기업구조조정용 부동산
설립자본금	5억원 이상	3억원 이상	3억원 이상
최저자본금	70억원 이상	50억원 이상	50억원 이상
주식공모	주식 총수의 30% 이상을 일반의 청약에 제공하여야 한다.		적용 제외 [사모(私募) 가능]
주식분산 (1인당 주식소유한도)	주주 1인과 그 특별관계자는 발행주식 총수의 50%를 초과하여 소유하지 못한다.		적용 제외

자산의 구성	• 총자산의 70% 이상 : 부동산(건축 중인 건축물 포함) • 총자산의 80% 이상 : 부동산, 부동산관련 증권, 현금	적용 제외
부동산 처분 제한	적용 받음	적용 제외
배당	원칙적으로 90% 이상을 주주에게 배당	
차입 및 사채발생	일정한 경우에 가능	

4 부동산 펀드와 부동산 신탁

(1) 부동산 펀드

① 우리나라의 간접투자제도는 '간접투자자산운용업법'이 '자본시장과 금융투자업에 관한 법률'로 바뀌면서 큰 변화를 겪게 되었다. '자본시장과 금융투자업에 관한 법률'은 2007년에 제정되어 2009년부터 시행되고 있는데, 금융기관 사이의 업무 영역의 장벽을 허문 법률이라 할 수 있다. 또한 부동산간접투자기구도 '부동산집합투자기구'로 용어가 변경되었으나, 기본적인 내용에는 큰 변화가 없다. 다만, 간접투자기구와는 달리 집합투자기구에서는 회사형태와 신탁형태 외에 조합형태의 집합투자기구도 가능하도록 되었다.

② 우리나라에서는 부동산 간접투자기구로 리츠 외에 부동산 펀드가 있다. 부동산 펀드는 리츠와 큰 차이가 없다. 그럼에도 불구하고 우리나라에서 부동산 펀드라는 이름의 부동산 간접투자기구가 리츠와 별도로 존재하는 것은 그 근거법이 서로 다르기 때문이다.

(2) 부동산 신탁

① 신탁이란 신탁을 설정하는 자(위탁자)와 신탁을 인수하는 자(수탁자)간의 신임 관계에 기하여 위탁자가 수탁자에게 특정의 재산을 이전하거나 담보권 설정 또는 그 밖의 처분을 하고 수탁자로 하여금 일정한 자(수익자)의 이익 또는 특정의 목적을 위하여 그 재산의 관리, 처분, 운용, 개발, 그 밖에 신탁 목적의 달성을 위하여 필요한 행위를 하게 하는 법률관계를 말한다(신탁법 제2조).

▸▸ 기출 신탁계약은 수익자와 위탁자 간에 체결된다. (×)

② 부동산 신탁이란 부동산 소유자(위탁자)가 신탁회사(수탁자)와 신탁계약을 체결한 후 그 소유 부동산을 신탁회사(수탁자)에게 소유권 이전 및 신탁등기를 한 후, 수탁자는 신탁계약에서 정한 목적 달성을 위하여 신

탁부동산을 개발·관리·처분하고, 신탁 종료시 신탁재산을 수익자에게 교부하는 법률관계를 말한다.

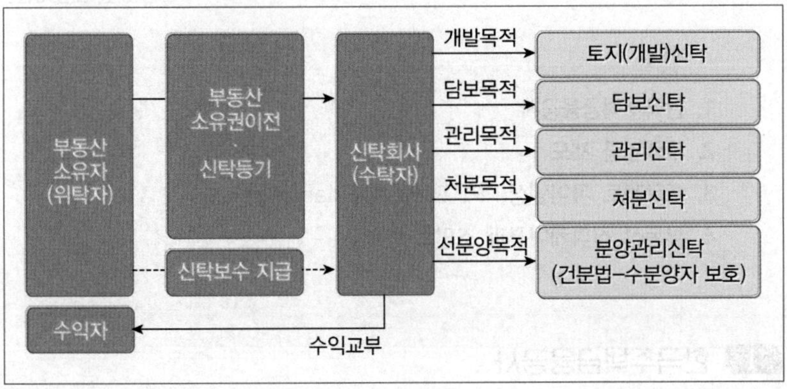

㉠ **토지개발신탁** : 부동산 개발 노하우나 자금이 부족한 토지소유자가 신탁회사에 토지를 신탁하면 신탁회사가 개발 등을 대신하고 그 수익을 토지소유자에게 돌려주는 신탁상품이다.

㉡ **담보신탁** : 대출을 받기 원하는 자는 신탁회사에게 담보제공을 목적으로 소유권을 이전하고 이에 대한 담보신탁 수익증서를 발급받아 금융기관에 이를 담보로 제공할 수 있다. 담보신탁은 저당권을 설정하는 것보다 비용이 저렴하기 때문에 최근에 많이 활용되고 있다.

㉢ **관리신탁** : 전문지식이나 경험이 부족해 부동산을 직접 관리하는 데 어려움이 있는 부동산 소유자가 관리를 목적으로 활용하는 신탁상품이다.

㉣ **처분신탁** : 신탁회사가 부동산 소유자를 대신해서 부동산을 팔아주는 신탁상품이다. 부동산이 쉽게 팔리지 않는 경우나 대형, 고가의 부동산, 권리 관계가 까다로운 부동산 등 일반중개행위로 처분하기 어려운 부동산에 유용하게 활용되는 상품이다.

주의
신탁제도 중 담보신탁은 부동산학 기출지문에서 자주 언급되는 제도입니다.

▸▸ 기출 부동산담보신탁은 저당권 설정보다 소요되는 경비가 많고, 채무불이행 시 부동산 처분 절차가 복잡하다. (×)

PART · 06

제6장 기타 부동산 관련 금융 제도

▸ 30회, 31회, 32회, 34회, 35회 기출

1 한국주택금융공사

① 한국주택금융공사는 '한국주택금융공사법'에 의거, 기존의 '한국주택저당채권 유동화주식회사'와 주택신용보증기금(주)이 합쳐져서 2004년에 설립되었다. 우리나라에서는 한국주택금융공사가 2차 저당대출기관의 역할을 하고 있다.

② 한국주택금융공사의 주요 업무

- 채권유동화
- 채권보유
- 주택저당증권, 학자금대출증권, 유동화전문회사 등이 발행한 주택저당채권 유동화 증권에 대한 지급보증
- 금융기관에 대한 신용공여
- 주택저당채권 또는 학자금대출채권에 대한 평가 및 실사
- 기금·계정의 관리 및 운용
- 신용보증
- 주택담보노후연금보증
- 주택담보노후연금보증채무의 이행 및 구상권의 행사
- 주택담보노후연금채권의 양수 및 보유와 이에 따른 주택담보노후연금의 지급
- 주택금융에 관한 조사·연구 및 통계자료의 수집·작성과 국내외 유관기관과의 교류·협력

2 주택연금 제도

(1) 주택연금제도의 의미

① 주택연금은 집은 소유하고 있지만 소득이 부족한 어르신들에게 매달 안정적인 수입을 가질 수 있도록 집을 담보로 평생 동안 생활비를 지급하는 제도이다.

② 주택연금은 금융제도와 복지제도가 결합된 형태라고 할 수 있다.

(2) 가입 요건 **

① 연령 요건

• 단독 소유 : 주택소유자 또는 배우자가 만 55세 이상 • 부부 공동소유 : 소유자 중 한 사람만 55세 이상

② 주택 요건

• 원칙 : 부부기준 공시가격 등이 12억원 이하의 주택법상 주택 • 추가 : 지방자치단체에 신고된 노인복지주택, 주거목적 오피스텔

㉠ 상가 등 복합용도주택은 전체 면적 중 주택이 차지하는 면적이 1/2 이상인 경우에 가입 가능

㉡ 주거목적이 아닌 오피스텔, 상가주택, 상가, 판매 및 영업시설, 전·답 등은 제외

③ 주택보유수(부부기준)

㉠ 부부기준 1주택을 소유한 자

㉡ 보유주택 합산 가격이 12억원 이하의 다주택을 보유한 자

④ 거주요건 : 원칙적으로 주택연금 가입주택에 가입자 또는 배우자가 실제 거주하여야 한다.

(3) 지급방식 **

① 종신방식 : 월지급금을 종신토록 지급받는 방식

㉠ 종신지급방식 : 인출한도 설정 없이 월지급금을 종신토록 지급받는 방식

㉡ 종신혼합방식 : 인출한도 설정 후 나머지 부분을 종신토록 지급받는 방식

▸▸ 기출 주택담보노후연금은 연금개시 시점에 주택소유권이 연금지급기관으로 이전된다. (×)

✔주의
현재 주택연금제도와 농지연금제도는 있으나, 산지연금제도는 없음에 주의하여야 한다.

참고
공시가격 등은 ① 공시가격, ② 시가표준액, ③ 시세 또는 감정평가액 순으로 적용한다.

② **확정기간방식** : 선택한 일정기간 동안만 월지급금을 지급받는 방식

③ **대출상환방식** : 주택담보대출 상환용으로 인출한도(대출한도의 50% 초과 90% 이내) 범위 안에서 일시에 찾아 쓰고 나머지 부분을 월지급금으로 종신토록 지급받는 방식

④ **우대방식** : 부부기준 2.5억원 이하 1주택 보유자가 종신방식보다 월지급금을 최대 20% 우대하여 지급받는 방식

(4) 주택연금 지급정지 사유

① 부부 모두 사망하는 경우(가입자만 사망하는 경우에는 배우자가 채무인수 후에 계속 이용 가능)

② 주택 소유권을 상실하는 경우(매각, 양도, 화재 등으로 인한 주택 소실 등)

③ 주택연금 이용자와 배우자가 1년 이상 계속하여 거주하지 않는 경우

④ 처분조건약정 미이행 및 주택의 용도 외 사용

(5) 대출금 상환 **

① 대출금은 언제든지 별도의 중도상환 수수료 없이 전액 또는 일부를 상환할 수 있다.

② 변제 시기

㉠ 가입자(주택소유자)와 배우자가 모두 사망한 경우

㉡ 매각, 증여 등에 의해 담보주택의 소유권을 상실한 경우

㉢ 가입자와 배우자 모두 1년 이상 계속하여 주택에서 실제로 거주하지 않는 경우

③ 기간 말 자산 처리

▸▸ 기출 주택연금은 일반적으로 비소구형 대출이다. (O)

㉠ **변제금액** : 변제일 현재 주택가격과 대출(보증)잔액 중 적은 금액으로 변제된다.

㉡ **채권범위** : 원칙적으로 담보된 주택에 한정하여 변제된다.

㉢ **자산의 처리**

- 주택가격 < 대출 잔액 : 부족 금액을 상속인에게 청구하지 않는다.
- 주택가격 > 대출 잔액 : 남은 금액은 상속인에게 지급된다.

3 프로젝트 파이낸싱(PF ; Project Financing)

(1) PF의 의미

① '프로젝트 파이낸싱(PF)'은 특정 프로젝트로 완성으로부터 발생하는 미래 현금흐름을 상환 재원으로 프로젝트에 필요한 자금을 조달하는 금융기법이다.

② 외환위기 이후 주택산업의 침체를 극복하기 위해 공급자 금융의 새로운 방식인 프로젝트 파이낸싱 기법이 도입되었다.

③ 프로젝트 파이낸싱은 일반적으로 대규모 자금이 소요되고 공사기간이 장기인 사업에 적합한 자금조달수단이다.

(2) PF의 특징 ★★

① 비소구 금융 또는 제한적 소구 금융

㉠ 사업주와 개발사업의 현금흐름을 분리시켜 개발사업주의 파산이 개발사업에 영향을 미치지 못한다.

㉡ 사업주는 해당 프로젝트가 파산한 경우에도 개인적인 채무를 부담하지 않는다.

② 부(簿)외 금융효과

㉠ 해당 프로젝트의 대출은 사업주의 재무상태표(회계 장부)에 부채로 표시되지 않는다.

㉡ 프로젝트 대출은 부(簿)외 금융효과를 통해 사업주의 채무수용능력을 높여준다.

③ 기타 특징

㉠ 이해 당사자들은 개발사업에 수반되는 각종 위험을 극복하기 위해 다양한 보증을 제공함으로써 위험을 감소시킨다.

㉡ 대출기관은 자금관리를 위해 자금관리계정(Escrow Account)을 설치하고 사전에 약정된 항목과 순서에 따라 수입이 출금되도록 관리한다.

㉢ PF는 일반 대출과 비교하여 발생 가능한 위험이 크고 그 절차가 복잡하기 때문에 금융기관은 높은 이자 및 수수료를 요구한다.

▸▸ 기출 프로젝트 대출은 부외금융효과를 통해 금융기관의 채무수용능력이 제고된다. (×)

▸▸ 기출 부동산 개발사업의 현금흐름을 통제하기 위해서 에스크로(escrow) 계정을 운영한다. (O)

▸▸ 기출 프로젝트 금융의 자금은 건설회사 또는 시공회사가 자체계좌를 통해 직접 관리한다. (×)

▸▸ 기출 부동산 개발사업의 자금지출 우선순위를 정할 때 주로 시행사의 개발이익이 공사비보다 먼저 인출되도록 한다. (×)

▸▸ 기출 부동산 개발사업지를 부동산신탁회사에 담보신탁하고 받은 수익권 증서에 질권을 설정한다. (O)

▸▸ 기출 일정한 요건을 갖춘 프로젝트 회사는 법인세 감면을 받을 수 있다. (O)

(3) 우리나라의 PF 현황

① 국내 PF는 시공사가 사업 위험의 대부분을 부담하는 특징을 가진다. 시공사에게 책임준공 의무를 지우는 동시에 PF대출의 채무를 인수하거나 이에 대한 보증을 제공하도록 한다.

② 시행사와 시공사의 부도 등과 같은 사유가 발생할 경우 사업권이나 시공권을 포기하겠다는 각서를 받는다.

③ 부동산 개발 사업지를 부동산 신탁회사에 담보신탁하고 받은 수익권 증서에 질권을 설정한다.

4 부동산 신디케이션과 조인트 벤처

(1) 신디케이션

① '부동산 신디케이션(real estate syndication)'은 부동산 개발사업을 공동으로 수행하기 위하여 자금을 가지고 있는 일반 투자자들과 개발의 전문성을 가진 개발업자가 결합한 형태를 말한다.

② 다수의 일반 투자자들은 부동산 전문가들과 신디케이션을 결성함으로써 자금 동원 능력이나 부동산 관리능력에 있어서 개인으로서는 감당할 수 없는 부동산 벤처사업에 투자할 수 있다.

(2) 조인트 벤처

① '조인트 벤처(joint venture)'란 부동산 개발사업과 같은 특정 목적의 벤처사업을 공동으로 영위하기 위한 둘 또는 그 이상의 자연인이나 법인의 결합체이다.

② 신디케이션이 수많은 소액 투자자로 구성된다면, 조인트 벤처는 소수의 개인이나 기관 투자자로 구성된다.

제7장 금융론 계산 문제

1 대출금액

01 **甲은 시중은행에서 주택을 담보로 대출을 받고자 한다. 甲이 받을 수 있는 최대 대출금액은 얼마인가?**

- 甲소유 주택의 담보평가가격 : 400,000,000원
- 甲의 연간소득 : 40,000,000원
- 연간저당상수 : 0.1
- 대출승인기준(두 가지 대출승인기준을 모두 충족시켜야 함)
  - 담보인정비율(LTV) : 70%
  - 소득대비 부채비율(DTI) : 50%

정답해설

1. 담보인정비율(LTV) 기준
   1) $LTV = \frac{\text{대출금액}}{\text{주택담보가격}}$, $70\% = \frac{\text{대출금액}}{\text{4억}}$
   2) 대출금액 : 2억 8천만원
2. 소득대비 부채비율(DTI) 기준
   1) $DTI = \frac{\text{해당 대출의 원금과 이자}}{\text{차입자의 연간 소득}}$, $50\% = \frac{\text{원금 + 이자}}{\text{40,000,000원}}$
   2) 해당 대출의 원금과 이자 상환액 : 20,000,000원
   3) 대출금액
      ① 대출금액 × 저당상수 = (원금 + 이자)
      ② 20,000,000원÷0.1 = 2억원
3. 최대 대출금액 : 2억원(두 조건을 모두 만족시키는 금액)

02 **80,000,000원의 기존 주택담보대출이 있는 甲은 A은행에서 추가로 주택담보대출을 받고자 한다. A은행의 대출승인기준이 다음과 같을 때, 甲이 추가로 대출 가능한 최대금액은 얼마인가?**

> • 甲소유 주택의 담보평가가격 : 400,000,000원
> • 甲의 연간소득 : 40,000,000원
> • 연간저당상수 : 0.1
> • 대출승인기준(두 가지 대출승인기준을 모두 충족시켜야 함)
>   – 담보인정비율(LTV) : 70%
>   – 소득대비 부채비율(DTI) : 50%

정답해설

1. 최대 대출금액 : 2억원(1번 문제와 동일함)
2. 추가 대출금액 : 2억원 – 8천만원(기존 대출금액) = 120,000,000원

03 **시장가격이 5억원이고 순영업소득이 연 1억원인 상가를 보유하고 있는 A가 추가적으로 받을 수 있는 최대 대출가능 금액은?** (단, 주어진 조건에 한함)

> • 연간 저당상수 : 0.2
> • 대출승인조건(모두 충족하여야 함)
>   – 담보인정비율(LTV) : 시장가격기준 60% 이하
>   – 부채감당률(DCR) : 2 이상
> • 상가의 기존 저당대출금 : 1억원

정답해설

1. 담보인정비율(LTV) 기준 : 5억×60%(LTV) = 3억원(대출금액)
2. 부채감당률(DCR) 기준
   1) $DCR = \frac{순영업소득}{부채서비스액(원금 + 이자)}$, $2 = \frac{1억}{원금 + 이자}$
   2) 해당 대출의 원금과 이자 상환액 : 50,000,000원
   3) 대출금액
      ① 대출금액 × 저당상수 = (원금 + 이자)
      ② 50,000,000원÷0.2 = 2.5억원(대출금액)
3. 최대 대출금액 : 2억 5천만원(두 조건을 모두 만족시키는 금액)
4. 추가 대출금 : 2억 5천만원 – 1억원(기존 대출금액) = 150,000,000원

2 대출의 잔금

01 **A는 주택 투자를 위해 은행으로부터 다음과 같은 조건을 대출받았다. A가 3년 후까지 원리금을 정상적으로 상환했을 경우, 미상환 대출 잔금은?**

• 대출원금 : 3억원 • 대출금리 : 연 5%(고정금리) • 대출기간 : 10년 • 상환조건 : 연 1회 원리금 균등 분할 상환

정답해설

1. 대출 잔금은 잔금을 구하고자 하는 3년 말 시점에서 측정한 아직 상환하지 않은 원금을 의미한다. 따라서 대출 잔금은 4년 말부터 7년(미상환 기간) 동안 지급해야 할 미상환 원리금을 3년 말 시점으로 환산한 금액과 동일하다.

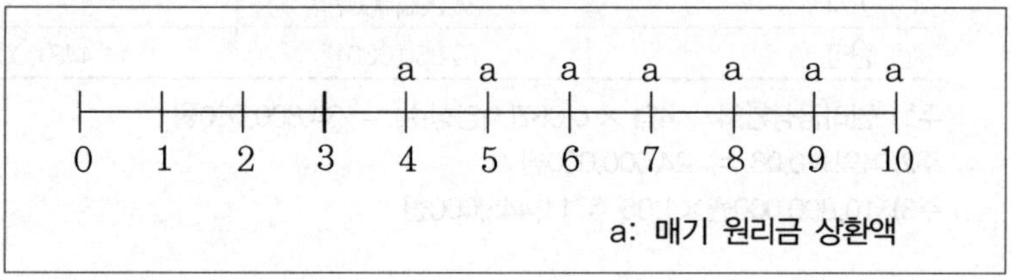

2. 매기 원리금 상환액
   1) 대출금액×저당상수$_{(5\%,\ 10년)}$ = 매기 원리금 상환액
   2) 3억 × $\frac{0.05\times(1+0.05)^{10}}{(1+0.05)^{10}-1}$ = 3억×0.1295 = 38,850,000원

3. 미상환 대출 잔금
   1) 매기 원리금 상환액×연금의 현재가치계수$_{(5\%,\ 7년)}$ = 잔금
   2) 38,850,000 × $\frac{(1+0.05)^{7}-1}{0.05\times(1+0.05)^{7}}$ = 38,850,000 ×5.7864 = 224,001,000원

3 상환의 흐름

01 A씨는 아파트를 구입하기 위해 은행으로부터 4억원을 대출받았다. 대출 조건이 다음과 같을 때, A씨가 2회차에 상환할 원금은?

- 대출금리 : 고정금리, 연 6%
- 대출기간 : 20년
- 저당상수 : 0.087
- 원리금 상환조건 : 원리금균등상환방식, 연 단위 매기간 말 상환

정답해설

구분	1회차	2회차
㉠ 원리금상환액 주1)	34,800,000원	34,800,000원
㉡ 이자	24,000,000원 주2)	
㉢ 원금	10,800,000원	11,448,000원 주3)

주1) 원리금상환액 : 4억 × 0.087(저당상수) = 34,800,000원
주2) 4억×0.06 = 24,000,000원
주3) 10,800,000원×1.06 = 11,448,000원

02 B씨는 주택을 구입하기 위해 은행으로부터 2억원을 대출받았다. 대출 조건이 다음과 같을 때, 2회차에 상환해야 할 원리금은?

- 대출금리 : 고정금리, 연 5%
- 대출기간 : 20년
- 원리금 상환조건 : 원금균등상환방식으로 연 단위로 매기말 상환

정답해설

구분	1기	2기
㉠ 원금 주1)	1,000만	1,000만
㉡ 이자	1,000만 주2)	950만 주3)
㉢ 원리금상환액	2,000만	1,950만

주1) 원금상환액 : 2억원 ÷ 20년 = 1,000만
주2) 1기 이자지급액 : 2억원(원금) × 0.05 = 1,000만원
주3) 1,000만(1기 이자액) − 50만원(원금 상환으로 감소되는 이자액) = 950만원

PART 06

금융론 기출문제

주제 금융의 이해

01 주택 금융에 관한 설명으로 옳은 것을 모두 고른 것은? ▸2017년 28회

ㄱ. 주택 금융은 주택 수요자에게 자금을 융자해 줌으로써 주택 구매력을 높여준다.
ㄴ. 주택소비금융은 주택을 구입하려는 사람이 신용을 담보로 제공하고, 자금을 제공받는 형태의 금융을 말한다.
ㄷ. 주택개발금융은 서민에게 주택을 담보로 하고 자금을 융자해주는 실수요자 금융이다.
ㄹ. 주택자금융자는 주로 장기융자 형태이므로, 대출기관의 유동성 제약이 발생할 우려가 있어 주택저당채권의 유동화 필요성이 있다.

① ㄱ, ㄴ
② ㄱ, ㄷ
③ ㄱ, ㄹ
④ ㄴ, ㄹ
⑤ ㄷ, ㄹ

정답해설

③ 옳은 지문은 ㄱ, ㄹ이다.

오답해설

ㄴ. 주택소비금융은 주택을 담보로 제공하고 자금을 제공받는 형태의 금융이다. 이를 주택담보대출이라고 한다.
ㄷ. 주택소비금융에 대한 설명이다.

정답 > 01 ③

02 **부동산금융 및 투자에 관한 설명으로 옳지 않은 것은?** ▸2023년 34회

① 부동산금융은 부동산의 매입이나 매각, 개발 등과 관련하여 자금이나 신용을 조달하거나 제공하는 것을 말한다.

② 부동산의 특성과 관련하여 분할거래의 용이성과 생산의 장기성으로 인해 부동산금융은 부동산의 거래나 개발 등에서 중요한 역할을 하게 된다.

③ 부동산투자에서 지분투자자가 대상 부동산에 가지는 권한을 지분권이라 하고, 저당투자자가 대상 부동산에 가지는 권한을 저당권이라 한다.

④ 부동산보유자는 보유부동산의 증권화를 통해 유동성을 확보할 수 있다.

⑤ 부동산금융이 일반금융과 다른 점으로는 담보기능과 감가상각 및 차입금 이자에 대한 세금감면이 있다.

정답해설

② 부동산은 분할거래가 쉽지 않다(분할거래의 비용이성).

03 **다음 보기에는 지분 금융, 메자닌 금융(Mezzanine financing), 부채 금융이 있다. 이 중 지분 금융(equity financing)을 모두 고른 것은?** ▸2016년 27회

ㄱ. 저당 금융	ㄴ. 신탁증서 금융
ㄷ. 부동산 신디케이트(syndicate)	ㄹ. 자산유동화증권(ABS)
ㅁ. 신주인수권부사채	

① ㄷ　　② ㄴ, ㅁ

③ ㄷ, ㄹ　　④ ㄷ, ㅁ

⑤ ㄱ, ㄷ, ㅁ

정답해설

① 부동산 신디케이트(ㄷ)만 지분 금융이다.
1. 부채 금융 : 저당 금융(ㄱ), 신탁증서 금융(ㄴ), 자산유동화증권(ABS)(ㄹ)
2. 메자닌 금융 : 신주인수권부사채(ㅁ)

04 조기상환에 관한 설명으로 옳지 않은 것은? ▸ 2021년 32회

① 조기상환이 어느 정도 일어나는가를 측정하는 지표로 조기상환율(CPR : Constant Prepayment Rate)이 있다.

② 저당대출 차입자에게 주어진 조기상환권은 풋옵션(put option)의 일종으로, 차입자가 조기상환을 한다는 것은 대출잔액을 행사가격으로 하여 대출채권을 매각하는 것과 같다.

③ 저당대출 차입자의 조기상환 정도에 따라 MPTS(Mortgage Pass-Through Securities)의 현금흐름과 가치가 달라진다.

④ 이자율 하락에 따른 위험을 감안하여 금융기관은 대출기간 중 조기상환을 금지하는 기간을 설정하고, 위반 시에는 위약금으로 조기상환수수료를 부과하기도 한다.

⑤ 저당대출 차입자의 조기상환은 MPTS(Mortgage Pass-Through Securities) 투자자에게 재투자 위험을 유발한다.

정답해설

② 평가사 시험의 수준을 벗어나는 지문입니다. 그냥 한번 확인하고 넘기세요.
채권에서 풋옵션(put option)은 조기상환청구권을 의미하고, 조기상환권은 콜옵션을 의미한다.

주제 대출금액, 대출금리, 대출잔금

01 다음의 조건을 가진 A부동산의 대부비율(LTV)은? ▸ 2020년 31회

- 매매가격 : 5억원
- 순영업소득 : 3,000만원
- 부채감당률 : 1.5
- 연 저당상수 : 0.1

① 10% ② 20% ③ 30%
④ 40% ⑤ 50%

정답해설

④ 대부비율은 40%이다.

1. 부채서비스액 추정 : 부채감당률(1.5) = $\frac{\text{순(3,000만원)}}{\text{부채서비스액}}$, 부채서비스액 = 2,000만원

2. 대출금액의 추정 : 2,000만(부채서비스액) ÷ 0.1(저당상수) = 2억원

3. 대부비율 : $\frac{\text{대출금액(2억원)}}{\text{부동산 가격(5억원)}}$ = 0.4(40%)

정답 ≫ 02 ② 03 ① 04 ② / 01 ④

02 다음의 조건을 가진 오피스텔의 대부비율(LTV)은? (단, 연간 기준이며, 주어진 조건에 한함)

▸ 2024년 35회

• 순영업소득 : 4천만원	• 매매가격 : 4억원
• 부채감당률 : 2	• 저당상수 : 0.1

① 20%　　② 30%
③ 40%　　④ 50%
⑤ 60%

정답해설

④ 대부비율은 50%이다.

1. 4,000만원(순영업소득)/부채서비스액 = 2(부채감당률), 부채서비스액(원리금상환액) = 2,000만원
2. 대출금액 : 2,000만÷0.1(저당상수) = 2억원
3. 매매가격 : 4억
4. 대부비율(LTV) : 4억원/2억원 = 50%

03 고정금리 대출과 변동금리 대출에 관한 설명으로 옳은 것은?

▸ 2019년 30회

① 예상치 못한 인플레이션이 발생할 경우 대출기관에게 유리한 유형은 고정금리 대출이다.
② 일반적으로 대출일 기준 시 이자율은 변동금리 대출이 고정금리 대출보다 높다.
③ 시장이자율 하락 시 고정금리 대출을 실행한 대출기관은 차입자의 조기상환으로 인한 위험이 커진다.
④ 변동금리 대출은 시장상황에 따라 이자율을 변동시킬 수 있으므로 기준금리 외에 가산금리는 별도로 고려하지 않는다.
⑤ 변동금리 대출의 경우 시장이자율 상승 시 이자율 조정주기가 짧을수록 대출기관에게 불리하다.

정답해설

③ 옳은 지문이다. 조기상환은 시장이자율이 대출금리보다 낮아질 때 나타나는 현상이다.

오답해설

① 예상치 못한 인플레이션이 발생할 경우 대출기관에게 유리한 유형은 변동금리 대출이다.
② 은행의 입장에서 시장 상황에 대응할 수 없는 고정금리 대출이 보다 위험한 상품이다. 따라서 일반적으로 고정금리상품의 대출금리가 변동금리상품의 대출금리보다 높다.
④ 변동금리 대출의 대출금리는 기준 금리(지표)와 가산금리로 구성된다.
⑤ 변동금리 대출의 경우 이자율 조정주기가 짧을수록 은행은 위험을 보다 빠르게 차입자에게 전가시킬 수 있다. 따라서 이자율 조정주기가 짧을수록 대출기관에게 유리하다.

04 **A는 주택 투자를 위해 은행으로부터 다음과 같은 조건으로 대출을 받았다. A가 7년 후까지 원리금을 정상적으로 상환했을 경우, 미상환 원금 잔액은?** (단, 주어진 조건에 한함. $1.04^{-7} \fallingdotseq 0.76$, $1.04^{-13} \fallingdotseq 0.6$, $1.04^{-20} \fallingdotseq 0.46$으로 계산. 천원 단위에서 반올림) ▸ 2020년 31회

- 대출원금 : 5억원
- 대출금리 : 연 4%(고정금리)
- 대출기간 : 20년
- 상환방식 : 연 1회 원리금 균등 분할 상환

① 2억 2,222만원 ② 3억 263만원 ③ 3억 7,037만원
④ 3억 8,333만원 ⑤ 3억 9,474만원

정답해설

③ 미상환 원금 잔액은 3억 7,037만원이다.

1. 매기 원리금 상환액 : 37,037,037원
   1) 대출금액 × 저당상수(4%, 20년) = 매기 원리금 상환액
   2) 5억 × $\frac{0.04 \times 1.04^{20}}{1.04^{20}-1}$ = 5억 × $\frac{0.04}{1-1.04^{-20}}$ = 5억 × $\frac{0.04}{1-0.46}$ = 37,037,037원
2. 미상환 원금 잔액 : 370,370,370원
   1) 매기 원리금 상환액 × 연금의 현가계수(4%, 13년) = 대출 잔금
   2) 37,037,037원 × $\frac{1.04^{13}-1}{0.04 \times 1.04^{13}}$ = 37,037,037원 × $\frac{1-1.04^{-13}}{0.04}$ = 37,037,037원 × $\frac{1-0.6}{0.04}$
   = 370,370,370원

05 **A는 다음과 같은 조건을 가지는 원리금균등분할상환방식의 주택저당대출을 받았다. 5년 뒤 대출 잔액은 얼마인가?** ▸ 2022년 33회

- 대출액 : 47,400만원
- 대출만기 : 15년
- 대출금리 : 연 6%, 고정금리
- 원리금은 매월 말 상환
- 연금현가계수(0.5%, 60) : 51.73
- 연금현가계수(0.5%, 120) : 90.07
- 연금현가계수(0.5%, 180) : 118.50

① 20,692만원 ② 25,804만원 ③ 30,916만원
④ 36,028만원 ⑤ 41,140만원

정답 > 02 ④ 03 ③ 04 ③ 05 ④

정답해설

④ 대출잔액은 36,028만원이다.

1. 매기 원리금상환액
   1) 대출금액 × 저당상수(0.5%, 180월) = 대출금액 ÷ 연금현가계수(0.5%, 180월) = 매기(월) 상환액
   2) 47,400만원 ÷ 118.50 = 400만원
2. 5년 후 대출잔금
   1) 매기(월) 상환액 × 연금현가계수(0.5%, 120월) = 대출잔금
   2) 400만원 × 90.07 = 36,028만원

06 **A씨는 주택을 구입하고자 한다. 다음 조건과 같이 기존 주택저당대출을 승계할 수 있다면 신규 주택저당대출 조건과 비교할 때, 이 승계권의 가치는 얼마인가?** (단, 주어진 자료에 한함)

▸ 2023년 34회

- 기존 주택저당대출 조건
  - 현재 대출잔액 : 1억 5천만원
  - 원리금균등분할상환방식 : 만기 20년, 대출금리 5%, 고정금리대출
- 신규 주택저당대출 조건
  - 대출금액 : 1억 5천만원
  - 원리금균등분할상환방식 : 만기 20년, 대출금리 7%, 고정금리대출
- 월 기준 연금현가계수
  - (5%, 20년) : 150
  - (7%, 20년) : 125

① 2,000만원
② 2,250만원
③ 2,500만원
④ 2,750만원
⑤ 3,000만원

정답해설

③ 승계권의 가치는 2,500만원이다.

1. 승계권이 없는 경우, A씨의 원리금 부담
   : 15,000만원 × 저당상수(7%, 20년) = 15,000만원 ÷ 연금현가계수(7%, 20년)
   = 15,000만원 ÷ 125 = 120만원
2. 승계권이 있는 경우, A씨의 원리금 부담
   : 15,000만원 × 저당상수(5%, 20년) = 15,000만원 ÷ 연금현가계수(5%, 20년)
   = 15,000만원 ÷ 150 = 100만원
3. 승계권이 갖는 가치(승계를 통한 비용의 절감분)
   : 20만원 × 연금현가계수(7%, 20년) = 20만원 × 125 = 2,500만원

주제 대출의 상환 흐름

01 주택저당 대출방식에 관한 설명으로 옳지 않은 것은? ▸ 2016년 27회

① 원금 균등 분할 상환 방식은 대출기간 동안 매기 원금을 균등하게 분할 상환하고 이자는 점차적으로 감소하는 방식이다.

② 원리금 균등 분할 상환 방식의 원리금은 대출금에 감채기금계수를 곱하여 산출한다.

③ 만기 일시 상환 방식은 만기 이전에는 이자만 상환하다가 만기에 일시로 원금을 상환하는 방식이다.

④ 체증 분할 상환 방식은 원리금 상환액 부담을 초기에는 적게 하는 대신 시간이 경과할수록 원리금 상환액 부담을 늘려가는 상환방식이다.

⑤ 원리금 균등 분할 상환 방식은 원금이 상환됨에 따라 매기 이자액의 비중은 점차적으로 줄고 매기 원금 상환액 비중은 점차적으로 증가한다.

정답해설

② 원리금 균등 분할 상환 방식의 원리금은 대출금에 저당상수(MC)를 곱하여 산출한다.

02 저당대출의 상환방식에 관한 설명으로 옳은 것은? ▸ 2020년 31회

① 원금 균등 분할 상환(CAM) 방식의 경우, 원리금의 합계가 매기 동일하다.

② 원리금 균등 분할 상환(CPM) 방식의 경우, 초기에는 원리금에서 이자가 차지하는 비중이 높으나, 원금을 상환해 가면서 원리금에서 이자가 차지하는 비중이 줄어든다.

③ 다른 조건이 일정하다면, 대출채권의 듀레이션(평균 회수기간)은 원리금 균등 분할 상환(CPM) 방식이 원금 균등 분할 상환(CAM) 방식보다 짧다.

④ 체증 분할 상환(GPM) 방식은 장래 소득이 줄어들 것으로 예상되는 차입자에게 적합한 대출 방식이다.

⑤ 거치식(Interest-only Mortgage) 방식은 대출자 입장에서 금리수입이 줄어드는 상환 방식으로, 상업용 부동산 저당대출보다 주택저당대출에서 주로 활용된다.

정답해설

② 옳은 지문이다.

정답 >	06 ③ / 01 ② 02 ②

오답해설

① 원금 균등 분할 상환 방식의 경우, 매기 상환하는 원금이 동일하다. 원리금의 합계가 매기 동일한 방식은 원리금 균등 상환 방식이다.

③ 대출채권의 듀레이션(가중평균 회수기간)은 보다 빠르게 상환하는 방식일수록 보다 짧게 측정된다. 따라서 기초부터 원금을 빠르게 상환하는 원금 균등 분할 상환 방식의 듀레이션이 상대적으로 짧다.

④ 체증식 상환 방식은 장래 소득이 증가할 것으로 예상되는 젊은 계층에게 적합한 대출 방식이다.

⑤ 거치식은 거치기간 동안 원금을 상환하지 않고 이자만 지불하는 방식이다. 거치식은 원리금을 동시에 상환하는 방식에 비해 원금을 천천히 갚는 방식이라고 할 수 있다. 따라서 거치식 방식은 대출자 입장에서 금리 수입이 늘어나는 방식이다.

03 대출상환방식에 관한 설명으로 옳지 않은 것은?

▸ 2022년 33회

① 원금균등분할상환방식은 만기에 가까워질수록 차입자의 원리금상환액이 감소한다.

② 원리금균등분할상환방식은 만기에 가까워질수록 원리금상환액 중 원금의 비율이 높아진다.

③ 대출조건이 동일하다면 대출기간 동안 차입자의 총원리금상환액은 원금균등분할상환방식이 원리금균등분할상환방식보다 크다.

④ 차입자의 소득에 변동이 없는 경우 원금균등상환방식의 총부채상환비율(DTI)은 만기에 가까워질수록 낮아진다.

⑤ 차입자의 소득에 변동이 없는 경우 원리금균등분할상환방식의 총부채상환비율(DTI)은 대출기간 동안 일정하게 유지된다.

정답해설

③ 어떤 방식이든 차입자가 지급한 누적원금(총원금)은 대출금액과 동일하다. 따라서 차입자의 총원리금상환액은 차입자의 이자부담의 정도를 의미한다. 차입자의 이자부담의 정도는 원금을 보다 빠르게 상환하는 원금균등분할상환방식이 보다 적다.

오답해설

④ 총부채상환비율(DTI)는 원리금 상환액의 크기를 의미한다. 따라서 원금균등상환방식의 DTI(원리금)는 만기에 가까워질수록 낮아진다.

⑤ 총부채상환비율(DTI)는 원리금 상환액의 크기를 의미한다. 따라서 원리금균등상환방식의 DTI(원리금)는 일정하게 유지된다.

04 부동산 금융에 관한 설명으로 옳지 않은 것은? ▸ 2022년 33회

① 대출채권의 듀레이션(평균회수기간)은 만기일시상환대출이 원리금균등분할상환대출보다 길다.

② 대출수수료와 조기상환수수료를 부담하는 경우 차입자의 실효이자율은 조기상환시점이 앞당겨질수록 상승한다.

③ 금리하락기에 변동금리대출은 고정금리대출에 비해 대출자의 조기상환위험이 낮다.

④ 금리상승기에 변동금리대출의 금리조정주기가 짧을수록 대출자의 금리위험은 낮아진다.

⑤ 총부채원리금상환비율(DSR)과 담보인정비율(LTV)은 소득기준으로 채무불이행위험을 측정하는 지표이다.

정답해설

⑤ 총부채상환비율(DTI)와 총부채원리금상환비율(DSR)은 소득을 기준으로 대출(위험)을 평가하는 지표이다. 반면 담보인정비율(LTV)은 담보물의 가치를 기준으로 대출(위험)을 측정하는 지표이다.

오답해설

① 듀레이션(가중평균 회수기간)은 보다 빠르게 상환하는 방식일수록 보다 짧게 측정된다. 따라서 원금을 가장 천천히 상환하는 만기일시상환대출의 듀레이션은 길고, 상대적으로 원금을 빠르게 상환하는 원리금균등분할상환방식의 듀레이션은 짧다.

② 실효이자율이란 대출계약에서 명시된 이자율이 아니라 차입자가 실질적으로 부담하는 이자율을 말한다. 대출수수료와 조기상환수수료를 부담하는 경우라면 차입자가 부담하는 실효이자율은 상승한다.

05 주택금융의 상환방식에 관한 설명으로 옳지 않은 것은? ▸ 2023년 34회

① 만기일시상환방식은 대출만기 때까지는 원금상환이 전혀 이루어지지 않기에 매월 내는 이자가 만기 때까지 동일하다.

② 원금균등분할상환방식은 대출 초기에 대출원리금의 지급액이 가장 크기에 차입자의 원리금지급 부담도 대출 초기에 가장 크다.

③ 원리금균등분할상환방식은 매기의 대출원리금이 동일하기에 대출 초기에는 대체로 원금상환 부분이 작고 이자지급 부분이 크다.

④ 점증상환방식은 초기에 대출이자를 전부 내고, 나머지 대출원금을 상환하는 방식으로 부의 상환(negative amortization)이 일어날 수 있다.

⑤ 원금균등분할상환방식이나 원리금균등분할상환방식에서 거치기간을 별도로 정할 수 있다.

정답해설

④ 점증상환방식은 원금과 이자를 동시에 상환하면서 그 금액을 점점 증가시키는 방법이다.

정답 > 03 ③ 04 ⑤ 05 ④

06 A금융기관은 원금 균등 분할 상환 방식과 원리금 균등 분할 상환 방식의 대출을 제공하고 있다. 두 방식에 의해 산정한 첫 번째 월불입액의 차액은? ▸ 2017년 28회

- 주택가격 : 6억원
- 담보인정비율(LTV) : 50%
- 대출조건(매월 말 상환) : 대출기간은 30년, 대출이자율은 연 6%(월 0.5%, 월 저당상수 = 0.006443)
- 원금 균등 분할 상환 방식 : 3년 거치 후 원금 균등 분할 상환하며, 거치기간 동안에는 이자만 지급함.
- 원리금 균등 분할 상환 방식 : 거치기간 없음

① 332,900원　② 432,900원
③ 532,900원　④ 632,900원
⑤ 732,900원

정답해설

② 첫 번째 월불입액의 차액은 432,900원이다.

1. 원금 균등 분할 상환 방식 : 6억원 × 50% × 0.5% = 1,500,000원
2. 원리금 균등 분할 상환 방식 : 6억원 × 50% × 0.006443 = 1,932,900원

∴ 1,932,900원 - 1,500,000원 = 432,900원

07 대출조건이 다음과 같을 때, 원금 균등 분할 상환 방식과 원리금 균등 분할 상환 방식에서 1회차에 납부할 원금을 순서대로 나열한 것은? ▸ 2019년 30회

- 대출금 : 1억 2천만원
- 대출금리 : 고정금리, 연 6%
- 대출기간 : 10년
- 월 저당상수 : 0.0111
- 거치기간 없이 매월말 상환

① 1,000,000원, 725,000원　② 1,000,000원, 732,000원
③ 1,000,000원, 735,000원　④ 1,200,000원, 732,000원
⑤ 1,200,000원, 735,000원

정답해설

② 원금 균등 분할 상환 방식의 1회차 원금은 1,000,000원이고, 원리금 균등 상환 방식의 1회차 원금은 732,000원이다.

1. 원금 균등 상환 방식의 1회차 원금 : 120,000,000 ÷ 120개월 = 1,000,000원
2. 원리금 균등 상환 방식
   1) 1회차 원금 + 이자 : 120,000,000원 × 0.0111 = 1,332,000원
   2) 1회차 이자 지급액 : 120,000,000원 × 6% ÷ 12개월 = 600,000원
   3) 1회차 원금 상환분 : 732,000원

08 **대출조건이 다음과 같을 때, 5년 거치가 있을 경우(A)와 거치가 없을 경우(B)에 원금을 상환해야 할 첫번째 회차의 상환원금의 차액(A－B)은?** ▸ 2021년 32회

• 대출금 : 1억 2천만원 • 대출금리 : 고정금리, 연 3% • 대출기간 : 30년 • 월 저당상수(360개월 기준) : 0.00422 • 월 저당상수(300개월 기준) : 0.00474 • 월 원리금 균등 분할 상환 방식

① 52,000원
② 54,600원
③ 57,200원
④ 59,800원
⑤ 62,400원

정답해설

⑤ 두 조건에 의해 처음으로 상환하는 원금의 차이는 62,400원이다.

1. 5년 거치기간이 있는 경우(5년 거치기간 동안에는 이자만 지급하고, 5년 이후부터 원리금을 균등하게 상환하는 경우이므로, 거치기간이 끝난 5년 후부터 원금이 상환된다)
   1) 원리금 : 120,000,000원 × 0.00474(월 저당상수 300개월) = 568,800원
   2) 이자 : 120,000,000원 × 0.03 ÷ 12월 = 300,000원
   3) 원금 : 268,800원
2. 거치기간이 없는 경우
   1) 원리금 : 120,000,000원 × 0.00422(월 저당상수 360개월) = 506,400원
   2) 이자 : 120,000,000원 × 0.03 ÷ 12월 = 300,000원
   3) 원금 : 206,400원
3. 두 원금의 차이 : 62,400원

정답 > 06 ② 07 ② 08 ⑤

주제 주택저당채권 유동화 제도

01 다음 (　　)에 알맞은 모기지(Mortgage) 증권은? ▸ 2016년 27회

> (　　)은/는 발행자가 주택저당채권 집합물을 가지고 일정한 가공을 통해 위험－수익 구조가 다양한 트랜치(tranche)로 구성된 증권으로 발행된 채권형 증권을 말한다.

① MPTS(Mortgage Pass－Through Security)
② MBB(Mortgage Backed Bond)
③ MPTB(Mortgage Pay－Through Bond)
④ CMO(Collateralized Mortgage Obligation)
⑤ CMBS(Commercial Mortgage Backed Security)

정답해설

④ 다계층채권(CMO) 또는 다계층증권(CMO)에 대한 설명이다.

02 부동산 증권에 관한 설명으로 옳지 않은 것은? ▸ 2019년 30회

① 자산유동화증권(ABS)은 금융기관 및 기업이 보유하고 있는 매출채권, 부동산저당채권 등 현금흐름이 보장되는 자산을 담보로 발행하는 증권을 의미한다.
② 저당담보부채권(MBB)은 모기지 풀에서 발생하는 현금흐름과 관련된 위험을 투자자에게 이전하는 채권이다.
③ 주택저당증권(MBS)은 금융기관 등이 주택자금을 대출하고 취득한 주택저당채권을 유동화전문회사 등이 양수하여 이를 기초로 발행하는 증권을 의미한다.
④ 저당이체증권(MPTS)은 발행기관이 원리금수취권과 주택저당권에 대한 지분권을 모두 투자자에게 이전하는 증권이다.
⑤ 다계층증권(CMO)은 저당채권의 발행액을 몇 개의 계층으로 나눈 후 각 계층마다 상이한 이자율을 적용하고 원금이 지급되는 순서를 다르게 정할 수 있다.

정답해설

② MBB 증권은 현금흐름과 관련된 모든 위험을 발행자가 부담한다. 따라서 현금흐름과 관련된 위험이 투자자에게 이전되지 않는다.

03 부동산 증권에 관한 설명으로 옳은 것은? ▸ 2020년 31회

① 저당이체증권(MPTS)의 모기지 소유권과 원리금 수취권은 모두 투자자에게 이전된다.
② 지불이체채권(MPTB)의 모기지 소유권은 투자자에게 이전되고, 원리금 수취권은 발행자에게 이전된다.
③ 저당담보부채권(MBB)의 조기상환위험과 채무불이행 위험은 투자자가 부담한다.
④ 다계층증권(CMO)은 지분형증권으로만 구성되어 있다.
⑤ 상업용 저당증권(CMBS)은 반드시 공적 유동화중개기관을 통하여 발행된다.

정답해설

① 옳은 지문이다.

오답해설

② MPTB의 경우, 모기지 소유권은 발행자에게 이전되고, 원리금 수취권은 투자자에게 이전된다.
③ MBB의 경우, 조기상환위험과 채무불이행 위험은 모두 발행자가 부담한다.
④ CMO는 혼합형 증권이다.
⑤ 상업용 저당증권(CMBS)은 한국주택금융공사와 같은 공적 유동화중개기관을 통하여 반드시 발행되어야 한다는 의무규정은 없다.

04 부동산 증권에 관한 설명으로 옳지 않은 것은? ▸ 2021년 32회

① MPTS(Mortgage Pass-Through Securities)는 지분을 나타내는 증권으로서 유동화기관의 부채로 표기되지 않는다.
② CMO(Collateralized Mortgage Obligation)는 동일한 저당풀(mortgage pool)에서 상환우선순위와 만기가 다른 다양한 증권을 발행할 수 있다.
③ 부동산개발PF ABCP(Asset Backed Commercial Paper)는 부동산개발PF ABS(Asset Backed Securities)에 비해 만기가 길고, 대부분 공모로 발행된다.
④ MPTS(Mortgage Pass-Through Securities)는 주택담보대출의 원리금이 회수되면 MPTS의 원리금으로 지급되므로 유동화기관의 자금관리 필요성이 원칙적으로 제거된다.
⑤ MBB(Mortgage Backed Bond)는 주택저당대출 차입자의 채무불이행이 발생하더라도 MBB에 대한 원리금을 발행자가 투자자에게 지급하여야 한다.

정답해설

③ 부동산개발PF ABCP는 일반적으로 3개월 만기로 발행되는 단기 상품이다.

정답 > 01 ④ 02 ② 03 ① 04 ③

05 부동산 증권에 관한 설명으로 옳지 않은 것은? ▸ 2022년 33회

① 한국주택금융공사는 유동화증권의 발행을 통해 자본시장에서 정책모기지 재원을 조달할 수 있다.
② 금융기관은 주택저당증권(MBS)을 통해 유동성 위험을 감소시킬 수 있다.
③ 저당담보부채권(MBB)의 투자자는 채무불이행위험을 부담한다.
④ 저당이체증권(MPTS)은 지분형 증권이며 유동화기관의 부채로 표기되지 않는다.
⑤ 지불이체채권(MPTB)의 투자자는 조기상환위험을 부담한다.

정답해설

③ MBB의 경우, 발행자가 채무불이행위험을 부담한다.

06 부동산 증권에 관한 설명으로 옳은 것을 모두 고른 것은? ▸ 2024년 35회

ㄱ. MPTS(Mortgage Pass-Through Securities)는 채권을 표시하는 증권으로 원리금수취권과 주택저당에 대한 채권을 모두 투자자에게 이전하는 증권이다.
ㄴ. MBB(Mortgage-Backed Bond)는 모기지 풀(Pool)에서 발생하는 현금흐름으로 채권의 원리금이 지급되고, 모기지 풀의 현금흐름으로 채권의 원리금지급이 안될 경우 발행자가 초과부담을 제공하는 채권이다.
ㄷ. CMO(Collateralized Mortgage Obligation)는 원금과 조기상환대금을 받아갈 순서를 정한 증권으로 증권별로 만기가 일치하도록 만든 자동이체형 증권이다.
ㄹ. MPTB(Mortgage Pay-Through Bond)는 채권으로 발행자의 대차대조표에 부채로 표시된다.
ㅁ. 금융기관은 MBS(Mortgage-Backed Securities)를 통해 자기자본비율(BIS)을 높일 수 있다.

① ㄱ, ㄴ, ㄷ
② ㄱ, ㄴ, ㄹ
③ ㄱ, ㄷ, ㅁ
④ ㄴ, ㄹ, ㅁ
⑤ ㄷ, ㄹ, ㅁ

정답해설

④ 옳은 지문은 ㄴ, ㄹ, ㅁ이다. ㅁ. 유동화 과정에서 은행이 대출채권(위험자산)을 매각하면 위험자산(분모)의 비중이 감소한다. 따라서 자기자본비율은 증가한다.

$$\text{자기자본비율(BIS)} = \frac{\text{자본}}{\text{가중평균 위험자산}}$$

오답해설

ㄱ. 채권을 표시하는 증권(조금 애매모호한 표현이나, 이의신청은 받아들여지지 않았음) ⇨ 지분형 증권 : MPTS는 지분형 증권으로 원리금수취권과 주택저당에 대한 채권을 모두 투자자에게 이전하는 증권이다.
ㄷ. 만기가 일치하도록 ⇨ 서로 다른 만기를 가진 : CMO는 이자율과 만기가 다른 다양한 채권으로 발행한다.

주제 부동산투자회사

01 우리나라의 부동산투자회사제도에 관한 설명으로 옳지 않은 것은? ▸2018년 29회

① 자기관리 부동산투자회사의 설립 자본금은 5억원 이상이다.
② 부동산투자회사는 발기설립의 방법으로 하여야 하며, 현물출자에 의한 설립이 가능하다.
③ 위탁관리 부동산투자회사는 자산의 투자・운용업무를 자산관리회사에 위탁하여야 한다.
④ 부동산투자회사는 최저 자본금 준비기간이 끝난 후에는 매 분기 말 현재 총자산의 100분의 80 이상을 부동산, 부동산 관련 증권 및 현금으로 구성하여야 한다.
⑤ 부동산투자회사의 상근 임원은 다른 회사의 상근 임직원이 되거나 다른 사업을 하여서는 아니 된다.

정답해설
② 부동산투자회사의 설립은 발기설립의 방법으로 하여야 하며, 현물출자에 의한 설립을 할 수 없다(부동산투자회사법 제5조).

02 부동산투자회사법령상 부동산투자회사에 관한 설명으로 옳은 것은? ▸2016년 27회

① 영업인가를 받은 날부터 6개월이 지난 자기관리 부동산투자회사의 자본금은 70억원 이상이 되어야 한다.
② 위탁관리 부동산투자회사 및 기업구조조정 부동산투자회사의 설립자본금은 10억원 이상으로 한다.
③ 자기관리 부동산투자회사의 설립자본금은 3억원 이상으로 한다.
④ 영업인가를 받은 날부터 6개월이 지난 위탁관리 부동산투자회사 및 기업구조조정 부동산투자회사의 자본금은 100억원 이상이 되어야 한다.
⑤ 부동산투자회사는 부동산 등 자산의 운용에 관하여 회계처리를 할 때에는 국토교통부가 정하는 회계처리기준에 따라야 한다.

정답해설
① 옳은 지문이다.

오답해설
② 위탁관리 부동산투자회사 및 기업구조조정 부동산투자회사의 설립자본금은 3억원 이상으로 한다(부동산투자회사법 제6조 제2항).
③ 자기관리 부동산투자회사의 설립자본금은 5억원 이상으로 한다(동법 제6조 제1항).
④ 영업인가를 받은 날부터 6개월이 지난 위탁관리 부동산투자회사 및 기업구조조정 부동산투자회사의 자본금은 50억원 이상이 되어야 한다(동법 제10조 제2호).
⑤ 부동산투자회사는 부동산 등 자산의 운용에 관하여 회계처리를 할 때에는 금융위원회가 정하는 회계처리기준에 따라야 한다(동법 제25조의2 제1항).

정답 > 05 ③ 06 ④ / 01 ② 02 ①

03 부동산투자회사법령상 부동산투자회사에 관한 내용으로 옳지 않은 것은? ▸ 2024년 35회

① 영업인가를 받거나 등록을 한 날부터 최저자본금준비기간이 지난 자기관리 부동산투자회사의 최저자본금은 70억원 이상이 되어야 한다.

② 최저자본금준비기간이 끝난 후에는 매 분기 말 현재 총자산의 100분의 80 이상을 부동산, 부동산 관련 증권 및 현금으로 구성하여야 한다. 이 경우 총자산의 100분의 70 이상은 부동산(건축 중인 건축물을 포함한다)이어야 한다.

③ 부동산투자회사는 부동산 등 자산의 운용에 관하여 회계처리를 할 때에는 금융감독원이 정하는 회계처리기준에 따라야 한다.

④ 부동산투자회사의 상근 임원은 다른 회사의 상근 임직원이 되거나 다른 사업을 하여서는 아니 된다.

⑤ 위탁관리 부동산투자회사란 자산의 투자·운용을 자산관리회사에 위탁하는 부동산투자회사를 말한다.

정답해설

③ 금융감독원 ⇨ 금융위원회. 금융(회계)과 관련된 정책을 결정하는 것은 금융위원회(정부의결기관)이다. 금융감독원은 금융위원회의 지시를 받아 은행, 보험회사, 증권회사 등 금융기관에 대한 검사와 감독 업무를 담당한다.

04 부동산투자회사법령상 자기관리 부동산투자회사가 자산을 투자·운용할 때 상근으로 두어야 하는 자산운용 전문인력에 해당되지 않는 사람은? ▸ 2021년 32회

① 공인회계사로서 해당 분야에 3년 이상 종사한 사람

② 공인중개사로서 해당 분야에 5년 이상 종사한 사람

③ 감정평가사로서 해당 분야에 5년 이상 종사한 사람

④ 부동산 관련 분야의 석사학위 이상의 소지자로서 부동산의 투자·운용과 관련된 업무에 3년 이상 종사한 사람

⑤ 자산관리회사에서 5년 이상 근무한 사람으로서 부동산의 취득·처분·관리·개발 또는 자문 등의 업무에 3년 이상 종사한 경력이 있는 사람

정답해설

① 부동산 관련 분야의 전문가가 자산운영 전문인력이 된다. 공인회계사는 부동산 관련 분야의 전문가라고 할 수 없다.

■ 자기관리 부동산투자회사의 자산운용 전문인력(부동산투자회사법 제22조)

1. 감정평가사 또는 공인중개사로서 해당 분야에 5년 이상 종사한 사람
2. 부동산 관련 분야의 석사학위 이상의 소지자로서 부동산의 투자·운용과 관련된 업무에 3년 이상 종사한 사람
3. 그 밖에 제1호 또는 제2호에 준하는 경력이 있는 사람으로서 대통령령으로 정하는 사람

05 부동산투자회사법상 부동산투자회사에 관한 설명으로 옳은 것은?

▸ 2022년 33회

① 최저자본금준비기간이 지난 위탁관리 부동산투자회사의 자본금은 70억원 이상이 되어야 한다.

② 자기관리 부동산투자회사의 설립자본금은 3억원 이상으로 한다.

③ 자기관리 부동산투자회사에 자산운용 전문인력으로 상근하는 감정평가사는 해당 분야에 3년 이상 종사한 사람이어야 한다.

④ 최저자본금준비기간이 끝난 후에는 매 분기 말 현재 총자산의 100분의 80 이상이 부동산(건축 중인 건축물 포함)이어야 한다.

⑤ 위탁관리 부동산투자회사는 해당 연도 이익을 초과하여 배당할 수 있다.

정답해설

⑤ 옳은 지문이다. 위탁관리 부동산투자회사가 이익을 배당할 때에는 이익을 초과하여 배당할 수 있다(부동산투자회사법 제28조 제3항).

오답해설

① 70억원이 아니라 50억원 이상이다.

② 3억원이 아니라 5억원 이상이다.

③ 감정평가사 또는 공인중개사로서 해당 분야에 5년 이상 종사한 사람은 자기관리 부동산투자회사에 자산운용 전문인력이 될 수 있다.

④ 부동산투자회사는 최저자본금준비기간이 끝난 후에는 매 분기 말 현재 총자산의 100분의 80 이상을 부동산, 부동산 관련 증권 및 현금으로 구성하여야 한다. 이 경우 총자산의 100분의 70 이상은 부동산(건축 중인 건축물을 포함한다)이어야 한다(부동산투자회사법 제25조 제1항).

주제 부동산 신탁

01 부동산 신탁에 관한 설명으로 옳지 않은 것은?

▸ 2016년 27회

① 신탁이란 위탁자가 특정한 재산권을 수탁자에게 이전하거나 기타의 처분을 하고, 수탁자로 하여금 수익자의 이익 또는 특정한 목적을 위하여 그 재산권을 관리·처분하게 하는 법률관계를 말한다.

② 부동산신탁의 수익자란 신탁행위에 따라 신탁이익을 받는 자를 말한다.

③ 수익자는 위탁자가 지정한 제3자가 될 수도 있다.

④ 신탁계약은 수익자와 위탁자 간에 체결되며 투자자는 위탁자가 발행하는 수익증권을 매입함으로써 수익자가 되어 운용성과를 얻을 수 있게 된다.

⑤ 수탁자는 자산운용을 담당하는 신탁회사가 될 수 있다.

정답 > 03 ③ 04 ① 05 ⑤ / 01 ④

정답해설

④ 신탁계약은 수탁자(신탁회사)와 위탁자(신탁설정자) 간에 체결된다. 수익자는 신탁계약을 통해 이익을 받는 자이지, 계약의 당사자가 아니다.

02 **부동산 신탁에 있어 위탁자가 부동산의 관리와 처분을 부동산신탁회사에 신탁한 후 수익증권을 발급받아 이를 담보로 금융기관에서 대출을 받는 신탁방식은?**
▸ 2021년 32회

① 관리신탁
② 처분신탁
③ 담보신탁
④ 개발신탁
⑤ 명의신탁

정답해설

③ 담보신탁에 대한 설명이다.

주제 프로젝트 대출

01 **프로젝트 사업주(sponsor)가 특수목적회사인 프로젝트회사를 설립하여 특정 프로젝트 수행에 필요한 자금을 금융회사로부터 대출받는 방식의 프로젝트 파이낸싱(PF)에 관한 설명으로 옳은 것을 모두 고른 것은?** (단, 프로젝트 사업주가 프로젝트회사를 위해 보증이나 담보제공을 하지 않음)
▸ 2018년 29회

ㄱ. 일정한 요건을 갖춘 프로젝트회사는 법인세 감면을 받을 수 있다.
ㄴ. 프로젝트 사업주의 재무상태표에 해당 부채가 표시되지 않는다.
ㄷ. 금융회사는 담보가 없어 위험이 높은 반면 대출이자율을 높게 할 수 있다.
ㄹ. 프로젝트회사가 파산하더라도 금융회사는 프로젝트 사업주에 대해 원리금 상환을 청구할 수 없다.

① ㄱ, ㄴ, ㄷ
② ㄱ, ㄴ, ㄹ
③ ㄱ, ㄷ, ㄹ
④ ㄴ, ㄷ, ㄹ
⑤ ㄱ, ㄴ, ㄷ, ㄹ

정답해설

⑤ 모두 옳은 지문이다.

02 프로젝트 파이낸싱(PF)에 의한 부동산 개발에 관한 설명으로 옳지 않은 것은? ▸ 2017년 28회

① PF는 부동산 개발로 인해 발생하는 현금흐름을 담보로 개발에 필요한 자금을 조달한다.
② 일반적으로 PF의 자금관리는 부동산신탁회사가 에스크로(Escrow) 계정을 관리하면서 사업비의 공정하고 투명한 자금집행을 담당한다.
③ 일반적으로 PF의 차입금리는 기업 대출금리보다 높다.
④ PF는 위험부담을 위해 여러 이해관계자가 계약관계에 따라 참여하므로, 일반개발사업에 비해 사업진행이 신속하다.
⑤ PF의 금융구조는 비소구 금융이 원칙이나, 제한적 소구 금융의 경우도 있다.

정답해설

④ PF는 여러 이해관계자가 계약관계에 참여하기 때문에 일반적으로 사업진행이 신속하지 못하다.

03 사업주가 특수목적회사인 프로젝트 회사를 설립하여 특정 프로젝트 수행에 필요한 자금을 금융기관으로부터 대출받는 방식의 프로젝트 금융을 활용하는 경우에 관한 설명으로 옳지 않은 것은? (단, 프로젝트 회사를 위한 별도의 보증이나 담보제공 등은 없음) ▸ 2019년 30회

① 대규모 자금이 소요되고 공사기간이 장기인 사업에 적합한 자금조달수단이다.
② 프로젝트 금융에 의한 채무는 사업주와 독립적이므로 부채상환의무가 사업주에게 전가되지 않는다.
③ 사업주가 이미 대출한도를 넘어섰거나 대출제약요인이 있는 경우에도 가능하다.
④ 해당 프로젝트가 부실화되더라도 대출기관의 채권회수에는 영향이 없다.
⑤ 프로젝트 회사는 법률적, 경제적으로 완전히 독립적인 회사이지만 이해당사자 간의 이견이 있을 경우에는 사업지연을 초래할 수 있다.

정답해설

④ 해당 프로젝트가 부실화되면, 대출기관은 채권을 회수하지 못한다.

정답 > 02 ③ / 01 ⑤ 02 ④ 03 ④

04 프로젝트 금융의 특징에 관한 설명으로 옳지 않은 것은? ▸ 2020년 31회

① 사업 자체의 현금흐름을 근거로 자금을 조달하고, 원리금 상환도 해당 사업에서 발생하는 현금흐름에 근거한다.

② 사업주의 입장에서는 비소구(non－recourse) 또는 제한적 소구(limited－recourse) 방식이므로 상환 의무가 제한되는 장점이 있다.

③ 금융기관의 입장에서는 부외금융(off－balance sheet financing)에 의해 채무수용능력이 커지는 장점이 있다.

④ 금융기관의 입장에서는 금리와 수수료 수준이 높아 일반적인 기업금융보다 높은 수익을 얻을 수 있는 장점이 있다.

⑤ 복잡한 계약에 따른 사업의 지연과 이해당사자 간의 조정의 어려움은 사업주와 금융기관 모두의 입장에서 단점으로 작용한다.

정답해설

③ 부외금융 효과는 사업자에게 나타나는 효과이다. 따라서 사업자의 채무수용능력이 커지는 장점이 있다.

05 프로젝트 금융에 관한 설명으로 옳은 것은? ▸ 2023년 34회

① 기업 전체의 자산 또는 신용을 바탕으로 자금을 조달하고, 기업의 수익으로 원리금을 상환하거나 수익을 배당하는 방식의 자금조달기법이다.

② 프로젝트 사업주는 기업 또는 개인일 수 있으나, 법인은 될 수 없다.

③ 프로젝트 사업주는 대출기관으로부터 상환청구를 받지는 않으나, 이러한 방식으로 조달한 부채는 사업주의 재무상태표에는 부채로 계상된다.

④ 프로젝트 회사가 파산 또는 청산할 경우, 채권자들은 프로젝트 회사에 대해 원리금상환을 청구할 수 없다.

⑤ 프로젝트 사업주의 도덕적 해이를 방지하기 위해 금융기관은 제한적 소구금융의 장치를 마련해두기도 한다.

정답해설

⑤ 옳은 지문이다. 프로젝트 금융은 원칙적으로 비소구 금융이다. 그러나 사업주의 도덕적 해이를 방지하기 위해 금융기관은 제한적 소구금융의 장치를 마련해두기도 한다.

오답해설

① 프로젝트 금융의 상환 재원은 프로젝트 완성 이후에 발생하는 미래현금흐름이다. 따라서 기업 전체의 자산 또는 신용을 바탕으로 자금을 조달하는 방식은 틀린 지문이다.
② 프로젝트 사업주는 기업 또는 개인, 법인 등 모두 될 수 있다.
③ 프로젝트 금융은 사업주의 재무상태표에 부채로 기록되지 않는다. 이를 부외 금융효과라고 한다.
④ 프로젝트 회사가 파산 또는 청산할 경우, 채권자들은 프로젝트 회사에 대해 원리금상환을 청구할 수 있다.

06 **프로젝트 파이낸싱(PF)에 관한 설명으로 옳지 않은 것은?** ▸ 2024년 35회

① 사업주의 대차대조표에 부채로 표시되어 사업주의 부채비율에 영향을 미친다.
② 프로젝트 자체의 수익성과 향후 현금흐름을 기초로 개발에 필요한 자금을 조달한다.
③ 대출기관은 시행사에게 원리금상환을 요구하고, 시행사가 원리금을 상환하지 못하면 책임준공의 의무가 있는 시공사에게 채무상환을 요구할 수 있다.
④ 금융기관은 부동산개발사업의 사업주와 자금공여 계약을 체결한다.
⑤ 프로젝트 파이낸싱의 구조는 비소구금융이 원칙이나, 제한적 소구금융의 경우도 있다.

정답해설
① 프로젝트 대출은 사업주의 부채로 표시되지 않는데, 이를 부(簿)외 금융효과라고 한다.

주제 주택담보노후연금

01 **한국주택금융공사법령에 의한 주택담보노후연금제도에 관한 설명으로 옳지 않은 것은?** ▸ 2018년 29회

① 주택소유자와 그 배우자 모두 55세 이상이어야 이용할 수 있다.
② 연금지급방식으로 주택소유자가 선택하는 일정한 기간 동안 노후생활자금을 매월 지급받는 방식이 가능하다.
③ 주택담보노후연금보증을 받은 사람은 담보주택의 소유권등기에 한국주택금융공사의 동의 없이는 제한물권을 설정하거나 압류 등의 목적물이 될 수 없는 재산임을 부기등기하여야 한다.
④ 주택담보노후연금을 받을 권리는 양도하거나 압류할 수 없다.
⑤ 한국주택금융공사는 주택담보노후연금보증을 받으려는 사람에게 소유주택에 대한 저당권 설정에 관한 사항을 설명하여야 한다.

정답해설
① 주택소유자 또는 배우자가 만 55세 이상이어야 한다.

정답 > 04 ③ 05 ⑤ 06 ① / 01 ①

02 한국주택금융공사법에 의한 주택담보노후연금에 관한 설명으로 옳지 않은 것은? ▸2017년 28회

① 단독주택, 다세대주택, 상가주택 등이 연금의 대상주택이 된다.
② 연금 수령 중 담보 주택이 주택재개발, 주택재건축이 되더라도 계약을 유지할 수 있다.
③ 연금의 방식에는 주택소유자가 선택하는 일정기간 동안 노후생활자금을 매월 지급받는 방식이 있다.
④ 가입자와 그 배우자는 종신거주, 종신지급이 보장되며, 가입자는 보증료를 납부해야 한다.
⑤ 연금의 방식에는 주택소유자가 생존해 있는 동안 노후생활자금을 매월 지급받는 방식이 있다.

정답해설

① 연금 가입의 대상 주택은 주택법상 주택, 지방자치단체에 신고된 노인복지주택, 주거목적의 오피스텔 등이다. 따라서 주택법상 주택이 아닌 상가주택은 제외된다.

03 부동산 금융에 관한 설명으로 옳은 것은? ▸2021년 32회

① 역모기지(reverse mortgage)는 시간이 지남에 따라 대출잔액이 늘어나는 구조이고, 일반적으로 비소구형 대출이다.
② 가치상승공유형 대출(SAM : Shared Appreciation Mortgage)은 담보물의 가치상승 일부분을 대출자가 사전약정에 의해 차입자에게 이전하기로 하는 조건의 대출이다.
③ 기업의 구조조정을 촉진하기 위하여 기업구조조정 부동산투자회사에 대하여는 현물출자, 자산구성, 최저 자본금을 제한하는 규정이 없다.
④ 부채금융은 대출이나 회사채 발행 등을 통해 타인자본을 조달하는 방법으로서 저당담보부증권(MBS), 조인트벤처(joint venture) 등이 있다.
⑤ 우리나라의 공적보증형태 역모기지제도로 현재 주택연금, 농지연금, 산지연금이 시행되고 있다.

정답해설

① 옳은 지문이다. 역모기지의 대표적인 사례로 주택연금이 있다. 주택연금은 가입자가 연금을 받을수록 대출잔액이 증가하는 역모기지의 구조이다. 또한 주택연금은 대출금(연금)을 상환하기 위해 주택을 처분하는 경우에, 처분된 주택가격이 대출금을 갚기에 부족하더라도 상속인에게 그 부족금액을 소구하지 않는 비소구 금융의 특징을 갖는다.

오답해설

② 가치상승공유형 대출(SAM : Shared Appreciation Mortgage)은 대출금리를 상대적으로 낮게 하는 대신에 담보물의 가치상승 일부분을 은행이 취득하는 조건의 대출이다.

③ 기업구조조정 부동산투자회사에 대하여는 주식의 공모, 주식의 분산, 부동산 처분에 대한 제한 및 자산의 구성과 관련된 규정을 적용하지 아니한다. 현물출자와 최저 자본금과 관련된 규정은 적용된다.

④ 저당담보부증권(MBS)은 부채 금융으로 분류되나 조인트벤처(joint venture)는 지분 금융으로 분류된다.

⑤ 주택연금과 농지연금은 시행되고 있지만, 역모기지 성격의 산지연금은 현재 시행되고 있지 않다(산림청에서 현재 시행되고 있는 산지연금은 산지를 시세보다 높은 금액으로 매수하고 그 매수대금을 장기로 분할해서 지급하는 제도이다. 따라서 주택이나 농지를 담보로 제공하고 생활비를 대출받는 역모기지의 성격은 아님에 주의하여야 한다).

PART • 06

정답 > 02 ① 03 ①

PART

07

부동산 개발론 등

PART

07

부동산 개발론 등

제1장 부동산 개발론 ▸30회, 32회, 33회, 34회, 35회 기출

1 부동산 개발의 이해

▸▸ 기출 부동산 개발이란 토지의 유용성을 증가시키기 위하여 토지를 조성하거나, 건축물을 건축하거나, 공작물 등을 설치하는 행위를 말한다. (O)

▸▸ 기출 개발에는 시공을 담당하는 행위도 포함된다. (×)

(1) 개발의 의미

① 개발이란 인간에게 필요한 활동 공간을 제공하기 위하여 토지를 조성하거나 조성된 토지에 건축물, 공작물 등을 설치하는 행위이다.

② 개발의 정의

㉠ '부동산 개발'이란 토지에 개량물을 생산하기 위한 토지・노동・자본 및 기업가적 능력의 결합 과정이다(Larry E. Wofford).

㉡ '부동산 개발'이란 다음 어느 하나에 해당하는 행위를 말한다. 다만, 시공을 담당하는 행위는 제외한다(부동산 개발업의 관리 및 육성에 관한 법률).

1. 토지를 건설공사의 수행 또는 형질변경의 방법으로 조성하는 행위 2. 건축물을 건축・대수선・리모델링 또는 용도변경 하거나 공작물을 설치하는 행위

▸▸ 기출 지방자치단체, 재건축조합은 개발의 공적 주체에 해당한다. (×)

(2) 부동산 개발의 분류

① 개발 주체에 따른 분류

공적 주체	국가, 지방자치단체, 토지주택공사, 공공기관 등
사적 주체	개인, 기업, 토지소유자 조합(재개발 조합, 재건축 조합) 등
제3섹터	공공과 민간의 합동 개발, 특수 법인 등

② 외형에 따른 분류

무형적 개발	용도지역·지구의 지정 또는 변경과 같이 물리적 변형 없이 토지 이용 관계를 조정하는 행위
유형적 개발	건물의 건축, 시설물의 설치, 토목 공사 등과 같은 토지의 물리적 변형을 수반하는 행위
복합적 개발	택지개발이나 도시재개발사업 등 무형적 개발과 토지의 물리적 변형을 초래하는 유형적 개발이 동시에 이루어지는 혼합된 형태

(3) 부동산 개발의 단계

① 부동산의 개발 과정은 학자들에 따라 다소 다르게 분류되고 있으나, 기본적 개발 과정은 계획 단계, 시행 단계 및 처분 단계로 크게 구분할 수 있다.

② 다양한 개발 과정의 분류

1. David Cadman : 평가 단계 – 준비 단계 – 시행 단계 – 처분 단계
2. Alfred A. Ring : 예비 계획 단계 – 최종 계획 단계 – 처분 또는 운영 개시 단계

(4) 워포드의 개발의 단계 **

① 워포드(L. E. Wofford)의 개발의 7단계

구분	7단계	내용
1단계	아이디어	개발에 대해 구상하는 단계
2단계	예비적 타당성 분석	개발 전 개략적인 타당성을 분석하는 단계
3단계	부지모색 및 확보	개발에 필요한 토지를 구입하는 단계
4단계	타당성 분석	구체적인 타당성을 분석하는 단계
5단계	금융	필요한 개발자금을 대출받는 단계
6단계	건설	물리적인 공간을 만드는 단계
7단계	마케팅	판매 또는 분양을 통한 수익획득 단계

▸▸ 기출 예비적 타당성 분석은 타당성 분석이 구체적으로 이루어지기 이전에 개괄적으로 이루어지는 타당성 분석이다. (O)

▸▸ 기출 임대 마케팅은 개발사업이 완료된 이후에 이루어지는 것이 바람직하다. (×)

▸▸ 기출 위포드는 개발의 위험을 크게 법률적 위험, 시장위험 및 비용 위험으로 구분한다. (O)

▸▸ 기출 개발사업에 있어서 법적 위험은 토지이용규제와 같은 사법적인 측면과 소유권 관계와 같은 공법적인 측면에서 발생할 수 있는 위험을 말한다. (×)

▸▸ 기출 법률위험을 최소화하기 위해서는 이용계획이 확정된 토지를 구입하는 것이 유리하다. (O)

▸▸ 기출 개발사업부지에 군사시설보호구역이 일부 포함되어 사업이 지연되었다면 이는 시장위험분석을 소홀히 한 결과이다. (×)

▸▸ 기출 개발업자는 비용위험을 감소시키기 위해 최대가격보증계약을 체결하기도 한다. (O)

② 예비적 타당성 분석(2단계)

㉠ 사업을 구체화하기 전에 수행되는 개략적인 경제성 검토 단계이다.

㉡ 예비적 타당성 분석은 개발 사업으로부터 예상되는 수입과 비용을 개략적으로 계산하여 경제성을 검토하는 단계이다.

③ 타당성 분석(4단계)

㉠ 사업의 실행 가능성을 구체적이고 세부적으로 판단하는 단계이다.

㉡ 사업의 실행 가능성을 법률적 · 기술적 · 경제적 측면 등 다양한 측면에서 판단하는데, 그 중 가장 중요한 내용은 경제적 타당성이다.

④ 마케팅 단계(7단계)

㉠ 개발업자가 개발된 부동산을 임대 또는 판매하기 위한 전략을 세우는 단계이다.

㉡ 마케팅 단계는 개발의 성공 여부를 결정하는 중요한 요소가 되면서 마케팅은 개발사업 초기 단계에서부터 이루어지는 것이 바람직하다.

㉢ 부동산의 종류에 따라 마케팅 활동은 달라져야 하며, 분양과 임대광고의 내용도 부동산에 따라 개별성 또는 차별성을 두어야 한다.

(5) 부동산 개발의 위험 **

① 부동산 개발은 개발의 시작부터 준공까지 상당한 기간이 소요된다. 따라서 부동산 개발에는 불확실성이 존재한다. 이를 '개발의 위험'이라고 한다.

② 위험의 종류

㉠ 법적 위험 : 토지이용규제와 같은 공법적 규제로부터 발생하는 위험 또는 소유권 관계나 주민의 민원 등 사법적인 관계에서 발생하는 위험이다.

㉡ 시장 위험 : 시장의 불확실성이 개발업자에게 주는 위험이다.

㉢ 비용 위험 : 예상한 비용이 증가될 가능성에 대한 위험이다.

③ 위험의 통제 가능성

㉠ 위험은 개발업자가 통제할 수 있는 것도 있지만 통제할 수 없는 것도 있다.

㉡ 구분

통제 불가능	• 시장 금리, 인플레이션 등 시장에서 발생되는 위험 • 행정 변화에 따른 인허가 등의 지연으로 인한 위험 • 개발이 진행하는 과정에서 문화재 발굴로 인한 위험
통제 가능	부실공사에 대한 하자 발생 등 개발 사업 자체로부터 발생되는 위험은 개발업자가 통제 가능한 위험으로 구분된다.

④ 사업의 진행 단계와 위험

㉠ 개발이 구체화되지 않은 사업초기에 매수자의 위험은 가장 높고, 완공에 가까워질수록 매수자의 위험은 점점 작아진다.

㉡ 완공에 가까워질수록 위험은 점점 감소하기 때문에, 완공에 가까워질수록 매수자가 느끼는 개발의 가치는 점점 증가한다.

▸▸ 기출 개발의 위험은 준공에 가까워질수록 점점 높아진다. (×)

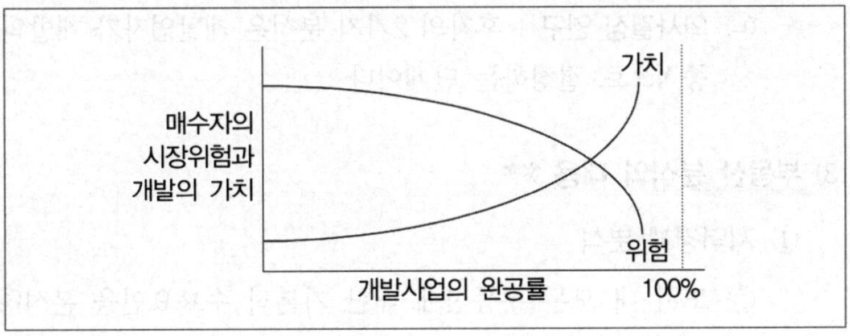

2 개발을 위한 부동산 분석

(1) 시장 분석의 의미

① 부동산 개발로부터 발생되는 위험 중 시장 위험은 개발업자가 피할 수 없는 위험이다. 따라서 개발업자는 시장의 위험을 줄이기 위해 시장에 대한 연구를 철저히 하는데, 이를 '시장 분석' 또는 '부동산 분석'이라고 한다.

② 시장 분석(부동산 분석)

㉠ 부동산 시장 분석이란 부동산 시장의 동향과 추세를 연구하는 활동으로, 시장을 통해 발생되는 위험을 감소시키고자 한다.

㉡ 시장 분석은 개발을 하기 전에 하는 것이 일반적이지만, 후속 사업이나 계속적인 투자를 위한 사후 검증 차원에서 사업이 완성된 이후에 하기도 한다.

▸▸ 기출 시장 분석은 개발을 하기 전에 진행되는 과정으로 사업이 완성된 이후에 진행되는 경우는 없다. (×)

(2) 개발을 위한 부동산 분석의 단계

① 부동산 분석 또는 시장 분석의 단계와 내용은 학자들에 따라 다양하게 설명되고 있다. 여기서는 시험에 자주 출제되는 5단계의 분석을 중심으로 설명한다.

② 5단계 부동산 분석

지역경제 분석 ⇨ 시장 분석 ⇨ 시장성 분석 ⇨ 타당성 분석 ⇨ 투자 분석

시장에 대한 연구 (지역경제 분석 ~ 시장성 분석) | 개발의 의사결정 연구 (타당성 분석 ~ 투자 분석)

㉠ **시장에 대한 연구** : 전자의 3가지 분석은 개발 사업과 관련된 시장을 연구하는 단계이다.

㉡ **의사결정 연구** : 후자의 2가지 분석은 개발업자가 개발의 여부를 최종적으로 결정하는 단계이다.

(3) 부동산 분석의 내용 **

▸▸ 기출 도시 내의 모든 부동산에 대한 기본적 수요요인을 분석하는 단계는 시장 분석이다. (×)

① 지역경제 분석

㉠ 도시 내 모든 부동산에 대한 기본적 수요요인을 분석하는 과정을 '지역경제 분석(analysis of local economy)'이라고 한다.

㉡ 지역경제 분석은 대상 지역의 모든 부동산 수요에 영향을 미치는 인구, 고용, 소득, 인구의 특성, 가구의 특성, 교통망 등의 요인을 분석한다.

▸▸ 기출 특정한 지역 또는 특정 부동산 유형을 대상으로 수요와 공급을 분석하는 단계는 시장성 분석이다. (×)

② 시장 분석

㉠ 특정 유형의 부동산에 대한 수요와 공급을 분석하는 과정을 '시장 분석(market analysis)'이라고 한다.

㉡ 시장 분석은 특정 지역에서 특정 부동산 유형에 대한 성장성, 점유율, 개발 타당성 등을 파악한다.

㉢ 시장 분석에는 시장 특성에 따른 공급 제품의 차별화와 수요자 집단의 세분화가 포함된다.

ⓐ **시장 차별화**(market disaggregation) : 부동산을 제품의 특성에 따라 범주화하여 다른 부동산과 구별하는 것을 말한다.

ⓑ **시장 세분화**(market segmentation) : 부동산 제품의 소비자를 소비자 특성에 따라 범주화하여 다른 사람과 구별하는 것을 말한다.

③ 시장성 분석

㉠ 흡수율 등 시장의 성질을 분석하는 과정을 '시장성 분석(marketability analysis)'이라고 한다.

㉡ 시장성 분석은 완성될 부동산이 현재나 미래의 시장 상황에서 매매 또는 임대될 수 있는 능력(흡수율)을 조사한다.

> 1. **흡수율** : 공급된 부동산이 단위 시간 동안 시장에 흡수되는 비율 또는 단위 시간 동안 매매, 임대 및 분양되는 비율을 말한다.
> 2. **흡수시간** : 공급된 부동산이 시장에 완전히 흡수될 때까지 걸린 시간을 말한다.

㉢ 시장성 분석은 단순히 과거의 추세를 파악하는 것이 아니라 부동산의 과거 및 현재의 추세와 그 원인을 분석한 후, 미래 흡수율을 파악하는 것이 궁극적인 목적이다.

④ 타당성 분석

㉠ 사업의 실행 가능성을 구체적이고 세부적으로 판단하는 과정을 '타당성 분석(feasibility analysis)'이라고 한다.

㉡ 타당성 분석은 법률적, 기술적, 경제적 측면 등 다양한 측면에서 구체적으로 이루어져야 한다.

㉢ 타당성 분석에서 가장 중요한 것은 경제적 타당성이다. 경제적 타당성 분석은 수입・지출・현금흐름 등에 관한 분석이 중시된다.

⑤ 투자 분석

㉠ 투자분석기법을 활용하여 최종적인 개발 대안을 결정하는 과정을 '투자 분석(Investment analysis)'이라고 한다.

㉡ 개발 대상 부동산에 대한 타당성이 인정된다 하더라도 모두 채택되는 것은 아니다. 개발업자는 목적 등을 고려해서 최종적인 개발대안을 결정해야만 한다.

㉢ 개발업자는 개발의 목적을 고려하고 순현가법, 내부수익률법, 수익성지수법 등 다양한 투자분석기법을 활용하여 최종적인 개발 여부를 결정한다.

▸▸ **기출** 부동산 개발에 있어 시장성 분석은 개발된 부동산이 현재나 미래의 시장상황에서 매매・임대될 수 있는 가능성 정도를 조사하는 것을 말한다. (O)

▸▸ **기출** 민감도 분석은 시장에 공급된 부동산이 시장에서 일정기간 동안 소비되는 비율을 조사하여 해당 부동산 시장의 추세를 파악하는 것이다. (×)

▸▸ **기출** 흡수율 분석의 궁극적인 목적은 과거 및 현재의 추세를 정확하게 파악하는 데 있다. (×)

▸▸ **기출** 개발사업의 타당성이 인정된다면 모두 채택되어야 한다. (×)

▸▸ **기출** 개발사업에 대한 타당성 분석 결과가 동일한 경우에도 분석된 사업안은 개발업자에 따라 채택될 수도 있고, 그렇지 않을 수도 있다. (O)

3 경제기반분석

(1) 경제기반 모형

① 개발의 성공 여부는 개발이 진행되는 지역의 경제 수준에 달려있다. 지역의 경제 수준을 확인하는 방법으로 '경제기반분석 모형(economic base analysis model)'이 있다.

② 경제기반분석 모형

㉠ 경제기반 모형은 지역을 구성하는 산업을 크게 '기반 산업'과 '비기반 산업'으로 구분하고, 기반 산업이 지역의 성장을 결정한다는 이론이다.

㉡ 기반 산업과 비기반 산업의 구분

1. 기반 산업(basic activity) : 도시 외부로 수출되는 재화나 용역을 생산하고 판매하는 활동으로 외부로부터 화폐를 끌어들이는 활동이다. 2. 비기반 산업(nonbasic activity) : 도시 내부의 주민들이 소비하는 재화나 서비스를 생산하는 활동이다.

(2) 입지계수 **

▸▸ 기출 기반산업은 입지계수가 1보다 작은 산업이다. (×)

① 경제기반 모형은 기반 산업과 비기반 산업을 구분하는 기준으로 입지계수를 활용된다.

② 입지계수(LQ : Locational Quotient)

$$\text{입지계수}(LQ) = \frac{A\text{지역 } X\text{산업의 구성비}}{\text{전국 } X\text{산업의 구성비}}$$

㉠ 입지계수(LQ) > 1

ⓐ 지역에서 X산업이 차지하는 비중이 전국 평균보다 높은 경우이다.

ⓑ X산업은 기반 산업으로 구분된다.

㉡ 입지계수(LQ) < 1

ⓐ 지역에서 X산업이 차지하는 비중이 전국 평균보다 낮은 경우이다.

ⓑ X산업은 비기반 산업으로 구분된다.

(3) 경제기반승수

▸▸ 기출 비기반산업의 인구수가 클수록 경제기반승수는 커진다. (O)

① 경제기반승수를 통해 기반활동 부문의 성장이 지역 전체의 성장에 얼마만큼 영향을 미칠지를 분석할 수 있다.

② 경제기반승수(economic base multiplier)

$$경제기반승수(K) = \frac{총고용인구}{기반산업인구} = \frac{1}{기반산업비율(b)} = \frac{1}{1-비기반산업비율(n)}$$

㉠ 기반 산업 인구에 대한 총고용 인구의 비율을 '경제기반승수'라고 한다.

㉡ 해당 지역의 총고용 인구는 단기적으로 고정되어 있기 때문에 해당 지역 비기반산업의 인구 수가 클수록 경제기반승수는 커진다.

③ 대상 도시의 총고용 인구의 변화는 기반 활동의 인구 변화에 의존한다. 경제기반승수를 통해 기반산업 수출부문의 고용인구 변화가 지역의 전체 고용인구에 미치는 영향을 예측할 수 있다.

총고용 인구 변화량 = 경제기반승수(K) × 기반 활동 인구 변화량

④ 경제기반분석은 고용인구 변화가 부동산 수요에 미치는 영향을 예측하는 데 사용될 수 있다.

■ **경제기반승수 효과의 분석**

1. 경제기반승수를 통해 기반활동 부문의 성장이 지역 전체의 소득이나 고용에 얼마만큼 영향을 미칠지를 분석할 수 있는데, '이를 경제기반승수 효과' 라고 한다.
2. 예를 들어 A지역 총고용 인구는 10명이고 기반산업 고용인구가 2명이라면 경제기반승수는 5(=10/2)가 된다. 이는 기반산업 고용인구 2명이 비기반산업의 고용인구를 유발하여 지역의 총고용 인구를 5배로 증가시켰음을 의미한다. 이를 '경제기반승수 효과'라고 한다.
3. 경제기반분석 모형에 의하면 경제기반승수가 클수록 승수 효과가 큰 것으로 이해된다. 그러나 경험적인 연구에 의하면 어느 지역의 경제기반승수가 크다고 해서 반드시 승수 효과도 증가하는 것은 아님이 확인되었다.

4 부동산 개발의 방식

(1) 공영 개발의 방식 **

① '공영 개발'은 국가 · 지방자치단체 등이 직접 개발을 수행하는 방식이다. 공영 개발은 용지를 취득하는 과정이 중요하기 때문에 일반적으로 토지를 취득하는 방식에 따라 구분한다.

PART · 07

▸▸ 기출 환지방식은 택지가 개발되기 전 토지의 위치·지목·면적·등급·이용도 및 기타 사항을 고려하여, 택지가 개발된 후 개발된 토지를 토지소유자에게 재분배하는 방식이다. (○)

참고

체비지
토지구획정리사업의 시행자가 그 사업에 필요한 재원을 확보하기 위하여 환지계획에서 제외하여 유보한 토지이다.

② 공영 개발의 방식

매수방식	• 개발에 필요한 토지를 전부 매수하는 방식 • 토지를 매수하는 방식은 다시 협의 취득(계약) 방식과 강제적 취득(수용) 방식으로 구분할 수 있다. • 토지를 전부 매수하는 방식은 사업을 신속하게 진행시킬 수 있지만 토지에 대한 보상 비용이 너무 크다는 단점이 있다.
환지방식	• 토지의 권리를 교환하는 방식 • 사업시행 전에 존재하던 토지의 권리를 사업시행 후 새로이 조성된 토지에 이전시키는 방식이다. • 토지소유자가 토지를 매각하는 것이 아니기 때문에 개발이익의 일부를 가져갈 수 있다는 장점이 있다.
혼용방식	• 토지의 일부는 매수하고 다른 일부는 환지방식을 활용하는 방식 • 혼합방식은 환지방식과 매수방식을 혼합한 방식으로 도시개발사업, 산업단지개발사업 등에 사용한다.

(2) **민간 개발의 방식 ****

① 자체 개발 방식

㉠ '자체 개발' 또는 '자체 사업'은 토지소유자가 자금조달, 건축, 마케팅, 분양 등 사업의 전반적인 과정을 직접 담당하는 방식이다. 개발이 소규모였던 과거에 주로 활용하던 방식이다.

㉡ 자체 개발 방식

ⓐ 개발사업의 이익이 모두 토지소유자에게 귀속된다는 점에서 토지소유자의 자금과 관리능력이 충분하다면 자체 사업은 이익측면에서 유효한 방식이다.

ⓑ 사업시행자의 의도대로 사업을 빠르게 추진할 수 있다.

ⓒ 토지소유자가 모든 과정을 담당한다는 점에서 위험이 매우 높다.

ⓓ 자금 조달의 부담이 크며 토지소유자의 위기관리 능력이 요구된다.

▸▸ 기출 자체 개발 사업은 불확실하거나 위험도가 큰 부동산 개발사업에 대한 위험을 토지소유자와 개발업자 간에 분산할 수 있는 장점이 있다. (×)

② 지주 공동 사업

㉠ '지주 공동 사업'은 개발 사업의 위험을 분산하기 위해 토지소유자가 건설업자 또는 개발업자와 사업을 공동으로 수행하는 방식이다.

㉡ 공사비 대물 변제형, 공사비 분양금 지급형

ⓐ 분양금 지급형 : 토지소유자가 건설업자에게 시공을 맡기고 건설에 소요된 비용을 완성된 건물의 분양금으로 지급하는 방식이다.

ⓑ 대물 변제형 : 토지소유자가 건설업자에게 시공을 맡기고 건설에 소요된 비용을 완성된 건축물로 변제하는 방식이다.

▸▸ 기출 지주 공동 사업은 위험도가 큰 대규모 부동산 개발사업에 있어서 토지소유자와 개발업자 간에 위험을 분산하는 것을 목적으로 하는 방식이다. (○)

㉢ 등가 교환 방식

ⓐ 토지소유자가 토지를 제공하고 개발업자가 건물을 건축하여 그 기여도에 따라 각각 완성된 부동산의 지분을 분배하는 방식이다.

ⓑ 토지소유자와 개발업자가 기여도에 따라 지분을 나누는 방식이다.

ⓒ 등가 교환 방식은 공사비 대물변제형과 유사한 방식이라고 할 수 있다.

▸▸ 기출 등가 교환 방식의 경우, 토지소유자가 토지를 제공하고 개발업자가 건물을 건축하여 그 기여도에 따라 각각 토지・건물의 지분을 갖는다. (O)

㉣ 사업위탁형(사업제안형)

ⓐ 토지소유자가 개발업자에게 개발의 전체 과정을 위탁하는 방식이다.

ⓑ 사업위탁방식의 경우에 사업 전반이 토지소유자의 명의로 행해지며 개발업자는 위탁 수수료를 지급받는다.

ⓒ 사업위탁방식에서는 토지소유자와 개발업자 간의 수수료 문제가 발생할 수 있다.

ⓓ 일반적으로 자금의 조달은 토지소유자가 직접 또는 개발업자의 주선에 의하여 토지소유자가 조달하며 개발 후의 분양이나 임대를 개발업자가 대행한다.

▸▸ 기출 사업수탁방식의 경우, 사업 전반이 토지소유자의 명의로 행해지며 개발지분을 토지소유자와 개발업자가 공유한다. (×)

③ 토지개발신탁 방식

㉠ 부동산 개발 노하우나 자금이 부족한 토지소유자가 신탁회사에 토지를 신탁하면, 신탁회사는 가장 효율적인 방안을 마련하고, 개발에 필요한 자금, 공사발주, 관리・운영 등을 대신하고, 그 수익을 토지소유자에게 돌려주는 신탁상품 또는 개발방식을 토지개발신탁이라고 한다.

㉡ 신탁 방식은 신탁회사에 형식상의 소유권이 이전된다는 점에서 사업위탁 방식과 차이가 있다.

㉢ 토지소유자는 신탁회사에 신탁을 원인으로 토지 소유권을 이전하고 수익증권을 받는다. 개발이 완료되면 신탁회사는 수익증권의 소유자에게 수익을 배당하며 신탁기간이 종료되면 토지소유자에게 토지와 건물을 반환한다.

㉣ 신탁방식은 건설단계의 부족자금을 신탁회사(수탁자)가 조달한다.

▸▸ 기출 신탁개발이란 토지소유자로부터 형식적인 토지소유권을 이전받은 신탁회사가 사업주체가 되어 개발・공급하는 방식이다. (O)

▸▸ 기출 신탁방식에서는 건설단계의 부족자금을 위탁자가 조달한다. (×)

④ 투자자 모집형

㉠ 토지소유자가 다른 토지소유자를 투자자로 모집하는 방식이다.

㉡ 재건축 또는 재개발 조합처럼 토지의 소유자를 투자자(조합원)로 모집하고 조합이 사업을 시행하는 방식이다.

▸▸ 기출 컨소시엄 구성방식은 출자회사 간 상호 이해조정이 필요하다. (O)

▸▸ 기출 민간개발은 민간이 자본과 기술을 제공하고 공공기관이 인·허가 등 행정적인 부분을 담당하는 상호 보완적인 개발을 말한다. (×)

▸▸ 기출 BTO(build-transfer-operate)방식은 민간이 개발한 시설의 소유권을 준공과 동시에 공공에 귀속시키고 민간은 시설관리운영권을 가지며, 공공은 그 시설을 임차하여 사용하는 민간투자사업방식이다. (×)

▸▸ 기출 BTL(build-transfer-lease) : 사업시행자가 시설을 준공하여 소유권을 보유하면서 시설의 수익을 가진 후 일정기간 경과 후 시설소유권을 국가 또는 지방자치단체에 귀속시키는 방식이다. (×)

▸▸ 기출 BTO(build-transfer-operate) : 사업시행자가 시설의 준공과 함께 소유권을 국가 또는 지방자치단체로 이전하고, 해당 시설을 국가나 지방자치단체에 임대하여 수익을 내는 방식이다. (×)

⑤ 컨소시엄 방식

㉠ 대규모 개발에 필요한 사업자금을 조달하고 부족한 기술을 상호 보완하기 위하여, 법인 간 컨소시엄을 구성하여 사업을 수행하는 방식이다.

㉡ 참여 회사 중의 하나가 대표회사가 되거나 별도의 연합법인을 설립하여 사업을 시행할 수 있다.

㉢ 사업의 안정성 확보라는 점에서 장점이 있으나 사업시행에 시간이 오래 걸리고 출자회사 간 상호 이해조정이 필요하다는 단점이 있다.

(3) 민간투자사업 방식 **

① '민간투자사업 방식'이란 국가 또는 지방자치단체가 민간의 자본과 기술력을 도입하여 도로 등 기반시설을 설치하는 사업이다.

② BTO 방식과 BTL 방식

BTO 방식	• B(built) – T(transfer) – O(operate) 방식 • 민간이 사회간접시설을 건설(B)하고, 소유권을 주무관청에 양도(T)한 후, 일정기간 시설에 대한 운영권(O)을 부여받는 방식이다.
BTL 방식	• B(built) – T(transfer) – L(lease) 방식 • 민간이 사회간접시설을 건설(B)하고, 소유권을 주무관청에 양도(T)한 후, 정부 등에 그 시설을 임차(L)하는 방식이다.

㉠ BTO 방식은 대부분의 사회간접시설에 활용되는 방식으로, 운영권을 기초로 한 운영수익으로 건설비용을 회수하는 방식이다.

㉡ BTL 방식은 최근 학교건물, 기숙사, 도서관, 군인아파트 등의 개발에 많이 활용되고 있다.

③ 기타 민간투자사업 방식

BOT 방식	• B(built) – O(own) – T(transfer) 방식 • 민간이 사회간접시설을 건설(B)하고, 일정기간 소유(O)한 후, 계약기간 종료 시점에 소유권을 주무관청에 양도(T)하는 방식이다.
BOO 방식	• B(built) – O(own) – O(operate) 방식 • 민간이 사회간접시설을 건설(B)하여, 해당 시설의 소유권(O)을 갖고, 시설을 운영(O)하는 방식이다.
BLT 방식	• B(built) – L(lease) – T(transfer) 방식 • 민간이 사회간접시설을 건설(B)하고, 일정기간 주무관청에 임차(L)해주고, 임차기간이 종료되면 소유권을 주무관청에 양도(T)하는 방식이다.

ROT 방식	• R(rehabilitate) – O(operate) – T(transfer) 방식 • 국가 또는 지방자치단체 소유의 기존 시설을 정비한 사업시행자에게 일정기간 동안 시설에 대한 운영권을 인정하는 방식이다.
ROO 방식	• R(rehabilitate) – O(own) – O(operate) 방식 • 국가 또는 지방자치단체 소유의 기존 시설을 정비한 사업시행자에게 해당 시설의 소유권을 인정하는 방식이다.
RTL 방식	• R(rehabilitate) – T(transfer) – L(lease) 방식 • 사회기반시설의 개량 및 보수를 시행하여 공사의 완료와 동시에 해당 시설의 소유권이 국가 또는 지방자치단체에 귀속되며, 사업시행자는 일정기간 운영권을 인정받는 방식이다.

▸▸ **기출** BOT(build – operate – transfer) : 시설의 준공과 함께 시설의 소유권이 국가 또는 지방자치단체에 귀속되지만, 사업시행자가 정해진 기간 동안 시설에 대한 운영권을 가지고 수익을 내는 방식이다. (×)

(4) 신개발과 재개발

① 미개발된 임야나 농지를 개발하여 새로운 택지를 조성하는 것을 신개발이라고 하고, 기존의 도시를 대상으로 도시기능을 회복하거나 새로운 기능으로 전환시키는 개발 사업을 재개발이라고 한다.

② 재개발의 유형

㉠ 보전 재개발 : 예방을 목적으로 하는 재개발이다. 노후 또는 쇠퇴 현상이 발생되지는 않았지만 우려가 있는 시설에 대해서 노후화 또는 쇠퇴화를 방지하기 위해서 채택하는 가장 소극적인 재개발이다.

㉡ 수복 재개발 : 노후화 또는 불량화 요인만을 제거하는 재개발이다. 노후 또는 쇠퇴 현상이 발생한 시설에 대해서 노후 또는 쇠퇴 시설의 기능을 원상으로 회복시키기 위해서 채택하는 소극적인 재개발이다.

㉢ 개량 재개발 : 기존 시설의 확장과 개선을 목적으로 하는 재개발이다. 수복 재개발의 일종으로 이해되나, 기존 환경을 질적으로 개량하여 기능을 제고시키기 위해서 채택하는 보다 적극적인 재개발이다.

㉣ 철거 재개발 : 실무에서 흔히 언급되는 재개발이다. 기존 환경을 철거하고 완전히 새로운 환경으로 대체하는 가장 적극적인 형태의 재개발이다.

제2장 부동산 관리 ▸29회, 30회, 31회, 33회, 35회 기출

1 부동산 관리의 이해

(1) 부동산 관리의 의미

① '부동산 관리'란 부동산을 목적과 용도에 적합하게 이용하기 위해서 부동산을 취득·유지·보존하고 이용·개량하는 모든 행위를 말한다.

② '부동산 관리'는 부동산 소유자의 목적에 따라 대상 부동산을 관리상 운영·유지하는 것이다.

③ 우리나라에는 전문자격제도로 주택관리사 제도가 있다.

(2) 전문 관리의 필요성

① **도시화** : 도시화로 인해 공동주택이 증가하면서 건물 소유자가 직접 관리하는 것이 불가능하게 되었다.

② **건축기술의 발달** : 건축 기술이 발전하면서 대형 건물과 고층 건물이 증가하고 이에 따라 대형 부동산을 대상으로 하는 전문적인 관리가 필요하게 되었다.

③ **부재 소유자의 요구** : 투자 목적의 부동산 소유가 증가하면서 소유자가 거주하지 않는 부동산이 증가하였고, 그 결과 부동산을 대신 관리해 줄 전문인이 필요하게 되었다.

④ **부동산 투자 활성화** : 부동산 간접투자의 활성화로 인하여 소유와 경영이 분리되면서 전문적인 자산관리회사의 필요성이 증가하고 있다.

2 부동산 관리의 분류

(1) 부동산 관리의 3가지 측면 **

① 부동산 관리는 관리 업무의 내용에 따라 기술적 관리, 법적 관리 및 경제적 관리로 나눌 수 있다.

② 기술적 관리(협의의 관리)

㉠ 의미 : 부동산의 물리적·기능적 하자를 예방하거나 대응하고자 하는 활동이다.

㉡ 내용

토지 관리	• 경계 확정 : 경계표지, 측량 등 • 사도 방지 : 철조망 설치 등 • 경사지 대책 : 경사지의 옹벽설치, 배수시설 설치 등 • 건물과 부지의 부적응 개선
건물 관리	• 위생 관리 : 청소, 위생, 해충방지 • 설비 관리 : 냉·난방 설비, 기구 등의 수선 및 보수 • 보안 관리 : 방범, 방재, 기타 안전 대책 • 보전 관리 : 건물의 현상 유지 및 개량 행위

③ 경제적 관리(경영관리)

㉠ 의미 : 대상 부동산으로부터 발생하는 순수익을 극대화하고자 하는 활동이다.

㉡ 내용

수지 관리	• 순수익의 관리, 손익분기점 관리, 회계 관리 • 유효 활용 방안의 모색, 재무적 효율성 증대 모색
인력 관리	• 인사관리 • 노무관리

④ 법률적 관리

㉠ 의미 : 발생 가능한 공·사법상의 법적 위험을 제거하거나 예방하고자 하는 활동이다.

㉡ 내용

권리 분석	권리관계의 조정, 권리의 보존 및 관리
계약 분석	임대차 계약 및 예약 등
규제 관리	각종 인허가, 신고 등 공법상 규제사항의 관리

▸▸ 기출 경제적 측면의 부동산 관리는 대상 부동산의 물리적·기능적 하자의 유무를 판단하여 필요한 조치를 취하는 것이다. (×)

▸▸ 기출 토지의 경계측량과 경계확정은 법률적 측면의 관리이다. (×)

▸▸ 기출 건물과 부지의 부적응을 개선하는 활동은 경제적 측면의 관리이다. (×)

▸▸ 기출 인사관리와 노무관리는 법률적 측면의 관리이다. (×)

▸▸ 기출 관리인이 행하는 각종 인허가 절차의 진행은 법률적 측면의 관리이다. (O)

(2) 시설 관리, 부동산 관리 및 자산 관리 **

① 관리는 목적 또는 내용에 따라 시설 관리, 부동산 관리 및 자산 관리로 구분할 수 있다.

② 시설 관리(facility management)

▸▸ 기출 시설 관리는 적극적 관리에 해당한다. (×)

㉠ 의미 : 부동산 시설을 운영하고 유지하는 것을 목적으로 하는 관리로, 시설 사용자의 요구에 의해 이루어지는 소극적 관리이다.

㉡ 내용

- 설비의 운전 및 보수
- 에너지 관리, 방재·방범 등 보안 관리, 건물 청소 관리

③ 부동산 관리(property management)

✔주의
property management
= 부동산 관리
= 재산 관리
= 건물 및 임대차 관리

㉠ 의미 : 부동산 또는 건물로부터 발생하는 수익의 극대화를 목적으로 하는 관리로, 재산 관리라고도 한다.

㉡ 내용

- 부동산 공간의 마케팅, 임차인 관리
- 현금흐름의 관리, 회계 관리

④ 자산 관리(asset management)

㉠ 의미 : 부동산의 소유주나 기업의 부를 극대화하기 위하여 해당 부동산의 가치를 증진시킬 수 있는 다양한 방법을 모색하는 관리이다.

▸▸ 기출 자산관리란 소유자의 부를 극대화시키기 위하여 대상부동산을 포트폴리오 관점에서 관리하는 것을 말한다. (O)

㉡ 내용

- 포트폴리오 관리
- 부동산 매입 및 매각 관리
- 재투자 또는 재개발 결정
- 리모델링 결정
- 프로젝트 파이낸싱

(3) 자가 관리, 위탁 관리 및 혼합 관리 **

① 부동산 관리는 관리 주체에 따라 자가 관리, 위탁 관리 및 혼합 관리로 구분할 수 있다.

② 자가 관리(직접 관리, 자영 관리)

▸▸ 기출 자치 관리 방식은 관리요원이 관리사무에 안일해지기 쉽고, 관리의 전문성이 결여될 수 있는 단점이 있다. (O)

㉠ 의미 : 부동산 소유자 자신이 직접 관리하는 방식으로 소규모 주택 등에 적합한 방식이다.

㉡ 장점과 단점

장점	• 소유자가 관리 업무에 대한 지시 및 통제권한이 강하다. • 의사 결정과 업무 처리가 신속하다. • 관리하는 각 부분을 종합적으로 운영할 수 있다. • 기밀유지 및 보안관리 측면에서 유리하다. • 자기가 직접 관리함으로써 관리비가 절약된다. • 부동산 설비에 대한 애호 정신을 높일 수 있다.
단점	• 관리의 전문성이 결여되기 쉽다. • 인력 관리가 비효율적일 수 있다. • 관리비가 필요 이상으로 상승하고, 불합리하게 지출될 수 있다.

③ 위탁 관리(외주 관리)

㉠ 의미 : 부동산을 전문 관리업자에게 위탁하여 관리하는 방식으로 소유와 관리를 분리한 현대적 개념의 관리 방식이다.

㉡ 장점과 단점

장점	• 전문가에 의한 효율적이고 합리적인 관리가 가능하다. • 전문적인 계획 관리를 통해 시설물의 노후화를 늦출 수 있다. • 아파트 등 대형 건물에 유효한 관리이다. • 관리 체제나 노무의 단순화를 통해 합리적인 관리가 가능하다.
단점	• 관리업체가 영리만을 추구하면 부실관리가 초래될 수 있다. • 관리업의 역사가 짧아 신뢰할 수 있는 업자를 만나기가 어렵다. • 부동산 관리 요원들이 부동산 설비에 대한 애착심이 약하다.

④ 혼합 관리

㉠ 의미 : 전문 관리가 필요한 부분은 전문가에게 위탁하여 관리하고 나머지는 소유자가 직접 관리하는 방식이다.

㉡ 장점과 단점

장점	• 자가 관리가 곤란한 부분만 선별하여 위탁할 수 있다. • 자가 관리에서 위탁 관리로 이행하는 과도기에 유용하다. • 자가 관리의 강한 지도력과 위탁관리의 전문성을 모두 활용할 수 있다.
단점	• 문제가 발생한 경우 관리의 책임 소재가 불분명하다. • 운영이 잘못되면 자가 관리와 위탁 관리의 단점이 모두 노출될 수 있다.

▸▸ 기출 의사 결정과 업무 처리가 신속한 방식은 자가 관리이다. (O)

▸▸ 기출 종합적 관리가 가능한 방식은 위탁 관리이다. (×)

▸▸ 기출 위탁 관리 방식은 기밀 유지의 장점이 있다. (×)

▸▸ 기출 혼합 관리 방식은 필요한 부분만 선별하여 위탁하기 때문에 관리의 책임 소재가 분명해지는 장점이 있다. (×)

▸▸ 기출 혼합 관리는 위탁 관리에서 자가 관리로 이행하는 과도기에 유용한 방법이다. (×)

PART • 07

3 부동산 관리의 구체적 내용

(1) 부동산 관리 활동

부동산 관리자들이 행하는 관리활동은 다양한 영역으로 분류되는데, 주요 업무 영역은 다음과 같다.

1. 부동산의 유지 활동
2. 임대차 활동
3. 임대료 수집
4. 보험
5. 장부처리, 보고서 작성 및 예산관리 활동

(2) 부동산의 유지 활동

▸▸ 기출 유지 활동이란 부동산의 외형을 변화시키면서 부동산의 양호한 상태를 지속시키는 것이다. (×)

① '유지 활동'은 부동산의 외형·형태를 변화시키지 않고 부동산의 양호한 상태를 지속시키는 행위를 의미한다. 유지 활동을 외부적인 관리 행위라고도 한다.

② 유지 활동의 구분

일상적 유지 활동	• 정기적 유지 활동 • 청소, 소독, 쓰레기 수거, 조경 등과 같은 일상적인 유지 활동이다.
예방적 유지 활동	• 사전적 유지 활동 • 사전에 수립된 유지계획에 따라 문제가 발생하기 전에 미리 시설이나 장비를 점검하고 이를 유지하는 활동이다.
대응적 유지 활동	• 사후적 유지 활동 • 문제가 발생하고 난 후에 이를 대처하는 유지 활동이다.

▸▸ 기출 일반적으로 유지활동 중 가장 중요한 유지활동은 대응적 유지활동이다. (×)

③ 일단 문제가 발생되면 많은 비용이 지출될 뿐 아니라 임차인의 불편 등이 발생한다. 따라서 사전에 이를 예방하는 예방적 유지 활동이 가장 중요하며 바람직하다.

(3) 임대차 활동(leasing activity) **

① '임대차 활동'은 부동산 관리자가 소유주를 대신하여 임대 공간을 판매하는 활동이다. 부동산 관리자는 부동산의 임대차 관리, 임대료 수납, 유지 및 관리 업무 등을 담당한다.

② 임차인 선정(tenant selection)

㉠ 임대차 활동에서 부동산에 적합한 임차인을 선정하는 일은 임대사업의 성공 여부를 결정하는 매우 중요한 일이다.

㉡ 임차인을 선정하는 기준은 임대차의 목적이 되는 부동산의 용도 및 성격에 따라 달리 적용되어야 한다.

㉢ 선정기준

주거용 부동산	다른 임차인과의 유대성 또는 연대성
상업용 부동산	가능 매상고 또는 매출액 등의 수익성
사무실 또는 공업용 부동산	비용성, 임대 공간과의 적합성(suitability)

③ 임대차 유형

㉠ 조임대차(gross lease)

ⓐ 조임대차는 총임대료를 기준으로 임대료를 산정하는 유형이다. 임차인은 총임대료를 임대인에게 지불하고, 이를 수령한 임대인이 부동산 운영에 필요한 비용을 지불한다.

ⓑ 조임대차는 임대인이 부동산의 관리 비용을 직접 납부하는 주거용 부동산에 흔히 적용하는 유형이다.

㉡ 순임대차(net lease)

ⓐ 순임대차는 순임대료를 기준으로 임대료를 산정하는 유형이다. 임차인은 순임대료를 임대인에게 지불하고 영업경비는 임대인과 임차인 간의 계약에 따라 수수된다.

ⓑ 순임대차는 관리에 필요한 비용을 임차인이 직접 부담하는 공업용 부동산에 흔히 적용되는 유형이다.

㉢ 비율임대차(percentage lease)

ⓐ 비율임대차는 기본 임대료 이외에 총수입의 일정 비율을 임대료로 지불하는 방식이다.

ⓑ 비율 임대차는 먼저 기본 임대료를 결정하고 임차인의 총수입이 사전에 정해진 일정 수준을 초과하는 경우에 그 초과된 금액의 일정 비율을 추가 임대료로 징수하는 방식이다.

ⓒ 매장용 부동산에서는 총수입이 증가할수록 유지비와 수선비 및 기타 비용이 증가한다는 점을 근거로 비율 임대차가 흔히 적용되고 있다.

▸▸ 기출 기본임대료 외에 총수입의 일정비율을 임대료로 지불하는 방식은 조임대차이다. (×)

4 건물의 내용연수와 건물의 생애주기

(1) 건물의 내용연수

① '건물의 내용연수'란 건물의 효용 또는 유용성이 지속되는 기간이다. 흔히 '건물의 사용기간' 또는 '건물의 사용 가능 연수'라고 한다.

② 건물 내용연수 유형

1. 물리적 내용연수 : 물리적 형태가 지속되는 기간
2. 기능적 내용연수 : 건물의 기능이 유효하게 지속되는 기간
3. 경제적 내용연수 : 비용·편익의 측면에서 유효하게 지속되는 기간
4. 행정적 내용연수 : 법 또는 제도에서 규정한 내용연수

③ 건물의 내용연수라고 하면 일반적으로 경제적 내용연수를 의미한다. 또한 건물의 내용연수는 시공 및 관리 방법에 따라 달라지기 때문에 내용연수를 파악함에 있어서도 개별성을 고려하여야 한다.

(2) **건물의 생애주기 ***

① '건물의 생애주기'란 건물을 마치 하나의 생물처럼 간주하고 건물의 성장과 쇠퇴의 과정을 설명한 것이다.

② 건물의 생애주기는 건물의 신축 이후 철거되기까지의 과정에서 모든 건물에 나타나는 일반적이고 보편적인 현상을 찾아내고자 하는 노력이다.

③ 건물의 생애주기 단계

▸▸ 기출 생애주기상 노후단계는 물리적·기능적 상태가 급격히 악화되기 시작하는 단계로 리모델링을 통하여 가치를 올릴 수 있다. (O)

구분	내용 및 특징
전 개발 단계	• 건물이 건축되기 전의 토지 단계 • 시장 분석, 건축 계획 및 건축 후의 관리계획 등을 검토하고 전문가의 자문을 통해 건물의 신축을 준비하는 단계이다.
신축 단계	• 건물이 건축되어 새로 태어나는 단계 • 건물의 물리적·기능적 유용성이 가장 높은 단계이다.
안정 단계	• 건물이 완공된 후 건물이 제 기능을 발휘하는 단계 • 안정 단계는 건물의 전체 수명의 장단을 결정하는 단계이다. • 안정 단계에서의 개량 및 수선으로 인한 가치상승은 투입된 비용보다 일반적으로 크기 때문에 건물의 수선 및 개량이 빈번하게 이루어지는 단계이다.
노후 단계	• 건물의 물리적 상태가 급격히 악화되는 단계 • 노후 단계에 이르면 수선 등에 투입된 비용만큼 가치가 상승하지 않기 때문에 건물의 개량 및 수선이 주저되며 재건축을 고려하는 단계이다.
폐물 단계	• 설비 등이 쓸모없을 정도로 악화되면서 건물의 가격이 대폭 하락되는 단계 • 폐물 단계는 물리적 측면과 경제적 측면 모두에서 판단되어야 하며, 건물의 재건축 여부는 예산에 따라 결정된다.

④ 생애주기 비용

㉠ 건물의 생애에 걸쳐 필요한 비용의 총액을 '건물의 생애주기 비용'이라고 한다.

㉡ 생애주기 비용은 건축물의 계획·설계 비용으로부터 건축 비용, 관리 비용 그리고 폐기 처분 비용까지를 포함한 건물의 생애에 걸쳐 필요한 비용의 총액이다.

㉢ 건물의 관리에서 효과적인 총비용을 관리하기 위해서는 생애주기 비용을 분석하고 이를 통해 초기 투자비와 관리·유지비의 비율을 조절하여야 한다.

▸▸ 기출 건물의 생애주기 비용은 건물의 생애에 걸쳐 발생한 유지·수선 비용으로 폐기처분 비용까지 포함하는 것은 아니다. (×)

제3장 부동산 마케팅 ▸28회, 29회, 33회, 34회, 35회 기출

1. 부동산 마케팅의 이해
2. 시장 점유 마케팅
3. 고객점유 마케팅과 관계 마케팅
4. 부동산 광고의 특징과 유형

1 부동산 마케팅의 이해

(1) 의미

① 마케팅이란 기업이 수익을 극대화시키기 위해서 행하는 모든 활동이라고 할 수 있다.

② 부동산 마케팅

㉠ '부동산 마케팅'은 부동산에 대한 소비자 및 고객의 태도와 행동을 형성·유지·변경하게 만드는 제반활동이다.

㉡ 공급자 주도시장(seller's market)에서 구매자 주도시장(buyer's market)으로 전환되고 있는 현대사회에 있어 마케팅은 그 중요성이 더욱 강조된다.

㉢ 부동산의 개별성에 의해 마케팅의 구체적인 방법과 내용은 부동산의 용도 및 유형에 따라 달리 적용된다.

▸▸ 기출 부동산 마케팅은 공급자 주도시장이 형성되면서 그 중요성이 강조된다. (×)

▸▸ 기출 고객점유 마케팅 전략이란 공급자 중심의 마케팅 전략으로 표적시장을 선정하거나 틈새시장을 점유하는 전략을 말한다. (×)

(2) 마케팅 전략 **

① 마케팅 전략은 시장점유 마케팅, 고객점유 마케팅, 관계 마케팅 등 세 가지 차원에서 접근이 가능하다.

② 내용

시장점유 마케팅	• 공급자의 전략 차원 • 표적시장을 선점하거나 틈새시장을 점유하고자 하는 전략 • STP 전략, 4P Mix 전략
고객점유 마케팅	• 소비자행동이론 차원 • 소비자의 행태·심리를 분석하여 고객을 점유하고자 하는 전략 • AIDA 전략
관계 마케팅	• 공급자와 소비자의 상호작용을 중요시하는 마케팅 • 점유한 고객을 계속하여 유지하고자 하는 전략 • 브랜드 전략, 프랜차이즈 전략

2 시장 점유 마케팅

(1) STP 전략 **

① 'STP 전략'이란 수요자 집단을 세분화(segmentation)하고, 세분화된 시장 중에서 표적시장(target)을 선정하고, 표적시장에서 다른 경쟁자들과 자신의 제품을 차별화(positioning)하여 경쟁적 위치를 정하는 것을 말한다.

② STP 전략

S	• 시장의 세분화(segmentation) • 수요자 집단을 인구·경제학적 특성에 따라서 세분하고, 그 세분된 시장을 대상으로 상품의 판매 지향점을 분명히 하는 전략이다.
T	• 목표시장의 선택(target) • 세분화된 수요자 집단 중에서 자신의 상품과 일치되는 수요 집단을 확인하거나 선정된 집단을 대상으로 신상품을 기획하는 전략이다.
P	• 경쟁적 위치의 설정 또는 차별화(positioning) • 동일한 표적시장을 갖는 다양한 공급경쟁자들 사이에서 자신의 상품을 어디에 위치시킬 것인가를 결정하는 전략이다. • 자신의 기업을 경쟁기업과의 차별화를 만들기 위한 전략이다.

▸▸ 기출 시장세분화란 마케팅 활동을 수행하기 위하여 구매자 집단을 세분하는 것이다. (O)

▸▸ 기출 부동산 마케팅 전략에 있어 표적시장선정 전략은 세분화된 수요자 집단에서 경쟁상황과 자신의 능력을 고려하여 가장 자신 있는 수요자 집단을 찾아내는 것을 말한다. (O)

▸▸ 기출 포지셔닝이란 세분된 시장에서 기업의 목적에 맞는 시장을 선택하는 과정이다. (×)

▸▸ 기출 시장 세분화란 동일한 표적시장을 갖는 다양한 공급경쟁자들 사이에서 자신의 상품을 어디에 위치시킬 것인가를 정하는 전략이다. (×)

(2) 4P Mix 전략 **

① '4P Mix 전략'은 제품(Product), 가격(Price), 유통경로(Place), 촉진(Promotion)의 제 측면에서 차별화를 기획하는 전략이다. 주로 상업용 부동산의 마케팅에서 중시되는 세부 전략이다.

② 제품(Product) 전략

㉠ 자사 제품을 다른 경쟁 기업의 제품과 차별화시키는 전략이다.

㉡ 부동산 소비자의 취향에 맞게 부동산 상품 및 서비스를 설계하는 전략으로 새로운 상품을 개발하거나 기존 제품을 다양화 또는 고급화 시키는 전략이다.

㉢ 사례

- 기존과 차별화된 아파트 평면 설계
- 거주자 라이프스타일을 반영한 평면 설계
- 단지 내 자연친화적인 실개천 설치
- 보안설비의 디지털화, 지상주차장의 지하화

③ 가격(Price) 전략

㉠ 자사 제품의 가격을 경쟁 제품의 가격과 차별화시키는 전략이다.

㉡ 가격은 가장 계량화하기 쉬운 요소이며 소비자의 입장에서도 경쟁자들과 쉽게 비교될 수 있다는 점에서 중요한 요소이다.

㉢ 사례

- 가격 수준 정책 : 시가 정책, 저가 정책, 고가 정책
- 가격 신축성 정책 : 단일 가격 정책, 신축 가격 정책
- 할인 및 할부 정책
- 스키밍 전략(초기 고가전략), 시장침투가격 전략(초기 저가전략)

㉣ 가격수준 정책

ⓐ 시가 정책 : 경쟁업자의 가격과 동일한 수준으로 가격을 설정하는 정책 또는 경쟁업자의 가격을 따라가는 정책이다.

ⓑ 저가 정책 : 가격을 낮게 책정함으로써 소비자의 구매력을 높여 다수의 고객을 확보하고자 하는 정책으로 장기적인 측면에서 이익을 확대하려는 정책이다.

ⓒ 고가 정책 : 우수한 고객층을 대상으로 높은 수준의 가격을 결정함으로써 발생 가능한 위험을 감소시키려는 정책이다.

▸▸ 기출 마케팅믹스의 가격관리에서 시가정책은 위치, 방위, 층, 지역 등에 따라 다른 가격으로 판매하는 정책이다. (×)

▸▸ 기출 판매촉진(promotion)은 표적시장의 반응을 빠르고 강하게 자극·유인하기 위한 전략을 말한다. (O)

▸▸ 기출 주택청약자 대상 경품추첨으로 가전제품을 제공하는 것은 유통경로 전략이다. (×)

▸▸ 기출 마케팅 믹스에서 촉진관리는 판매유인과 직접적인 인적판매 등이 있으며, 이러한 요소를 혼합하여 전략을 구사하는 것이 바람직하다. (O)

ⓜ 가격 신축성 정책

ⓐ 단일가격 정책 : 개발된 모든 부동산을 동일한 조건으로 가정하고 단위당 분양가격을 동일하게 결정하는 정책으로 비신축 가격 또는 고정가격이라고 한다.

ⓑ 신축가격 정책 : 같은 동의 같은 평수의 아파트라도 위치, 방위, 층에 따라 가격을 다르게 결정하는 정책이다. 개별성이 강한 부동산 상품에 주로 활용되는 정책이다.

④ 유통경로(Place) 전략

㉠ 부동산의 유통과정을 차별화시키는 전략이다.

㉡ 사례

- 직접 판매 전략
- 분양대행사를 활용할 것인지에 대한 전략
- 중개업소를 활용할 것인지에 대한 전략

⑤ 판매촉진(Promotion) 전략

㉠ 분양 및 임대를 촉진시키기 위한 다양한 수단을 활용하는 전략이다.

㉡ 사례

- **광고** : 신원을 밝힌 스폰서가 돈을 지불하고 라디오·TV·신문 등과 같은 대량매체를 통해 상품 등을 알리는 수단이다.
- **홍보** : 제품, 서비스, 기업 등을 뉴스나 논설의 형태로 다루게 함으로써 이것들에 대한 수요를 자극시키는 수단이다. 광고와는 달리 비용을 기업이 부담하지 않는다는 특징이 있다.
- **인적판매** : 설명을 잘하는 판매 사원이 예상고객과 직접 접촉하여 구매를 하도록 하는 활동이다.
- **판매촉진** : 판매를 늘리기 위해서 벌이는 마케팅 활동으로 광고, 홍보, 인적판매에 속하지 않는 모든 촉진활동이다. 사은품 및 경품 제공, 하자 보수 및 가구 제공 등이 이에 해당하는 사례이다.

3 고객 점유 마케팅과 관계 마케팅

(1) 고객점유 마케팅

① '고객점유 마케팅'이란 전통적인 공급자 중심의 마케팅 전략에서 벗어나 소비자의 행태·심리적 차원에서 접근하는 마케팅 전략이다.

② AIDA의 원리

㉠ 고객점유 마케팅은 AIDA의 원리를 통해 소비자의 구매의사결정의 각 단계에서 소비자와의 심리적 접점을 마련하고 전달되는 메시지의 톤과 강도를 조절하여 마케팅 효과를 극대화하고자 한다.

㉡ AIDA의 원리

주목(A)	주목을 끄는 단계(attention)
흥미(I)	흥미를 유발시키는 단계(interest)
욕망(D)	구입하고자 하는 욕망을 일으키는 단계(desire)
행동(A)	최종적인 계약을 하는 단계(action)

(2) 관계 마케팅 전략

① '관계 마케팅'은 생산자와 소비자와의 관계를 일회성으로 간주하는 것이 아니라 장기적이고 지속적인 관계를 유지하기 위한 전략을 말한다.

② 사례

- 브랜드 전략
- 프랜차이즈 전략

4 부동산 광고의 특징과 유형

(1) 부동산 광고의 이해

① '부동산 광고'란 명시된 광고주가 대가를 지불하고 고객의 부동산 의사결정을 도와주는 설득과정의 하나이며, 부동산 마케팅 활동을 수행하기 위한 수단 중의 하나이다.

② 광고의 의미

㉠ 정보 매체를 통해 상품을 소비자에게 알리는 촉진 활동이다.

㉡ 광고는 수요곡선을 우측으로 이동시키거나 수요를 보다 비탄력적으로 만들고자 한다.

㉢ 주택건설업자는 주택 규모 및 가격 등이 표기된 분양 광고를 하는 경우에 일정한 기준에 따라야 하며 그 내용이 사회적 부당성을 갖는 경우에는 규제를 받는다.

③ 부동산 광고의 특징

㉠ 일반적인 광고에 비해 시간적 제한 및 지역적 제한을 받는다.

▸▸ 기출 부동산 마케팅 전략에 있어 시장점유 마케팅 전략은 소비자의 구매의사결정 과정의 각 단계에서 소비자와의 심리적인 접점을 마련하고 전달하려는 메시지의 취지와 강약을 조절하는 전략이다. (×)

▸▸ 기출 AIDA 원리에 따르면 소비자의 구매의사결정은 행동(Action), 관심(Interest), 욕망(Desire), 주의(Attention)의 단계를 순차적으로 거친다. (×)

▸▸ 기출 관계 마케팅 전략에서는 공급자와 소비자의 관계를 일회적이 아닌 지속적인 관계로 유지하려 한다. (O)

㉡ 부동산 광고는 매수자뿐만 아니라 공급자도 대상이 되는 양면성을 갖는다.

㉢ 부동산의 광고는 부동산 특성에 따라 개별성을 갖는다.

㉣ 부동산 광고는 법률 등에 의해 규제되기도 한다.

(2) 부동산 광고의 유형

① 목적에 따른 분류

㉠ 기업광고 : 기업 자체에 대해 좋은 이미지를 가지도록 하는 광고

㉡ 물건광고 : 특정 상품의 광고, 대부분의 부동산업자의 광고(특정 광고)

㉢ 계몽광고 : 부동산의 중요성이나 부동산에 관한 지식을 제공할 목적으로 하는 광고

② 광고매체에 따른 분류

㉠ 신문광고

ⓐ 안내광고(小) : 한정된 광고에 많은 분량을 넣어야 하므로 독특한 약어를 많이 사용(부동산, 공장, 구인 등의 분류하에 동종의 광고를 여러 개 나열한 것)

ⓑ 전시광고(大) : 공간이 크기 때문에 사진이나 상세한 설명문 등을 자유로이 기재

▸▸ 기출 넓은 공간을 활용하여 상세한 설명문 등을 포함시킬 수 있는 광고는 안내광고이다. (×)

㉡ 점두광고 : 영업점포의 간판이나 색채 등에 의한 외부광고

㉢ DM(direct mail)광고 : 안내엽서 등의 발송

㉣ 업계출판물광고 : 출판물을 이용하는 광고

㉤ 교통광고 : 전철, 버스 등 대중교통수단이나, 역구내의 간판광고

㉥ 노벨티광고 : 실용적·장식적인 조그만 물건을 광고매체로 이용(볼펜, 라이터)

㉦ TV·라디오 광고 : 광고효과는 크나, 비용이 많이 드는 단점이 있음

㉧ 애드믹스(ad mix) 광고

ⓐ 한 가지 매체에 집중투자하지 않고 여러 매체에 나누어 분산광고하는 방법. 광고에 마케팅 믹스의 개념 적용

ⓑ 광고효과지수의 크기에 따라 신문광고 ⇨ 팸플릿 ⇨ 텔레비전 순으로 광고비 책정

제4장 부동산 이용론 ▸30회 기출

1. 최유효이용(최고 · 최선의 이용)
2. 토지이용의 집약도
3. 직주분리와 직주접근
4. 도시 스프롤 현상 등

1 최유효이용(최고 · 최선의 이용)

(1) 의미 **

① 한정된 토지 자원을 효율적으로 이용하기 위해서는 토지 이용에 대한 행위기준이 있어야 하는데, 이러한 행위기준을 '최유효이용' 또는 '최고최선의 이용'이라고 한다.

② 최유효이용의 정의

㉠ '최유효이용'이란 객관적으로 보아 양식과 통상의 이용능력을 가진 사람에 의한 합리적 · 합법적 최고최선의 이용방법으로 부동산의 유용성이 최고도로 발휘되는 이용이다.

㉡ '최고최선의 이용'이란 공지나 개량부동산에 대해서 합리적이며 합법적으로 이용이 가능한 대안 중에서 물리적으로 채택이 가능하고, 경험적인 자료에 의해 적절히 지지될 수 있으며, 경제적으로도 타당성이 있다고 판명된 것으로서 최고의 가치를 창출하는 이용이다.

③ 최유효이용의 근거

㉠ 최유효이용은 경제인의 합리성에 근거한 개념이다. 합리적 경제인은 자신의 토지를 가능한 이용 중에 가장 효율적인 이용으로 활용할 것이다.

㉡ 최유효이용은 토지의 특성 중 부증성과 용도의 다양성에 근거한다.

㉢ 최유효이용은 부족한 부동산의 효율적인 이용을 강조하는 개념이다.

✔주의
과거에는 최고최선의 이용을 '대안적 이용 중에서 최고의 수익을 창출하는 이용'이라고 정의했으나, 최근에는 '최고의 가치'를 창출하는 이용으로 변경되었다. 수익이 높으면 위험도 높기 때문에 수익이 높다고 최고의 가치가 창출되는 것은 아니기 때문이다.

⑵ 최유효이용의 판단 기준

① 최고최선의 이용은 합리적 이용, 합법적 이용, 물리적으로 채택 가능한 이용을 의미한다. 그러나 이 세 가지 조건은 필요조건이지 충분조건이 될 수는 없다. 즉 최고최선의 이용은 세 가지 조건을 충족하는 여러 대안들 중에서 최고의 가치를 창출할 수 있는 이용이다.

② 최유효이용의 판단 기준

㉠ 객관적 이용 : 최유효이용은 객관적인 이용이어야 한다. 따라서 토지소유자의 주관적인 이용은 최유효이용이 될 수 없다.

㉡ 합리적 이용 : 최유효이용은 합리적 이용이어야 한다. 따라서 투기목적이나 먼 장래의 불확실한 이용은 최유효이용이 될 수 없다.

㉢ 합법적 이용 : 최유효이용은 합법적 이용이어야 한다. 따라서 토지이용규제, 환경기준 등 법률 규정에 적합하지 않은 이용은 최유효이용이 될 수 없다.

㉣ 채택 가능성 : 최유효이용은 물리적으로 채택할 수 있는 이용이어야 한다. 따라서 물리적 또는 기술적인 측면에서 실현시킬 수 없는 이용은 최유효이용이 될 수 없다.

㉤ 자료를 통한 증명 : 최유효이용은 경험적 자료를 통해 최고의 가치에 대한 지지 가능성이 있어야 한다. 따라서 실증될 수 없는 이용은 최유효이용이 될 수 없다.

③ 최유효이용의 판단방법

㉠ 내부적인 균형의 판단 : 토지와 건물, 건물 내부의 구성요소 간의 균형을 균형의 원칙을 통해 판정하여야 한다.

㉡ 외부적인 균형의 판단 : 주변 환경과의 적합 여부를 적합의 원칙을 통해 판정하여야 한다.

㉢ 시계열적 판단 : 예측 · 변동의 원칙을 통해 시계열적인 분석이 요구된다.

⑶ 특수 상황의 최유효이용

▸▸ 기출 최유효이용 분석이란 지역분석과 개별분석을 통하여 대상 부동산이 최대의 가치를 창출할 수 있는 용도를 찾아내는 작업이다. (O)

① 어떤 이용이 토지의 최유효이용이라고 하기 위해서는 일반적으로 주변지역과 적합하여야 하고 현재의 법률에 부합되어야 한다. 그러나 어떤 경우에는 주변 지역과 전혀 다른 이용이거나 현재의 법률에 부합되지 않는 이용도 최유효이용이 될 수 있는데, 이를 '특수 상황의 최유효이용'이라고 한다.

② 단일 이용

㉠ 주위 토지 용도와는 다른 특이한 이용을 '단일 이용'이라고 한다.

㉡ 지역의 표준적 이용과 적합하지 않은 단일 이용도 일정한 경우에 최유효이용이 될 수 있다.

㉢ 사례 : 주거지역 내에 하나만 있는 대형 마트 등

③ 복합 이용

㉠ 특정 지역 또는 특정 건물을 다양한 용도로 조합하여 이용하는 것을 '복합 이용'이라고 한다.

㉡ 주위 토지 용도와 다른 복합적 이용이 일정한 경우에 최유효이용이 될 수 있다.

㉢ 사례 : 자족형 신도시와 같은 복합형 신도시, 주상 복합 건물 등

④ 중도적 이용

㉠ 가까운 미래에 대상 부지나 개량물의 최유효이용이 확정될 것으로 예상될 때 그 이용을 대기하는 과정상에 할당된 이용을 '중도적 이용'이라고 한다.

㉡ 중도적 이용이 일정한 경우에 최유효이용이 될 수 있다.

㉢ 사례 : 신도시 도심에 있는 주차장 부지나 야구 연습장 등

⑤ 비적법적 이용

㉠ 건축 당시에는 합법적인 이용이었으나 건축 규제의 강화 등으로 더 이상 현재 법률에 부합되지 않는 이용을 '비적법적 이용'이라고 한다.

㉡ 비적법적 이용은 현재의 법률에 부합하지 않지만, 일정한 경우에 최유효이용이 될 수 있다.

㉢ 비적법적 이용은 법령 등이 개정되는 과정에서 기득권을 보호하는 취지에서 허용되기 때문에 법률에서 금지하는 불법적인 이용과는 구별되어야 한다.

㉣ 사례 : 개발제한구역 내의 건부지, 건축규제가 강화된 지역의 기존 건물

⑥ 초과 토지(excess land)와 잉여 토지(surplus land)

㉠ 건축물의 이용에 필요한 적정 면적을 초과하는 부분의 토지를 '초과 토지'라고 한다.

㉡ 초과 토지는 그 부분의 토지를 분리하여 매각할 수 있고, 건부지와 독립된 이용을 할 수 있다는 점에서 최유효이용 분석의 대상이 되는 토지이다.

▸▸ 기출 초과 토지란 현존 지상개량물에 필요한 적정 면적 이상의 토지를 말하며, 건부지와 다른 용도로 분리되어 독립적으로 사용될 수 없다. (×)

㉢ 초과 토지와 구별해야 할 용어로 잉여 토지가 있다. 잉여 토지는 초과된 부분의 면적이 협소하여 건부지와 분리될 때 독립적인 이용 가치가 없는 토지를 의미한다.

⑦ 특수 목적 이용(special purpose use), 투기적 보유(speculative holding)

㉠ 호텔 · 극장 · 교회 등과 같이 특정 활동을 위해 설계되고 운영되는 부동산을 '특수 목적 이용 부동산' 또는 '특수 부동산'이라고 한다. 특수 부동산은 일반적으로 교환가치가 아니라 사용가치로 평가된다.

㉡ 특정 지역에서 부동산의 최고최선의 이용을 명확하게 결정할 수 없다면 투기적으로 보유하는 것이 최고최선의 이용이 될 수 있다.

2 토지이용의 집약도

(1) 의미

① '토지 이용의 집약도(degree of intensity)'란 어떤 토지 이용에 투입되는 노동과 자본의 상대적 양을 말한다. 토지 이용의 집약도는 토지의 가격과 깊은 관계를 갖는다. 일반적으로 토지의 가격이 상승할수록 토지의 이용은 집약적인 형태로 변화된다.

② 토지 이용의 집약도(자본의 대체성)

$$\text{집약도} = \frac{\text{투입되는 노동과 자본의 양}}{\text{토지 면적}}$$

㉠ 일반적으로 토지 이용의 집약도란 자본의 투입량을 의미한다.

㉡ 자본의 대체성이 높아질수록 토지 이용은 집약화된다.

▸▸ 기출 자본의 대체성이 높을수록 토지이용은 집약화된다. (O)

③ 집약도를 결정하는 요인

㉠ 일반적으로 집약도는 지가와 밀접한 관계를 갖는다.

㉡ 집약도 증가 요인

- 토지 가격의 상승
- 인구 밀도의 증가, 이용 가능한 토지의 한정(부증성)
- 토지에 대한 노동 · 자본 등의 대체성 증가
- 규모의 경제, 경영 효율의 증가, 자본을 보다 중시하는 3차 산업의 발달
- 용적률 등 공법상의 규제완화

㉢ 집약적 토지이용 : 집약도가 높은 토지이용, 도시적 토지이용

㉣ 조방적 토지이용 : 집약도가 낮은 토지이용, 비도시적 토지이용

④ **집약한계와 조방한계**

㉠ **집약한계**(intensive margin) : 한계비용과 한계수입이 일치되는 집약도이다. 집약한계는 토지이용으로 이윤이 극대화되는 지점의 집약도를 의미하므로 집약한계는 집약적 토지이용의 상한선이 된다.

㉡ **조방한계**(extensive margin) : 총비용과 총수입이 일치되는 집약도이다. 조방한계는 토지이용의 순수익이 '0'이 되는 손익분기점에 해당하는 집약도를 의미하므로 집약적 토지이용의 하한선이 된다.

(2) 입지 경쟁과 토지 이용의 관계

① **지가와 토지 이용의 관계**

㉠ 입지 경쟁은 토지의 이용을 집약화한다. 입지경쟁이 치열해질수록 지가는 높아지고 지가의 상승은 토지 이용을 집약화시킨다.

㉡ 입지 경쟁이 발생하면 토지 이용은 집약화되어 토지의 단위면적당 투입되는 노동과 자본의 양이 상승한다.

② **입지 잉여**

㉠ 동일한 산업 내에서 토지이용의 집약도가 같더라도 입지조건이 좋다면 더 많은 이익을 올릴 수 있는데, 이를 '입지 잉여'라고 한다.

㉡ 입지잉여는 한계입지 이상에서 그 위치를 최유효이용할 수 있는 입지주체가 이용하는 경우에 발생한다.

㉢ 입지잉여가 클수록 입지경쟁이 치열해지고 그 결과 지대가 상승하게 된다.

3 직주분리와 직주접근

(1) 직주분리 ★★

① '직주분리'란 직장은 도시에 있고 주거지는 도심 외곽에 위치함으로써 직장과 주거지가 분리되는 현상을 말한다.

② **직주분리의 원인**

㉠ 도심의 지가 상승

㉡ 도심 환경의 악화, 출퇴근 교통 체계의 발전, 공적 규제, 도심의 주택 철거 등

③ **직주분리의 결과**

㉠ **도심 공동화 현상(도넛 현상)** : 직장과 주거지역이 분리되는 결과 주간에 분주하던 도심이 야간에 텅 비는 현상이다.

㉡ 도시 외곽의 침상 도시화(베드 타운화) : 도심에 직장을 갖는 인구가 대도시 주변에 주거지를 선택하는 현상이다.

㉢ 도심 고동비율의 증가와 출퇴근의 교통 혼잡 : 도심고동(都心鼓動)이란 도심의 업무중심지구와 교외의 주거지구 간에 통근, 통학하는 자들의 유동성을 말한다. 직주분리 현상은 도심고동 비율을 높게 한다.

(2) 직주접근

① '직주접근'이란 직장과 주거지를 가급적 가까운 곳에 두려는 사회적・경제적 요청에 의해 직장과 주거지가 접근하는 현상이다. 이를 회귀현상이라고도 한다.

② 직주접근의 원인

㉠ 도심 지가의 상대적 하락

㉡ 도심 환경의 개선, 출퇴근 교통 체증의 심화 등

③ 직주접근의 결과

㉠ 토지 이용의 집약화 : 도심 건물이 고층화되는 현상이 나타난다.

㉡ 도심의 불량주택의 재개발과 도시 회춘화 현상 : 도심의 오래된 건축물이 재건축되면서 도심에 거주하는 소득계층이 저소득층에서 중・고소득층으로 대체되는 현상을 도시 회춘화 현상이라고 한다.

4 도시 스프롤 현상 등

(1) 도시 스프롤 현상 **

① 벌레가 나뭇잎을 먹어 들어가는 것과 같이 도시의 주택이 도시 외곽부분을 무질서하게 잠식해 들어가는 현상을 '도시 스프롤(urban sprawl) 현상'이라고 한다.

② 스프롤의 의미

㉠ 토지의 이용이 무계획적이고 무질서하게 외곽방향으로 확대되는 현상이다.

㉡ 스프롤 현상은 주거지역뿐만 아니라 상업지역이나 공업지역에서도 나타나는 보편적인 현상으로 이해된다.

㉢ 스프롤 현상은 그 지역의 지가가 일반적인 수준보다 낮을 때 나타난다.

▸▸ 기출 도시 스프롤은 도시의 성장이 무계획적이지만, 규칙적이고 질서있게 확대하고 발산하는 현상이다. (×)

▸▸ 기출 도시 스프롤 현상은 도시 중심부의 오래된 상업지역과 주거지역에서 집중적으로 발생한다. (×)

▸▸ 기출 스프롤 현상이 발생한 지역의 토지는 최유효이용에서 괴리될 수 있다. (O)

③ 스프롤의 유형

㉠ **저밀도 연쇄개발현상** : 합리적 밀도수준 이하의 개발이 인접지역을 잠식해 나가는 현상으로 일반적으로 나타나는 스프롤 현상이다.

㉡ **고밀도 연쇄개발현상** : 합리적 밀도수준 이상의 개발이 인접지역을 잠식해 나가는 현상으로 우리나라에서 흔하게 보이는 스프롤 현상이다.

㉢ **비지적(飛地的) 현상** : 간선도로를 따라 스프롤이 전개되는 현상으로 마치 개구리가 뜀을 뛰는 것처럼 중간 부분에 상당한 공지를 남기면서 교외로 확대되는 현상이다.

㉣ 스프롤은 외곽방향을 향해 평면적으로 확산하는 형태를 보이는 것이 일반적이지만 어떤 경우에는 입체적 형태로 나타나기도 한다.

(2) 지가구배 현상

① 도시의 지가는 일반적으로 도심이 가장 높고 외곽으로 갈수록 점차 낮아지는 패턴을 가지고 있다.

② 도시에서 외곽으로 갈수록 지가가 낮아지는데, 그 하락률이 점차 감소하는 현상을 '지가구배 현상'이라고 한다.

③ 지가구배 곡선

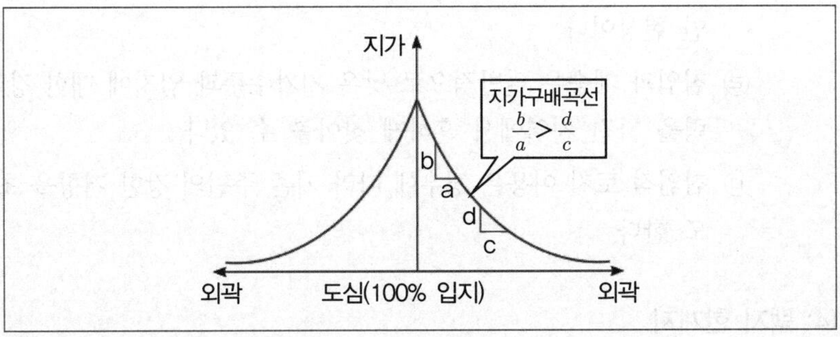

㉠ 지가 하락의 정도는 도시의 모든 지역에서 동일하지 않고, 도심에서 상대적으로 지가 하락의 정도가 빠르게 이루어진다.

㉡ 같은 도시라도 토지가 집약적으로 이용되는 도심 지역에서 지가의 하락 속도는 보다 빠르게 이루어지고, 도심에서 외곽으로 갈수록 지가의 하락 속도는 점점 낮아진다.

㉢ 지가구배 현상은 지가구조가 단순한 구도시를 대상으로 분석한 이론이며, 부심이 존재하는 현대 대도시에서는 보다 복잡한 지가구배의 모습이 나타난다.

④ 토페카 현상

㉠ 토페카 연구란 도시의 지가구조와 토지의 이용도와의 관계를 미국의 소도시 토페카를 대상으로 행한 실증적 연구를 말한다.

㉡ '토페카 현상'은 소도시 토페카를 대상으로 조사된 현상으로 소도시는 다른 도시에 비해서 외곽으로 벗어날수록 지가가 보다 급격하게 하락한다는 현상이다.

(3) 토지 이용의 침입과 계승 **

① 토지 이용이 변화되는 현상을 이론적으로 설명하고자 하는 개념이 침입과 계승이다. 침입과 계승의 논리는 도시의 성장 과정이나 주거지의 성장 과정을 설명하는 기본 개념이 되고 있다.

② 침입과 계승

㉠ 침입 : 어떤 지역에 새로운 지역 기능이 개입되는 현상을 침입(invasion)이라고 한다.

㉡ 계승 : 침입의 결과, 새로운 차원의 인구 집단 또는 토지 이용이 종래의 것을 교체하는 현상을 계승(succession)이라고 한다.

㉢ 집약적 이용이 조방적 이용에 침입하는 경우를 '확대적 침입'이라고 하고 그 반대를 '축소적 침입'이라고 하는데, 확대적 침입이 일반적인 현상이다.

㉣ 침입과 계승은 일반적으로 낮은 지가수준과 입지에 대한 강한 흡인력을 가진 지역에서 흔하게 찾아볼 수 있다.

㉤ 침입적 토지 이용은 경우에 따라 기존 주민의 강한 저항을 초래하기도 한다.

(4) 택지 한계지

① '한계지'란 택지로 이용 가능한 토지 중에서 도심에서 가장 멀리 떨어져 있는 토지를 말한다. 한계지의 범위는 택지 용도나 교통체계에 따라 달라진다.

② 한계지

㉠ 택지 이용의 최원방권(最遠方圈)을 의미한다.

㉡ 택지 한계지는 택지의 끝을 의미하기 때문에 비록 현재 농경지로 이용되고 있더라도 한계지의 지가는 농경지의 지가수준과는 무관한 경향이 있다.

㉢ 교통수단이 발달되면 한계지는 외곽으로 연장된다. 한계지는 철도와 같은 대중교통 수단을 축으로 하여 연장된다.

㉣ 한계지의 지가는 초기에 빠르게 상승하는 것이 일반적이다. 이는 대중의 지불능력에 비해 한계지의 지가가 상대적으로 싸기 때문이다.

㉤ 한계지의 지가와 도심부의 지가는 상호 무관하지 않다.

㉥ 자가(自家)의 한계지는 차가(借家)의 한계지에 비해 보다 원거리에 위치한다. 자가의 경우 지대를 지불하지 않기 때문에 수송비를 보다 많이 부담할 수 있기 때문이다.

▸▸ 기출 교통수단이 발달하면 한계지는 도심에 근접한다. (×)

(5) 택지의 성숙도

① 도심 주변의 농지 지역은 언제든지 도시의 개발에 활용될 수 있다. 농지 지역에서 택지지역으로 용도가 변화되고 있는 지역의 토지를 택지 후보지라고 하는데, 택지 후보지는 그 성숙도에 의해 가치가 결정된다.

② 택지의 성숙도

㉠ 택지화의 정도를 '택지의 성숙도'라고 한다.

㉡ 택지의 성숙도는 농지 등이 건물을 건축할 수 있는 조건을 얼마나 갖추고 있는지를 나타내는 지표로서 이는 복합적으로 평가되는 개념이다.

㉢ 성숙도는 개개의 택지에 대한 개념으로 동일한 택지라도 용도에 따라 성숙도는 달리 평가되어야 한다.

제5장 부동산 중개론 등

▸ 31회, 32회, 33회, 34회, 35회 기출

1. 부동산 중개 계약
2. 부동산 중개 활동
3. 공인중개사법
4. 부동산 에스크로 제도
5. 부동산 권리분석

1 부동산 중개 계약

(1) 의미

▸▸ 기출 중개계약은 권리를 이전하고자 하는 중개 의뢰인과 권리를 취득하고자 하는 중개 의뢰인 사이에 체결되는 계약이다. (×)

① 부동산 중개계약이란 개업 공인중개사와 중개 의뢰인과의 사이에서 체결된 계약을 말한다.

② 부동산 중개 계약은 일반적으로 5가지 유형으로 구분되고, 공인중개사법에서는 중개 계약에 대하여 일반중개계약과 전속중개계약의 2가지를 직접 규정하고 있다.

1. 일반중개계약(공인중개사법에 규정, 임의 규정)
2. 전속중개계약(공인중개사법에 규정, 임의 규정)
3. 독점중개계약
4. 공동중개계약
5. 순가중개계약

(2) **부동산 중개 계약의 종류 ****

▸▸ 기출 중개 의뢰인은 개업공인중개사와 일반중개계약을 체결하였다 하더라도 중개 대상물의 거래에 관한 중개를 다른 개업공인중개사에게 의뢰할 수 있다. (O)

① 일반(보통)중개계약

㉠ 의미 : 중개 의뢰인이 불특정 다수의 개업공인중개사에게 서로 경쟁적인 중개를 의뢰하는 중개계약이다. 우리나라에서 가장 많이 활용되는 유형이다.

㉡ 특징

중개의뢰를 받은 여러 개업공인중개사 중에서 가장 먼저 거래계약 체결을 중개한 개업공인중개사만이 중개보수를 받는다.

② 전속중개계약

㉠ 의미 : 중개 의뢰인이 특정한 개업공인중개사를 정하여 그 개업공인중개사에 한하여 중개대상물을 중개하도록 하는 중개계약이다. 선진국에서 가장 보편화된 유형이다.

㉡ 특징

1. 전속중개계약의 유효기간 내에 중개 의뢰인이 다른 개업공인중개사를 통해 거래계약을 체결한 경우에는 중개 의뢰인이 지불해야 할 중개보수에 해당하는 금액을 위약금으로 지불해야 한다.
2. 전속중개계약의 유효기간 내에 중개 의뢰인이 스스로 발견한 제3자와 직접 거래계약을 체결할 경우에는 그가 지불해야 할 중개보수의 50% 범위 내에서 개업공인중개사가 중개를 위하여 지출한 비용을 지불하여야 한다.

③ 독점중개계약

㉠ 의미 : 특정 개업공인중개사에게 독점적으로 중개를 의뢰하고 거래계약이 체결되면 누가 거래를 성립시켰는지를 불문하고 독점중개계약을 체결한 개업공인중개사에게 중개 보수를 지불하기로 하는 중개계약이다.

㉡ 특징

1. 누가 거래계약을 성사시켰는지를 묻지 않고 독점중개계약을 체결한 개업공인중개사는 보수를 받는다.
2. 중개 의뢰인이 스스로 발견한 제3자와 거래계약을 체결해도 독점중개계약을 체결한 개업공인중개사에게 중개 보수를 지불해야 한다는 점에서 일정 지출비용만을 보전해 주는 전속중개계약과 차이가 있다.

④ 공동중개계약

㉠ 의미 : 개업공인중개사의 단체 또는 부동산거래센터 등에 중개 의뢰를 하여 2명 이상의 개업공인중개사의 공동 활동에 의해 거래계약체결을 중개하는 중개계약이다.

㉡ 특징

개업공인중개사들은 중개 의뢰인에게서 받은 중개 보수를 거래계약 체결에 기여한 만큼씩 나누어 갖는다.

▸▸ 기출 우리나라에서는 일반중개계약보다 전속중개계약이 업무범위나 책임소재를 명확히 할 수 있어 주로 이용되고 있다. (×)

▸▸ 기출 독점중개계약을 체결한 개업공인중개사는 자신이 거래를 성립시키지 않았을 경우 중개보수를 받지 않는다. (×)

▸▸ 기출 전속중개계약을 체결한 개업공인중개사는 누가 거래를 성립시켰는지에 상관없이 중개보수를 받을 수 있다. (×)

▸▸ 기출 다수의 개업공인중개사가 상호 협동하여 거래계약을 완성시키는 유형을 공동중개계약이라고 한다. (O)

▸▸ 기출 순가중개계약을 체결했더라도 법정보수를 초과하여 받지 않는 경우에는 처벌할 수 없다. (O)

⑤ 순가중개계약

㉠ 의미 : 중개 의뢰인이 중개 대상물의 가격을 사전에 개업공인중개사에게 제시하고 그 금액을 초과하여 거래계약을 성립시키면 그 초과하는 부분은 모두 중개보수로 지불하기로 하는 중개계약이다.

㉡ 특징

> 1. 개업공인중개사는 중개 의뢰인이 제시한 가격 이상으로 거래를 성사시키고 초과하는 금액을 중개 보수로 받는다. 따라서 초과하는 부분이 법정한도를 초과할 가능성이 높다.
> 2. 중개보수의 법정한도를 초과하여 받은 경우에는 개업공인중개사 등의 금지 행위에 해당되어 처벌받을 수 있다.

2 부동산 중개 활동

(1) 부동산의 판매 과정

① 부동산 중개 활동이란 중개를 의뢰받은 개업공인중개사가 중개대상물의 조사·확인한 내용을 기초로 하여 거래당사자 간에 거래계약체결에 이르게 하는 일련의 과정을 의미한다.

② 부동산의 판매 과정

> 1. 고객과 중개대상물의 확보
> 2. 준비
> 3. 접근
> 4. 현지 안내·제시
> 5. 계약 체결 시도
> 6. 계약 체결(closing)

(2) AIDA의 원리

① AIDA 원리는 원래 마케팅에서 발달한 용어로 고객이 어떤 물건을 구입하기까지의 심리적 발전 단계를 표시한 것이다. 부동산 중개활동은 AIDA의 원리를 이용하는 것이 유용하다.

② 주목(Attention)

㉠ 개업공인중개사가 중개대상물에 대한 광고 등을 통하여 부동산의 특징과 개략적인 내용을 고객에게 전파함으로써 고객의 주목을 끌고, 구매자를 유인한다.

㉡ 주목의 단계는 광고 또는 모델전시장을 마련하여 부동산의 특징을 강조함으로써 주목을 끄는 단계이다.

③ 흥미(Interesting)

㉠ 중개대상물에 대하여 고객의 흥미를 유발시키는 단계로 개업공인중개사가 중개의뢰인과의 상담을 통하여 중개의뢰인의 구입 욕망을 이끌어 낸다.

㉡ 개업공인중개사는 중개대상물의 여러 장점을 설명함으로써 중개의뢰인이 어떤 부분에 관심을 보이는지를 관찰한다.

④ 욕망(Desire)

㉠ 고객이 관심 있는 부분의 특징을 집중 공략하여 구입 욕망을 높이고자 한다. 중개의뢰인의 구입욕망을 높이기 위하여 개업공인중개사는 부동산의 selling point를 활용한다.

㉡ 개업공인중개사는 중개대상물의 특징을 다른 중개대상물에 대한 비교 등을 통하여 간단・명료하게 설명함으로써 그 중개대상물이 갖는 특징이 더욱 더 부각될 수 있다.

⑤ 행동(Action)

㉠ 중개의뢰인의 거래의사를 확정하고 거래계약 체결을 중개하는 단계이다. 중개의뢰인이 서로 의견이 조율되지 않는 부분에서는 클로징 기법을 활용한다.

㉡ 개업공인중개사는 항상 중립적인 입장에서 중개의뢰인에게 서로 상대방의 입장을 옹호한다는 인상을 주지 않도록 노력해야 한다.

(3) 부동산의 셀링포인트

① 부동산의 셀링포인트(selling point)란 부동산이 가지고 있는 여러 가지 특징 중 고객인 중개의뢰인의 욕구를 충족시켜줄 수 있는 특징을 말한다.

② 셀링포인트는 중개대상물이 갖는 고유의 특성이라고 할 수 있다.

㉠ 모든 특성은 절대적으로 파악되는 것이 아니라 상대적으로 파악되어야 한다.

㉡ 과다한 셀링포인트는 오히려 효과를 떨어뜨릴 수 있음에 주의하여야 한다.

③ 다양한 측면의 셀링포인트

㉠ 기술적 측면의 셀링포인트 : 설비의 구조나 기초가 얼마나 잘 되어 있는지, 동선(動線)은 편리한지 등 부동산의 기능을 강조하는 측면이다.

㉡ 경제적 측면의 셀링포인트 : 부동산 가격 및 임대료 수준의 적정성 등을 강조하는 측면이다.

㉢ 법률적 측면의 셀링포인트 : 소유권의 진정성이나 공법상 이용제한이나 거래규제, 세법 등을 설명함으로써 고객의 구매 욕망을 높이고자 한다.

㉣ 정책적 측면의 셀링포인트 : 부동산에 대한 정부정책을 설명하고 예상함으로써 중개의뢰인의 구입욕망을 높인다.

(4) 클로징

① 부동산 중개 활동의 마무리 단계를 클로징이라고 한다. 클로징은 부동산 매매계약서나 임대차계약서에 서명 또는 날인시키는 행위 또는 부동산 소유권을 현실적으로 이전시키는 행위를 의미한다.

② 클로징의 시도는 1회로 성공하는 경우도 있지만 여러 번 시도해야 되는 경우도 있기 때문에 고객의 표정이나 언행 등을 참고로 하여 클로징을 시도해야 한다.

③ 클로징 기법

㉠ 점진적 확인법 : 고객이 동의할 수 있는 일반적인 질문부터 시도하면서 확인을 구하고 계약을 유도하는 방법이다.

㉡ 계약전제법 : 고객에게 계약을 전제로 한 질문을 먼저하고 반응이 좋으면 고객이 이미 거래의사를 결정했다고 전제하고 클로징을 하는 방법이다.

㉢ 세부선결법(부분선결법) : 고객에게 작은 부분을 먼저 결정하게 하고, 점차 최종적인 결단을 유도하는 방법이다. 즉 계약금·보증금·입주일 등에 관하여 부분적으로 결정을 유도하고 거래를 성사시키는 방법이다.

㉣ 장단비교법 : 여러 개의 부동산을 비교 제시하면서 그 장점을 강조하고 이를 통해 최종 결정을 유도하는 방법이다.

㉤ 결과강조법 : 과거부터 현재까지의 사례를 제시하면서 부동산 구입을 주저함으로써 얻을 수 있는 손실을 강조하면서 최종 결정을 유도하는 방법이다.

㉥ **만족강조법** : 지금 부동산을 구입하여 얻을 수 있는 미래의 만족을 강조함으로써 최종 결정을 유도하는 방법이다.

3 공인중개사법

(1) 총칙 **

① 공인중개사법은 공인중개사의 업무 등에 관한 사항을 정하여 그 전문성을 제고하고 부동산중개업을 건전하게 육성하여 국민경제에 이바지함을 목적으로 한다.

② 용어 정의(공인중개사법 제2조)

㉠ '중개'라 함은 중개대상물에 대하여 거래당사자간의 매매・교환・임대차 그 밖의 권리의 득실변경에 관한 행위를 알선하는 것을 말한다.

㉡ '중개업'이란 다른 사람의 의뢰에 의하여 일정한 보수를 받고 중개를 업으로 행하는 것을 말한다.

㉢ '개업공인중개사'라 함은 중개사무소의 개설등록을 한 자를 말한다.

㉣ '소속공인중개사'라 함은 개업공인중개사에 소속된 공인중개사(개업공인중개사인 법인의 사원 또는 임원으로서 공인중개사인 자를 포함한다)로서 중개업무를 수행하거나 개업공인중개사의 중개업무를 보조하는 자를 말한다.

㉤ '중개보조원'이라 함은 공인중개사가 아닌 자로서 개업공인중개사에 소속되어 중개대상물에 대한 현장안내 및 일반서무 등 개업공인중개사의 중개업무와 관련된 단순한 업무를 보조하는 자를 말한다.

③ 중개대상물의 범위(공인중개사법 제3조)

공인중개사법에서 규정한 중개대상물은 다음 각 호와 같다.

㉠ 토지

㉡ 건축물 그 밖의 토지의 정착물

㉢ 그 밖에 대통령령으로 정하는 재산권 및 물건

1. 「입목에 관한 법률」에 따른 입목 2. 「공장 및 광업재단 저당법」에 따른 공장재단 및 광업재단

▸▸ 기출 중개행위는 당사자 사이에 매매 등 법률행위가 용이하게 성립할 수 있도록 조력하고 추선하는 사실행위에 해당된다. (O)

▸▸ 기출 중개업이란 중개대상물에 대한 권리의 득실・변경에 관한 행위를 알선하는 것을 말한다. (×)

▸▸ 기출 중개보조원이라 개업공인중개사에 소속되어 중개대상물에 대한 현장안내 및 계약서 작성 등 개업공인중개사의 중개업무와 관련된 단순한 업무를 보조하는 자를 말한다. (×)

▸▸ 기출 공인중개사의 업무에 관한 사항을 심의하기 위하여 국토교통부에 공인중개사 정책심의위원회를 두어야 한다. (×)

④ 공인중개사 정책심의위원회(공인중개사법 제2조의2)

공인중개사의 업무에 관한 다음 각 호의 사항을 심의하기 위하여 국토교통부에 공인중개사 정책심의위원회를 둘 수 있다.

> 1. 공인중개사의 시험 등 공인중개사의 자격취득에 관한 사항
> 2. 부동산 중개업의 육성에 관한 사항
> 3. 중개보수 변경에 관한 사항
> 4. 손해배상책임의 보장 등에 관한 사항

(2) 중개업 **

① 중개사무소 개설등록(공인중개사법 제9조, 제12조, 제13조)

㉠ 중개업을 영위하려는 자는 국토교통부령으로 정하는 바에 따라 중개사무소(법인의 경우에는 주된 중개사무소를 말한다)를 두려는 지역을 관할하는 시장(구가 설치되지 아니한 시의 시장과 특별자치도 행정시의 시장을 말한다. 이하 같다)·군수 또는 구청장(이하 "등록관청"이라 한다)에게 중개사무소의 개설등록을 하여야 한다.

㉡ 개업공인중개사는 이중으로 중개사무소의 개설등록을 하여 중개업을 할 수 없다.

㉢ 개업공인중개사는 그 등록관청의 관할 구역 안에 중개사무소를 두되, 1개의 중개사무소만을 둘 수 있다.

▸▸ 기출 개업공인중개사는 대통령령으로 정하는 기준과 절차에 따라 등록관청의 허가를 받아 그 관할 구역 외의 지역에 분사무소를 둘 수 있다. (×)

② 분사무소의 설치(공인중개사법 시행령 제15조)

㉠ 분사무소는 주된 사무소의 소재지가 속한 시·군·구를 제외한 시·군·구별로 설치하되, 시·군·구별로 1개소를 초과할 수 없다.

㉡ 분사무소의 설치신고를 하려는 자는 국토교통부령으로 정하는 분사무소설치신고서에 필요한 서류를 첨부하여 주된 사무소의 소재지를 관할하는 등록관청에 제출하여야 한다.

③ 개업공인중개사의 겸업제한 등(공인중개사법 제14조)

㉠ 법인인 개업공인중개사는 다른 법률에 규정된 경우를 제외하고는 중개업 및 다음 각 호(1.~5.)와 ㉡에 규정된 업무 외에 다른 업무를 함께 할 수 없다.

✔주의
1호. 상업용 건축물 및 주택의 개발대행 (×)
4호. 주택의 개발대행 (×)

> 1. 상업용 건축물 및 주택의 임대관리 등 부동산의 관리대행
> 2. 부동산의 이용·개발 및 거래에 관한 상담
> 3. 개업공인중개사를 대상으로 한 중개업의 경영기법 및 경영정보의 제공

4. 상업용 건축물 및 주택의 분양대행 5. 그 밖에 중개업에 부수되는 업무로서 대통령령으로 정하는 업무

㉡ 개업공인중개사는 「민사집행법」에 의한 경매 및 「국세징수법」 그 밖의 법령에 의한 공매대상 부동산에 대한 권리분석 및 취득의 알선과 매수신청 또는 입찰신청의 대리를 할 수 있다.

▸▸ 기출 경매대상 부동산의 권리분석 및 취득을 알선하는 행위는 개업공인중개사의 금지행위이다. (×)

④ 일반중개계약(공인중개사법 제22조)

중개의뢰인은 중개의뢰내용을 명확하게 하기 위하여 필요한 경우에는 개업공인중개사에게 다음 각 호의 사항을 기재한 일반중개계약서의 작성을 요청할 수 있다.

▸▸ 기출 중개의뢰인은 중개의뢰내용을 명확하게 하기 위하여 일반중개계약서를 작성하여야 한다. (×)

1. 중개대상물의 위치 및 규모 2. 거래예정가격 3. 거래예정가격에 대하여 제32조에 따라 정한 중개보수 4. 그 밖에 개업공인중개사와 중개의뢰인이 준수하여야 할 사항

⑤ 전속중개계약(공인중개사법 제23조)

㉠ 중개의뢰인은 중개대상물의 중개를 의뢰하는 경우 특정한 개업공인중개사를 정하여 그 개업공인중개사에 한정하여 해당 중개대상물을 중개하도록 하는 계약(이하 "전속중개계약"이라 한다)을 체결할 수 있다.

▸▸ 기출 중개의뢰인은 중개대상물의 중개를 의뢰하는 경우 특정한 개업공인중개사를 정하여 전속중개계약을 체결하여야 한다. (×)

㉡ 전속중개계약은 국토교통부령으로 정하는 계약서에 의하여야 하며, 개업공인중개사는 전속중개계약을 체결한 때에는 해당 계약서를 국토교통부령으로 정하는 기간(3년) 동안 보존하여야 한다.

㉢ 개업공인중개사는 전속중개계약을 체결한 때에는 부동산거래정보망 또는 일간신문에 해당 중개대상물에 관한 정보를 공개하여야 한다. 다만, 중개의뢰인이 비공개를 요청한 경우에는 이를 공개하여서는 아니된다.

(3) 중개대상물의 확인·설명 등(공인중개사법 제25조, 제25조의2) **

① 개업공인중개사는 중개를 의뢰받은 경우에는 중개가 완성되기 전에 다음 각 호의 사항을 확인하여 이를 해당 중개대상물에 관한 권리를 취득하고자 하는 중개의뢰인에게 성실·정확하게 설명하고, 토지대장 등본 또는 부동산종합증명서, 등기사항증명서 등 설명의 근거자료를 제시하여야 한다.

㉠ 해당 중개대상물의 상태·입지 및 권리관계

▸▸ 기출 도로 및 대중교통수단과의 연계성, 시장·학교와의 근접성 등 입지조건은 중개대상물의 확인·설명 사항이다. (O)

▸▸ 기출 승강기 및 배수 등 시설물의 상태와 벽면 및 도배의 상태 등은 중개대상물의 확인·설명 사항이다. (O)

▸▸ 기출 중개대상물에 대한 권리를 양도함에 따라 부담하여야 할 조세의 종류는 중개대상물의 확인·설명 사항이다. (×)

㉡ 법령의 규정에 의한 거래 또는 이용제한사항

㉢ 그 밖에 대통령령으로 정하는 사항

> 제3호의2 및 제10호부터 제12호까지의 사항은 주택 임대차 중개의 경우에만 적용한다.
> 1. 중개대상물의 종류·소재지·지번·지목·면적·용도·구조 및 건축연도 등 중개대상물에 관한 기본적인 사항
> 2. 소유권·전세권·저당권·지상권 및 임차권 등 중개대상물의 권리관계에 관한 사항
> 3. 거래예정금액·중개보수 및 실비의 금액과 그 산출내역
>
> 3의2. 관리비 금액과 그 산출내역
> 4. 토지이용계획, 공법상의 거래규제 및 이용제한에 관한 사항
> 5. 수도·전기·가스·소방·열공급·승강기 및 배수 등 시설물의 상태
> 6. 벽면·바닥면 및 도배의 상태
> 7. 일조·소음·진동 등 환경조건
> 8. 도로 및 대중교통수단과의 연계성, 시장·학교와의 근접성 등 입지조건
> 9. 중개대상물에 대한 권리를 취득함에 따라 부담하여야 할 조세의 종류 및 세율
> 10. 「주택임대차보호법」 제3조의7에 따른 임대인의 정보 제시 의무 및 같은 법 제8조에 따른 보증금 중 일정액의 보호에 관한 사항
> 11. 「주민등록법」 제29조의2에 따른 전입세대확인서의 열람 또는 교부에 관한 사항
> 12. 「민간임대주택에 관한 특별법」 제49조에 따른 임대보증금에 대한 보증에 관한 사항(중개대상물인 주택이 같은 법에 따른 민간임대주택인 경우만 해당한다)

② 개업공인중개사는 확인·설명을 위하여 필요한 경우에는 중개대상물의 매도의뢰인·임대의뢰인 등에게 해당 중개대상물의 상태에 관한 자료를 요구할 수 있다.

③ 개업공인중개사는 중개업무의 수행을 위하여 필요한 경우에는 중개의뢰인에게 주민등록증(모바일 주민등록증 포함) 등 신분을 확인할 수 있는 증표를 제시할 것을 요구할 수 있다.

(4) 개업공인중개사의 윤리 등

① 개업공인중개사 등의 기본윤리(공인중개사법 제29조)

㉠ 개업공인중개사 및 소속공인중개사는 전문직업인으로서 지녀야 할 품위를 유지하고 신의와 성실로써 공정하게 중개 관련 업무를 수행하여야 한다.

㉡ 개업공인중개사 등은 법률에 특별한 규정이 있는 경우를 제외하고는 그 업무상 알게 된 비밀을 누설하여서는 아니된다. 개업공인중개사 등이 그 업무를 떠난 후에도 또한 같다.

② 손해배상책임의 보장(공인중개사법 제30조)

㉠ 개업공인중개사는 중개행위를 하는 경우 고의 또는 과실로 인하여 거래당사자에게 재산상의 손해를 발생하게 한 때에는 그 손해를 배상할 책임이 있다.

㉡ 개업공인중개사는 자기의 중개사무소를 다른 사람의 중개행위의 장소로 제공함으로써 거래당사자에게 재산상의 손해를 발생하게 한 때에는 그 손해를 배상할 책임이 있다.

㉢ 개업공인중개사는 업무를 개시하기 전에 손해배상책임을 보장하기 위하여 보증보험 또는 공제에 가입하거나 공탁을 하여야 한다.

③ 계약금 등의 반환채무이행의 보장(공인중개사법 제31조)

㉠ 개업공인중개사는 거래의 안전을 보장하기 위하여 필요하다고 인정하는 경우에는 거래계약의 이행이 완료될 때까지 계약금·중도금 또는 잔금(이하 "계약금 등")을 개업공인중개사 또는 대통령령으로 정하는 자의 명의로 금융기관, 공제사업을 하는 자 또는 「자본시장과 금융투자업에 관한 법률」에 따른 신탁업자 등에 예치하도록 거래당사자에게 권고할 수 있다.

㉡ 계약금 등을 예치한 경우 매도인·임대인 등 계약금 등을 수령할 수 있는 권리가 있는 자는 해당 계약을 해제한 때에 계약금 등의 반환을 보장하는 내용의 금융기관 또는 보증보험회사가 발행하는 보증서를 계약금 등의 예치명의자에게 교부하고 계약금 등을 미리 수령할 수 있다.

✔주의
현재 우리나라는 부동산 중개에 에스크로 제도를 허용하고 있지 않다. 따라서 동시이행을 보완할 수 있도록 공인중개사법은 계약금 등을 개업공인중개사 등의 명의로 금융기관에 예치하도록 당사자에게 권고할 수 있다는 규정을 두고 있다.

(5) 중개보수 및 금지행위 **

① 거래계약서(공인중개사법 시행령 제22조)

거래계약서에는 다음 각 호의 사항을 기재하여야 한다.

1. 거래당사자의 인적 사항
2. 물건의 표시
3. 계약일
4. 거래금액·계약금액 및 그 지급일자 등 지급에 관한 사항

5. 물건의 인도일시
6. 권리이전의 내용
7. 계약의 조건이나 기한이 있는 경우에는 그 조건 또는 기한
8. 중개대상물확인·설명서 교부일자
9. 그 밖의 약정내용

② 중개보수 등(공인중개사법 제32조)

㉠ 개업공인중개사는 중개업무에 관하여 중개의뢰인으로부터 소정의 보수를 받는다. 다만, 개업공인중개사의 고의 또는 과실로 인하여 중개의뢰인간의 거래행위가 무효·취소 또는 해제된 경우에는 그러하지 아니하다.

㉡ 개업공인중개사는 중개의뢰인으로부터 중개대상물의 권리관계 등의 확인 또는 계약금 등의 반환채무이행 보장에 소요되는 실비를 받을 수 있다.

▸▸ 기출 개업공인중개사는 중개대상물의 매매를 업으로 하는 행위는 함께 할 수 있다. (×)

▸▸ 기출 개업공인중개사는 거래당사자 쌍방을 대리할 수 있다. (×)

▸▸ 기출 개업공인중개사는 경매대상 부동산의 권리분석 및 취득을 알선하는 행위를 할 수 없다. (×)

③ 개업공인중개사의 금지행위 등(공인중개사법 제33조)

개업공인중개사 등은 다음 각 호의 업무를 할 수 없다.

1. 중개대상물의 매매를 업으로 하는 행위
2. 중개사무소의 개설등록을 하지 아니하고 중개업을 영위하는 자인 사실을 알면서 그를 통하여 중개를 의뢰받거나 그에게 자기 명의를 이용하게 하는 행위
3. 사례·증여 그 밖의 어떠한 명목으로도 보수 또는 실비를 초과하여 금품을 받는 행위
4. 해당 중개대상물의 거래상의 중요사항에 관하여 거짓된 언행 그 밖의 방법으로 중개의뢰인의 판단을 그르치게 하는 행위
5. 관계 법령에서 양도·알선 등이 금지된 부동산의 분양·임대 등과 관련 있는 증서 등의 매매·교환 등을 중개하거나 그 매매를 업으로 하는 행위
6. 중개의뢰인과 직접 거래를 하거나 거래당사자 쌍방을 대리하는 행위
7. 탈세 등 관계 법령을 위반할 목적으로 소유권보존등기 또는 이전등기를 하지 아니한 부동산이나 전매 등 권리의 변동이 제한된 부동산의 매매를 중개하는 등 부동산 투기를 조장하는 행위
8. 부당한 이익을 얻거나 제3자에게 부당한 이익을 얻게 할 목적으로 거짓으로 거래가 완료된 것처럼 꾸미는 등 중개대상물의 시세에 부당한 영향을 주거나 줄 우려가 있는 행위
9. 단체를 구성하여 특정 중개대상물에 대하여 중개를 제한하거나 단체 구성원 이외의 자와 공동중개를 제한하는 행위

4 부동산 에스크로 제도

(1) 의미

① 에스크로(Escrow) 제도는 부동산 거래당사자 사이의 동시이행을 제3자의 입장에서 공정하게 처리함으로써 거래사고를 방지하고자 하는 제도이다.

② 에스크로의 내용

㉠ 부동산 거래에서 에스크로 제도는 부동산 거래와 관련된 증서 등을 일정한 조건이 충족될 때까지 매도인이나 매수자가 아닌 제3의 기관에 예탁하는 제도이다.

㉡ 에스크로 제도를 활용하면 제3의 기관이 거래가 완료되는 시점까지 자금거래, 법적인 필요서류 등을 관리하기 때문에 공정하고 확실한 소유권 이전이 가능하다.

㉢ 에스크로 제도는 매도자와 매수자가 자금과 서류에 대한 관리 및 처리에 대한 모든 책임을 제3의 기관에 일임하기 때문에 거래에서 발생할 수 있는 위험을 방지할 수 있다.

③ 에스크로의 필요성

㉠ 부동산 등기의 공신력을 인정하지 않는 우리나라에서 부동산 거래의 사고를 예방하기 위해서는 매매대금과 등기를 위한 권리증서가 동시에 교환되는 과정, 즉 동시이행이 보장되어야 한다. 에스크로 회사는 거래대금과 권리증서를 제3자의 입장에서 관리함으로써 동시이행을 보장시킨다.

㉡ 계약금 및 중도금 등을 에스크로 회사가 관리하기 때문에 부동산 거래에서 발생할 수 있는 자금의 유용 등의 사기 사건을 사전에 방지할 수 있다.

㉢ 에스크로 제도는 자금과 권리증서의 안정한 교환소 역할을 하며, 부동산 거래의 투명성을 확보하여 정부의 세원 누수를 방지할 수 있으며, 부동산 거래의 안정성과 신뢰성을 제고시킬 수 있다.

(2) 부동산 에스크로의 역할

① 에스크로는 일반적으로 전문적인 에스크로 회사에 의해 이루어진다. 그러나 은행이나 권원보험회사 등도 산하에 별도의 에스크로 부서를 설치하여 에스크로를 대행하기도 한다.

▸▸ 기출 공인중개사법상 개업공인중개사는 거래의 안전을 보장하기 위하여 필요하다고 인정하는 경우에는 거래계약의 이행이 완료될 때까지 계약금·중도금 또는 잔금을 개업공인중개사 명의로 금융기관에 예치하도록 거래당사자에게 권고할 수 있다. (O)

▸▸ 기출 은행이나 신탁회사는 해당 업무를 취급할 수 없다. (×)

② 대리인으로서의 역할

㉠ 에스크로 회사는 매도인과 매수인을 공평하게 대리하여야 한다. 거래당사자 사이에 충돌이 발행할 수 있는 업무는 수행할 수 없고, 거래당사자 모두 서명한 서면의 지시에 의해서만 업무를 수행하여야 한다.

㉡ 업무를 추진하는 과정에서 갈등과 분쟁이 발생한 경우에 에스크로 회사는 조정자나 중재자의 역할을 수행할 수 없다. 에스크로 회사는 거래당사자들에게 법적인 조언이나 권고를 할 수 없고, 해결을 위한 소송을 제기할 수 있을 뿐이다.

㉢ 에스크로 회사는 거래당사자와 이해관계가 없는 객관적인 중간 관리자이다. 따라서 거래와 관련되어 어떠한 영향권 아래에서 그 영향들을 받는 모든 사람들을 보호해야 하는 법적인 의무를 갖는다.

③ 거래의 중립자의 역할

㉠ 에스크로 회사는 궁극적으로 매매 당사자들의 중립자 역할을 수행한다. 에스크로 회사는 중립자의 입장에서 에스크로 지시서를 작성하여 거래당사자들에게 전달한다.

㉡ 에스크로 회사는 중립적인 대리인으로서 에스크로 지시서의 내용 안에서 업무를 성실히 수행한다.

(3) 부동산 금융과 에스크로 제도

① 금융업에서 자금관리상의 여러 가지 사고를 사전에 방지하기 위하여 에스크로 제도를 도입하였다. 실무적으로 에스크로 계좌(escrow accounts) 관리를 중심으로 발전하였다.

② 민자사업과 민간개발사업에 투입되는 프로젝트 대출 자금과 수입금을 관리하기 위해서 대출기관은 에스크로 계좌를 개설할 은행을 지정하고 프로젝트 회사는 계좌를 개설한다. 이렇게 개설된 에스크로 계좌는 합의를 통해서만 인출이 가능하기 때문에 자금관리의 투명성과 안전성을 확보할 수 있다.

③ 프로젝트 파이낸싱과 에스크로 계좌관리

㉠ 사업 주체인 프로젝트 회사가 계좌들을 개설하고 그 계좌는 대리은행이 관리한다. 에스크로 계좌를 관리하는 은행을 대리은행이라고 한다. 계좌는 입출금이 자유로운 보통예금계좌 또는 요구불예금계좌로 대리은행이 지정하는 은행에서 개설된다.

ⓛ 계좌(계정)의 종류는 정부지급금계정, 운영계정, 대체충담적립계정, 부속사업수입계정, 운영비계정, 잉여계정, 담보계정 등이 있다. 대리은행은 이러한 계정별로 자금의 흐름을 관리하고 자금을 이체한다.

ⓒ 자금의 인출은 에스크로 제도의 특성상 절차에 따라 인출된다. 사업주체가 대리은행에게 예금 인출을 청구하면, 대리은행은 용도, 금액 및 시기 등의 타당성을 결정하여 운영계정인출통보서를 발급한다. 대리은행이 지정한 은행은 운영계정인출통보서를 확인한 후 인출이 허용된다.

5 부동산 권리분석

(1) 권리분석의 의미 **

① '부동산 권리분석'이란 대상 부동산에 대한 권리관계를 실질적으로 조사·확인·판단하여 부동산이 지니고 있는 권리상태를 명확히 인식하는 과정이다. 분석의 대상이 되는 부동산권리를 보통 권원이라고 한다.

② 권리분석의 의미

㉠ 협의의 권리분석 : 부동산 등기법에 의해 등기할 수 있는 권리를 분석대상으로 하는 경우이다.

ⓛ 광의의 권리분석 : 협의의 권리관계에 부동산의 법률적 가치를 포함한 경우이다. 법률적 가치에는 법률적 이용가치와 법률적 경제가치가 있다.

ⓒ 최광의의 권리분석 : 광의의 권리관계에 부동산의 상태 또는 사실관계, 등기능력이 없거나 요하지 않는 권리관계 등을 포함하는 경우이다.

▸▸ 기출 부동산의 상태 또는 사실관계, 등기능력이 없거나 요하지 않는 권리관계 등을 분석의 대상으로 하는 것은 협의의 권리분석이다. (×)

▸▸ 기출 부동산의 상태 또는 사실관계, 등기능력이 없는 권리 및 등기를 요하지 않는 권리관계 등 자세한 내용까지 분석의 대상으로 하는 것이 최광의의 권리분석이다. (O)

(2) 권리분석의 필요성 및 성격

① 필요성

㉠ 부동산 권리분석은 안전한 부동산 활동을 위해서 부동산 권리에 대한 상태를 정확히 인식하기 위해 수행된다.

ⓛ 부동산 권리에는 공·사법상 다양한 규제가 존재하기 때문에 이를 정확하게 분석하지 않는다면 예측하지 못한 손해가 발생할 수 있다.

② 부동산 권리분석의 성격

㉠ 부동산에 관한 권리관계를 취급하는 활동이다.

ⓛ 소송 등을 위한 권력적 행위가 아니라, 실무가가 행하는 비권력적 사실행위이다.

㉢ 이미 설정된 권리관계를 확인하는 사후 확인행위이다.

㉣ 권리관계라는 객관적 사실을 취급하기 때문에 객관적 활동이지만, 권리관계가 추상적인 경우 등 때에 따라 주관성이 개입되는 활동이기도 하다.

㉤ 체계화된 지식으로 설명되는 과학성과 실무 활동에 응용하고자 하는 기술성을 동시에 갖는다.

㉥ 사회성과 공공성이 강조되는 활동이기 때문에 권리를 분석하는 주체에게 높은 윤리성이 요구된다.

(3) 권리분석의 특별 원칙 **

▸▸ 기출 권리분석의 원칙에는 능률성, 안전성, 탐문주의, 증거주의 등이 있다. (O)

① 권리분석의 특별 원칙이란 부동산 활동에 있어서 일반 원칙에 우선하는 원칙이다. 특별 원칙에는 탐문주의 원칙, 증거주의 원칙, 능률성의 원칙, 안정성의 원칙 등 네 가지 특별 원칙이 있다.

1. 탐문주의의 원칙	2. 증거주의의 원칙
3. 능률성의 원칙	4. 안전성의 원칙

▸▸ 기출 부동산 권리분석을 행하는 주체가 분석대상권리의 주요한 사항을 직접 확인해야 한다는 것은 증거주의의 원칙이다. (×)

② 탐문주의의 원칙

㉠ 권리분석가는 권리분석에 필요한 자료와 정보를 직접 탐문하여 확보하여야 한다.

㉡ 권리분석에 필요한 자료나 정보, 증언 등은 직접 관계되는 사람을 실제 탐문해서 얻는 것이 가장 실증적이다. 인근주민, 담당공무원, 공인중개사, 건축업자 등이 탐문의 대상이 된다.

③ 증거주의의 원칙

㉠ 권리분석가가 행하는 조사・확인・판단은 반드시 증거에 입각하여 이루어져야 한다.

㉡ 증거주의 원칙은 안전성의 원칙을 지원하는 원칙이며, 권리분석의 주관성에 객관성을 부여하려는 노력이다.

④ 능률성의 원칙

㉠ 권리분석 활동도 일반 활동처럼 능률적으로 이루어져야 한다. 다만, 너무 능률을 강조하면 안전의 문제가 발생할 수 있기 때문에 균형적인 활동이 되도록 주의하여야 한다.

㉡ 권리 분석가는 기계를 활용하거나, 일을 나누어 수행하거나 양식 등을 정형화하고 표준화함으로써 활동의 능률성을 높이도록 노력하여야 한다.

⑤ 안전성의 원칙

㉠ 치밀하고 철저한 권리관계의 분석이 필요한데, 권리관계에 대한 조사·확인·판단에 있어서 안전성을 추구해야 한다. 안정성의 하부 원칙은 다음과 같다.

1. 하자 전제의 원칙	2. 완전 심증의 원칙
3. 범위 확대의 원칙	4. 차단의 원칙
5. 유동성 대비의 원칙	

㉡ **하자 전제의 원칙** : 모든 권리에는 일단 하자가 있는 것으로 가정하고 충분히 확인하여야 한다.

㉢ **완전 심증의 원칙** : 조금이라도 의심이 있는 부분은 지속적으로 재검토하여야 한다.

㉣ **범위 확대의 원칙** : 권리관계의 연속성을 추적하여 권리분석의 범위를 가능한 확대하여야 한다.

㉤ **차단의 원칙** : 권리분석가의 주관성을 침해할 수 있는 선입관 등의 감상적 요소를 차단하여야 한다.

㉥ **유동성 대비의 원칙** : 권리분석 활동 중에 권리관계가 변화하는 것을 대비하여야 한다는 것으로, 권리분석을 통해 얻은 증거나 증언 등이 소멸, 번복되는 경우를 대비하여야 한다.

▸▸ 기출 하자 전제의 원칙, 범위 확대의 원칙, 차단의 원칙 등은 안전성의 원칙을 설명한 것이다. (O)

(4) 권리분석의 방법

① 대상 부동산과 관련된 법률관계 또는 사실관계를 파악하고 분석하기 위해서는 자료의 수집, 판독, 권리분석의 제약 사항의 판단 및 임장활동 등의 단계를 거쳐야 한다.

② 자료의 수집

㉠ 권리들에 대한 각종 자료를 수집하는 단계이다.

㉡ 확인 자료로 지적공부, 등기부 등의 공적 자료의 수집이 우선시되어야 하며, 추가 자료로는 부동산 거래사고에 대한 판례사항도 함께 참고하여야 한다.

③ 판독

㉠ 수집된 자료를 바탕으로 자료의 판독을 행하는 단계이다.

㉡ 자료의 진위 판단, 부동산 현황과의 부합 판단, 지적공부 및 등기부 등을 통한 사법적 관계의 확인·판단, 공법상의 이용제한과 거래규제 등의 확인·판단 등이 이루어진다.

✔주의
권리분석의 단계
1. 자료의 수집
2. 판독
3. 임장활동

▸▸ 기출 판독이란 임장활동 전 단계 활동으로 여러 가지 물적 증거를 수집하고 탁상 위에서 검토하여 1차적으로 하자의 유무를 발견하려는 작업니다. (O)

▸▸ 기출 임장활동 이전 단계 활동으로 여러 가지 물적 증거를 수집하고 탁상으로 검토하여 1차적으로 하자의 유무를 발견하는 작업을 권리보증이라고 한다. (X)

④ 권리분석의 제약 사항의 판단

㉠ 판독을 통해 권리분석에 대한 제약 내용을 판단하는 단계이다.

㉡ 수집된 자료의 판독이 이루어진 이후에 판례를 통한 위험사례를 조사·분석하여 권리분석에 대한 제약 사항 등을 확인한다.

⑤ 임장활동

㉠ 권리의 하자 여부를 확인하기 위해 현장을 방문하는 단계이다.

㉡ 임장활동을 통해 부동산 권리 등에 대한 하자유무를 확인하여 권리분석 결과의 신뢰성을 높여야 한다.

(5) 부동산 거래 사고

① 부동산 거래 사고는 원인에 따라 법률적 거래 사고, 경제적 거래 사고, 기술적 거래 사고 및 유통적 거래사고로 구분될 수 있다.

② 거래 사고의 유형

㉠ 법률적 거래 사고

- 권리 취득의 불가능
- 인수의 불가능 또는 이용의 불가능
- 부적법한 건물의 취득
- 과다하거나 불합리한 세금 부담

㉡ 경제적 거래 사고

- 불합리한 거래 가격과 임대료
- 비표준적인 순수익 또는 관리비 등
- 수익성 부동산에 대한 수익성 판단의 오류

㉢ 기술적 거래 사고

- 기초, 벽, 지붕 등 건물의 구조물에 대한 잘못된 판단
- 위생시설, 난방시설 등 설비에 대한 잘못된 판단
- 정착물의 위치 및 내용이 다른 경우

(6) 부동산 권원의 보증 제도

① 부동산 거래 사고를 방지하기 위한 제도적인 장치로 권원요약서(abstract of title), 권원증명서(certificate of title), 권원보험 및 토렌스 제도 등이 있다. 토렌스 제도는 실질적 심사주의에 해당하는 제도이고, 나머지 방법들은 형식적 심사주의를 보완할 수 있는 제도이다.

② 권원요약서

㉠ 미국의 권원요약회사(title abstract company)는 부동산에 관한 거래를 30년 전까지 추적하여 소유권자의 이름, 이전 날짜 및 제한 요인 등을 조사하고 이를 분석한다.

㉡ 권리분석사는 권리분석의 결과를 통해 권원요약서(abstract of title)라는 명칭으로 기록한다.

③ 권원증명서

㉠ 부동산 매수자는 매도자로부터 받은 권원요약서를 변호사나 권원회사에 의뢰하여 권원을 조사하게 할 수 있다.

㉡ 변호사나 권원회사는 권원을 조사·분석하여 이를 권원증명서(certificate of title), 권원 보고서라는 형태로 보고한다.

④ 권원보험 또는 권원보증제도

㉠ 부동산 권원보증제도란 부동산의 등기부를 면밀히 조사했지만 발견되지 않는 흠이나 부담의 손해를 보증하는 제도이다.

㉡ 부동산 권원보증제도는 부동산의 권리를 보증하는 제도이다. 일정 시점 또는 현재에 찾아내지 못한 부동산 권리의 하자로 인하여 권리자가 입은 손해를 보상해 주는 보험의 일종이다.

㉢ 부동산 권원보증제도(title insurance)는 1876년 미국의 필라델피아에서 처음 실시되었다. 미국의 금융기관은 일반적으로 그 대출 조건으로 부동산 권원보증보험에 가입할 것을 요구한다.

⑤ 토렌스 제도

㉠ 부동산의 권원을 관할 법원에 등록하고, 등록된 권원을 법원이 보증하는 제도이다.

㉡ 부동산이 처음으로 등기 신청이 되면 법원은 실질적 심사주의에 따라 권원을 조사하고, 관계인들의 의견을 수렴할 수 있는 청문회 등의 절차를 거쳐 권리를 확정하고 이를 등록한다.

㉢ 토렌스 제도의 가장 큰 장점은 권원을 인수받은 사람은 권원증서에 기록되지 않은 사항에 대해서 아무런 책임을 지지 않는다는 것이다. 또한 권원 조사 과정의 실수나 착오 및 누락 등으로 손해가 발생한 경우에는 법원이 이를 보상한다.

㉣ 토렌스 제도는 시간과 비용이 많이 소요되고, 현재의 소유자보다는 미래의 소유자를 지나치게 보호한다는 비판을 받기도 한다.

제6장 부동산 개발론 계산 문제

1 입지계수(LQ)

01 **제시된 자료를 이용하여 A도시에 있는 모든 산업의 입지계수를 산정하고, A도시에 특화되어 있는 산업(기반산업)을 찾으시오.** (수치는 고용자 수를 나타낸다.)

산업 구분	A도시	B도시	전국
제조업	300명	1,200명	4,000명
금융업	500명	1,500명	5,000명
부동산업	200명	300명	1,000명
합계	1,000명	3,000명	10,000명

정답해설

1. 특정 산업의 입지계수 = $\frac{\text{지역의 산업구성비}}{\text{전국의 산업구성비}}$

2. A도시의 산업별 입지계수

산업 구분	A도시(산업구성비)	전국(산업구성비)	입지계수
제조업	300명(30%)	4,000명(40%)	30/40 = 0.75
금융업	500명(50%)	5,000명(50%)	50/50 = 1.0
부동산업	200명(20%)	1,000명(10%)	20/10 = 2.0
합계	1,000명	10,000명	

3. A도시의 기반산업
   ① 기반산업은 입지계수가 1보다 큰 산업이다.
   ② A도시의 기반산업은 부동산업이다.

02 **각 도시의 산업별 고용자 수가 다음과 같을 때 X산업의 입지계수(locational quotient)를 산정하시오.** (단, 주어진 조건에 한함)

산업 구분	A도시	B도시	전국
X산업	400명	1,200명	1,600명
Y산업	600명	800명	1,400명
합계	1,000명	2,000명	3,000명

정답해설

1. A도시의 X산업 입지계수

① A도시 X산업의 산업구성비 : $\frac{400명}{1,000명} = 0.4(40\%)$

② 전국 X산업의 산업구성비 : $\frac{1,600명}{3,000명} = 0.53(53\%)$

③ X산업의 입지계수 $= \frac{지역의\ 산업구성비}{전국의\ 산업구성비} = \frac{40\%}{53\%} = 0.75$

2. B도시의 X산업 입지계수

① B도시 X산업의 산업구성비 : $\frac{1,200명}{2,000명} = 0.6(60\%)$

② 전국 X산업의 산업구성비 : $\frac{1,600명}{3,000명} = 0.53(53\%)$

③ X산업의 입지계수 $= \frac{지역의\ 산업구성비}{전국의\ 산업구성비} = \frac{60\%}{53\%} = 1.13$

PART 07

부동산 개발론 등 기출문제

주제 부동산 개발의 위험과 분석

01 부동산 개발의 개념에 관한 설명으로 옳지 않은 것은? ▸ 2019년 30회

① 「부동산개발업의 관리 및 육성에 관한 법률」상 부동산 개발은 시공을 담당하는 행위를 포함한다.

② 부동산 개발은 온전하게 운용할 수 있는 부동산을 생산하기 위한 토지와 개량물의 결합이다.

③ 부동산 개발이란 인간에게 생활, 일, 쇼핑, 레저 등의 공간을 제공하기 위한 토지, 노동, 자본 및 기업가적 능력의 결합과정이다.

④ 부동산 개발은 토지조성활동과 건축활동을 포함한다.

⑤ 부동산 개발은 토지 위에 건물을 지어 이익을 얻기 위해 일정 면적의 토지를 이용하는 과정이다.

정답해설

① 부동산 개발의 정의에 시공을 담당하는 행위는 제외된다.

■ 부동산 개발의 정의(부동산개발업의 관리 및 육성에 관한 법률 제2조)

1. "부동산개발"이란 다음 각 목의 어느 하나에 해당하는 행위를 말한다. 다만, 시공을 담당하는 행위는 제외한다.
   가. 토지를 건설공사의 수행 또는 형질변경의 방법으로 조성하는 행위
   나. 건축물을 건축·대수선·리모델링 또는 용도변경 하거나 공작물을 설치하는 행위

02 부동산개발업의 관리 및 육성에 관한 법률상 부동산 개발에 해당하지 않는 행위는? ▸ 2020년 31회

① 토지를 건설공사의 수행으로 조성하는 행위

② 토지를 형질변경의 방법으로 조성하는 행위

③ 시공을 담당하는 행위

④ 건축물을 건축기준에 맞게 용도변경하는 행위

⑤ 공작물을 설치하는 행위

정답해설

③ 부동산 개발의 정의에 시공을 담당하는 행위는 제외된다.

03 워포드(L. Wofford)의 부동산 개발 7단계의 순서로 올바르게 나열한 것은? ▸ 2019년 30회

ㄱ. 사업구상	ㄴ. 마케팅
ㄷ. 예비타당성 분석	ㄹ. 부지 확보
ㅁ. 금융	ㅂ. 건설
ㅅ. 타당성 분석	

① ㄱ－ㄴ－ㄷ－ㄹ－ㅅ－ㅁ－ㅂ
② ㄱ－ㄴ－ㄷ－ㅅ－ㅁ－ㄹ－ㅂ
③ ㄱ－ㄷ－ㄴ－ㅅ－ㄹ－ㅁ－ㅂ
④ ㄱ－ㄷ－ㄹ－ㅅ－ㅁ－ㅂ－ㄴ
⑤ ㄱ－ㄹ－ㄷ－ㅁ－ㅅ－ㅂ－ㄴ

정답해설

④ 옳은 순서이다.

04 다음은 부동산 개발과정에 내재하는 위험에 관한 설명이다. ( ) 안에 들어갈 내용으로 옳게 연결된 것은? ▸ 2017년 28회

- (ㄱ)은 정부의 정책이나 용도지역제와 같은 토지이용규제의 변화로 인해 발생하기도 한다.
- (ㄴ)은 개발된 부동산이 분양이나 임대가 되지 않거나, 계획했던 가격 이하나 임대료 이하로 매각되거나 임대되는 경우를 말한다.
- (ㄷ)은 인플레이션이 심할수록, 개발기간이 연장될수록 더 커진다.

① ㄱ : 법률적 위험, ㄴ : 시장위험, ㄷ : 비용위험
② ㄱ : 법률적 위험, ㄴ : 관리위험, ㄷ : 시장위험
③ ㄱ : 사업위험, ㄴ : 계획위험, ㄷ : 비용위험
④ ㄱ : 계획위험, ㄴ : 시장위험, ㄷ : 비용위험
⑤ ㄱ : 시장위험, ㄴ : 계획위험, ㄷ : 사업위험

정답해설

① 옳은 연결이다.

정답 > 01 ① 02 ③ 03 ④ 04 ①

05 부동산 개발의 시장위험에 해당하지 않는 것은? ▸ 2019년 30회

① 이자율 상승　　② 행정인허가 불확실성
③ 공실률 증가　　④ 공사자재 가격급등
⑤ 임대료 하락

정답해설

② 행정인허가 불확실성으로 발생하는 위험은 법적 위험으로 분류된다.

06 개발업자 甲이 직면한 개발사업의 시장위험에 관한 설명으로 옳지 않은 것은? ▸ 2020년 31회

① 개발기간 중에도 상황이 변할 수 있다는 점에 유의해야 한다.
② 개발기간이 장기화될수록 개발업자의 시장위험은 높아진다.
③ 선분양은 개발업자가 부담하는 시장위험을 줄일 수 있다.
④ 금융조달비용의 상승과 같은 시장의 불확실성은 개발업자에게 시장위험을 부담시킨다.
⑤ 후분양은 개발업자의 시장위험을 감소시킨다.

정답해설

⑤ 선분양이 개발업자의 시장위험을 감소시킨다.

07 부동산 개발의 사업타당성 분석에 관한 설명으로 옳지 않은 것은? ▸ 2018년 29회

① 물리적 타당성 분석은 대상 부지의 지형, 지세, 토질과 같은 물리적 요인들이 개발대상 부동산의 건설 및 운영에 적합한지 여부를 분석하는 과정이다.
② 법률적 타당성 분석은 대상 부지와 관련된 법적 제약조건을 분석해서 대상 부지 내에서 개발 가능한 용도와 개발규모를 판단하는 과정이다.
③ 경제적 타당성 분석은 개발사업에 소요되는 비용, 수익, 시장수요와 공급 등을 분석하는 과정이다.
④ 민감도 분석은 사업타당성 분석의 주요 변수들의 초기투입 값을 변화시켰을 때 수익성의 변화를 예측하는 과정이다.
⑤ 투자결정분석은 부동산 개발에 영향을 미치는 인근 환경요소의 현황과 전망을 분석하는 과정이다.

정답해설

⑤ 투자결정이란 다양한 투자분석기법을 활용하여 최종의 대안을 선택하는 과정이다.

08 부동산 개발사업에 관련된 설명으로 옳은 것을 모두 고른 것은? ▸ 2021년 32회

ㄱ. 개발기간의 연장, 이자율의 인상, 인플레이션의 영향으로 개발비용이 증가하는 위험은 비용위험에 속한다.
ㄴ. 개발 부동산의 선분양제도는 후분양제도에 비해 사업시행자가 부담하는 시장위험을 줄일 수 있다.
ㄷ. 민감도 분석에 있어 주요 변수로는 토지구입비, 개발기간, 분양가격 등이 있다.
ㄹ. 수익성지수가 1보다 크다는 것은 순현가가 '0'(zero)보다 크다는 뜻이다.

① ㄱ, ㄴ
② ㄴ, ㄷ
③ ㄱ, ㄷ, ㄹ
④ ㄴ, ㄷ, ㄹ
⑤ ㄱ, ㄴ, ㄷ, ㄹ

정답해설

⑤ 모두 옳은 지문이다.

09 부동산 개발에 관한 설명으로 옳은 것을 모두 고른 것은? ▸ 2022년 33회

ㄱ. 부동산개발업의 관리 및 육성에 관한 법률상 부동산 개발은 토지를 건설공사의 수행 또는 형질변경의 방법으로 조성하는 행위 및 건축물을 건축, 대수선, 리모델링 또는 용도를 변경하거나 공작물을 설치하는 행위를 말하며, 시공을 담당하는 행위는 제외한다.
ㄴ. 혼합방식은 개발 전의 면적·등급·지목 등을 고려하여, 개발된 토지를 토지 소유주에게 종전의 토지위치에 재분배하는 것을 말한다.
ㄷ. 흡수율 분석은 수요·공급분석을 통하여 대상 부동산이 언제 얼마만큼 시장에서 매각 또는 임대될 수 있는지를 파악하는 것이다.
ㄹ. 개발권양도제(TDR)는 일정하게 주어진 개발허용한도 내에서 해당 지역의 토지이용규제로 인해 사용하지 못하는 부분을 다른 지역에 양도할 수 있는 것이다.

① ㄱ, ㄷ
② ㄷ, ㄹ
③ ㄱ, ㄴ, ㄹ
④ ㄱ, ㄷ, ㄹ
⑤ ㄴ, ㄷ, ㄹ

정답해설

④ 옳은 지문은 'ㄱ, ㄷ, ㄹ'이다.

오답해설

ㄴ. 환지방식에 대한 설명이다.

정답 > 05 ② 06 ⑤ 07 ⑤ 08 ⑤ 09 ④

10 **부동산 개발의 타당성 분석 유형을 설명한 것이다. (　　)에 들어갈 내용으로 옳게 연결된 것은?**

▸ 2022년 33회

- (ㄱ)은 부동산이 현재나 미래의 시장상황에서 매매 또는 임대될 수 있는 가능성을 분석하는 것이다.
- (ㄴ)은 개발업자가 대상 부동산에 대해 수립한 사업안들 중에서 최유효이용을 달성할 수 있는 방식을 판단할 수 있도록 자료를 제공해주는 것이다.
- (ㄷ)은 주요 변수들의 초기 투입값을 변화시켜 적용함으로써 낙관적 또는 비관적인 상황에서 발생할 수 있는 수익성 및 부채상환능력 등을 예측하는 것이다.

① ㄱ : 시장성 분석, ㄴ : 민감도 분석, ㄷ : 투자 분석
② ㄱ : 민감도 분석, ㄴ : 투자 분석, ㄷ : 시장성 분석
③ ㄱ : 투자 분석, ㄴ : 시장성 분석, ㄷ : 민감도 분석
④ ㄱ : 시장성 분석, ㄴ : 투자 분석, ㄷ : 민감도 분석
⑤ ㄱ : 민감도 분석, ㄴ : 시장성 분석, ㄷ : 투자 분석

정답해설

④ 옳은 연결이다.

11 **부동산개발사업의 위험에 관한 설명이다. (　　)에 들어갈 내용으로 옳은 것은?** ▸ 2023년 34회

- (ㄱ)은 추정된 토지비, 건축비, 설계비 등 개발비용의 범위 내에서 개발이 이루어져야 하는데, 인플레이션 및 예상치 못한 개발기간의 장기화 등으로 발생할 수 있다.
- (ㄴ)은 용도지역제와 같은 토지이용규제의 변화와 관계기관 인허가 승인의 불확실성 등으로 야기될 수 있다.
- (ㄷ)은 개발기간 중 이자율의 변화, 시장침체에 따른 공실의 장기화 등이 원인일 수 있다.

① ㄱ : 시장위험, ㄴ : 계획위험, ㄷ : 비용위험
② ㄱ : 시장위험, ㄴ : 법률위험, ㄷ : 비용위험
③ ㄱ : 비용위험, ㄴ : 계획위험, ㄷ : 시장위험
④ ㄱ : 비용위험, ㄴ : 법률위험, ㄷ : 시장위험
⑤ ㄱ : 비용위험, ㄴ : 법률위험, ㄷ : 계획위험

정답해설

④ 옳은 연결이다.

주제 개발의 방식

01 택지개발방식 중 환지방식에 관한 설명으로 옳지 않은 것을 모두 고른 것은? ▸ 2017년 28회

ㄱ. 사업자로서는 상대적으로 사업시행이 간단하고 용이하다.
ㄴ. 개발이익은 토지소유자, 사업자 등이 향유한다.
ㄷ. 사업자의 초기 사업비 부담이 크고, 토지소유자의 저항이 심할 수 있다.
ㄹ. 감보된 토지는 새로이 필요로 하는 공공시설 용지로 사용되고, 나머지 체비지는 환지한다.
ㅁ. 환지의 형평성을 기하기 위해 사업시행기간이 장기화될 수 있다.
ㅂ. 혼용방식은 수용 또는 사용방식과 환지방식을 혼용하여 시행하는 방식이다.

① ㄱ, ㄴ, ㄷ
② ㄱ, ㄷ, ㄹ
③ ㄱ, ㄹ, ㅁ
④ ㄴ, ㅁ, ㅂ
⑤ ㄹ, ㅁ, ㅂ

정답해설

② 옳지 않은 지문은 ㄱ, ㄷ, ㄹ이다.
ㄱ. 사업시행이 간단하고 용이한 방식은 매수방식이다. 환지방식은 환지처분 등을 위한 절차를 거쳐야 하기 때문에 매수방식보다 상대적으로 복잡한 방식이다.
ㄷ. 초기 사업부담이 큰 방식은 매수방식이다. 또한 강제적인 취득인 수용의 과정에서 토지소유자의 저항이 심할 수 있다.
ㄹ. 환지방식은 개발이 완료된 토지를 전부 환지하지 않고 일부를 남겨놓는데, 이를 보류지라고 한다. 보류지 중 일부는 공공시설 용지로 사용되고, 나머지는 경매를 통해 처분한 후 사업비용에 충당한다. 특히 사업비용에 충당하기 위해 남겨진 토지를 체비지라고 한다.

02 다음의 개발방식은? ▸ 2020년 31회

- 대지로서의 효용 증진과 공공시설의 정비를 목적으로 하며, 택지개발사업에 주로 활용되는 방식이다.
- 사업 후 개발토지 중 사업에 소요된 비용과 공공용지를 제외한 토지를 당초의 토지소유자에게 되돌려 주는 방식이다.
- 개발사업 시 사업재원으로 확보해 놓은 토지를 체비지라고 한다.

① 환지방식
② 신탁방식
③ 수용방식
④ 매수방식
⑤ 합동방식

정답해설

① 환지방식에 대한 설명이다.

정답 ≫ 10 ④ 11 ④ / 01 ② 02 ①

03 **토지개발방식으로서 수용방식과 환지방식의 비교에 관한 설명으로 옳지 않은 것은?** (단, 사업구역은 동일함) ▸ 2021년 32회

① 수용방식은 환지방식에 비해 종전 토지소유자에게 개발이익이 귀속될 가능성이 큰 편이다.
② 수용방식은 환지방식에 비해 사업비의 부담이 큰 편이다.
③ 수용방식은 환지방식에 비해 기반시설의 확보가 용이한 편이다.
④ 환지방식은 수용방식에 비해 사업시행자의 개발토지 매각부담이 적은 편이다.
⑤ 환지방식은 수용방식에 비해 종전 토지소유자의 재정착이 쉬운 편이다.

정답해설

① 종전 토지소유자에게 개발이익이 귀속되는 방식은 환지방식이다.

04 **부동산개발방식에 관한 설명으로 옳은 것을 모두 고른 것은?** ▸ 2024년 35회

ㄱ :	토지소유자와의 약정에 의해 수익증권을 발행하고 수익증권의 소유자에게 수익을 배당하는 방식
ㄴ :	원래의 토지소유자에게 사업 후 사업에 소요된 비용 등을 제외하고 면적비율에 따라 돌려주는 방식
ㄷ :	공익성이 강하고 대량공급이 가능한 택지개발사업에서 주로 수행하는 방식

① ㄱ : 신탁방식, ㄴ : 환지방식, ㄷ : 공영개발방식
② ㄱ : 신탁방식, ㄴ : 수용방식, ㄷ : 공영개발방식
③ ㄱ : 사업위탁방식, ㄴ : 환지방식, ㄷ : 민간개발방식
④ ㄱ : 사업위탁방식, ㄴ : 수용방식, ㄷ : 민간개발방식
⑤ ㄱ : 컨소시엄방식, ㄴ : 수용방식, ㄷ : 민관협력개발방식

정답해설

① 옳은 연결이다.
ㄱ. 수익증권은 신탁방식에서 등장하는 용어이다.
ㄴ. 토지를 원래의 토지소유자에게 재분배하는 방식은 환지방식이다.
ㄷ. 공익성이 강한 방식은 공영개발방식이다.

05 다음 설명에 모두 해당하는 부동산개발방식은? ▸ 2023년 34회

> • 사업부지를 소유하고 있는 토지소유자가 개발이 완료된 후 개발업자나 시공사에게 공사대금을 완공된 일부의 건물로 변제하고, 나머지는 분양하거나 소유하는 형태이다.
> • 토지소유자는 대상 부지의 소유권을 소유한 상태에서 개발사업이 진행되도록 유도할 수 있고, 그 결과 발생되는 부동산가치의 상승분을 취득할 수 있는 이점이 있다.

① 공영개발방식 ② 직접개발방식
③ 대물교환방식 ④ 토지신탁방식
⑤ BTL사업방식

정답해설

③ 대물교환방식 또는 등가교환방식에 대한 설명이다.

06 다음에서 설명하는 민간투자 사업방식은? ▸ 2024년 35회

> • 시설의 소유권은 시설의 준공과 함께 정부 등에 귀속
> • 사업시행자는 일정기간의 시설관리 운영권을 획득
> • 사업시행자는 시설의 최종수요자로부터 이용료를 징수하여 투자비를 회수
> • SOC시설 소유권을 민간에 넘기는 것이 부적절한 경우에 주로 사용

① BOT(build-operate-transfer)방식
② BTO(build-transfer-operate)방식
③ BLT(build-lease-transfer)방식
④ LBO(lease-build-operate)방식
⑤ BOO(build-own-operate)방식

정답해설

② BTO 방식에 대한 설명이다. 특히 시설의 최종수요자로부터 이용료를 징수하여 투자비를 회수하는 방식은 BTO 방식이다.

PART • 07

정답 ≫ 03 ① 04 ① 05 ③ 06 ②

07 민간투자사업의 추진방식에 관한 설명으로 옳지 않은 것은? ▸ 2019년 30회

① 사회기반시설의 준공과 동시에 해당 시설의 소유권이 국가 또는 지방자치단체에 귀속되며, 사업시행자에게 일정기간의 시설관리운영권을 인정하는 방식을 BTO 방식이라고 한다.
② 사회기반시설의 준공과 동시에 해당 시설의 소유권이 국가 또는 지방자치단체에 귀속되며, 사업시행자에게 일정기간의 시설관리운영권을 인정하되, 그 시설을 국가 또는 지방자치단체 등이 협약에서 정한 기간 동안 임차하여 사용·수익하는 방식을 BTL 방식이라고 한다.
③ 사회기반시설의 준공 후 일정기간 동안 사업시행자에게 해당 시설의 소유권이 인정되며 그 기간이 만료되면 시설소유권이 국가 또는 지방자치단체에 귀속되는 방식을 BOT 방식이라고 한다.
④ BTO 방식은 초등학교 교사 신축사업에 적합한 방식이다.
⑤ BTL 방식은 사업시행자가 최종 수요자에게 사용료를 직접 부과하기 어려운 경우 적합한 방식이다.

정답해설

④ 교사, 기숙사, 도서관, 아파트 등 건물에 주로 적용되는 방식은 BTL 방식이다.

08 다음 민간투자사업방식을 바르게 연결한 것은? ▸ 2020년 31회

ㄱ. 사업주가 시설준공 후 소유권을 취득하여, 일정기간 동안 운영을 통해 운영수익을 획득하고, 그 기간이 만료되면 공공에게 소유권을 이전하는 방식
ㄴ. 사업주가 시설준공 후 소유권을 공공에게 귀속시키고, 그 대가로 받은 시설운영권으로 그 시설을 공공에게 임대하여 임대료를 획득하는 방식
ㄷ. 사업주가 시설준공 후 소유권을 공공에게 귀속시키고, 그 대가로 일정기간 동안 시설운영권을 받아 운영수익을 획득하는 방식
ㄹ. 사업주가 시설준공 후 소유권을 취득하여, 그 시설을 운영하는 방식으로, 소유권이 사업주에게 계속 귀속되는 방식

① ㄱ : BTO방식, ㄴ : BTL방식, ㄷ : BOT방식, ㄹ : BOO방식
② ㄱ : BOT방식, ㄴ : BTL방식, ㄷ : BTO방식, ㄹ : BOO방식
③ ㄱ : BOT방식, ㄴ : BTO방식, ㄷ : BOO방식, ㄹ : BTL방식
④ ㄱ : BTL방식, ㄴ : BOT방식, ㄷ : BOO방식, ㄹ : BTO방식
⑤ ㄱ : BOT방식, ㄴ : BOO방식, ㄷ : BTO방식, ㄹ : BTL방식

정답해설

② 옳은 연결이다.

ㄱ. 사업주가 시설준공(B) 후 소유권을 취득하여, 일정기간 동안 운영(O)을 통해 운영수익을 획득하고, 그 기간이 만료되면 공공에게 소유권을 이전(T)하는 방식은 BOT방식이다.

ㄴ. 사업주가 시설준공(B) 후 소유권을 공공에게 귀속(T)시키고, 그 대가로 받은 시설운영권으로 그 시설을 공공에게 임대(L)하여 임대료를 획득하는 방식은 BTL방식이다.

ㄷ. 사업주가 시설준공(B) 후 소유권을 공공에게 귀속(T)시키고, 그 대가로 일정기간 동안 시설운영권(O)을 받아 운영수익을 획득하는 방식은 BTO방식이다.

ㄹ. 사업주가 시설준공(B) 후 소유권을 취득(O; own)하여, 그 시설을 운영(O; operate)하는 방식으로, 소유권이 사업주에게 계속 귀속되는 방식은 BOO방식이다.

주제 부동산 관리론

01 부동산관리의 위탁관리방식에 관한 설명으로 옳지 않은 것은? ▸ 2024년 35회

① 신뢰도가 높은 업체를 선정하는 것이 중요하다.
② 관리업무의 전문성과 효율성을 제고할 수 있다.
③ 오피스빌딩과 같은 대형건물의 관리에 유용하다.
④ 관리환경 변화에 대한 예측과 적응에 유리하다.
⑤ 자기관리방식보다 기밀유지 측면에서 유리하다.

정답해설

⑤ 기밀 및 보안의 측면에서 유리한 방식은 자기관리방식이다.

02 부동산 관리방식에 관한 설명으로 옳지 않은 것은? ▸ 2019년 30회

① 자기관리방식은 소유자가 직접 관리하는 방식으로 단독주택이나 소형빌딩과 같은 소규모 부동산에 주로 적용된다.
② 위탁관리방식은 부동산관리 전문업체에 위탁해 부동산을 관리하는 방식으로 대형건물의 관리에 유용하다.
③ 혼합관리방식은 관리업무 모두를 위탁하지 않고 필요한 부분만 따로 위탁하는 방식이다.
④ 자기관리방식은 전문성 결여의 가능성이 높으나 신속하고 종합적인 운영관리가 가능하다.
⑤ 위탁관리방식은 관리업무의 전문성과 효율성을 제고할 수 있으며 기밀유지의 장점이 있다.

정답 > 07 ④ 08 ② / 01 ⑤ 02 ⑤

정답해설

⑤ 기밀유지에 장점이 있는 방식은 자기관리방식이다.

03 **건물의 관리방식에 관한 설명으로 옳지 않은 것은?** ▸ 2020년 31회

① 자가관리방식은 일반적으로 소유자의 지시와 통제 권한이 강하다.
② 위탁관리방식은 부동산관리를 전문적으로 하는 대행업체에게 맡기는 방식으로 사회적으로 신뢰도가 높고 성실한 대행업체를 선정하는 것이 중요하다.
③ 혼합관리방식은 자가관리에서 위탁관리로 이행하는 과도기적 조치로 적합하다.
④ 자가관리방식에 있어 소유자가 전문적 관리지식이 부족한 경우 효율적 관리에 한계가 있을 수 있다.
⑤ 혼합관리방식에 있어 관리상의 문제가 발생할 경우, 책임소재에 대한 구분이 명확하다.

정답해설

⑤ 혼합관리방식은 문제가 발생한 경우, 관리의 책임소재가 불분명하다는 단점이 있다.

04 **부동산 관리와 생애주기에 관한 설명으로 옳지 않은 것은?** ▸ 2022년 33회

① 자산관리(Asset Management)란 소유자의 부를 극대화시키기 위하여 대상 부동산을 포트폴리오 관점에서 관리하는 것을 말한다.
② 시설관리(Facility Management)란 각종 부동산 시설을 운영하고 유지하는 것으로 시설 사용자나 건물주의 요구에 단순히 부응하는 정도의 소극적이고 기술적인 측면의 관리를 말한다.
③ 생애주기상 노후단계는 물리적・기능적 상태가 급격히 악화되기 시작하는 단계로 리모델링을 통하여 가치를 올릴 수 있다.
④ 재산관리(Property Management)란 부동산의 운영수익을 극대화하고 자산가치를 증진시키기 위한 임대차 관리 등의 일상적인 건물운영 및 관리뿐만 아니라 부동산 투자의 위험관리와 프로젝트 파이낸싱 등의 업무를 하는 것을 말한다.
⑤ 건물의 이용에 의한 마멸, 파손, 노후화, 우발적 사고 등으로 사용이 불가능할 때까지의 기간을 물리적 내용연수라고 한다.

정답해설

④ 투자의 위험관리와 프로젝트 파이낸싱 등의 업무는 자산관리(A.M)의 내용이다. 재산관리(P.M)는 부동산관리 또는 임대차관리라고도 하는데, 부동산 전체의 임대차 수익을 극대화하고자 하는 관리이다.

05 **건물의 관리방식에 관한 설명으로 옳은 것은?** ▸ 2022년 33회

① 위탁관리방식은 부동산관리 전문업체에 위탁해 관리하는 방식으로 대형건물의 관리에 유용하다.
② 혼합관리방식은 필요한 부분만 일부 위탁하는 방식으로 관리자들 간의 협조가 긴밀하게 이루어진다.
③ 자기관리방식은 관리업무의 타성(惰性)을 방지할 수 있다.
④ 위탁관리방식은 외부 전문가가 관리하므로 기밀 및 보안 유지에 유리하다.
⑤ 혼합관리방식은 관리문제 발생시 책임소재가 명확하다.

정답해설

① 옳은 지문이다.

오답해설

② 애매모호한 지문이다. 혼합관리방식은 문제가 발생하는 경우, 관리의 책임소재가 불분명한 단점이 있다. 따라서 관리자들 간의 협조가 긴밀하다고 할 수 없다.
③ 관리업무의 타성(게으름)을 방지할 수 있는 방식은 위탁관리방식이다.
④ 기밀 및 보안 유지에 유리한 방식은 자기관리방식이다.
⑤ 혼합관리방식은 관리문제 발생 시 책임소재가 불명확하다는 단점이 있다.

06 **다음은 매장의 매출액이 손익분기점 매출액 이하이면 기본임대료만 지급하고, 손익분기점 매출액 초과이면 초과매출액에 대하여 일정 임대료율을 적용한 추가임대료를 기본임대료에 가산하여 임대료를 지급하는 비율임대차(percentage lease)방식의 임대차계약의 조건이다. 이 임대차계약에서 계약기간 동안 지급할 것으로 예상되는 임대료의 합계는?** (단, 주어진 조건에 한함) ▸ 2024년 35회

- 계약기간 : 1년(1월 ~ 12월)
- 매장 임대면적 : 200㎡
- 임대면적당 기본임대료 : 월 5만원/㎡
- 손익분기점 매출액 : 월 2,000만원
- 각 월별 예상매출액
  - 1월 ~ 7월 : 8만원/㎡
  - 8월 ~ 12월 : 20만원/㎡
- 손익분기점 초과 시 초과매출액에 대한 임대료율 : 10%

① 11,000만원 ② 11,500만원 ③ 12,000만원
④ 12,500만원 ⑤ 13,000만원

정답 ≫ 03 ⑤ 04 ④ 05 ① 06 ⑤

PART · 07

정답해설

⑤ 지급해야 할 예상 임대료는 13,000만원이다.

1. 예상 매출액 분석
   1) 1월~7월(7개월) : 8만/㎡×200㎡ =1,600만원. 기본임대료만 지불
   2) 8월~12월(5개월) : 20만/㎡×200㎡ =4,000만원. 기본임대료와 추가임대료 지불
2. 임대료 계산
   1) 1월~7월 : 5만/㎡×200㎡(월기본임대료)×7개월 =7,000만원
   2) 8월~12월 : [5만/㎡×200㎡(월기본임대료) + 2,000만(초과매출액)×10%(추가임대료율)]×5개월 =6,000만원
   3) 합계 : 13,000만원

주제 부동산 마케팅론

01 부동산 마케팅 전략에 관한 설명으로 옳은 것은? ▸ 2019년 30회

① 시장점유 마케팅 전략은 AIDA원리에 기반을 두면서 소비자의 욕구를 파악하여 마케팅 효과를 극대화하는 전략이다.

② 고객점유 마케팅 전략은 공급자 중심의 마케팅 전략으로 표적시장을 선정하거나 틈새시장을 점유하는 전략이다.

③ 관계 마케팅 전략은 생산자와 소비자의 지속적인 관계를 통해서 마케팅효과를 도모하는 전략이다.

④ STP 전략은 시장세분화(Segmentation), 표적시장 선정(Targeting), 판매촉진(Promotion)으로 구성된다.

⑤ 4P-Mix 전략은 제품(Product), 가격(Price), 유통경로(Place), 포지셔닝(Positioning)으로 구성된다.

정답해설

③ 옳은 지문이다.

오답해설

① 고객점유 마케팅 전략에 대한 설명이다.
② 시장점유 마케팅 전략에 대한 설명이다.
④ STP의 'P'는 판매촉진(Promotion)이 아니라 포지셔닝(Positioning)이다.
⑤ 4P의 'P'는 포지셔닝(Positioning)이 아니라 판매촉진(Promotion)이다.

02 부동산 마케팅에 관한 설명으로 옳지 않은 것은? ▸ 2018년 29회

① 부동산 공급자가 부동산 시장을 점유하기 위한 일련의 활동을 시장점유 마케팅 전략이라 한다.
② AIDA 원리는 소비자가 대상 상품을 구매할 때까지 나타나는 심리 변화의 4단계를 의미한다.
③ 시장점유 마케팅 전략에 해당되는 STP 전략은 시장세분화(segmentation), 표적시장 선정(targeting), 포지셔닝(positioning)으로 구성된다.
④ 고객점유 마케팅 전략에 해당되는 4P MIX 전략은 유통경로(place), 제품(product), 위치선점(position), 판매촉진(promotion)으로 구성된다.
⑤ 고객점유 마케팅 전략은 AIDA 원리를 적용하여 소비자의 욕구를 충족시키기 위해 수행된다.

정답해설
④ 4P 믹스 전략은 시장점유 마케팅 전략의 세부 전략이다.

03 부동산 마케팅 전략에 관한 설명으로 옳지 않은 것은? ▸ 2017년 28회

① 시장점유 마케팅 전략에는 STP 전략과 4P Mix 전략이 있다.
② 시장점유 마케팅 전략은 AIDA 원리로 대표되는 소비자 중심의 마케팅 전략이다.
③ 관계 마케팅 전략은 생산자와 소비자의 지속적인 관계를 통해서 상호 이익이 되는 장기적인 관점의 마케팅 전략이다.
④ STP 전략 중 시장세분화 전략은 부동산 시장을 명확한 여러 개의 구매자 집단으로 나누는 것을 말한다.
⑤ 제품 포지셔닝이란 표적고객의 마음속에 특정 상품이나 서비스가 자리 잡는 느낌을 말하며, 고객에게 자사의 상품과 서비스 이미지가 자리를 잡도록 디자인하는 활동을 말한다.

정답해설
② AIDA 원리는 고객점유 마케팅 전략에 해당한다.

PART • 07

정답 ≫ 01 ③ 02 ④ 03 ②

04 부동산 마케팅에 관한 설명으로 옳지 않은 것은? ▸ 2022년 33회

① STP란 시장세분화(Segmentation), 표적시장(Target market), 포지셔닝(Positioning)을 말한다.
② 마케팅 믹스 전략에서의 4P는 유통경로(Place), 제품(Product), 가격(Price), 판매촉진(Promotion)을 말한다.
③ 노벨티(novelty) 광고는 개인 또는 가정에서 이용되는 실용적이며 장식적인 물건에 상호·전화번호 등을 표시하는 것으로 분양광고에 주로 활용된다.
④ 관계마케팅 전략은 공급자와 소비자 간의 장기적·지속적인 상호작용을 중요시하는 전략을 말한다.
⑤ AIDA 원리에 따르면 소비자의 구매의사결정은 행동(Action), 관심(Interest), 욕망(Desire), 주의(Attention)의 단계를 순차적으로 거친다.

정답해설

⑤ AIDA 원리는 주의(Attention), 관심(Interest), 욕망(Desire), 행동(Action)의 단계를 말한다.

05 부동산 마케팅활동에 관한 설명으로 옳지 않은 것은? ▸ 2024년 35회

① 시장세분화란 부동산시장에서 마케팅활동을 수행하기 위하여 구매자의 집단을 세분화하는 것이다.
② 세분시장은 그 규모와 구매력 등의 특성이 측정될 수 있어야 한다.
③ 세분시장은 개념적으로 구분될 수 있으며 마케팅 믹스 요소에 대해 동일하게 반응한다.
④ 표적시장이란 세분화된 시장 중 가장 효과적인 성과가 기대되어 마케팅활동의 수행대상이 되는 시장을 말한다.
⑤ 포지셔닝은 표적시장에서 고객의 욕구를 파악하여 경쟁제품과 차별화된 자사제품의 개념을 정해 이를 소비자의 지각 속에 적절히 위치시키는 것이다.

정답해설

③ 동일하게 ⇨ 다양하게 : 세분시장은 마케팅 믹스 요소에 대해 다양하게 반응한다.

06 **부동산시장 세분화에 관한 설명으로 옳지 않은 것은?** ▸ 2023년 34회

① 시장세분화는 가격차별화, 최적의사결정, 상품차별화 등에 기초하여 부동산시장을 서로 다른 둘 또는 그 이상의 상위시장으로 묶는 과정이다.
② 시장을 세분화하는데 주로 사용되는 기준으로는 지리적 변수, 인구통계학적 변수, 심리적 변수, 행동적 변수 등이 있다.
③ 시장세분화 전략은 세분된 시장을 대상으로 상품의 판매 지향점을 명확히 하는 것을 말한다.
④ 부동산회사가 세분시장을 평가할 때, 우선해야 할 사항으로 적절한 시장규모와 성장성을 들 수 있다.
⑤ 세분시장에서 경쟁력과 매력도를 평가할 때 기존 경쟁자의 위협, 새로운 경쟁자의 위협, 대체재의 위협, 구매자의 협상력 증가 위협, 공급자의 협상력 증가 위협 등을 고려한다.

정답해설

① 시장세분화는 부동산시장을 둘 이상의 하위시장으로 세분하는 과정이다.

주제 부동산 중개론

01 **부동산 중개계약에 관한 설명으로 옳은 것을 모두 고른 것은?** ▸ 2016년 27회

ㄱ. 독점중개계약 : 매각의뢰를 받은 경우 그 계약기간 내에 거래가 성사되면 개업공인중개사가 해당 부동산거래를 성사시키지 않았더라도 중개수수료 청구권이 발생한다.
ㄴ. 전속중개계약 : 공인중개사법령상 중개의뢰인은 중개대상물의 중개를 의뢰하는 경우 특정한 개업공인중개사를 정하여 그 개업공인중개사에 한정하여 해당 중개대상물을 중개하도록 하는 계약을 체결하여야 한다고 규정하고 있다.
ㄷ. 일반중개계약 : 소유자는 다수의 개업공인중개사에게 매도를 의뢰할 수 있고, 매수인과의 거래를 먼저 성사시킨 개업공인중개사에게 수수료를 지불한다.
ㄹ. 공동중개계약 : 부동산정보센터나 부동산협회 등을 매체로 하여 다수의 개업공인중개사가 상호 협동하여 공동으로 중개 역할을 하는 것을 말한다.
ㅁ. 순가중개계약 : 거래가격을 정하고 이를 초과한 금액으로 거래가 이루어진 경우 초과액은 개업공인중개사와 의뢰인이 나누어 갖는 것이다.

① ㄷ ② ㄱ, ㄴ ③ ㄷ, ㄹ
④ ㄱ, ㄷ, ㄹ ⑤ ㄷ, ㄹ, ㅁ

정답 ≫ 04 ⑤ 05 ③ 06 ① / 01 ④

정답해설

④ 옳은 지문은 ㄱ, ㄷ, ㄹ이다.

오답해설

ㄴ. 전속중개계약은 강제사항이 아니다. 공인중개사법은 중개대상물의 중개를 의뢰하는 경우 특정한 개업공인중개사를 정하여 그 개업공인중개사에 한정하여 해당 중개대상물을 중개하도록 하는 "계약을 체결할 수 있다"고 규정하고 있다(공인중개사법 제23조 제1항).

ㅁ. 순가중개계약은 의뢰인이 거래가격을 미리 정하여 개업공인중개사에게 제시하고, 이를 초과한 금액으로 거래가 이루어진 경우 그 초과액을 개업공인중개사가 중개보수로 획득하는 계약이다. 초과액을 매도자와 개업공인중개사가 나누어 갖는 것이 아니다.

02 부동산 중개계약에 관한 설명으로 옳은 것은?

▸ 2019년 30회

① 순가중개계약은 중개의뢰인이 다수의 개업공인중개사에게 의뢰하는 계약의 형태이다.

② 독점중개계약을 체결한 개업공인중개사는 자신이 거래를 성립시키지 않았을 경우 중개보수를 받지 못한다.

③ 전속중개계약을 체결한 개업공인중개사는 누가 거래를 성립시켰는지에 상관없이 중개보수를 받을 수 있다.

④ 공동중개계약은 다수의 개업공인중개사가 상호 협동하여 공동으로 중개역할을 하는 것이다.

⑤ 일반중개계약은 거래가격을 정하여 개업공인중개사에게 제시하고, 이를 초과한 가격으로 거래가 이루어진 경우 그 초과액을 개업공인중개사가 중개보수로 획득하는 방법이다.

정답해설

④ 옳은 지문이다.

오답해설

① 공동중개계약에 대한 설명이다.

② 독점중개계약은 누가 거래를 성립시켰는지에 상관없이 독점중개계약을 체결한 개업공인중개사가 중개보수를 받는다.

③ 독점중개계약에 대한 설명이다.

⑤ 순가중개계약에 대한 설명이다.

03 부동산 중개계약에 관한 설명으로 (　　)에 들어갈 것으로 옳은 것은? ▸ 2024년 35회

> (ㄱ) : 중개의뢰인이 특정한 개업공인중개사를 정하여 그 개업공인중개사에게 한정하여 해당 중개대상물을 중개하도록 하는 중개계약
> (ㄴ) : 중개의뢰인이 해당 중개대상물의 중개를 불특정 다수의 개업공인중개사에게 의뢰하고 먼저 거래를 성사시킨 개업공인중개사에게 보수를 지급하는 중개계약

① ㄱ : 일반중개계약, ㄴ : 전속중개계약
② ㄱ : 일반중개계약, ㄴ : 공동중개계약
③ ㄱ : 전속중개계약, ㄴ : 공동중개계약
④ ㄱ : 공동중개계약, ㄴ : 일반중개계약
⑤ ㄱ : 전속중개계약, ㄴ : 일반중개계약

정답해설

⑤ (ㄱ)은 전속중계개약, (ㄴ)은 일반중개계약이다.

04 부동산 중개계약에 관한 설명으로 옳지 않은 것은? ▸ 2022년 33회

① 순가중개계약에서는 매도자가 개업공인중개사에게 제시한 가격을 초과해 거래가 이루어진 경우 그 초과액을 매도자와 개업공인중개사가 나누어 갖는다.
② 일반중개계약에서는 의뢰인이 다수의 개업공인중개사에게 동등한 기회로 거래를 의뢰한다.
③ 공인중개사법령상 당사자 간에 다른 약정이 없는 경우 전속중개계약의 유효기간은 3월로 한다.
④ 공동중개계약에서는 부동산거래정보망 등을 통하여 다수의 개업공인중개사가 상호 협동하여 공동으로 거래를 촉진한다.
⑤ 독점중개계약에서는 의뢰인이 직접 거래를 성사시킨 경우에도 중개보수 청구권이 발생한다.

정답해설

① 순가중개계약에서는 매도자가 제시한 가격을 초과하여 거래가 이루어진 경우 그 초과액을 개업공인중개사의 중개보수로 지급하는 계약이다. 초과액을 매도자와 개업공인중개사가 나누어 갖는 것이 아니다.

정답 ≫ 02 ④ 03 ⑤ 04 ①

05 **공인중개사법령에 관한 설명으로 옳은 것은?** ▸ 2020년 31회

① 공인중개사법에 의한 공인중개사자격을 취득한 자를 개업공인중개사라고 말한다.
② 선박법 및 선박등기법에 따라 등기된 20톤 이상의 선박은 공인중개사법에 의한 중개대상물이다.
③ 개업공인중개사에 소속된 공인중개사인 자로서 중개업무를 수행하는 자는 소속공인중개사가 아니다.
④ 중개업은 다른 사람의 의뢰에 의하여 일정한 보수를 받고 중개를 업으로 행하는 것을 말한다.
⑤ 중개보조원이란 공인중개사가 아닌 자로서 중개업을 하는 자를 말다.

정답해설

④ 옳은 지문이다.

오답해설

① 공인중개사에 대한 설명이다.
1. 공인중개사 : 공인중개사법에 의한 공인중개사자격을 취득한 자
2. 개업공인중개사 : 공인중개사법에 의하여 중개사무소의 개설등록을 한 자
② 공인중개사법이 규정하고 있는 중개대상물은 ㉠ 토지, ㉡ 건축물 그 밖의 토지 정착물, ㉢ 입목, ㉣ 공장재단 및 광업재단 등이다. 선박은 중개대상물로 규정되어 있지 않다.
③ 소속공인중개사에 해당한다. 소속공인중개사라 함은 개업공인중개사에 소속된 공인중개사로서 중개업무를 수행하거나 개업공인중개사의 중개업무를 보조하는 자를 말한다.
⑤ 중개보조원은 중개업무와 관련된 단순한 업무를 보조하는 자로 중개업을 할 수는 없다. 중개보조원이라 함은 공인중개사가 아닌 자로서 개업공인중개사에 소속되어 중개대상물에 대한 현장안내 및 일반서무 등 개업공인중개사의 중개업무와 관련된 단순한 업무를 보조하는 자를 말한다.

06 **공인중개사법령상 공인중개사의 중개대상물이 아닌 것은?** (다툼이 있으면 판례에 따름) ▸ 2021년 32회

① 토지거래허가구역 내의 토지
② 가등기가 설정되어 있는 건물
③ 「입목에 관한 법률」에 따른 입목
④ 하천구역에 포함되어 사권이 소멸된 포락지
⑤ 「공장 및 광업재단 저당법」에 따른 광업재단

정답해설

④ 사권(개인의 소유권)이 소멸된 포락지는 중개의 대상이 되지 못한다.

■ 중개대상물의 범위(공인중개사법 제3조)
1. 토지
2. 건축물 그 밖의 토지의 정착물
3. 그 밖에 대통령령으로 정하는 재산권 및 물건
- 「입목에 관한 법률」에 따른 입목
- 「공장 및 광업재단 저당법」에 따른 공장재단 및 광업재단

07 공인중개사법령상 공인중개사 정책심의위원회에서 공인중개사의 업무에 관하여 심의하는 사항으로 명시되지 않은 것은?

▸ 2021년 32회

① 개업공인중개사의 교육에 관한 사항
② 부동산 중개업의 육성에 관한 사항
③ 공인중개사의 시험 등 공인중개사의 자격취득에 관한 사항
④ 중개보수 변경에 관한 사항
⑤ 손해배상책임의 보장 등에 관한 사항

정답해설

① 개업공인중개사의 교육에 관한 사항은 심의사항이 아니다.

> ■ 공인중개사 정책심의위원회(공인중개사법 제2조의2)
> ① 공인중개사의 업무에 관한 다음 각 호의 사항을 심의하기 위하여 국토교통부에 공인중개사 정책심의위원회를 둘 수 있다.
> 1. 공인중개사의 시험 등 공인중개사의 자격취득에 관한 사항
> 2. 부동산 중개업의 육성에 관한 사항
> 3. 중개보수 변경에 관한 사항
> 4. 손해배상책임의 보장 등에 관한 사항

08 공인중개사법령상 개업공인중개사가 주택을 중개하는 경우 확인·설명해야 할 사항이 아닌 것은?

▸ 2018년 29회

① 일조·소음·진동 등 환경조건
② 벽면 및 도배의 상태
③ 중개대상물의 최유효이용상태
④ 중개대상물의 권리관계
⑤ 시장·학교와의 접근성 등 입지조건

정답해설

③ 중개대상물의 최유효이용상태는 확인·설명해야 할 사항이 아니다.

> ■ 중개대상물의 확인·설명(공인중개사법 제25조)
> ① 개업공인중개사는 중개를 의뢰받은 경우에는 중개가 완성되기 전에 다음 각 호의 사항을 확인하여 이를 해당 중개대상물에 관한 권리를 취득하고자 하는 중개의뢰인에게 성실·정확하게 설명하고, 토지대장 등본 또는 부동산종합증명서, 등기사항증명서 등 설명의 근거자료를 제시하여야 한다.
> 1. 해당 중개대상물의 상태·입지 및 권리관계
> 2. 법령의 규정에 의한 거래 또는 이용제한사항
> 3. 그 밖에 대통령령으로 정하는 사항
> ㉠ 중개대상물의 종류·소재지·지번·지목·면적·용도·구조 및 건축연도 등 중개대상물에 관한 기본적인 사항

정답 ≫ 05 ④ 06 ④ 07 ① 08 ③

PART · 07

ⓛ 소유권·전세권·저당권·지상권 및 임차권 등 중개대상물의 권리관계에 관한 사항
ⓒ 거래예정금액·중개보수 및 실비의 금액과 그 산출내역
ⓔ 토지이용계획, 공법상의 거래규제 및 이용제한에 관한 사항
ⓜ 수도·전기·가스·소방·열공급·승강기 및 배수 등 시설물의 상태
ⓗ 벽면·바닥면 및 도배의 상태
ⓢ 일조·소음·진동 등 환경조건
ⓞ 도로 및 대중교통수단과의 연계성, 시장·학교와의 근접성 등 입지조건
ⓩ 중개대상물에 대한 권리를 취득함에 따라 부담하여야 할 조세의 종류 및 세율

09 법인인 개업공인중개사가 할 수 있는 업무로 옳지 않은 것은? ▸ 2017년 28회

① 상업용 건축물 및 주택의 임대관리 등 부동산의 관리대행
② 부동산의 이용·개발 및 거래에 관한 상담
③ 상업용 건축물 및 주택의 개발대행
④ 개업공인중개사를 대상으로 한 중개업의 경영기법 및 경영정보의 제공
⑤ 중개의뢰인의 의뢰에 따른 도배·이사업체의 소개 등 주거이전에 부수되는 용역의 알선

정답해설
③ 개발대행이 아니라 분양대행을 업무로 할 수 있다.

■ 개업공인중개사의 겸업제한 등(공인중개사법 제14조)
① 법인인 개업공인중개사는 다른 법률에 규정된 경우를 제외하고는 중개업 및 다음 각 호에 규정된 업무와 제2항에 규정된 업무 외에 다른 업무를 함께 할 수 없다.
1. 상업용 건축물 및 주택의 임대관리 등 부동산의 관리대행
2. 부동산의 이용·개발 및 거래에 관한 상담
3. 개업공인중개사를 대상으로 한 중개업의 경영기법 및 경영정보의 제공
4. 상업용 건축물 및 주택의 분양대행
5. 중개의뢰인의 의뢰에 따른 도배·이사업체의 소개 등 주거이전에 부수되는 용역의 알선
② 개업공인중개사는 경매 및 공매대상 부동산에 대한 권리분석 및 취득의 알선과 매수신청 또는 입찰신청의 대리를 할 수 있다.

10 개업공인중개사의 금지행위에 해당하지 않는 것은?

▸ 2019년 30회

① 경매대상 부동산의 권리분석 및 취득을 알선하는 행위
② 중개대상물의 매매를 업으로 하는 행위
③ 중개의뢰인과 직접 거래를 하거나 거래당사자 쌍방을 대리하는 행위
④ 해당 중개대상물의 거래상의 중요사항에 관하여 거짓된 언행 그 밖의 방법으로 중개의뢰인의 판단을 그르치게 하는 행위
⑤ 중개사무소의 개설등록을 하지 아니하고 중개업을 영위하는 자인 사실을 알면서 그를 통하여 중개를 의뢰받는 행위

정답해설

① 경매 및 공매대상 부동산의 권리분석 및 취득을 알선하는 행위는 금지된 행위가 아니다.

11 공인중개사법령상 개업공인중개사가 주택을 중개하는 경우 확인·설명해야 할 사항이 아닌 것은?

▸ 2022년 33회 수정

① 일조·소음·진동 등 환경조건
② 소유권·전세권·임차권 등 권리관계
③ 거래예정금액·중개보수 및 실비의 금액
④ 권리를 취득함에 따라 부담하여야 할 조세의 종류 및 세율
⑤ 토지이용계획, 공법상의 거래규제 및 이용제한에 관한 사항

정답해설

※ 정답 없음. 33회 기출을 수정하여 수록하였다.
공인중개사법 시행령 제21조 제1항의 규정에 의해 모두 확인·설명해야 할 사항이다.

12 공인중개사법령상 개업공인중개사가 인터넷을 이용하여 중개대상물인 건축물에 관한 표시·광고를 할 때 명시하여야 하는 사항이 아닌 것은?

▸ 2023년 34회

① 건축물의 방향
② 건축물의 소유자
③ 건축물의 총 층수
④ 건축물의 준공검사를 받은 날
⑤ 건축물의 주차대수 및 관리비

정답 > 09 ③ 10 ① 11 정답 없음 12 ②

정답해설

② 건축물의 소유자는 명시해야 할 사항이 아니다.

■ 공인중개사법 제18조의2(중개대상물의 표시·광고)

① 개업공인중개사가 의뢰받은 중개대상물에 대하여 표시·광고를 하려면 중개사무소, 개업공인중개사에 관한 사항으로서 대통령령으로 정하는 사항을 명시하여야 하며, 중개보조원에 관한 사항은 명시해서는 아니 된다.

> ※ "대통령령으로 정하는 사항"이란 다음 각 호의 사항을 말한다.
> 1. 중개사무소의 명칭, 소재지, 연락처 및 등록번호
> 2. 개업공인중개사의 성명(법인인 경우에는 대표자의 성명)

② 개업공인중개사가 인터넷을 이용하여 중개대상물에 대한 표시·광고를 하는 때에는 제1항에서 정하는 사항 외에 중개대상물의 종류별로 대통령령으로 정하는 소재지, 면적, 가격 등의 사항을 명시하여야 한다.

> ※ "대통령령으로 정하는 소재지, 면적, 가격 등의 사항"이란 다음 각 호의 사항을 말한다.
> 1. 소재지
> 2. 면적
> 3. 가격
> 4. 중개대상물 종류
> 5. 거래 형태
> 6. 건축물 및 그 밖의 토지의 정착물인 경우 다음 각 목의 사항
> 가. 총 층수
> 나. 사용승인·사용검사·준공검사 등을 받은 날
> 다. 해당 건축물의 방향, 방의 개수, 욕실의 개수, 입주가능일, 주차대수 및 관리비

13 공인중개사법령상 중개계약 시 거래계약서에 기재하여야 하는 사항은 모두 몇 개인가?

▸ 2023년 34회

- 물건의 표시
- 권리이전의 내용
- 물건의 인도일시
- 거래당사자의 인적 사항
- 거래금액·계약금액 및 그 지급일자 등 지급에 관한 사항
- 계약의 조건이나 기한이 있는 경우에는 그 조건 또는 기한

① 2개 ② 3개
③ 4개 ④ 5개
⑤ 6개

정답해설

⑤ 6개 모두 기재하여야 하는 사항이다.

> ■ 공인중개사법 제26조 (거래계약서의 작성 등)
> ① 개업공인중개사는 중개대상물에 관하여 중개가 완성된 때에는 대통령령으로 정하는 바에 따라 거래계약서를 작성하여 거래당사자에게 교부하고 대통령령으로 정하는 기간 동안 그 원본, 사본 또는 전자문서를 보존하여야 한다. 다만, 거래계약서가 공인전자문서센터에 보관된 경우에는 그러하지 아니하다.
>
> > ■ 공인중개사법 시행령 제22조
> > ① 법 제26조제1항의 규정에 따른 거래계약서에는 다음 각 호의 사항을 기재하여야 한다.
> > 1. 거래당사자의 인적 사항
> > 2. 물건의 표시
> > 3. 계약일
> > 4. 거래금액・계약금액 및 그 지급일자 등 지급에 관한 사항
> > 5. 물건의 인도일시
> > 6. 권리이전의 내용
> > 7. 계약의 조건이나 기한이 있는 경우에는 그 조건 또는 기한
> > 8. 중개대상물확인・설명서 교부일자
> > 9. 그 밖의 약정내용

14 공인중개사법령상 개업공인중개사에 관한 내용으로 옳지 않은 것은? ▸ 2024년 35회

① 개업공인중개사는 그 사무소의 명칭에 "공인중개사사무소" 또는 "부동산중개"라는 문자를 사용하여야 한다.

② 개업공인중개사가 아닌 자는 중개대상물에 대한 표시・광고를 하여서는 아니 된다.

③ 개업공인중개사는 「민사집행법」에 의한 경매 및 「국세징수법」 그 밖의 법령에 의한 공매대상 부동산에 대한 권리분석 및 취득의 알선과 매수신청 또는 입찰신청의 대리를 할 수 있다.

④ 개업공인중개사는 대통령령으로 정하는 기준과 절차에 따라 등록관청의 허가를 받아 그 관할 구역 외의 지역에 분사무소를 둘 수 있다.

⑤ 개업공인중개사는 다른 사람에게 자기의 성명 또는 상호를 사용하여 중개업무를 하게 하거나 자기의 중개사무소등록증을 양도 또는 대여하는 행위를 하여서는 아니 된다.

정답해설

④ 허가 ⇨ 신고 : 개업공인중개사는 등록관청에 신고하고 그 관할 구역 외의 지역에 분사무소를 둘 수 있다.

정답 > 13 ⑤ 14 ④

주제 에스크로 제도

01 **에스크로(Escrow) 제도에 관한 설명으로 옳지 않은 것은?** ▸ 2016년 27회

① 매수자는 권원상의 하자나 부담으로부터 발생하는 위험을 사전에 방지할 수 있다.
② 매수자뿐만 아니라 권원의 이전에 관계되는 매도자, 저당대출기관 등의 권익을 보호하는 역할을 한다.
③ 권리보험제도와 병행하여 활성화하면 거래안전의 시너지 효과를 거둘 수 있다.
④ 공인중개사법령상 개업공인중개사는 거래의 안전을 보장하기 위하여 필요하다고 인정하는 경우에는 거래계약의 이행이 완료될 때까지 계약금, 중도금 또는 잔금을 개업공인중개사 명의로 금융기관에 예치하도록 거래당사자에게 권고할 수 있다.
⑤ 에스크로 회사는 매도자와 매수자의 협상과정에 참여하여 거래과정에서 발생하는 여러 가지 문제에 대하여 조언을 한다.

정답해설

⑤ 에스크로 회사는 조건이 달성되었을 때, 계약에서 정한 내용을 이행하는 것을 업무로 한다. 따라서 에스크로 회사는 매도자와 매수자의 협상과정에 참여하는 것도 아니고 갈등과 분쟁에 대한 조정이나 중재 역할을 수행하는 것도 아니다.

02 **에스크로(Escrow)에 관한 설명으로 옳지 않은 것은?** ▸ 2022년 33회

① 부동산 매매 및 교환 등에 적용된다.
② 권리관계조사, 물건확인 등의 업무를 포함한다.
③ 매수자, 매도자, 저당대출기관 등의 권익을 보호한다.
④ 은행이나 신탁회사는 해당 업무를 취급할 수 없다.
⑤ 에스크로 업체는 계약조건이 이행될 때까지 금전・문서・권원증서 등을 점유한다.

정답해설

④ 에스크로 제도는 일반적으로 전문 에스크로 회사에 의해 이루어진다. 그러나 은행이나 신탁회사 등도 별도의 에스크로 부서를 설치하고 업무를 하기도 한다.

주제 부동산 권리분석

01 감정평가사 A는 권리분석을 위해 등기사항전부증명서를 발급하였다. 등기사항전부증명서의 을구에서 확인가능한 내용은?

▸ 2018년 29회

① 구분지상권
② 유치권
③ 가압류
④ 점유권
⑤ 예고등기

정답해설

① 을구에는 소유권 이외의 권리, 즉 지상권, 지역권, 전세권, 저당권 등이 기재된다. 유치권과 점유권은 등기를 필요로 하지 않는다. 가압류는 갑구에서 확인이 가능하다. 갑구에는 소유권보존 및 이전에 관한 사항과 소유권을 제한하는 권리(경매개시결정, 가압류, 압류, 가등기, 가처분 등)가 기재된다. 예고등기는 2011년 4월 12일 부동산등기법이 개정되면서 삭제·폐지되었다.

02 다음 중 부동산 권리분석 시 등기사항전부증명서를 통해 확인할 수 없는 것은 몇 개인가?

▸ 2021년 32회

• 유치권	• 전세권	• 점유권
• 구분지상권	• 지역권	• 분묘기지권
• 법정지상권	• 근저당권	

① 3개
② 4개
③ 5개
④ 6개
⑤ 7개

정답해설

② 등기부를 열람해서 확인할 수 있는 권리가 아닌 것을 묻는 문제이다. 유치권, 점유권, 법정지상권, 분묘기지권 등 4개이다.

정답 > 01 ⑤ 02 ④ / 01 ① 02 ②

03 **부동산 경매에서 어떤 권리들은 말소촉탁의 대상이 되지 않고 낙찰자가 인수해야 하는 권리가 있다. 부동산 경매의 권리분석에서 말소와 인수의 판단기준이 되는 권리인 말소기준권리가 될 수 없는 것은?** ▸ 2018년 29회

① 압류 ② 전세권
③ 근저당권 ④ 담보가등기
⑤ 강제경매개시결정등기

정답해설

② 전세권은 말소기준권리가 되지 않을 수 있다.

■ **말소기준권리**

1. 말소기준권리란 경매 절차에 의해 소멸되는 권리와 낙찰자가 인수해야 하는 권리를 구분하는 기준이 되는 권리를 의미한다.
2. 원칙적으로 말소기준권리 이후에 설정된 권리는 낙찰과 동시에 전부 말소되고, 말소기준권리 이전에 설정된 권리는 낙찰자가 그대로 인수해야 한다.
3. 말소기준권리의 종류에는 저당권(근저당권), 압류(가압류), 담보가등기, 선순위전세권등기, 경매기입등기 등이 있다.

04 **우리나라의 부동산등기제도와 권리분석에 관한 설명으로 옳지 않은 것은?** ▸ 2023년 34회

① 소유권이전등기 청구권을 확보하기 위해 처분금지가처분의 등기가 가능하다.
② 현재 환매(특약)등기제와 예고등기제는 「부동산등기법」상 폐지되었다.
③ 등기의 순서는 같은 구(區)에서 한 등기 상호간에는 순위번호에 따른다.
④ 근저당권과 담보가등기는 부동산경매에서 말소기준권리가 된다.
⑤ 부동산임차권은 부동산물권이 아니지만 등기할 수 있다.

정답해설

② 환매(특약)등기제도는 현재 존재하는 제도이다. 예고등기제도는 2011년 4월 12일 부동산등기법이 개정되면서 삭제・폐지되었다.

05 **등기사항전부증명서의 갑구(甲區)에서 확인할 수 없는 내용은?** ▸ 2023년 34회

① 가압류 ② 가등기
③ 소유권 ④ 근저당권
⑤ 강제경매개시결정

정답해설

④ 근저당권 등 소유권 이외의 권리는 을구(乙區)에 기재된다.

06 토지에 관한 강제경매절차에서 토지의 부합물로서 낙찰자가 소유권을 취득할 수 있는 경우를 모두 고른 것은? (다툼이 있으면 판례에 의함)

▸ 2023년 34회

> ㄱ. 토지소유자가 마당에 설치한 연못
> ㄴ. 타인이 토지소유자의 동의 없이 임의로 심은 조경수
> ㄷ. 토지에 지상권을 가진 자가 경작을 위해 심은 감나무
> ㄹ. 기둥, 지붕 및 주벽의 공사가 완료되어 건물로서의 외관을 갖추었으나 사용승인을 받지 못한 건물

① ㄱ, ㄴ
② ㄴ, ㄷ
③ ㄱ, ㄴ, ㄷ
④ ㄱ, ㄷ, ㄹ
⑤ ㄱ, ㄴ, ㄷ, ㄹ

정답해설

① 마당에 설치된 연못(ㄱ), 토지소유자의 동의 없이 심은 조경수(ㄴ)는 종속정착물로 토지의 낙찰자가 취득한다.

오답해설

ㄷ. 지상권에 의해 토지의 부합물이 될 수 없다.
ㄹ. 법정지상권에 의해 토지의 부합물이 될 수 없다. 또한 판례는 사용승인을 받지 못한 신축 중인 건물도 독립된 정착물로 인정하고 있다.

PART · 07

07 부동산 권리분석의 원칙에 해당하지 않는 것은?

▸ 2017년 28회

① 능률성의 원칙
② 안전성의 원칙
③ 탐문주의의 원칙
④ 증거주의의 원칙
⑤ 사후확인의 원칙

정답해설

⑤ 사후확인의 원칙이 아니다. 부동산 권리분석의 원칙에는 ① 능률성의 원칙, ② 안전성의 원칙, ③ 탐문주의의 원칙, ④ 증거주의의 원칙 등이 있다.

정답 >	03 ② 04 ② 05 ④ 06 ① 07 ⑤

08 부동산 권리분석에 관한 내용으로 옳지 않은 것은? ▸ 2017년 28회

① 부동산의 상태 또는 사실관계, 등기능력 없는 권리 및 등기를 요하지 않는 권리관계 등 자세한 내용에 이르기까지 분석의 대상으로 하는 것이 협의의 권리분석이다.
② 매수인이 대상 부동산을 매수하기 전에 소유권이전을 저해하는 조세체납, 계약상 하자 등을 확인하기 위해 공부 등을 조사하는 일도 포함한다.
③ 부동산 권리관계를 실질적으로 조사, 확인, 판단하여 일련의 부동산활동을 안전하게 하려는 것이다.
④ 대상 부동산의 권리에 하자가 없는지 여부를 판단하는 것을 권리분석이라 한다.
⑤ 권리분석보고서에는 대상 부동산 및 의뢰인, 권리분석의 목적, 판단결과의 표시 및 이유, 권리분석의 방법 및 성격, 수집한 자료 목록, 면책사항 등이 포함된다.

정답해설
① 최광의의 권리분석에 대한 설명이다.

09 다음의 부동산 권리분석 특별원칙은? ▸ 2020년 31회

- 하자전제의 원칙
- 범위확대의 원칙
- 차단의 원칙
- 완전심증의 원칙
- 유동성 대비의 원칙

① 능률성의 원칙
② 탐문주의 원칙
③ 증거주의 원칙
④ 안전성의 원칙
⑤ 사후확인의 원칙

정답해설
④ 제시된 원칙들은 모두 안전성 원칙의 하위 원칙들이다.

10 ( )에 들어갈 내용으로 옳은 것은? ▸ 2020년 31회

- ( )(이)란 임장활동의 전 단계 활동으로 여러 가지 물적 증거를 수집하고 탁상 위에서 검토하여 1차적으로 하자의 유무를 발견하려는 작업이다.
- ( )의 과정은 위험사례를 미리 발견하기 위한 노력 또는 그 기초 작업이다.

① 보정
② 심사
③ 판독
④ 면책사항
⑤ 권리보증

정답해설

③ 권리분석의 단계 중 판독에 해당하는 내용이다.

11 **부동산 권리분석에 관련된 설명으로 옳지 않은 것은?** ▸ 2021년 32회

① 부동산 권리관계를 실질적으로 조사·확인·판단하여 일련의 부동산 활동을 안전하게 하려는 것이다.

② 대상 부동산의 권리관계를 조사·확인하기 위한 판독 내용에는 권리의 하자나 거래규제의 확인·판단이 포함된다.

③ 매수인이 대상 부동산을 매수하기 전에 소유권 이전을 저해하는 사항이 있는지 여부를 확인하기 위하여 공부(公簿) 등을 조사하는 일도 포함된다.

④ 우리나라 등기는 관련 법률에 다른 규정이 있는 경우를 제외하고는 당사자의 신청 또는 관공서의 촉탁에 따라 행하는 신청주의 원칙을 적용한다.

⑤ 부동산 권리분석을 행하는 주체가 분석대상 권리의 주요한 사항을 직접 확인해야 한다는 증거주의의 원칙은 권리분석 활동을 하는 데 지켜야 할 이념이다.

정답해설

⑤ 부동산 권리분석을 행하는 주체가 분석대상 권리의 주요한 사항을 직접 확인해야 한다는 원칙은 탐문주의의 원칙이다.

12 **부동산 권리분석에 관한 설명으로 옳지 않은 것은?** ▸ 2022년 33회

① 권리분석의 원칙에는 능률성, 안전성, 탐문주의, 증거주의 등이 있다.

② 건물의 소재지, 구조, 용도 등의 사실관계는 건축물대장으로 확인·판단한다.

③ 임장활동 이전 단계 활동으로 여러 가지 물적 증거를 수집하고 탁상으로 검토하여 1차적으로 하자의 유무를 발견하는 작업을 권리보증이라고 한다.

④ 부동산의 상태 또는 사실관계, 등기능력이 없는 권리 및 등기를 요하지 않는 권리관계 등 자세한 내용까지 분석의 대상으로 하는 것이 최광의의 권리분석이다.

⑤ 매수인이 대상 부동산을 매수하기 전에 소유권을 저해하는 조세체납, 계약상 하자 등을 확인하기 위해 공부 등을 조사하는 일도 포함된다.

정답해설

③ 권리보증이 아니라 판독에 대한 설명이다.

PART • 07

정답 >	08 ① 09 ④ 10 ③ 11 ⑤ 12 ③

13 **부동산 권리분석시 등기능력이 없는 것으로 묶인 것은?** ▸ 2022년 33회

① 지역권, 지상권 ② 유치권, 점유권
③ 전세권, 법정지상권 ④ 가압류, 분묘기지권
⑤ 저당권, 권리질권

정답해설
② 옳은 묶음이다.

정답 > 13 ②

PART

08

토지 경제와 지리 경제

PART 08

토지 경제와 지리 경제

제1장 지대 · 지가 이론

▸ 30회, 31회 기출

1. 지대 이론의 이해
2. 주요 지대이론
3. 현대의 지대론
4. 지가 이론

1 지대 이론의 이해

(1) 지대의 의미

① '지대'란 토지를 이용한 대가로 토지이용자가 토지소유자에게 지불하는 화폐 및 기타의 대가를 의미한다.

② '지대'는 생산 과정에서 토지를 이용한 대가로서 토지에 귀속되는 소득 또는 토지에 귀속되어야 할 소득이다.

③ 토지는 활동의 장소를 제공한다는 점에서 중요한 생산수단이다. 따라서 지대는 토지 자체로부터 발생되는 것이 아니라, 토지에 투하된 인간 노동의 결과로서의 생산물 또는 가치의 일정 부분이 토지소유자에게 지급되는 것이다.

(2) 지대 논쟁

① 토지 경제학에서 지대는 역사적으로 대단히 큰 논쟁거리를 제공하였다. 지대의 성격에 대한 고전학파와 신고전학파의 논쟁을 '지대 논쟁'이라고 한다.

② 지대 논쟁은 지대가 생산비를 구성하는 비용이 될 수 있는지에 대한 고전학파와 신고전학파의 논쟁이다.

③ 고전학파와 신고전학파의 지대 논쟁

고전학파	• 토지는 자연이 준 선물로서, 다른 생산요소와 구별된다. • 지대는 토지소유자가 농부의 순이익을 착취해가는 것이다. • 지대는 지주의 불로소득 또는 잉여에 해당한다.
신고전학파	• 토지는 노동이나 자본과 동일하게 생산요소에 해당한다. • 지대는 토지라는 생산요소를 빌려준 것에 대해 지불받는 것으로 정당한 것이다. • 지대는 생산물의 가격에 반영되는 비용에 해당한다.

■ **고전학파 지대 이론의 배경**

1. 지대에 관한 논의는 19세기 초 영국에서 시작되었다. 그 당시 밀 가격이 폭등하자, 빵을 주식으로 하는 영국 사람들은 '밀 가격이 왜 폭등하였는가?'에 대해 논쟁을 벌였다.
2. 하나의 견해는 밀 가격이 폭등한 원인은 지주들이 높은 지대를 부과했기 때문이라는 주장이다.
3. 다른 견해는 고전학파 경제학자인 리카도를 중심으로 한 주장으로 밀의 공급이 부족하여 밀 가격이 폭등한 것이라는 주장이다. 이 견해에 의하면 지대가 높아서 밀 가격이 오른 것이 아니라, 공급 부족으로 인한 밀 가격의 상승이 지대까지 높였다는 것이다.
4. 당시 논쟁은 리카도파의 승리로 돌아갔으며, 이 당시에 주장된 리카도의 지대이론을 고전학파 지대이론이라고 한다.

2 주요 지대이론

(1) 리카도(D. Ricardo)의 차액지대론 **

① 의미

㉠ 영국의 경제학자 리카도(D. Ricardo)는 1817년 그의 저서 '경제학 및 과세의 원리'에서 차액지대론을 설명하였다.

㉡ 리카도는 지대를 토지 생산물에 대해 토양의 힘을 이용한 대가로 토지소유자에게 지불되는 것이라고 이해하였다.

㉢ 리카도는 '차액지대(differential rent)'를 비옥도에 따른 토지 생산력 차이에 의해 발생되는 지대라고 정의하였다.

② 기본 가정

㉠ **비옥한 토지의 희소성** : 비옥한 토지는 희소하기 때문에 비옥한 토지를 가지고 있는 토지소유자는 비옥도를 주장하여 지대를 요구할 수 있다.

▸▸ 기출 고전학파에 의하면 지대는 생산요소에 대해 지불하는 비용으로 정당한 대가이다. (×)

▸▸ 기출 고전학파는 토지를 다른 생산요소와 구별하지 않았으며 지대는 생산요소에 반영되는 비용이라고 보았다. (×)

▸▸ 기출 리카도는 비옥도의 차이, 비옥한 토지량의 제한, 수확체감 법칙의 작동을 지대 발생의 원인으로 보았다. (O)

▸▸ 기출 차액지대설에 따르면 지대는 경제적 잉여가 아니고 생산비이다. (×)

PART · 08

㉡ 수확체감의 법칙 : 아무리 비옥도가 좋은 토지라도 수확량에는 일정한 한계가 있다. 따라서 곡식의 수요가 증가하여 보다 덜 비옥한 토지를 사용하는 과정에서 비옥한 토지를 가지고 있는 소유자는 비옥도를 주장하여 지대를 요구할 수 있다.

③ 지대의 발생과 크기

㉠ 경작되고 있는 토지 가운데 생산성이 가장 낮은 토지를 '한계지'라고 하는데, 지대는 한계지보다 생산력이 높은 토지에서 발생한다.

▾ 차액지대의 형성 과정

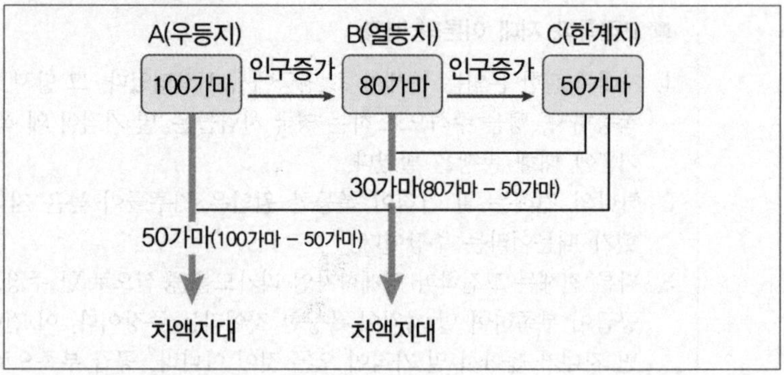

㉡ 차액지대는 보다 열등한 토지를 이용하게 되는 상황에서 비옥도에 따른 생산력의 차이에 의해 발생한다.

㉢ 어떤 토지의 지대 크기는 그 토지의 생산성과 한계지의 생산성과의 차이에 의해 결정된다.

▸▸ 기출 튀넨은 한계지의 생산비와 우등지의 생산비 차이를 절대지대로 보았다. (×)

④ 차액지대론의 평가

㉠ 차액지대는 비옥도가 좋음을 주장하여 지불받는 지대이다. 따라서 비옥도가 가장 낮은 토지인 한계지는 비옥도를 주장할 수 없다. 그 결과 차액지대는 한계지의 지대 발생을 설명하지 못한다.

㉡ 차액지대론은 토지의 위치문제를 경시하였고, 비옥도 자체가 아닌 비옥도의 차이에만 중점을 두고 있다는 비판이 있다.

▸▸ 기출 차액지대론은 한계지의 지대 발생을 설명하는 데 유용하다. (×)

(2) 마르크스(K. Marx)의 절대지대론 **

① 의미

㉠ 토지소유자들은 비록 자신의 토지가 열등하더라도 결코 공짜로 빌려주지 않을 것이다.

㉡ 마르크스는 "자본주의 사회는 토지 사유화 제도를 인정하고 있기 때문에 생산력과 상관없이 지대를 절대적으로 지불해야 한다."고 주장하였다.

㉢ 마르크스는 '절대지대(absolute rent)'를 토지소유권에 의해 지불되는 지대라고 정의하였다.

② 평가

㉠ 절대지대론은 마르크스(Karl Marx, 1818~1883)가 후대에 자신의 연구 과정에서 리카도(David Ricardo, 1772~1823)의 이론을 보완한 내용이다.

㉡ 절대지대는 차액지대가 설명하지 못하는 한계지의 지대 발생을 사유화 제도를 통해 설명할 수 있다는 점에서 유용하다.

▸▸ 기출 독점지대설은 토지의 소유자체를 지대발생의 원인으로 보며, 차액지대설로는 설명이 불가능한 최열등지에 대한 지대발생의 근거를 제시하고 있다. (×)

(3) 튀넨(J. V. Thünen)의 위치지대론 **

① 의미

㉠ 독일 경제학자 튀넨(J. V. Thünen)은 1826년 그의 저서 '농업과 국민 경제의 관계에 있어서의 고립국'에서 지역의 토지 이용 구조를 설명하였다.

㉡ 튀넨은 리카도의 지대개념을 확장하여 비옥도가 동일하더라도 위치에 따라 지대의 차이가 발생할 수 있다고 주장하였다. 이를 '위치지대' 또는 '입지교차지대'라고 하였다.

㉢ 튀넨은 '위치지대'를 위치에 따른 수송비의 차이에 의해 발생되는 지대라고 정의하였다.

② 기본가정과 지대함수

㉠ 시장은 고립국의 중앙에 위치하며, 유일한 시장이다.

㉡ 고립국의 농부는 합리적 경제인이고 시장은 완전경쟁시장이다.

㉢ 고립국은 기후, 지형, 토양에 있어 완전히 동질적인 공간이다.

㉣ 위치에 따른 곡물가격과 생산비는 동일하다.

㉤ 교통수단은 우마차로 동일하다고 하며, 운송비는 거리에 비례한다.

㉥ 지대함수

$$R = Y(p-c) - YF_m$$

R : 지대, Y : 단위 면적당 산출량, p : 곡물가격, c : 평균생산비, F : 운송요율, m : 시장까지의 거리

▸▸ 기출 튀넨은 수송비는 중심지로부터 멀어질수록 증가하고, 곡물의 평균생산비용은 동일하다는 가정을 전제한다. (O)

▸▸ 기출 위치지대설에서 지대함수는 중심지에서 거리가 멀어짐에 따라 지대가 점점 감소하는 함수이다. (O)

▸▸ 기출 위치지대는 외곽으로 갈수록 증가한다. (×)

③ 단일 작물의 지대곡선

㉠ 위치지대는 기본적으로 토지 생산물의 잉여가 지대로 전환됨으로써 형성된다.

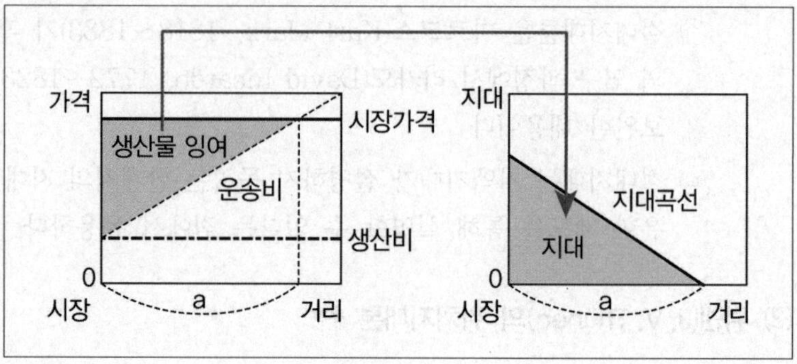

㉡ 튀넨에 의하면 시장의 곡물 가격과 생산비는 어느 위치에서 곡물을 생산하든지 동일하지만, 곡물 수송비(운송비)는 중심에서 외곽으로 멀어질수록 증가한다. 따라서 토지 생산물의 잉여는 곡물 수송비(운송비)에 의해 중심에서 외곽으로 멀어질수록 감소한다.

㉢ 지대는 토지 생산물의 잉여에 의해서 지불되기 때문에 지대곡선은 외곽으로 멀어질수록 감소하는 형태로 나타난다.

㉣ 곡물 수송비(운송비)에 의해 토지 생산물의 잉여가 결정되고 토지 생산물의 잉여에 의해 지대가 결정되기 때문에, 결국 위치에 따른 곡물 수송비가 지대를 결정하게 된다.

㉤ 중심에 가까울수록 지대가 높기 때문에 토지 이용은 집약적이 되고, 중심에서 멀어질수록 지대는 낮기 때문에 토지 이용은 조방적이 된다.

④ 여러 작물의 경합에 따른 입지 지대곡선

㉠ 여러 작물의 이익곡선(지대곡선)을 동일한 평면에 표시하면 작물 가격과 운송비가 다르기 때문에 이익곡선(지대곡선)은 서로 교차한다.

㉡ 농부는 주어진 구간에서 이익이 보다 높은 작물을 선택하고, 작물 재배 지역은 시장으로부터 거리에 따라 동심원적인 배열로 나타난다.

㉢ 위치에 따른 토지 이용의 형태는 작물의 지대지불능력에 의해 결정된다.

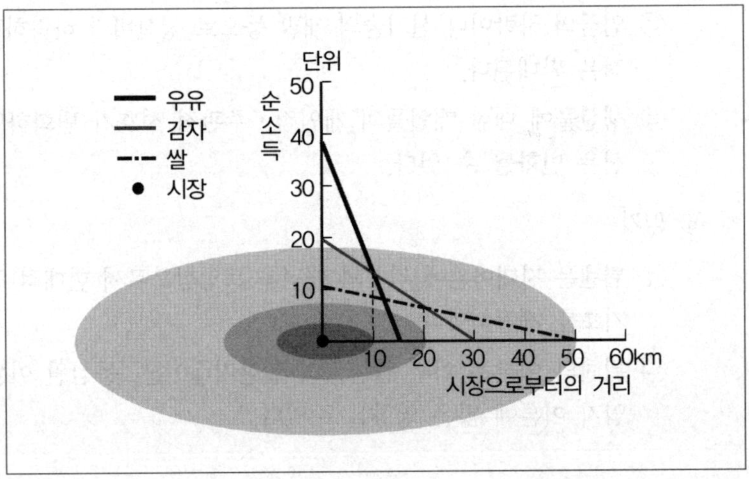

㉣ 여러 작물들은 수송비의 절감을 위해 가능한 도심과 가까운 곳에 입지하려고 경쟁하는데, 도심 근처의 토지는 가장 많은 지대를 지불할 수 있는 작물에게 할당된다. 그림에 의하면 10㎞ 이내에는 지대지불능력이 제일 높은 낙농업(우유)으로 이용되게 된다.

㉤ 지역 전체의 입찰지대곡선은 각 구역별로 최대의 지대 지불 능력을 나타내는 작물의 지대곡선을 연결한 곡선이 된다.

⑤ 시장가격, 생산비 및 운송비의 변화에 따른 지대곡선의 변화

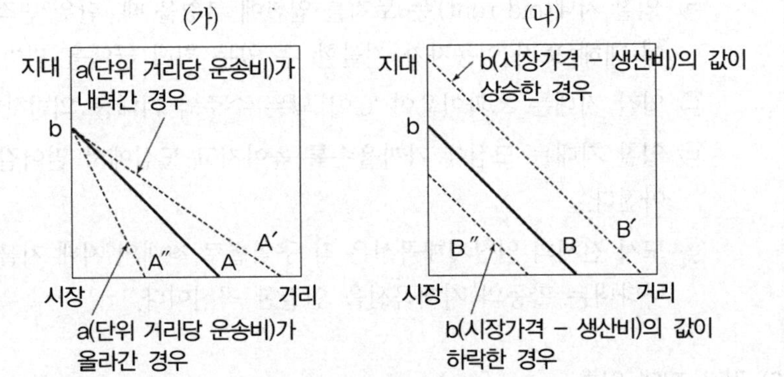

※ (가) : 단위당 운송비의 변화에 따른 지대곡선의 변화

※ (나) : 시장가격의 변화와 생산비의 변화에 따른 지대곡선의 변화

㉠ 새로운 교통수단의 등장 등으로 단위당 운송비가 하락하면 재배 면적은 확대된다.

㉡ 곡물에 대한 수요가 증가하여 시장 가격이 상승하면 재배 면적은 확대된다.

ⓒ 임금의 하락이나 신기술의 개발 등으로 생산비가 하락하면 재배 면적은 확대된다.

ⓓ 생산물에 대한 개인들의 개인적·주관적 선호가 변화하면 지대 곡선은 변화될 수 있다.

⑥ 평가

ⓐ 튀넨은 지대이론에 위치의 개념을 도입함으로써 현대적 입지이론의 기초를 제공하였다.

ⓑ 튀넨의 이론은 이후 알론소의 입찰지대이론, 동심원 이론 및 기타 입지 이론에 많은 영향을 주었다.

(4) 알론소의 입찰지대 이론 **

▸▸ 기출 알론소는 각 토지의 이용은 최고의 지대지불 의사가 있는 용도에 할당된다. (O)

① 알론소(W. Alonso)는 튀넨의 농촌 토지 이용에 대한 이론을 도시 공간으로 확장하여 도시 토지 이용의 분화를 설명하였다.

② 기본 가정

ⓐ 수송비는 도심지로부터 멀어질수록 증가한다.

ⓑ 재화의 평균 생산 비용은 위치에 상관없이 동일하다.

③ 입찰 지대

▸▸ 기출 입찰 지대란 토지이용자가 지불하고자 하는 최소 금액을 의미한다. (×)

▸▸ 기출 알론소(W. Alonso)의 입찰지대곡선은 여러 개의 지대곡선 중 가장 높은 부분을 연결한 포락선이다. (O)

ⓐ '입찰 지대(bid rent)'는 토지를 입찰에 부쳤을 때, 단위 면적의 토지에 대해 토지 이용자가 지불할 수 있는 최대 금액을 의미한다.

ⓑ 입찰 지대는 초과이윤이 '0'이 되는 수준의 지대를 의미한다.

ⓒ 입찰 지대는 도심에 가까울수록 높아지고 도심에서 멀어질수록 낮아진다.

ⓓ 도시 전체의 입찰지대곡선은 각 구역별로 최대의 지대 지불 능력을 나타내는 활동의 지대곡선을 연결한 곡선이다.

(5) 기타 지대 이론

① 독점 지대(monopoly rent)

ⓐ 토지의 독점 공급에 기인하여 발생되는 지대를 '독점 지대(monopoly rent)'라고 한다. 독점 지대는 수요에 비해 공급이 독점되는 상황에서 발생한다. 따라서 독점 지대는 토지 사용의 본질적 가치보다 높다고 할 수 있다.

ⓑ 다른 토지에서는 생산될 수 없는 최상품의 농산물을 생산하는 토지에 대해 토지소유자는 독점적인 초과 이윤을 지대로 요구한다.

㉢ 토지의 생산물이 수요를 따라 가지 못하는 상황, 즉 토지의 공급이 상대적으로 제한되면 토지소유자는 독점적인 초과 이윤을 지대로 요구한다.

② 집약도 지대

㉠ 집약적 이용을 통해 기존 지대를 초과하는 증가분이 발생되었다면 그것을 '집약도 지대'라는 한다.

㉡ 비옥도가 좋은 토지는 한정되어 있기 때문에 경작자는 토지를 늘리는 대신 노동과 자본의 대체를 통해 생산성을 높이려고 한다. 이처럼 집약적 이용을 통해 추가적으로 상승되는 지대를 '집약도 지대'라고 한다.

③ 튀넨 이론의 수정 모형 (참고)

1. 튀넨의 토지 이용 형태는 동심원 구조로 형성되지만, 다양한 요인이 추가되면 수정될 수 있다.

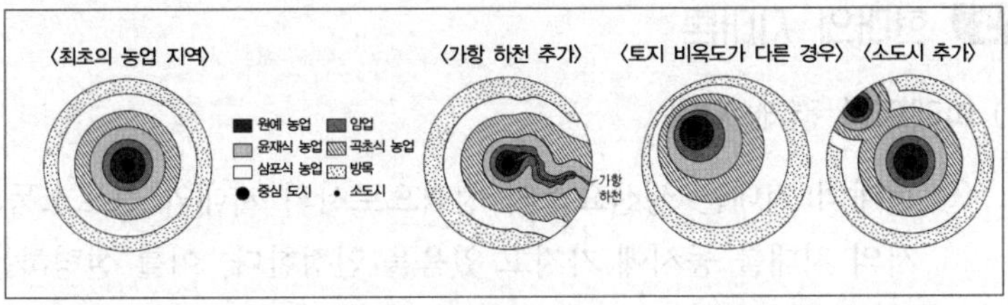

① 고립국 내부에 하천이 있는 경우에 하천을 이용하는 것이 운송비가 보다 저렴하다. 따라서 동심원적인 토지 이용 형태는 하천을 따라 띠 모양으로 변할 수 있다.

② 토지가 비옥한 지역은 생산비가 적게 들기 때문에 상대적으로 운송비를 더 지불할 여력이 있어서 중심지에서 보다 먼 지역까지 재배 면적을 확대할 수 있다. 따라서 고립국 내부에 토지 비옥도가 서로 다르다면 동심원적인 토지 이용 형태는 비대칭적으로 변형될 수 있다.

③ 고립국 내부에 중심 도시 이외에 소규모의 다른 도시가 더 있는 경우에 각 도시를 중심으로 주변은 제1작물권, 제2작물권이 나타나게 된다. 작물권의 규모는 도시의 인구에 비례하는데 작은 도시 주변일수록 동심원의 형태는 반경이 작게 나타난다.

2. 싱클레어 모형

① 1967년 싱클레어는 튀넨의 모델과 상충되는 토지 이용 모델을 설정한 후, 도시 근교 지역에 적용시켜 분석하였다. 그는 도시화가 급속도로 진행되고 있는 경우 그 도시 주변의 농업적 토지 이용 패턴은 동심원 모델과 다르게 나타날 것이라고 주장하였다.

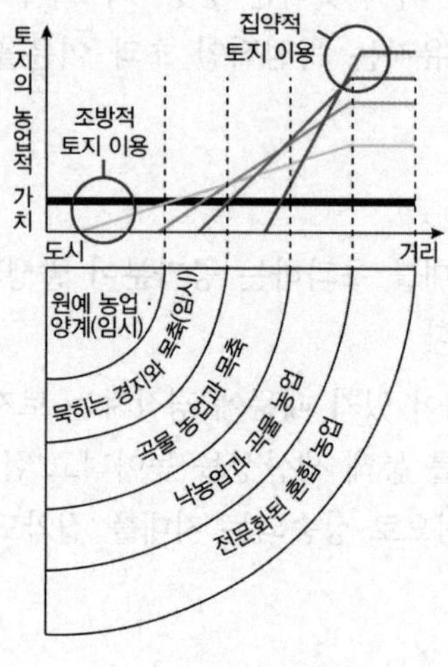

② 싱클레어는 도시 주변에서는 지가 상승에 대한 기대감, 공해 문제, 교통의 발달 등으로 인해 토지가 조방적으로 이용되기 때문에 원거리 지역보다 농업 생산성이 보다 떨어진다고 주장한다.

③ 제시된 자료에 의하면 도시와 인접한 지역의 집약도가 가장 낮게 나타나 농업적 가치는 가장 낮고, 도시에서 멀어질수록 집약도가 증가하므로 토지의 농업적 가치는 증가한다. 또한 이러한 집약도의 증가는 도시화의 진전이 기대되지 않는 지점부터는 거의 변하지 않고 일정하기 때문에 농업적 토지의 기울기는 수평으로 유지된다.

3 현대의 지대론

(1) 파레토의 경제 지대

① 현대의 지대는 생산요소의 성격으로서의 지대와 불로소득의 성격으로서의 지대를 동시에 가지고 있음을 인정한다. 이를 설명하는 개념이 이전 수입과 경제적 지대이다.

▸▸ 기출 경제 지대는 어떤 생산요소가 다른 용도로 전용되지 않고 현재의 용도에 그대로 사용되도록 지급하는 최소한의 지급액이다. (×)

② 이전수입

㉠ 어떤 생산요소가 현재 용도에서 다른 용도로 이전되지 않기 위해서 지급해야 하는 최소한의 금액을 '이전수입(transfer earnings)' 또는 '전용수입'이라고 한다.

㉡ 이전수입은 토지를 공급할 때 최소한 받아야 할 금액을 의미하므로 생산요소 공급에 따른 기회비용의 성격을 갖는다.

③ 경제적 지대

㉠ 생산요소를 활용하여 얻는 소득 중에서 이전수입을 초과하는 부분을 '경제적 지대(economic rent)'라고 한다.

㉡ 경제적 지대는 생산요소가 얻는 소득 중에서 기회비용을 초과하는 금액을 의미하므로 생산요소 공급자의 잉여가 된다.

④ 이전수입과 경제적 지대의 상대적 크기

㉠ 이전수입과 경제적 지대의 상대적 크기는 생산요소의 공급의 가격탄력성에 의해 결정된다.

㉡ 경제적 지대는 생산요소의 공급이 제한될수록 보다 증가한다. 토지공급의 가격탄력성이 비탄력적일수록 토지 사용의 대가로 받은 금액에서 경제적 지대가 차지하는 비율이 증가한다.

㉢ 토지 공급의 가격탄력성이 완전 비탄력적인 경우에는 토지 사용의 대가로 받은 모든 금액이 경제적 지대가 된다.

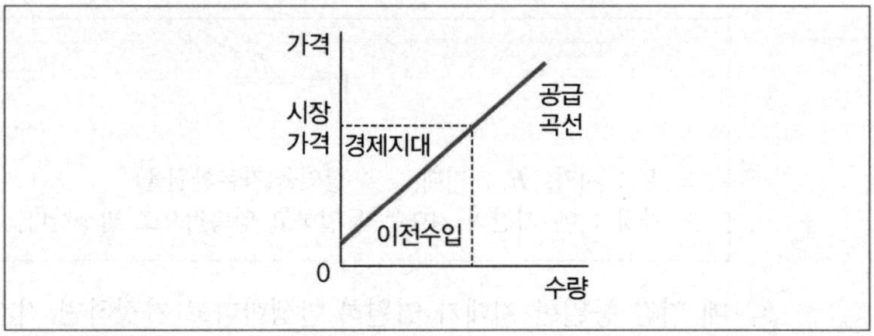

⑤ 지대 추구 행위

㉠ '지대 추구 행위'란 고정된 생산요소로부터 발생하는 경제적 지대를 얻거나 지키려고 노력하는 행위를 말한다.

㉡ 감정평가 협회에서 감정평가사 선발 인원의 제한을 요구하는 것이나 의사협회에서 의대의 신설이나 증원을 억제하도록 압력을 행사하는 행동은 공급을 비탄력적으로 변화시켜 경제적 지대를 보다 많이 추구하고자 하는 행동이다.

(2) 마샬(A. Marshall)의 준지대 **

① 현대의 지대는 반드시 토지만을 의미하는 것은 아니다. 마샬은 토지와 유사한 성격을 갖는 생산요소에 귀속되는 소득을 '준지대'로 보았다.

② 준지대(quasi-rent)

㉠ '준지대'는 단기적으로 공급이 제한된 기계나 공장설비 등에 대한 사용대가를 의미한다.

㉡ 준지대는 토지와 같이 공급이 제한된 생산요소에 귀속되는 소득을 의미한다. 다만, 토지 이외의 생산요소들은 단기에만 공급이 제한됨에 주의하여야 한다.

㉢ 장기에는 고정요소가 존재하지 않기 때문에 준지대의 성격은 존재하지 않는다.

▸▸ 기출 마샬(A. Marshall)은 일시적으로 토지의 성격을 가지는 기계, 기구 등의 생산요소에 대한 대가를 파레토 지대로 정의하였다. (×)

▸▸ 기출 준지대는 토지사용에 있어서 지대의 성질에 준하는 잉여로 영구적 성격을 가지고 있다. (×)

4 지가 이론

(1) 지대와 지가의 관계

① 지대에 관한 이론은 다양하게 전개되고 있지만, 지가에 관한 이론은 그만큼 다양하지 못하다. 고전 학자들은 지대가 결정되면 이를 자본 환원함으로써 지가를 구할 수 있다고 보기 때문이다.

② 지대와 지가의 관계

㉠ '지가'는 지대를 현재가치로 환원한 값이다.

$$V = \frac{R}{i}$$

※ V : 지가, R : 지대, i : 할인율(자본환원율)
※ 가정 : 매 기간의 지대는 동일하고 영속적으로 발생한다.

㉡ 매 기간 동일한 지대가 영원히 발생한다고 가정하면 지가는 지대를 할인율로 나눈 값이 된다.

㉢ 지가와 지대는 비례(+) 관계에 있다.

▸▸ 기출 지가와 할인율은 비례관계에 있다. (×)

(2) 주요 지가 이론

① 마샬(A. Marshall)의 지가 이론

㉠ 위치의 중요성을 강조한 지가 이론이다.

㉡ 마샬은 도시의 지가는 위치의 유용성에 대한 화폐가치의 총액이라고 표현하고, 도시 지가에서 위치의 중요성을 강조하였다.

㉢ 도시 토지의 가치 또는 택지의 가치는 농업용 토지 가치에 그 부지가 누리는 농업용 이외의 모든 편익을 현재가치로 환원한 값을 더한 것이라고 하고, 후자의 가치를 위치 가치(situation value)라고 불렀다.

㉣ 결국 마샬에 의하면 어떤 부동산의 부지가치는 농업용 가치에 위치가치를 더한 것이 된다.

② 허드(R. M. Hurd)의 지가 이론

㉠ 허드는 접근성을 강조하고 도시 토지의 지가는 접근성에 의존한다고 한다.

㉡ 지가의 바탕을 경제적 지대라고 보고 지대는 위치에, 위치는 편리함에, 편리함은 가까움에 의존한다고 하였다. 여기서 가까움이란 접근성을 의미하므로, 결국 지가는 접근성에 의해 결정된다.

③ 헤이그(R. M. Haig)의 마찰비용 이론

㉠ 도시 중심지에 가까워지거나 교통수단이 양호해지면 교통비는 절감되는데, 그 교통비 절약분이 지대가 된다는 이론이다.

㉡ 공간의 마찰비용은 지대와 교통비로 구성되는데, 도심에서 가까울수록 교통비가 감소되므로 지대는 높고 이에 따라 지가도 높아진다.

▸▸ 기출 마찰비용은 지대와 교통비로 구성되어 있다. (O)

④ 알론소(W. Alonso)의 페널티 이론

㉠ 고용, 시장, 공공시설 등이 도시 중심지에 있는 것으로 가정하고, 중심지에서의 거리 함수인 수송비에 의하여 지대가 결정된다고 보는 견해를 일반화한 이론이 페널티 이론이다.

㉡ 페널티 이론의 기본 원리는 마찰비용 이론과 마찬가지로 '지가'는 중심지에서 거리 함수인 수송비 및 수송에 소요되는 시간의 함수 '지가 = f(시간)'로서, 도심지에서 멀어짐에 따라 감소된다는 것이다.

⑤ 홀리(A. H. Hawley)의 생태학적 이론

㉠ 홀리 등 인구생태학자들은 지가는 잠재 토지 이용자의 호가 과정의 산물이라고 규정한다.

㉡ 지가는 도시 내의 입지 선정 활동에 영향을 미치는 동시에 입지 선정 활동의 결과를 반영한다.

제2장 도시 내부 구조 이론 ▸ 27회, 29회, 30회, 32회 기출

1. 버제스(Burgess)의 동심원 이론
2. 호이트(Hoyt)의 선형 이론
3. 해리스(Harris)와 울만(Ullman)의 다핵심 이론
4. 기타 도시 구조 이론

1 버제스(Burgess)의 동심원 이론

(1) 의미 **

▸▸ 기출 튀넨의 이론은 동심원 이론을 농촌토지 이용에 적용시킨 이론이다. (×)

① 동심원 이론은 1925년 시카고 대학의 사회학자인 버제스(Burgess)가 제시한 도시 구조 모델로서, 시카고를 연구 대상으로 하여 경험적으로 도출된 모델이다.

㉠ 동심원 이론은 시카고를 연구 대상으로 하는 실증적 모형이다.

㉡ 동심원 이론은 튀넨의 농촌 토지 이용 구조를 도시 토지 이용 구조에 적용시킨 이론이다.

㉢ 동심원 이론은 도시의 팽창이 도시 내부 구조에 미치는 영향과 거주지 분화 현상을 도시 생태학적 관점에서 설명한 이론이다.

✔주의
동심원 이론의 키워드
1. 시카고 시(市)
2. 생태학적 분석
3. 침입, 경쟁 및 천이

② 동심원 이론

㉠ 도시는 모든 방향으로 성장하기 때문에 중심업무지구를 중심으로 동심원 형태의 구조를 갖는다.

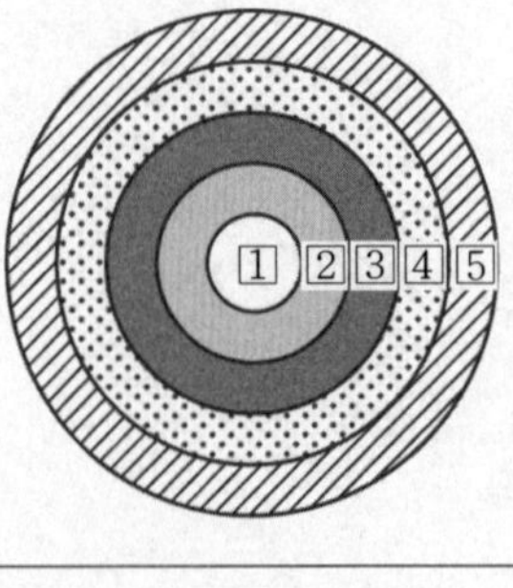

㉡ 도시가 성장함에 따라 도시는 동심원의 형태로 외곽으로 확대되고 그 결과 5개의 지대로 구성된다.

㉢ 동심원 이론은 도시의 공간 구조 형성을 침입, 경쟁, 천이 등의 과정으로 설명하였다.

㉣ 도시는 중심지로부터 멀어질수록 접근성·지대 및 인구 밀도 등이 낮아지며 범죄, 빈곤 및 질병이 적어지는 경향을 보인다.

㉤ 주택 지불 능력이 낮은 노동자 계층은 고용기회가 많은 도심 지역에 가까운 지역에 주거입지를 선정하는 경향이 있다.

▸▸ 기출 호이트는 도시의 공간 구조 형성을 침입, 경쟁, 천이 등의 과정으로 나타난다고 보았다. (×)

▸▸ 기출 동심원설에 의하면 중심지와 가까워질수록 범죄, 빈곤 및 질병이 적어지는 경향을 보인다. (×)

(2) 기능 지역의 분화

① 중심 업무 지구(CBD : central business district)

㉠ 경제, 사회, 시민생활의 중심이 되는 곳으로 금융, 백화점, 호텔 등 비주거 기능이 중심이 되고 있는 지역이다.

㉡ 교육, 경제, 문화, 정치 등 모든 기능이 집약되어 도시의 중추적인 역할을 수행하는 도심 지역이다.

② 점이지대(zone in transition) 또는 천이지대

㉠ 점이지대는 서로 다른 특성을 가진 두 지역의 사이에 있는 지역으로 두 지역의 특성이 모두 나타나는 지대이다.

㉡ 점이지대의 내측에는 경공업 지구가 있고 외측에는 불량 주거지구가 형성되어 있다.

▸▸ 기출 동심원 이론에 의하면 점이지대는 고급주택지구보다 도심으로부터 원거리에 위치한다. (×)

③ 노동자 주거지구(zone of working class homes)

㉠ 점이지대에서 이주한 저소득층의 노동자들이 거주하는 지대로 직장에 출근하기 쉽다는 접근성을 가지고 있다.

㉡ 주거 밀도가 점차 감소되고 주택의 가격과 질적인 측면에서 점이지대보다 훨씬 개선된 주거지구이다.

▸▸ 기출 동심원 이론에 따르면 저소득층일수록 고용기회가 적은 부도심과 접근성이 양호하지 않은 지역에 주거를 선정하는 경향이 있다. (×)

④ 중산층 주거지구(zone of better residence)

㉠ 중산층 가구가 거주하는 지구로 우량한 주거지구 또는 중급 주거지구이다.

㉡ 대다수의 중산층 백인들이 사는 주거지구로서 소규모 자영인, 전문 직종인, 판매원, 사무원 등이 주민을 구성하고 있다.

⑤ 통근자지구(commuter's zone) 또는 교외지구

㉠ 교외로 확산된 주거지구로서 전원적 경관이 좋은 위치로 고속도로나 철도를 따라 입지된 고급 주거지구이다.

㉡ 이 지구는 도시 경계선 밖에 있는 지구로 주로 주거지구로서의 기능을 갖는 소규모의 위성 도시가 발달되어 있다.

(3) 유용성과 한계

① 동심원 이론은 소득이 증가하면 도시 외곽으로 주거지역이 확산된다는 것을 설명하고 있는 것으로 전통적인 소도시를 설명할 때 유용하다.

② 시카고를 대상으로 한 연구로서 지나치게 단순화된 이론으로 도시 공간 구조에 대한 일반성이 결여되어 있다.

③ 교통비가 중심지에서 각 방향으로 같을 수가 없으므로 현실의 토지 이용은 실제로 동심원형으로 형성되지 않으며 정방형 또는 장방형으로 형성된다.

④ 동심원 모양이 도로 및 교통수단의 발달로 교통망에 따라 별모양으로 변할 수 있다는 점을 간과하고 있다.

2 호이트(Hoyt)의 선형 이론

(1) 의미 **

① 미국의 도시 경제학자 호이트(Homer Hoyt)는 1939년 '미국 도시에 있어서 근린주택지구의 구조와 성장'이라는 연구 논문에서 미국의 142개 도시의 자료를 이용하여 도시의 구조를 설명하였다. 호이트에 의하면 도시 내부지역에 있는 주택지역의 구조는 부채꼴 모양의 선형구조로 파악된다고 한다.

② 선형 이론(sector theory)

㉠ 도시는 자연적 장애물과 인공적 장애물이 가장 적은 방향으로 확장되고, 그 결과 주택지는 도심의 주요 간선도로망을 따라 소득계층별로 형성된다.

㉡ 동심원 이론을 수정・보완한 것으로 토지 이용은 도심에서 시작되어 점차 교통망을 따라 원을 변형한 부채꼴 모양으로 존재한다.

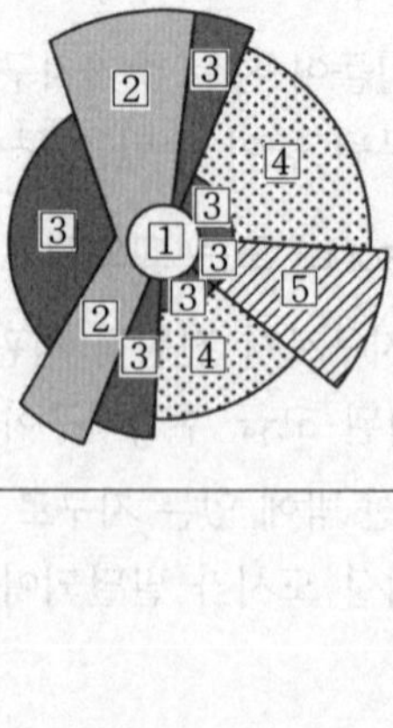

참고
차선형 이론의 키워드
1. 부채꼴 모양, 쐐기형
2. 주택지불능력(소득) 강조

▸▸ 기출 도시 공간 구조의 변화를 야기하는 요인은 교통의 발달이지 소득의 증가와는 관계가 없다. (×)

㉢ 호이트는 도시의 주거 공간의 유형을 결정하는 요인은 높은 주택가격을 지불할 수 있는 상류층의 입지 선택 능력이라고 보았다.

㉣ 도매·경공업지구, 저급 주거지구, 중급 주거지구, 고급 주거지구들이 중심 업무 지구에서 교통노선을 따라 쐐기형으로 확대되면서 배치된다.

▸▸ 기출 주택가격의 지불능력이 도시 주거 공간의 유형을 결정하는 중요한 요인이다. (O)

(2) 주거지의 분화

① 고급 주거지구는 일반적으로 양호한 교통노선을 따라 발달하며, 기존의 도심 지역이나 홍수의 위험이 없는 지역, 강변과 호반 인근의 쾌적한 환경지역을 중심으로 형성된다.

② 중급 주거지구는 고급 주거지구의 인근에 입지함으로써 고급주택과 함께 선형을 형성한다.

③ 저급 주거지구는 고급 주거지구의 반대편에 입지하는 경향이 있다. 저소득층은 주로 도심 근처의 고소득층이 거주했던 낡은 주택에 거주하거나 도시 주변부에 판잣집을 짓고 거주한다.

▸▸ 기출 선형 이론에 의하면 고소득층의 주거지는 주요 교통노선을 축으로 하여 접근성이 양호한 지역에 입지하는 경향이 있다. (O)

(3) 유용성과 한계

① 주거입지의 이동을 설명 또는 예측하기 위해 고소득층의 고급 주택의 역할을 지나치게 강조하고 있다.

② 과거의 경향만을 단순히 설명하고 있어서 도시의 성장 패턴을 예측하기에는 미흡하다.

③ 과학과 기술의 발달 및 사회적인 이유를 경시하고 경제적 이유만을 부각시킨 이론이다.

3 해리스(Harris)와 울만(Ullman)의 다핵심 이론

(1) 의미

① 1945년 도시 지리학자인 해리스(C. D. Harris)와 울만(E. L. Ullman)은 도시의 내부 구조는 수 개의 핵을 중심으로 형성되는 다핵의 구조로 파악되어야 한다고 주장하였다. 다핵심 이론은 맥켄지(Mckenzie)가 처음 주장하였고 해리스와 울만에 의해 발전된 이론이다.

▸▸ 기출 다핵심 이론의 핵심 요소에는 공업, 소매, 고급주택 등이 있으며, 도시 성장에 맞춰 핵심의 수가 증가하고 특화될 수 있다. (O)

② 다핵심 이론

㉠ 도시의 토지 이용은 동심원 이론이나 선형 이론처럼 단일의 핵(중심업무지구)을 중심으로 성장하는 것이 아니라 몇 개의 분리된 핵을 중심으로 도시는 성장한다.

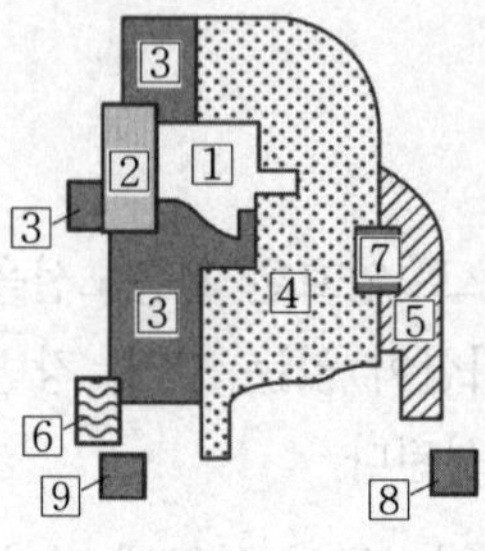

㉡ 토지 이용의 패턴을 설명하기 위하여 동심원 이론과 선형 이론을 결합했고, 또 다른 요소를 부과했다.

(2) 다핵의 발생 원인 **

① 핵(nuclei)

㉠ '핵' 또는 '핵심'이란 도시의 성장을 유도하는 어떤 견인적 요소(주거, 업무, 공업 기타)를 의미한다.

㉡ 핵은 영국 런던의 도시처럼 발생 당시부터 존재하기도 하지만, 시카고처럼 도시 성장과 이동, 지역 특화가 진행됨에 따라 형성되기도 한다.

② 다핵의 발생 원인

▸▸ 기출 유사한 도시활동은 집적으로부터 발생하는 이익 때문에 집중하려는 경향이 있다. (O)

▸▸ 기출 서로 다른 도시활동 중에서는 집적 불이익이 발생하는 경우가 있는데, 이러한 활동은 상호 분리되는 경향이 있다. (O)

㉠ 동종 활동 간의 집적 : 동종 또는 유사 활동은 집적이익을 누리기 위해 특정 지역에 서로 모이는 경향이 있다.

㉡ 이종 활동 간의 분산 : 이해가 서로 상반되는 활동들은 이익의 증대를 위해 서로 분리하여 입지한다.

㉢ 특정 위치나 특정 시설의 필요성 : 어떤 활동은 특정한 위치나 교통수단 또는 원료를 요구한다.

㉣ 지대 지불 능력의 차이 : 어떤 활동은 특정한 위치를 원하지만 지대 지불 능력이 낮기 때문에 그곳에 입지하지 못하고 분리된다.

(3) 유용성과 평가

① 유용성

㉠ 도시의 기능이 분화되고 있는 현대의 대도시를 설명하기에 유용하다.

㉡ 도심의 기능과 함께 부도심의 기능이 높아지는 추세에 유용한 분석이다.

② 평가

㉠ 다핵심 이론을 비롯한 도시의 내부 구조 이론은 서로 배타적인 것이 아니라 상호 보완적으로 도시의 내부구조를 설명하므로, 동심원 이론을 수정한 것으로 볼 수 있다.

㉡ 구도시의 형태가 단일 도시라면 신도시는 다핵 도시의 형태를 보인다고 할 수 있다.

4 기타 도시 구조 이론

① 도시 권역 모형

㉠ 교통망의 발달로 인해 도시가 서로 공존하는 모형이다.

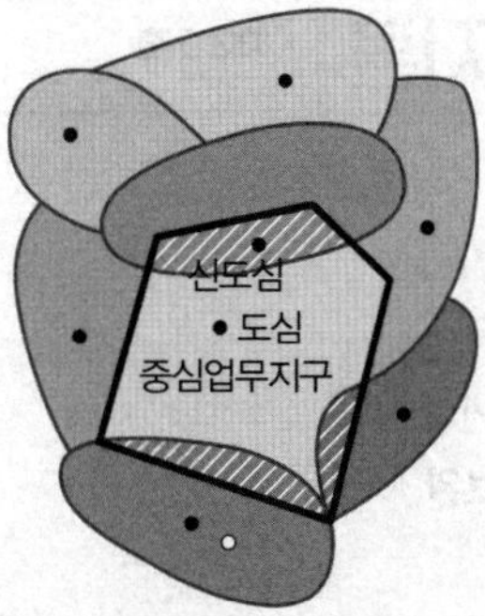

㉡ 이 모형의 특징은 대규모의 자족적인 교외 지역의 출현을 들 수 있는데, 교외 도심지가 각 권역의 중심지로 발달하면서 전통적인 중심 도시와 공존하고 있다는 점이다.

② 다차원 이론

㉠ 1965년 시몬스(Smmons)는 '도시의 토지이용에 관한 기술적 모델'이라는 논문에서 다차원 이론을 설명하였다.

㉡ 기존의 도시 내부 구조 이론을 종합하여 도시 구조를 설명하는 이론이다.

㉢ 도시의 내부 구조는 도시화의 차원, 사회계층의 차원, 인종별 분산의 차원 등 서로 다른 3개의 차원으로 설명된다고 한다.

ⓐ 도시화의 차원 : 가족구성·세대의 유형·노동력 등 도시 주민의 생활양식과 관련된 차원으로 동심원의 구조를 이룬다.

ⓑ 사회계층의 차원 : 인구의 소득 수준, 교육 수준, 직업 수준과 관련된 차원으로 선형의 구조를 이룬다.

ⓒ 인종별 분산의 차원 : 인종이나 민족의 구성과 관련된 차원으로 본질적으로 무질서하게 분포하여 다핵심을 이룬다.

③ 베리(Berry)의 유상 도시 이론

㉠ 자동차 교통과 고속도로의 발달로 도시 내부에 집중되어 있던 업무시설과 주택이 간선도로를 따라 리본모양(유상)을 이루면서 확산된다는 이론이다.

㉡ 현대는 자동차 시대라고 할 수 있기 때문에 간선도로를 따라 토지이용의 효용이 증대되고 있음을 보여준다.

제3장 공업입지론 ▸33회 기출

1. 입지론의 이해
2. 베버(Weber)의 최소 비용 이론
3. 베버 이론의 수정 및 보완
4. 공업의 입지 유형

1 입지론의 이해

(1) 입지론의 의미와 근거

① 의미 : 입지론은 입지주체가 자신의 목적에 맞는 적합한 토지를 발견하는 활동(입지론) 또는 주어진 토지에 적합한 용도를 발견하는 활동(적지론)이다.

② 근거 : 부동성(지리적 위치의 고정성)

(2) 입지조건

① 의미 : 특정 입지가 가지고 있는 여러 가지 측면의 제 조건을 입지조건이라고 한다.

② 입지조건의 구분

㉠ 자연적 조건 : 지세, 지질, 지형, 기후, 경관 등

㉡ 인문적 조건 : 사회적 · 경제적 · 행정적 조건 등

③ 내용

㉠ 입지조건 중 인문적 조건은 인간의 힘으로 어느 정도 극복할 수 있으나, 자연적 조건은 극복하고 통제하기 어려운 성질을 가진다.

㉡ 입지선정 기준(입지조건의 좋고 나쁨을 판단하는 기준)

용도 구분	입지선정 기준
주거지	거주의 쾌적성
상업지	수익성
공업지	비용성과 생산성
공공용 부동산	공익성과 편리성

▸▸ 기출 입지조건 중 자연적 조건은 일반적으로 인간이 극복할 수 있는 조건이다. (×)

2 베버(Weber)의 최소 비용 이론

(1) 의미 **

① 베버는 최소의 비용으로 제품을 생산할 수 있는 장소가 최적의 공업 입지라고 하였다. 이를 '최소 비용 이론'이라고 한다.

㉠ 베버의 공업 입지론은 공업 입지를 최초로 체계화한 이론이다.

㉡ 생산비가 최소가 되는 지점이 이윤이 극대화되는 입지이다.

㉢ 베버의 최소비용이론은 생산의 공급 측면을 강조한 이론이다.

▸▸ 기출 베버는 운송비 · 노동비 · 집적이익을 고려하여 비용이 최소화되는 지점이 공장의 최적입지가 된다고 보았다. (O)

② 최소 비용 이론의 가정

- 생산자는 최대 이윤을 추구하는 합리적인 경제인이다.
- 공간은 등질적 평면이며, 원료 산지, 동력 산지, 소비 시장은 특정 장소에 고정되어 있다.
- 운송 수단은 동일하며 운송비는 거리와 중량에 비례한다.
- 수요는 무한하며 시장 가격은 고정되어 있다.
- 노동력은 비유동적이며 무한히 공급될 수 있다.

▸▸ 기출 베버는 생산자를 합리적 경제인이라고 가정한다. (O)

▸▸ 기출 베버가 가장 중요하다고 인정한 산업입지요인은 노동비이다. (×)

▸▸ 기출 기업은 수송비, 인건비, 집적이익의 순으로 각 요인이 최소가 되는 지점에 입지한다. (×)

③ 입지 요인

㉠ 베버는 산업입지에 영향을 주는 요인으로 수송비, 노동비 및 집적이익을 들었으며, 그 중 가장 중요한 요인은 수송비라고 주장하였다.

㉡ 베버는 다른 생산조건이 동일하다면 수송비는 원료와 제품의 무게, 원료와 제품이 수송되는 거리에 의해 결정된다고 주장하였다.

④ 최적의 공업입지

㉠ 베버는 최소 수송비 지점, 노동비 절약의 지점, 집적 이익의 지점 등을 차례로 분석하여 전체 생산비가 최소가 되는 지점이 최적입지라고 하였다.

㉡ 베버는 최적 입지를 찾는 과정을 입지 삼각형을 통해 설명하였다.

(2) 최적 공업입지의 선정

① 최소 수송비의 원리

㉠ 총 수송비가 최소인 지점에 공장을 입지한다는 원리이다.

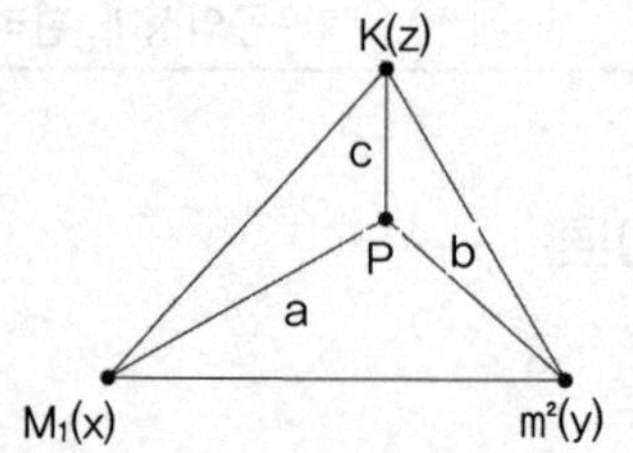

- K : 소비시장
- M_1, m^2 : 원료 산지
- x, y, z : 원료 및 제품의 무게
- a, b, c : 원료 산지 및 시장까지의 거리
- P : 총 운송비(ax + by + cz)가 최소인 지점

㉡ 다른 생산요소 비용의 지역 간 차이가 없다면, 원료 수송비와 제품 수송비를 합한 총 수송비가 최소인 지점인 P지점에 공장이 입지한다.

② 노동비 절감의 원리

㉠ 임금이 보다 저렴한 지점에 공장을 입지한다는 원리이다.

㉡ 지역 간에 노동력의 차이가 발생하여 임금의 차이가 발생한다면 최소 수송비에 의해 결정된 P지점은 노동비에 의한 타당성이 검증되어야 한다.

㉢ 노동비 절감분이 수송비 증가분보다 큰 경우 임금이 저렴한 지점으로 공장은 이전한다.

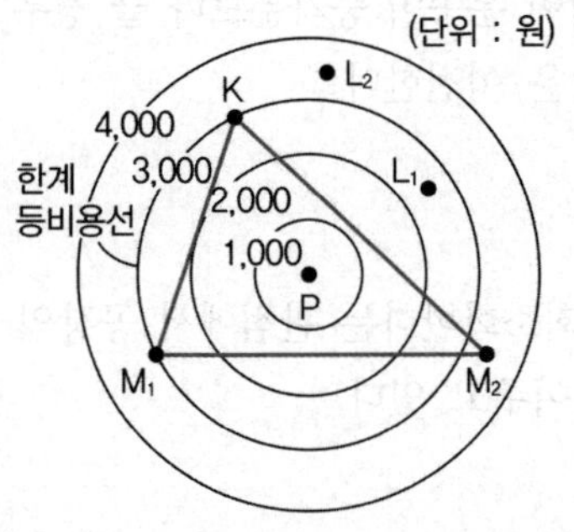

ⓔ 한계 등비용선이란 최소 수송비 지점을 중심으로 총 수송비가 같은 지점을 연결한 선이다.

ⓜ 최적 입지의 선정

ⓐ L_1과 L_2 지점은 모두 단위 제품당 노동비가 P 지점보다 3,000원 저렴한 지점이다.

ⓑ L_2 지점은 노동비를 3,000원 줄일 수 있는 지점인데, 추가되는 수송비가 3,500원 정도 되는 지점이므로 L_2 지점으로 공장을 이전하는 것은 불리하다.

ⓒ L_1 지점은 노동비를 3,000원 줄일 수 있는 지점인데, 추가되는 수송비가 2,500원 정도 되는 지점이므로 L_1 지점으로 공장을 이전하는 것이 유리하다.

▸▸ 기출 등비용선은 최소수송비 지점으로부터 기업이 입지를 바꿀 경우, 이에 따른 추가적인 수송비 부담액이 동일한 지점을 연결한 곡선이다. (O)

③ 집적 이익의 원리

ⓐ 집적 이익이 발생할 수 있는 지점에 공장이 입지한다는 원리이다.

ⓑ 공장이 한 지점에 모여서 집적 이익을 얻을 수 있다면, 집적 이익을 고려하여 입지를 결정하여야 한다.

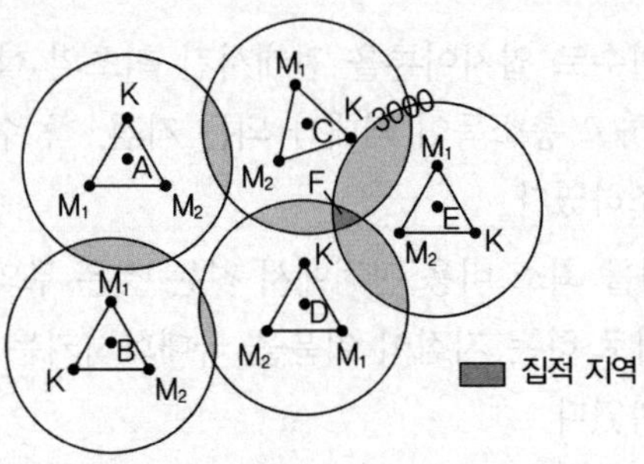

ⓒ 집적 지역(색칠된 부분) 중 F 지역에서 집적 이익이 발생한다면, A~E의 공장은 운송비의 증가분과 집적이익을 고려하여 입지를 결정해야 한다.

㉣ 집적에 의한 생산비 절감이 운송비 증가분보다 클 경우 집적 이익이 발생하는 지점으로 공장은 이전한다.

(3) 유용성과 한계

① 합리적인 경제인이 비용을 최소화한다는 관점에서 공장의 입지를 선정하는 과정을 이론적으로 보여주고 있다.

② 한계

㉠ 운송비가 중량에 비례한다는 전제 조건은 현실성이 떨어진다.

㉡ 실제 시장의 수요는 유한하며, 시장 가격은 수요와 공급에 따라 유동적인데 이를 고정된 것으로 가정한다.

㉢ 고급 노동력과 저임금의 외국인 노동력에 대한 고려가 없다.

3 베버 이론의 수정 및 보완

① 후버(Hoover)의 운송비 곡선

㉠ 하역비를 절약할 수 있는 수송 적환지가 최적의 공장 입지이다.

㉡ 항구, 공항 등 수송 과정에서 수송 수단이 바뀌는 지점을 '적환지'라고 하는데, 교통수단에 변화가 있는 경우에는 수송 적환지가 최적 입지 지점이다.

㉢ 수송비에 종착지 비용(여객 및 화물의 하역과 보관비, 관리 유지비, 운영비 등 운반 거리와 관계없이 일정하게 소요되는 비용)과 장거리 운송 효과 개념을 도입한 이론이다.

② 뢰쉬(Lösch)의 최대 수요 이론

▸▸ 기출 뢰쉬는 수요 측면의 입장에서 기업은 시장 확대 가능성이 가장 높은 지점에 위치해야 한다고 보았다. (O)

▸▸ 기출 뢰쉬의 최대수요이론에서는 입지분석에 있어 대상지역 내 원자재가 불균등하게 존재한다는 전제 하에, 수요가 최대가 되는 지점이 최적 입지라고 본다. (×)

㉠ 뢰쉬는 수요를 변수로 입지이론을 전개시킨 최초의 학자로서 최소비용이론을 부정하고 총소득이 최대가 되는 지점, 즉 수요를 최대로 하는 지점을 강조하였다.

㉡ 뢰쉬는 최적 입지를 최소 비용 관점에서 찾는 것은 무의미하다고 하면서 수요를 최대로 하는 지점이 이윤을 극대화시키는 최적의 입지가 된다고 주장하였다.

㉢ 이윤 극대화라는 측면에서 공장의 입지는 시장의 확대 가능성이 가장 높은 장소에서 이루어져야 한다.

③ 아이사드, 그린헛, 스미스 등의 통합 이론

㉠ 아이사드, 그린헛, 스미스 등은 비용 요인과 수요 요인을 동시에 고려하는 통합적인 이론을 제시하였다.

㉡ 아이사드(Isard)의 이론

ⓐ 아이사드는 입지이론에 대체원리(substitution principle)를 결합시켜 입지 선정을 설명하고자 하였다.

ⓑ 자본이 노동을 대체할 수 있는 것처럼 입지를 선정할 때 최적 입지에 영향을 주는 요인과 관련되는 다양한 생산요소들의 비용을 서로 대체화시킴으로써 최적 입지가 달라질 수 있다고 보았다.

㉢ 그린헛(Greenhut)은 공장의 최적 입지는 최대 이윤을 얻을 수 있는 총수익(수요 측면)과 총비용(공급 측면)의 차가 최대인 지점이라고 한다.

㉣ 스미스(Smith)의 이론

ⓐ 스미스는 공장의 최적 입지는 평균 비용과 평균 수입의 차가 극대화되는 지점이라고 한다.

ⓑ 종래의 입지이론이 최적 입지의 한 지점만을 찾으려고 한 것에 비해 이윤을 창출할 수 있는 공간적 한계구역, 즉 '준최적입지'(suboptimal location)라는 개념을 제시하고 그 구역에서는 어디에서나 공장이 입지할 수 있다고 설명하였다.

✔주의

1. 베버 : 최소 비용
2. 뢰쉬 : 최대 수요
3. 아이사드 : 대체원리
2. 스미스 : 준최적입지

4 공업의 입지 유형

(1) 공업 입지 분석을 위한 기본 개념

① 공업 입지론에서는 원료 수송비에 따른 입지 효과를 분석하기 위하여 원료를 '보편 원료'와 '편재 원료'로 구분하기도 하고, '원료 지수'나 '입지 중량'과 같은 개념을 정의하고 있다.

② 베버의 편재 원료와 보편 원료

편재 원료	• 특정한 장소에서만 구할 수 있는 원료 • 금, 석탄 등 광물 자원
보편 원료	• 장소에 상관없이 쉽게 구할 수 있는 원료 또는 지역에 따라 가격 차이가 상대적으로 크지 않은 원료 • 물, 공기, 흙 등

▸▸ 기출 베버는 운송비의 관점에서 특정 공장이 원료지향적인지 또는 시장지향적인지 판단하기 위해 원료지수를 사용하였다. (O)

③ 원료지수

㉠ 편재 원료 중량을 제품 중량으로 나눈 값을 '원료지수'라고 한다.

$$\text{원료지수} = \frac{\text{편재 원료 중량}}{\text{제품 중량}}$$

㉡ 원료지수는 1을 기준으로 산업을 구분한다.

ⓐ 원료지수 > 1 : 원료가 상대적으로 무거운 산업 또는 중량 감소 산업

ⓑ 원료지수 < 1 : 원료가 상대적으로 가벼운 산업 또는 중량 증가 산업

④ 입지 중량

㉠ 편재 원료 중량과 제품 중량의 합을 제품 중량으로 나눈 값을 '입지 중량'이라고 한다.

$$\text{입지 중량} = \frac{\text{편재 원료 중량} + \text{제품 중량}}{\text{제품 중량}} = \text{원료 지수} + 1$$

㉡ 입지 중량은 2를 기준으로 산업을 구분한다.

ⓐ 입지 중량 > 2 : 원료가 상대적으로 무거운 산업 또는 중량 감소 산업

ⓑ 입지 중량 < 2 : 원료가 상대적으로 가벼운 산업 또는 중량 증가 산업

(2) 운송비와 공장의 입지 유형

① 다른 조건이 일정하고 제품의 시장 가격이 고정되어 있다면, 기업의 이윤은 생산비가 감소할수록 증가한다. 그런데 생산비의 상당 부분은 운송비가 차지하고 있기 때문에 운송비는 공장의 입지를 결정하는 중요한 변수가 된다.

② 운송비의 특성에 따라 공업 입지가 달라질 수 있다. 상대적으로 원료 운송비의 비중이 크다면 원료 산지에 입지함으로써 운송비를 절약할 수 있고, 상대적으로 제품 운송비의 비중이 크다면 시장에 입지함으로써 운송비를 절약할 수 있다.

③ 운송비 차이에 따른 입지 유형

㉠ 총운송비는 제품 운송비와 원료 운송비의 합으로 총운송비가 최소인 지점에 공장이 입지한다.

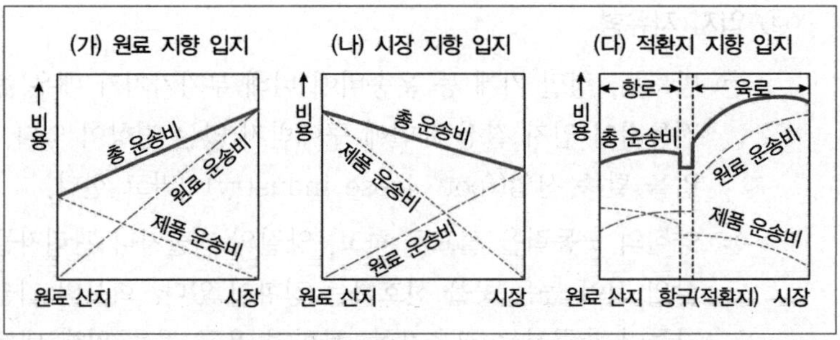

㉡ (가)는 원료의 운송비가 제품의 운송비보다 커서 원료 산지에서 총 운송비가 최소가 된다. 따라서 원료 지향형 입지가 유리하다.

㉢ (나)는 제품의 운송비가 원료의 운송비보다 커서 시장에서 총운송비가 최소가 된다. 따라서 시장 지향형 입지가 유리하다.

㉣ (다)는 운송 수단이 바뀌는 항구에서 종착지 비용을 절감할 수 있다. 따라서 적환지 지향형 입지가 유리하다.

(3) 공업의 입지 유형

① 시장 지향형 입지와 원료 지향형 입지

구분	원료 지향형	시장 지향형
의미	원료산지에 입지해야 유리한 공장	시장에 입지해야 유리한 공장
특징	• 원료가 무거운 산업 • 원료 수송비가 많은 산업 • 원료지수가 1보다 큰 산업 • 중량감소산업 • 국지원료를 많이 사용하는 산업 • 원료의 부패가 심한 산업	• 제품이 무거운 산업 • 제품 수송비가 많은 산업 • 원료지수가 1보다 작은 산업 • 중량증가산업 • 보편원료를 많이 사용하는 산업 • 중간재나 완제품을 생산하는 산업

▸▸ 기출 원료지수가 1보다 큰 산업은 시장 지향형 입지가 유리한 산업이다. (×)

▸▸ 기출 보편원료를 많이 사용하는 산업은 원료 지향형 입지를 선호한다. (×)

② 노동 지향형 입지 산업

㉠ 노동력이 풍부하고 임금이 저렴한 지역에 입지해야 유리한 형태이다.

㉡ 생산기술이 자동화되기 어려워 노동력이 중요한 섬유, 의류 산업 등이 이에 해당한다.

③ 집적 지향형 입지 산업

㉠ 기술연관성이 높은 산업들이 원료산지나 시장에 함께 입지함으로써 비용을 절감하려는 입지 형태이다.

㉡ 기술연관성이 높고 기술·정보·시설·원료 등의 공동이용을 통해서 비용 절감 효과를 얻을 수 있는 산업이 이에 해당한다.

④ 입지 자유형

㉠ 반도체, 정밀 기계 등 운송비에 비해 부가가치가 매우 높은 산업은 전통적인 입지 결정 요인에 구애받지 않는 경향이 있다. 이러한 산업을 탈족 산업(foot－loose industry)이라고 한다.

㉡ 양질의 노동력을 필요로 하고, 양질의 기술자나 관리자들을 위하여 삶의 질이 높은 곳을 선호하는 경향이 있다. 회사의 기술자나 관리자들이 추구하는 교육기회, 문화적 욕구 등을 위해 대체로 대도시 지역 내에 공장 부지를 선정한다.

제4장 상업입지론

▸27회, 29회, 30회, 31회, 34회 기출

1. 크리스탈러(Christaller)의 중심지 이론
2. 중력 모형
3. 소매입지이론

1 크리스탈러(Christaller)의 중심지 이론

(1) 의미

① 독일의 지리학자 발터 크리스탈러(Walter Christaller)는 독일 남부의 도시들을 연구하는 가운데 도시들의 규모 분포와 거리에 일정한 규칙성이 있음을 발견하였고, 1933년 '남부 독일의 중심지 질서'라는 책에서 이를 체계화하였다. 이를 '중심지 이론'이라고 한다.

② 중심지 이론은 도시 및 상업시설 분포의 규칙성과 계층 구조를 이론적으로 설명한 이론이다.

③ 중심지 이론의 기본 가정

1. 등질적인 평야 지역이다.
2. 등질적인 교통망이 존재하고, 운송비는 거리에 비례하며, 구매력이 동일한 인구가 균등하게 분포한다.
3. 사람들은 최소의 비용으로 최대의 효과를 얻는 경제인이다.

(2) 중심지 이론의 주요 개념 **

① 중심지

㉠ 상업기능을 제공하는 지역을 '중심지'라고 한다. 여기서 '상업기능'이란 주변 지역에 재화와 서비스를 공급하는 기능이다.

㉡ 중심지의 형태는 다양한 형태로 존재한다. 과거에는 상업도시로 존재했으며, 현대에는 시장, 매장 또는 점포 등으로 존재한다.

▸▸ 기출 중심지는 중심지 기능을 제공 받는 지역이다. (×)

② 배후지(보완지역)

㉠ 중심지로부터 중심지 기능 또는 상업 서비스를 제공받는 지역을 '배후지' 또는 '보완지역'이라고 한다.

㉡ 배후지는 중심지의 상권이라고 할 수 있다.

③ 최소요구치 범위

㉠ 중심지가 존속하기 위해 필요한 최소한의 고객 수를 '최소요구치'라고 한다.

㉡ 최소요구치는 손익분기점에 해당하는 고객 수 또는 정상이윤만을 획득할 수 있는 고객 수를 의미한다.

㉢ 최소요구치 고객이 존재하는 범위를 '최소요구치 범위'라고 한다.

▸▸ 기출 중심지가 존속하기 위해 필요한 최소한의 수요 범위를 재화의 도달범위라고 한다. (×)

▸▸ 기출 최소요구치 범위는 판매자가 정상이윤을 얻는 만큼의 충분한 소비자를 포함하는 경계까지의 거리이다. (O)

④ 재화의 도달 범위

㉠ 중심지 기능이 미치는 한계 거리를 '재화의 도달 범위'라고 한다.

㉡ 재화의 도달 범위는 중심지가 형성한 상권을 의미한다.

▸▸ 기출 재화의 도달 범위를 벗어나면 수요는 '1'이 된다. (×)

(3) 중심지의 성립 조건 **

① 중심지가 형성되기 위해서는 최소요구치(범위)가 항상 재화의 도달범위 내에 있어야 한다.

② 최소요구치(범위)와 재화의 도달범위의 관계

중심지 성립	재화의 도달 범위 ≥ 최소요구치 범위
중심지 불성립	재화의 도달 범위 < 최소요구치 범위

▸▸ 기출 중심지가 형성되기 위해서는 재화의 도달 범위가 최소요구치 내에 있어야 한다. (×)

③ 중심지의 수익과 비용

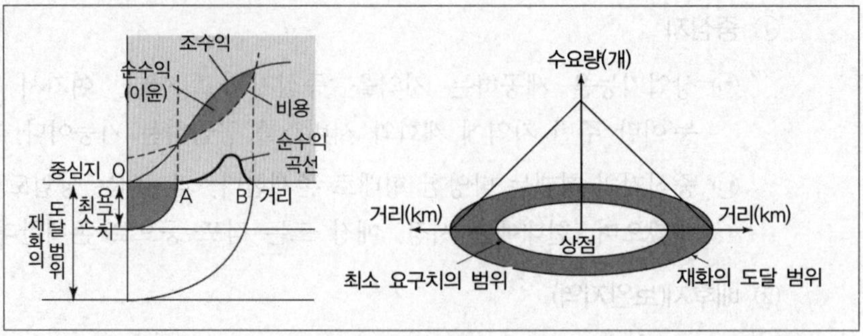

㉠ O~A 구간은 최소 요구치이고, O~B 구간은 재화의 도달 범위이다.

㉡ 중심지가 성립하려면 순수익이 발생하는 A~B 구간이 존재하여야 한다.

㉢ 상점에서 거리가 멀어질수록 상품에 대한 수요량은 감소한다.

(4) 중심지의 형태와 구조

① 이상적인 배후지 형태

㉠ 단일 중심지는 원형의 배후지를 형성하지만, 동일 계층의 중심지가 여러 개인 경우에는 중심지 사이의 경쟁을 최소화하기 위해 정육각형의 배후지가 형성된다.

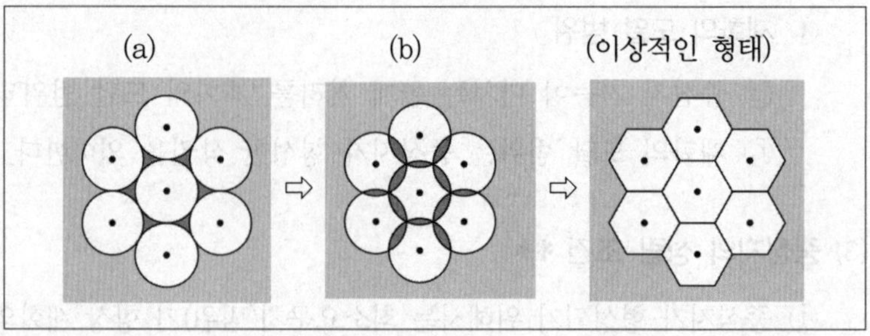

㉡ (a)처럼 상점이 서로 중복되지 않는 지점에 입지하게 되면 재화를 공급받지 못하는 지역이 발생하므로 배후지는 (b)와 같은 형태로 서로 중복된다.

㉢ 소비자는 합리적으로 이동하기 때문에 중복되는 지역이 반으로 나뉘어 정육각형의 배후지가 형성된다.

▸▸ 기출 중심지 기능에 따라 중심지를 구분한 이론은 크리스탈러의 중심지 이론이다. (O)

② 중심지의 계층 관계 및 계층 구조

㉠ 제공하는 재화의 수와 중심지의 기능 수준에 따라 중심지는 고차 중심지(상위 중심지)와 저차 중심지(하위 중심지)로 구분할 수 있는데, 이들은 일정한 규칙을 갖는다.

ⓒ 계층 관계

1. 고차 중심지의 수는 적고, 고차 중심지 상호간의 간격은 넓다. 2. 저차 중심지의 수는 많고, 저차 중심지 상호간의 간격은 좁다.

ⓒ 계층 구조

1. 저차 중심지의 수는 많고, 고차 중심지의 수는 적기 때문에 중심지의 수는 피라미드 형태의 계층적 구조를 가진다. 2. 고차 중심지는 저차 중심지의 기능을 모두 보유하고 있다.

③ 중심지 구조의 변화

㉠ 지역의 인구 또는 소득이 증가하면 중심지 수는 증가하고 중심지 간격은 좁아진다. 또한 최소 요구치의 범위와 배후지의 크기는 축소되어 조밀한 육각형이 된다.

ⓒ 교통이 발달하면 고차 중심지는 성장하지만, 저차 중심지는 쇠퇴한다.

④ 포섭의 원리

㉠ 고차 중심지가 저차 중심지를 어떻게 분할하고 포섭하는지를 설명하는 원리이다.

ⓒ 포섭 원리

시장 원리	고차 중심지의 배후지 면적은 저차 중심지의 배후지 면적 3배
교통 원리	고차 중심지의 배후지 면적은 저차 중심지의 배후지 면적 4배
행정 원리	고차 중심지의 배후지 면적은 저차 중심지의 배후지 면적 7배

ⓒ 시장 원리의 해석

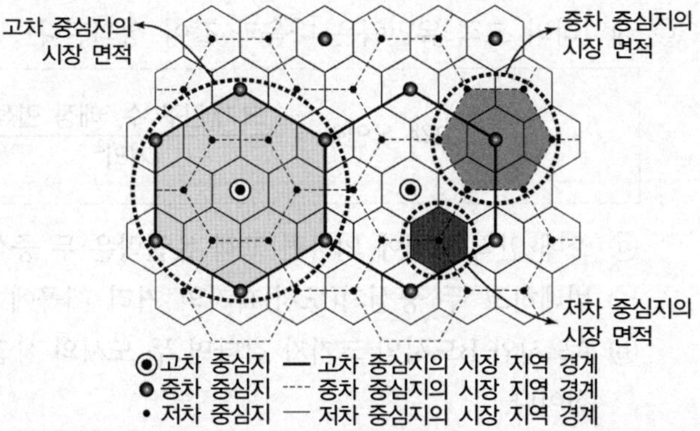

ⓐ 고차 중심지와 중차 중심지 간 배후지 면적을 비교해 보면, 고차 중심지의 모서리에 있는 중차 중심지의 배후지는 고차 중심지의

▸▸ 기출 고차 중심지는 수는 적고 중심지 간의 간격은 좁게 분포된다. (×)

시장 경계에 의해 1/3로 나뉘어 있다.

ⓑ 육각형의 6개 모서리의 중차 중심지 배후지를 합하면 중차 중심지의 배후지 면적은 2개이다. 따라서 고차 중심지의 배후지 면적은 중차 중심지 배후지 면적의 3배가 된다.

(5) 고전적 상업 입지 이론의 한계

① 유사 점포들이 도심 지역에 인접해 있는 경우를 설명하지 못한다.

② 상품의 혼재를 특징으로 하는 대형 쇼핑센터나 대형 할인점의 입지를 설명하지 못한다.

③ 고전적 이론은 소비자들이 한 번의 구매 통행으로 여러 가지 물건을 동시에 구입할 수 있다는 점을 간과하고 있다.

④ 고전적 이론은 유사 점포가 밀집해 있음으로써 소비자에게 비교 쇼핑의 이점을 줄 수 있다는 점을 간과하고 있다.

2 중력 모형

(1) 레일리(Reilly)의 소매 인력 법칙 **

① 레일리(Reilly)는 1929년에 만유인력의 법칙을 원용하여 도시의 세력권이나 점포의 상권을 측정할 수 있는 법칙을 소개하였는데, 이를 '소매업 중력 법칙(law of retail gravitation)' 또는 '소매 인력 법칙'이라고 한다.

② 레일리의 고객 유인력

㉠ 두 중심지(도시) 사이에 위치하는 어떤 지역에 두 중심지(도시)가 미치는 영향을 '고객 유인력'이라고 한다.

㉡ 레일리의 고객 유인력은 다음과 같이 정의된다.

$$\text{고객 유인력} = \frac{\text{크기(인구 수, 매장 면적)}}{\text{거리}^2}$$

▸▸ 기출 레일리는 두 중심지가 소비자에게 미치는 영향력의 크기는 두 중심지의 크기에 반비례하고 거리의 제곱에 비례한다고 보았다. (×)

ⓐ 소매 인력 법칙에 의하면 고객 유인력은 두 중심지(도시) 인구에 비례하고 두 중심지(도시)까지의 거리 제곱에 반비례한다.

ⓑ A도시와 B도시의 크기가 같다면 두 도시의 상권 경계는 중간 지점이다.

▸▸ 기출 두 도시의 상권 경계는 보다 큰 도시에 가깝게 결정된다. (×)

ⓒ A도시가 B도시보다 크다면 두 도시의 상권 경계는 작은 도시, 즉 B도시에 보다 가깝게 결정될 것이다.

(2) 컨버스(Converse)의 분기점 모형 **

① 컨버스(Converse)는 1946년에 두 중심지 사이의 상권의 경계를 의미하는 분기점(breakpoint)을 확인할 수 있도록 레일리의 모형을 수정하였다.

▸▸ 기출 컨버스는 경쟁관계에 있는 두 소매시장 간 상권의 경계지점을 확인할 수 있도록 소매중력모형을 수정하였다. (O)

② 컨버스의 분기점은 다음과 같이 정의된다.

$$D_a = \frac{D_{ab}}{1+\sqrt{\frac{P_b}{P_a}}} \qquad D_b = \frac{D_{ab}}{1+\sqrt{\frac{P_a}{P_b}}}$$

※ D_a : A도시에서 분기점까지의 거리, P_a : A도시의 인구,
D_b : B도시에서 분기점까지의 거리, P_b : B도시의 인구,
D_{ab} : A도시와 B도시의 전체 거리

㉠ '분기점'이란 대상 점포와 경쟁 점포의 영향력이 균등해지는 지점으로 두 중심지가 가지는 상권의 경계를 의미한다.

㉡ 컨버스의 분기점 수식은 두 중심지의 고객 유인력이 동일하다고 가정하고 도출된 수식이다.

(3) 허프(D. Huff)의 확률모형 **

① 레일리와 컨버스의 중력 모형은 두 도시(또는 매장)을 대상으로 그들의 상호작용을 설명하는 이론이다. 반면 허프(D. Huff)는 다수의 상업 도시(또는 매장)에 적용이 가능하도록 중력 모형을 수정한 확률 모형을 제시하였다.

② 허프는 상권에 영향을 주는 근본적인 요인은 소비자의 구매행태라고 하고, 이러한 구매행태를 기본으로 확률모형을 제시하였다.

- 매장에 대해 소비자가 느끼는 효용은 매장이 클수록 증가한다.
- 소비자는 가장 가까운 매장에서 상품을 선택하려는 경향이 있다.
- 소비자는 적당한 거리에 고차원 중심지가 있으면 인근의 저차원 중심지를 지나칠 가능성이 있다.

③ 허프의 고객 유인력은 다음과 같이 정의된다.

$$\text{허프의 유인력} = \frac{\text{크기(매장 면적)}}{\text{거리}^k}$$

※ k : 마찰계수

▸▸ 기출 교통수단이 발달하면 마찰계수의 값은 증가한다. (×)

▸▸ 기출 허프는 소비자가 특정 점포를 이용할 확률은 소비자와 점포와의 거리, 경쟁점포의 수와 면적에 의해 결정된다고 보았다. (O)

㉠ 편의상 매장 면적을 매장의 유인력 지수로 사용하고 있지만, 매장 이미지, 가시성, 접근성, 주차 공간 등도 유인력 지수로 사용될 수 있다.

㉡ '마찰계수'란 공간의 이동을 저해하는 정도를 의미한다. 자연과학의 마찰력을 표현한 지표라고 할 수 있다. 공간 마찰계수(k) 값은 시간과 공간 및 매장의 성격이나 교통의 편리성에 의해 달라지며, 유사 매장의 자료를 분석하여 결정된다.

㉢ 일반적으로 교통 수단의 발달 등 공간의 이동이 용이해질수록 마찰계수 값은 작아진다.

④ 허프는 유인력의 관계를 통해 고객이 특정 매장을 방문할 확률을 정의하였다.

$$P_{ij} = \frac{S_j}{\sum^{n} [S_n]}$$

※ P_{ij} : i지역 소비자가 j매장에 갈 확률

※ S_j : j매장의 유인력, S_n: 지역 매장들의 유인력 합

㉠ 허프는 소비자가 특정 점포를 이용할 확률은 경쟁점포의 수, 소비자와 점포와의 면적 및 거리에 의해 결정된다고 보았다.

㉡ 고객이 매장을 방문할 확률은 경쟁점포의 수가 많을수록, 점포와의 거리가 멀어질수록 감소한다. 반면 점포의 면적이 클수록 매장을 방문할 확률은 증가한다.

⑤ 유용성과 한계

㉠ 확률 모형을 활용하면 한 지역 내에 있는 각 상점의 시장점유율을 간편하게 추계할 수 있다.

㉡ 확률 모형은 소비자들의 점포 선택과 소매 상권의 크기를 예측하는 데 널리 이용되는 대표적인 모형이다.

㉢ 확률 모형은 소비자의 구매 행태 등을 통해 도출된 경험적인 모형이다. 기존의 중심지 이론이 수요자 분포의 거시적 분석에 치우쳤다면, 허프는 소비자의 개성 및 구매 행태 등 미시적 분석을 강조한 이론이다.

3 소매입지이론

(1) 공간 균배 원리에 따른 소매점의 입지

① '공간 균배의 원리'란 경쟁관계에 있는 점포들은 상호경쟁을 통하여 공간을 서로 균등히 배분하여 입지한다는 이론이다.

㉠ 배후지에 소비자가 균등하게 분포되어 있고 다른 점포가 없어서 수익에 영향을 주지 않는다고 가정하면 모든 점포는 배후지의 중심에 위치하게 된다.

㉡ 그러나 현실적으로 다른 점포가 존재하고, 다른 점포가 나의 점포 수익을 감소시키기 때문에 분산 입지하는 것이 유리하다.

② 공간 균배 원리에 따른 점포의 유형

점포유형	내용
집심성 점포	• 배후지의 중심에 입지하는 것이 유리한 점포 • 도매점, 고급음식점, 대형서점, 영화관, 극장, 귀금속점 등
집재성 점포	• 동일 업종의 점포끼리 서로 모여야 유리한 유형의 점포 • 은행, 보험회사, 관공서, 사무실, 기계점, 가구점, 서점 등
산재성 점포	• 동일 업종의 점포끼리 서로 분산해야 유리한 유형의 점포 • 잡화점, 이발소, 목욕탕, 세탁소, 기타 일용품을 취급하는 점포
국부적 집중성 점포	• 동일 업종의 점포끼리 국부적 중심에 입지해야 유리한 점포 • 농기구점, 석재점, 철공소, 비료상점, 종묘점, 어구점 등

▸▸ 기출 잡화점, 세탁소는 산재성 점포이고 백화점, 귀금속점은 집재성 점포이다. (×)

▸▸ 기출 편의점, 이발소, 목욕탕 등은 집재성 점포라고 할 수 있다. (×)

(2) 구매 관습에 따른 점포의 분류

① 상품을 구매하는 관습에 따라 상품은 편의품, 선매품 및 전문품으로 구분될 수 있다. 이에 따라 점포의 명칭도 편의품점, 선매품점, 전문품점 등으로 구분된다.

② 구매 관습에 따른 점포의 분류

점포유형	내용
편의품점	• 편의품이란 일상적으로 구매와 소비를 반복하는 상품이다. • 편의품점은 일반적으로 산재성 점포의 유형을 갖는다.
선매품점	• 선매품이란 여러 상품을 비교하고 선별한 후에 구매하는 상품이다. • 선매품점은 일반적으로 집재성 점포의 유형을 갖는다.
전문품점	• 전문품이란 상표 또는 점포의 신용과 명성에 따라 구매하는 상품이다. • 전문품을 다루는 점포는 배후지의 외곽 부분에 입지하며 고객의 질이 양호하며, 구매의 빈도는 낮으나 판매이익이 많은 점포이다.

▸▸ 기출 선매품점은 일반적으로 산재성 점포의 유형을 갖는다. (×)

▸▸ 기출 넬슨은 특정 점포가 최대 이익을 얻을 수 있는 매출액을 확보하기 위해서는 어떤 장소에 입지하여야 하는지를 제시하였다. (O)

(3) 넬슨의 소매입지이론

① 넬슨(Nelson)은 점포가 최대의 이익을 얻기 위해서 점포입지가 가져야 할 8가지 원칙을 제시하였다.

② 소매입지의 8가지 원칙

지역의 성장 가능성	인구·소득·소비·지출내역 등을 조사하여 성장 가능한 지역에 입지하여야 한다.
상권의 잠재적 발전성	가능한 한 인구나 수익이 증대하고 있는 사업지역 내에 입지하여야 한다.
고객의 접근 가능성	소비자와의 접근성이 양호하여 실질적으로 고객을 확보할 수 있도록 입지하여야 한다.
경제성	생산성과 성장성을 가진 경제적인 용지에 입지하여야 한다.
중간 유인성	기존점포의 고객을 유인하여 경쟁력을 확보하기 위해서는 배후지와 기존점포의 중간에 입지하여야 한다.
집중 흡인력	여러 점포가 모여 집적이익을 누릴 수 있다면 서로 집중하여 입지하여야 한다.
양립성	자신의 상품과 보완의 관계에 있는 상품을 취급하는 상점들과 인접하여야 한다.
경쟁의 최소화	동일업종간의 과다경쟁을 피할 수 있는 장소에 입지하여야 한다.

(4) 매장용 부동산의 부지선정

① 판매 회사가 매상고를 증가시키는 방법에는 상품 가격을 올리는 방법, 기존 점포의 매상고를 증대시키는 방법, 점포의 수를 늘리는 방법 등의 세 가지가 있다.

② 이 중에서 가격을 올리는 것은 수요의 가격탄력성이 비탄력적인 경우에만 가능하고 기존 점포의 매상고를 증대시키는 것에는 한계가 있다. 따라서 매상고를 올리는 일반적인 방법은 새로운 점포를 확보하는 것이다.

③ 기존 점포를 이전하거나 새로운 점포를 신설하기 위한 부지 선정의 단계는 다음과 같다.

기존 부지의 분석	신설하고자 하는 점포와 유사한 기존 점포를 분석하여 최소한의 상권의 범위를 추정한다.
도시 분석	신설하고자 하는 점포가 입지할 수 있는 가능한 도시를 탐색하고 대상 도시를 선정한다.

근린분석	선택된 도시 내에서 대상 점포가 입지할 수 있는 가능한 근린지역을 탐색한다.
대상근린지역 선정	탐색된 가능한 근린지역들을 분석하여 대상 점포가 입지할 근린지역을 선정한다.
대상부지의 선정	선택된 근린지역에서 가능한 부지를 분석하여 최고의 수익을 올릴 수 있는 부지를 최종적으로 선정한다.

(5) 선정된 부지에 대한 가능매상고의 추계

① 비율법

㉠ 가처분소득에서 취급상품에 대한 지출가능액의 비율을 구하고, 이를 통해 가능매상고를 추계하는 방법이다.

> 대상부지의 거래가능지역 확정 ⇨ 거래가능지역의 지출가능액을 추계 ⇨ 1인당 또는 가구당 주민소득 추계 ⇨ 1인당 또는 가구당 가처분소득에서 지출가능액이 차지하는 비율을 측정

㉡ 주관성이 가장 많이 개입되는 방법이다.

▸▸ 기출 비율법은 가장 객관적이라고 인정되는 방법이다. (×)

② **유추법** : 신규 점포와 특성이 유사한 자사의 기존 점포를 분석하여 가능매상고를 추계하는 방법이다.

③ **소비자분포기법(CST법)** : 소비자의 분포를 확인함으로써 상권의 규모뿐만 아니라 고객의 특성파악 및 판매촉진전략 수립에 도움이 될 수 있다.

④ **중력모형(수학적 분석법)**

㉠ 상업입지이론 중 중력모형을 수정한 이론으로 같은 지역에 다수의 경쟁업체가 있을 때 각 점포의 이론적 매상고를 파악하는 데 유용하다.

㉡ 매상고를 결정하는 과정에서 실제매상고가 예상매상고와 달라지는 정도를 측정하여 보다 정확한 모형을 만들 수 있으며 개별점포의 실제매상고와 이론적 매상고 간의 차이는 수정이미지계수에 의해 조정된다.

⑤ **회귀모형(통계적 분석법)** : 매상고에 영향을 주는 변수들과 매상고와의 관계를 통계학적으로 분석하여 점포의 예상매상고를 추계하는 방법이다.

⑥ **체크리스트법** : 상권의 규모에 영향을 미치는 요인들을 수집하여 이들에 대한 평가를 통해 시장잠재력을 측정하는 방법이다.

(6) 상권

① 고객이 존재하는 지리적 구역 또는 점포가 고객을 흡인하는 지리적 영역을 '상권'이라고 한다. 상권을 '배후지(hinterland)' 또는 '시장지역'이라고도 한다.

② 상업 활동은 고객을 대상으로 한다는 점에서 고객이 존재하는 지리적 구역인 상권은 상업입지를 결정하는 중요한 요소이다.

③ 상권은 고객이 되는 인구밀도가 높을수록 지역이 넓을수록 고객의 소득수준이 높을수록 좋다고 평가된다.

④ 상권 분석 기법

공간독점 접근법	• 공간독점이 인정되는 경우의 상권 확정 방법 • 거리제한을 두는 업종, 면허 업종(주류판매점) 등
시장침투 접근법	• 기존 시장에 침투하는 경우의 상권 확정 방법 • 확률 상권 또는 상권의 중첩을 인정하는 방법 • 선매품, 백화점, 슈퍼마켓 등
분산시장 접근법	• 매우 전문화된 상품 또는 특정 소득계층을 대상으로 하는 점포의 상권 확정 방법 • 시장의 분화를 가정한 불연속 상권을 인정하는 방법 • 매우 전문화된 상품, 특정 소득·그룹 대상 상품, 고급 가구점 등

제5장 주거입지론

1. 주택 소비량의 결정
2. 최적 주거입지의 결정

1 주택 소비량의 결정

① 모든 가구는 주어진 조건에서 최대의 효용을 얻고자 노력한다. 주거의 입지는 가구가 효용을 극대화하는 과정에서 결정된다.

② 소비자의 효용이 극대화되기 위해서는 예산 제약 하에서 '한계효용 균등의 법칙'이 성립하여야 한다. 즉 각 재화 1원어치의 한계효용이 동일하도록 재화를 소비할 때 소비자의 효용이 극대화된다.

한계효용 균등의 법칙 : $\frac{MU_X}{P_X} = \frac{MU_Y}{P_Y}$

③ 주택 소비량의 결정

㉠ 개별 가구는 자신에게 주어진 소득에서 일반 재화의 소비와 주택의 소비를 적당히 조화시켜야 한다.

㉡ 소비자의 효용이 극대화되는 주택의 소비량은 일반 재화와 주택의 1원어치의 한계효용이 균등해질 때 달성된다.

2 최적 주거입지의 결정

(1) 한계주거비용과 한계교통비용

① 주택의 입지는 주택을 찾는 수요자의 성향에 따라 다양한 형태를 보인다. 그러나 일반적으로 주택의 입주는 주거비용과 교통비용의 부담능력에 의해 결정된다.

② 한계주거비용과 한계교통비용

㉠ 총주거비용은 외곽에서 도심에 가까울수록 급격하게 증가하는 경향이 있다. 따라서 한계주거비용은 외곽에서 도심으로 들어올수록 증가한다.

㉡ 총교통비용은 도심에서 외곽으로 나갈수록 완만히 증가하는 경향이 있다. 따라서 한계교통비용은 도심에서 외곽으로 나갈수록 감소한다.

(2) 최적의 주거입지

① 한계주거비용의 감소분이 한계교통비용의 증가분보다 큰 (a)점의 경우에는 외곽방향으로 이동하는 것이 유리하고 (b)점의 경우에는 도심으로 이동하는 것이 유리하다.

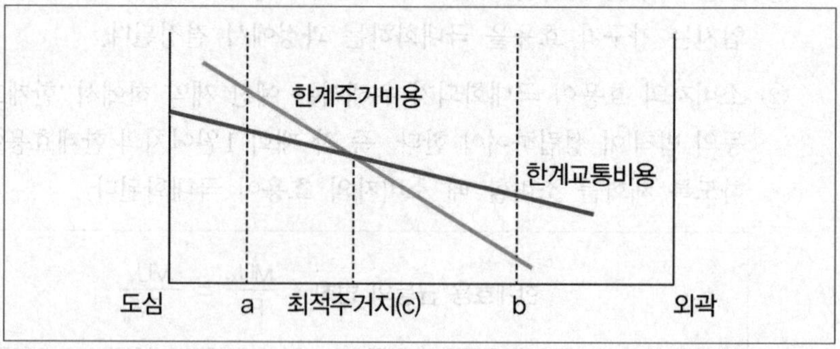

② 최적의 주거입지는 결국 한계주거비용의 감소분과 한계교통비용의 증가분이 일치하여 더 이상의 이동이 발생되지 않는 (c)점이 된다.

제6장 상업입지론 계산 문제

1 중력모형

01 레일리의 상권분석모형을 이용하여 신규 매장의 이용객 수를 추정하면 얼마인가?

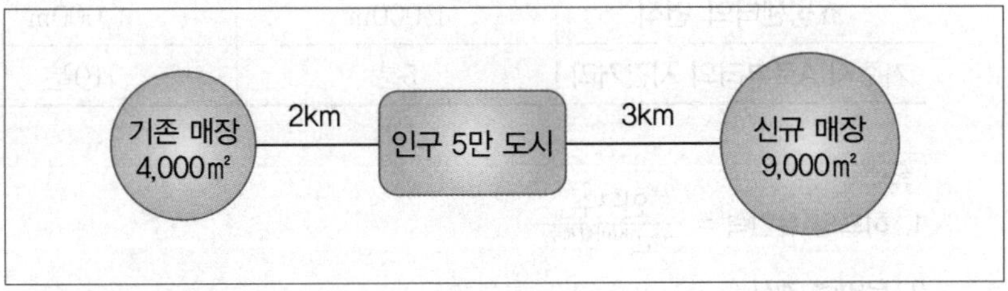

정답해설

1. 신규 매장을 이용하는 고객의 수는 기존 매장과 신규 매장의 고객유인력의 관계로부터 찾아낼 수 있다.
2. 레일리의 유인력 = $\frac{\text{인구수}}{\text{거리}^2}$
3. 유인력 계산

   ① 기존 매장의 유인력 : $\frac{4,000}{2^2} = 1,000$

   ② 신규 매장의 유인력 : $\frac{9,000}{3^2} = 1,000$
4. 각 매장의 유인력 비율

   ① 기존 매장의 유인력 비율 : $\frac{1,000}{(1,000 + 1,000)} = 50\%$

   ② 신규 매장의 유인력 비율 : $\frac{1,000}{(1,000 + 1,000)} = 50\%$
5. 신규 매장의 이용객 추정 수 : 5만 × 0.5(50%) = 25,000명

02 **다음 표는 어느 시장지역 내 거주지 A에서 소비자가 이용하는 쇼핑센터까지의 거리와 규모를 표시한 것이다. 현재 거주지 A지역의 인구가 1,000명이다. 허프(huff)모형에 의한다면, 거주지 A에서 쇼핑센터 1의 이용객 수는?** (단, 공간마찰계수는 2이고, 소요시간과 거리의 비례는 동일하며, 다른 조건은 불변이라고 가정함)

구분	쇼핑센터 1	쇼핑센터 2
쇼핑센터의 면적	1,000㎡	1,000㎡
거주지 A로부터의 시간거리	5분	10분

정답해설

1. 허프의 유인력 = $\frac{\text{인구수}}{\text{거리}^{K(\text{마찰계수})}}$

2. 유인력 계산

① 쇼핑센터 1의 유인력 : $\frac{1{,}000}{5^2} = 40$

② 쇼핑센터 2의 유인력 : $\frac{1{,}000}{10^2} = 10$

3. 각 쇼핑센터의 유인력 비율

① 쇼핑센터 1의 유인력 비율 : $\frac{40}{(40 + 10)} = 80\%$

② 쇼핑센터 2의 유인력 비율 : $\frac{10}{(40 + 10)} = 20\%$

4. 쇼핑센터 1의 이용객 수 : 1,000 × 0.8(80%) = 800명

✔주의

유인력 비율
1. 고객이 매장을 방문할 확률
2. 매장의 시장점유율

03 **컨버스(P. D. Converse)의 분기점 모형에 기초할 때, A시와 B시의 상권 경계지점은 A시로부터 얼마만큼 떨어진 지점인가?**

• A시와 B시는 동일 직선상에 위치하고 있다. • A시 인구 : 64만명 • B시 인구 : 16만명 • A시와 B시 사이의 직선거리 : 30km

정답해설

1. A도시에서 분기점까지의 거리(D_a) = $\dfrac{D_{ab}}{1+\sqrt{\dfrac{P_b}{P_a}}}$

(D_{ab} : A도시와 B도시의 거리, P_a : A도시 인구, P_b : B도시 인구)

2. A시로부터 상권 경계지점까지의 거리(D_a) = $\dfrac{D_{ab}(30\text{km})}{1+\sqrt{\dfrac{P_b(16\text{만})}{P_a(64\text{만})}}}$ = 20

PART 08

토지 경제와 지리 경제 기출문제

주제 지대이론, 도시구조이론

01 지대 이론 및 도시 공간 구조 이론에 관한 설명으로 옳지 않은 것은? ▸ 2019년 30회

① 리카도(D. Ricardo)는 비옥한 토지의 희소성과 수확체감의 법칙으로 인해 지대가 발생한다고 보았다.

② 마샬(A. Marshall)은 일시적으로 토지와 유사한 성격을 가지는 생산요소에 귀속되는 소득을 준지대로 보았다.

③ 알론소(W. Alonso)는 각 토지의 이용은 최고의 지대지불의사가 있는 용도에 할당된다고 보았다.

④ 호이트(H. Hoyt)는 저급주택지가 고용기회가 많은 도심지역과의 교통이 편리한 지역에 선형으로 입지한다고 보았다.

⑤ 해리스(C. Harris)와 울만(E. Ullman)은 도시 내부의 토지이용이 단일한 중심이 아니라 여러 개의 전문화된 중심으로 이루어진다고 보았다.

정답해설

④ 교통이 편리한 지역에 입지하는 계층은 고소득층 주거지역이다. 호이트는 주거지역을 소득계층별로 구분하고, 저소득층은 고용기회가 많은 지역에 입지하고 고소득층은 교통이 편리한 지역에 입지한다고 보았다.

02 다음과 같은 지대 이론을 주장한 학자는? ▸ 2020년 31회

> • 지대는 자연적 기회를 이용하는 반대급부로 토지소유자에게 지불하는 대가로 보았다.
> • 토지지대는 토지이용으로부터 얻는 순소득을 의미하며, 이 순소득을 잉여라고 하였다.
> • 토지의 몰수가 아닌 지대의 몰수라고 주장하면서 토지가치에 대한 조세 이외의 모든 조세를 철폐하자고 하였다.

① 리카도(D. Ricardo)　② 알론소(W. Alonso)
③ 헨리 조지(H. George)　④ 마르크스(K. Marx)
⑤ 튀넨(J. H. von Thünen)

정답해설

③ 지대 이론에 수록되어 있지 않은 내용이다. 그러나 '토지가치에 대한 조세 이외의 모든 조세를 철폐하자'라는 주장은 헨리 조지(H. George)의 토지단일세에 대한 내용이다.

03 **도시 성장 구조 이론에 관한 설명으로 옳지 않은 것은?** ▸ 2016년 27회

① 버제스(Burgess)의 동심원 이론은 도시생태학적 관점에서 접근하였다.

② 해리스(Harris)와 울만(Ullman)의 다핵심 이론은 도시가 그 도시 내에서도 수 개의 핵심이 형성되면서 성장한다는 이론이다.

③ 동심원 이론은 도시가 그 중심에서 동심원상으로 확대되어 분화되면서 성장한다는 이론이다.

④ 다핵심 이론과 호이트(Hoyt)의 선형 이론의 한계를 극복하기 위해서 개발된 동심원이론에서 점이지대는 저소득지대와 통근자지대 사이에 위치하고 있다.

⑤ 선형 이론은 도시가 교통망을 따라 확장되어 부채꼴 모양으로 성장한다는 이론이다.

정답해설

④ 동심원 이론을 보완한 것이 선형 이론이고, 동심원 이론과 선형 이론을 보완한 것이 다핵심 이론이다. 또한 점이지대는 중심업무지구(CBD)와 노동자주거지대(저소득지대) 사이에 위치하고 있다.

04 **입지 및 도시 공간 구조 이론에 관한 설명으로 옳지 않은 것은?** ▸ 2018년 29회

① 최소마찰비용 이론은 경제부문의 집적화 이익이 시공간적으로 누적적 인과과정을 통해 낙후된 지역까지 파급된다고 본다.

② 알론소(Alonso)의 입찰지대곡선은 도심으로부터 교외로 이동하면서 거리에 따라 가장 높은 지대를 지불할 수 있는 산업들의 지대곡선을 연결한 선이다.

③ 해리스(Harris)와 울만(Ullman)의 다핵심 이론은 서로 유사한 활동이 집적하려는 특성이 있다고 본다.

④ 버제스(Burgess)의 동심원 이론은 침입, 경쟁, 천이과정을 수반하는 생태학적 논리에 기반하고 있다.

⑤ 호이트(Hoyt)의 선형 이론은 도시공간의 성장 및 분화가 주요 교통노선을 따라 확대되면서 나타난다고 본다.

정답해설

① 허드(Hurd)의 최소마찰비용 이론은 마찰비용이 가장 적은 방향으로 도시는 성장한다는 이론이다. 즉 도시의 성장은 저항이 적은 방향으로 이루어진다는 이론이다.

정답 > 01 ④ 02 ③ 03 ④ 04 ①

05 도시 공간 구조 이론에 관한 설명으로 옳지 않은 것은? ▸2021년 32회

① 동심원 이론은 도시 공간 구조의 형성을 침입, 경쟁, 천이과정으로 설명하였다.
② 동심원 이론에 따르면 중심지에서 멀어질수록 지대 및 인구 밀도가 낮아진다.
③ 선형 이론에서의 점이지대는 중심업무지구에 직장 및 생활 터전이 있어 중심업무지구에 근접하여 거주하는 지대를 말한다.
④ 선형 이론에 따르면 도시 공간 구조의 성장 및 분화가 주요 교통노선을 따라 부채꼴 모양으로 확대된다.
⑤ 다핵심 이론에 따르면 하나의 중심이 아니라 몇 개의 분리된 중심이 점진적으로 통합됨에 따라 전체적인 도시 공간 구조가 형성된다.

정답해설

③ 동심원 이론의 노동자 주거지대에 대한 설명이다. 노동자 주거지대는 중심업무지구에 직장 및 생활 터전이 있어 중심업무지구에 근접하여 거주하는 주거지대를 말한다. 점이지대는 서로 다른 특성을 가진 두 지역의 사이에 있는 지역으로 두 지역의 특성이 모두 나타나는 지대이다.

주제 공업입지이론

01 산업입지이론에 관한 설명으로 옳지 않은 것은? ▸2022년 33회

① 베버(A. Weber)는 운송비의 관점에서 특정 공장이 원료지향적인지 또는 시장지향적인지 판단하기 위해 원료지수(material index)를 사용하였다.
② 베버(A. Weber)의 최소비용이론에서는 노동비, 운송비, 집적이익 가운데 운송비를 최적입지 결정에 가장 우선적으로 검토한다.
③ 뢰쉬(A. Lösch)의 최대수요이론에서는 입지분석에 있어 대상지역 내 원자재가 불균등하게 존재한다는 전제 하에, 수요가 최대가 되는 지점이 최적입지라고 본다.
④ 아이사드(W. Isard)는 여러 입지 가운데 하나의 입지를 선정할 때 각 후보지역이 가지고 있는 비용최소 요인을 대체함으로써 최적입지가 달라질 수 있다는 대체원리(substitution principle)를 입지이론에 적용하였다.
⑤ 스미스(D. Smith)의 비용수요통합이론에서는 이윤을 창출할 수 있는 공간한계 내에서는 어디든지 입지할 수 있다는 준최적입지(suboptimal location) 개념을 강조한다.

정답해설

③ 뢰쉬이론의 세부적인 전제조건까지 모두 이해할 필요는 없다. 다만 어떤 요인을 분석할 때에는 분석하고자 하는 요인을 제외한 다른 요인들은 변화가 없다고 가정함에 주의하여야 한다. 수요측 요인을 분석하는 뢰쉬이론은 비용과 관련된 요인은 모두 동일하다고 가정한다. 따라서 최대수요이론은 지역의 원자재는 균등하다고 가정하고 입지이론을 분석하였다.

㉠ 베버의 최소비용이론은 수요측 요인은 동일하고, 비용측 요인만이 지역에 따라 차이가 있다고 가정한다. 그 결과 비용이 최소인 지점이 최적의 공업입지가 된다.

㉡ 뢰쉬의 최대수요이론은 공급측 요인은 동일하고, 수요측 또는 수입측 요인만이 지역에 따라 차이가 있다고 가정한다. 그 결과 수요가 최대인 지점이 최적의 공업입지가 된다.

④ 아이사드는 입지이론에 대체원리를 결합시켜 이론을 설명하였다. 즉 자본이 노동을 대체할 수 있는 것처럼 최적입지에 영향을 주는 요인과 대체될 수 있는 다양한 다른 생산요소들의 비용을 분석함으로써 입지이론을 설명하였다.

⑤ 스미스는 최소비용이론과 최대수요이론을 종합하여 비용과 수입을 모두 고려하여 가장 이윤이 많이 발생되는 입지가 최적의 입지라고 설명하였다. 또한 종래의 입지이론이 최적 입지의 한 지점만을 찾으려고 한 것에 비해 이윤을 창출할 수 있는 공간적 한계구역(준최적입지)이라는 개념을 제시하고 그 구역에서는 어디에서나 공장이 입지할 수 있다고 설명하였다.

주제 상업입지이론

01 **D도시 인근에 A, B, C 세 개의 쇼핑센터가 있다. 허프(Huff)의 상권분석모형을 적용할 경우, 각 쇼핑센터의 이용객 수는?** (단, 거리마찰계수 : 2, D도시 인구의 40%가 위 쇼핑센터의 이용객이고, A, B, C 중 한 곳에서만 쇼핑함) ▸ 2018년 29회

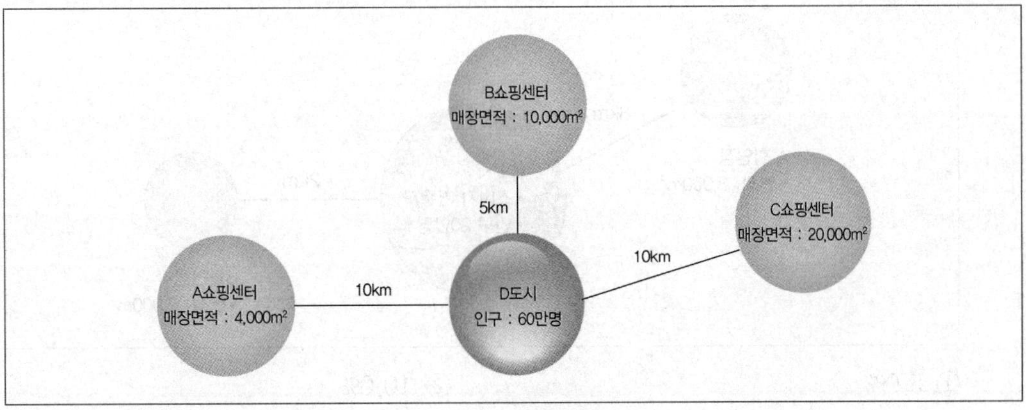

① A : 15,000명, B : 150,000명, C : 75,000명
② A : 15,000명, B : 155,000명, C : 70,000명
③ A : 15,000명, B : 160,000명, C : 65,000명
④ A : 16,000명, B : 150,000명, C : 74,000명
⑤ A : 16,000명, B : 155,000명, C : 69,000명

정답 > 05 ③ / 01 ③ / 01 ①

정답해설

① 이용객 수는 A쇼핑센터 15,000명, B쇼핑센터 150,000명, C쇼핑센터 75,000명이다.

1. 유인력 산정

A쇼핑센터 : $\frac{4,000}{10^2}$ = 40, B쇼핑센터 : $\frac{10,000}{5^2}$ = 400, C쇼핑센터 : $\frac{20,000}{10^2}$ = 200

2. 유인력 비율

A쇼핑센터 : $\frac{40}{640}$, B쇼핑센터 : $\frac{400}{640}$, C쇼핑센터 : $\frac{200}{640}$

3. 각 쇼핑센터의 이용객 수 [고객의 수 : 24만(= 60만 × 40%)]

1) A쇼핑센터 : 240,000 × $\frac{40}{640}$ = 15,000

2) B쇼핑센터 : 240,000 × $\frac{400}{640}$ = 150,000

3) C쇼핑센터 : 240,000 × $\frac{200}{640}$ = 75,000

02 **C도시 인근에 A할인점과 B할인점이 있다. 허프(D. L. Huff)의 상권분석모형을 적용할 경우, A할인점의 이용객수는 C도시 인구의 몇 %인가?** (단, 거리에 대한 소비자의 거리마찰계수값은 2이고, C도시 인구 중 50%가 A할인점이나 B할인점을 이용함) ▸ 2016년 27회

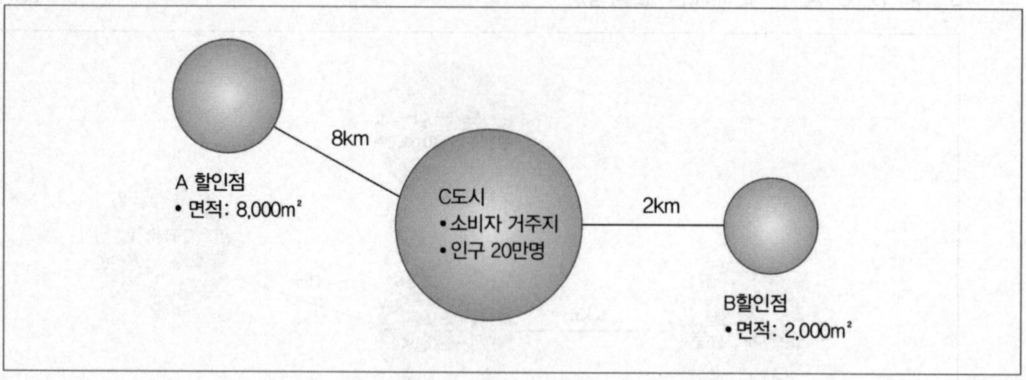

① 5.0%
② 10.0%
③ 15.0%
④ 20.0%
⑤ 25.0%

정답해설

② A할인점의 이용객 수는 C도시 인구의 10.0%이다.

1. 유인력 산정

A할인점 : $\frac{8,000}{8^2}$ = 125, B할인점 : $\frac{2,000}{2^2}$ = 500

2. 유인력 비율

A할인점 : $\frac{125}{625}$ = 20%, B할인점 : $\frac{500}{625}$ = 80%

3. A할인점의 이용객 수는 C도시 인구의 몇 %인가? 10%
   1) 고객의 수 : 20만 × 50% = 10만명
   2) A할인점의 이용객 수 : 10만 × 20% = 2만명
   3) C도시 인구 : 20만명

03 **A도시와 B도시 사이에 C도시가 있다. 레일리의 소매인력법칙을 적용할 경우, C도시에서 A도시, B도시로 구매 활동에 유입되는 비율은?** (단, C도시의 인구는 모두 A도시 또는 B도시에서 구매하고, 주어진 조건에 한함) ▸ 2020년 31회

- A도시 인구수 : 45,000명
- B도시 인구수 : 20,000명
- C도시에서 A도시 간의 거리 : 36km
- C도시에서 B도시 간의 거리 : 18km

① A : 36%, B : 64%
② A : 38%, B : 62%
③ A : 40%, B : 60%
④ A : 42%, B : 58%
⑤ A : 44%, B : 56%

정답해설

① A도시의 유인력 비율은 36%이고 B도시의 유인력 비율은 64%이다.

1. 유인력 산정

A도시 : $\frac{45,000}{36^2}$ = 34.72, B도시 : $\frac{20,000}{18^2}$ = 61.72

2. 유인력 비율

A도시 : $\frac{34.72}{(34.72+61.72)}$ = 0.36(36%), B도시 : 64%

정답 > 02 ② 03 ①

04 **컨버스(P. Converse)의 분기점 모형에 따르면 상권은 거리의 제곱에 반비례하고 인구에 비례한다. 다음의 조건에서 A, B 도시의 상권 경계지점은 A시로부터 얼마나 떨어진 곳에 형성되는가?** (단, 주어진 조건에 한함) ▸ 2019년 30회

- A시의 인구 : 16만명, B시의 인구 : 4만명
- 두 도시 간의 거리 : 15km
- 두 도시의 인구는 모두 구매자이며, 두 도시에서만 구매함

① 8km
② 9km
③ 10km
④ 11km
⑤ 12km

정답해설

③ A도시로부터 상권 경계지점까지의 거리(D_a)는 10㎞이다.

$$D_a = \frac{D_{ab}(15\text{㎞})}{1+\sqrt{\dfrac{P_b(4\text{만})}{P_a(16\text{만})}}} = 10(\text{㎞})$$

05 **상업용 부동산 시장분석에 관한 설명으로 옳지 않은 것은?** ▸ 2017년 28회

① 소매점포 개설을 위한 시장분석의 절차는 부지평가 → 구역분석 → 시장선택의 3단계로 이루어진다.
② 통계적 분석방법은 기존통계를 분석해서 시장의 지역성을 포착하고, 그 지역성을 기초로 상권의 특성을 추계하는 방법이다.
③ 상권추정기법에는 실제조사방법, 2차 자료 이용방법, 통계적 분석방법 등이 있다.
④ 수정허프모델에서 고객의 구매확률은 상업지의 매장면적과 상업지로의 도달거리에 의해 결정된다.
⑤ 체크리스트법은 매출액과 비용에 영향을 미칠 것으로 예상되는 다양한 요인들을 나열하고 이를 토대로 전문가적 경험에 의존하여 시장 내 대안부지들을 체계적으로 비교·평가하는 기법이다.

정답해설

① 시장분석은 거시적인 시장에서 미시적인 시장으로 분석이 진행된다. 시장선택 → 구역분석 → 부지평가의 단계로 진행되어야 한다.

정답 > 04 ③ 05 ①

PART

09

감정평가론

PART 09

감정평가론

제1장 부동산 가치 이론 ▸29회, 31회 기출

1. 가치와 가격의 구별
2. 부동산 가치의 발생
3. 부동산 가치의 형성

1 가치와 가격의 구별

(1) 의미

① 특수한 경우가 아니라면 재화의 가격은 재화의 가치 또는 효용만큼 결정된다. 따라서 일반 재화의 경우에는 가치와 가격을 구별할 필요성이 크지 않다.

② 부동산은 그 효용이 오랫동안 지속되기 때문에 사람들이 부동산의 가치 또는 효용을 정확히 파악하는 것은 쉽지 않다. 따라서 부동산의 경우에는 가치와 가격을 구별하는 것이 일반적이다.

(2) **가치와 가격의 구별 ****

① 가치의 의미

㉠ 재화의 쓸모 있는 정도를 '가치(value)'라고 한다. 일반적으로 부동산 가치는 "부동산으로부터 장래 기대되는 유·무형의 편익을 현재가치로 환원한 값"이라고 정의된다.

㉡ 장래 기대되는 편익에는 금전적인 것뿐만 아니라 비금전적인 것을 포함하며, 유형적인 것뿐만 아니라 무형적인 것을 모두 포함한다.

㉢ 재화의 가치는 사용 목적이나 사용 주체에 따라 달라지기 때문에 주관적이고 추상적인 개념이다.

▸▸ 기출 가치는 효용에 중점을 두며, 장래 기대되는 편익은 금전적인 것뿐만 아니라 비금전적인 것을 포함할 수 있다. (O)

▸▸ 기출 부동산 가치는 부동산의 소유에서 비롯되는 현재의 편익을 미래가치로 환원한 값이다. (×)

② 가격의 의미

㉠ 재화가 시장에서 실제로 거래된 금액을 '가격(price)'이라고 한다. 가격은 가치가 시장을 통해 화폐 단위로 구현된 것이다.

㉡ 재화의 가격은 시장에서 형성된 금액으로 객관적이고 구체적인 개념이다.

③ 가치와 가격의 차이

1. 존재시점 : 가격은 실제 거래된 과거의 값이지만, 가치는 장래 기대이익을 현재가치로 환원한 현재의 값이다. 2. 다양성 : 가격은 실제 거래된 금액으로 일정시점에 하나만 존재하지만 가치는 부동산을 이용하는 주체에 따라 다양하게 나타난다.

④ 가치와 가격의 관계

㉠ 일반적으로 가치와 가격은 비례 관계에 있다. 따라서 가치가 증가하면 가격은 상승하고 가치가 감소하면 가격은 하락한다.

㉡ 단기적으로 가격은 가치와 괴리될 수 있으나, 장기적으로 가격은 가치와 일치되는 경향이 있다.

(3) 부동산 가격의 특징

① 교환의 대가와 용익의 대가

㉠ 부동산 가격은 교환의 대가인 가격과 용익의 대가인 임대료로 표현된다.

㉡ 가격과 임대료는 민법상의 원본과 과실의 관계에 있다.

② 소유권 기타 권리·이익에 대한 대가

㉠ 부동산 가격은 부동산에 대한 물리적 실체에 대한 대가가 아니라, 부동산으로부터 기대할 수 있는 소유권 기타 권리·이익에 대한 대가이다.

㉡ 2개 이상의 권리·이익이 동일한 부동산에 존재하는 경우에 각각의 권리·이익에 개별적인 가격이 형성된다.

㉢ 하나의 부동산에 2개 이상의 권리가 형성되어 있다면 부동산의 전체 가격은 각각의 개별 권리 가격을 합산하여 구할 수 있다.

③ 장기적 배려를 통해 형성

㉠ 부동산 가격은 과거 또는 현재의 상황에 의해 결정되는 것이 아니라 장래의 이용 가능성에 의해 결정된다.

▸▸ 기출 가격은 대상 부동산에 대한 현재의 값이지만, 가치는 장래 기대되는 편익을 예상한 미래의 값이다. (×)

▸▸ 기출 가치가 상승하면 가격도 상승하고, 가치가 하락하면 가격도 하락한다. (O)

▸▸ 기출 수요와 공급의 변동에 따라 단기적으로 가치와 가격은 일치하게 되고, 장기적으로 가격은 가치로부터 괴리되는 현상을 나타낸다. (×)

ⓛ 부동산 활동에는 미래를 예측하는 과정 또는 장기적 배려가 요구되고, 강조된다.

▸▸ 기출 부동산 가격은 각각의 권리마다 개별적으로 형성되지 않는다. (×)

④ 개별적으로 형성

㉠ 현실의 부동산 거래는 거래당사자의 필요에 따라 개별적으로 이루어진다.

ⓛ 부동산 가격에는 거래당사자의 개별적인 동기나 특수한 사정이 개입되기 쉽다.

(4) 부동산 가치의 다원성

① 부동산 가치(value)는 부동산을 사용하는 주체와 사용 목적에 따라 다양하게 존재하는데, 이를 '가치의 다원적 개념'이라고 한다.

② 평가 주체들은 가치 활용의 혼동을 피하기 위해 다양한 가치 중 어떤 가치를 추계하였는지를 명확하게 표현해야만 한다.

▸▸ 기출 사용가치는 대상 부동산이 시장에서 매도되었을 때 형성될 수 있는 교환가치와 유사한 개념이다. (×)

③ 가치의 유형

교환가치	시장에서 매매를 목적으로 부여하는 가치
사용가치	특정한 이용을 전제로 물건의 사용자가 부여하는 가치
투자가치	부동산 투자를 목적으로 투자자가 부여하는 가치
담보가치	대출금액을 결정하기 위해 담보부동산에 부여하는 가치
공익가치	보존과 같은 공공목적에 제공되는 경우에 형성되는 가치

2 부동산 가치의 발생

(1) 의미

① 재화는 공짜로 얻을 수 없고 대가를 지불해야만 얻을 수 있는데, 이를 '가치의 발생' 또는 '대가의 발생'이라고 한다.

② 재화를 얻기 위해 대가를 지불해야 하는 이유는 효용 있는 재화가 희소하기 때문이다. 효용 있는 재화가 희소해지면 재화의 소유자는 재화를 공짜로 주지 않고 대가를 요구한다.

③ 학자들은 부동산의 대가를 발생시키는 요인으로 효용, 상대적 희소성 및 유효수요 등 3가지를 일반적으로 제시한다.

1. 효용
2. 상대적 희소성
3. 유효수요

(2) 가치 발생 요인 **

① 효용(유용성)

㉠ 인간의 필요나 욕구를 만족시켜 줄 수 있는 재화의 능력을 '효용'이라고 한다.

㉡ 부동산의 효용은 부동산 용도에 따라 다양한 기준으로 판단된다. 효용은 주거지의 경우에 쾌적성으로, 상업지의 경우에 수익성으로, 공업지의 경우에 비용성 및 생산성 등으로 판단한다.

② 상대적 희소성

㉠ 인간의 욕구에 비해 재화의 양이 상대적으로 부족한 현상을 '희소성'이라고 한다.

㉡ 부동산의 희소성은 지역 또는 용도에 따라 상대적인 차이를 보인다. 따라서 부동산학은 이를 '상대적 희소성'이라고 한다.

③ 유효수요

㉠ 수요 중에 구매력 또는 지불능력을 갖춘 수요를 '유효수요'라고 한다.

㉡ 부동산은 고가의 재화로서 구매 의사는 있더라도 구매 능력(ability to pay)이 없다면 대가는 지불되지 못한다.

④ 이전성

㉠ 부동산 권리의 양도 가능성을 '이전성'이라고 한다.

㉡ 부동산 학자 링(A. Ring)은 부동산의 대가가 발생하기 위해서는 위에서 언급한 3가지 요인 이외에도 권리의 이전성 또는 권리의 법적인 양도 가능성이 추가되어야 한다고 주장한다. 법적인 측면에서 권리가 양도 가능할 때 대가가 지불되기 때문이다.

(3) 상호 관련성 및 변동 가능성

① 부동산 가치 발생 요인은 독립하여 작용하는 것이 아니라, 상호 결합에 의하여 대가를 발생시킨다.

② 부동산 가치 발생 요인들의 중요도는 시간의 흐름에 따라 끊임없이 변화하는 속성을 갖는다.

▸▸ 기출 상대적 희소성이란 수요에 비해 재화의 양이 부족함을 의미한다. (O)

▸▸ 기출 유효수요란 대상 부동산을 구매하고자 하는 욕구로, 지불능력(구매력)을 필요로 하는 것은 아니다. (×)

✔주의
일부 학자는 이전성을 가치발생요인에 포함시키고 있다.

▸▸ 기출 가치발생요인 중 이전성은 법률적 측면이 아닌 경제적 측면의 요인이다. (×)

▸▸ 기출 가치 발생 요인인 효용, 유효수요, 상대적 희소성 중 하나만 있어도 가격이 발생한다. (×)

3 부동산 가치의 형성

(1) 의미

① 부동산을 구입하는 사람들은 부동산을 구입하기 위해 '왜 대가를 지불해야 하는지?'에 대해 관심이 있는 것이 아니라, 대가를 지불하기는 하는데 '과연 얼마를 지불해야 하는지?'에 보다 많은 관심을 갖는다.

② 감정평가는 부동산을 대상으로 부동산의 가치가 얼마로 형성되어 있는지를 찾는 활동이라고 할 수 있다.

(2) 가치형성요인 **

✔주의
감정평가에 관한 규칙에는 가치발생요인에 대한 정의는 규정되어 있지 않고, 가치형성요인에 대한 정의만 규정되어 있습니다. 따라서 가치형성요인에 대한 정의는 명확히 알고 있어야 합니다.

▸▸ 기출 가치형성요인이란 대상 물건의 시장가치에 영향을 미치는 일반 요인, 지역 요인 및 개별 요인 등을 말한다. (×)

① 가치형성요인이란 가치에 영향을 주는 요인들을 의미한다. 감정평가에 관한 규칙에서는 가치형성요인을 공간적 수준에 따라 일반 요인, 지역 요인 및 개별 요인으로 구분하고 있다.

> 가치형성요인이란 대상 물건의 경제적 가치에 영향을 미치는 일반 요인, 지역 요인 및 개별 요인 등을 말한다(감정평가에 관한 규칙).

② 일반 요인

㉠ 한 나라가 가지고 있는 일반적인 특성을 '일반 요인'이라고 한다.

㉡ 일반 요인은 전국의 모든 부동산 가치에 영향을 주는 요인이나 모든 지역에 동일하게 영향을 미치는 것이 아니라 지역별로 다른 영향을 미친다. 이를 '일반 요인의 지역 지향성'이라고 한다.

③ 지역 요인

㉠ 부동산이 속한 지역이 가지고 있는 특성을 '지역 요인'이라고 한다.

㉡ 지역 요인은 어떤 지역을 다른 지역과 구별시키는 요인이며, 지역 부동산의 가치수준을 결정하는 요인이다.

④ 개별 요인

㉠ 개별 부동산이 가지고 있는 특성을 '개별 요인'이라고 한다.

㉡ 개별 요인은 개별 부동산이 가지고 있는 개별 특성들로 부동산의 가치를 개별화·구체화시키는 요인이다.

(3) 상호 관련성 및 변동 가능성

① 부동산 가치형성요인은 독립하여 가치를 형성시키는 것이 아니라, 상호 결합에 의하여 부동산 가치를 형성시킨다.

② 부동산 가치형성요인은 고정·불변적인 것이 아니라 시간의 흐름에 따라 끊임없이 변화하는 특성을 가진다.

▸▸ 기출 일반적 요인, 지역요인 및 개별 요인은 단독으로 가치를 형성시킨다. (×)

▸▸ 기출 가치형성요인은 가치 발생 요인에 영향을 줄 수 없다. (×)

제2장 지역분석과 개별분석

▸29회, 30회, 31회, 32회, 35회 기출

1. 지역분석
2. 개별분석

1 지역분석

(1) 의미 **

① 일반적으로 부동산은 다른 부동산과 함께 어떤 지역을 구성하고 이에 속한다. 따라서 부동산의 가치는 부동산이 속한 지역의 상황에 많은 영향을 받는다.

② 지역분석의 의미

㉠ '지역분석'이란 가치형성요인 중 지역 요인을 분석하여 지역 내 부동산의 표준적 이용과 지역의 가격 수준을 판정하는 활동이다.

> 1. **표준적 이용** : 지역을 구성하고 있는 부동산의 일반적이고 보편적인 이용방법을 의미한다.
> 2. **지역의 가격 수준** : 지역을 구성하고 있는 부동산의 개별 가격을 평균적으로 평가한 것을 의미한다.

㉡ '지역분석'이란 대상 부동산이 어떤 지역에 속하며, 그 지역 특성이 무엇이며, 그 지역의 특성이 지역 내 부동산 가치 형성에 어떤 영향을 미치는가를 분석하는 작업이다.

▸▸ 기출 지역분석은 가치형성요인 중 지역요인을 분석하여 지역의 표준적 사용과 부동산의 구체적인 가격을 판정하는 과정이다. (×)

▸▸ 기출 지역분석은 개별분석의 결과를 바탕으로 지역의 가격수준을 판정하는 과정이다. (×)

㉢ '지역분석'이란 해당 부동산이 속한 지역을 파악하고 그 지역 내 부동산의 가치 형성에 영향을 미치는 지역요인의 분석을 통해 해당 지역의 지역특성 및 그 장래 동향을 명백히 하여 그 지역 내 부동산에 대한 표준적 사용 및 가격수준을 판정하는 작업이다.

③ 지역분석의 근거

㉠ **부동성** : 부동산은 지리적 위치가 고정되어 있기 때문에 다른 부동산과 함께 지역을 형성한다.

㉡ **지역성** : 부동산은 다른 부동산과 함께 자연적, 인문적 특성을 공유하는 지역을 구성하고 그 지역 및 지역 내 다른 부동산과 의존, 협동, 보완, 대체, 경쟁의 관계를 통해 자신의 위치를 결정한다.

(2) 지역 분석의 대상 지역 **

① 지역분석은 대상 부동산의 가치에 영향을 미치는 지역의 범위를 확정함으로써 시작된다. 감정평가에 관한 규칙에서는 분석의 대상이 되는 지역으로 인근지역과 동일수급권 내 유사지역으로 구분하고 있다.

1. 인근지역 2. 유사지역 3. 동일수급권

▸▸ 기출 유사지역이란 대상 부동산이 속한 지역으로서 부동산의 이용이 동질적이고 가치형성요인 중 지역 요인을 공유하는 지역을 말한다. (×)

▸▸ 기출 인근지역이란 대상 부동산이 속한 지역으로서 부동산의 이용이 동질적이고 가치형성요인 중 개별요인을 공유하는 지역이다. (×)

▸▸ 기출 인근지역은 행정동과 일치한다. (×)

② 인근지역

㉠ 의미

'인근지역'이란 대상 부동산이 속한 지역으로서 부동산의 이용이 동질적이고 가치형성요인 중 지역요인을 공유하는 지역이다(감정평가에 관한 규칙).

㉡ 인근지역의 특성

• 인근지역은 대상 부동산이 속한 지역이다. • 인근지역은 도시 · 농촌과 같은 종합 형태의 지역 사회보다 작은 지역이다. • 인근지역은 특정한 용도를 중심으로 집중되어 있기 때문에 지역 내 부동산들은 용도 · 기능면에서 상호 대체 · 경쟁의 관계에 있다. • 인근지역 내 부동산의 이용과 가격수준은 대상 부동산의 이용과 가격에 직접적인 영향을 미친다. • 인근지역은 고정된 것이 아니라 끊임없이 변화한다.

③ 유사지역

㉠ 의미

'유사지역'이란 대상 부동산이 속하지 아니하는 지역으로서 인근지역과 유사한 특성을 갖는 지역이다(감정평가에 관한 규칙).

㉡ 유사지역의 특성

- 유사지역은 대상 부동산이 속하지 않은 지역이다.
- 유사지역은 인근지역과 접해있는 인접지역이 아니라, 인근지역과 지역 특성이 유사한 지역이다.
- 유사지역은 인근지역과 대체·경쟁 관계에 있는 지역이다.

④ 동일수급권

㉠ 의미

'동일수급권'이란 대상 부동산과 대체·경쟁 관계가 성립하고 가치 형성에 서로 영향을 미치는 관계에 있는 다른 부동산이 존재하는 권역(圈域)을 말하며, 인근지역과 유사지역을 포함한다(감정평가에 관한 규칙).

㉡ 동일수급권의 특성

- 동일수급권은 인근지역과 유사지역을 포함하는 광역적인 권역이며, 인근지역과 동질적이라고 볼 수 없는 주변의 용도지역을 포함하기도 한다.
- 동일수급권은 부동산에 대한 수요와 공급의 지역적 한계 범위를 의미한다.

㉢ 인근지역과 유사지역은 동일한 시장지역 또는 동일한 수요·공급이 가능한 지역적 범위 내에 있어야 한다.

(3) 용도별 동일수급권 파악

① 주거지의 동일수급권은 도심에서 통근 가능한 지역적 범위와 일치하는 경향이 있다. 그러나 지역적 선호도에 따라 범위가 좁아지는 경향이 있다.

② 상업지의 동일수급권은 배후지를 배경으로 동일한 수익을 얻을 수 있는 지역적 범위와 일치한다. 배후지가 넓은 고차 상업지일수록 동일수급권의 범위는 넓고, 배후지가 좁은 저차 상업지일수록 동일수급권의 범위는 좁아진다.

▸▸ 기출 유사지역은 인근지역과 인접해 있는 지역이다. (×)

▸▸ 기출 유사지역이란 대상 부동산이 속한 지역으로서 인근지역과 유사한 특성을 갖는 지역을 말한다. (×)

▸▸ 기출 교통수단이 발달할수록 상업지의 동일수급권은 넓어지는 경향이 있다. (O)

③ 공업지의 동일수급권은 동일한 생산성과 비용의 경제성을 누릴 수 있는 지역적 범위와 일치한다. 대규모의 공장의 경우 수송수단이 발달되어 있다면 동일수급권의 범위는 전국이 될 수도 있다.

▸▸ 기출 후보지의 동일수급권은 전환 전 토지 용도에 의해 파악된다. (×)

④ 개인 농업의 경우 농지의 동일수급권은 일반적으로 통근 경작이 가능한 거리의 2배를 반경으로 형성된다고 한다. 기업 경영이 추진되고 있는 오늘날 농지의 동일수급권은 종래보다 넓어지고 있다.

▸▸ 기출 성숙도가 낮은 후보지의 동일수급권은 전환 후 용도지역의 동일수급권과 일치하는 경향이 있다. (×)

⑤ 후보지나 이행지의 동일수급권은 전환 후 또는 이행 후의 토지 용도에 의해 파악하는 것이 일반적이다. 그러나 전환 또는 이행의 성숙도가 낮은 경우에는 전환 전 또는 이행 전의 토지 용도에 따라 파악하여야 한다.

2 개별분석

(1) 의미 **

① 동일한 지역에 속하더라도 부동산의 가치는 부동산이 가지고 있는 개별적 특성에 따라 달라진다.

▸▸ 기출 지역분석에서는 인근지역뿐만 아니라 유사지역까지 분석함으로써, 대상 부동산의 구체적인 가격을 산정한다. (×)

② '개별분석'은 가치형성요인 중 개별 요인을 분석하여 대상 부동산의 최유효이용을 판정하고, 이를 통해 가치를 개별화·구체화시키는 활동이다.

> 1. 최유효이용 : 대상 부동산의 최고최선의 이용방법을 의미한다.
> 2. 가치의 개별화·구체화 : 개별분석은 대상 부동산의 최유효이용을 판단하고, 최유효이용을 전제로 대상 부동산의 가치를 개별화하고 구체화한다.

③ 개별분석은 부동산의 특성 중 개별성에 근거한 개념이다.

▸▸ 기출 개별분석이 일반적으로 지역분석보다 선행한다. (×)

(2) 지역분석과 개별분석의 비교 **

▸▸ 기출 지역분석은 개개 부동산의 가격을 판정하는 것을 말하며 개별분석은 그 지역에 속하는 부동산의 가격수준을 판정하는 것을 말한다. (×)

① 부동산의 이용 및 가치는 부동산이 속해 있는 지역에 영향을 받는다. 따라서 가치 형성 과정을 분석하기 위해서는 지역을 먼저 분석하고 그 결과를 바탕으로 개별부동산을 분석하는 것이 원칙이다.

▸▸ 기출 범위와 분석방법상으로서 지역분석은 부분적 국지적은 개념인 데 비하여 개별분석은 지역적 광역적인 개념이다. (×)

② 비교

	지역분석	개별분석
근거	부동성	개별성
분석 내용	지역 요인	개별 요인

분석 목적	지역의 표준적 이용 판정	대상의 최유효이용 판정
	지역의 가격수준 판정	대상의 구체적 가격 판정
분석 순서	선행	후행
분석 범위	전체적 · 광역적 분석	부분적 · 국지적 분석
관련 원칙	적합의 원칙	균형의 원칙
관련 감가	경제적 감가	기능적 감가

③ 부동산은 부동산이 속한 지역에 영향을 받기 때문에 대상 부동산의 최유효이용은 지역의 표준적 이용에 의해 제약됨이 원칙이다. 이를 '최유효이용의 피결정성'이라고 한다. 따라서 대상의 최유효이용을 판정하기 위해서는 지역의 표준적 이용을 명확히 하여야 한다.

▸▸ 기출 부동산 감정평가에 있어 지역분석이 중요시되는 이유는 부동산의 가격은 그 부동산의 최유효이용을 전제로 하여 파악되는 가격을 기준으로 해당 부동산의 최유효이용을 판정하기 때문이다. (×)

제3장 부동산 가격 원칙

▸ 28회, 32회, 35회 기출

1. 의미와 분류
2. 부동산 가격의 원칙

1 의미와 분류

(1) 의미

① 부동산 가격 원칙은 복잡하고 다양한 부동산 가격 형성 과정의 공통점과 규칙성으로부터 도출된 원칙이다.

② 부동산 가격 원칙은 부동산 가격이 어떻게 형성되고 유지되는가를 나타내기 때문에 부동산 활동의 행위 지침으로 활용되어야 한다.

③ 부동산 가격은 수많은 요인에 영향을 받는다. 따라서 가격 원칙은 비록 하나의 현상을 통해 설명되고 있으나 다른 원칙들과 상호 유기적인 관계를 갖는다.

④ 부동산의 가격 원칙은 다양한 원리를 반영하고 있다. 경제학이나 사회학에 근거한 원칙도 있고, 부동산의 특성이 강하게 반영된 부동산 고유한 원칙도 있다.

(2) 분류

① 부동산 이용의 효율성을 대표하는 개념인 최유효이용은 모든 가격 원칙이 만족될 때 달성된다. 따라서 가격 원칙은 부동산의 최유효이용을 목표로 토대가 되는 원칙, 내부 원칙 및 외부 원칙으로 분류하는 것이 일반적이다.

② 가격 원칙의 분류

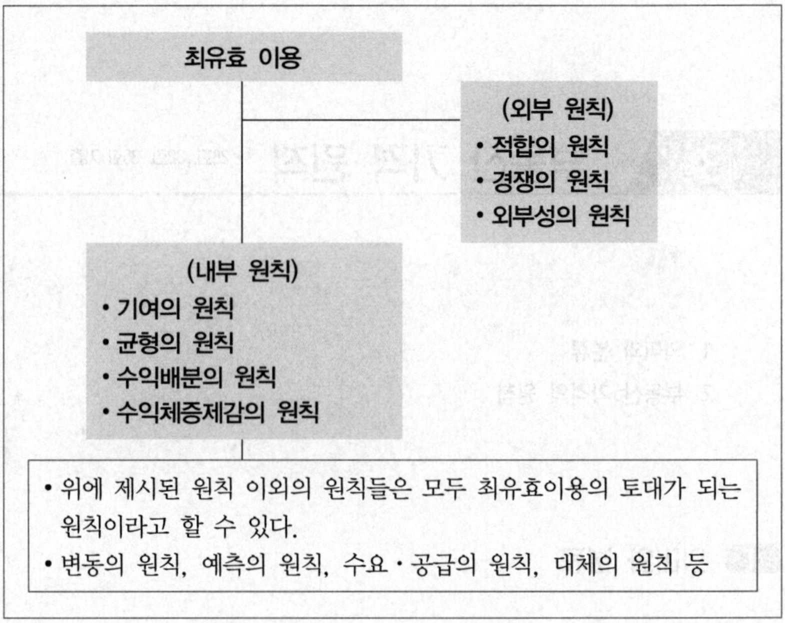

③ 대부분의 가격 원칙은 부동산 가격에만 적용되는 것이 아니라 모든 재화에 공통적으로 적용될 수 있다. 다만 부동산의 외부 관계를 설명하는 적합의 원칙은 부동산에만 적용되는 부동산 고유의 원칙으로 설명된다.

2 부동산 가격의 원칙

(1) **변동의 원칙 ****

① 의미 : 부동산의 가격은 끊임없이 변동한다.

② 활용

- 감정평가에서 기준시점을 확정해야 하는 근거가 된다.
- 비교방식을 적용하는 경우 거래시점과 기준시점이 다르다면 시점수정을 하여야 한다.
- 가치형성요인은 동태적으로 파악되어야 한다.

▸▸ 기출 감정평가에서 기준시점을 확정해야 하는 이유는 예측의 원칙으로 설명할 수 있다. (×)

(2) 예측의 원칙

① 의미 : 부동산의 가격은 장래 예측이 반영되어 형성된다.

② 활용 : 부동산 가치를 판단함에 있어 현재의 이용이나 수익만으로 가치를 판단할 수 없고, 부동산이 앞으로 어떠한 편익을 가져다 줄 것인지, 즉 장래 예측을 반영하여야 한다.

▸▸ 기출 예측의 원칙이란 평가활동에서 가치형성요인의 변동 추이 또는 동향을 주시해야 한다는 것이다. (O)

(3) **대체의 원칙 ****

① 의미 : 부동산의 가격은 대체 · 경쟁 관계에 있는 다른 부동산 또는 다른 투자대안과의 상호 작용에 의해 결정된다.

② 근거

㉠ 대체 관계에 있는 2이상의 재화가 있는 경우, 소비자는 효용이 유사하다면 보다 싼 재화를 선택하고 가격이 유사하다면 효용이 보다 큰 재화를 선택한다. 이를 소비자의 '대체 효과'라고 한다.

㉡ 대체 효과를 고려할 때, A재가 팔리기 위해서는 기업은 A재의 가격을 A재와 유사한 재화의 가격과 비슷하게 설정해야만 한다. 그 결과 재화가 유사하다면 재화의 가격도 유사해진다.

▸▸ 기출 대체의 원칙은 대체성 있는 2개 이상의 재화가 존재할 때 그 재화의 가격은 서로 관련되어 이루어진다는 원칙으로, 유용성이 동일할 때는 가장 가격이 싼 것을 선택하게 된다. (O)

▸▸ 기출 부동산의 가격이 대체 · 경쟁관계에 있는 유사한 부동산의 영향을 받아 형성되는 것은 대체의 원칙에 해당된다. (O)

③ 활용

- 대체의 원칙은 감정평가 3방식 모두의 이론적 근거가 된다.
- 거래사례비교법은 대체의 원칙에 근거한다.
- 대체의 원칙은 인근지역과 유사지역의 판단 기준으로 활용된다.
- 부동산은 중요한 투자 대안 중 하나로서 자본시장의 주식, 채권 등과 대체관계에 있음을 이해해야만 한다.

▸▸ 기출 경쟁의 원칙에 의하면 부동산의 초과이윤은 경쟁을 야기하고, 경쟁은 다시 초과이윤을 감소시키면서 부동산의 적정가격은 만들어진다. (O)

(4) 경쟁의 원칙

① 의미 : 부동산의 가격은 다른 부동산 또는 다른 투자대안과의 경쟁을 통해 결정된다.

② 내용 : 부동산의 초과이윤은 경쟁을 야기하고, 이러한 경쟁은 다시 부동산의 초과이윤을 감소시키면서 부동산의 적정 가격은 만들어진다.

(5) 수요와 공급의 원칙

① 의미 : 부동산의 가격은 일반 재화의 가격과 동일하게 수요와 공급의 상호작용에 의해 결정된다.

② 내용 : 부동산 가격도 근본적으로 수요와 공급의 원리에 의해 결정된다. 다만, 부동산의 수요와 공급은 부동산이 가지고 있는 여러 특성들에 의해 제한됨에 주의하여야 한다.

(6) 기회비용의 원칙

① 의미 : 부동산의 가격은 토지 이용의 기회비용이 반영되어 형성된다.

② 내용 : 기회비용이란 어떤 기회를 선택함으로써 포기하게 되는 다른 기회들 중에서 가치가 가장 큰 것을 의미한다. 모든 자원은 희소하기 때문에 하나를 더 가지기 위해서는 필연적으로 다른 것을 적게 가져야 하는데, 모든 가격은 이러한 기회비용이 반영되어 있다.

(7) 적합의 원칙 **

▸▸ 기출 적합의 원칙이란 부동산의 유용성이 최고도로 발휘되기 위해서는 부동산 구성요소의 결합에 균형이 있어야 한다는 것을 말한다. (×)

▸▸ 기출 균형의 원칙은 부동산의 입지와 인근환경의 영향을 고려한다. (×)

✔주의 적합의 원칙

1. 지역분석의 근거
2. 경제적 감가의 근거

① 의미

㉠ 부동산의 유용성(가격)이 최고가 되기 위해서는 부동산은 외부 환경과 적합하여야 한다.

㉡ 적합의 원칙은 부동성 또는 지역성에 근거한 원칙이다.

② 활용

- **지역분석의 도구** : 지역은 부동산 가치에 영향을 주는 대표적인 외부 환경이다. 따라서 지역분석을 하는 경우에는 적합의 원칙을 통해 지역과 부동산의 적합 여부를 판단하여야 한다.
- **경제적 감가의 근거** : 대상 부동산의 이용이 주변 환경과 적합하지 않다면 부동산 가치는 하락한다. 이때 발생되는 감가를 경제적 감가 또는 외부적 감가라고 한다.

(8) 외부성의 원칙

① 의미 : 부동산을 둘러싼 외부 환경은 부동산 가치에 중대한 영향을 미친다.

② 내용 : 적합의 원칙은 대상을 중심으로 대상 부동산이 외부 환경에 적합하게 이용되어야 함을 강조하는 원칙이라면, 외부성의 원칙은 외부 환경을 중심으로 외부 환경이 대상 부동산의 가치에 영향을 줄 수 있음을 강조한 원칙이다.

(9) 균형의 원칙 **

① 의미

㉠ 부동산의 유용성(가격)이 최고가 되기 위해서는 부동산을 구성하는 내부 구성요소에 균형이 있어야 한다.

㉡ 균형의 원칙은 개별성에 근거한 원칙이다.

㉢ 균형은 건물과 부지와의 균형을 의미할 수도 있고, 건물 내부 시설물 사이의 균형을 의미할 수도 있으며, 노동과 자본 등 생산요소 사이의 균형을 의미할 수도 있다.

② 활용

- 개별분석의 도구 : 부동산은 많은 구성요소를 가지고 있다. 따라서 개별분석을 하는 경우에는 균형의 원칙을 통해 내부 구성요소들의 균형 여부를 판단하여야 한다.
- 기능적 감가의 근거 : 부동산의 내부 구성요소에 균형이 없다면 부동산 가치는 하락한다. 이때 발생되는 감가를 기능적 감가라고 한다.

(10) 기여의 원칙 **

① 의미

㉠ 부동산의 가격은 부동산을 구성하는 각 구성부분의 기여도에 의해 결정된다.

㉡ 부동산 가격은 부동산 구성요소에 투입된 생산비에 의해 결정되는 것이 아니라 각 구성부분의 기여도에 의해 결정된다.

㉢ 기여의 원칙은 경제학의 비용·편익의 원리에 해당하는 원칙이다.

▸▸ 기출 균형의 원칙이란 부동산의 유용성이 최고도로 발휘되기 위해서는 부동산이 외부환경과 균형을 이루어야 한다는 것을 말한다. (×)

✔주의 균형의 원칙
1. 개별분석의 근거
2. 기능적 감가의 근거

▸▸ 기출 균형의 원칙은 구성요소의 결합에 대한 내용으로, 균형을 이루지 못하는 과잉부분은 원가법을 적용할 때 경제적 감가로 처리한다. (×)

▸▸ 기출 기여의 원칙은 부동산의 각 구성요소가 각각 기여하여 부동산 전체의 가격이 형성된다는 원칙이다. (O)

▸▸ 기출 부동산의 가격이 부동산을 구성하고 있는 각 요소가 기여하는 정도에 영향을 받아 형성되는 것은 기여의 원칙에 해당된다. (O)

▸▸ 기출 기여의 원칙은 인근 토지를 매수·합필하거나 기존건물을 증축하는 경우, 그 추가투자의 적부를 결정하는 데 유용한 원칙이다. (O)

② 활용

- 기여의 원칙은 추가 투자의 적정성 판단의 기준으로 활용된다.
- 기여의 원칙은 인근 토지를 매수하거나 기존 건물의 증축을 하는 경우 그 실행 여부를 판단하는 기준이 된다.

⑾ 수익배분의 원칙(잉여 생산성의 원리)

① 의미 : 토지에 배분되는 수익은 노동, 자본 및 경영 등 다른 생산요소에 분배되고 남은 잔여 수익 또는 잉여 소득이 배분된다.

② 토지에 잔여 수익이 배분되는 이유는 토지가 고정 자본의 성격을 갖기 때문이다.

③ 수익배분의 원칙은 토지 잔여법의 근거가 된다.

⑿ 수익 체증·체감의 원칙(수확체감의 원칙)

① 의미 : 부동산에 단위 투자액을 계속적으로 증가시키는 경우 그로 인한 추가수익은 일정 시점까지는 증가하다가 일정 시점을 지나면 점점 감소하는데, 이를 '수확체감의 원칙'이라고 한다.

② 수확체감의 원칙은 일반 경제학에 근거한 원칙으로서 부동산의 가치를 극대화하기 위해서는 한계수익과 한계비용이 일치하는 점까지 투자되어야 함을 의미한다.

③ 수확체감의 원칙은 추가 투자의 적정성을 판단하는 경우에 그 기준으로 활용된다.

제4장 감정평가제도 ▸30회, 31회, 32회, 34회, 35회 기출

1. 감정평가의 의미
2. 감정평가의 원칙
3. 감정평가의 분류
4. 감정평가의 과정

1 감정평가의 의미

(1) 감정평가의 정의 **

① '감정평가'란 토지 등의 경제적 가치를 판정하여 그 결과를 가액(價額)으로 표시하는 것을 말한다(감정평가 및 감정평가사에 관한 법률 제2조 제2호).

② '부동산 감정평가'는 부동산의 가치 추산·평정 및 그에 대한 행동절차이자 적정한 자료의 분석이 뒷받침되는 기준시점에 있어서의 대상 부동산의 감정평가에 관한 의견이다(미국 부동산 협회).

③ '부동산의 평가'란 합리적인 시장에서 형성될 수 있는 시장가치를 표시하는 적정한 가치를 감정평가의 주체가 정확하게 파악하는 것을 중심으로 하는 작업으로 전문가의 판단이자 의견이다(일본 부동산 감정평가 기준).

(2) 감정평가의 대상

① 감정평가 및 감정평가사에 관한 법률은 감정평가의 대상을 '토지 등'이라고 규정하고 있다.

② '토지 등'이란 토지 및 그 정착물, 동산, 그 밖에 대통령령으로 정하는 재산과 이들에 관한 소유권 외의 권리를 말한다(감정평가 및 감정평가사에 관한 법률 제2조 제1호).

▾**그 밖에 대통령령으로 정하는 재산**

1. 저작권·산업재산권·어업권·광업권 그 밖에 물권에 준하는 권리
2. 공장 및 광업재단 저당법에 따른 공장재단과 광업재단
3. 입목에 관한 법률에 의한 입목
4. 자동차·건설기계·선박·항공기 등 등기 또는 등록하는 재산
5. 유가증권

③ '감정평가업'이란 타인의 의뢰에 따라 일정한 보수를 받고 토지 등의 감정평가를 업(業)으로 행하는 것을 말한다(감정평가 및 감정평가사에 관한 법률 제2조 제3호).

2 감정평가의 원칙

(1) 기준시점 기준(감정평가에 관한 규칙 제9조) **

▸▸ 기출 기준시점은 대상 물건의 현장조사를 완료한 날짜이다. (×)

▸▸ 기출 기준시점은 원칙적으로 감정평가서를 실제 작성 완료한 일자로 함으로써 감정평가사의 책임시점을 분명히 할 수 있다. (×)

▸▸ 기출 감정평가에 관한 규칙에서는 가격조사가 가능한 경우라 하더라도 소급하여 평가할 수 없도록 하고 있다. (×)

① 대상 물건에 대한 감정평가액은 기준시점을 기준으로 결정한다.

㉠ 기준시점이란 대상 물건의 감정평가액을 결정하는 기준이 되는 날짜를 말한다.

㉡ 부동산의 가치는 끊임없이 변화하기 때문에 부동산의 가치는 어느 시점에서 측정된 것인지, 즉 기준시점을 설정해야만 한다.

② 기준시점은 대상 물건의 가격조사를 완료한 날짜로 한다. 다만, 기준시점을 미리 정하였을 때에는 그 날짜에 가격조사가 가능한 경우에만 기준시점으로 할 수 있다.

(2) 시장가치 기준(감정평가에 관한 규칙 제5조) **

▸▸ 기출 시장가치는 통상적인 시장에서 형성될 수 있는 가액 중 가장 높다고 인정되는 가액이다. (×)

▸▸ 기출 시장가치란 한정된 시장에서 성립될 가능성이 있는 대상 물건의 최고가액을 말한다. (×)

① 대상 물건에 대한 감정평가액은 시장가치를 기준으로 결정한다.

㉠ 시장가치란 대상 물건이 통상적인 시장에서 충분한 기간 동안 거래를 위하여 공개된 후 그 대상 물건의 내용에 정통한 당사자 사이에 신중하고 자발적인 거래가 있을 경우 성립될 가능성이 가장 높다고 인정되는 대상 물건의 가액(價額)을 말한다.

㉡ 시장가치는 특수한 시장이 아니라 통상적인 시장에서 형성되는 가액이다.

㉢ 시장가치는 단순히 금액이 가장 높은 가액이 아니라 성립될 가능성이 가장 높은 가액이다.

② 감정평가법인 등은 다음 어느 하나에 해당하는 경우에는 대상 물건의 감정평가액을 시장가치 외의 가치를 기준으로 결정할 수 있다.

1. 법령에 다른 규정이 있는 경우
2. 감정평가 의뢰인이 요청하는 경우
3. 감정평가의 목적이나 대상 물건의 특성에 비추어 사회통념상 필요하다고 인정되는 경우

③ 감정평가법인 등은 시장가치 외의 가치를 기준으로 감정평가할 때에는 다음 각 호의 사항을 검토해야 한다. 다만, 법령의 규정에 의해 그러하는 경우는 제외한다.

> 1. 해당 시장가치 외의 가치의 성격과 특징
> 2. 시장가치 외의 가치를 기준으로 하는 감정평가의 합리성 및 적법성

④ 감정평가법인 등은 시장가치 외의 가치를 기준으로 하는 감정평가의 합리성 및 적법성이 결여되었다고 판단할 때에는 의뢰를 거부하거나 수임을 철회할 수 있다.

▸▸ 기출 감정평가법인 등은 감정평가 의뢰인이 요청하는 경우에는 대상 물건의 감정평가액을 시장가치 외의 가치를 기준으로 결정할 수 있다. (O)

▸▸ 기출 사회통념상 필요하다고 인정되는 경우에는 시장가치 외의 가치를 기준으로 감정평가할 수 있다. (O)

(3) **현황 기준(감정평가에 관한 규칙 제6조)** **

① 감정평가는 기준시점에서의 있는 그대로를 반영하여 평가한다.

② 감정평가는 기준시점에서의 대상 물건의 이용상황 및 공법상 제한을 받는 상태를 기준으로 한다. 다만, 불법적이거나 일시적인 이용은 제외한다.

③ 감정평가법인 등은 다음 어느 하나에 해당하는 경우에는 기준시점의 가치형성요인 등을 실제와 다르게 가정하거나 특수한 경우로 한정하는 조건을 붙여 감정평가할 수 있다.

> 1. 법령에 다른 규정이 있는 경우
> 2. 의뢰인이 요청하는 경우
> 3. 감정평가의 목적이나 대상 물건의 특성에 비추어 사회통념상 필요하다고 인정되는 경우

▸▸ 기출 실제 이용상황과 공부상 지목이 다른 경우 감정평가는 공부상 지목을 기준으로 한다. (×)

④ 감정평가법인 등은 감정평가조건을 붙일 때에는 감정평가조건의 합리성, 적법성 및 실현 가능성을 검토해야 한다. 다만, 법령의 규정에 의해 그러하는 경우는 제외한다.

⑤ 감정평가법인 등은 감정평가조건의 합리성, 적법성이 결여되거나 사실상 실현 불가능하다고 판단할 때에는 의뢰를 거부하거나 수임을 철회할 수 있다.

(4) **개별 물건 기준(감정평가에 관한 규칙 제7조)** **

① 감정평가는 대상 물건마다 개별로 하여야 한다.

② 개별 물건 기준의 예외

㉠ 일괄 평가

둘 이상의 대상 물건이 일체로 거래되거나 대상 물건 상호 간에 용

도상 불가분의 관계가 있는 경우에는 일괄하여 감정평가할 수 있다.

- 토지와 건물의 일괄 평가
- 구분소유권의 대상이 되는 건물부분과 그 대지사용권의 일괄 평가
- 두 필지 이상의 토지가 일체로 이용되고 있는 경우의 일괄 평가

▸▸ 기출 광평수 토지는 전면부와 후면부로 가치를 달리하더라도 이를 구분하여 평가할 수 없다. (×)

▸▸ 기출 구분 평가란 일체로 이용하고 있는 물건의 일부만을 평가하는 경우를 말한다. (×)

ⓛ 구분 평가

하나의 대상 물건이라도 가치를 달리하는 부분은 이를 구분하여 감정평가할 수 있다.

- 1필지가 주거지와 상업지로 구분되어 있는 경우의 구분 평가
- 광평수 토지의 전면부와 후면부의 가치가 구분되는 경우의 구분 평가

▸▸ 기출 조건부 평가란 일체로 이용되고 있는 물건의 일부만을 평가하는 것을 말한다. (×)

▸▸ 기출 1필지 토지 일부분이 도시계획시설에 저촉되어 수용될 경우 저촉부분에 대해 보상평가를 하는 것은 구분 평가이다. (×)

ⓒ 부분 평가

일체로 이용되고 있는 대상 물건의 일부분에 대하여 감정평가하여야 할 특수한 목적이나 합리적인 이유가 있는 경우에는 그 부분에 대하여 감정평가할 수 있다.

- 도시계획시설에 저촉된 토지의 일부에 대한 보상 평가
- 공익사업에 수용되고 남은 잔여지에 대하여 보상 평가

3 감정평가의 분류

① 평가 주체에 따른 분류

ⓐ 공적 평가 : 정부 기타 공적 기관이 직접 평가의 주체가 되는 제도

ⓛ 공인 평가 : 국가로부터 자격을 부여받은 민간인이 평가주체가 되는 제도

② 평가 주체의 수에 따른 분류

ⓐ 단독 평가 : 평가 주체 1인에 의한 평가

ⓛ 합의제 평가 : 다수의 평가 주체에 의한 평가

③ 강제성 여부에 따른 분류

ⓐ 필수적 평가 : 일정한 사유가 발생하면 의무적으로 감정평가 기관의 평가를 받아야 하는 경우를 의미한다. 국가나 공공기관 등은 부동산 가치가 필요한 경우에 반드시 감정평가법인 등에게 의뢰하여 이를 산정하도록 되어 있다.

㉡ 임의적 평가 : 의뢰인의 자유의사에 따라 평가가 행해지는 경우를 의미한다. 법령의 규정이 있는 경우를 제외하고는 일반 개인이나 기업은 감정평가 의뢰 여부를 자신이 결정할 수 있다.

④ 평가 목적에 따른 분류

㉠ 공익 평가 : 평가의 결과와 목적이 공익을 위해 활용되는 경우

㉡ 사익 평가 : 평가의 결과와 목적이 사익을 위해 활용되는 경우

⑤ 법정 평가

㉠ 법정 평가 : 평가 방법과 절차 등을 법령에 규정하고, 그 규정에 의하여 행하는 평가

㉡ 보상 평가나 과세 평가 등 평가 목적이 일반적인 거래와 차이가 있어서 평가의 공정성 또는 객관성이 중시되는 경우에 활용된다.

▸▸ 기출 법정 평가란 법규에서 정한대로 행하는 평가로서, 공공용지 수용 시 평가, 과세 평가 등이 있다. (O)

⑥ 평가사의 소속 여부에 따른 분류

㉠ 참모 평가 : 고용주 또는 고용기관의 업무를 수행하기 위해서 행해지는 평가 또는 한국부동산원 또는 금융기관 등에 고용된 감정평가사가 한국부동산원 또는 금융기관의 업무를 위해 행하는 평가

㉡ 수시 평가 : 의뢰인과 독립된 전문가들이 특정 목적을 위해 일시적으로 행하는 평가 또는 유조선 침몰로 인한 피해가 발생한 경우에 해양·수산·어류 전문가 등이 모여 어장에 발생한 피해에 대해 보상액을 위해 행하는 평가

▸▸ 기출 평가주체가 대중에게 서비스를 제공하는 것이 아니라, 그들의 고용주 또는 고용기관을 위하여 행하는 감정평가를 참모 평가라고 한다. (O)

⑦ 감정평가 기술 수준상의 분류

㉠ 1차 수준 : 부동산 소유자, 이용자 등 일반인이 행하는 평가

㉡ 2차 수준 : 중개업자, 세무공무원 등 실무자가 행하는 평가

㉢ 3차 수준 : 전문가인 감정평가사가 행하는 감정평가

⑧ 조건부 평가 등

㉠ 다소 불확실하지만 부동산 가치의 증감 요인이 되는 새로운 상태의 발생을 상정하고, 그 조건이 성취됨을 전제로 평가하는 것을 '조건부 평가'라고 한다.

㉡ 소급 평가 : 과거의 특정 시점을 기준시점으로 하는 평가

㉢ 기한부 평가 : 장래의 특정 시점을 기준시점으로 하는 평가

▸▸ 기출 조건부 평가란 부동산 가치의 증감 요인이 되는 새로운 상황의 발생을 상정하여 그 조건이 성취되는 경우를 전제로 부동산을 평가하는 것이다. (O)

▸▸ 기출 기한부 평가란 과거 어느 시점을 기준시점으로 하여 부동산 가치를 평가하는 것을 말한다. (×)

4 감정평가의 과정

(1) 감정평가의 절차(감정평가에 관한 규칙 제8조) **

▸▸ 기출 감정평가규칙에 규정된 절차에는 감정평가 의뢰가 포함된다. (×)

① 감정평가법인 등은 다음 각 호의 순서에 따라 감정평가를 해야 한다.

1. 기본적 사항의 확정
2. 처리 계획 수립
3. 대상 물건 확인
4. 자료수집 및 정리
5. 자료 검토 및 가치형성요인의 분석
6. 감정평가방법의 선정 및 적용
7. 감정평가액의 결정 및 표시

② 다만, 합리적이고 능률적인 감정평가를 위하여 필요할 때에는 순서를 조정할 수 있다.

(2) 기본적 사항의 확정 **

▸▸ 기출 감정평가의 목적과 조건은 기본적 사항으로 확정될 사항이다. (O)

① 감정평가법인 등은 감정평가를 의뢰받았을 때에는 의뢰인과 협의하여 다음 각 호의 사항을 확정해야 한다.

1. 의뢰인
2. 대상 물건
3. 감정평가 목적
4. 기준시점
5. 감정평가조건
6. 기준가치
7. 관련 전문가에 대한 자문 또는 용역에 관한 사항
8. 수수료 및 실비에 관한 사항

▸▸ 기출 감정평가법인 등은 전문가에 대한 자문을 반드시 거쳐야 한다. (×)

② 감정평가법인 등은 필요한 경우 관련 전문가에 대한 자문 등을 거쳐 감정평가할 수 있다.

(3) 대상 물건의 확인

① 감정평가법인 등이 감정평가를 할 때에는 실지조사를 하여 대상 물건을 확인해야 한다.

▸▸ 기출 감정평가법인 등은 전문가에 대한 자문을 반드시 거쳐야 한다. (×)

② 감정평가법인 등은 다음 어느 하나에 해당하는 경우로서 실지조사를 하지 않고도 객관적이고 신뢰할 수 있는 자료를 충분히 확보할 수 있는 경우에는 실지조사를 하지 않을 수 있다.

> 1. 천재지변, 전시·사변, 법령에 따른 제한 및 물리적인 접근 곤란 등으로 실지조사가 불가능하거나 매우 곤란한 경우
> 2. 유가증권 등 대상 물건의 특성상 실지조사가 불가능하거나 불필요한 경우

③ 대상 물건을 감정평가할 때에는 실지조사를 하기 전에 사전조사를 통해 필요한 사항을 조사한다.

> 1. **사전조사** : 실지조사 전에 감정평가 관련 구비서류의 완비 여부 등을 확인하고, 대상 물건의 공부 등을 통해 토지 등의 물리적 조건, 권리상태, 위치, 면적 및 공법상의 제한 내용과 그 제한 정도 등을 조사하는 절차
> 2. 대상 물건이 있는 곳에서 대상 물건의 현황 등을 직접 확인하는 절차

(4) 자료수집 및 정리

① 감정평가에서 활용하는 자료는 크게 확인 자료, 요인 자료 및 사례 자료로 구분된다.

② 자료의 구분

㉠ 확인 자료

ⓐ 대상의 물적 상태 및 권리관계 확인을 위해 필요한 자료

ⓑ 부동산 등기부, 토지 및 건축물 대장, 도면 등

㉡ 요인 자료

ⓐ 가치형성요인을 분석하기 위해 필요한 자료

ⓑ 일반적 요인 자료, 지역 요인 자료, 개별 요인 자료

㉢ 사례 자료

ⓐ 3방식 적용에 필요한 자료

ⓑ 거래사례, 비용자료, 수익사례, 임대사례, 평가선례 등

✔주의
감정평가 자료의 종류
1. 확인 자료
2. 요인 자료
3. 사례 자료

(5) 감정평가방법의 선정 및 적용

① 감정평가법인 등은 다음 각 호의 감정평가방식에 따라 감정평가를 한다.

> 1. **원가방식** : 원가법 및 적산법 등 비용성의 원리에 기초한 감정평가방식
> 2. **비교방식** : 거래사례비교법, 임대사례비교법 등 시장성의 원리에 기초한 감정평가방식 및 공시지가기준법
> 3. **수익방식** : 수익환원법 및 수익분석법 등 수익성의 원리에 기초한 감정평가방식

② 감정평가방법의 선정 및 적용

㉠ 감정평가법인 등은 감정평가에 관한 규칙에서 정한 대상 물건별로 정한 감정평가방법(이하 '주된 방법')을 적용하여 감정평가해야 한다.

㉡ 다만, 주된 방법을 적용하는 것이 곤란하거나 부적절한 경우에는 다른 감정평가방법을 적용할 수 있다.

(6) 시산가액의 조정 **

① 시산가액과 시산가액의 조정

㉠ '시산가액'이란 감정평가방법을 적용해서 산정한 각각의 가액을 의미한다.

㉡ '시산가액의 조정'이란 시산가액을 조정하여 최종의 가치 결론을 도출하는 과정을 의미한다.

▸▸ 기출 시산가액의 조정은 3방식에 의해 산출한 시산가액을 산술평균하는 것을 말한다. (×)

▸▸ 기출 시산가액 조정은 평가시 사용된 자료의 양, 정확성 및 적절성 등을 고려하여 각각의 방법에 가중치를 두어 가액을 결정한다. (O)

② 시산가액 조정의 필요성

㉠ 가격 3면성의 원리에 의하면 이론적으로 3방식으로 도출된 시산가액은 일치되어야 한다.

㉡ 그러나 현실의 부동산 시장은 불완전하기 때문에 각 방식의 시산가액은 일치되지 못하고, 그 결과 시산가액의 조정이 필요하다.

③ 시산가액 조정의 방법

㉠ 시산가액을 조정하는 방법에는 주방식·부수방식, 가중평균 방식 등을 활용한다.

▸▸ 기출 시산가액을 조정하는 방법에는 산술평균이 포함된다. (×)

㉡ 시산가액을 단순히 산술평균하는 방법은 허용되지 않는다.

④ 감정평가에 관한 규칙의 내용

㉠ 감정평가법인 등은 대상 물건의 감정평가액을 결정하기 위하여 물건별 주된 감정평가방법을 적용하여 산정한 가액(이하 '시산가액')을 감정평가방식 중 다른 감정평가방식에 속하는 하나 이상의 감정평가방법으로 산출한 시산가액과 비교하여 합리성을 검토해야 한다. 다만, 대상 물건의 특성 등으로 인하여 다른 감정평가방법을 적용하는 것이 곤란하거나 불필요한 경우에는 그렇지 않다.

▸▸ 기출 시산가액 조정시 공시지가기준법과 거래사례비교법은 같은 감정평가방식으로 본다. (×)

㉡ 시산가액을 조정하는 경우 공시지가기준법과 그 밖의 비교방식에 속한 감정평가방법은 서로 다른 감정평가방식에 속한 것으로 본다.

㉢ 감정평가법인 등은 검토 결과 산출한 시산가액의 합리성이 없다고 판단되는 경우에는 주된 방법 및 다른 감정평가방법으로 산출한 시산가액을 조정하여 감정평가액을 결정할 수 있다.

(7) 감정평가서 작성

① 감정평가법인 등은 감정평가서를 의뢰인과 이해관계자가 이해할 수 있도록 명확하고 일관성 있게 작성해야 한다.

② 감정평가서에는 다음 각 호의 사항이 포함되어야 한다.

1. 감정평가법인 등의 명칭
2. 의뢰인의 성명 또는 명칭
3. 대상 물건(소재지, 종류, 수량, 그 밖에 필요한 사항)
4. 대상 물건 목록의 표시근거
5. 감정평가 목적
6. 기준시점, 조사기간 및 감정평가서 작성일
7. 실지조사를 하지 않은 경우에는 그 이유
8. 시장가치 외의 가치를 기준으로 감정평가한 경우 그 판단에 대한 사항
9. 감정평가조건을 붙인 경우에는 그 이유 및 검토사항
10. 감정평가액
11. 감정평가액의 산출근거 및 결정 의견
12. 전문가의 자문 등을 거쳐 감정평가한 경우 그 자문 등의 내용
13. 그 밖에 이 규칙이나 다른 법령에 따른 기재사항

제5장 감정평가 방식의 이해

1. 감정평가 방식의 의미
2. 감정평가 방식의 정의 및 수식

1 감정평가 방식의 의미

(1) 가치를 추정하는 3가지 원리

① 부동산의 경제적 가치를 화폐단위로 구체화 또는 수치화시키는 도구를 '감정평가 방식'이라고 한다. 감정평가 방식은 가치를 구하는 3가지 측면에 기반을 두고 있다.

② 가치 3면성

㉠ 시장성 : 재화의 가치는 대상 물건과 동일하거나 유사한 물건의 시장 거래금액을 통해 찾아낼 수 있다.

㉡ 비용성 : 재화의 가치는 대상 물건을 생산하기 위해 투입된 비용, 즉 원가를 통해 찾아낼 수 있다.

㉢ 수익성 : 재화의 가치는 대상 물건으로부터 장래 기대되는 수익 또는 편익을 통해 찾아낼 수 있다.

(2) 감정평가 3방식 6방법

근거	3방식	6방법
시장성	비교방식 (시장접근법)	가액을 구하는 거래사례비교법
		임대료를 구하는 임대사례비교법
비용성	원가방식 (비용접근법)	가액을 구하는 원가법
		임대료를 구하는 적산법
수익성	수익방식 (소득접근법)	가액을 구하는 수익환원법
		임대료를 구하는 수익분석법

① 감정평가 방식은 가치 3면성을 근거로 비교방식, 원가방식, 수익방식으로 분류되는데, 이를 '감정평가 3방식'이라고 한다.

② 감정평가 3방식은 가액을 구하는 3가지 방법과 임대료를 구하는 3가지 방법으로 다시 구분되는데, 이를 '감정평가 6방법'이라고 한다.

(3) **감정평가에 관한 규칙의 구분 ****

① 감정평가에 관한 규칙은 공시지가기준법을 포함하여 감정평가 방식을 규정하고 있다.

✔주의
감정평가에 관한 규칙에는 토지의 감정평가방법인 공시지가기준법이 비교방식으로 분류되어 있다.

② 감정평가 방식(감정평가에 관한 규칙 제11조)

> 1. **원가방식** : 원가법 및 적산법 등 비용성의 원리에 기초한 감정평가방식
> 2. **비교방식** : 거래사례비교법, 임대사례비교법 등 시장성의 원리에 기초한 감정평가방식 및 공시지가기준법
> 3. **수익방식** : 수익환원법 및 수익분석법 등 수익성의 원리에 기초한 감정평가방식

2 감정평가 방식의 정의 및 수식

(1) 비교방식

① 비교방식의 유형

㉠ 가액을 구하는 거래사례비교법, 임대료를 구하는 임대사례비교법 및 토지를 평가하는 공시지가기준법 등이 비교방식에 해당한다.

㉡ 거래사례비교법에 의해 구해진 가액을 '비준가액'이라고 하고, 임대사례비교법에 의해 구해진 임대료를 '비준 임대료'라고 한다.

▸▸ **기출** 비교방식이란 거래사례비교법, 임대사례비교법 등 시장성의 원리에 기초한 감정평가방식 및 공시지가기준법을 말한다. (O)

② 거래사례비교법

㉠ '거래사례비교법'이란 대상 물건과 가치형성요인이 같거나 비슷한 물건의 거래사례와 비교하여 대상 물건의 현황에 맞게 사정보정, 시점수정, 가치형성요인 비교 등의 과정을 거쳐 대상 물건의 가액을 산정하는 감정평가방법을 말한다(감정평가에 관한 규칙 제2조 제7호).

▸▸ **기출** 거래사례비교법이란 대상 물건과 가치형성요인이 같거나 비슷한 물건의 거래사례와 비교하여 대상 물건의 현황에 맞게 사정보정, 시점수정, 가치형성요인 비교 등의 과정을 거쳐 대상 물건의 임대료를 산정하는 방법이다. (×)

㉡ 수식

> 거래사례 거래금액 × 사정보정 × 시점수정 × 지역요인비교 × 개별요인비교 × 면적비교 = 비준가액

③ 임대사례비교법

㉠ '임대사례비교법'이란 대상 물건과 가치형성요인이 같거나 비슷한 물건의 임대사례와 비교하여 대상 물건의 현황에 맞게 사정보정, 시점수정, 가치형성요인 비교 등의 과정을 거쳐 대상 물건의 임대료를 산정하는 감정평가방법을 말한다(감정평가에 관한 규칙 제2조 제8호).

㉡ 수식

임대사례 실질 임대료 × 사정보정 × 시점수정 × 지역요인비교 × 개별요인비교 × 면적비교 = 비준 임대료

④ 공시지가기준법

㉠ '공시지가기준법'이란 대상 토지와 가치형성요인이 같거나 비슷하여 유사한 이용가치를 지닌다고 인정되는 표준지의 공시지가를 기준으로 대상 토지의 현황에 맞게 시점수정, 지역 요인 및 개별 요인 비교, 그 밖의 요인의 보정을 거쳐 대상 토지의 가액을 산정하는 감정평가방법을 말한다(감정평가에 관한 규칙 제2조 제9호).

㉡ 수식

표준지공시지가 × 시점수정 × 지역요인비교 × 개별요인비교 × 그 밖의 요인 보정 = 토지의 단위면적당 가격

⑤ 비교방식의 유용성

㉠ 비교방식은 시장성에 근거하기 때문에 실증적·객관적이며 강한 설득력을 가진다.

㉡ 아파트 등 거래가 빈번한 부동산에 유용한 방식이다.

㉢ 산식이 간편하고 이해하기 쉽기 때문에 3방식 중 실무에서 가장 많이 활용되는 방식이다.

⑥ 비교방식의 한계

㉠ 비교방식은 급격한 호·불황기에 적용하기 어려운 방식이다. 이는 거래금액이 왜곡되어 있을 가능성이 높기 때문이다.

㉡ 거래가 없거나 빈번하지 않은 물건에 적용되기 어렵다.

㉢ 비교와 보정의 과정에 평가주체의 주관이 개입될 수 있다.

㉣ 가치 추계의 기준으로 활용되는 거래금액이 과거의 값이라는 점에서 가치 정의에 부합되지 않는 문제가 제시될 수 있다.

▸▸ 기출 공시지가기준법'이란 대상 토지와 가치형성요인이 같거나 비슷하여 유사한 이용가치를 지닌다고 인정되는 표준지의 공시지가를 기준으로 대상 토지의 현황에 맞게 사정보정, 시점수정, 지역 요인 및 개별 요인 비교, 그 밖의 요인의 보정을 거쳐 대상 토지의 가액을 산정하는 방법이다. (×)

▸▸ 기출 거래사례비교법은 시장성의 원리에 의한 것으로 실증적이며 설득력이 풍부하다. (O)

▸▸ 기출 아파트 등 매매가 빈번하게 이루어지는 부동산의 경우에 유용하다. (O)

▸▸ 기출 거래사례비교법은 시장성에 근거하므로 과도한 호황·불황기에 매우 유용한 방식이다. (×)

(2) 원가방식

① 원가방식의 유형

㉠ 가액을 구하는 원가법과 임대료를 구하는 적산법 등이 원가방식에 해당한다.

㉡ 원가법에 의해 구해진 가액을 '적산가액' 또는 '복성가액'이라고 하고, 적산법에 의해 구해진 임대료를 '적산 임대료'라고 한다.

② 원가법

㉠ '원가법'이란 대상 물건의 재조달원가에 감가수정을 하여 대상 물건의 가액을 산정하는 감정평가방법을 말한다(감정평가에 관한 규칙 제2조 제5호).

▸▸ 기출 원가법이란 대상 물건의 재조달원가에 감가수정을 하여 대상 물건의 임대료를 산정하는 방법이다. (×)

㉡ 수식

재조달원가 − 감가수정액 = 적산가액

③ 적산법

㉠ '적산법'이란 대상 물건의 기초가액에 기대이율을 곱하여 산정된 기대 수익에 대상 물건을 계속하여 임대하는 데에 필요한 경비를 더하여 대상 물건의 임대료(사용료를 포함한다)를 산정하는 감정평가방법을 말한다(감정평가에 관한 규칙 제2조 제6호).

▸▸ 기출 적산법이란 대상 물건의 기초가액에 환원이율을 곱하여 산정된 기대 수익에 대상 물건을 계속하여 임대하는 데에 필요한 경비를 더하여 대상 물건의 임대료를 산정하는 방법이다. (×)

▸▸ 기출 적산법이란 대상 물건의 기초가액에 기대이율을 곱하여 산정된 기대 수익에 대상 물건을 계속하여 임대하는 데에 필요한 경비를 공제하여 대상 물건의 임대료를 산정하는 방법이다. (×)

㉡ 수식

(기초가격 × 기대이율) + 필요제경비 = 적산 임대료

④ 원가방식의 유용성

㉠ 재생산이 가능한 모든 물건에 적용할 수 있다.

㉡ 감가수정의 필요성이 적은 신축 건물에 특히 유용한 방식이다.

㉢ 공공・공익용 부동산 등 거래가 없거나 빈번하지 않아 비교방식을 적용하기 어려운 특수 목적 부동산을 평가하는 데 유용하다.

㉣ 토지는 재생산이 될 수 없는 물건이기 때문에 원칙적으로 원가방식을 적용할 수 없으나 조성지・매립지의 경우에는 토지에도 적용할 수 있다.

⑤ 원가방식의 한계

㉠ 재조달원가를 정확히 추계한다는 것은 쉽지 않다.

㉡ 감가수정 등에 평가 주체의 주관이 개입될 수 있다.

(3) 수익방식

① 수익방식의 유형

㉠ 가액을 구하는 수익환원법과 임대료를 구하는 수익분석법 등이 수익방식에 해당한다.

㉡ 수익환원법에 의해 구해진 가액을 '수익가액'이라고 하고, 수익분석법에 의해 구해진 임대료를 '수익 임대료'라고 한다.

② 수익환원법

㉠ '수익환원법'이란 대상 물건이 장래 산출할 것으로 기대되는 순수익이나 미래의 현금흐름을 환원하거나 할인하여 대상 물건의 가액을 산정하는 감정평가방법을 말한다(감정평가에 관한 규칙 제2조 제10호).

㉡ 수익환원법의 정의에 의하면 구체적 방법은 크게 두 가지로 구분된다. 하나는 장래 순수익을 환원하는 방법이고, 다른 하나는 미래 현금흐름을 할인하는 방법이다. 전자의 방식을 '소득환원법' 또는 '직접환원법'이라고 하고 후자의 방식을 '할인현금수지분석법(DCF법)'이라고 한다.

㉢ 장래 순수익을 적정한 율로 환원하는 방법(소득환원법)

$$P = \frac{a}{r}$$

※ P : 수익가액, a : 장래 순수익, r : 환원이율

㉣ 미래 현금흐름을 적정한 율로 할인하는 방법(할인현금수지분석법)

$$P = \frac{CF_1}{(1+r)^1} + \frac{CF_2}{(1+r)^2} + \frac{CF_3}{(1+r)^3} + \cdots + \frac{CF_n}{(1+r)^n}$$

※ P : 수익가액, CF_n : 미래 n기의 현금흐름, r : 할인율

③ 수익분석법

㉠ '수익분석법'이란 일반 기업 경영에 의하여 산출된 총수익을 분석하여 대상 물건이 일정한 기간에 산출할 것으로 기대되는 순수익에 대상 물건을 계속하여 임대하는 데에 필요한 경비를 더하여 대상 물건의 임대료를 산정하는 감정평가방법을 말한다(감정평가에 관한 규칙 제2조 제11호).

ⓛ 수식

수익 순임대료(매출액 − 매출원가) + 필요제경비 = 수익 임대료

④ 수익방식의 유용성

㉠ 장래 순수익 또는 현금흐름 등 수익성에 기초하기 때문에 부동산의 가치 정의에 부합하는 방식이다.

㉡ 수익성 부동산 평가에 유용하다.

⑤ 수익방식의 한계

㉠ 수익만을 기준으로 하는 경우에 오래된 부동산과 신축 부동산의 가액 차이가 없을 수 있다.

㉡ 예측의 오류 가능성이 존재할 수 있다.

㉢ 산정과정에 평가 주체의 주관이 개입될 수 있다.

▸▸ 기출 부동산 가치 정의에 가장 부합한 방식은 거래사례비교법이다. (×)

제6장 가액을 구하는 방법

▸ 31회, 32회, 33회, 34회, 35회 기출

1. 거래사례비교법
2. 공시지가기준법
3. 원가법
4. 수익환원법

1 거래사례비교법

(1) 의미

① '거래사례비교법'이란 대상 물건과 가치형성요인이 같거나 비슷한 물건의 거래사례와 비교하여 대상 물건의 현황에 맞게 사정보정, 시점수정, 가치형성요인 비교 등의 과정을 거쳐 대상 물건의 가액을 산정하는 감정평가방법을 말한다.

② 수식

거래사례 거래금액 × 사정보정 × 시점수정 × 지역요인비교 × 개별요인비교 × 면적비교 = 비준가액

(2) **거래사례의 선정 기준 ****

① 거래사례비교법을 통해 산정된 가액의 적정성 여부는 가치추계의 기준으로 선정된 거래사례가 얼마나 적정한지 여부에 달려있다. 일반적으로 사례는 사정보정의 가능성, 시점수정의 가능성, 지역요인 비교가능성 및 개별요인 비교가능성 등 4가지 요건을 갖추고 있어야 한다.

1. 사정보정의 가능성 2. 시점수정의 가능성 3. 지역요인비교의 가능성 4. 개별요인비교의 가능성

② 사정보정의 가능성

㉠ 선정된 거래사례에 거래당사자의 개별적 동기나 특수한 사정 등이 개입되어 있다면 거래금액은 왜곡될 수 있다. 따라서 거래사례는 거래당사자의 개별적 동기나 특수한 사정 등이 개입되어 있지 않거나, 개입되어 있더라도 이를 정상적인 것으로 보정할 수 있어야 한다.

㉡ 사정보정의 가능성은 사정 등이 개입되지 않은 사례를 선정하라는 의미가 아님에 주의하여야 한다. 비록 사정 등이 개입되어 있더라도 이를 보정할 수 있다면 사례로 선정될 수 있음을 의미한다.

▸▸ 기출 거래사례에 사정이 개입되어 있다면 거래사례비교법을 적용하기 위한 사례로 선정될 수 없다. (×)

㉢ 급매, 친인척 사이의 거래, 대출 승계 조건의 거래, 거래대금을 분할지급하기로 한 거래 등은 모두 거래금액을 왜곡시키는 사정이 포함된 거래의 예이다.

③ 시간적 유사성(시점수정 가능성)

㉠ 부동산의 가치는 시간이 흐르면서 끊임없이 변화한다. 따라서 선정한 거래사례의 거래시점과 기준시점에 차이가 있어서 가격수준에 변화가 있다면 이를 정상화하여야 한다.

㉡ 선정된 거래사례는 기준시점과 유사한 시점에 거래된 사례일수록 보다 효과적인 사례가 된다.

㉢ 평가 대상 부동산과 아무리 유사하더라도 거래시점이 확정되지 않아 시점수정을 할 수 없다면 거래사례로 선정할 수 없다.

④ 위치의 유사성(지역요인 비교가능성)

㉠ 부동산의 가치는 부동산이 속한 지역에 영향을 받는다. 따라서 거래사례는 대상 부동산이 존재하는 지역과 대체성이 있는 지역에 존재하여야 한다.

㉡ 거래사례는 인근지역 또는 동일수급권 내의 유사지역에서 선정하여야 한다.

⑤ 물적 유사성(개별요인 비교가능성)

㉠ 부동산의 가치는 부동산이 가지는 개별적 특성에 영향을 받는다. 따라서 거래사례는 대상 부동산과 개별적 특성이 동일하거나 유사하여야 한다.

㉡ 거래사례는 대상과 개별적 특성이 동일하거나 유사한 사례를 선정하여야 한다.

■ **선정 기준의 판단**

1. 사정보정과 시점수정은 사례자료가 가지고 있는 특성을 정상화하는 과정이다. 따라서 사정보정의 가능성과 시점수정의 가능성에 대한 판단은 거래사례를 기준으로 판단한다.
2. 지역적 특성과 개별적 특성은 대상 부동산의 가치를 결정하는 중요 요소이다. 따라서 위치의 유사성과 물적 유사성에 대한 판단은 대상 부동산을 기준으로 판단한다.

(3) 사정 보정

① '사정 보정'이란 거래사례에 사정 등이 개입됨으로써 왜곡된 거래금액을 정상화하는 과정이다.

② 사정 보정치 산정

$$\text{사정보정치} = \frac{\text{대상 평점}}{\text{사례 평점}} = \frac{100}{100 \pm \text{사정보정률}(\alpha)}$$

※ 사정보정률 : 사정이 개입됨으로써 거래금액이 얼마나 고가 또는 저가로 거래된 것인지를 수치화한 것이다.

㉠ 사정 보정은 분수형태를 활용해서 보정한다.

㉡ 사정 보정은 평점을 활용해서 보정한다. 분자의 평점은 대상의 평점을 의미하고, 분모의 평점은 사례의 평점을 의미한다.

■ **사정 보정의 사례**

1. 거래사례비교법을 적용하기 위해 사례를 선정하였는데, 사례 부동산이 급매로 10% 싸게 거래된 것을 확인하였다. 사정보정치를 산정하면 다음과 같다.
   ① 사정보정률 : −10%(10% 저가)
   ② 사정보정치 = $\frac{100}{100-10}$ ≒ 1.111
2. 거래사례비교법을 적용하기 위해 최근 120,000원/㎡으로 거래된 토지의 거래사례를 선정하였다. 거래의 내용을 조사한 바에 의하면 사례는 다소 고가로 거래된 사례로 인근 토지의 정상적인 거래금액은 100,000원/㎡라고 한다. 사정보정률과 사정보정치를 산정하면 다음과 같다.
   ① 사정보정률 = $\frac{120,000-100,000}{100,000} \times 100$ = +20%(20% 고가)
   ② 사정보정치 = $\frac{100}{100+20}$ ≒ 0.833

(4) 시점 수정

▸▸ 기출 거래사례비교법에서 시점수정은 거래사례자료의 거래시점 가격을 현재시점의 가격으로 정상화하는 작업을 말한다. (×)

① '시점 수정'이란 거래시점의 거래금액을 기준시점의 거래금액으로 정상화하는 과정이다.

② **시점 수정치 산정**

㉠ **변동률 적용법** : 거래시점과 기준시점 사이의 가격 변화를 지가변동률 또는 부동산 가격 변동률로 보정하는 방법이다.

$$시점수정치 = (1 \pm R)^n$$

※ R : 가격변동률, n : 변동기간

㉡ **지수법** : 거래시점과 기준시점 사이의 가격 변화를 토지의 경우 지가 지수, 건물의 경우 건축비 지수로 보정하는 방법이다.

$$시점수정치 = \frac{기준시점의\ 지수}{거래시점의\ 지수}$$

> **■ 시점 수정의 사례**
>
> 1. 거래사례비교법을 적용하기 위해 선정된 사례는 기준시점 1년 전에 거래되었다. 1년 동안의 지가변동률이 10%일 때, 시점수정치는 다음과 같다.
>   시점수정치 : $(1 + 0.1)^1 = 1.100$
> 2. 거래사례비교법을 적용하기 위해 선정된 사례는 기준시점 1년 전에 거래되었다. 거래시점 가격지수가 100이고 기준시점의 가격지수가 110일 때, 시점수정치를 산정하면 다음과 같다.
>   시점수정치 : $\frac{110}{100} = 1.100$

(5) 지역요인 비교와 개별요인 비교

① 지역요인 비교

㉠ 대상 부동산이 속한 지역과 거래사례가 속한 지역의 차이를 비교하는 과정이다.

㉡ 지역요인 비교치 산정

$$\text{지역요인비교치} = \frac{\text{대상이 속한 지역의 지역 평점}}{\text{사례가 속한 지역의 지역 평점}} = \frac{100 \pm \alpha}{100 \pm \alpha}$$

㉢ 거래사례를 인근지역에서 선정했다면 지역요인의 비교는 필요하지 않다. 지역분석에서 인근지역은 대상 부동산이 속한 지역이다. 따라서 인근지역의 사례를 선정했다면 거래사례는 대상 부동산과 동일한 지역에 있음을 의미한다.

▸▸ 기출 인근지역에서 거래사례를 선정한 경우에도 지역요인은 비교되어야 한다. (×)

② 개별요인 비교

㉠ 대상 부동산의 개별 특성과 거래사례 부동산의 개별 특성의 차이를 비교하는 과정이다.

㉡ 개별요인 비교치 산정

$$\text{개별요인비교치} = \frac{\text{대상 부동산의 개별 평점}}{\text{사례 부동산의 개별 평점}} = \frac{100 \pm \alpha}{100 \pm \alpha}$$

③ 지역요인과 개별요인의 격차율 산정 방법

㉠ 종합적 비교법 : 지역 특성과 개별 특성을 항목별로 구분하지 않고 종합적으로 우열을 비교하는 방법이다.

■ **종합적 비교법의 사례**

1. 대상 지역은 사례 지역보다 10% 우세하다.

지역요인 비교치 : $\frac{(100+10)}{100}=1.100$

2. 사례 지역은 대상 지역보다 20% 열세하다.

지역요인 비교치 : $\frac{100}{(100-20)}=1.250$

3. 대상 부동산은 사례 부동산보다 10% 우세하다.

개별요인 비교치 : $\frac{(100+10)}{100}=1.100$

4. 사례 부동산은 대상 부동산보다 20% 열세하다.

개별요인 비교치 : $\frac{100}{(100-20)}=1.250$

㉡ 항목별 비교법(평점법) : 가로조건, 접근조건, 환경조건, 획지조건, 행정적조건 등 몇 가지 비교 항목을 설정하고 설정된 각각의 비교 항목별로 우열을 비교하는 방법이다. 항목별 비교법은 평점을 계산하는 방식에 따라 상승식과 총화식으로 구분된다.

ⓐ 상승식 : 비교 항목으로 설정된 조건별 격차율을 산정하고, 조건별 격차율을 서로 곱(승)하여 비교치를 산정하는 방식

ⓑ 총화식 : 대상 물건의 격차율을 서로 합한 값을 사례 격차율을 합한 값으로 나누어 비교치를 산정하는 방식

■ **상승식의 사례**

1. 사례 토지와 대상 토지의 개별요인의 항목별 평점은 다음과 같다.

비교 항목	사례 토지	대상 토지
가로조건	100	80
접근조건	100	100
획지조건	100	110
환경조건	100	100
행정적 조건	80	100
기타조건	100	100

2. 상승식은 개별요인 비교치를 산정함에 있어서 조건단위를 곱하는 방식이다.

3. 개별요인 비교치 : $\frac{80}{100} \times \frac{100}{100} \times \frac{110}{100} \times \frac{100}{100} \times \frac{100}{80} \times \frac{100}{100} = 1.100$
(가) (접) (획) (환) (행) (기)

■ **상승식과 총화식의 비교**

1. 대상 부동산이 속한 지역과 사례 부동산이 속한 지역이 다음과 같은 격차를 보이고 있다. 격차는 사례 부동산이 속한 지역을 100으로 하는 격차이다.

비교 항목	격차 내용
가로조건	−1
접근조건	+3
환경조건	−3
행정적 조건	+5
기타조건	0

2. 상승식 : $\frac{99}{100} \times \frac{103}{100} \times \frac{97}{100} \times \frac{105}{100} \times \frac{100}{100} \fallingdotseq 1.039$

3. 총화식 : $\frac{(100-1+3-3+5)}{100} = \frac{104}{100} = 1.040$

(6) 배분법

① 토지의 가치를 추계하는 과정에서 토지만 거래된 사례를 찾을 수 없다면 복합 부동산의 거래사례를 대신 활용할 수 있다. 이 경우 복합 부동산의 거래금액을 토지와 건물의 가치로 적정히 배분하는 과정이 필요하다. '배분법'이란 복합 부동산의 거래 금액을 토지와 건물 부분으로 분배하는 방식을 말한다.

② 배분법의 유형

㉠ 공제 방식 : 복합 부동산의 거래 금액에서 다른 유형 부분의 가격을 공제하여 대상과 동일한 부분의 거래 금액을 추정하는 방법

㉡ 비율 방식 : 복합 부동산의 거래 금액에서 구성부분의 가격 비율을 적용하여 대상과 동일한 부분의 거래 금액을 추정하는 방법

■ 배분법 적용의 사례

1. 공제방식
선정된 사례는 토지와 건물로 구성된 복합 부동산이고 전체 거래가격은 1억원으로 조사되었다. 사례의 건물 가격이 2,000만원으로 조사되었다면 토지의 거래 가격은 얼마로 추정할 수 있는가?
토지의 사례가격 = 1억 − 2,000만 = 8,000만원

2. 비율방식
선정된 사례는 토지와 건물로 구성된 복합 부동산이고 전체 거래가격은 1억원으로 조사되었다. 토지와 건물의 가격구성비가 8 : 2라고 하면, 토지의 거래 가격은 얼마로 추정할 수 있는가?
토지의 사례가격 = 1억 × 0.8 = 8,000만원

2 공시지가기준법

(1) 의미

▸▸ 기출 토지를 평가하는 공시지가기준법은 개별공시지가를 기준으로 한다. (×)

① '공시지가기준법'이란 대상 토지와 가치형성요인이 같거나 비슷하여 유사한 이용가치를 지닌다고 인정되는 표준지의 공시지가를 기준으로 대상 토지의 현황에 맞게 시점수정, 지역요인 및 개별요인 비교, 그 밖의 요인의 보정을 거쳐 대상 토지의 가액을 산정하는 감정평가방법을 말한다.

② 수식

표준지공시지가 × 시점수정 × 지역요인비교 × 개별요인비교 × 그 밖의 요인 보정 = 토지의 단위면적당 가격

(2) 적용 **

① 비교표준지 선정

㉠ 인근지역에 있는 표준지 중에서 대상 토지와 용도지역 · 이용상황 · 주변환경 등이 같거나 비슷한 표준지를 선정하여야 한다.

㉡ 다만, 인근지역에 적절한 표준지가 없는 경우에는 인근지역과 유사한 지역적 특성을 갖는 동일수급권 안의 유사지역에 있는 표준지를 선정할 수 있다.

▸▸ 기출 공시지가기준법은 표준지공시지가를 기준으로 사정보정, 시점수정, 지역 · 개별요인비교 및 기타요인의 보정 등의 과정을 거친다. (×)

② 사정 보정

㉠ 표준지 공시지가는 국토교통부장관이 결정하여 공시한 공적인 지가이다. 따라서 표준지 공시지가는 당사자의 특수한 사정, 지식부족 등

의 사정이 있을 경우 그러한 사정이 없었을 경우를 기준으로 산정된다.

㉡ 표준지 공시지가는 사정 등이 보정된 가격이므로 표준지 공시지가를 기준으로 토지의 가격을 평가하는 경우에 사정보정의 과정은 필요하지 않음에 주의하여야 한다.

③ 시점수정

㉠ 국토교통부장관이 조사·발표하는 비교표준지가 있는 시·군·구의 같은 용도지역 지가변동률을 적용해야 한다.

㉡ 다만, 다음 어느 하나에 해당하는 경우에는 그러하지 아니하다.

1. 같은 용도지역의 지가변동률을 적용하는 것이 불가능하거나 적절하지 아니하다고 판단되는 경우에는 공법상 제한이 같거나 비슷한 용도지역의 지가변동률, 이용상황별 지가변동률 또는 해당 시·군·구의 평균지가변동률을 적용할 것 2. 지가변동률을 적용하는 것이 불가능하거나 적절하지 아니한 경우에는 한국은행이 조사·발표하는 생산자물가지수에 따라 산정된 생산자물가상승률을 적용할 것

▸▸ 기출 공시지가기준법 적용에 따른 시점수정시 지가변동률을 적용하는 것이 적절하지 아니하여 통계청이 조사·발표하는 소비자물가지수에 따라 산정된 소비자물가상승률을 적용하였다. (×)

④ 지역요인 비교 및 개별요인 비교

⑤ 그 밖의 요인 보정

㉠ '그 밖의 요인'이란 대상 토지의 가치형성에 영향을 주는 요인이지만 시점수정, 지역요인 및 개별요인의 비교 과정에서 고려되지 못한 요인을 의미한다.

㉡ 대상 토지의 인근지역 또는 동일수급권 내 유사지역에서 찾은 정상적인 거래사례 또는 평가사례 등을 활용하여 이루어진다.

3 원가법

(1) 의미

① '원가법'이란 대상 물건의 재조달원가에 감가수정을 하여 대상 물건의 가액을 산정하는 감정평가방법을 말한다.

② 수식

재조달원가 − 감가수정액 = 적산가액

③ 감정평가 실무기준(국토교통부고시)

㉠ 재조달원가

1. 재조달원가란 대상 물건을 기준시점에 재생산하거나 재취득하는 데 필요한 적정원가의 총액을 말한다. 2. 재조달원가는 대상 물건을 일반적인 방법으로 생산하거나 취득하는 데 드는 비용으로 하되, 제세공과금 등과 같은 일반적인 부대비용을 포함한다.

㉡ 감가수정

1. 감가수정을 할 때에는 경제적 내용연수를 기준으로 한 정액법, 정률법 또는 상환기금법 중에서 대상 물건에 가장 적합한 방법을 적용하여야 한다. 2. 경제적 내용연수를 기준으로 하는 감가수정이 적절하지 아니한 경우에는 물리적 · 기능적 · 경제적 감가요인을 고려하여 관찰감가 등으로 조정하거나 다른 방법에 따라 감가수정할 수 있다.

(2) 재조달원가

① 의미

㉠ '재조달원가'란 기준시점에서 대상 물건을 신규로 재생산하거나 재취득하는 경우에 소요되는 적정 원가의 총액을 말한다.

㉡ 재조달원가는 가치추계의 기준이 되는 기준시점을 기준으로 추계된 비용이다.

▸▸ 기출 재조달원가는 평가시점 현재를 기준으로 추계된 비용이다. (×)

㉢ 재조달원가는 물건을 다시 생산함을 가정하고 추계된 원가이기 때문에 새 물건의 가치를 반영한다.

② 재조달원가의 종류

㉠ 재조달원가는 원가추계의 가정에 따라 재생산 비용(복제 원가) 또는 대체 비용(대치 원가)으로 구분된다.

㉡ 재생산 비용(복제 원가)

ⓐ 대상 부동산과 동일한 규모, 형태, 자재, 등을 가지는 부동산을 복제한다는 가정에서 산정된 원가이다.

ⓑ 재생산 비용은 물리적 동일성을 가정하고 추계된 원가이다.

ⓒ 재조달원가는 재생산 비용으로 산정하는 것이 원칙이다.

▸▸ 기출 재생산비용은 대상과 공법, 자재 등이 동일한 건축물의 신축을 가정한 원가이다. (O)

▸▸ 기출 복제원가는 동일한 효용을 가진 건축물을 신축하는 데 소요되는 비용이다. (×)

㉢ 대체 비용

ⓐ 대상 부동산과 동일한 효용을 가지는 부동산을 신축한다는 가정에서 산정된 원가이다.

ⓑ 대체 비용은 효용적 동일성을 가정하고 추계된 원가이다.

ⓒ 오래 전에 건축되어 건축자재·공법·기술이 변화된 건축물은 재생산 비용으로 원가를 산정할 수 없거나 산정할 수 있더라도 의미가 없는 경우가 있다. 이때 대체 비용을 활용하여 원가를 추계한다.

ⓓ 재조달원가를 대체 비용으로 산정한 경우라면 별도의 기능적 감가를 반영하지 않아도 된다. 대체비용은 대상 부동산과 동일한 효용을 가정하기 때문에 기능적 감가를 하는 경우 이중감가가 될 수 있다.

▸▸ 기출 대체원가를 이용하여 재조달원가를 산정할 경우, 물리적 감가수정은 필요하지 않지만 기능적 감가수정은 필요하다. (×)

③ 재조달원가의 구성

㉠ 건물의 재조달원가는 표준적 건설비에 통상적인 부대비용으로 구성된다.

표준적인 건설비	공사비	직접 공사비
		간접 공사비
	수급인의 이윤(건설업자의 수수료)	
통상 부대비용	건설자금 이자	
	세금 및 공과금 등	
	기타 도급인 부담 비용	

▸▸ 기출 재조달원가를 구성하는 표준적 건설비에는 수급인의 적정이윤이 포함되지 않는다. (×)

㉡ 재조달원가는 자가 건설이더라도 도급 방식을 기준으로 산정한다. 따라서 재조달원가를 구성하는 표준적 건설비에는 수급인(건설업자)의 적정 이윤이 포함되어야 한다.

▸▸ 기출 자가건설의 경우 재조달원가는 도급건설한 경우에 준하여 처리한다. (O)

④ 재조달원가의 산정

㉠ 원가의 추정

총량조사법	건축에 관계되는 모든 항목을 조사하여 원가를 추계하는 방법으로, 총가격 적산법이라고도 한다.
구성단위법	건물을 주요 구성 부분인 지붕, 벽, 바닥, 보 등으로 구분하고 각 구성부분별로 원가를 추계하는 방법으로, 부분별 단가적용법이라고도 한다.
단위비교법	평방미터(m^3), 제곱미터(m^2), 평(坪) 등과 같은 일반 단위를 기준으로 원가를 추계하는 방법이다.
비용지수법	건물의 준공시점 건축비에 건축비 변동률 또는 건축비 지수를 활용하여 기준시점의 재조달원가를 추계하는 방법이다.

▸▸ 기출 재조달원가를 구하는 방법 중 직접법에는 총가격 적산법, 변동률적용법 등이 있다. (×)

ⓛ 직접법과 간접법(원가자료의 근거에 따른 구분)

ⓐ 직접법 : 대상 건물의 자료를 직접 활용하여 원가를 추계하는 방법(총량조사법, 구성단위법)

ⓑ 간접법 : 건물 신축 단가표나 유사 건물의 자료를 활용하여 원가를 추계하는 방법(단위비교법, 비용지수법)

(3) 감가수정 **

▸▸ 기출 감가수정이란 대상물건에 대한 재조달원가를 감액하여야 할 요인이 있는 경우에 물리적 감가, 기능적 감가 또는 경제적 감가 등을 고려하여 그에 해당하는 금액을 재조달원가에 가산하여 기준시점에 있어서의 대상 물건의 가액을 적정화하는 작업을 말한다. (×)

① 의미

㉠ '감가수정'이란 대상 물건에 대한 재조달원가를 감액하여야 할 요인이 있는 경우에 물리적 감가, 기능적 감가 또는 경제적 감가 등을 고려하여 그에 해당하는 금액을 재조달원가에서 공제하여 기준시점에 있어서의 대상 물건의 가액을 적정화하는 작업을 말한다(감정평가에 관한 규칙 제2조 제12호).

㉡ 재조달원가는 신축 건물의 가치를 반영한다. 따라서 신축 이후 건물의 가치가 하락했다면 이를 적절히 반영하여야 한다.

㉢ 감가수정은 실질적인 가치 하락분을 공제하는 과정이다.

② 감가수정과 감가상각의 구분

▸▸ 기출 감정평가의 감가수정은 취득원가에 대한 비용배분의 개념이고, 회계목적의 감가상각은 재조달원가를 기초로 적정한 가치를 산정하는 개념이다. (×)

㉠ 원가법의 감가수정은 기업회계의 감가상각과 구별되는 개념이다. 감가수정은 부동산에 발생한 실질적 가치 하락을 반영하는 과정이며, 기업회계의 감가 수정은 취득원가를 배분하는 과정이다.

㉡ 감가수정과 감가상각의 비교

▸▸ 기출 회계목적의 감가상각은 관찰감가를 인정하나, 감정평가의 감가수정은 감찰감가를 인정하지 않는다. (×)

구분	감가수정	감가상각
목적	• 부동산의 경제적 가치 산정 • 실질적 가치 하락분 산정	• 취득원가의 비용 배분 • 취득원가의 기간 배분
기준	• 재조달원가를 기준 • 경제적 내용연수를 기준	• 취득원가 또는 장부가액을 기준 • 법정 내용연수를 기준
방법	• 실질적 가치를 반영할 수 있는 모든 방법이 허용된다. • 관찰감가법 인정 • 물리적·기능적·경제적 감가요인을 모두 고려	• 회계 기준이 인정하고 있는 방법만이 허용된다. • 관찰감가법 불인정 • 경제적 감가요인은 고려하지 않음
적용 대상	• 상각자산 및 토지에도 인정 • 현존 건물만을 인정	• 상각자산에만 적용 • 멸실된 건물에도 인정

ⓐ 원가법의 감가수정은 실질을 반영하고자 한다. 따라서 가치 하락을 정확히 추정할 수 있는 방법을 원칙적으로 모두 허용하고, 경제적 측면의 내용연수를 중심으로 이루어진다.

ⓑ 기업회계의 감가상각은 통일성을 강조한다. 투자자가 회계 정보를 통해 기업의 좋고 나쁨을 판단하기 위해서는 모든 기업이 동일하거나 최소한 유사한 회계 기준을 적용해야 한다. 따라서 기업회계는 회계 기준이 정하고 있는 방법과 내용연수를 활용해야만 한다.

③ 감가 요인

㉠ 부동산은 다양한 원인에 의해 가치가 감소한다. 부동산의 가치를 감소시키는 요인은 크게 물리적 감가 요인, 기능적 감가 요인 및 경제적 감가 요인으로 구분된다.

구분	감가요인	판단 원칙
물리적 감가요인	• 시간의 경과 • 작동 · 사용으로 인한 마모 및 파손 • 재해로 인한 우발적 손실	
기능적 감가요인	• 건물과 부지의 부적응 • 설계의 불량, 설비의 부족 및 과다 • 형식의 구식 및 능률의 저하	균형의 원칙
경제적 감가요인	• 주변 환경과의 부적합 • 인근지역의 쇠퇴 • 시장성의 감퇴	적합의 원칙

㉡ 물리적 감가 요인 : 물리적 측면 또는 외형적 측면에서 발생된 가치 하락을 의미한다. 물리적 감가는 모든 부동산에 적용된다는 점에서 피할 수 없는 감가이다.

㉢ 기능적 감가 요인 : 기능적 측면에서 발생된 가치 하락을 의미한다. 기능적 감가는 여러 요인이 복합적으로 작용하여 발생하는 특징을 지닌다.

㉣ 경제적 감가 요인 : 외부적 환경의 변화로부터 발생된 가치 하락을 의미한다. 경제적 감가요인은 외부 환경의 변화로 발생되기 때문에 대상 부동산을 치유한다고 해결될 수 없다. 따라서 치유할 수 없는 감가라고도 한다.

▸▸ 기출 경제적 감가요인에는 인근지역의 쇠퇴, 설계의 불량, 설비의 부족 등이 있다. (×)

PART・09

(4) 감가수정의 방법 **

1. 내용연수법 : 정액법, 정률법, 상환기금법 2. 관찰감가법 3. 분해법 4. 시장추출법 5. 임대료손실환원법

① 내용연수법

㉠ 건물의 내용연수를 기준으로 감가를 수정하는 방법을 '내용연수법'이라고 한다.

㉡ 내용연수법은 내용연수 중 경제적 내용연수를 기준으로 한다.

㉢ 내용연수법에는 정액법, 정률법, 상환기금법 등이 있다.

② 관찰감가법

㉠ 경험과 지식이 풍부한 평가 주체가 대상 물건의 전체 또는 구성부분을 직접 면밀히 관찰하여 달관적으로 감가를 수정하는 방법을 '관찰감가법'이라고 한다.

㉡ 관찰감가법은 개인의 관찰에 의존하여 감가를 수정하기 때문에 평가 주체의 주관이 개입될 가능성이 높다.

③ 분해법

㉠ 대상 부동산에 대한 감가 요인을 물리적·기능적·경제적 감가 요인으로 세분하고, 다시 치유가능·치유불가능 감가 요인으로 구분하여 감가를 수정하는 방법을 '분해법'이라고 한다.

㉡ 분해법은 감가를 수정하는 방법 중 이론적으로 가장 우수한 방법으로 인정된다.

㉢ 분해법은 감가를 수정하는 방법이지만 역으로 총 감가수정액을 물리적·기능적·경제적 감가로 분배하는 기능을 수행하기도 한다.

④ 시장추출법

㉠ 시장의 유사 매매사례로부터 대상 부동산에 적용할 수 있는 감가수정률을 도출하고, 이를 적용하여 감가를 수정하는 방법을 '시장추출법'이라고 한다.

㉡ 시장에 거래사례 자료가 풍부하고 신뢰할 수 있다면 시장추출법은 실질적인 시장성을 반영할 수 있는 방법이다.

▸▸ 기출 관찰감가법은 감정평가사가 직접 관찰하여 감가액을 산정하므로 객관적이다. (×)

▸▸ 기출 감정평가대상이 되는 부동산의 상태를 면밀히 관찰한 후 감정평가사의 폭넓은 경험과 지식에 의존하는 것이 관찰감가법이다. (O)

▸▸ 기출 감가요인을 물리적·기능적·경제적으로 세분하고, 치유가능·불능 항목으로 세분하여 각각의 발생감가의 합계액을 감가수정액으로 하는 방법이 분해법이다. (O)

⑤ 임대료손실환원법

㉠ 감가 요인으로부터 발생하는 임대료 손실을 자본 환원하여 감가를 수정하는 방법을 '임대료 손실 환원법'이라고 한다.

㉡ 임대료를 자본 환원하여 가치를 산정할 수 있다면, 임대료 손실을 자본 환원함으로써 가치 손실분을 추계할 수 있다.

㉢ 임대료 손실 환원법은 독립적으로 활용되기도 하지만 일반적으로는 분해법이나 관찰감가법을 검증하는 수단으로 많이 활용된다.

(5) 내용연수법

① 정액법

㉠ 의미 : 대상 물건의 감가 총액을 경제적 내용연수로 나눈 값을 매년의 감가로 인식하는 방법을 '정액법'이라고 한다. 정액법은 감가수정액이 경과연수에 비례하여 증가하기 때문에 '직선법' 또는 '균등 상각법'이라고도 한다.

- 매년 감가액 $= \dfrac{\text{감가대상 총액}}{\text{경제적 내용연수}} = \dfrac{\text{재조달원가} \times (1 - \text{잔존가치율})}{\text{경제적 내용연수}}$
- 감가수정액 = 매년 감가액 × 경과연수

㉡ 특징

ⓐ 감가수정 과정이 간단하고 이해하기 쉽다는 것이 장점이다.

ⓑ 계산된 감가가 실제 감가와 일치하지 않는다는 비판이 있다.

■ 정액법 적용 사례

예제) 경제적 내용연수가 10년인 건물의 재조달원가가 1억이라고 할 때, 정액법에 의한 매년 감가는 다음과 같다.

1. 잔가율이 없는 경우 매년 감가액 : $\dfrac{\text{1억원}}{\text{10년}}$ = 1,000만원

2. 잔가율이 10%인 경우 매년 감가액 : $\dfrac{\text{1억원} \times 0.9}{\text{10년}}$ = 900만원

② 정률법

㉠ 의미 : 대상 물건의 잔존가치에 매년 감가율을 곱한 값을 매년의 감가로 인식하는 방법을 '정률법'이라고 한다. 정률법은 수익과 비용의 대응 원리에 따라 수익이 보다 많은 사용 초기에 감가를 보다 많이 인식하는 방법이다.

- 매년 감가율(K) = 1 − $\sqrt[N]{\frac{S}{C}}$ = 1 − r

※ C : 재조달원가, N : 경과연수,
S : 내용연수 만료 시 잔존가액, r : 전년 대비 잔가율

- 매년 감가액 = 기말 잔존가치 × 매년 감가율

㉡ 특징

ⓐ 효용과 가치는 점점 감소한다는 점에서 초기에 보다 많은 감가를 인식한다는 가정이 합리적일 수 있다.

ⓑ 정률법은 기계외 기구, 장치 등의 상각자산에 적합한 방법이다.

■ 정률법 적용 사례

1. 기준시점 현재 재조달원가가 1억원인 기계가 있다. 매년의 감가율이 20%이다.
2. 1기 감가액 : 1억 × 0.2(20%) = 2,000만원, 잔존가치 8,000만원
3. 2기 감가액 : 8,000만원 × 0.2 = 1,600만원, 잔존가치 6,400만원

③ 상환기금법

㉠ 의미 : '상환기금법'은 내용연수 말에 동일한 물건을 재취득하기 위해서 매년 적립해야 할 금액을 매년의 감가로 인식하는 방법이다.

매년 감가액(D) = 감가대상 총액 × $\frac{i}{(1+i)^N - 1}$ (감채기금계수)

※ i : 축적이율, N : 경제적 내용연수

㉡ 특징

ⓐ 상환기금법은 물건을 재취득하기 위해서 매년 감가로 인식되는 금액만큼을 복리이자로 적립한다는 가정이다. 따라서 내용연수 만료시에 인식된 감가누계액과 복리이자를 합산한 금액이 감가대상 총액과 일치하게 된다.

ⓑ 이자를 고려하는 방식으로 논리적이지만, 감가수정액이 다른 방식보다 낮게 산정되기 때문에 세금의 부담이 큰 방식이다.

④ 정액법, 정률법 및 상환기금법의 비교

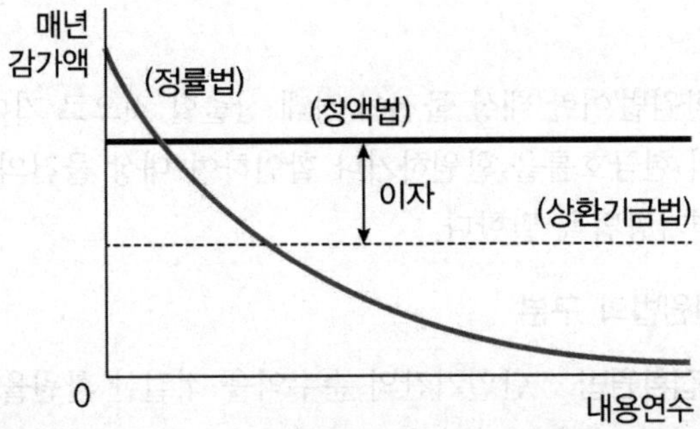

• 기초 기준 매년 감가 크기 : 정률법 > 정액법 > 상환기금법
• 기초 기준 적산가액의 크기 : 상환기금법 > 정액법 > 정률법

㉠ 정액법은 매년 감가액이 일정한 방식이다.
㉡ 정률법은 매년 감가율이 일정한 방식이다.
㉢ 정액법에 의해 산정된 연간 감가액은 매년 일정하다.
㉣ 정률법에 의해 산정된 연간 감가액은 매년 체감한다.

⑤ 감가수정을 자본회수의 논리로 확장시킨 경우에 정액법은 이자를 고려하지 않은 방법이고, 상환기금법은 이자를 고려하는 방법이다.

⑥ 정액법으로 산정한 매년 감가액과 상환기금법으로 산정한 매년 감가액의 차이는 이자 요소이다.

⑦ 내용연수법의 특징

㉠ 내용연수법은 원칙적으로 경제적 내용연수를 기준으로 한다.
㉡ 개별부동산의 관리 정도, 이용 방법, 사용 정도 등에 따라 감가 현상에는 차이가 발생한다. 이를 '감가의 개별성'이라고 한다.
㉢ 감가수정은 실질적인 가치 하락을 추계하는 것이 목적이다. 따라서 감가수정을 함에 있어서도 개별부동산의 상태, 사용 정도 등에 따라 내용연수를 조정할 수 있다.

▸▸ 기출 정률법에서 매년의 감가액은 첫해가 가장 크고 해가 갈수록 점차 줄어든다. (O)

PART • 09

4 수익환원법

(1) 의미

① '수익환원법'이란 대상 물건이 장래 산출할 것으로 기대되는 순수익이나 미래의 현금흐름을 환원하거나 할인하여 대상 물건의 가액을 산정하는 감정평가방법을 말한다.

▸▸ 기출 직접환원법은 복수기간의 순수익을 적절한 환원율로 환원하여 대상물건의 가액을 산정하는 방법을 말한다. (×)

② 수익환원법의 구분

㉠ **직접환원법** : 단일기간의 순수익을 적절한 환원율로 환원하여 대상 물건의 가액을 산정하는 방법이다.

$$P = \frac{a}{r}$$

※ P : 수익가액, a : 장래 순수익, r : 환원이율

㉡ **할인현금흐름분석법** : 대상 물건의 보유기간에 발생하는 복수기간의 순수익(현금흐름)과 보유기간 말의 복귀가액에 적절한 할인율을 적용하여 현재가치로 할인한 후 더하여 대상 물건의 가액을 산정하는 방법이다.

$$P = \frac{a_1}{(1+r)^1} + \frac{a_2}{(1+r)^2} + \cdots + \frac{a_n}{(1+r)^n} + \frac{V_n}{(1+r)^n}$$

※ P : 수익가액, a_n : 미래 n기의 순영업소득,
V_n: 기간말 복귀가치, r : 할인율

③ 감정평가 실무기준(국토교통부고시)

▸▸ 기출 할인 또는 환원할 순수익을 구할 때 자본적지출은 비용으로 고려하지 않는다. (O)

▸▸ 기출 순수익은 대상물건에 귀속하는 적절한 수익으로서 가능총수익에서 운영경비를 공제하여 산정한다. (×)

㉠ 순수익 산정

1. 대상 물건에 귀속하는 적절한 수익으로서 유효총수익에서 운영경비를 공제하여 산정한다.
2. 유효총수익은 다음 각 호의 사항을 합산한 가능총수익에 공실손실상당액 및 대손충당금을 공제하여 산정한다.
   1) 보증금(전세금) 운용수익
   2) 연간 임대료
   3) 연간 관리비 수입
   4) 주차수입, 광고수입, 그 밖에 대상 물건의 운용에 따른 주된 수입

3. 운영경비는 다음 각 호의 사항을 더하여 산정한다.
   1) 용역인건비·직영인건비
   2) 수도광열비
   3) 수선유지비
   4) 세금·공과금
   5) 보험료
   6) 대체충당금
   7) 광고선전비 등 그 밖의 경비

㉡ 환원율과 할인율의 산정

1. 직접환원법에서 사용할 환원율은 시장추출법으로 구하는 것을 원칙으로 한다. 다만, 시장추출법의 적용이 적절하지 않은 때에는 요소구성법, 투자결합법, 유효총수익승수에 의한 결정방법, 시장에서 발표된 환원율 등을 검토하여 조정할 수 있다.
2. 할인현금흐름분석법에서 사용할 할인율은 투자자조사법(지분할인율), 투자결합법(종합할인율), 시장에서 발표된 할인율 등을 고려하여 대상 물건의 위험이 적절히 반영되도록 결정하되 추정된 현금흐름에 맞는 할인율을 적용한다.

▸▸ 기출 직접환원법에서 사용할 환원율은 투자결합법으로 구하는 것을 원칙으로 한다. (×)

㉢ 복귀가액

1. 할인현금흐름분석법의 적용에 따른 복귀가액은 보유기간 경과 후 초년도의 순수익을 추정하여 최종환원율로 환원한 후 매도비용을 공제하여 산정한다.
2. 복귀가액 산정을 위한 최종환원율은 환원율에 장기위험프리미엄·성장률·소비자물가상승률 등을 고려하여 결정한다.

▸▸ 기출 재매도가치를 내부추계로 구할 때 보유기간 경과 후 초년도 순수익을 반영한다. (O)

▸▸ 기출 할인현금흐름분석법의 적용에 따른 복귀가액은 보유기간 경과 후 초년도의 순수익을 추정하여 최종환원율로 환원한 후 매도비용을 공제하여 산정한다. (O)

㉣ 환원방법

1. 수익환원법으로 감정평가할 때에는 직접환원법이나 할인현금흐름분석법 중에서 감정평가 목적이나 대상 물건에 적절한 방법을 선택하여 적용한다.
2. 부동산의 증권화와 관련한 감정평가 등 매기의 순수익을 예상해야 하는 경우에는 할인현금흐름분석법을 원칙으로 하고 직접환원법으로 합리성을 검토한다.

(2) 환원이율의 이해 **

① 환원이율의 의미

㉠ 부동산 가격에 대한 순영업소득의 비율을 '환원이율'이라고 한다.

▸▸ 기출 환원이율은 순수익을 자본환원해서 수익가격을 구하는 경우에 적용되며, 이는 결국 부동산의 수익성을 나타낸다. (O)

▸▸ 기출 자본환원율이란 대상 부동산이 장래 산출할 것으로 기대되는 표준적인 순영업소득과 부동산 가격의 비율이다. (O)

✔주의
할인현금흐름분석법은 처분을 통해 자본을 회수한다고 가정하기 때문에, 별도로 자본회수율을 적용하지 않는다.

▸▸ 기출 직선환원법 및 감채기금환원법은 매 기간마다 순영업소득이 감소한다고 가정하는 반면, 평준연금환원법에서는 매 기간마다 순영업소득이 일정하다고 가정한다. (×)

▸▸ 기출 감채기금환원법에서는 자본회수분을 재투자하는 것으로 가정하는데 이때 재투자율은 안전율로 한다. (O)

ⓛ 수식

$$\text{자본환원이율} = \frac{\text{순영업소득}}{\text{부동산 가격}}$$

ⓐ 자본회수를 고려하지 않는다면 환원이율은 순영업소득을 기준으로 산정한다.

ⓑ 환원이율은 순영업소득으로 측정한 수익률을 의미한다. 정확히 환원이율은 순소득률을 의미한다.

② 상각자산에 대한 환원이율의 구조

㉠ 상각자산의 환원이율은 자본수익률과 자본회수율로 구성된다.

환원이율 = 자본수익률(r) + 자본회수율

ⓛ 건물과 같은 상각자산은 시간이 경과하면서 소모된다. 따라서 내용연수 말에 소모된 자산을 대체하기 위하여 수익의 일부를 따로 적립해야만 한다. 이 적립금을 '자본 회수액'이라고 하고, 부동산 가격에서 자본 회수액이 차지하는 비율을 '자본 회수율'이라고 한다.

ⓐ 기간 말 재매도 가격과 기간 초 매수가격이 동일하다면 자산이 소모가 없음을 의미한다. 이 경우 자본 회수율은 0이 된다.

ⓑ 기간 말 재매도 가격이 기간 초 매수가격보다 작다면 자산이 소모된 것을 의미한다. 이 경우 자본 회수율은 0보다 크게 된다.

ⓒ 자본회수법의 종류

ⓐ 자본의 회수는 소득을 조정하거나 자본환원이율을 조정하는 두 가지 방법이 있는데, 일반적으로 자본환원이율을 조정하는 방법을 적용한다.

ⓑ 자본회수법은 자본회수율의 종류에 따라 직선법, 상환기금법 및 연금법 등으로 구별된다.

기본 공식	환원이율(R) = 자본수익률(r) + 자본회수율
직선(환원)법	$R = r + \frac{1}{n}$ ※ n : 경제적 잔존내용연수
감채기금환원법 (상환기금법)	$R = r + \frac{i}{(1+i)^n - 1}$ ※ i : 축적이율
평준연금환원법 (연금법)	$R = r + \frac{r}{(1+r)^n - 1} = \frac{r \times (1+r)^n}{(1+r)^n - 1}$

③ 환원이율의 종류

㉠ 개별 환원이율과 종합 환원이율

ⓐ 토지 환원이율, 건물 환원이율 등 토지와 건물의 환원이율을 각각 산정한 것을 '개별 환원이율'이라고 한다.

ⓑ 개별 환원이율을 가중평균하여 산정한 전체 부동산 환원이율을 '종합 환원이율'이라고 한다.

㉡ 상각전 환원이율과 상각후 환원이율

ⓐ 자본회수율 포함 여부에 따라 '상각전 환원이율'과 '상각후 환원이율'로 구분할 수 있다.

상각전 환원이율 = 상각후 환원이율 + 감가상각률

ⓑ 상각전 순수익은 상각전 환원이율로 환원하고, 상각후 순수익은 상각후 환원이율로 환원한다.

㉢ 소득률과 수익률

ⓐ 한 해의 소득 또는 여러 해의 평균소득에 적용되어 부동산 가치를 산정하는 이율을 '소득률(income rate)'이라고 한다. 소득률에는 종합환원이율, 지분환원이율, 저당환원이율, 토지환원이율, 건물환원이율 등이 있다.

ⓑ 여러 해의 소득에 적용되어 부동산 가치를 산정하는 이율을 '수익률(yield rate)'이라고 한다. 수익률은 복기에 적용되는 이율로 이자율, 할인율, 내부수익률, 지분수익률, 저당수익률, 종합수익률 등이 이에 해당한다.

▸▸ 기출 개별환원이율이란 토지와 건물 각각의 환원이율을 말한다. (O)

▸▸ 기출 감가상각 전의 순영업소득으로 가치를 추계하는 경우, 감가상각률을 공제한 자본환원율을 사용해야 한다. (×)

(3) 환원이율 결정방법 **

1. 시장추출법 2. 조성법(요소구성법) 3. 투자결합법(이자율 합성법) 4. 엘우드법 5. 부채감당법

① 시장추출법

㉠ 대상과 유사한 물건의 최근 거래사례를 분석하여 부동산 가격에 대한 순수익의 비율, 즉 환원이율을 직접 찾아내는 방법이다.

PART · 09

ⓛ 시장추출법을 적용할 경우 비교 부동산은 연수, 위치, 질, 상태 등에서 동일성 또는 유사성이 있어야 한다.

② 조성법(요소구성방식)

㉠ 대상 부동산에서 발생 가능한 여러 가지 위험을 찾아내고, 무위험률에 위험할증률을 가산하여 환원이율을 산정하는 방법이다.

환원이율(R) = 무위험률 + 위험할증률

ⓛ 조성법은 위험할증률을 결정하는 과정에 평가 주체의 주관이 개입될 여지가 높다는 단점이 있다.

③ 투자결합법(이자율 합성법)

㉠ 대상 부동산에 대한 투자자금과 자금의 구성비율을 가중 평균하여 환원이율을 산정하는 방법이다. 투자결합법에는 물리적 투자결합법과 금융적 투자결합법이 있다.

▸▸ 기출 물리적 투자결합법은 소득을 창출하는 능력이 토지와 건물 모두 동일하며, 분리될 수 없다는 가정에 근거한다. (×)

ⓛ 물리적 투자결합법

종합 환원이율(R) = (토지가격 비율 × 토지 환원이율) + (건물 가격비율 × 건물 환원이율) ※ 토지 환원이율(토지 수익률), 건물 환원이율(건물 수익률)

ⓐ 물리적 투자결합법은 투자자본을 토지자본과 건물자본으로 구분하여 환원이율을 산정하는 방법이다.

ⓑ 물리적 투자결합법은 토지와 건물의 소득 창출 능력이 서로 다름을 전제하는 방법이다.

▸▸ 기출 금융적 투자결합법은 저당투자자의 요구수익률과 지분투자자의 요구수익률이 동일하다는 데 착안하여, 투자지분을 금융적 측면에서 구분하고 있다. (×)

㉢ 금융적 투자결합법

종합 환원이율(R) = (지분 비율 × 지분 환원이율) + (저당 비율 × 저당 환원이율) ※ 지분 환원이율(지분수익률) ※ 저당 환원이율(저당이자율 또는 저당상수) 1. Ross 방식은 저당 환원이율로 저당 이자율을 적용한다. 2. Kazdin 방식은 저당 환원이율로 저당상수를 적용한다.

ⓐ 금융적 투자결합법은 투자 자본을 자기자본과 타인자본으로 구분하여 환원이율을 산정하는 방법이다.

ⓑ 금융적 투자결합법은 저당 투자자와 지분 투자자가 요구하는 수익이 서로 다름을 전제하는 방법이다.

■ **투자결합법에 의한 환원이율 산정**

1. 대상 부동산의 토지 가격은 8억원이고 건물 가격은 2억원으로 추정된다. 토지 환원이율이 10%이고 건물 환원이율이 12%일 때, 물리적 투자결합법에 의한 환원이율은 다음과 같다.
   ① **토지와 건물의 가격 구성비** : 토지 80%, 건물 20%
   ② **환원이율** : (0.8 × 10%) + (0.2 × 12%) = 10.4%

2. 은행으로부터 대부비율 30%를 적용하여 부동산을 구입한 경우, 금융적 투자결합법에 의한 환원이율은? (단 시장의 전형적인 지분 환원이율은 8%이고, 저당 이자율은 연리 10%이고, 저당상수는 0.12이다.)
   ① **Ross 방식** : (0.7 × 8%) + (0.3 × 10%) = 8.6%
   ② **Kazdin 방식** : (0.7 × 8%) + (0.3 × 12%) = 9.2%

④ 엘우드(Ellwood)법

㉠ 1959년에 엘우드(Leon W. Ellwood)는 환원이율을 산정하기 위해 금융적 투자결합법을 개량하였다.

$$R = y - \frac{L}{V} \times (y + P \cdot SFF_{(r\%, n)} - MC_{(r\%, n)}) \pm \Delta \cdot SFF_{(r\%, n)}$$

※ y : 지분수익률, $\frac{L}{V}$: 저당비율, P : 상환비율, Δ : 가치 증감률

㉡ 엘우드법의 고려 요소
ⓐ 보유기간 동안에 예상되는 현금흐름
ⓑ 기간 말에 예상되는 부동산의 가치 증감
ⓒ 원금 상환을 통해 발생하는 지분형성분

㉢ 특징
ⓐ 엘우드는 순영업소득을 기준으로 투자를 분석하던 기존의 관행을 비판하면서 세전현금수지(BTCF)를 기준으로 하는 투자 분석을 강조하였다. 따라서 엘우드법은 지나치게 지분 투자자의 입장을 반영하고 있다는 비판이 있다.
ⓑ 엘우드법은 세금이 주는 영향을 고려하지 못하는 한계가 있다.

▸▸ 기출 엘우드법은 세금이 주는 영향을 고려하고 있다. (×)

⑤ 부채감당법

㉠ 1975년에 Gettel은 기존의 방식이 지나치게 지분투자자의 입장에서 환원이율을 산정하고 있다고 비판하면서 부채감당률을 이용한 새로운 방법을 개발하였다.

✔주의
대부비율(LTV)
= 저당비율
≠ 부채비율

▸▸ 기출 부채감당법에 의한 자본환원율은 부채감당률에 저당비율과 저당상수를 곱하여 구한다. (O)

환원이율(R) = 부채감당률 × 대부비율 × 저당상수

※ 부채감당률(DCR) = $\frac{\text{순영업소득}}{\text{부채서비스액}}$

㉡ 특징

ⓐ 부채감당법은 부채감당률, 대부비율 및 저당상수를 곱하여 환원이율을 산정하는 방법으로 단순하고 이해하기 쉽다.

ⓑ 부채감당법의 구성 요소들은 모두 대출자인 은행이 중시하는 요소라는 점에서 지나치게 은행의 입장에 있다는 비판이 있다.

(4) **할인현금수지분석법 ****

① 의미

㉠ 대상 물건으로부터 기대되는 미래 현금흐름을 할인하여 대상 물건의 가액을 산정하는 방법을 '할인현금수지분석법(discounted cash flow method ; DCF법)'이라고 한다.

$$P = \frac{CF_1}{(1+r)^1} + \frac{CF_2}{(1+r)^2} + \frac{CF_3}{(1+r)^3} + \cdots + \frac{CF_n}{(1+r)^n}$$

※ P : 수익가액, CF_n : 미래 n기의 현금흐름, r : 할인율

㉡ 미래 현금흐름은 보유기간의 임대소득을 통한 현금흐름과 기간 말 부동산 처분을 통해 발생하는 현금흐름으로 구분할 수 있다.

㉢ 세전현금수지를 이용하는 세전현금수지모형과 세후현금수지를 이용하는 세후현금수지모형이 있다.

② 할인율과 환원이율의 구분

㉠ 환원이율

ⓐ 환원이율은 한 해의 소득이나 평균 소득을 기준으로 산정된 수익률이다.

ⓑ 환원이율은 한 해의 소득이나 평균 소득에 적용되는 소득률(income rate)에 해당한다.

㉡ 할인율

ⓐ 할인율은 미래 현금흐름 모두를 기준으로 산정된 수익률이다.

ⓑ 할인율은 여러 해의 현금흐름에 적용되는 수익률(yield rate)에 해당한다.

제7장 임대료를 구하는 방법

▸ 27회, 30회, 31회, 33회, 34회 기출

1. 임대료 평가의 기준
2. 임대사례비교법
3. 적산법
4. 수익분석법

1 임대료 평가의 기준

(1) 실질 임대료

① 임대료는 실질 임대료를 기준으로 산정한다. '실질 임대료'란 임차인이 임대인에게 지불하는 모든 경제적 대가를 의미한다.

▸▸ 기출 일반적으로 감정평가에서 구해야 할 임대료는 실질 임대료이다. (O)

② 실질 임대료는 다음과 같이 구성된다.

<table>
<tr><td rowspan="2">실질 임대료</td><td>지불 임대료</td><td>A</td><td>① 지불 임대료 중 순임대료액
② 부가사용료·공익비 중 실제 비용을 초과하는 금액</td><td>B</td><td>① 감가상각비
② 유지관리비
③ 손해보험료
④ 세금 및 공과금
⑤ 대손준비비
⑥ 공실 등에 의한 손실상당액
⑦ 정상운영자금 이자상당액</td></tr>
<tr><td></td><td>C</td><td>① 예금적 성격을 갖는 일시금의 운용익
② 선불적 성격을 갖는 일시금의 상각액
③ 선불적 성격을 갖는 일시금의 미상각액에 대한 운용액</td><td></td><td></td></tr>
<tr><td></td><td></td><td colspan="2">순임대료</td><td colspan="2">필요제경비</td></tr>
</table>

㉠ 실질 임대료 = 지불 임대료(A + B) + 보증금운용익 등(C)

㉡ 실질 임대료 = 순임대료(A + C) + 필요제경비(B)

▸▸ 기출 실질 임대료는 순임대료와 필요제경비로 구성된다. (O)

(2) 임대료 산정의 기준시점

① 임대료 산정의 기준시점은 일반적으로 임대차 개시시점, 즉 임대료 산정기간의 초일을 기준으로 한다.

② 임대료 산정의 기준시점은 임대료 실현시점과 구분되어야 한다. 일반적으로 임대료는 기초에 지불되나 임대료가 실현되는 시점은 기말이 된다.

2 임대사례비교법

(1) 정의와 수식 **

① '임대사례비교법'이란 대상 물건과 가치형성요인이 같거나 비슷한 물건의 임대사례와 비교하여 대상 물건의 현황에 맞게 사정보정, 시점수정, 가치형성요인 비교 등의 과정을 거쳐 대상 물건의 임대료를 산정하는 감정평가방법을 말한다.

> **참고**
> 계속 임대료 산정방법
> 1. 차액배분법
> 2. 이율법
> 3. 슬라이드법
> 4. 임대사례비교법

② 수식

임대사례 실질 임대료 × 사정보정 × 시점수정 × 지역요인비교 × 개별요인비교 × 면적비교 = 비준 임대료

(2) 임대사례의 선정기준

① 임대사례를 선정하는 기준은 기본적으로 거래사례를 선정하는 기준과 동일하다. 임대사례는 사정보정의 가능성, 시점수정의 가능성, 위치의 유사성 및 물적 유사성 등을 갖춘 사례이어야 한다.

② 임대사례를 선정하는 경우에 임대차 계약 내용의 유사성을 확인하여야 한다. 임대차는 임대차 계약에 따라 물건을 사용·수익하는 범위와 내용이 달라지기 때문에 임대차 계약 내용이 동일하거나 유사한 임대차 사례를 선정하여야 한다.

3 적산법

(1) 정의와 수식 **

① '적산법'이란 대상 물건의 기초가액에 기대이율을 곱하여 산정된 기대수익에 대상 물건을 계속하여 임대하는 데에 필요한 경비를 더하여 대상 물건의 임대료를 산정하는 감정평가방법을 말한다.

> ▸▸ 기출 적산법은 대상 물건의 기초가액에 기대이율을 곱하여 산정한 금액에 사정보정 등을 가하여 임대료를 산정하는 방법이다. (×)

② 수식

(기초가액 × 기대이율) + 필요제경비 = 적산 임대료

(2) 기초가액과 기대이율

① 기초가액 : 임대료 산정의 목적이 되는 임대부동산의 가치를 기초가액이라고 한다.

② 기대이율 : 임대차 부동산을 취득하기 위해 투입된 자본에 대한 순수익의 비율을 말한다. 기대이율은 임대차 기간에 적용되는 단기적인 이율로 계약 내용 등을 고려하여 결정하여야 한다.

③ 감정평가 실무기준(국토교통부고시)

1. 기초가액이란 적산법으로 감정평가하는 데 기초가 되는 대상 물건의 가치를 말한다. 기초가액은 비교방식이나 원가방식으로 감정평가한다. 이 경우 사용 조건・방법・범위 등을 고려할 수 있다.
2. 기대이율이란 기초가액에 대하여 기대되는 임대수익의 비율을 말한다. 기대이율은 시장추출법, 요소구성법, 투자결합법, CAPM을 활용한 방법, 그 밖의 대체・경쟁 자산의 수익률 등을 고려한 방법 등으로 산정한다.
3. 필요제경비란 임차인이 사용・수익할 수 있도록 임대인이 대상 물건을 적절하게 유지・관리하는 데에 필요한 비용을 말한다. 필요제경비에는 감가상각비, 유지관리비, 조세공과금, 손해보험료, 대손준비금, 공실손실상당액, 정상운영자금이자 등이 포함된다.

4 수익분석법

(1) 정의와 수식 **

① '수익분석법'이란 일반 기업 경영에 의하여 산출된 총수익을 분석하여 대상 물건이 일정한 기간에 산출할 것으로 기대되는 순수익에 대상 물건을 계속하여 임대하는 데에 필요한 경비를 더하여 대상 물건의 임대료를 산정하는 감정평가방법을 말한다.

② 수식

수익 순임대료 + 필요제경비 = 수익 임대료
(매출액 − 매출원가) + 필요제경비 = 수익 임대료

(2) 내용

① 수익분석법은 기업용 부동산의 임대료를 산정하는 데 활용된다.

② 감정평가 실무기준(국토교통부고시)

> 1. 순수익은 대상 물건의 총수익에서 그 수익을 발생시키는 데 드는 경비(매출원가, 판매비 및 일반관리비, 정상운전자금이자, 그 밖에 생산요소귀속 수익 등을 포함한다)를 공제하여 산정한 금액을 말한다.
> 2. 필요제경비에는 대상 물건에 귀속될 감가상각비, 유지관리비, 조세공과금, 손해보험료, 대손준비금 등이 포함된다.

제8장 물건별 평가 방법

▸29회, 31회, 32회, 33회, 35회 기출

1. 토지와 건물의 감정평가
2. 기타 물건의 감정평가

1 토지와 건물의 감정평가

(1) 토지의 감정평가(감정평가에 관한 규칙 제14조) **

① 감정평가법인 등이 토지를 감정평가하는 경우에는 그 토지와 이용가치가 비슷하다고 인정되는 표준지공시지가를 기준으로 하여야 한다. 다만, 적정한 실거래가가 있는 경우에는 이를 기준으로 할 수 있다(감정평가 및 감정평가사에 관한 법률 제3조 제1항).

② 감정평가법인 등은 공시지가기준법에 따라 토지를 감정평가할 때에 다음 각 호의 순서에 따라야 한다.

▸▸ 기출 공시지가기준법에서 시점수정을 하는 경우에 지가변동률을 적용하는 것이 적절하지 아니하다면 소비자물가지수를 적용한다. (×)

> 1. 비교표준지 선정 : 인근지역에 있는 표준지 중에서 대상 토지와 용도지역·이용상황·주변환경 등이 같거나 비슷한 표준지를 선정할 것. 다만, 인근지역에 적절한 표준지가 없는 경우에는 인근지역과 유사한 지역적 특성을 갖는 동일수급권 안의 유사지역에 있는 표준지를 선정할 수 있다.

> 2. **시점수정** : 국토교통부장관이 조사·발표하는 비교표준지가 있는 시·군·구의 같은 용도지역 지가변동률을 적용할 것. 다만, 다음 각 목의 경우에는 그러하지 아니하다.
>   가. 같은 용도지역의 지가변동률을 적용하는 것이 불가능하거나 적절하지 아니하다고 판단되는 경우에는 공법상 제한이 같거나 비슷한 용도지역의 지가변동률, 이용상황별 지가변동률 또는 해당 시·군·구의 평균지가변동률을 적용할 것
>   나. 지가변동률을 적용하는 것이 불가능하거나 적절하지 아니한 경우에는 한국은행이 조사·발표하는 생산자물가지수에 따라 산정된 생산자물가상승률을 적용할 것
> 3. **지역요인 비교**
> 4. **개별요인 비교**
> 5. **그 밖의 요인 보정** : 대상 토지의 인근지역 또는 동일수급권 내 유사지역의 가치형성요인이 유사한 정상적인 거래사례 또는 평가사례 등을 고려할 것

③ 감정평가법인 등이 「주식회사 등의 외부감사에 관한 법률」에 따른 재무제표 작성 등 기업의 재무제표 작성에 필요한 감정평가와 담보권의 설정·경매 등 대통령령으로 정하는 감정평가를 할 때에는 해당 토지의 임대료, 조성비용 등을 고려하여 감정평가를 할 수 있다(동법 제3조 제2항).

④ 적정한 실거래가(감정평가에 관한 규칙 제2조 제12호의2)

> 적정한 실거래가란 「부동산 거래신고 등에 관한 법률」에 따라 신고된 실제 거래가격으로서 거래 시점이 도시지역은 3년 이내, 그 밖의 지역은 5년 이내인 거래가격 중에서 감정평가법인 등이 인근 지역의 지가수준 등을 고려하여 감정평가의 기준으로 적용하기에 적정하다고 판단하는 거래가격을 말한다.

▸▸ 기출 적정한 실거래가는 감정평가의 기준으로 적용하기에 적정하다고 판단되는 거래가격으로서, 거래시점이 도시지역은 5년 이내, 그 밖의 지역은 3년 이내인 거래가격을 말한다. (×)

(2) **건물의 감정평가**(감정평가에 관한 규칙 제15조) **

감정평가법인 등은 건물을 감정평가할 때에 원가법을 적용해야 한다.

▸▸ 기출 건물의 평가는 거래사례비교법에 의함을 원칙으로 한다. (×)

(3) 토지와 건물의 일괄 감정평가(감정평가에 관한 규칙 제16조)

① 감정평가법인 등은 「집합건물의 소유 및 관리에 관한 법률」에 따른 구분소유권의 대상이 되는 건물부분과 그 대지사용권을 일괄하여 감정평가하는 경우 등 토지와 건물을 일괄하여 감정평가할 때에는 거래사례비교법을 적용해야 한다.

② 이 경우 감정평가액은 합리적인 기준에 따라 토지가액과 건물가액으로 구분하여 표시할 수 있다.

▸▸ 기출 구분소유권의 대상이 되는 건물부분과 그 대지사용권을 일괄하여 평가하는 경우에는 원칙적으로 원가법에 의한다. (×)

2 기타 물건의 감정평가

(1) 산림의 감정평가 **

▸▸ 기출 산림은 임지와 입목을 구분하여 평가하여야 하며, 입목의 평가는 수익환원법에 의하되 소경목림은 거래사례비교법에 의할 수 있다. (×)

▸▸ 기출 입목 평가 시 소경목림인 경우에는 원가법을 적용할 수 있다. (O)

① 감정평가법인 등은 산림을 감정평가할 때에 산지와 입목(立木)을 구분하여 감정평가해야 한다. 이 경우 입목은 거래사례비교법을 적용하되, 소경목림(小徑木林 : 지름이 작은 나무·숲)인 경우에는 원가법을 적용할 수 있다.

② 감정평가법인 등은 산지와 입목을 일괄하여 감정평가할 때에 거래사례비교법을 적용해야 한다.

(2) 과수원, 임대료, 자동차 등 감정평가 **

① 과수원의 감정평가

감정평가법인 등은 과수원을 감정평가할 때에 거래사례비교법을 적용해야 한다.

② 자동차, 건설기계, 선박 및 항공기

▸▸ 기출 건설기계는 거래사례비교법을 적용하여 감정평가해야 한다. (×)

▸▸ 기출 자동차, 선박 및 건설기계의 주된 감정평가방법은 동일하다. (×)

㉠ 자동차 : 감정평가법인 등은 자동차를 감정평가할 때에 거래사례비교법을 적용해야 한다.

㉡ 건설기계 : 감정평가법인 등은 건설기계를 감정평가할 때에 원가법을 적용해야 한다.

㉢ 선박 : 감정평가법인 등은 선박을 감정평가할 때에 선체·기관·의장(艤裝)별로 구분하여 감정평가하되, 각각 원가법을 적용해야 한다.

㉣ 항공기 : 감정평가법인 등은 항공기를 감정평가할 때에 원가법을 적용해야 한다.

㉤ 감정평가법인 등은 본래 용도의 효용가치가 없는 물건은 해체처분가액으로 감정평가할 수 있다.

▸▸ 기출 임대료를 감정평가할 때에는 거래사례비교법을 적용해야 한다. (×)

③ 임대료의 감정평가

감정평가법인 등은 임대료를 감정평가할 때에 임대사례비교법을 적용해야 한다.

④ 공장재단 및 광업재단의 감정평가

▸▸ 기출 광업재단은 수익환원법에 의한다. (O)

㉠ 감정평가법인 등은 공장재단을 감정평가할 때에 공장재단을 구성하는 개별 물건의 감정평가액을 합산하여 감정평가해야 한다. 다만, 계속적인 수익이 예상되는 경우 등 일괄하여 감정평가하는 경우에는 수익환원법을 적용할 수 있다.

㉡ 감정평가법인 등은 광업재단을 감정평가할 때에 수익환원법을 적용해야 한다.

⑤ 동산의 감정평가

감정평가법인 등은 동산을 감정평가할 때에는 거래사례비교법을 적용해야 한다. 다만, 본래 용도의 효용가치가 없는 물건은 해체처분가액으로 감정평가할 수 있다.

(3) 무형자산 등 감정평가

① 무형자산의 감정평가

㉠ **광업권** : 감정평가법인 등은 광업권을 감정평가할 때에 광업재단의 감정평가액에서 해당 광산의 현존시설 가액을 빼고 감정평가해야 한다. 이 경우 광산의 현존시설 가액은 적정 생산규모와 가행조건(稼行條件) 등을 고려하여 산정하되 과잉유휴시설을 포함하여 산정하지 아니한다.

㉡ **어업권** : 감정평가법인 등은 어업권을 감정평가할 때에 어장 전체를 수익환원법에 따라 감정평가한 가액에서 해당 어장의 현존시설 가액을 빼고 감정평가해야 한다. 이 경우 어장의 현존시설 가액은 적정 생산규모와 어업권 존속기간 등을 고려하여 산정하되 과잉유휴시설을 포함하여 산정하지 아니한다.

㉢ **영업권 등** : 감정평가법인 등은 영업권, 특허권, 실용신안권, 디자인권, 상표권, 저작권, 전용측선이용권(專用側線利用權), 그 밖의 무형자산을 감정평가할 때에 수익환원법을 적용해야 한다.

▸▸ 기출 영업권 및 실용신안권을 감정평가할 때에는 거래사례비교법을 적용하여야 한다. (×)

② 유가증권 등의 감정평가

㉠ 감정평가법인 등은 주식을 감정평가할 때에 다음 각 호의 구분에 따라야 한다.

> 1. 상장주식(거래소에서 거래가 이루어지는 등 시세가 형성된 주식으로 한정한다) : 거래사례비교법을 적용할 것
> 2. 비상장주식(상장주식으로서 거래소에서 거래가 이루어지지 아니하는 등 형성된 시세가 없는 주식을 포함한다) : 해당 회사의 자산·부채 및 자본 항목을 평가하여 수정재무상태표를 작성한 후 기업체의 유·무형의 자산가치(이하 "기업가치"라 한다)에서 부채의 가치를 빼고 산정한 자기자본의 가치를 발행주식 수로 나눌 것

▸▸ 기출 기업가치의 평가는 거래사례비교법을 적용해야 한다. (×)

ⓛ 감정평가법인 등은 채권을 감정평가할 때에 다음 각 호의 구분에 따라야 한다.

1. 상장채권(거래소에서 거래가 이루어지는 등 시세가 형성된 채권을 말한다) : 거래사례비교법을 적용할 것 2. 비상장채권(거래소에서 거래가 이루어지지 아니하는 등 형성된 시세가 없는 채권을 말한다) : 수익환원법을 적용할 것

ⓒ 감정평가법인 등은 기업가치를 감정평가할 때에 수익환원법을 적용해야 한다.

▸▸ 기출 소음, 진동, 일조침해 또는 환경오염 등으로 인한 토지 등의 가치하락분에 대하여 평가를 하는 경우에는 관계법령에 의한 소음 등의 허용기준을 고려하여야 하나, 원상회복비용은 고려하지 아니한다. (×)

③ 소음 등으로 인한 대상 물건의 가치하락분에 대한 감정평가

감정평가법인 등은 소음·진동·일조 침해 또는 환경오염 등(이하 "소음 등"이라 한다)으로 대상 물건에 직접적 또는 간접적인 피해가 발생하여 대상 물건의 가치가 하락한 경우 그 가치하락분을 감정평가할 때에 소음 등이 발생하기 전의 대상 물건의 가액 및 원상회복비용 등을 고려해야 한다.

④ 그 밖의 물건의 감정평가

감정평가법인 등은 규정되지 아니한 대상 물건을 감정평가할 때에 이와 비슷한 물건이나 권리 등의 경우에 준하여 감정평가해야 한다.

제9장 부동산 가격공시제도 ▸ 28회, 29회, 32회 기출

1 가격공시제도의 이해

(1) 의미

① 가격공시제도는 부동산의 적정가격(適正價格)을 공시함으로써 부동산의 적정한 가격형성과 각종 조세·부담금 등의 형평성을 도모하고 국민경제의 발전에 이바지함을 목적으로 한다.

② 가격공시제도의 구분

<table>
<tr><td rowspan="2">토지의 가격공시</td><td>표준지공시지가</td><td colspan="2">국토교통부장관이 결정·공시</td></tr>
<tr><td>개별공시지가</td><td colspan="2">시장·군수·구청장이 결정·공시</td></tr>
<tr><td rowspan="3">주택의 가격공시</td><td rowspan="2">단독주택</td><td>표준주택 가격</td><td>국토교통부장관이 결정·공시</td></tr>
<tr><td>개별주택 가격</td><td>시장·군수·구청장이 결정·공시</td></tr>
<tr><td>공동주택</td><td>공동주택 가격</td><td>국토교통부장관이 결정·공시</td></tr>
<tr><td rowspan="3">비주거용 부동산의 가격공시</td><td rowspan="2">비주거용 일반부동산</td><td>비주거용 표준부동산 가격</td><td>국토교통부장관이 결정·공시</td></tr>
<tr><td>비주거용 개별부동산 가격</td><td>시장·군수·구청장이 결정·공시</td></tr>
<tr><td>비주거용 집합부동산</td><td>비주거용 집합부동산 가격</td><td>국토교통부장관이 결정·공시</td></tr>
</table>

(2) 용어 정의

① 적정가격

㉠ 부동산 가격은 적정가격(適正價格)을 기준으로 산정한다.

㉡ '적정가격'이란 토지, 주택 및 비주거용 부동산에 대하여 통상적인 시장에서 정상적인 거래가 이루어지는 경우 성립될 가능성이 가장 높다고 인정되는 가격을 말한다(부동산 가격공시에 관한 법률 제2조).

▸▸ 기출 부동산의 공시가격은 시장가치를 기준으로 산정한다. (×)

② 주택

㉠ '주택'이란 주택법상의 주택을 의미하며, 공동주택과 단독주택으로 구분한다.

㉡ '공동주택'이란 주택법상의 공동주택을 말하며, '단독주택'은 공동주택을 제외한 주택을 말한다.

③ 비주거용 부동산

㉠ '비주거용 부동산'이란 주택을 제외한 건축물이나 건축물과 그 토지의 전부 또는 일부를 말하며, 다음과 같이 구분된다.

> 1. 비주거용 집합부동산 : 집합건물의 소유 및 관리에 관한 법률에 따라 구분 소유되는 비주거용 부동산
> 2. 비주거용 일반부동산 : 비주거용 집합부동산을 제외한 비주거용 부동산

㉡ 조세제도의 형평성 등을 이유로 상가, 오피스텔, 빌딩 등 비주거용 부동산의 가격공시제도의 근거가 2016년에 마련되었다.

2 표준지공시지가

(1) 개요

① 국토교통부장관은 토지이용상황이나 주변 환경 그 밖의 자연적·사회적 조건이 일반적으로 유사하다고 인정되는 일단의 토지 중에서 선정한 표준지에 대하여 매년 공시기준일 현재의 적정가격(이하 '표준지공시지가')을 조사·평가하고, 중앙부동산가격공시위원회의 심의를 거쳐 이를 공시하여야 한다(부동산 가격공시에 관한 법률 제3조).

② 공시기준일

㉠ 표준지공시지가의 공시기준일은 1월 1일로 한다.

㉡ 다만, 국토교통부장관은 표준지공시지가 조사·평가인력 등을 고려하여 부득이하다고 인정하는 경우에는 일부 지역을 지정하여 해당 지역에 대한 공시기준일을 따로 정할 수 있다.

③ 공시사항

표준지공시지가를 공시하는 경우에는 다음 각 호의 사항이 포함되어야 한다.

1. 표준지의 지번 2. 표준지의 단위면적당 가격 3. 표준지의 면적 및 형상 4. 표준지 및 주변토지의 이용 상황 5. 지목, 용도지역, 도로상황, 그 밖에 표준지공시지가 공시에 필요한 사항

④ 표준지공시지가의 효력

㉠ 표준지공시지가는 토지 시장에 지가 정보를 제공하고 일반적인 토지거래의 지표가 된다.

㉡ 표준지공시지가는 국가·지방자치단체 등이 그 업무와 관련하여 지가를 산정하거나 감정평가법인등이 개별적으로 토지를 감정평가하는 경우에 기준이 된다.

⑤ 이의신청

㉠ 표준지공시지가에 대하여 이의가 있는 자는 표준지공시지가의 공시일부터 30일 이내에 서면으로 국토교통부장관에게 이의를 신청할 수 있다.

㉡ 국토교통부장관은 이의신청기간이 만료된 날부터 30일 이내에 이의신청을 심사하여 그 결과를 신청인에게 서면으로 통지하여야 한다. 이 경우 국토교통부장관은 이의신청의 내용이 타당하다고 인정될 때에는 해당 표준지공시지가를 조정하여 다시 공시하여야 한다.

(2) 표준지공시지가의 산정기준(부동산 가격공시에 관한 법률 제3조)

① 국토교통부장관은 표준지공시지가를 공시하기 위하여 표준지의 가격을 조사·평가할 때에는 대통령령으로 정하는 바에 따라 해당 토지소유자의 의견을 들어야 한다.

② 국토교통부장관은 표준지공시지가를 조사·평가하는 경우에는 인근 유사토지의 거래가격·임대료 및 해당 토지와 유사한 이용가치를 지닌다고 인정되는 토지의 조성에 필요한 비용추정액, 인근지역 및 다른 지역과의 형평성·특수성, 표준지공시지가 변동의 예측 가능성 등 제반사항 등을 종합적으로 참작하여야 한다.

③ 국토교통부장관이 표준지공시지가를 조사·평가할 때에는 업무실적, 신인도 등을 고려하여 둘 이상의 감정평가법인 등에게 이를 의뢰하여야 한다. 다만, 지가 변동이 작은 경우 등 대통령령으로 정하는 기준에

▸▸ 기출 표준지공시지가를 공시할 때 건물면적, 구조 및 사용승인일 등 건물에 대한 사항도 공시한다. (×)

▸▸ 기출 표준지의 도로상황은 표준지공시지가의 공시사항에 포함될 항목이다. (O)

▸▸ 기출 감정평가법인 등이 타인의 의뢰에 의하여 개별적으로 토지를 감정평가하는 경우에 개별공시지가를 기준으로 한다. (×)

▸▸ 기출 표준지공시지가에 대한 이의신청의 내용이 타당하다고 인정될 때에는 해당 표준지공시지가를 조정하여 다시 공시하여야 한다. (O)

해당하는 표준지에 대해서는 하나의 감정평가법인 등에게 의뢰할 수 있다.

④ 국토교통부장관은 개별공시지가의 산정을 위하여 필요하다고 인정하는 경우에는 표준지와 산정대상 개별 토지의 가격 형성 요인에 관한 표준적인 비교표(이하 "토지가격비준표"라 한다)를 작성하여 시장・군수 또는 구청장에게 제공하여야 한다.

3 개별공시지가

(1) 개요

① 시장・군수 또는 구청장은 국세・지방세 등 각종 세금의 부과, 그 밖의 다른 법령에서 정하는 목적을 위한 지가산정에 사용되도록 하기 위하여 시・군・구부동산가격공시위원회의 심의를 거쳐 매년 공시지가의 공시기준일 현재 관할 구역 안의 개별토지의 단위면적당 가격(이하 '개별공시지가')을 결정・공시하고, 이를 관계 행정기관 등에 제공하여야 한다(부동산 가격공시에 관한 법률 제10조).

② 개별공시지가의 산정 제외

㉠ 표준지로 선정된 토지에 대하여는 개별공시지가를 결정・공시하지 아니할 수 있다. 이 경우 표준지로 선정된 토지에 대하여는 해당 토지의 표준지공시지가를 개별공시지가로 본다.

㉡ 조세 또는 부담금 등의 부과대상이 아닌 토지, 그 밖에 대통령령으로 정하는 토지에 대하여는 개별공시지가를 결정・공시하지 아니할 수 있다.

▸▸ 기출 시장・군수 또는 구청장은 표준지로 선정된 토지에 대해서는 개별공시지가를 결정・공시하지 아니할 수 있다. (O)

③ 공시기준일

㉠ 원칙 : 1월 1일

㉡ 시장・군수 또는 구청장은 공시기준일 이후에 분할・합병 등이 발생한 토지에 대하여는 대통령령으로 정하는 날을 기준으로 하여 개별공시지가를 결정・공시하여야 한다.

▸▸ 기출 국토교통부장관은 공시기준일 이후에 분할・합병 등이 발생한 토지에 대하여는 대통령령으로 정하는 날을 기준으로 하여 개별공시지가를 결정・공시하여야 한다. (×)

▾ **대통령령으로 정하는 날**

1. 1월 1일부터 6월 30일까지의 사이에 사유가 발생한 토지 : 그 해 7월 1일
2. 7월 1일부터 12월 31일까지의 사이에 사유가 발생한 토지 : 다음 해 1월 1일

④ 효력

개별공시지가는 국세 · 지방세 등 각종 세금의 부과, 그 밖의 다른 법령에서 정하는 목적을 위한 지가산정의 기준이 된다.

⑤ 이의신청

㉠ 개별공시지가에 이의가 있는 자는 그 결정 · 공시일부터 30일 이내에 서면으로 시장 · 군수 또는 구청장에게 이의를 신청할 수 있다.

㉡ 시장 · 군수 또는 구청장은 이의신청 기간이 만료된 날부터 30일 이내에 이의신청을 심사하여 그 결과를 신청인에게 서면으로 통지하여야 한다. 이 경우 시장 · 군수 또는 구청장은 이의신청의 내용이 타당하다고 인정될 때에는 해당 개별공시지가를 조정하여 다시 결정 · 공시하여야 한다.

▸▸ 기출 개별공시지가에 대하여 이의가 있는 자는 개별공시지가의 결정 · 공시일부터 60일 이내에 이의를 선청할 수 있다. (×)

(2) 개별공시지가의 산정

① 시장 · 군수 또는 구청장이 개별공시지가를 결정 · 공시하는 경우에는 해당 토지와 유사한 이용가치를 지닌다고 인정되는 하나 또는 둘 이상의 표준지의 공시지가를 기준으로 토지가격비준표를 사용하여 지가를 산정하되, 해당 토지의 가격과 표준지공시지가가 균형을 유지하도록 하여야 한다(부동산 가격공시에 관한 법률 제10조).

▾개별공시지가 산정방법

표준지공시지가 × 토지가격비준표의 비준율 = 개별토지가격

▸▸ 기출 개별공시지가를 결정하기 위해 토지가격비준표가 활용된다. (O)

▸▸ 기출 개별공시지가는 토지가격비준표 작성의 기준이 된다. (×)

② 개별공시지가의 단위면적은 1제곱미터로 한다.

③ 시장 · 군수 또는 구청장은 매년 5월 31일까지 개별공시지가를 결정 · 공시하여야 한다.

④ 시장 · 군수 또는 구청장은 개별공시지가를 결정 · 공시하기 위하여 개별토지의 가격을 산정할 때에는 그 타당성에 대하여 감정평가법인 등의 검증을 받고 토지소유자, 그 밖의 이해관계인의 의견을 들어야 한다. 다만, 시장 · 군수 또는 구청장은 감정평가법인 등의 검증이 필요 없다고 인정되는 때에는 지가의 변동 상황 등 대통령령으로 정하는 사항을 고려하여 감정평가법인 등의 검증을 생략할 수 있다.

4 표준주택 가격

(1) 개요

▸▸ 기출 표준주택을 선정할 때에는 일반적으로 유사하다고 인정되는 일단의 단독주택 및 공동주택에서 해당 일단의 주택을 대표할 수 있는 주택을 선정하여야 한다. (×)

① 국토교통부장관은 용도지역, 건물구조 등이 일반적으로 유사하다고 인정되는 일단의 단독주택 중에서 선정한 표준주택에 대하여 매년 공시기준일 현재의 적정가격(이하 '표준주택 가격')을 조사·산정하고, 중앙부동산가격공시위원회의 심의를 거쳐 이를 공시하여야 한다(부동산 가격공시에 관한 법률 제16조).

② 공시기준일

㉠ 표준주택 가격의 공시기준일은 1월 1일로 한다.

㉡ 다만, 국토교통부장관은 표준주택 가격 조사·산정인력 및 표준주택 수 등을 고려하여 부득이하다고 인정하는 경우에는 일부 지역을 지정하여 해당 지역에 대한 공시기준일을 따로 정할 수 있다.

▸▸ 기출 표준주택 가격의 공시사항에는 표준주택의 용도, 연면적, 구조 및 건축허가일이 포함되어야 한다. (×)

③ 공시사항

1. 표준주택의 지번
2. 표준주택 가격
3. 표준주택의 대지면적 및 형상
4. 표준주택의 용도, 연면적, 구조 및 사용승인일(임시사용승인일을 포함한다)
5. 지목, 용도지역, 도로 상황, 그 밖에 표준주택 가격 공시에 필요한 사항

④ 효력 및 이의신청

㉠ 표준주택 가격은 국가·지방자치단체 등이 그 업무와 관련하여 개별주택 가격을 산정하는 경우에 그 기준이 된다.

㉡ 표준주택 가격에 이의가 있는 자는 그 공시일부터 30일 이내에 서면(전자문서를 포함한다)으로 국토교통부장관에게 이의를 신청할 수 있다.

▸▸ 기출 표준주택 가격의 조사, 평가는 감정평가사가 담당한다. (×)

(2) 표준주택 가격의 산정

① 국토교통부장관은 표준주택 가격을 조사·산정하고자 할 때에는 한국부동산원에 의뢰한다(부동산 가격공시에 관한 법률 제16조).

② 국토교통부장관이 표준주택 가격을 조사·산정하는 경우에는 인근 유사단독주택의 거래가격·임대료 및 해당 단독주택과 유사한 이용가치

를 지닌다고 인정되는 단독주택의 건설에 필요한 비용추정액, 인근지역 및 다른 지역과의 형평성 · 특수성, 표준주택가격 변동의 예측 가능성 등 제반사항 등을 종합적으로 참작하여야 한다.

③ 인근 유사단독주택의 거래가격 또는 임대료는 해당 거래 또는 임대차가 당사자의 특수한 사정에 의하여 이루어지거나 단독주택 거래 또는 임대차에 대한 지식의 부족으로 인하여 이루어진 때에는 그러한 사정이 없었을 경우에 이루어졌을 거래가격 또는 임대료를 기준으로 한다.

④ 해당 단독주택과 유사한 이용가치를 지닌다고 인정되는 단독주택의 건축에 필요한 비용추정액은 공시기준일 현재 해당 단독주택을 건설하기 위한 표준적인 건축비와 일반적인 부대비용으로 한다.

⑤ 표준주택에 전세권 그 밖의 주택의 사용 · 수익을 제한하는 권리가 설정되어 있는 경우에는 해당 권리가 존재하지 아니하는 것으로 보고 적정가격을 평가하여야 한다.

▸▸ 기출 표준주택에 그 주택의 사용 · 수익을 제한하는 권리가 설정되어 있을 때에는 이를 반영하여 적정가격을 산정하여야 한다. (×)

⑥ 국토교통부장관은 개별주택 가격의 산정을 위하여 필요하다고 인정하는 경우에는 표준주택과 산정대상 개별주택의 가격 형성 요인에 관한 표준적인 비교표(이하 "주택가격비준표"라 한다)를 작성하여 시장 · 군수 또는 구청장에게 제공하여야 한다.

5 개별주택 가격

(1) 개요

① 시장 · 군수 또는 구청장은 시 · 군 · 구부동산가격공시위원회의 심의를 거쳐 매년 표준주택 가격의 공시기준일 현재 관할 구역 안의 개별주택의 가격(이하 '개별주택 가격')을 결정 · 공시하고, 이를 관계 행정기관 등에 제공하여야 한다(부동산 가격공시에 관한 법률 제17조).

② 개별주택 가격의 산정 제외

㉠ 표준주택으로 선정된 단독주택에 대하여는 개별주택 가격을 결정 · 공시하지 아니할 수 있다. 이 경우 표준주택으로 선정된 주택에 대하여는 해당 주택의 표준주택 가격을 개별주택 가격으로 본다.

㉡ 국세 또는 지방세 부과대상이 아닌 단독주택에 대하여는 개별주택 가격을 결정 · 공시하지 아니할 수 있다.

▸▸ 기출 표준주택으로 선정된 주택에 대하여는 해당 표준주택 가격을 개별주택 가격으로 본다. (O)

▸▸ 기출 국세 또는 지방세 부과대상이 아닌 단독주택은 개별주택 가격을 결정 · 공시하지 아니할 수 있다. (O)

▸▸ 기출 개별주택가격의 공시기준일이 6월 1일인 경우도 있다. (O)

③ 공시기준일

㉠ 원칙 : 1월 1일

㉡ 시장·군수 또는 구청장은 공시기준일 이후에 토지의 분할·합병이나 건축물의 신축 등이 발생한 경우에는 대통령령으로 정하는 날을 기준으로 하여 개별주택 가격을 결정·공시하여야 한다.

▾ **대통령령으로 정하는 날**

1. 1월 1일부터 5월 31일까지의 사이에 사유가 발생한 단독주택 : 그 해 6월 1일 2. 6월 1일부터 12월 31일까지의 사이에 사유가 발생한 단독주택 : 다음 해 1월 1일

④ 공시사항

1. 개별주택의 지번 2. 개별주택 가격 3. 개별주택의 용도 및 면적 4. 그 밖에 개별주택 가격 공시에 필요한 사항

▸▸ 기출 개별주택의 가격은 국가·지방자치단체 등의 기관에 과세 등의 업무와 관련하여 주택의 가격을 산정하는 경우에 그 기준으로 활용할 수 있다. (O)

⑤ 효력 및 이의신청

㉠ 개별주택 가격은 주택시장의 가격정보를 제공하고 국가·지방자치단체 등의 기관이 과세 등의 업무와 관련하여 주택의 가격을 산정하는 경우에 그 기준으로 활용될 수 있다.

㉡ 개별주택 가격에 이의가 있는 자는 그 결정·공시일부터 30일 이내에 서면으로 시장·군수 또는 구청장에게 이의를 신청할 수 있다.

(2) 개별주택 가격의 산정

① 시장·군수 또는 구청장이 개별주택 가격을 결정·공시하는 경우에는 해당 주택과 유사한 이용가치를 지닌다고 인정되는 표준주택 가격을 기준으로 주택가격비준표를 사용하여 가격을 산정하되, 해당 주택의 가격과 표준주택 가격이 균형을 유지하도록 하여야 한다(부동산 가격공시에 관한 법률 제17조).

② 시장·군수 또는 구청장은 매년 4월 30일까지 개별주택 가격을 결정·공시하여야 한다.

③ 시장·군수 또는 구청장은 개별주택 가격을 결정·공시하기 위하여 개별주택의 가격을 산정할 때에는 표준주택 가격과의 균형 등 그 타당성에 대하여 대통령령으로 정하는 바에 따라 부동산원의 검증을 받고 토

지소유자, 그 밖의 이해관계인의 의견을 들어야 한다. 다만, 시장·군수 또는 구청장은 부동산원의 검증이 필요 없다고 인정되는 때에는 주택가격의 변동상황 등 대통령령으로 정하는 사항을 고려하여 부동산원의 검증을 생략할 수 있다.

6 공동주택 가격

(1) 개요

① 국토교통부장관은 공동주택에 대하여 매년 공시기준일 현재의 적정가격(이하 '공동주택 가격')을 조사·산정하여 중앙부동산가격공시위원회의 심의를 거쳐 공시하고, 이를 관계 행정기관 등에 제공하여야 한다. 다만, 대통령령으로 정하는 바에 따라 국세청장이 국토교통부장관과 협의하여 공동주택 가격을 별도로 결정·고시하는 경우는 제외한다(부동산 가격공시에 관한 법률 제18조).

▸▸ 기출 공동주택가격의 공시권자는 시장·군수·구청장이다. (×)

② 공시기준일

㉠ 공동주택 가격의 공시기준일은 1월 1일로 한다. 다만, 국토교통부장관은 공동주택 가격 조사·산정인력 및 공동주택의 수 등을 고려하여 부득이하다고 인정하는 경우에는 일부 지역을 지정하여 해당 지역에 대한 공시기준일을 따로 정할 수 있다.

㉡ 국토교통부장관은 공시기준일 이후에 토지의 분할·합병이나 건축물의 신축 등이 발생한 경우에는 대통령령으로 정하는 날을 기준으로 하여 공동주택 가격을 결정·공시하여야 한다.

▾ 대통령령으로 정하는 날

1. 1월 1일부터 5월 31일까지의 사이에 사유가 발생한 단독주택 : 그 해 6월 1일
2. 6월 1일부터 12월 31일까지의 사이에 사유가 발생한 단독주택 : 다음 해 1월 1일

③ 공시사항

1. 공동주택의 소재지·명칭·동·호수
2. 공동주택 가격
3. 공동주택의 면적
4. 그 밖에 공동주택 가격 공시에 필요한 사항

PART • 09

④ 효력 및 이의신청

㉠ 공동주택 가격은 주택시장의 가격정보를 제공하고, 국가·지방자치단체 등이 과세 등의 업무와 관련하여 주택의 가격을 산정하는 경우에 그 기준으로 활용될 수 있다.

㉡ 공동주택 가격에 이의가 있는 자는 그 공시일부터 30일 이내에 서면(전자문서를 포함한다)으로 국토교통부장관에게 이의를 신청할 수 있다.

(2) 공동주택 가격의 산정

① 국토교통부장관은 공동주택 가격을 공시하기 위하여 그 가격을 산정할 때에는 대통령령으로 정하는 바에 따라 공동주택소유자와 그 밖의 이해관계인의 의견을 들어야 한다.

② 국토교통부장관이 공동주택 가격을 조사·산정하는 경우에는 인근 유사 공동주택의 거래가격·임대료 및 해당 공동주택과 유사한 이용가치를 지닌다고 인정되는 공동주택의 건설에 필요한 비용추정액, 인근지역 및 다른 지역과의 형평성·특수성, 표준지공시지가 변동의 예측 가능성 등 제반사항 등을 종합적으로 참작하여야 한다.

③ 국토교통부장관이 공동주택 가격을 조사·산정하고자 할 때에는 부동산원에 의뢰한다.

④ 국토교통부장관은 공시한 가격에 틀린 계산, 오기, 그 밖에 대통령령으로 정하는 명백한 오류가 있음을 발견한 때에는 지체 없이 이를 정정하여야 한다.

7 비주거용 부동산 가격의 공시

(1) 비주거용 일반 부동산

① 국토교통부장관은 용도지역, 이용상황, 건물구조 등이 일반적으로 유사하다고 인정되는 일단의 비주거용 일반부동산 중에서 선정한 비주거용 표준부동산에 대하여 매년 공시기준일 현재의 적정가격(이하 '비주거용 표준부동산 가격')을 조사·산정하고, 중앙부동산가격공시위원회의 심의를 거쳐 이를 공시할 수 있다(부동산 가격공시에 관한 법률 제20조).

② 시장·군수 또는 구청장은 시·군·구부동산가격공시위원회의 심의를 거쳐 매년 비주거용 표준부동산 가격의 공시기준일 현재 관할 구역 안의 비주거용 개별부동산의 가격(이하 '비주거용 개별부동산 가격'이라

한다)을 결정 · 공시할 수 있다. 다만, 대통령령으로 정하는 바에 따라 행정안전부장관 또는 국세청장이 국토교통부장관과 협의하여 비주거용 개별부동산의 가격을 별도로 결정 · 고시하는 경우는 제외한다(부동산 가격공시에 관한 법률 제21조).

③ 비주거용 일반부동산 가격공시의 효력

㉠ 비주거용 표준부동산 가격은 국가 · 지방자치단체 등이 그 업무와 관련하여 비주거용 개별부동산 가격을 산정하는 경우에 그 기준이 된다.

㉡ 비주거용 개별부동산 가격은 비주거용 부동산 시장에 가격정보를 제공하고, 국가 · 지방자치단체 등이 과세 등의 업무와 관련하여 비주거용 부동산의 가격을 산정하는 경우에 그 기준으로 활용될 수 있다.

(2) 비주거용 집합부동산

① 국토교통부장관은 비주거용 집합부동산에 대하여 매년 공시기준일 현재의 적정가격(이하 '비주거용 집합부동산 가격')을 조사 · 산정하여 중앙부동산가격공시위원회의 심의를 거쳐 공시할 수 있다. 이 경우 시장 · 군수 또는 구청장은 비주거용 집합부동산 가격을 결정 · 공시한 경우에는 이를 관계 행정기관 등에 제공하여야 한다.

② 비주거용 집합부동산 가격은 비주거용 부동산 시장에 가격정보를 제공하고, 국가 · 지방자치단체 등이 과세 등의 업무와 관련하여 비주거용 부동산의 가격을 산정하는 경우에 그 기준으로 활용될 수 있다.

제10장 감정평가론 계산 문제

1 거래사례비교법

01 제시된 자료를 이용하여 거래사례비교법으로 산정한 대상토지의 감정평가액(원/㎡)은?

- 대상토지 : A시 B동 150번지, 토지 120㎡, 제3종 일반주거지역
- 기준시점 : 2021.9.1.
- 거래사례의 내역
  - 소재지 및 면적 : A시 B동 123번지, 토지 100㎡
  - 용도지역 : 제3종 일반주거지역
  - 거래사례가격 : 3억원
  - 거래시점 : 2021.3.1.
  - 거래사례의 사정보정 요인은 없음
- 지가변동률(2018.3.1.~9.1.) : A시 주거지역 4% 상승함
- 지역요인 : 대상토지는 거래사례의 인근지역에 위치함
- 개별요인 : 대상토지는 거래사례에 비해 5% 열세함
- 상승식으로 계산할 것

정답해설

1. 거래사례비교법을 적용한 비준가액 산정
   거래사례금액 × 사정보정치 × 시점수정치 × 지역요인비교치 × 개별요인비교치 × 면적비교치 = 비준가액
2. 비준가액

$$3{,}000{,}000\text{원/㎡} \times \underset{(\text{시})}{1.04} \times \underset{(\text{개})}{\frac{95}{100}} = 2{,}964{,}000\text{원/㎡}$$

2 공시지가기준법

01 **제시된 자료를 활용해 감정평가에 관한 규칙에서 정한 공시지가기준법으로 평가한 토지평가액(원/㎡)은?**

- **기준시점** : 2015.10.24.
- **소재지 등** : A시 B구 C동 177, 제2종일반주거지역, 면적 200㎡
- **비교표준지** : A시 B구 C동 123, 제2종일반주거지역, 2015.1.1. 공시지가 2,000,000원/㎡
- **지가변동률(2015.1.1. ~ 2015.10.24.)** : A시 B구 주거지역 5% 상승
- **지역요인** : 대상 토지가 비교표준지의 인근 지역에 위치하여 동일
- **개별요인** : 대상 토지가 비교표준지에 비해 가로조건은 5% 열세, 환경조건은 20% 우세하고 다른 조건은 동일(상승식으로 계산할 것)
- 그 밖의 요인으로 보정할 사항 없음

정답해설

1. 공시지가기준법을 적용한 가액 산정
   공시지가 × 시점수정치 × 지역요인비교치 × 개별요인비교치 × 기타요인비교치 = 가액
2. 공시지가 기준가액
   $2,000,000/㎡ \times 1.05 \times \frac{100}{100} \times (\frac{95}{100} \times \frac{120}{100}) = 2,394,000원/㎡$
   (시) (지) (가로) (획지)

PART • 09

3 원가법

01 제시된 자료를 이용하여 재조달원가(㎡)를 구하면 얼마인가?

- A건물은 10년 전에 준공된 4층 건물이다.
  - 대지면적 : 400㎡
  - 연면적 : 1,250㎡
- A건물의 준공 당시 공사비 내역(단위 : 천원)
  - 직접공사 : 270,000
  - 간접공사비 : 30,000
  - 공사비 계 : 300,000
  - 개발사업자의 이윤 : 60,000
  - 총계 : 360,000
- 10년 전 건축비 지수 100, 기준시점 현재 135

정답해설

1. 준공 당시 공사비
   ① 재조달원가는 도급방식을 기준으로 하기 때문에 개발사업자의 이윤이 포함되어야 한다.
   ② 300,000천원(공사비) + 60,000천원(개발사업자의 이윤) = 360,000천원
2. 재조달원가 산정
   ① 재조달원가는 기준시점을 기준으로 산정된 비용이다.
   ② 건축비 지수를 통해 기준시점의 공사비는 10년 전 준공 당시에 비해 35% 상승했음을 알 수 있다.
   ③ 재조달원가 : 360,000,000원 × 1.35 = 486,000,000원
   ④ ㎡당 재조달원가 : 486,000,000원 ÷ 1,250㎡ = 388,800원/㎡

02 다음과 같이 조사된 건물의 기준시점 현재의 원가법에 의한 감정평가 가격은? (단, 감가수정은 정액법에 의함)

- 기준시점 : 2018.10.27.
- 건축비 : 200,000,000원(2016.10.27. 준공)
- 건축비는 매년 10%씩 상승하였음
- 기준시점 현재 잔존내용연수 : 48년
- 내용연수 만료시 잔존가치율 : 10%

정답해설

1. 재조달원가 산정 : 242,000,000원
   ① 준공 당시 건축비 : 200,000,000원
   ② 기준시점 건축비 : 200,000,000원 × 1.1^2 = 242,000,000원
2. 2년 동안 발생한 감가수정액 : 8,712,000원
   ① 매년 감가액 : $\frac{242{,}000{,}000 \times 0.9}{50년}$ = 4,356,000원
   ② 감가수정액 : 4,356,000원 × 2년 = 8,712,000원
3. 적산가액(1. − 2.) : 233,288,000원

4 수익환원법

01 다음의 자료는 수익형 부동산 A에 관한 내용이다. 수익환원법에 적용할 순수익은? (단, 모든 금액은 연 기준이며, 제시된 자료에 한함)

- 가능총수익 : 9천만원
- 공실손실상당액 : 3백만원
- 대손충당금 : 1백만원
- 관리직원 인건비 : 2천4백만원
- 자본적 지출액 : 6백만원
- 수선유지비 : 3백만원
- 재산세 : 2백만원
- 광고선전비 : 3백만원
- 사업소득세 : 6백만원

정답해설

1. 유효총수익(EGI) : 9.000만원(가능) − 300만원(공실) − 100만원(대손) = 8,600만원
2. 영업경비(OE) : 3,200만원
   ① 관리직원 인건비 : 2,400만원 ② 수선유지비 : 300만원
   ③ 재산세 : 200만원 ④ 광고선전비 : 300만원
3. 순수익(NOI) : 8,600만원(유효) − 3,200만원(경비) = 5,400만원

02 다음 자료를 활용하여 직접환원법으로 평가한 수익가액은?

- 가능총소득 : 20,000,000원
- 기타소득 : 1,000,000원
- 공실손실상당액 : 3,000,000원
- 영업경비 : 4,500,000원
- 환원율 : 4.5%

정답해설

1. 순수익 산정
   20,000,000(가능) − 3,000,000(공실) + 1,000,000(기타) − 4,500,000(경비) = 13,500,000원
2. 환원율 : 4.5%
3. 수익가액 : $\frac{\text{순수익}}{\text{환원율}} = \frac{13{,}500{,}000}{0.045}$ = 300,00,000원

03 다음 자료를 활용하여 할인현금흐름분석법에 의한 수익가액은? (단, 주어진 자료에 한함, 모든 현금흐름은 연말에 발생함)

- 보유기간(5년)의 순영업소득 : 매년 9천만원
- 6기 순영업소득 : 1억원
- 매도비용 : 재매도가치의 5%
- 기입환원율 : 4%, 기출환원율 : 5%, 할인율 : 연 5%
- 연금현가계수(5%, 5년) : 4.329
- 일시불현가계수(5%, 5년) : 0.783

정답해설

1. 보유기간 현금흐름의 현재가치
   1) 보유기간 현금흐름은 보유기간(5년) 동안 발생하는 순영업소득의 현가이다.
   2) 순영업소득의 현가 : 순영업소득 × 연금현가계수(5%, 5년)
      = 9,000만 × 4.329 = 38,961만원
2. 기간 말 현금흐름의 현가
   1) 5년 말 매도를 통한 발생하는 현금흐름의 현가이다.
   2) 추정 매도가액 : 6기 순영업소득 ÷ 기출환원율 = 10,000만 ÷ 0.05 = 200,000만원
   3) 추정 매도비용 : 200,000만 × 0.05 = 10,000만
   4) 기간 말 현금흐름의 현가 : 190,000만 × 일시불현가계수(5%, 5년)
      = 190,000만 × 0.783 = 148,770만원
3. 할인법에 의한 수익가액 : 38,961만 + 148,770만 = 187,731만원

PART

09 감정평가론 기출문제

주제 가치 이론, 지역분석과 개별분석, 가격 원칙

01 부동산의 가치와 가격에 관한 설명으로 옳지 않은 것은? ▸ 2018년 29회

① 일정시점에서 부동산 가격은 하나밖에 없지만, 부동산 가치는 여러 개 있을 수 있다.
② 부동산 가격은 장기적 고려하에서 형성된다.
③ 부동산의 가격과 가치 간에는 오차가 있을 수 있으며, 이는 감정평가 필요성의 근거가 된다.
④ 부동산 가격은 시장경제에서 자원배분의 기능을 수행한다.
⑤ 부동산 가치는 부동산의 소유에서 비롯되는 현재의 편익을 미래가치로 환원한 값이다.

정답해설

⑤ 부동산 가치는 장래 기대되는 편익을 현재가치로 환원한 값으로 정의될 수 있다.

02 부동산가치의 발생요인에 관한 설명으로 옳지 않은 것은? ▸ 2020년 31회

① 유효수요는 구입의사와 지불능력을 가지고 있는 수요이다.
② 효용(유용성)은 인간의 필요나 욕구를 만족시킬 수 있는 재화의 능력이다.
③ 효용(유용성)은 부동산의 용도에 따라 주거지는 쾌적성, 상업지는 수익성, 공업지는 생산성으로 표현할 수 있다.
④ 부동산은 용도적 관점에서 대체성이 인정되고 있기 때문에 절대적 희소성이 아닌 상대적 희소성을 가지고 있다.
⑤ 이전성은 법률적인 측면이 아닌 경제적인 측면에서의 가치발생요인이다.

정답해설

⑤ 이전성은 법적인 이전가능성을 의미하므로, 법률적 측면의 가치발생요인이다.

정답 >	01 ⑤ 02 ⑤

03 **지역분석과 개별분석에 관한 설명으로 옳은 것은?** ▸ 2019년 30회

① 지역분석은 일반적으로 개별분석에 선행하여 행하는 것으로 그 지역 내의 최유효이용을 판정하는 것이다.

② 인근지역이란 대상 부동산이 속한 지역으로 부동산의 이용이 동질적이고 가치형성요인 중 개별 요인을 공유하는 지역이다.

③ 유사지역이란 대상 부동산이 속하지 아니하는 지역으로서 인근지역과 유사한 특성을 갖는 지역이다.

④ 개별분석이란 지역분석의 결과로 얻어진 정보를 기준으로 대상 부동산의 가격을 표준화·일반화시키는 작업을 말한다.

⑤ 지역분석 시에는 균형의 원칙에, 개별분석 시에는 적합의 원칙에 더 유의하여야 한다.

정답해설

③ 옳은 지문이다.

오답해설

① 지역분석은 지역 내의 표준적 이용을 판정하는 과정이다.
② 인근지역은 지역 요인을 공유하는 지역이다.
④ 개별분석은 대상 부동산의 가격을 개별화, 구체화시키는 작업을 말한다.
⑤ 지역분석 시에는 적합의 원칙에, 개별분석 시에는 균형의 원칙에 더 유의하여야 한다.

04 **감정평가 과정상 지역분석과 개별분석에 관한 설명으로 옳지 않은 것은?** ▸ 2021년 32회

① 지역분석을 통해 해당 지역 내 부동산의 표준적 이용과 가격수준을 파악할 수 있다.

② 지역분석은 개별분석보다 먼저 실시하는 것이 일반적이다.

③ 인근지역이란 대상 부동산이 속한 지역으로서 부동산의 이용이 동질적이고 가치형성요인 중 개별 요인을 공유하는 지역을 말한다.

④ 유사지역이란 대상 부동산이 속하지 아니하는 지역으로서 인근지역과 유사한 특성을 갖는 지역을 말한다.

⑤ 지역분석은 대상지역에 대한 거시적인 분석인 반면, 개별분석은 대상 부동산에 대한 미시적인 분석이다.

정답해설

③ 인근지역이란 대상 부동산이 속한 지역으로서 부동산의 이용이 동질적이고 가치형성요인 중 지역 요인을 공유하는 지역이다.

05 **감정평가의 지역분석에 관한 내용으로 옳은 것은?** ▸ 2024년 35회

① 인근지역이란 감정평가의 대상이 된 부동산이 속한 지역으로서 부동산의 이용이 동질적이고 가치형성요인 중 지역요인을 공유하는 지역을 말한다.

② 유사지역이란 대상부동산이 속한 지역으로서 인근지역과 유사한 특성을 갖는 지역을 말한다.

③ 동일수급권이란 대상부동산과 수요·공급 관계가 성립하고 가치 형성에 서로 영향을 미치지 않는 관계에 있는 다른 부동산이 존재하는 권역을 말한다.

④ 지역분석은 대상지역 내 토지의 최유효이용 및 대상부동산의 가격을 판정하는 것이다.

⑤ 지역분석은 개별분석 이후에 실시하는 것이 일반적이다.

정답해설

① 옳은 지문이다.

오답해설

② 속한 지역 ⇨ 속하지 않은 지역 : 유사지역이란 대상부동산이 속하지 아니한 지역으로서 인근지역과 유사한 특성을 갖는 지역이다.

③ 미치지 않는 관계 ⇨ 미치는 관계 : 동일수급권이란 대상부동산과 수요·공급 관계가 성립하고 가치 형성에 서로 영향을 미치는 다른 부동산이 존재하는 권역이다.

④ 지역분석이 아니라 개별분석에 대한 설명이다.

⑤ 지역분석이 먼저 실시되고, 그 결과를 바탕으로 개별분석이 이루어진다.

06 **부동산 평가활동에서 부동산 가격의 원칙에 관한 설명으로 옳지 않은 것은?** ▸ 2017년 28회

① 기여의 원칙이란 부동산 가격이 대상 부동산의 각 구성요소가 기여하는 정도의 합으로 결정된다는 것을 말한다.

② 최유효이용의 원칙이란 객관적으로 보아 양식과 통상의 이용능력을 지닌 사람이 대상 토지를 합법적이고 합리적이며 최고최선의 방법으로 이용하는 것을 말한다.

③ 변동의 원칙이란 가치형성요인이 시간의 흐름에 따라 지속적으로 변화함으로써 부동산 가격도 변화한다는 것을 말한다.

④ 적합의 원칙이란 부동산의 유용성이 최고도로 발휘되기 위해서는 부동산 구성요소의 결합에 균형이 있어야 한다는 것을 말한다.

⑤ 예측의 원칙이란 평가활동에서 가치형성요인의 변동추이 또는 동향을 주시해야 한다는 것을 말한다.

정답해설

④ 균형의 원칙에 대한 설명이다.

정답 ≫	03 ③ 04 ③ 05 ① 06 ④

07 부동산 평가활동에서 부동산 가격의 원칙에 관한 설명으로 옳지 않은 것은? ▸ 2021년 32회

① 예측의 원칙이란 평가활동에서 가치형성요인의 변동 추이 또는 동향을 주시해야 한다는 것을 말한다.

② 대체의 원칙이란 부동산의 가격이 대체관계의 유사 부동산으로부터 영향을 받는다는 것을 말한다.

③ 균형의 원칙이란 부동산의 유용성이 최고도로 발휘되기 위해서는 부동산이 외부 환경과 균형을 이루어야 한다는 것을 말한다.

④ 변동의 원칙이란 가치형성요인이 시간의 흐름에 따라 지속적으로 변화함으로써 부동산 가격도 변화한다는 것을 말한다.

⑤ 기여의 원칙이란 부동산의 가격이 대상 부동산의 각 구성요소가 기여하는 정도의 합으로 결정된다는 것을 말한다.

정답해설

③ 균형의 원칙이란 부동산의 유용성이 최고도로 발휘되기 위해서는 부동산 내부 구성요소에 균형이 있어야 한다는 원칙이다.

08 부동산 가격의 제원칙에 관한 내용으로 옳지 않은 것은? ▸ 2024년 35회

① 부동산의 가격이 대체·경쟁관계에 있는 유사한 부동산의 영향을 받아 형성되는 것은 대체의 원칙에 해당된다.

② 부동산의 가격이 경쟁을 통해 초과이윤이 없어지고 적합한 가격이 형성되는 것은 경쟁의 원칙에 해당된다.

③ 부동산의 가격이 부동산을 구성하고 있는 각 요소가 기여하는 정도에 영향을 받아 형성되는 것은 기여의 원칙에 해당된다.

④ 부동산의 가격이 내부적인 요인에 의하여 긍정적 또는 부정적 영향을 받아 형성되는 것은 적합의 원칙에 해당된다.

⑤ 부동산 가격의 제원칙은 최유효이용의 원칙을 상위원칙으로 하나의 체계를 형성하고 있다.

정답해설

④ 적합의 원칙 ⇨ 균형의 원칙 : 부동산의 가격이 내부적인 요인에 의하여 긍정적 또는 부정적 영향을 받아 형성되는 것은 균형의 원칙에 해당된다.

주제 감정평가 원칙, 분류, 절차

01 감정평가에 관한 규칙의 내용으로 옳지 않은 것은? ▸ 2017년 28회

① 대상 물건에 대한 감정평가액은 시장가치를 기준으로 결정하나, 감정평가 의뢰인이 요청하는 경우 등에는 시장가치 외의 가치를 기준으로 결정할 수 있다.

② 적정한 실거래가는 「부동산 거래신고에 관한 법률」에 따라 신고된 실제 거래가격으로서 거래시점이 도시지역은 3년 이내, 그 밖의 지역은 5년 이내인 거래가격 중에서 감정평가업자가 인근지역의 지가수준 등을 고려하여 감정평가의 기준으로 적용하기에 적정하다고 판단하는 거래가격을 말한다.

③ 가치형성요인은 대상 물건의 경제적 가치에 영향을 미치는 일반 요인, 지역 요인 및 개별 요인 등을 말한다.

④ 시장가치는 감정평가의 대상이 되는 토지 등(이하 "대상 물건")이 통상적인 시장에서 충분한 기간 동안 거래를 위하여 공개된 후 그 대상 물건의 내용에 정통한 당사자 사이에 신중하고 자발적인 거래가 있을 경우 성립될 가능성이 가장 높다고 인정되는 대상 물건의 가액을 말한다.

⑤ 유사지역은 감정평가의 대상이 된 부동산이 속한 지역으로서 부동산의 이용이 동질적이고 가치형성요인 중 지역 요인을 공유하는 지역을 말한다.

정답해설

⑤ 인근지역에 대한 설명이다.

02 감정평가에 관한 규칙에서 규정하고 있는 내용으로 옳지 않은 것은? ▸ 2018년 29회

① 감정평가법인 등은 자신의 능력으로 업무수행이 불가능한 경우 감정평가를 하여서는 아니된다.

② 감정평가법인 등은 감정평가조건의 합리성이 결여되었다고 판단할 때에는 감정평가 의뢰를 거부할 수 있다.

③ 유사지역이란 감정평가의 대상이 된 부동산이 속한 지역으로서 인근지역과 유사한 특성을 갖는 지역을 말한다.

④ 둘 이상의 대상 물건 상호 간에 용도상 불가분의 관계가 있는 경우에는 일괄하여 감정평가할 수 있다.

⑤ 기준시점을 미리 정하였을 때에는 그 날짜에 가격조사가 가능한 경우에만 기준시점으로 할 수 있다.

정답 > 07 ③ 08 ④ / 01 ⑤ 02 ③

정답해설

③ 유사지역이란 대상 부동산이 속하지 아니하는 지역으로서 인근지역과 유사한 지역특성을 갖는 지역을 말한다.

03 감정평가에 관한 규칙상 가치에 관한 설명으로 옳지 않은 것은? ▸ 2019년 30회

① 대상 물건에 대한 감정평가액은 시장가치를 기준으로 결정하는 것을 원칙으로 한다.
② 법령에 다른 규정이 있는 경우에는 시장가치 외의 가치를 기준으로 감정평가할 수 있다.
③ 대상 물건의 특성에 비추어 사회통념상 필요하다고 인정되는 경우에는 시장가치 외의 가치를 기준으로 감정평가할 수 있다.
④ 시장가치란 대상 물건이 통상적인 시장에서 충분한 기간 방매된 후 매수인에 의해 제시된 것 중에서 가장 높은 가격을 말한다.
⑤ 감정평가 의뢰인이 요청하여 시장가치 외의 가치로 감정평가하는 경우에는 해당 시장가치 외의 가치의 성격과 특징을 검토하여야 한다.

정답해설

④ 시장가치란 대상물건이 통상적인 시장에서 충분한 기간 동안 거래를 위하여 공개된 후 그 대상물건의 내용에 정통한 당사자 사이에 신중하고 자발적인 거래가 있을 경우 성립될 가능성이 가장 높다고 인정되는 대상물건의 가액을 말한다. 시장가치는 가장 높은 가격이 아니라, 성립될 가능성이 가장 높은 금액이다.

04 감정평가에 관한 규칙상 용어의 정의로 옳지 않은 것은? ▸ 2020년 31회

① 기준시점이란 대상 물건의 감정평가액을 결정하는 기준이 되는 날짜를 말한다.
② 가치형성요인이란 대상 물건의 경제적 가치에 영향을 미치는 일반 요인, 지역 요인 및 개별 요인 등을 말한다.
③ 동일수급권이란 대상 부동산과 대체·경쟁 관계가 성립하고 가치 형성에 서로 영향을 미치는 관계에 있는 다른 부동산이 존재하는 권역을 말하며, 인근지역과 유사지역을 포함한다.
④ 임대사례비교법이란 대상 물건과 가치형성요인이 같거나 비슷한 물건의 임대사례와 비교하여 대상 물건의 현황에 맞게 사정보정, 시점수정, 가치형성요인 비교 등의 과정을 거쳐 대상 물건의 임대료를 산정하는 감정평가방법을 말한다.
⑤ 수익분석법이란 대상 물건이 장래 산출할 것으로 기대되는 순수익이나 미래의 현금흐름을 환원하거나 할인하여 대상 물건의 가액을 산정하는 감정평가방법을 말한다.

정답해설

⑤ 수익환원법에 대한 설명이다.

05 **감정평가 유형에 관한 설명으로 옳지 않은 것은?** ▸ 2017년 28회

① 일괄 평가란 2개 이상의 대상 물건이 일체로 거래되거나 대상 물건 상호간에 용도상 불가분의 관계가 있는 경우에는 일괄하여 평가하는 것을 말한다.

② 조건부 평가란 일체로 이용되고 있는 물건의 일부만을 평가하는 것을 말한다.

③ 구분 평가란 1개의 대상 물건이라도 가치를 달리하는 부분은 이를 구분하여 평가하는 것을 말한다.

④ 현황 평가란 대상 물건의 상태, 구조, 이용방법 등을 있는 그대로 평가하는 것을 말한다.

⑤ 참모 평가란 대중평가가 아니라 고용주 혹은 고용기관을 위해 하는 평가를 말한다.

정답해설

② 부분 평가에 대한 설명이다.

1. 조건부 평가 : 다소 불확실하기는 하지만 부동산의 가격의 증감요인이 되는 새로운 사태의 발생을 가상하여, 이것이 성취되는 경우를 전제로 평가하는 것을 말한다.
2. 부분평가 : 일체로 이용되고 있는 대상물건의 일부분에 대하여 감정평가하여야 할 특수한 목적이나 합리적인 이유가 있는 경우에는 그 부분에 대하여 감정평가할 수 있다.

06 **감정평가에 관한 규칙상 현황기준 원칙에 관한 내용으로 옳지 않은 것은?** (단, 감정평가조건이란 기준시점의 가치형성요인 등을 실제와 다르게 가정하거나 특수한 경우로 한정하는 조건을 말함) ▸ 2021년 32회

① 감정평가법인 등은 감정평가조건의 합리성, 적법성이 결여되거나 사실상 실현 불가능하다고 판단할 때에는 의뢰를 거부하거나 수임을 철회할 수 있다.

② 현황기준 원칙에도 불구하고 법령에 다른 규정이 있는 경우에는 감정평가조건을 붙여 감정평가할 수 있다.

③ 현황기준 원칙에도 불구하고 대상 물건의 특성에 비추어 사회통념상 필요하다고 인정되는 경우에는 감정평가조건을 붙여 감정평가할 수 있다.

④ 감정평가의 목적에 비추어 사회통념상 필요하다고 인정되어 감정평가조건을 붙여 감정평가하는 경우에는 감정평가조건의 합리성, 적법성 및 실현 가능성의 검토를 생략할 수 있다.

⑤ 현황기준 원칙에도 불구하고 감정평가 의뢰인이 요청하는 경우에는 감정평가조건을 붙여 감정평가할 수 있다.

정답해설

④ 감정평가법인 등은 감정평가조건을 붙여 감정평가하는 경우에는 감정평가조건의 합리성, 적법성 및 실현 가능성을 검토해야 한다. 생략할 수 없다.

정답 ≥ 03 ④ 04 ⑤ 05 ② 06 ④

07 **감정평가에 관한 규칙상 감정평가법인 등이 의뢰인과 협의하여 확정할 기본적 사항이 아닌 것은?**

▸ 2018년 29회

① 감정평가 목적　② 감정평가조건
③ 실지조사 여부　④ 기준가치
⑤ 수수료 및 실비에 관한 사항

정답해설

③ 실지조사 여부는 확정해야 할 기본적 사항이 아니다.

■ 기본적 사항의 확정(감정평가에 관한 규칙 제9조)

① 감정평가법인등은 감정평가를 의뢰받았을 때에는 의뢰인과 협의하여 다음 각 호의 사항을 확정해야 한다.
1. 의뢰인　2. 대상물건
3. 감정평가 목적　4. 기준시점
5. 감정평가조건　6. 기준가치
7. 관련 전문가에 대한 자문 또는 용역(이하 "자문등"이라 한다)에 관한 사항
8. 수수료 및 실비에 관한 사항

② 감정평가법인등은 필요한 경우 관련 전문가에 대한 자문 등을 거쳐 감정평가할 수 있다.

08 **감정평가에 관한 규칙상 감정평가법인 등이 감정평가를 의뢰받았을 때 의뢰인과 협의하여 확정하여야 할 기본적 사항이 아닌 것은?**

▸ 2016년 27회

① 공시지가　② 기준가치　③ 대상 물건
④ 기준시점　⑤ 감정평가 목적

정답해설

① 공시지가에 대한 내용은 확정해야 할 기본적 사항이 아니다.

09 **감정평가에 관한 규칙상 시산가액 조정에 관한 설명으로 옳지 않은 것은?**

▸ 2019년 30회

① 평가대상 물건별로 정한 감정평가방법을 적용하여 산정한 가액을 시산가액이라 한다.
② 평가대상 물건의 시산가액은 감정평가 3방식 중 다른 감정평가방식에 속하는 하나 이상의 감정평가방법으로 산정한 시산가액과 비교하여 합리성을 검토하여야 한다.
③ 시산가액 조정 시 공시지가기준법과 거래사례비교법은 같은 감정평가방식으로 본다.
④ 대상 물건의 특성 등으로 인하여 다른 감정평가방법을 적용하는 것이 곤란하거나 불필요한 경우에는 시산가액 조정을 생략할 수 있다.
⑤ 산출한 시산가액의 합리성이 없다고 판단되는 경우에는 주된 방법 및 다른 감정평가방법으로 산출한 시산가액을 조정하여 감정평가액을 결정할 수 있다.

정답해설

③ 시산가액을 조정하는 경우 공시지가기준법은 거래사례비교법과 다른 방식으로 간주한다.

> ■ 감정평가방법의 적용 및 시산가액 조정(감정평가에 관한 규칙 제12조)
> ① 감정평가법인 등은 주된 방법을 적용하여 감정평가해야 한다. 다만, 주된 방법을 적용하는 것이 곤란하거나 부적절한 경우에는 다른 감정평가방법을 적용할 수 있다
> ② 감정평가법인 등은 대상물건의 감정평가액을 결정하기 위하여 어느 하나의 감정평가방법을 적용하여 산정한 가액(이하 "시산가액"이라 한다)을 다른 감정평가방식에 속하는 하나 이상의 감정평가방법으로 산출한 시산가액과 비교하여 합리성을 검토해야 한다. (이 경우 공시지가기준법과 그 밖의 비교방식에 속한 감정평가방법은 서로 다른 감정평가방식에 속한 것으로 본다)
> ③ 감정평가법인 등은 제2항에 따른 검토 결과 산출한 시산가액의 합리성이 없다고 판단되는 경우에는 주된 방법 및 다른 감정평가방법으로 산출한 시산가액을 조정하여 감정평가액을 결정할 수 있다.

10 **감정평가에 관한 규칙의 내용으로 옳지 않은 것은?** ▸ 2023년 34회

① 시장가치란 감정평가의 대상이 되는 토지 등이 통상적인 시장에서 충분한 기간 동안 거래를 위하여 공개된 후 그 대상물건의 내용에 정통한 당사자 사이에 신중하고 자발적인 거래가 있을 경우 성립될 가능성이 가장 높다고 인정되는 대상물건의 가액을 말한다.
② 일체로 이용되고 있는 대상물건의 일부분에 대하여 감정평가하여야 할 특수한 목적이나 합리적인 이유가 있는 경우에는 그 부분에 대하여 감정평가할 수 있다.
③ 감정평가는 대상물건마다 개별로 하여야 하되, 가치를 달리하는 부분은 이를 구분하여 감정평가할 수 있다.
④ 감정평가법인등은 과수원을 감정평가할 때에 공시지가기준법을 적용해야 한다.
⑤ 감정평가는 기준시점에서의 대상물건의 이용상황(불법적이거나 일시적인 이용은 제외한다) 및 공법상 제한을 받는 상태를 기준으로 한다.

정답해설

④ 과수원의 주된 평가방식은 거래사례비교법이다.

PART · 09

정답 > 07 ③ 08 ① 09 ③ 10 ④

주제 거래사례비교법, 공시지가기준법

01 감정평가방법 중 거래사례비교법과 관련된 설명으로 옳지 않은 것은? ▸ 2023년 34회

① 거래사례비교법은 실제 거래되는 가격을 준거하므로 현실성이 있으며 설득력이 풍부하다는 장점이 있다.
② 거래사례비교법과 관련된 가격원칙은 대체의 원칙이고, 구해진 가액은 비준가액이라 한다.
③ 거래사례비교법은 대상부동산과 동질·동일성이 있어서 비교 가능한 사례를 채택하는 것이 중요하다.
④ 거래사례는 위치에 있어서 동일성 내지 유사성이 있어야 하며, 인근지역에 소재하는 경우에는 지역요인비교를 하여야 한다.
⑤ 거래사례에 사정보정요인이 있는 경우 우선 사정보정을 하고, 거래시점과 기준시점 간의 시간적 불일치를 정상화하는 작업인 시점수정을 하여야 한다.

정답해설

④ 거래사례가 인근지역에 소재하는 경우라면 거래사례와 대상물건이 동일지역에 소재하기 때문에 지역요인비교를 하지 않는다.

02 공시지가기준법에 의한 토지의 감정평가 시 개별요인 세항목의 비교 내용이 다음의 표와 같을 때 개별요인 비교치(격차율)는? (단, 주어진 자료 이외의 내용은 없음) ▸ 2018년 29회

조건	항목	세항목	비교 내용
접근조건	교통의 편부	취락과의 접근성	대상 토지가 10% 우세
		농로의 상태	대상 토지가 5% 열세
자연조건	일조 등	일조, 통풍 등	대상 토지가 10% 우세
	토양, 토질	토양·토질의 양부	대상 토지가 5% 열세
획지조건	면적, 경사 등	경사도	대상 토지가 5% 열세
	경작의 편부	형상에 의한 장애정도	동일함
행정적 조건	행정상의 조장 및 규제 정도	용도지역	동일함
기타조건	기타	장래의 동향	대상 토지가 10% 열세

① 0.980
② 0.955
③ 0.950
④ 0.943
⑤ 0.934

정답해설

④ 개별요인 비교치(격차율)는 약 0.943이다. 지역요인과 개별요인 비교치는 조건별로는 상승식을 적용하고, 세부 항목별로는 총화식(합산하는 방식)을 적용한다.

1. 접근조건(종합 5% 우세), 자연조건(종합 5% 우세), 획지조건(5% 열세), 기타조건(10% 열세)
2. 비교치 : 1.05 × 1.05 × 0.95 × 0.9 ≒ 0.943

03 **다음 자료를 활용하여 거래사례비교법으로 평가한 대상토지의 감정평가액은?** (단, 주어진 조건에 한함)

▸ 2020년 31회

- 대상 토지 : A시 B대로 30, 토지면적 200㎡, 제3종 일반주거지역, 주거용 토지
- 기준시점 : 2020.3.1.
- 거래사례의 내역(거래시점 : 2019.9.1.)

소재지	용도지역	토지면적	이용상황	거래사례가격
A시 B대로 29	제3종 일반주거지역	250㎡	주거용	6억원

- 지가변동률(2019.9.1. ~ 2020.3.1.) : A시 주거지역은 3% 상승함
- 지역 요인 : 대상 토지는 거래사례의 인근지역에 위치함
- 개별 요인 : 대상 토지는 거래사례에 비해 8% 우세함
- 그 밖의 다른 조건은 동일함
- 상승식으로 계산할 것

① 531,952,000원
② 532,952,000원
③ 533,952,000원
④ 534,952,000원
⑤ 535,952,000원

정답해설

③ 토지의 가액은 533,952,000원이다.

1. 사례의 단위면적당 거래가격 : 2,400,00원/㎡
2. 비준가액

2,400,00원/㎡ × 1.03(시) × 1.08(개) × 200㎡ = 533,952,000원

정답 ≫ 01 ④ 02 ④ 03 ③

PART • 09

04 다음 자료를 활용하여 공시지가기준법으로 평가한 대상 토지의 단위면적당 가액은? (단, 주어진 조건에 한함)

▸ 2021년 32회

- 대상 토지 현황 : A시 B구 C동 175번지, 일반상업지역, 상업나지
- 기준시점 : 2021.04.24
- 비교표준지 : A시 B구 C동 183번지, 일반상업지역, 상업용
  2021.01.01. 기준 공시지가 6,000,000원/㎡
- 지가변동률(2021.01.01~2021.04.24) : A시 B구 상업지역 2% 상승함
- 지역요인 : 비교표준지와 대상 토지는 인근지역에 위치하여 지역요인 동일함
- 개별요인 : 대상 토지는 비교표준지에 비해 가로조건에서 5% 우세하고, 환경조건에서 10% 열세하며, 다른 조건은 동일함(상승식으로 계산할 것)
- 그 밖의 요인 보정 : 대상 토지 인근지역의 가치형성요인이 유사한 정상적인 거래사례 및 평가사례 등을 고려하여 그 밖의 요인으로 50% 증액 보정함

① 5,700,000원/㎡ ② 5,783,400원/㎡ ③ 8,505,000원/㎡
④ 8,675,100원/㎡ ⑤ 8,721,000원/㎡

정답해설

④ 토지의 단위면적당 가액은 8,675,100원/㎡이다.
6,000,000원/㎡ ×1.02(시) × (1.05 × 0.9)(개) × 1.5(기타) = 8,675,100원/㎡

05 감정평가사 A는 B토지의 감정평가를 의뢰받고 인근 지역 나지 거래사례인 C토지를 활용해 2억원으로 평가했다. A가 C토지 거래금액에 대해 판단한 사항은?

▸ 2022년 33회

- B, C토지의 소재지, 용도지역 : D구, 제2종일반주거지역
- 면적 : B토지 200㎡, C토지 150㎡
- 거래금액 : 1.5억원(거래시점 일괄지급)
- D구 주거지역 지가변동률(거래시점~기준시점) : 10% 상승
- 개별요인 : B토지 가로조건 10% 우세, 그 외 조건 대등

① 정상 ② 10% 고가 ③ 20% 고가
④ 21% 고가 ⑤ 31% 고가

정답해설

④ C토지 거래금액은 21% 고가로 거래되었다.

1. 거래사례(C토지) 거래금액 : 100만/㎡
2. 100만/㎡(거래금액) × 사정보정치 × 1.1 × 1.1 = 100만/㎡(B토지 비준가액)
3. 사정보정치 : 0.8264
4. 사정보정률(a) : $\frac{1}{(1+a)}$ = 0.8264, a = 21%

06 다음 자료를 활용하여 공시지가기준법으로 평가한 대상토지의 시산가액(㎡당 단가)은?

▸ 2023년 34회

- 대상토지 현황 : A시 B구 C동 101번지, 일반상업지역, 상업나지
- 기준시점 : 2023.04.08.
- 비교표준지 : A시 B구 C동 103번지, 일반상업지역, 상업나지
  2023.01.01. 기준 표준지공시지가 10,000,000원/㎡
- 지가변동률 1) 2023.01.01. ~ 2023.03.31. : −5.00%
  2) 2023.04.01. ~ 2023.04.08. : −2.00%
- 지역요인 : 비교표준지는 대상토지의 인근지역에 위치함
- 개별요인 : 대상토지는 비교표준지대비 획지조건에서 4% 열세하고, 환경조건에서 5% 우세하며, 다른 조건은 동일함
- 그 밖의 요인 보정 : 대상토지 인근지역의 가치형성요인이 유사한 정상적인 거래사례 및 평가사례 등을 고려하여 그 밖의 요인으로 20% 증액 보정함
- 상승식으로 계산할 것
- 산정된 시산가액의 천원 미만은 버릴 것

① 11,144,000원
② 11,168,000원
③ 11,190,000원
④ 11,261,000원
⑤ 11,970,000원

정답해설

④ 토지의 시산가액은 11,261,000원/㎡이다.

10,000,000원/㎡×(0.95×0.98)(시)×0.96(획)×1.05(환)×1.2(기타)=11,261,376원/㎡(≒11,261,000원/㎡)

정답 > 04 ④ 05 ④ 06 ④

PART • 09

주제 원가법

01 감가수정에 관한 설명으로 옳은 것은? ▸ 2017년 28회

① 치유가능한 감가는 내용연수 항목 중에서 치유로 증가가 예상되는 효용이 치유에 요하는 비용보다 큰 경우의 감가를 의미한다.

② 감가수정의 방법은 직접법과 간접법이 있으며, 직접법에는 내용연수법, 관찰감가법 및 분해법이 있다. 감가수정액의 산정은 세 가지 방법을 병용하여 산정해야 한다.

③ 감가수정은 재조달원가에서 부동산 가격에 영향을 미치는 물리적·기능적·경제적 감가요인 등을 고려하고, 그에 해당하는 감가수정액을 공제하여, 기준시점 현재 대상 물건의 기간손익의 배분을 산정하기 위한 것이다.

④ 감정평가대상이 되는 부동산의 상태를 면밀히 관찰한 후 감정평가사의 폭넓은 경험과 지식에 의존하는 것이 분해법이다.

⑤ 감가요인을 물리적·기능적·경제적 요인으로 세분하고, 치유가능·불능항목으로 세분하여 각각의 발생감가의 합계액을 감가수정액으로 하는 방법이 관찰감가법이다.

정답해설

① 옳은 지문이다.

오답해설

② 감가수정액의 산정은 세 가지 방법을 병용하여 산정할 수 있다. 즉 반드시 병용해야 하는 것은 아니다.
③ 감가수정은 기준시점 현재 대상 물건의 가액을 적정화하는 작업이다. 기간손익의 배분은 기업회계 감가상각의 목적이다.
④ 분해법이 아니라 관찰감가법에 대한 설명이다.
⑤ 관찰감가법이 아니라 분해법에 대한 설명이다.

02 감정평가방식 중 원가방식에 관련된 설명으로 옳은 것은? ▸ 2023년 34회

① 원가방식은 대체의 원칙, 수요와 공급의 원칙, 균형의 원칙, 외부의 원칙, 예측의 원칙과 밀접한 관련이 있다.

② 재조달원가란 대상물건을 기준시점에 재생산 또는 재취득하는 데 필요한 적정원가의 총액으로서 원칙적으로 그 대상물건 값의 상한선을 나타낸다.

③ 대치원가(replacement cost)란 건축자재, 설비공법 등에 있어 신축시점의 표준적인 것을 사용한 적정원가로서 이미 기능적 감가는 반영되어 있다.

④ 재조달원가를 구하는 방법은 직접법으로 총가격적산법(총량조사법), 변동률적용법(비용지수법) 등이 있고, 간접법으로 부분별단가적용법, 단위비교법 등이 있다.

⑤ 감가수정에 있어서 감가요인은 물리적 요인, 기능적 요인, 경제적 요인이 있으며, 감가상각에 있어서 감가요인은 물리적 요인, 경제적 요인이 있다.

정답해설

② 옳은 지문이다.

오답해설

① 예측의 원칙은 수익방식과 관련된 원칙이다.
③ 재조달원가(복제원가, 대치원가)는 기준시점에서 측정한 원가이다.
④ 총가격적산법(총량조사법), 부분별단가적용법은 직접법으로 분류되고 변동률적용법(비용지수법), 단위비교법은 간접법으로 분류된다.
⑤ 감정평가의 감가수정은 실질을 중시하기 때문에 부동산의 가치를 하락시키는 모든 요인을 고려하고자 한다. 그 결과 부동산의 외부환경이 원인이 되는 경제적 감가까지 고려한다. 그러나 기업회계의 감가상각은 객관성을 위해 경제적 감가를 인정하지 않는다. 기업회계는 외부환경 변화로 발생하는 가치하락을 평가손실 등의 개념으로 처리한다.

03 원가방식에 관한 설명으로 옳은 것을 모두 고른 것은? ▸ 2024년 35회

ㄱ. 원가법과 적산법은 원가방식에 해당한다.
ㄴ. 재조달원가는 실제로 생산 또는 건설된 방법 여하에 불구하고 도급방식을 기준으로 산정한다.
ㄷ. 대상부동산이 가지는 물리적 특성인 지리적 위치의 고정성에 의해서 경제적 감가요인이 발생한다.
ㄹ. 정액법, 정률법, 상환기금법은 대상부동산의 내용연수를 기준으로 하는 감가수정방법에 해당한다.

① ㄱ, ㄴ
② ㄷ, ㄹ
③ ㄱ, ㄴ, ㄹ
④ ㄱ, ㄷ, ㄹ
⑤ ㄱ, ㄴ, ㄷ, ㄹ

정답해설

⑤ 모두 옳은 지문이다.
ㄴ. 재조달원가는 도급방식을 기준으로 한다. 즉 도급인의 정상이윤을 원가에 포함시킨다.
ㄷ. 경제적(외부적) 감가는 외부환경과의 부적합으로 만들어지는 감가이고, 지리적 위치의 고정성(부동성)은 외부효과의 근거이다. 따라서 부동성에 의해 경제적(외부적) 감가가 발생한다.

정답 ≫ 01 ① 02 ② 03 ⑤

04 다음 자료를 활용하여 원가법으로 평가한 대상 건물의 가액은? ▸ 2021년 32회

- 대상 건물 현황 : 연와조, 단독주택, 연면적 200㎡
- 사용승인시점 : 2016.06.30
- 기준시점 : 2021.04.24
- 사용승인시점의 신축공사비 : 1,000,000원/㎡(신축공사비는 적정함)
- 건축비지수
  - 사용승인시점 : 100
  - 기준시점 : 110
- 경제적 내용연수 : 40년
- 감가수정방법 : 정액법(만년감가기준)
- 내용연수 만료 시 잔존가치 없음

① 175,000,000원 ② 180,000,000원
③ 192,500,000원 ④ 198,000,000원
⑤ 203,500,000원

정답해설

④ 대상 건물의 가액은 198,000,000원이다.

1. 재조달원가 : (1,000,000원/㎡ × 200㎡) × 1.1 = 220,000,000원
2. 감가수정액
   1) 매년 감가액 : $\frac{220{,}000{,}000(\text{재}) - 0(\text{잔가율})}{40\text{년}}$ = 5,500,000원
   2) 감가수정액 : 5,500,000원 × 4년(만년감가) = 22,000,000원
   ※ 경과연수 : '2016.06.30 ~ 2021.04.24(기준시점)'의 기간은 5년이 채워지지 않은 기간이다. 따라서 만년으로 4년을 경과연수로 한다.
3. 적산가액 : 198,000,000원

05 원가법에 의한 대상 물건 기준시점의 감가누계액은? ▸ 2017년 28회

- 준공시점 : 2012.3.2
- 기준시점 : 2017.3.2
- 기준시점 재조달원가 : 500,000,000원
- 경제적 내용연수 : 50년
- 감가수정은 정액법에 의함
- 내용연수 만료 시 잔존가치율은 10%

① 35,000,000원 ② 40,000,000원 ③ 45,000,000원
④ 50,000,000원 ⑤ 55,000,000원

정답해설

③ 감가누계액(감가수정액)은 45,000,000원이다.

1. 재조달원가 : 5억원

2. 감가수정액 : $\frac{5억(재) \times 0.9}{50년} \times 5년(경과연수) = 45,000,000원$

06 다음과 같은 복합 부동산의 조건하에서 거래시점의 토지 단가는? (단, 건물은 원가법으로 평가함)

▸ 2016년 27회

- 거래사례 개요
  - 토지・건물 일체의 거래가액 : 300,000,000원
  - 거래시점 : 2016.2.21
  - 토지면적 : 250㎡
- 건물관련 자료
  - 건물 연면적 : 350㎡
  - 건물 사용승인일 : 1992.12.25
  - 건물의 경제적 내용연수 : 50년
  - 건물 재조달원가(거래시점기준) : 500,000원/㎡
- 감가수정은 정액법 만년감가기준, 잔가율 "0"으로 가정

① 811,000원/㎡
② 822,000원/㎡
③ 833,000원/㎡
④ 844,000원/㎡
⑤ 855,000원/㎡

정답해설

② 거래시점의 토지 단가는 822,000원/㎡이다.

1. 일체 거래가액 : 3억원

2. 건물거래가액(거래시점 기준)

   1) 재조달원가 : 500,000원 × 350㎡ =175,000,000원

   2) 건물가액 : 175,000,000원 × 27/50 = 94,500,000원

   ※ 경과연수 : '1992.12.25 ~ 2016.2.21(거래시점)'의 기간은 만년으로 23년을 경과연수로 한다.

3. 토지거래가액 : (300,000,000원 - 94,500,000원) / 250㎡ = 822,000원/㎡

PART・09

정답 > 04 ④ 05 ③ 06 ②

07 **다음 자료를 활용하여 원가법으로 평가한 대상건물의 가액은?** ▸ 2024년 35회

- 대상건물 : 철근콘크리트구조, 다가구주택, 연면적 350㎡
- 기준시점 : 2024.04.05.
- 사용승인시점 : 2013.06.16.
- 사용승인시점의 적정한 신축공사비 : 1,000,000원/㎡
- 건축비지수
  - 기준시점 : 115
  - 사용승인시점 : 100
- 경제적 내용연수 : 50년
- 감가수정방법 : 정액법(만년감가기준)
- 내용연수 만료 시 잔존가치 없음

① 313,000,000원 ② 322,000,000원
③ 342,000,000원 ④ 350,000,000원
⑤ 352,000,000원

정답해설

② 원가법에 의한 적산가액은 322,000,000원이다.

1. 재조달원가 : 1,000,000원/㎡ × 350㎡ × 1.15(시) = 402,500,000원
2. 감가수정액 : 402,500,000원 ÷ 50년(전체내용연수) × 10년(경과연수, 만년감가) = 80,500,000원
3. 적산가액 : 402,500,000원 − 80,500,000원 = 322,000,000원

주제 수익환원법

01 감정평가실무기준에서 규정하고 있는 수익환원법에 관한 내용으로 옳지 않은 것은? ▸2021년 32회

① 수익환원법으로 감정평가할 때에는 직접환원법이나 할인현금흐름분석법 중에서 감정평가 목적이나 대상 물건에 적절한 방법을 선택하여 적용한다.

② 부동산의 증권화와 관련한 감정평가 등 매기의 순수익을 예상해야 하는 경우에는 할인 현금흐름분석법을 원칙으로 하고 직접환원법으로 합리성을 검토한다.

③ 직접환원법에서 사용할 환원율은 요소구성법으로 구하는 것을 원칙으로 한다. 다만, 요소구성법의 적용이 적절하지 않은 때에는 시장추출법, 투자결합법, 유효총수익승수에 의한 결정방법, 시장에서 발표된 환원율 등을 검토하여 조정할 수 있다.

④ 할인현금흐름분석법에서 사용할 할인율은 투자자조사법(지분할인율), 투자결합법(종합할인율), 시장에서 발표된 할인율 등을 고려하여 대상 물건의 위험이 적절히 반영되도록 결정하되 추정된 현금흐름에 맞는 할인율을 적용한다.

⑤ 복귀가액 산정을 위한 최종환원율은 환원율에 장기위험프리미엄·성장률·소비자물가상승률 등을 고려하여 결정한다.

정답해설

③ 직접환원법에서 사용할 환원율은 시장추출법으로 구하는 것을 원칙으로 한다. 다만, 시장추출법의 적용이 적절하지 않은 때에는 요소구성법, 투자결합법, 유효총수익승수에 의한 결정방법, 시장에서 발표된 환원율 등을 검토하여 조정할 수 있다.

02 감정평가 실무기준상 수익방식에 관한 내용으로 옳은 것은? ▸2024년 35회

① 직접환원법은 복수기간의 순수익을 적절한 환원율로 환원하여 대상물건의 가액을 산정하는 방법을 말한다.

② 수익가액이란 수익분석법에 따라 산정된 가액을 말한다.

③ 순수익은 대상물건에 귀속하는 적절한 수익으로서 가능총수익에서 운영경비를 공제하여 산정한다.

④ 직접환원법에서 사용할 환원율은 투자결합법으로 구하는 것을 원칙으로 한다.

⑤ 할인현금흐름분석법의 적용에 따른 복귀가액은 보유기간 경과 후 초년도의 순수익을 추정하여 최종환원율로 환원한 후 매도비용을 공제하여 산정한다.

정답 > 07 ② / 01 ③ 02 ⑤

정답해설

⑤ 옳은 지문이다.

오답해설

① 복수기간 ⇨ 단일기간 : 직접환원법은 단일기간의 순수익을 적절한 환원율로 환원하여 대상 물건의 가액을 산정하는 방법을 말한다.

② 수익가액이란 수익환원법에 의해 산정된 가액을 말한다. 수익임료란 수익분석법에 의해 산정되는 임료를 말한다.

③ 가능총수익 ⇨ 유효총소득 : 순수익은 대상 물건에 귀속하는 적절한 수익으로서 유효총수익에서 운영경비를 공제하여 산정한다. 이 경우 자본적지출은 비용으로 고려하지 않는다.

④ 투자결합법 ⇨ 시장추출법 : 직접환원법에서 사용할 환원율은 시장추출법으로 구하는 것을 원칙으로 한다. 다만, 시장추출법의 적용이 적절하지 않은 때에는 요소구성법, 투자결합법, 유효총수익승수에 의한 결정방법, 시장에서 발표된 환원율 등을 검토하여 조정할 수 있다.

03 환원이율에 관한 설명으로 옳지 않은 것은? ▸ 2017년 28회

① 환원이율은 투하자본에 대한 수익비율로서 상각 후·세공제 전의 이율을 말한다.

② 개별환원이율이란 토지와 건물 각각의 환원이율을 말한다.

③ 환원이율이란 대상 부동산이 장래 산출할 것으로 기대되는 표준적인 순수익과 부동산 가격의 비율이다.

④ 환원이율은 순수익을 자본환원해서 수익가격을 구하는 경우에 적용되며, 이는 결국 부동산의 수익성을 나타낸다.

⑤ 세공제 전 환원이율이란 세금으로 인한 수익의 변동을 환원이율에 반영하여 조정(배제)하지 않은 환원이율을 말한다.

정답해설

① 환원이율은 상각후 · 세전 이율이라고 단정될 수 없고, 어떤 순수익을 사용하는지에 따라 다양하게 적용될 수 있다. 예를 들어 상각전 순수익은 상각전 환원이율을 적용하고, 상각후 순수익은 상각후 환원이율을 적용한다.

04 자본환원율에 관한 설명으로 옳지 않은 것은? ▸ 2019년 30회

① 자본환원율이란 대상 부동산이 장래 산출할 것으로 기대되는 표준적인 순영업소득과 부동산 가격의 비율이다.

② 감가상각 전의 순영업소득으로 가치를 추계하는 경우 감가상각률을 제외한 자본환원율을 사용해야 한다.

③ 할인현금흐름분석법에서는 별도로 자본회수율을 계산하지 않는다.

④ 부채감당법에 의한 자본환원율은 부채감당률에 저당비율과 저당상수를 곱하여 구한다.

⑤ 지분수익률은 매기간 세전현금수지의 현가와 기말지분복귀액의 현가의 합을 지분투자액과 같게 만드는 내부수익률이다.

정답해설

② 감가상각 전의 순영업소득으로 가치를 추계하는 경우에는 상각전 환원율을 적용한다. 상각전 환원율은 감가상각률을 포함한 환원율이다.

1. 상각전 순수익은 상각전 환원율을 적용한다.
2. 상각전 환원율 = 상각후 환원율 + 감가상각률
3. 상각전 환원율은 감가상각률이 포함된 환원율이다.

05 수익환원법에 관한 설명으로 옳지 않은 것은?

▸ 2022년 33회

① 운영경비에 감가상각비를 포함시킨 경우 상각전 환원율을 적용한다.
② 직접환원법에서 사용할 환원율은 시장추출법으로 구하는 것을 원칙으로 한다.
③ 재매도가치를 내부추계로 구할 때 보유기간 경과 후 초년도 순수익을 반영한다.
④ 할인 또는 환원할 순수익을 구할 때 자본적 지출은 비용으로 고려하지 않는다.
⑤ 요소구성법으로 환원율을 결정할 때 위험요소를 적극적으로 반영하면 환원율은 커진다.

정답해설

① 운영경비에 감가상각비가 포함되면 운영경비와 함께 감가상각비가 소득에서 차감된다. 즉 산정된 순수익은 상각후 순수익이 된다. 따라서 상각후 환원율을 적용한다.

1. 운영경비에 감가상가비가 포함된다면 감가상각비가 제외된(상각된) 순수익, 즉 상각후 순수익이 된다.
2. 상각후 순수익은 상각후 환원율을 적용한다.

오답해설

② 직접환원법에서 사용할 환원율은 시장추출법으로 구하는 것을 원칙으로 한다. 다만, 시장추출법의 적용이 적절하지 않은 때에는 요소구성법, 투자결합법, 유효총소득승수에 의한 결정방법, 시장에서 발표된 환원율 등을 검토하여 조정할 수 있다.
③ 재매도가치는 보유기간 경과 후 초년도의 순수익을 추정하여 최종환원율로 환원한 후 매도비용을 공제하여 산정한다.

06 다음은 대상 부동산의 1년 동안 예상되는 현금흐름이다. (상각전) 순영업소득(NOI)은?

▸ 2016년 27회

- 임대면적 : 100㎡
- 임대면적당 매월 임대료 : 20,000원/㎡
- 공실손실상당액 : 연간 임대료의 5%
- 영업경비 : 유효총소득의 60%(감가상각비 2,000,000원 포함)

① 10,080,000원　② 10,880,000원　③ 11,120,000원
④ 12,320,000원　⑤ 12,420,000원

정답 > 03 ① 04 ② 05 ① 06 ③

정답해설

③ (상각전) 순영업소득(NOI)은 11,120,000원이다.

1. 상각후 순영업소득 : 100㎡ × 20,000원 × 12개월 × 0.95 × 0.4 = 9,120,000원
2. 감가상각비 : 2,000,000원
3. 상각전 순영업소득 : 9,120,000원 + 2,000,000원 = 11,120,000원

07 **다음의 자료는 수익형 부동산 A에 관한 내용이다. 수익환원법에 적용할 순수익은?** (단, 모든 금액은 연 기준이며, 제시된 자료에 한함)

▸ 2018년 29회

- 가능총수익 : 9천만원
- 공실손실상당액 : 3백만원
- 대손충당금 : 1백만원
- 관리직원 인건비 : 2천4백만원
- 자본적 지출액 : 6백만원
- 수선유지비 : 3백만원
- 재산세 : 2백만원
- 광고선전비 : 3백만원
- 사업소득세 : 6백만원

① 42,000,000원 ② 48,000,000원 ③ 52,000,000원
④ 54,000,000원 ⑤ 60,000,000원

정답해설

④ 순수익은 54,000,000원이다.

1. 유효총수익(EGI)
   = 9천만원(가능총수익) - 3백만원(공실손실상당액) - 1백만원(대손충당금)
   = 8,600만원
2. 영업경비(OE)
   = 2천4백만원(관리직원 인건비) + 3백만원(수선유지비) + 2백만원(재산세) + 3백만원(광고선전비)
   = 3,200만원
3. 순수익(NOI) = 유효총수익(EGI) - 영업경비(OE)
   = 8,600만원 - 3,200만원 = 5,400만원

08 **현재 대상 부동산의 가치는 3억원이다. 향후 1년 동안 예상되는 현금흐름이 다음 자료와 같을 경우, 대상 부동산의 자본환원율(종합환원율)은?** (단, 가능총소득에는 기타소득이 포함되어 있지 않고, 주어진 조건에 한함) ▸ 2016년 27회

- 가능총소득 : 20,000,000원
- 기타소득 : 1,000,000원
- 공실손실상당액 : 3,000,000원
- 영업경비 : 4,500,000원

① 4.0%　② 4.5%　③ 5.5%
④ 6.0%　⑤ 6.5%

정답해설

② 자본환원율(종합환원율)은 4.5%이다.
1. 자본환원율(종합환원율) = 순수익 / 부동산 가격
2. 순수익 : 20,000,000원 + 1,000,000원 − 3,000,000원 − 4,500,000원 = 13,500,000원
3. 자본환원율 : 13,500,000원 / 300,000,000원 = 4.5%

09 **다음과 같은 조건에서 대상부동산의 수익가액 산정 시 적용할 환원이율(capitalization rate)은?** (단, 주어진 조건에 한함) ▸ 2024년 35회

- 가능총소득(PGI) : 연 85,000,000원
- 공실상당액 : 가능총소득의 5%
- 재산관리수수료 : 가능총소득의 2%
- 유틸리티비용 : 가능총소득의 2%
- 관리직원인건비 : 가능총소득의 3%
- 부채서비스액 : 연 20,000,000원
- 대부비율 : 25%
- 대출조건 : 이자율 연 4%로 28년간 매년 원리금균등분할상환(고정금리)
- 저당상수(이자율 연 4%, 기간 28년) : 0.06

① 5.61%　② 5.66%　③ 5.71%
④ 5.76%　⑤ 5.81%

정답 ≫ 07 ④　08 ②　09 ①

정답해설

① 부채감당률법에 의한 환원율은 5.61%이다.

1. 순영업소득
   1) 가능총소득 : 85,000,000원
   2) 유효총소득 : 85,000,000원 × 0.95 = 80,750,000원
   3) 영업경비 : 85,000,000원 × 0.07(관리수수료, 유틸리티, 관리직원인건비) = 5,950,000원
   4) 순영업소득 : 80,750,000원 − 5,950,000원 = 74,800,000원
2. 부채감당률 : 74,800,000원(순) / 20,000,000원(부채서비스액) = 3.74
3. 환원율 : 3.74(부채감당률) × 25%(대부비율) × 0.06(저당상수) = 5.61%

10 다음 조건을 가진 부동산을 통해 산출한 내용으로 옳지 않은 것은?

▸ 2023년 34회

- 가능총소득(PGI) : 연 150,000,000원
- 공실손실상당액·대손충당금 : 가능총소득의 10%
- 운영경비(OE) : 유효총소득의 30%
- 대출원리금 상환액 : 연 40,000,000원
- 가격구성비 : 토지 40%, 건물 60%
- 토지환원이율 : 연 3%, 건물환원이율 : 연 5%

① 운영경비는 40,500,000원이다.
② 종합환원이율은 연 4.2%이다.
③ 순영업소득(NOI)은 94,500,000원이다.
④ 유효총소득(EGI)은 135,000,000원이다.
⑤ 세전현금흐름(BTCF)은 53,500,000원이다.

정답해설

⑤ 세전현금흐름(BTCF)은 54,500,000원이다.

1. 현금흐름 분석
   1)가능총소득 : 150,000,000원
   2) 유효총소득 : 150,000,000원 × 0.9 = 135,000,000원
   3) 운영경비 : 135,000,000원 × 0.3 = 40,500,000원
   4) 순영업소득 : 94,500,000원
   5) 부채서비스액 : 40,000,000원
   6) 세전현금흐름 : 54,500,000원
2. 환원율(물리적 투자결합법) : (3% × 0.4) + (5% × 0.6) = 4.2%

11 수익방식의 직접환원법에 의한 대상 부동산의 시산가액은?

▸ 2017년 28회

- 가능총수익 : 연 2천만원
- 공실 및 대손 : 가능총수익의 10%
- 임대경비비율 : 유효총수익의 30%
- 가격구성비 : 토지, 건물 각각 50%
- 토지환원율 : 연 5%, 건물환원율 : 연 7%

① 190,000,000원
② 200,000,000원
③ 210,000,000원
④ 220,000,000원
⑤ 230,000,000원

정답해설

③ 부동산의 시산가액은 210,000,000원이다.
1. 직접환원법 = 순수익(NOI) / 환원이율(R)
2. 순수익(NOI) = 2천만원 × (1 − 0.1) × (1 − 0.3) = 12,600,000원
3. 환원이율(R) = 0.5 × 0.05 + 0.5 × 0.07 = 6.0%
4. 대상 부동산의 시산가액 = 12,600,000원 / 0.06 = 210,000,000원

12 다음과 같은 조건에서 수익환원법에 의해 평가한 대상부동산의 가액은?

▸ 2020년 31회

- 가능총소득(PGI) : 1억원
- 공실손실상당액 및 대손충당금 : 가능총소득의 5%
- 재산세 : 300만원
- 화재보험료 : 200만원
- 영업소득세 : 400만원
- 건물주 개인업무비 : 500만원
- 토지가액 : 건물가액 = 40% : 60%
- 토지환원이율 : 5%
- 건물환원이율 : 10%

① 1,025,000,000원
② 1,075,000,000원
③ 1,125,000,000원
④ 1,175,000,000원
⑤ 1,225,000,000원

정답 > 10 ⑤ 11 ③ 12 ③

정답해설

③ 수익가액은 1,125,000,000원이다.

1. 순수익 : 1억원 × [1 − 0.05(공실률)] − 5,000,000원 = 90,000,000원
2. 환원이율(물리적 투자결합법 적용) : (5% × 0.4) + (50% × 0.6) = 8%
3. 수익가액 : $\frac{90,000,000}{0.08}$ = 1,125,000,000원

13 **할인현금흐름분석법에 의한 수익가액은?** (단, 주어진 자료에 한함, 모든 현금흐름은 연말에 발생함)

▸ 2022년 33회

- 보유기간(5년)의 순영업소득 : 매년 9천만원
- 6기 순영업소득 : 1억원
- 매도비용 : 재매도가치의 5%
- 기입환원율 : 4%, 기출환원율 : 5%, 할인율 : 연 5%
- 연금현가계수(5%, 5년) : 4.329
- 일시불현가계수(5%, 5년) : 0.783

① 1,655,410,000원
② 1,877,310,000원
③ 2,249,235,000원
④ 2,350,000,000원
⑤ 2,825,000,000원

정답해설

② 할인법에 의한 수익가액은 1,877,310,000원이다.

1. 보유기간 현금흐름의 현재가치
   1) 보유기간 현금흐름은 보유기간(5년) 동안 발생하는 순영업소득의 현가이다.
   2) 순영업소득의 현가 : 순영업소득 × 연금현가계수(5%, 5년)
      = 9,000만원 × 4.329 = 38,961만원
2. 기간 말 현금흐름의 현가
   1) 5년 말 매도를 통한 발생하는 현금흐름의 현가이다.
   2) 추정 매도가액 : 6기 순영업소득 ÷ 기출환원율 = 10,000만원 ÷ 0.05 = 200,000만원
   2) 추정 매도비용 : 200,000만원 × 0.05 = 10,000만원
   4) 기간 말 현금흐름의 현가 : 190,000만원 × 일시불현가계수(5%, 5년)
      = 190,000만원 × 0.783 = 148,770만원
3. 할인법에 의한 수익가액 : 38,961만원 + 148,770만원 = 187,731만원

14 **수익환원법(직접환원법)에 의한 대상 부동산의 가액이 8억원일 때, 건물의 연간 감가율(회수율)은?** (단, 주어진 자료에 한함) ▸ 2022년 33회

> • 가능총수익 : 월 6백만원
> • 공실 및 대손 : 연 1천2백만원
> • 운영경비(감가상각비 제외) : 유효총수익의 20%
> • 토지, 건물 가격구성비 : 각각 50%
> • 토지환원율, 건물상각후환원율 : 각각 연 5%

① 1% ② 2%
③ 3% ④ 4%
⑤ 5%

정답해설

② 건물의 연간 감가율은 2%이다.

1. 순수익(상각전)
   1) 유효총소득 : (600만원 × 12월) − 1,200만원 = 6,000만원
   2) 순영업소득 : 6,000만원 × 0.8 = 4,800만원
2. 환원율(상각전) : 4,800만원 / 80,000만원 = 0.06(6%)
3. 건물의 연간 감가율
   1) 토지환원율 : 5%
   2) 건물환원율(상각전) : 5%(건물상각후환원율) + a(연간감가율)
   3) 종합환원율 : (5% × 0.5) + [(5% + a) × 0.5] = 6%, a = 2%

정답 ≫ 13 ② 14 ②

주제 임대료 평가

01 감정평가에 관한 규칙과 감정평가 실무기준상 임대료 감정평가에 관한 설명으로 옳지 않은 것은? ▸ 2023년 34회

① 임대사례비교법으로 감정평가 할 때 임대사례에 특수한 사정이나 개별적 동기가 반영되어 수집된 임대사례의 임대료가 적절하지 못한 경우에는 사정보정을 통해 그러한 사정이 없었을 경우의 적절한 임대료 수준으로 정상화하여야 한다.
② 시점수정은 대상물건의 임대료 변동률로 함을 원칙으로 한다.
③ 감정평가법인등은 임대료를 감정평가할 때에 임대사례비교법을 적용해야 한다.
④ 적산법은 원가방식에 기초하여 대상물건의 임대료를 산정하는 감정평가방법이다.
⑤ 수익분석법이란 일반기업 경영에 의하여 산출된 총수익을 분석하여 대상물건이 일정한 기간에 산출할 것으로 기대되는 순수익에 대상물건을 계속하여 임대하는 데에 필요한 경비를 더하여 대상물건의 임대료를 산정하는 감정평가방법을 말한다.

정답해설

② 시점수정은 사례물건의 임대료 변동률로 함을 원칙으로 한다.

■ 임대사례비교법 시점수정 (감정평가 실무기준)
① 임대사례의 임대시점과 대상물건의 기준시점이 불일치하여 임대료 수준의 변동이 있을 경우에는 임대사례의 임대료를 기준시점의 임대료 수준으로 시점수정하여야 한다.
② 시점수정은 사례물건의 임대료 변동률로 한다.

02 다음의 자료를 활용하여 평가한 A부동산의 연간 비준 임대료(원/㎡)는? ▸ 2019년 30회

- 유사임대사례의 임대료 : 월 1,000,000원/㎡(보증금 없음)
- 임대료 상승률 : 유사임대사례의 계약일로부터 기준시점까지 10% 상승
- A부동산이 유사임대사례보다 개별요인에서 5% 우세

① 13,200,000　② 13,540,000
③ 13,560,000　④ 13,800,000
⑤ 13,860,000

정답해설

⑤ 비준 임대료는 13,860,000원/㎡이다.
1,000,000원/㎡ × 12개월 × 1.1(시) × 1.05(개) = 13,860,000원/㎡

03 **다음 자료를 활용한 연간 실질 임대료는?** ▸ 2016년 27회

• 지불 임대료 : 200,000원(매월 기준) • 예금적 성격을 갖는 일시금의 운용수익 : 400,000원(연 기준) • 선불적 성격을 갖는 일시금의 상각액 : 80,000원(연 기준)

① 2,400,000원 ② 2,480,000원
③ 2,720,000원 ④ 2,800,000원
⑤ 2,880,000원

정답해설

⑤ 연간 실질 임대료는 2,880,000원이다.

1. 실질 임대료는 종류 여하를 불문하고 임차인이 대상 부동산을 사용, 수익함에 따라 실질적으로 부담하게 되는 모든 종류의 경제적 대가이다.

■ 실질임료의 구성 1. 지불 임대료 2. 예금적 성격의 일시금 운용수익 3. 선불적 성격의 일시금의 상각액 및 미상각잔액의 운용수익

2. 실질 임대료 (200,000원 × 12개월) + 400,000원 + 80,000원 = 2,880,000원

주제 물건별 평가방법

01 **감정평가에 관한 규칙상 주된 평가방법으로 수익환원법을 적용해야 하는 것은 모두 몇 개인가?** ▸ 2024년 35회

• 광업재단	• 상표권	• 영업권
• 특허권	• 전용측선이용권	• 과수원

① 2개 ② 3개
③ 4개 ④ 5개
⑤ 6개

정답해설

④ 주된 평가방법인 수익환원법인 것은 5개(광업재단, 상표권, 영업권, 특허권, 전용측선이용권)이다. 과수원은 거래사례비교법이 주된 평가방법이다.

정답 > 01 ② 02 ⑤ 03 ⑤ / 01 ④

02 **감정평가에 관한 규칙상 주된 감정평가방법 중 거래사례비교법을 적용하는 것은?**

▸ 2020년 31회

ㄱ. 토지	ㄴ. 건물
ㄷ. 토지와 건물의 일괄	ㄹ. 임대료
ㅁ. 광업재단	ㅂ. 과수원
ㅅ. 자동차	

① ㄱ, ㄴ, ㅂ　　② ㄱ, ㅁ, ㅅ
③ ㄴ, ㅁ, ㅅ　　④ ㄷ, ㄹ, ㅁ
⑤ ㄷ, ㅂ, ㅅ

정답해설

⑤ 토지와 건물의 일괄 평가(ㄷ), 과수원의 평가(ㅂ), 자동차(ㅅ)의 주된 평가방법은 거래사례비교법이다.
1. 토지는 공시지가기준법, 건물은 원가법, 임대료는 임대사례비교법이 주된 방식이다.
2. 광업재단은 수익환원법, 자동차는 거래사례비교법이 주된 방식이다.

03 **감정평가에 관한 규칙상 감정평가에 관한 설명으로 옳지 않은 것은?** ▸ 2016년 27회

① 토지를 감정평가할 때에 감정평가 및 감정평가사에 관한 법률에 따라 공시지가기준법을 적용해야 한다.
② 공시지가기준법에 따라 토지를 감정평가할 때에는 비교표준지 선정, 시점수정, 지역요인 비교, 개별요인 비교, 그 밖의 요인 보정의 순서에 따라야 한다.
③ 건물을 감정평가할 때에 원가법을 원칙적으로 적용해야 한다.
④ 과수원을 감정평가할 때에 수익환원법을 원칙적으로 적용해야 한다.
⑤ 자동차를 감정평가할 때에 거래사례비교법을 원칙적으로 적용해야 하나, 본래 용도의 효용가치가 없는 물건은 해체처분가액으로 감정평가할 수 있다.

정답해설

④ 과수원을 감정평가할 때에 거래사례비교법을 원칙적으로 적용해야 한다.

04 **감정평가에 관한 규칙상 대상 물건별 주된 감정평가방법으로 옳지 않은 것은?** (단, 대상 물건은 본래 용도의 효용가치가 있음을 전제함)

▸ 2021년 32회

① 선박 – 거래사례비교법　　② 건설기계 – 원가법
③ 자동차 – 거래사례비교법　　④ 항공기 – 원가법
⑤ 동산 – 거래사례비교법

정답해설

① 선박의 주된 감정평가방법은 원가법이다.

05 감정평가실무기준상 권리금 감정평가방법에 관한 설명으로 옳지 않은 것은? ▸ 2020년 31회

① 권리금을 감정평가할 때에는 유형·무형의 재산마다 개별로 감정평가하는 것을 원칙으로 한다.

② 권리금을 개별로 감정평가하는 것이 곤란하거나 적절하지 아니한 경우에는 일괄하여 감정평가할 수 있으며, 이 경우 감정평가액은 유형재산가액과 무형재산가액으로 구분하지 않아야 한다.

③ 유형재산을 감정평가할 때에는 주된 방법으로 원가법을 적용해야 한다.

④ 무형재산을 감정평가할 때에는 주된 방법으로 수익환원법을 적용해야 한다.

⑤ 유형재산과 무형재산을 일괄하여 감정평가할 때에는 주된 방법으로 수익환원법을 적용해야 한다.

정답해설

② 권리금을 감정평가할 때에는 유형·무형의 재산마다 개별로 감정평가하는 것을 원칙으로 한다. 다만, 권리금을 개별로 감정평가하는 것이 곤란하거나 적절하지 아니한 경우에는 일괄하여 감정평가할 수 있다. 이 경우 감정평가액은 합리적인 배분기준에 따라 유형재산가액과 무형재산가액으로 구분하여 표시할 수 있다.

06 감정평가에 관한 규칙에서 규정하고 있는 내용으로 옳지 않은 것은? ▸ 2022년 33회

① 기업가치의 주된 평가방법은 수익환원법이다.

② 적정한 실거래가는 감정평가의 기준으로 적용하기에 적정하다고 판단되는 거래가격으로서, 거래시점이 도시지역은 5년 이내, 그 밖의 지역은 3년 이내인 거래가격을 말한다.

③ 시산가액 조정 시, 공시지가기준법과 그 밖의 비교방식에 속한 감정평가방법은 서로 다른 감정평가방식에 속한 것으로 본다.

④ 필요한 경우 관련 전문가에 대한 자문 등을 거쳐 감정평가할 수 있다.

⑤ 항공기의 주된 평가방법은 원가법이며, 본래 용도의 효용가치가 없는 물건은 해체처분가액으로 감정평가할 수 있다.

정답해설

② 적정한 실거래가란 부동산 거래신고에 관한 법률에 따라 신고된 실제 거래가격으로서 거래시점이 도시지역은 3년 이내, 그 밖의 지역은 5년 이내인 거래가격 중에서 감정평가법인 등이 인근 지역의 지가수준 등을 고려하여 감정평가의 기준으로 적용하기에 적정하다고 판단하는 거래가격을 말한다.

정답 ≫	02 ⑤ 03 ④ 04 ① 05 ② 06 ②

07 **감정평가에 관한 규칙상 원가방식에 관한 설명으로 옳지 않은 것은?** ▸ 2022년 33회

① 원가법과 적산법은 원가방식에 속한다.

② 적산법에 의한 임대료 평가에서는 대상 물건의 재조달원가에 기대이율을 곱하여 산정된 기대수익에 대상 물건을 계속하여 임대하는 데에 필요한 경비를 더한다.

③ 원가방식을 적용한 감정평가서에는 부득이한 경우를 제외하고는 재조달원가 산정 및 감가수정 등의 내용이 포함되어야 한다.

④ 입목 평가 시 소경목림(小徑木林)인 경우에는 원가법을 적용할 수 있다.

⑤ 선박 평가 시 본래 용도의 효용가치가 있으면 선체·기관·의장(艤裝)별로 구분한 후 각각 원가법을 적용해야 한다.

정답해설

② 적산법은 대상 물건의 기초가액에 기대이율을 곱하여 산정된 기대수익에 대상 물건을 계속하여 임대하는 데에 필요한 경비를 더한다.

주제 토지특성조사

01 **소급감정평가를 의뢰받은 감정평가사 A는 종전 감정평가서의 관련서류인 등기부등본을 통해 감정평가대상 임야의 면적이 1정 3무인 것을 확인하였다. 감정평가서 기재를 위한 사정면적은?** (단, 임야대장에 등록되는 면적으로 사정하며, 임야도의 축척은 1 : 3,000임) ▸ 2018년 29회

① 12,893㎡ ② 10,215㎡

③ 9,947㎡ ④ 4,298㎡

⑤ 3,405㎡

정답해설

② 사정면적은 약 10,215㎡이다.

1. 정단무보 : 1정 = 3,000평, 1단 = 300평, 1무 = 30평, 1보 = 1평
2. 1정 = 3,000평, 3무 = 90평
3. 3,090평 × 3.30579(평에서 제곱미터 전환) = 약 10,214.89㎡

02 **감정평가사 A는 표준지공시지가의 감정평가를 의뢰받고 현장조사를 통해 표준지에 대해 다음과 같이 확인하였다. 표준지조사평가보고서의 토지 특성 기재방법으로 옳게 연결된 것은?**

▸ 2018년 29회

ㄱ. 토지이용상황 : 주변의 토지이용상황이 '답'으로서 돈사·우사 등으로 이용되고 있는 토지 ㄴ. 도로접면 : 폭 12미터의 도로에 한 면이 접하면서 자동차 통행이 가능한 폭 6미터의 도로에 다른 한 면이 접하고 있는 토지

① ㄱ : 목장용지, ㄴ : 중로각지
② ㄱ : 목장용지, ㄴ : 소로각지
③ ㄱ : 답기타, ㄴ : 중로각지
④ ㄱ : 답기타, ㄴ : 소로각지
⑤ ㄱ : 답축사, ㄴ : 중로각지

정답해설

⑤ ㄱ은 답축사, ㄴ은 중로각지로 기재된다.

03 **감정평가사 A는 단독주택의 감정평가를 의뢰받고 관련 공부(公簿)를 통하여 다음과 같은 사항을 확인하였다. 이 단독주택의 건폐율(ㄱ)과 용적률(ㄴ)은?**

▸ 2021년 32회

• 토지대장상 토지면적 : 240㎡ • 대지 중 도시·군계획시설(공원) 저촉면적 : 40㎡ • 건축물의 용도 : 지하 1층(주차장), 지상 1층(단독주택), 지상 2층(단독주택) • 건축물대장상 건축면적 : 120㎡ • 건축물대장상 각 층 바닥면적 : 지하 1층(60㎡), 지상 1층(120㎡), 지상 2층(120㎡)

① ㄱ : 50.00%, ㄴ : 100.00%
② ㄱ : 50.00%, ㄴ : 120.00%
③ ㄱ : 50.00%, ㄴ : 150.00%
④ ㄱ : 60.00%, ㄴ : 120.00%
⑤ ㄱ : 60.00%, ㄴ : 150.00%

정답해설

④ 건폐율은 60%이고, 용적률은 120%이다.

1. 건폐율
   1) 건폐율은 대지면적에 대한 건축면적의 비율이다. 건축면적은 원칙적으로 수평투영면적 중 가장 넓은 층의 면적을 의미한다.
   2) 건폐율 : $\frac{120\text{m}^2}{200\text{m}^2} = 60\%$
2. 용적률
   1) 용적률은 대지면적에 대한 연면적의 비율이다. 연면적은 원칙적으로 지하층을 제외한 지상층 면적의 합계를 의미한다.
   2) 용적률 : $\frac{240\text{m}^2}{200\text{m}^2} = 120\%$

정답 > 07 ② / 01 ② 02 ⑤ 03 ④

PART • 09

04 **감정평가사 A는 표준지공시지가의 감정평가를 의뢰받고 현장조사를 통해 표준지에 대해 다음과 같이 확인하였다. 표준지조사평가보고서상 토지 특성 기재방법의 연결이 옳은 것은?**

▸ 2021년 32회

ㄱ. 지형지세 : 간선도로 또는 주위의 지형지세보다 높고 경사도가 15° 를 초과하는 지대의 토지 ㄴ. 도로접면 : 폭 12m 이상 25m 미만 도로에 한면이 접하고 있는 토지

① ㄱ : 급경사, ㄴ : 광대한면
② ㄱ : 급경사, ㄴ : 중로한면
③ ㄱ : 고지, ㄴ : 광대한면
④ ㄱ : 고지, ㄴ : 중로한면
⑤ ㄱ : 고지, ㄴ : 소로한면

정답해설

② 지형지세는 급경사이고, 도로접면의 상환은 중로한면이다.

05 **감정평가사 A는 표준지공시지가의 조사·평가를 의뢰받고 실지조사를 통해 표준지에 대해 다음과 같이 확인하였다. 표준지조사·평가보고서상 토지특성 기재방법의 연결이 옳은 것은?**

▸ 2023년 34회

ㄱ. 토지이용상황 : 주변의 토지이용상황이 '전'으로서 돈사와 우사로 이용되고 있음 ㄴ. 도로접면 : 폭 10미터의 도로와 한면이 접하면서 자동차 통행이 불가능한 폭 2미터의 도로에 다른 한면이 접함

① ㄱ : 전기타, ㄴ : 중로한면
② ㄱ : 전기타, ㄴ : 소로한면
③ ㄱ : 전축사, ㄴ : 소로각지
④ ㄱ : 전축사, ㄴ : 소로한면
⑤ ㄱ : 목장용지, ㄴ : 소로한면

정답해설

④ 옳은 연결이다. 토지는 전축사로 이용되고 있고, 도로접면의 구분과 관련하여서는 자동차 통행이 불가능한 도로에 접하고 있으므로 소로각지가 아니라 소로한면이다.

■ 소로한면과 소로각지의 구분 1. 소로한면 : 폭 8m 이상 12m 미만의 도로에 한면이 접하고 있는 토지 2. 소로각지 : 소로에 한면이 접하면서 소로, 자동차통행이 가능한 세로(가)에 한면 이상 접하고 있는 토지

주제 가격공시제도

01 우리나라의 부동산 가격공시제도에 관한 설명으로 옳은 것은? ▸ 2018년 29회

① 다가구주택은 공동주택 가격의 공시대상이다.
② 개별공시지가의 공시기준일이 6월 1일인 경우도 있다.
③ 표준주택에 그 주택의 사용·수익을 제한하는 권리가 설정되어 있을 때에는 이를 반영하여 적정가격을 산정하여야 한다.
④ 국세 또는 지방세 부과대상이 아닌 단독주택은 개별주택 가격을 결정·공시하지 아니할 수 있다.
⑤ 표준지공시지가의 공시권자는 시장·군수·구청장이다.

정답해설

④ 옳은 지문이다. 표준주택으로 선정된 단독주택, 국세 또는 지방세 부과대상이 아닌 단독주택에 대하여는 개별주택가격을 결정·공시하지 아니할 수 있다. 이 경우 표준주택으로 선정된 주택에 대하여는 해당 주택의 표준주택가격을 개별주택가격으로 본다(부동산 가격공시에 관한 법률 제17조).

오답해설

① 다가구주택은 단독주택 가격의 공시대상이다.
② 개별공시지가의 공시기준일은 매년 1월 1일이 원칙이다.
③ 표준주택에 그 주택의 사용·수익을 제한하는 권리가 설정되어 있을 때에는 그러한 권리가 설정되어 있지 않다고 보고 평가한다.
⑤ 표준지공시지가의 공시권자는 국토교통부장관이다.

02 다음 중 현행 부동산 가격공시제도에 관한 설명으로 옳은 것은 몇 개인가? ▸ 2021년 32회

- 표준주택 가격의 조사, 평가는 감정평가사가 담당한다.
- 개별주택 가격의 공시기준일이 6월 1일인 경우도 있다.
- 공동주택 가격의 공시권자는 시장·군수·구청장이다.
- 표준지공시지가는 표준지의 사용·수익을 제한하는 사법상의 권리가 설정되어 있는 경우 이를 반영하여 평가한다.
- 개별공시지가는 감정평가법인 등이 개별적으로 토지를 감정평가하는 경우에 기준이 된다.

① 없음 ② 1개
③ 2개 ④ 3개
⑤ 4개

PART • 09

정답 ≫ 04 ② 05 ④ / 01 ④ 02 ②

정답해설

② 옳은 지문은 1개이다.

- 개별주택 가격의 공시기준일이 6월 1일인 경우도 있다.

  시장·군수 또는 구청장은 공시기준일 이후에 토지의 분할·합병이나 건축물의 신축 등이 발생한 경우에는 대통령령으로 정하는 날(사유에 따라 그 해 6월 1일 또는 다음 해 1월 1일)을 기준으로 하여 개별주택 가격을 결정·공시하여야 한다(부동산 가격공시에 관한 법률 제17조).

오답해설

- 표준주택 가격의 조사, 평가는 한국부동산원이 담당한다. 국토교통부장관은 표준주택 가격을 조사·산정하고자 할 때에는 한국부동산원에 의뢰한다(부동산 가격공시에 관한 법률 제16조).
- 공동주택 가격의 공시권자는 국토교통부장관이다.
- 표준지공시지가는 표준지의 사용·수익을 제한하는 사법상의 권리가 설정되어 있는 경우 이를 없는 것으로 보고 평가한다. 표준지의 평가에 있어서 그 토지에 건물이나 그 밖의 정착물이 있거나 지상권 등 사용·수익을 제한하는 사법상의 권리가 설정되어 있는 경우에는 그 정착물 등이 없는 토지의 나지상태를 상정하여 평가한다(표준지공시지가 산정기준).
- 토지를 감정평가하는 경우에 기준이 되는 것은 표준지공시지가이다. 표준지공시지가는 토지시장에 지가정보를 제공하고 일반적인 토지거래의 지표가 되며, 국가·지방자치단체 등이 그 업무와 관련하여 지가를 산정하거나 감정평가법인 등이 개별적으로 토지를 감정평가하는 경우에 기준이 된다(부동산 가격공시에 관한 법률 제9조).

박문각
감정평가사

국승옥
부동산학원론

1차 | 기본서

제6판 인쇄 2024. 7. 25. | **제6판 발행** 2024. 7. 30. | **편저자** 국승옥
발행인 박 용 | **발행처** (주)박문각출판 | **등록** 2015년 4월 29일 제2019-000137호
주소 06654 서울시 서초구 효령로 283 서경 B/D 4층 | **팩스** (02)584-2927
전화 교재 문의 (02)6466-7202

저자와의
협의하에
인지생략

정가 40,000원
ISBN 979-11-7262-057-8

MEMO

MEMO

MEMO